JIANGZHOU SIMA
BAI JUYI

江州司马白居易

江汉民 著

中国文史出版社

图书在版编目（ＣＩＰ）数据

江州司马白居易 / 江汉民著. -- 北京 ： 中国文史
出版社，2017.9
ISBN 978-7-5034-9475-8

Ⅰ．①江… Ⅱ．①江… Ⅲ．①白居易（772-846）－
生平事迹 Ⅳ．①K825.6

中国版本图书馆 CIP 数据核字（2017）第 209516 号

责任编辑：全秋生
封面设计：徐　晴

出版发行：中国文史出版社
网　　　址：www.chinawenshi.net
地　　　址：北京市西城区太平桥大街 23 号　　邮编：100811
电　　　话：010－66173572　　66168268　　66192736（发行部）
传　　　真：010－66192703
印　　　装：北京温林源印刷有限公司
经　　　销：全国新华书店
开　　　本：787×1092　　　1/16
印　　　张：28　字数：430 千字
版　　　次：2018 年 3 月北京第 1 版
印　　　次：2018 年 3 月第 1 次印刷
定　　　价：66.00 元

序

早在 2014 年，汉民就在电话里告诉我，他正在研究白居易被贬江州司马的这一段经历，并已经完成了三十多万字。其后，还陆续通报过在创作"中隐"这一节时所遇到的困难以及如何处理文字繁简的问题。

直到 9 月 22 日，收到他通过微信传来的《江州司马白居易》一书的样稿后，我就迫不及待地打开了电脑。

一开卷，我便对此书爱不释手，细心品读。只是耽于日常事务，所以每天至多能读上四五十页，这样直至今日方才完成。

掩卷沉思，百感交集。

作者自己谦称，一个专业学数学的却舞弄起文史来，似有无奈。但我不这样认为，我倒是觉得，这不仅是作者兴之所至，更是他勇立潮头，关注时势，通过缅怀古人旧事，试图匡扶渐之失衡的人心与社会的努力，也是作者多年潜心读书、不断钻研的结果。

一本以考证和研究为题的专著竟然有那么富于诗意的章节名目，让我感到为之一动；再看书后例列的众多参考书目，不仅遍及古今，还通融中外，更是让我钦佩作者的功力，敬意油然而生。

《江州司马》以唐代为经，江州为纬，白居易为梭，编织了一幅色彩斑斓的社会画卷，一幅波澜壮阔的历史画卷。

研究白居易的文字不少，考证唐朝历史的著作更是汗牛充栋，但把白司马被贬谪江州的生活经历放在中唐这一历史大背景下进行研究的就不多，而能对白居易日常生活描写得如此详细，对他的志向、诗文、心态演绎得如此生动，还把江州的地理、经济、风情，特别是诗意庐山、人文九江的意蕴酝酿得如此香醇的著作我还没有读到过。

《江州司马》拨开历史的烟尘，不仅让我们看到古代皇权的至高无上，朝廷争斗的复杂多变，诡谲莫测的人心人生，变幻无常的世事社会；也让人们看到历史潮流的滚滚向前，人心向背的不可抗拒，文人士子的圣心良知，普罗大众的热切期盼。

最让人觉得深刻的是，《江州司马》于历史的反思中，宣示了社会今后的发展方向，能够让我们不再沉溺于历史的泥潭而奋发于未来。

《江州司马》融考证、研究、思考于一体，汇政治、经济、人文于一炉，贯诗酒、山水、情愫于一镬，烩出了一桌让人垂涎欲滴的佳肴，它等待着你的参与和品尝。

看，白司马身穿青衫正向我们走来，襟边尚残存泪痕；听，他的身后响彻着《长恨歌》《琵琶行》的千古绝唱。

千二年前白司马，百八里地古江州。

匡庐溢浦波澜起，神来之笔系同俦。

王爱民

2016 年 10 月于韶关

2

目录 CONTENTS

楔 子

秋，天高气爽，层林尽染，微风荡漾，一碧如洗。

这是望秦岭，[1]京都长安东南方向的一座山头。山头路口，站着一个中年人。只见他中等身材，面容清癯，半白的头发在风中飘拂。他的身边，站立着一个侍童，牵着一匹白马。

中年人撩一撩身上的青衫，捋一捋花白的胡须，似乎没有被美丽的风景感动。只见他微蹙眉头，看看北边，又望望南方，口中喃喃吟出这样的句子：

草草辞家忧后事，迟迟去国问前途。

望秦岭上回头立，无限秋风吹白须。

他是谁？为何辞家，为何去国？他这是要到哪里去？

1200年后的今天，我们知道，这个人叫白居易，身份是政治家、文学家和诗人。这一年是唐宪宗元和十年，也就是公元815年。

此刻，白居易正感受刻骨铭心的痛苦。他的诗，是对往昔的无限依恋，是对未来的无限恐惧。那无限秋风，其实是他无限的心思。44岁，不尴不尬的年龄，政治上，不明不白地被打倒了，授了一个不清不楚的江州司马之职，被赶出了京城长安。前面的路该如何走？他不知道。

此刻，他尚未知晓自己的伟大命运。

注释：

(1)望秦岭：即秦岭山。唐·杜佑《通典·商州》：上洛，汉旧县，有秦岭山。

江 湖 之 远

距京城长安三四千里路之遥，在长江中下游交接处的南岸，有一座城市叫浔阳，是江州治所，据称是汉代大将灌婴（一说陈婴）于公元前 201 年所筑。[1]让我们看看唐元和年间，这座千年古城，是一座怎样的城市。

江 州 地 理

说到浔阳，不得不提到另一个名字，九江。

说来九江的来头不小。《尚书·禹贡》中就提到"江汉朝宗于海，九江孔殷"，说的是长江、汉水并流朝大海奔去，流到"九江"这个地方，水道众多，水势浩大。与来历不怎么明了的《尚书》一样，为什么叫九江这个名字，这个九江又在什么地方？千百年来，人们聚讼纷纭，莫衷一是。[2]无论如何，"九江"二字，描述了自然的伟大壮阔，记录了人类的初步印象。[3]

随后的夏商周，可没九江什么事。也是，那时候，长江中游一带，要么山林密布，要么大水汪汪，没有什么值得关注。春秋战国期间，霸主更迭，百家争鸣，有多少刀光剑影，有多少真知灼见，这些和九江统统不沾边。那时的人们，只顾中原逐鹿，使性斗狠，或者著书立说，畅所欲言，哪顾得上蛮荒中的一片泽国。倾箱倒箧，在典籍中，大约只有楚之东境、吴之西境寥寥数字而已。

到秦始皇横扫六合、一统天下之际，九江忽然著名，那就是在始皇帝设置的三十六个郡县中，赫然有九江郡。据考证，那时的九江郡管辖范围很广，

包括今天的安徽、河南淮河以南地区、湖北东部、江西全境和福建西北部，治所在寿春（今安徽寿县）。这时的九江，已经从一个地理名词，蜕变成一个行政区域的名称了。

到了汉代，仍置九江郡，不过范围大大缩小，大约今天的安徽中北部，仍治寿春。另外设立了庐江郡，其下，设置了寻阳县。这里的寻阳县，治所在今湖北黄梅县境内。还设有豫章郡，在王莽时期也叫九江郡。

这真是一团乱麻，九江、寻阳居然是两处地方，跟我们眼下的情势完全不同，正所谓白云苍狗，沧海桑田。其实，中间的变化，我们还懒得说呢，不然，其千头万绪，非得令人抓狂不可。

说到作为一级行政实体的"州"，是在汉灵帝刘宏时期才正式设立的，此后，州慢慢演变成地方最高一级行政区划单位。开始，全国行政区划中，并没有江州，直到晋武帝司马炎平定孙吴、统一全国，由荆、扬两州分置，江州这一名号才正式登上历史舞台。江州治所最初在豫章（今江西南昌），后或寻阳（江北寻阳），或半州（今九江市西），或柴桑（今九江市八里湖西北），或湓口（今九江市区），到南北朝陈武帝时，移理湓城。东晋时的江州，辖境相当于今江西、福建两省和湖北、湖南东部一带。唐高祖李渊武德八年（625），省湓城入浔阳，亦称九江，为江州治所。自此，湓口（也被称作湓城、湓口城）、浔阳、九江、江州才算统一起来。天宝元年（742）改为浔阳郡，乾元元年（758）复为江州，到元和年间，江州属江南西道，领浔阳、彭泽、都昌三县，辖区相当于今天的九江城区、都昌、湖口、彭泽、德安、九江县和共青城、瑞昌、庐山市（原星子县），比今九江市辖区略小（今辖区还包括修水、武宁、永修三县，唐代属洪州）。

历史，是一道长长的河流，曲折蜿蜒，波光粼粼。放眼望去，看湓城、浔阳、九江、江州这些名字，哪一个不是水灵灵的？

说到水，实在不能不提长江。长江自唐古拉山发脉以来，穿青藏，越云贵，下巴蜀，出三峡，汇洞庭，纳汉水，来到了楚尾吴头，在这里，她一改昔日狂躁，变得温顺大度，安逸祥和。自江夏（今湖北武昌）为东南流向，经江州浔阳城，折向东北方向，从地图上看，就好像被老师打了一个漂亮的对勾符号，因此，浔阳这块地方，被人们称之为转折之地。长江流经九江时，水势浩淼，江面壮阔，史称浔阳江。到了离浔阳城四十里的湖口，鄱阳湖水汇入长江，水流更为宏大，气势更为壮观。站在长江岸边，西望荆湘，东眺

维扬，"滚滚长江东逝水，浪花淘尽英雄"，你不能不心生感叹。

江 州 经 济

虽然有人考证早在新石器时代，九江一带就有人类活动，然而较之于中原，那就是小巫了。不管你有什么文物佐证，在中华文明初期，九江实在没有什么东西值得显摆，载入史册。在那漫长的时期，先民们一直在此默默地繁衍生息，仿佛是一个被遗忘的角落。

战国期间，除开秦、赵、齐等北方强国在中原拼来杀去、好胜斗勇外，南方的楚、吴、越等国也不甘寂寞，常常拳脚相加，头破血流。令人奇怪的是，查遍典籍，当郢、鄂、六、巢、会稽、番（鄱）等地名在眼前晃来晃去时，九江这块土地，却鱼不动水不跳，没有一点动静。用时兴的一句话说，差别咋就这么大呢？

思来想去，除开那时候偏隅一方（相对于中原）、战略地位并不重要外，耕作工具是一个重要原因。与江汉平原、长江中下游平原不同，九江主要是丘陵和山区，森林茂密，地势复杂，当铁制农具没有出现或者尚未大规模使用时，要在这样的地形地貌中开垦出农田来，实属不易。[4]直到战国后期，秦汉以降，铁制农具开始大量使用，江南北部的开垦开发就顺理成章了。

史传灌婴于汉高祖六年（前201）一口气筑就豫章、溢口、宜春、于都等数座城市，开启了江西境内开发勃兴之滥觞。筑城，固然是为了军事需要，但同时提供了商品交换场所也就是所谓的市场，带来了人口集聚、文化昌明的可能。这样说来，布贩出身的灌婴，实在是做了一件功德无量的事情。

也许正因为出身布贩，大将军血管里流淌着的是商人的血液，因此，浔阳城筑城之初，灌婴就指挥人们挖了一口井。[5]有了井，就会有市，进而就会有"市井"。虽然在那个时候，"商"的地位并不高，士农工商，理论上讲都是国家柱石，但"商"恐怕是盖房子时最先埋进土里的石头，一直以来，见不到天日。不然，怎么会有长期以来的抑商传统，怎么会有"无商不奸"的成语？其实，只要是生产有剩余，就会产生商品交换，交易会使双方受益，会使国民财富增加，一句话，商品交换是不可或缺的。这一浅显而又高深的"理论"，直到近两千年后的1776年，才被一个叫亚当·斯密的英国人所窥

破，这不能不说是理论落后于实践的有力证据。

大将军灌婴可不管这些。好在那个时候，不读书的汉高祖刘邦不讲什么理论，文、景期间的尊崇黄老也未出现，更轮不到董仲舒跳出来说什么"独尊"。就这样，浔阳城以军事和商业开始了她的蹒跚起步。

历两汉、三国、两晋、南北朝、隋直到唐元和年间，九江经历了多次战火洗礼，同时又在不断发展。唐朝李吉甫《元和郡县图志》载，江州开元期间有户籍21865，元和期间有户籍17945。按平均每户5.6人估算，开元时期有12万人，元和期间有10万人。

别瞧不起这10万人，要知道，经历了安史之乱，唐帝国的人口减少了3/4。《旧唐书》载，天宝十三载（754），全国总户数9619254，人口5288万，达到鼎盛，而到了元和二年（807），户数只有2440254，仍按每户5.6人计，人口只有1366.5万。元和年间，江南西道共有洪州、饶州、虔州、吉州、江州、袁州、信州、抚州等8州，总户数为29.3万，人口为164.2万。江州占全国人口的0.74%，占江南西道的6.16%。就江州与全国人口占比来讲，比当今要高出一倍呢。[6]

有一个现象不能不引起人们的注意，那就是在元和年间，帝国首都长安地区的人口非常稠密。《元和郡县图志》载京兆府（雍州）下辖24个县，有24万户，人口135万，占全国总人口的1/10。而一些偏远之地，人口就非常有限，譬如永州下辖4个县，户数只有区区894户，人口只有5000人，柳州管5个县，户数只有1287户，人口只有7000来人。这么说来，这些地方可算是穷乡僻壤。

江州的总人口是10万人，摊到当时的3个县，平均每个县就只有3万人。用当今的眼光来看，那真是地广人稀。浔阳城区有多少人？没有史料佐证。私下揣测常住人口可能不到1万人，流动人口就不好估计了。这样一来，对江州的繁华不能作太高的想象。如果你要是没有概念，那就拿20世纪五六十年代某个小县城做参考吧。

"筚路蓝缕，以启山林。""江南地广，或火耕水耨，民食鱼稻，以渔猎山伐为业。"是啊，我们都说先民创造了灿烂的文明，殊不知这文明中有多少苦斗、不公、挣扎、灾难和深渊，又有多少冒险、搏击、练达、成功和喜悦，一部江州开发史，是由先民的汗水、泪水和斑斑血迹所写就。

秦汉以降，经过先民艰苦卓绝的奋斗，加上生产工具的改良，生产技术

的进步,使得生产力发展步伐大大加快。到中唐,九江俨然通衢大邑,"缗钱、粟帛,动盈万数。"除稻、鱼、菜蔬等主要出产外,还有布匹、纸张、孔雀石(铜矿石)和药材。浔阳的美酒"溢水"也非常出名,是全国知名品牌,足可以和剑南春(剑南烧春)等相媲美。

在没有公路、铁路的年代,河流,决定一个地方或一座城市的兴衰。九江地处交通要道,引荆湘而下吴越,襟三江而带五湖。长江水道不仅是重要的物资通道,也是重要的交通干道。从京城长安到吴、越,其水路是下汉水,经襄阳,达长江,过浔阳,然后顺流而下。鄱阳湖又是越五岭、进瓯越的重要孔道,物资在这里集散中转,移民在这里汇聚暂留,"走闽禺而驰于越,必出此路。"[7]

人来人往,挡不住商业的繁荣。酒楼茶肆,布店菜场,港口仓库,客栈妓院,都已经有模有样。甚至还出现了名商巨贾,甚至还出现了外国商人。

于是,我们看到,长江岸边,一幢幢楼房错落有致,鄱阳湖中,一艘艘渔船热火朝天,浔阳江上,大小船只来往穿梭,农田旱地,农夫耕牛挥汗如雨。南来北往的旅人,上水下水的客商,手持公文的使者,登岸嫖妓的水手,呼朋引类,嘈杂纷扰;冠冕堂皇之士,工匠商贾之人,引车卖浆之流,贩夫走卒之众,歌者妓女之辈,摩肩接踵,人流如潮,一时间,九江,遂成为"门户"和"雄镇"。[8]

江 州 文 化

水为山之魂,山为水之根。一个地方,如果只有水而无山,那就不是一个好地方。所幸的是,老天造物时,特别眷顾九江。他老人家用大手划定长江、圈定鄱阳湖之后,兴犹未尽,在江湖交汇处,顺势捏了一座山,这就是庐山。

要说庐山,并不算高,主峰汉阳峰海拔才1474米。但由于一山突兀,四傍无依,孤悬于长江之滨、鄱阳湖畔,因此显得格外壮观。大江大湖与大山相依相伴,秀丽与险峻刚柔相济,写就了一方好山好水,写就了一方亘古传奇。

人云:山之骨在石,山之趣在水,山之态在树,山之精神在峭、在秀、在高,有一于此,方足著称。而在庐山,巉岩绝壁、瀑布流泉、高树奇草、

云烟流霞，无一不有，无一不佳。大自然的鬼斧神工，使庐山形成了峰峦叠嶂、万壑争流、丛林莽莽、云海滔滔的雄浑气势，形成了"雄、奇、险、秀"的壮丽画卷。

人为天地灵长，没有人，再好的山水也显得寂寥和落寞。可也怪，凡是与九江有关的人，无一不与山水有缘。也不知是人因山而名，还是水因人而秀，反正看来看去，九江的人物史稿中，总看见青山隐隐，绿水悠悠。这人和山水的源头，就是大名鼎鼎的大禹。

说到大禹，地球人都知道，他是华夏民族的治水英雄。他老人家到九江来干什么？当然是为了治水。大禹是一位杰出的领袖，是实干家。他将天下分为九州，率领百姓，根据地形高低，"左准绳，右规矩"，采用开、疏、导、凿等办法，"高者凿而通之，卑者疏而宣之"，开山凿壁，疏通江河，使洪水逐渐退去，人民安居乐业。

大禹是否真的来过九江，实际上已无可考证了。不过，庐山最高峰大汉阳峰前，有一道峭壁人称"禹王崖"，据传大禹与皋陶、伯益等人曾从这峭壁间攀缘而上，坐在山头，居高临下，观察水势，谋划治水办法。至今崖上的韧石之间还有"鸿荒漾予乃撵"数字依稀可辨，据称就是那时留下的石刻。

大禹离我们已相当久远，就是"夏商周断代工程"，也还有许多事情没有搞清楚。禹王崖的石刻久历风雨，漫漫难辨，然而，大禹治水的故事口口相传，生生不灭，这便是公道自有人心，人生可以不死的最好证明。

如果说禹迹茫茫、野烟重重的话，那么，另一个人的到来，则揭开了九江和庐山的新篇章。这个人就是汉代司马迁。

司马迁是一个大学问家，同时又是一个大旅行家，是"读万卷书、行万里路"的践行者。他忍辱含垢，以"究天人之际，通古今之变，成一家之言"的史识，成就了中国历史上第一部纪传体通史《史记》，成为"史家之绝唱，无韵之《离骚》"。

司马迁在《史记》中说，"余南登庐山，观禹疏九江。"也就是说，他登临庐山，寻踪怀古，凭吊大禹治水的遗迹，回想大禹疏通九江的艰辛和功绩。寥寥数字，将九江、庐山从荒郊野外拉进文化的殿堂，揭开了九江文化崭新的一页。

自登堂入室以来，有关九江的记载就延绵不绝。譬如汉武帝刘彻曾经视察寻阳，过鄱阳湖，并礼拜祭祀庐山；[9]汉元帝刘奭时期，戴圣任九江太守，

编纂《礼记》，传授礼学；汉光武帝刘秀时期，桓荣在九江开设学堂，传道授业，讲习《尚书》；宋均任九江太守，由于治理得当，境内的老虎"相与东游度江"，虎患解除，等等。

汉末三分天下，战乱不已。东吴的周瑜你不会不知道，那可是风流倜傥、玉树临风、才高八斗、英俊潇洒的帅哥啊。这帅哥会打仗、懂音乐、有情调，搁现在，不知道有多少"粉丝"。这帅哥在九江干什么？跟山水有关系么？有，有。当年这帅哥在柴桑山集结部队，在鄱阳湖操练水军，并从这里出发，火烧赤壁，打败曹操呢。周瑜的行迹，在《三国志》中有记载，而《三国演义》演绎得更为活灵活现。[10]但要知道的是，罗贯中为搞"三突出"，树立诸葛亮"高、大、全"的形象，硬是将周瑜描写成一个心胸狭窄的人，与《三国志》中所说"性度恢廓，大率为得人"完全相反。由此可见文人的笔其实也是一把刀呢。

有人说，你这不是文化，是历史。是的，这是历史。但历史是人创造的，文化就是在历史的积淀和外界的交流中而产生，而传承，而融合，而丰富，而发展的。文化不是空中楼阁，不能脱离历史而独立存在。有时候，我们缺乏对历史最起码的尊重，或戏说，或打扮，或挑挑拣拣，或紧闭双目，从而陷入历史实用主义或历史虚无主义的泥淖。

真正使九江文化起革命性变化的，是西晋末年中原士族的衣冠南渡。那时，北方乱离，中原陆沉，大批北人南迁，江州人口大增，文化由此繁茂。由于江州地理特殊，于南北，处于前线的后方，后方的前线，于东西，处于荆州下游，京城建康（今江苏南京）上游，因此，看东晋历史，总看见一些将军的身影在江州晃来晃去：陶侃、王敦、温峤、庾亮、庾翼、谢尚、桓伊、王羲之，等等，等等。

王羲之？对。将军？不错。不是书法家么？恭喜你，答对啦。

说来王羲之也是一个帅哥。人帅没办法，艳遇找上门。像周瑜帅哥，就有"小乔初嫁了"，叫人顿生无限想象。他王羲之帅哥也不甘示弱，弄出一个"坦腹东床"的故事，叫千百年来男人们为之钦羡，女人们为之心醉。王羲之当过宁远将军、右军将军，史称王右军。他的书法，那是一顶一的，后人称之为书圣，一副《兰亭》，千载留香。王羲之与九江有什么关系？有，他当过江州刺史。据说他解职后在庐山南麓的归宗建了一座习字别墅，在那里练习书法。至今，在归宗有墨池，在不远的紫霄峰下有鹅池等遗迹。

将军整顿山河，宗教安顿灵魂。东晋南北朝时期，神州分裂，生灵涂炭，是一个乱世。不错，乱世是出英雄，但乱世更出苦难，因为所有的英雄雕像都要靠老百姓的血肉之躯来筑就。在这样的乱世中，人们走投无路，只有到宗教中去寻找慰藉和解脱。东晋南北朝，道教、佛教均有大的发展和影响，不能不说是历史的必然。

慧远，陆修静，这两个人在佛、道两界可是响当当的名字。前者从北方来，在庐山北麓创建东林寺，开启了"中国佛教化与佛教中国化的大趋势"，[01]东林寺成为佛教净土宗的祖庭。后者本是江南人，也来到庐山，在山南构筑简寂观，缔造了中国南方新道教，继而成为隋唐道教的正源，简寂观成为道教的洞天福地。

佛道两家，一北一南，既相背又共处一山，这是一个很有意思的文化现象。一方面，看得出两家竞争激烈、不遑相让的架势，另一方面，可以体味两家不得不折中调和、相互融合的心曲。慧远、陆修静都是有文化的人，是著作大家，都能观时事，察兴替，懂进退，知权变，从而弘扬法理，振兴宗教。

如果只是佛、道两家在九江流布，只是外来人物在庐山显名，那么，九江的历史文化便很难称得上有分量。幸好，这时，一位本土大家横空出世，使得九江的天空呈现绚烂的色彩。这个人就是陶渊明。

陶渊明是地地道道的九江人。除去不断尝试、不断失望的13年官场生涯，陶渊明其实就是一介农民。而这个农民可不是一般的农民，他会写诗，好饮酒，因此，诗、酒成为他孤独的影子，寂寞的朋友。当然，你从他的诗歌中感觉不到孤独和寂寞，只看到他的乐观天成、朴素自然。他的桃源之水，从晋代一直流淌到今天，滋养着我们的灵魂。

"须信此翁未死，到如今、凛然生气。"[02]

陶渊明，中国文学的一座灯塔，中国文人的一盏明灯，中国文化的一座丰碑。

自此，江州文化完成了一个华丽的转身，从蛮荒到文明，从贫瘠到丰盈，从质到文，从轻到重，九江，将不仅仅以军事要地、鱼米之乡载入史册，而且将以理想品格之源流、文章诗歌之高地而著称于世。

"山不厌高，海不厌深。"随后，一大批人物继续在九江大地上倾情演出，为九江增色添彩。谢灵运来了，带来了他的木屐和山水诗，留下了他和慧远大师忘年之交的佳话；颜延之来了，带来了他和陶渊明的友情，留下了真情实意

的《陶征士诔》；檀道济来了，带来了他的《三十六计》，留下了"可怜白符鸠，枉杀檀江州"的千年之叹；鲍照来了，带来了他的《大雷岸与妹书》，让九江人欣赏到他的"俊逸"；刘义庆来了，带来了他的文士团队，悉心编撰《世说新语》，为我们形象地诠释了魏晋风度；江淹来了，带来了他的诗与赋，留下了"梦笔生花"和"江郎才尽"的惊喜与遗憾；[13]何逊来了，带来了"夜雨空阶"的迷离，留下了七年江州的身影；昭明太子萧统来了，带来了《陶渊明传》和《陶靖节集序》，留下了"爱不释手"的成语，开启了知陶赏陶的先河。

硝烟散去，江山一统。入唐后，将军的影子渐渐淡出，文人骚客粉墨登场。他们或登临抒怀，或遥寄思绪，或触景生情，或送别感慨，或现场凭吊，或隔空思慕，为这一方山水，而费尽心血，放歌吟唱。

从初唐到元和年间，在九江写诗文，或者在外地写九江的，又是一串长长的名字：王绩、王勃、骆宾王、苏味道、刘允济、崔融、宋之问、张九龄、孟浩然、綦毋潜、祖咏、崔颢、王昌龄、王维、灵澈、李白、杜甫、岑参、刘长卿、颜真卿、皇甫冉、元结、李嘉佑、韦应物、符载、韩翃、郎士元、吴筠、张继、皎然、司空曙、钱起、独孤及、李华、顾况、耿湋、崔峒、戴叔伦、李端、卢纶、孟郊、崔护、李贺、陆羽、权德舆等等。

我敢说，这一串名单没有一个人有耐心把它看完，大家最多瞟一眼了事。要知道的是，在这串名单中，我还有意无意漏掉一些人的名字，不然，我肯定要挨骂，说是摧残读者诸君的脑细胞。写到这里，深感有时候材料太多，也未必见得是件好事，因为叫人不知道怎么取舍。灿烂星空，群星闪烁，你叫我遮蔽哪颗？

"积土成山，风雨兴焉；积水成渊，蛟龙生焉。"正是由于众人培土，群英浇水，江州的文化森林郁郁葱葱，枝繁叶茂。难怪李白在《望庐山五老峰》中这样放声高唱：

庐山东南五老峰，青天削出金芙蓉。

九江秀色可揽结，吾将此地巢云松。

注释：

(1)唐·李吉甫《元和郡县图志》：溢口城，汉高帝六年灌婴所筑。唐·欧阳询《艺文类聚·水部下·井》引东晋张僧鉴《浔阳记》：盆城，灌婴所筑。南朝宋·雷次宗《豫章记》：汉高六年，大将军灌婴所筑。北魏·郦道元《水经注》：南昌，汉高祖六年，始命

陈婴以为豫章郡，治此，即陈婴所筑也。宋·赵与时《宾退录》卷1：灌婴踪迹未尝到江南……友人萧子寿（大年）考《功侯臣表》，始知其陈婴。

作者按：《史记》《汉书》中均记载灌婴在垓下之战后，渡江，"遂定吴、豫章、会稽郡。"《史记·高祖功臣侯者年表第六》记载陈婴"项羽死，属汉，定豫章、浙江，都浙，自立为王"。从两者事迹与实力看，似乎以灌婴是为。陈婴，汉武帝皇后陈阿娇之曾祖，与项羽同时起兵，后归汉，封堂邑侯。史料中，有关陈婴记载过于简单，且势力范围不大，南昌、九江筑城如以陈婴推翻灌婴，殊为勉强。且夫今古地名，多有变异，除当今南昌外，古代称豫章者，尚有他处，二婴所定豫章，是否当今之南昌，并无确论，见《左传》杜预注。

（2）《辞海》：《书·禹贡》：荆州，"九江孔殷""九江纳锡大龟"。后人解释可分为三派：1.《汉书·地理志》：寻阳，"《禹贡》九江在南，皆东合为大江。"这是说九江在汉寻阳境内，即今湖北广济、黄梅一带。汉唐诸儒一般皆主此说，但对九江的江源又有不同说法：《汉书注》引应劭、郭璞《山海经注》《尚书伪孔传》都认为源自大江，派分为九；《书正义》引郑氏则认为九江各自别源，出自山溪，《经典释文》引六朝人《浔阳记》《缘江图》，并列举九江名目，而二书互有出入。2.《晋太康地记》："九江，刘歆以为湖汉九水入彭蠡泽也。"这是汉人别说，以注入彭蠡（今鄱阳湖）的湖汉水（今赣江）及其八大支流合称九江。3.宋人胡旦、朱熹、蔡沈等皆以注入洞庭湖的沅、湘等水为九江，各家所举名目也不尽相同。

按："九"当为虚指。"九"为古代中国人认为的最大数字，"九江"是"众水东流"之意，其源头来自大江，派分为九。近年，本人多次到黄梅县孔垄镇一带游历，发现许多名"坽"和"墩"的地方，譬如丝瓜坽、姜家坽、张家墩、陈家墩等等，说明这里曾是一片泽国。又从卫星地图上看，从湖北武穴市（原广济县）的龙坪镇，到黄梅县刘佐乡，是一大片平阔低洼之地，水网密布，水沟纵横，在未筑江堤之丰水时节，自当水潦盛长，浩无津涯，众水东流，蔚为大观，结合古籍记载和实地考察，这一带极有可能为"九江"之所在。坽：土埂。

（3）两晋·郭璞《江赋》：流九派乎寻阳，鼓洪涛于赤岸，沦余波乎柴桑。

（4）[美]斯塔夫里阿诺斯《全球通史》：1.在中欧和西欧等其他地区，由于那时还没有进入铁器时代，没有造价低廉且有效的工具，茂密的森林成了一道难以逾越的障碍。2.铁器发生影响的方式人人都很熟悉，比以往工具生产效率更高的铁制工具使农业有可能从起初的黄河发源地向南扩展到森林茂密的长江流域。

（5）宋·陈舜俞《庐山记》：张僧鉴《寻阳记》云，湓口城，灌婴所筑。汉建平中，孙权经此城，命凿井，适中古瓮得石函铭曰，汉六年，颍阴侯开，卜云，三百年当塞，后不百年当为应运者所开。权欣然，以为己瑞。井极深，湓江有风浪，井水辄动，邦人因号浪井。按：此井亦称灌婴井。

（6）据翁俊雄考证，《元和郡县图志》中，元和户数指元和二年（807）的户数。同时，翁俊雄认为，由于浮寄客户、逃户等种种原因，《元和郡县图志》所载各州民户数字，只是实有民户数的1/2左右。见翁俊雄《唐后期政区与人口》。

《新唐书·地理五》：江州浔阳郡，上。本九江郡，天宝元年更名。户万九千二十五，口十万五千七百四十四（开元二十八年，740年）。《通典》：江州浔阳郡，户二万六千五十八，口十四万八千九百二十七。按：《通典》人口数本无纪年，黄盛璋认为应系之于天宝十四载（755），但翁俊雄经过对州县废置、改隶时间、户口总数、区域户数等方面的分析，认为当系于开元二十九年（741）。

户均人口数的算法：用上述两组数据分别求出户均人口数，再求平均值。

据第六次全国人口普查数据（2010年11月1日零时），全国人口1370536875人，江西省44567475人，九江市4728763人。九江市人口占全国、全省比重分别为0.35%和10.61%。

(7)唐·独孤及《江州刺史厅壁记》：每使臣计郡县之财入，调军府之储峙，玺节旁午，羽书络绎，走闽禺而驰于越，必出此路。按：开元年间，张九龄开大庾岭官道，使赣江水系和珠江水系相连，自此一直到两宋和明代，这条路成为联络中原和岭南的重要通道，由此造就了宋、明时期江西文化的大繁荣。见《全唐文》卷291张九龄《开大庾岭路记》。又，独孤及作此文在唐代宗永泰元年（765）。

(8)清·顾祖禹《读史方舆纪要》：江西之有九江也，险在门户间者也，此夫人而知之也。独孤及《江州刺史厅壁记》：是州也，在荆之域，于浔之阳，世称雄镇。

(9)《史记·封禅书第六》：自寻阳出枞阳，过彭蠡，礼其名山川。《汉书·武帝纪第六》：五年冬，行南巡狩，至于盛唐。望祀虞舜于九嶷。登潜天柱山。自寻阳浮江，亲射蛟江中，获之。舳舻千里，薄枞阳而出，作盛唐枞阳之歌……所过礼祠其名山大川。按：唐宋时，汉武浔阳射蛟事曾有多人吟咏，如独孤授《汉武帝射蛟赋》："于是左史趋进，执简以书曰：'天子幸浔阳也，亲射蛟而获诸。'"李白《永王东巡歌十一首·其九》："祖龙浮海不成桥，汉武寻阳空射蛟。"韦应物《汉武帝杂歌三首》："何为临深亲射蛟，示威以夺诸侯魄。"李德裕《进元宗马射图状》："楚人美旌盖之雄，浔阳射蛟。"苏辙《江州五咏·射蛟浦》等。宋时浔阳有射蛟浦，但不知是原有古地名，还是宋代好事者而名之。射蛟浦在何处？不详。有说射蛟浦在湖口县城石钟山西南5公里的鄱阳湖东岸文昌洑（又叫文昌府），殊为勉强，汉武船队顺长江而下，应该不会拐入鄱阳湖。

(10)《三国演义》中，与九江有关的章节有第四十三回"诸葛亮舌战群儒，鲁子敬力排众议"、第四十四回"孔明用智激周瑜，孙权决计破曹操"、第五十七回"柴桑口卧龙吊丧，耒阳县凤雏理事"等。

(11)胡适《庐山游记》：庐山有三处史迹代表三大趋势：（一）慧远的东林，代表中国"佛教化"与佛教"中国化"的大趋势。（二）白鹿洞，代表中国近代七百年的宋学大趋势。（三）牯岭，代表西方文化侵入中国的大趋势。

(12)辛弃疾《水龙吟·老来曾识渊明》。

(13)江淹，南朝政治家、文学家，其诗、赋有文学成就，名作有《别赋》《杂体诗三十首》等。诗歌气势浑厚，感情真挚，没有"齐梁体"那种绮丽浮艳之风。在九江，写有《从冠军行建平王登庐山香炉峰》诗，另有《陶征君田居》深得陶诗意境。《南史·江淹传》：淹少以文章显，晚节才思微退。

许国忘身

在对江州情况有一定的了解之后，让我们来看看白居易处于什么样的时代，他又干了些什么，他又是在什么样的情况下被迫赶赴江州的。

新乐府运动

从遥远的江湖，来到高高的庙堂，我们的目光，看到的不是芳草萋萋，而是荆棘丛生。

这一切，还要从十年前说起。

贞元二十一年（805），大唐王朝发生了巨变，一年之中换了两个皇帝。

这一年的正月，唐德宗李适驾崩，唐顺宗李诵继位，八月，李诵退位，太子李纯继位，庙号是唐宪宗。

唐德宗在位26年，是大唐在位时间第三的皇帝。在如此漫长的执政期间，唐德宗基本上无所作为，国家面临严重的内忧外患。这段时间，国家衰微，政局混乱，藩镇横暴，宦官猖獗，边境不靖，经济凋敝，民生困顿，人心离散，安史之乱给大唐帝国致命一击，多年来并没有得到恢复，老祖宗的贞观之治、开元盛世一去不复返了。

唐顺宗的继位给人们带来了希望，他任用韦执谊为宰相，信任王叔文集团，采取了一系列措施进行改革。王叔文集团是一个以下层官员为主的参谋班子，以王叔文、王伾为首，其余有陆质、吕温、李景俭、韩晔、韩泰、陈

谏、凌准、程异，还有大名鼎鼎的柳宗元和刘禹锡。不幸的是，这场改革仅仅进行了一百来天即告夭折。

八月四日，早已重病在身的李诵被迫"内禅"，五日，改元永贞（以贞元二十一年为永贞元年，805年），六日，贬王叔文、王伾为开州司马和渝州司户，九日，唐宪宗李纯继位。九月过后，贬韦执谊等八人为远州司马，翌年，改元元和，正月，太上皇李诵不明不白地死去，终年46岁。

至此，历史出现了极为吊诡的一面。

从此，历史上出现了众说纷纭的"永贞革新"称谓，出现了饱含悲剧意义的"二王八司马"这一名称。[1]

短暂的永贞一闪而过，历史，迎来元和之年。

27岁的唐宪宗登上了大唐舞台的中央，人们把期待的目光聚焦在这位年轻人身上。谁说年轻人不成熟、没经验？须知所有的经验都是靠学习和历练得来，想当年，太宗、玄宗登基时，不也是二十七八岁的年龄？

种种迹象表明，唐宪宗李纯还是很想干一番事业的。

有事实为证：元和元年（806）正月，唐宪宗任命高崇文为总指挥，讨伐剑南西川节度使韦皋暴死后自称留后的刘辟，显示了打击藩镇的决心。同月，唐宪宗利用吐蕃对付西边大食帝国之机，为集中力量平定藩镇，遣返吐蕃俘虏17人，主动与吐蕃修好，唐蕃关系出现了稳定的局面。四月，举行制举考试，校书郎元稹、白居易，前进士萧俛、沈传师及监察御史独孤郁等人登第，选拔了一批后备干部。元和二年（807）正月，以门下侍郎武元衡、中书侍郎李吉甫同中书门下平章事，这两人都是有本事、有能力的人，他们的入相，表明一批杰出人才已经或将要脱颖而出。

这样做，很合乎逻辑：宪宗即位时正是精力充沛、斗志昂扬的年纪。小时候，经历了"泾师之变"等事件，体会到了战乱给社会带来的苦难，给李唐江山带来的威胁，因此，对治乱之道进行了一番思索，"宪宗嗣位之初，读列圣实录，见贞观、开元故事，竦慕不能释卷"，他把"太宗之创业""玄宗之致理"[2]当作效法的榜样。强烈的进取心，能听取各种意见的胸怀，识人用人的气度，良好的身体素质，让天下看到，这位年轻的皇帝，与他的爷爷德宗、他的老爸顺宗有很大的不同，一个开明振作的时代就要到来。

无可否认，社会的振作，需要多方面的变革，其中包括政治的、经济的、

军事的、文化的，乃至于社会风气的转变。

但凡国家每一次大的行动，都源于思想的变革。

正是在这样的背景下，一场声势浩大的新乐府运动拉开了帷幕。

新乐府运动的旗手是白居易。

所谓新乐府，说的是用"乐府"这种诗歌形式，启用新题，来编写歌词，直指时事。它对应的是古乐府，源头是西汉设置乐府这样一个机构，掌管宫廷和朝会音乐，采集和创作诗歌，这种诗歌形式被叫作"乐府"。乐府诗相当一部分采自民间，具有通俗易懂、反映现实和可以入乐等几个特点。新乐府就是借助"乐府"这种形式，指正社会问题，针砭政治弊端，反映民间疾苦，以期达到社会效果的"新歌词"。至于入乐与否，倒在其次了。

新乐府能成为"运动"，肯定不是一家之言。新乐府运动上承杜甫的"因事立题""即事名篇"，经元结、顾况等人开拓，再到张籍、王建等人的实践，到白居易、元稹、李绅这里形成高潮，成为名副其实的一场运动。

让我们先看看与白居易同时代的张籍、王建、元稹、李绅等人都写了些什么吧。

张籍（768？～830？），字文昌，和州（今安徽和县）人。贞元十五年（799）进士。元和元年（806）授太常寺太祝，十年未迁，因患目疾，几乎失明，人称"穷瞎张太祝"。张籍一生交游甚广，与王建、孟郊、韩愈、白居易、元稹、刘禹锡等都有交往，与韩愈最密。张籍有乐府诗90首，有古题，也有新题。取材广泛，农民、樵夫、牧童、织妇、船工、兵士，都成了表现对象；商人奢侈牟利、官府横征暴敛、战争的残酷、边将的邀宠，都有反映。张籍乐府中写得最集中、最深刻的，是农民的生活和苦难，如《野老歌》：

> 老农家贫在山住，耕种山田三四亩。
>
> 苗疏税多不得食，输入官仓化为土。
>
> 岁暮锄犁傍空室，呼儿登山收橡实。
>
> 西江贾客珠百斛，船中养犬长食肉。

这首诗简略勾勒了老农一年的苦辛，语极平实，却字字血泪。官府的残酷、老农的凄苦、社会的不公，都从"登山收橡实"和"养犬长食肉"的对比中传达出来，不着意讽喻而讽喻已见。

王建（767？～830？），字仲初，颍川（今河南许昌）人。出身寒微，"从军走马十三年"，居乡则"终日忧衣食"，四十岁以后，"白发初为吏"，沉沦

于下僚，任县丞、司马之类，世称王司马。在长安时，与张籍、韩愈、白居易、刘禹锡、杨巨源等均有来往。王建与张籍有同窗之谊，诗风近似，作乐府 175 首，多描写农民日常生活，表现其喜怒哀乐，生活气息浓厚，如《水夫谣》：

苦哉生长当驿边，官家使我牵驿船。

辛苦日多乐日少，水宿沙行如海鸟。

逆风上水万斛重，前驿迢迢后森森。

半夜缘堤雪和雨，受他驱遣还复去。

夜寒衣湿披短蓑，臆穿足裂忍痛何！

到明辛苦无处说，齐声腾踏牵船歌。

一间茅屋何所直，父母之乡去不得。

我愿此水作平田，长使水夫不怨天。

诗以纤夫生活为对象，通过纤夫的独白，写出水上服役不堪忍受的痛苦，对当时不合理的劳役制度进行了控诉。诗用"苦哉"二字领起全篇，说明他内心的悲苦难以抑制。"官家使我牵驿船"，点出悲苦的原因。接着，诗人具体述说牵船生活的痛苦：白天顶风、逆水、船重，前面的驿站那样遥远，水波茫茫无边无际，纤夫的苦难日子似乎走不到尽头，黑夜雨雪交加，纤夫披着短蓑，纤绳磨破胸口，冻裂双脚。一夜挣扎，没有丝毫报酬，只好用歌声发泄内心的怨愤不平。纤夫的全部财产只有一间茅屋，本不值留恋，但故乡又舍不得离开。纤夫把改变困境的希望寄托在幻想中："我愿此水作平田，长使水夫不怨天。"水变平田当然不现实，因此他们的痛苦实际上无法解除。

元稹和李绅都是白居易的莫逆之交，他们之间的友谊维持了终生，前后长达几十年。元稹，字微之，是新乐府运动的中坚，与白居易齐名，世称"元白"。他总结杜甫的创作经验，反对"沿袭古题"，主张"刺美见（现）事"，在理论和实践两方面推动了新乐府运动的开展。元稹的新乐府有非常高的成就，如《田家词》：

牛吒吒，田确确，旱块敲牛蹄趵趵。

种得官仓珠颗谷，六十年来兵簇簇，月月食粮车辘辘。

一日官军收海服，驱牛驾车食牛肉，归来收得牛两角。

重铸耧犁作斤劚，姑舂妇担去输官，输官不足归卖屋。

愿官早胜仇早复，农死有儿牛有犊，誓不遣官军粮不足。

诗的开篇，作者就用两个短句、三组叠字，状形写声，把农民耕地时的那种艰苦、忙碌、急促的情状绘声绘色地凸现在读者的眼前：天久不雨，土地坚硬，牛拉着沉重的犁耙，在农夫的呵斥声中喘着粗气一步一步地行走着。这么急切地耕作，终年劳累，用汗水换来的珍珠般的粮食，都进了官仓，自己一无所得，为什么呢？因为六十年来，战争不断，年年月月，日日餐餐，官兵们吃的粮食全由农民供给，并由农民驾着辘辘的大车不停地运往前线。"一日官军收海服"，自从官军征伐藩镇的战争开始以来，农民驱牛驾车千里迢迢把粮食运到前线，结果连牛也被官兵宰杀吃掉了，车被当柴烧了，农民只收得两只牛角而返。战争还在没完没了地打下去，新的军输又在等待着他们，农民只得重铸犁锄，重作农具，重新开始一年的辛勤耕作，收获之后，姑春妇担，运到官仓，终年辛勤劳动所获还交不够，甚至回来连房屋也被迫卖掉买粮纳税。"愿官早胜仇早复"，这三句表面上是说，但愿官军早日胜利，以报藩镇叛乱的仇恨，我们不要紧，累死了还有下一代，牛被杀了还有小牛犊，不会让官军的军粮缺少的，实际上，是农民极端愤激之词，是对社会的强烈控诉。

李绅，字公垂，他的《新题乐府》20首，是已知最早标明"新"乐府的诗。元和四年（809），李绅首先写《新题乐府》20首送给元稹，元稹认为"雅有所谓，不虚为文"，于是"取其病时之尤急者，列而和之"，写《和李校书新题乐府十二首并序》，后来白居易又写《新乐府》50首，正式标举"新乐府"的名称。李绅的新题乐府20首，可惜佚失，我们已经见不到了，但他的《悯农》二首，是新乐府运动中的佳作，时至今日，家喻户晓，妇孺皆知：

锄禾日当午，汗滴禾下土。

谁知盘中餐，粒粒皆辛苦。

春种一粒粟，秋收万颗子。

四海无闲田，农夫犹饿死。

有诗如此，足以千载！

朋友们写出如此辛辣的喻世之歌，作为旗手的白居易自然不甘落后。元和二年（807），他写了《观刈麦》等，可以看作是他自己新乐府诗歌的先声，元和四年（809），写出了《新乐府》50篇，元和五年（810），写出了《秦中吟十首》，此外，他还写出了一系列的讽喻诗。从此，新乐府运动作为一场轰

轰轰烈烈的文学运动，被载入史册。

说新乐府运动是一场文学运动，毋宁说是一场思想文化运动。为什么这样说呢？我私下揣测：一是新乐府运动是有意识的写作活动，不是为写作而写作，不是文字游戏。二是新乐府的取材是为了"刺美见事"，以批判现实为主旨，反映民生疾苦和社会弊端。三是新乐府文字晓畅，让人容易接受，便于传播，社会各阶层吟咏于口，潜化于心。四是新乐府作者甚众，持续时间甚长。最主要的是，他把斗争的锋芒直指统治者和形形色色的走狗，对底层劳动人民寄予无限的同情，表现了一种不甘衰败、发愤图强的复兴精神，一种基于忧患、勇猛精进的进取精神，一种关怀生命、抑强扶弱的人文精神，因此，说是一场思想文化运动，或许并无大误。

真正的诗歌，应该具有时代性和人民性，不是歌功颂德，不是强说忧愁，不是说教，不是应酬，也不是炫技性的堆砌辞藻。我们读到一首好诗，或听到一首好歌，固然会为其中的妙词警句所打动，但更多的是，我们从中读到了苦难、挣扎、奋斗、练达和喜悦，我们听到了发出内心的呼唤、呐喊、痛哭和欢笑，我们感受到了深刻、优美、典雅和隽永，是真情流露而不是无病呻吟，是眼睛向下而不是屁股朝天，是坚持风骚传统而不是成为"羔雁之具"，[3] 是"庶几水中之盐味，而非眼里之金屑"，[4] 是"人人心头舌尖所万不获已，必欲说出之一句说话耳"。[5]

新乐府运动，先是承接韩愈的古文运动，继而与韩愈、柳宗元的古文运动一道，磅礴于文坛，引领着元和文化的方向。

讽 喻 诗

元和元年（806），在为应制举考试而作准备写下《策林》75篇时，白居易就表现出重写实、尚通俗、强调讽喻的倾向。在《策林六十八·议文章》中说，"古之为文者，上以纫王教，系国风；下以存炯戒，通讽喻。故惩劝善恶之柄，执于文士褒贬之际焉；补察得失之端，操于诗人美刺之间焉。"文章与诗歌的功能是美教化，移风俗，砭时弊，存炯戒，因而，是善是恶，文士应该在文章中予以褒赞或抨击，是得是失，诗人应该在诗歌中予以颂扬或批评。在《策林六十九·采诗》中说，"大凡人之感于事，则必动于情，然后兴

于嗟叹，发于吟咏，而形于歌诗矣。"这就是说诗歌的基础是"事"，即客观的社会现实。又说，"故国风之盛衰，由斯而见也；王政之得失，由斯而闻也；人情之哀乐，由斯而知也。"从诗歌里可以体察社会治乱、政治得失、人情哀乐，所以他主张："立采诗之官，开讽刺之道，察其得失之政，通其上下之情。"

元和四年（809），白居易作《新乐府》50篇，在《序》中，明确地提出了他的创作主张和目的："其辞质而径，欲见之者易谕也；其言直而切，欲闻之者深诫也；其事核而实，使采之者传信也；其体顺而肆，可以播于乐章歌曲也。总而言之，为君、为臣、为民、为物、为事而作，不为文而作也。"新乐府的创作，要做到词句质朴、表达直率，便于读者理解；要直书其事、切近事理，使听者深深惊醒；要内容真实、有案可稽，令人信服；还要词句通顺、合于声律，可以入乐。创作动机是为君、为臣、为民、为物、为事而作，而不是为写诗而写诗。这篇《序》不长，但很重要，可以看作是白居易高擎新乐府运动旗帜的宣言，是他的诗歌理论的萌芽。至于他完整的诗歌理论体系，则是他到九江以后的事情了。

白居易在自编诗集时，将《新乐府》50首、《秦中吟》10首和其他"美刺兴比者"共计150首，全部列入讽喻诗。这些讽喻诗，是诗人自己最为看重的。讽喻诗的创作和其理论体系一道，继承并发展了《诗经》和汉乐府的现实主义传统，沿着杜甫所开辟的道路，掀起了一个波澜壮阔的现实主义诗歌高潮。

那么，让我们来看看他是怎么实践的。

元和二年（807），白居易写了一首《观刈麦》：

> 田家少闲月，五月人倍忙。夜来南风起，小麦覆陇黄。
> 妇姑荷箪食，童稚携壶浆。相随饷田去，丁壮在南冈。
> 足蒸暑土气，背灼炎天光。力尽不知热，但惜夏日长。
> 复有贫妇人，抱子在其旁。右手秉遗穗，左臂悬敝筐。
> 听其相顾言，闻者为悲伤。家田输税尽，拾此充饥肠。
> 今我何功德，曾不事农桑。吏禄三百石，岁晏有余粮。
> 念此私自愧，尽日不能忘。

这首《观刈麦》，描写了农历五月小麦收割时，有"贫妇人"不顾暑天苦热，抱着孩子，带着箩筐，正在捡拾收割者遗落的麦穗的情形。农妇告诉作者，家里的粮食全都交了租税，不这样做，就要挨饿。这叫人想起了一千多

年后，法国画家米勒在 1857 年创作的油画《拾穗者》。如果说《拾穗者》表现了艰辛，那么《观刈麦》则表现了苦难；如果说《拾穗者》让人隐隐感到有农民的抗议声，那么《观刈麦》则明显使人看出对繁重税负的不满；如果说《拾穗者》表现了作者的怜悯，那么《观刈麦》则表达了诗人的良知。总之，两者异曲同工，《观刈麦》以声音，《拾穗者》以画面，都是用平凡细微的东西去表现崇高的思想，闪烁着人性的光辉。

再来看《秦中吟十首·轻肥》：

> 意气骄满路，鞍马光照尘。借问何为者，人称是内臣。
> 朱绂皆大夫，紫绶或将军。夸赴军中宴，走马去如云。
> 樽罍溢九酝，水陆罗八珍。果擘洞庭橘，脍切天池鳞。
> 食饱心自若，酒酣气益振。是岁江南旱，衢州人食人。

元和三年（808），南方遭遇特大旱灾，诗中写的就是这一年的情形。诗的开篇"意气骄满路，鞍马光照尘"，仅仅十个字，就把一群人耀武扬威的情状栩栩如生地描绘出来。"借问何为者，人称是内臣"，揭示了这一群人的身份，原来这骄横跋扈的一群人是皇帝的内臣，也就是太监。就是这样一群人，竟然个个都身居高官，"朱绂皆大夫，紫绶悉将军。"这些人在大灾之年去干什么？原来是赴宴。因为当时的神策军由宦官统领，所以赴"军中宴"。宦官们意气骄奢，"夸"着赴宴，人数众多，走马如"云"。酒宴上吃喝的是什么？是由精妙工艺酿制的美酒和各种各样的山珍海味，加上上好的果品。酒足饭饱之后，更是神气十足，骄横无限，统治者不论常年和灾年，放纵享受总是尽情的，挥霍无度的。最后看看老百姓的生活吧，"是岁江南旱，衢州人食人。"只十个字，写出了江南大地上的一幕人间惨剧。不同的画面，强烈的对比，具有震撼人心的力量。

白居易讽喻诗的写作原动力，一直以来苦恼着我。因为按阶级分析，白居易显然不属于劳动人民阶层。他虽然出身于中小官僚地主家庭，可由于自身的努力，加上唐帝国一整套考试擢拔制度，他的进阶和仕途算是顺风顺水。元和元年（806）的制举登第，他还成了天子门生，[6] 前途一片光明。那他为什么要为底层百姓代言，从而得罪权贵，甚至有可能冒犯天威呢？

追根溯源，是一种积极用世的参政意识和参政实践激励着他。元和开局，政治上逐渐更新，军事上节节胜利，其中的复兴、进取含义，给予了包括白居易在内的士人以有力的外在感召，使得他们生发出一种强烈的使命感和献

身感。这一时期儒学的重建、文学的创新和哲学的突破,以其丰厚广博的文化力量,给予了元和士人以极大的内在充实,使得他们在参政过程中,表现出一种踔厉风发、刚健不挠、执着追求理想、许国不复谋身的激切心性。"一方面,这种心性确曾把他们推向历史大潮的浪巅,纵横驰骋,显露身手,但另一方面,这心性也实实在在预示了他们可能的悲剧性,并最终导致了他们万死投荒的生命沉沦。"[7]

爱之深,痛之切。"为什么我的眼里常含泪水?因为我对这土地爱得深沉……"[8]

《长恨歌》

安史之乱,一直是中唐士子心中的痛。

为什么,金碧辉煌的帝国大厦一夜倾覆?为什么,遍地脂膏的庞大财富灰飞烟灭?为什么,君主神话受到挑战?为什么,乱臣贼子敢于反叛?为什么,看似强大的国家机器运转不灵?为什么,貌似卑微的平头百姓跟着造反?为什么,帝国人口减少大半?为什么,疆域土地丢失收缩?天理何在,人心何在,道统何在,国运何在?到底是昏君误国,还是佳人误国,是佞臣误国,还是胡人误国?这一连串问题,像一团乱麻,搅得士人心中生疼。

都说总结历史经验,以利当世之用,可历史经验真能总结么?为什么仅仅过了50年,历史的迷雾竟如此浓密,让人难以搞懂?[9]

这个心结,投射在《长恨歌》中。

元和元年(806),白居易制举登第,被授予周至县尉。十二月,和陈鸿、王质夫同游仙游寺,三个人谈起了唐玄宗、杨贵妃这一段公案,陈、王二人极力鼓动白居易写首诗,把正好整整50年前的马嵬坡事件表现出来,以免"与时消没,不闻于世"。于是白居易作《长恨歌》,陈鸿作《长恨歌传》。

"汉皇重色思倾国,御宇多年求不得。"白居易一开口,就暗含讥讽。"重色"可不可以?作为皇帝,好像没有什么不可以,你就是有"三夫人、九嫔、二十七世妇、八十一御妻,暨后宫才人、乐府妓女",[10]好像也无可指摘,因为你是天子。问题是既然重色,那就必然倦政,必然奢靡。于是乎,我们隐隐约约感觉到,白居易将这场巨变的根源,指向了倦政和奢靡。

　　君王倦政和奢靡，就会百弊丛生。唐德宗晚年，就由于倦政和奢靡而"保奸伤善，听断不令"，这是白居易亲眼看见和痛心疾首的。这样说来，他写的虽然是 50 年前的事，但已经含有现实意义。

　　"杨家有女初长成，养在深闺人未识。""回眸一笑百媚生，六宫粉黛无颜色。"再伟大的君主，也是血肉之躯。在开创了前所未有的开元盛世，貌似把应该做的事情都做了一遍之后，睿智、敏感而又老了的唐玄宗感到无比空虚和怠倦，这时，需要新的东西来激发他的热情了。唐玄宗本来就不是禁欲主义者，他的一生，子嗣众多，有 30 个儿子，29 个女儿。天宝四载，他 61 岁，搜寻到了貌美如花、善解人意、长歌善舞、时年 27 岁的杨贵妃，真可算是机缘巧合了。

　　"点灯说话儿，吹灯做伴儿"，这是中国人夫妻生活的最高理想。"说话儿"之所以摆在前面，是因为夫妻之间的感情交流更为重要。人生是孤独的。一个人，越有知识，越有智慧，就越孤独。君主更是如此。坐在高高的龙椅上，有谁能排解他的孤独？史传，杨贵妃不仅仅是漂亮，更重要的是聪明，而且懂音乐，善歌舞，这样的女人，在同样多才多艺的独裁者眼里，岂非仙人？

　　"从此君王不早朝""玉楼宴罢醉和春""姊妹兄弟皆列土，可怜光彩生门户"。[11]承平已久，天下无事，剩下来的恐怕只有肉欲和物欲了。中国人不怕得意，就怕忘形。不要说帝王，就是一州一县，抑或是平头百姓，一旦有权有钱，就会不知道自己姓甚名谁。寻欢作乐，穷奢极欲，夸贵炫富，放浪形骸，至于惠及亲朋、裙带关系，那都是应有之义。在独裁者来讲，江山都是我的，万民都是我的，我宠幸个把女人，施舍点官帽和金钱给这个女人的亲属，那算什么呢？我就是把江山送给她，与你何干？

　　"渔阳鼙鼓动地来，惊破霓裳羽衣曲。"这真是迎头一闷棍！怎么会这样呢？在这里，白居易都替唐玄宗感到冤枉和委屈：我把唐朝江山，修得花团锦簇，怎么还会有人想着造反？安禄山和史思明这两个家伙造反也就罢了，怎么十多万的"贼民"也跟着造反？要知道，皇恩浩荡，雨露均沾，大唐的每个子民都受益多多，他们都应该感恩戴德才是，怎么还会造反，还敢造反，还能造反呢？这一想法，千百年后，自称"十全老人"的乾隆皇帝，也同样百思不得其解，以至于长叹短嘘、捶胸顿足。[12]

　　统治者永远不明白，人，都是有想法、有欲望的，他们，不仅仅是生产

的工具、驯服的奴仆，他们，也有头脑，有想法，有尊严，有独立的意志和自由的精神，人，"最为天下贵"。但问题是，有多少统治者把人当作人看？在帝制时代，农民、工匠、士兵、商贾等底层民众，是最容易被忽视的一群，好像只有纳税、劳役、保卫等义务，从来没有听说过有什么权利。这样一来，你想要天下民众和皇室心心相连，那就真是在说梦话。天下太平时，人们还能老实本分地种田做工，以求温饱，而当天下动荡，甚或社会绝望时，如果恰逢某个野心家煽风点火，人们心中的欲望和不满便会迸发出来，成为空前的破坏力量。正像唐太宗和魏征经常讨论的那样：水能载舟，亦能覆舟。你要是认为你已经修好了水渠，治好了江河，抚平了大海，从此，天下之水永远温顺，永远柔弱，永远按照你给定的流向而波澜不惊，你可就天真得不像话了。

"六军不发无奈何，宛转蛾眉马前死。""君王掩面救不得，回看血泪相和流。"出了问题，总要有人对此负责。最简单的做法是，把责任推给别人。千百年来，不管哪一级的统治者，其手法无不同出一辙。只不过，这次变故太过直接，太过惨烈，以至于连作者本人，也禁不住洒一掬同情之泪。

"归来池苑皆依旧""孤灯挑尽未成眠""迟迟钟鼓初长夜，耿耿星河欲曙天。"归来后，触景生情，想的是"芙蓉如面柳如眉"，念的是"翡翠衾寒谁与共"，至于百姓的生死，经济的崩塌，神州的巨创，好像跟已经是太上皇的李隆基没什么瓜葛。也是，在百姓是草民、是贱民的时代，所谓以苍生为念、以黎元为重，都是假的。当然，你也不能过于苛求年老昏聩的太上皇，他那正当年的儿子、已经成为皇帝的唐肃宗李亨，当初为了借助回纥军队打败安史叛军，不是制定了"克城之日，土地士庶归唐，金帛子女皆归回纥"这样的王八蛋政策么？这样的君主，哪里还有一点点民本意识呢？

"临邛道士鸿都客，能以精诚致魂魄。""上穷碧落下黄泉，两处茫茫皆不见。"一看，就是个假故事。白居易清楚，太上皇当然也心知肚明。但就是假故事，也要让那骗子道士演绎下去，因为，只有这样，在外人看来，剧情才好看，在年老昏庸的太上皇，冰冷的心中才会感到一点点温暖。

"七月七日长生殿，夜半无人私语时：在天愿作比翼鸟，在地愿为连理枝。"身为帝王，有没有爱情？回答是肯定的。帝王也是人，也有人的感情，人的喜怒哀乐，因此，也需要爱与被爱。纵然帝王的爱情已经异化，甚至畸形，然而，你也不得不承认，这其中也有真情实感。爱情是美好的，美好的

事物是令人向往和怀念的。

"天长地久有时尽，此恨绵绵无绝期。"一夜狂飙，吹散了旷代繁华。爱情的破碎，意味着美的毁灭。爱情，其实是个隐喻，与爱情随之而去的，还有空前的富足、持续的和平、安定的生活、政治的清朗，当然，还有帝国的秩序和大唐的国运。看当下强藩割据、吐蕃犯边、宦官专权、君愦臣奸、世风浇薄、百姓流离，白居易悲从中来，声泪俱下，一个"恨"字，道出了多少苦闷，多少悲辛……

别了，开元之治，那风中的传奇；别了，大唐盛世，那记忆中的神话。

《长恨歌》，甜蜜爱情的一曲哀歌，盛世繁华的一曲悲歌，大唐国运的一曲挽歌。[13]

注释：

(1) "二王"指王叔文、王伾，"八司马"指韦执谊、韩泰、陈谏、柳宗元、刘禹锡、韩晔、凌准、程异。

(2)《旧唐书·宪宗本纪》。按：理，即治。唐朝为避讳高宗李治，以理代治。

(3)王国维《人间词话·卷下未刊手稿》：诗之唐中叶以后，殆为羔雁之具矣。《礼记·曲礼》：凡挚，天子鬯，诸侯圭，卿羔，大夫雁，士雉。按：羔雁之具：喻某种东西或事物已成为人们相互馈赠的礼品而失去真谛。

(4)钱钟书《谈艺录》。

(5)金圣叹《与家伯长文昌》。

(6)唐·苏鹗《杜阳杂编》：上（德宗）试制科于宣政殿，有辄称旨者，必翘足朗吟，翌日，则遍示宰臣、学士曰："此皆朕门生也。"

(7)尚永亮《贬谪文化与贬谪文学》。按：尚著史料收集充实，分析鞭辟入里，是贬谪文化研究的扛鼎之作。本人受益匪浅，多有引用。

(8)艾青《我爱这土地》。

(9)参看王树增《解放战争启示录》：近年来我到台湾访问，突然发现一个问题：台湾的一些学者，甚至蒋介石的高级将领以及他们的后代，总要提这样一个疑问，直到现在他们还是一头雾水，不知道从1947年到1949年间到底发生了什么事情？怎么国民党好好的一个政权就没有了？坍塌得太迅速了！

(10)陈鸿《长恨歌传》。

(11)《旧唐书·杨贵妃传》：韩、虢、秦三夫人与铦、锜等五家，每有请托，府县承迎，峻如诏敕，四方赂遗，其门如市。《新唐书·杨贵妃传》：恩宠声焰震天下。台省、州县奉请托，奔走期会过诏敕。四方献饷结纳，门若市然。

⑫《清高宗实录》:（朕）临御以来，爱民之心常如一日，遇有灾浸，不下数百万帑金多方赈恤。至于蠲贷展缓者，更难数计。正供而外，并无私粟加征，又非若前朝纵容贪残之吏剥民脂膏也。即间或有不肖官员，略有派累百姓之事，无不立以重典，此实从来未有……人民当感戴国家休养生息之恩，共安乐利，实不解此等乱民，因何丧胆昧良、甘蹈法网？

⑬《长恨歌》的主题，向有爱情说、讽喻说、爱情讽喻双重主题说和时代伤感说等。陈寅恪《元白诗笺证稿》之《长恨歌》:《长恨歌》为具备众体体裁之唐代小说中歌诗部分，与《长恨歌传》为不可分离独立之作品，故必须合并读之，赏之，评之。陈鸿《长恨歌传》:夫希代之事，非遇出世之才润色之，则与时消没，不闻于世……意者，不但感其事，亦欲惩尤物，窒乱阶，垂于将来也。按：单就《长恨歌》而言，是一首蕴涵深永、耐人咀嚼的千古绝唱，能独立成篇，但与《传》合读，更有意味。白居易写此诗时，可能连想都没有想过要来个什么"主题先行"，后人从中分析主题，自然见仁见智，实际上，将诗仔细读来，实在意味无穷。

万 死 投 荒

君主的忍耐是有限度的，绝对皇权将显示它凌厉暴虐的一面。一场场政治风暴，将无情打击积极参政的元和士人，使他们从勇猛精进的政治家，被迫转型为宁神壹志的文学家，从而在文学史上留下丰碑，在人物志上留下浩叹。

世 路 倚 伏

先秦思想家韩非在《说难》中说："夫龙之为虫也，柔可狎而骑也，然其喉下有逆鳞径尺，若人有婴之者，则必杀人。人主亦有逆鳞，说者能无婴人主之逆鳞，则几矣。"韩非多么聪明，知道君主有逆鳞，是不可触摸的，但很可惜，这么聪明的人，明知道游说的难处，但还是被迫到秦国去做"说公"，明知道人主逆鳞不可撄，但还是莫明其妙地撄了秦王嬴政的逆鳞，以至于被李斯、姚贾害死。怪不得司马迁仰天长叹："余独悲韩子为《说难》而不能自脱耳。"

为什么君主的逆鳞这样可怕？盖因专制主义是一切祸害的根源。在绝对皇权时代，君主大权独揽，生死予夺，为所欲为。从夏启"家天下"开始，"大人世及以为礼"，到了西周更是"普天之下，莫非王土，率土之滨，莫非王臣"，把天下的土地、臣民都当成君王一人的私产。秦始皇横扫六合，海宇一统，建立起真正意义上的君主专制制度，更是认为"凡贵有天下者，得肆意极欲"。专制主义的本质，就是一个人能决定所有人的意志、自由、尊严、

财产甚至性命。所以汉文帝时贾山在《至言》中说："雷霆之所击，无不摧折者；万钧之所压，无不糜灭者。今人主之威，非特雷霆也；势重，非特万钧也。"魏晋时嵇康在《太师箴》中说，君主"凭尊恃势，不友不师，宰割天下，以奉其私"。在专制君主的淫威下，古代士人伴君如伴虎，他们动辄得咎，或被贬谪流放，或被问罪杀头。

但历史上偏偏有些人，骨鲠在喉，不得不发，不管你是暴虐帝王，还是开明君主，当一有机会，便上表直谏，或面折廷争，这样的人，史不绝书，灿若繁星。

我们看到，有史以来，正人直士因言获罪的事例不计其数，这也正是我们看中国通史，或者看思想史、文学史等专史时，常常扼腕长叹、嘘唏不已的原因。且不说上古有"龙逢诛，比干戮，箕子狂"，也不说战国时的屈原，汉代的贾谊、晁错，就说开唐以来，狄仁杰、张说、张九龄、陆贽、阳城、韩愈、柳宗元、刘禹锡、元稹、白居易、李德裕等，就由于各种原因受到贬谪。别忙，接续这个名单的，还大有人在，譬如宋朝的王禹偁、寇准、范仲淹、欧阳修、苏轼、黄庭坚、晁补之，等等。

让我们看看贞元末年到元和时期，五位士人先后遭贬的情况：

贞元十九年（803），韩愈因上书论宫市，惹恼了唐德宗，被贬为连州阳山令。

永贞元年（805），柳宗元、刘禹锡因参加王叔文集团的革新而遭打击，初贬邵州、连州刺史，途中改贬永州、朗州司马。

元和元年（806），元稹因论西北边事和朝政，触怒权贵，贬授河南尉。

元和五年（810），元稹因奏河南尹房式不法事并得罪宦官，被贬为江陵府士曹参军。

元和十年（815），元稹量移通州司马。柳宗元、刘禹锡被迁至更为遥远的柳州和连州任刺史。同年，白居易因上疏论武元衡被盗杀事，被贬为江州司马。

元和十四年（819），韩愈上《论佛骨表》，差点被杀头，被贬为潮州刺史。同年，白居易远移忠州刺史，元稹量移虢州长史。

一连串的事实，其实是一连串的斑斑血泪。

韩、柳、刘、白、元，是贞元、元和之际举足轻重的知识分子，可称为元和五大诗人。尽管他们或偏于诗，或重于文，在文学上取得的成就不尽相

同，但有一点却毫无差别，那就是他们最初都是以政治家的面目活跃在历史舞台上，这一时期的政治、思想、经济等都与他们有缘。他们的本意是做"蕴藏经国术，轻弃度关繻"的政治家，只是当政治家的梦想幻灭时，他们才将部分或全部精力投入文学创作，为自己在当时和后世赢得一顶文学家的桂冠。

考察韩愈等五人的身世，可以看出他们出身相似、旨趣相同，因此，有相同的遭际便不奇怪。他们年龄都差不多，韩愈稍大，比白居易大4岁，白居易与刘禹锡同庚，柳宗元比白、刘小1岁，元稹比白居易小7岁，都是同辈。他们的出身也差不多，五人中，除元稹一人于15岁登明经科外，其余四人都是进士出身，而且及第时间都比较早，韩愈贞元八年（792）及第，24岁；柳宗元、刘禹锡贞元九年及第，都是刚过20岁，白居易贞元十六年（800）及第，29岁。以关系论，白居易与元稹为莫逆之交；柳宗元与刘禹锡生死与共；韩愈与四人均有交往，其中与刘、柳关系尤密；刘禹锡与元、白早年即有接触，晚岁与白居易诗酒唱和，往来密切；至于柳宗元与元稹，来往虽不太多，但有诗作唱和，只有白居易和柳宗元之间，尚未见到交往的痕迹。到贞元后期，他们都先后步入政坛，都当过监察御史、拾遗这一类的言官。

相近的年龄、密切的关系和大体相同的政治活动时间，使他们的人生态度、用世观念有了一致的倾向，而学识丰富、志趣高远又为他们积极参政创造了必要条件。他们对贞元末年腐朽浑浊的社会现象无不具有深刻的认识，对贤与不肖倒置无不痛心疾首，对铲除弊政无不具有强烈的愿望，对于如何革新政治、除弊图强无不具有明确的思考，因此，他们不吝上书君主，献诗献文，表现了一种急切的报国之心、用时之念，一种高标独树、英锐峻发的参政意识。

我们来看看白居易。

在永贞革新期间，虽然白居易官小名微，没有参与这一革新运动，但从他上书韦执谊《为人上宰相书》，指证"斯道寝微"，希望"变其风"，期待举贤纳言，"取天下耳目心识"，并催促"明年不如今年，明日不如今日"来看，他对永贞革新是支持的，心情是急迫的。永贞革新失败后，他写诗表示惋惜和同情，在《寄隐者》中他写道："昨日延英对，今日崖州去。由来君臣间，宠辱在朝暮！"诗中并不讳言韦执谊被贬崖州司马一事，态度鲜明。

元和二年（807），白居易被授予翰林学士，翌年，授左拾遗，他决心"有阙必规，有违必谏。朝廷得失无不察，天下利病无不言"。同年，朝廷诏举贤

良，应试的皇甫湜、牛僧孺、李宗闵等人在对策中指陈时弊，言辞激切，考官杨於陵、韦贯之将他们三人招为上第录取，裴垍、王涯复查时也无异议。权幸恶之，皇甫、牛、李等弃之不用，杨、韦、裴、王等或降职，或迁谪。白居易上《论制科人状》，声言杨、韦、裴、王"皆公忠正直"之士，请求"僧孺等准往例与官，裴垍等依旧职奖用"。同年，唐宪宗欲任命王锷为宰相，白居易认为王锷为人贪腐，不能任用，"王锷在镇日，不恤凋残，唯务差税。淮南百姓，日夜无慷。五年诛求，百计侵削，钱物既足，部领入朝，号为羡余，亲自进奉"，如果任用王锷，那么其他节度使将"皆剥割生人，营求宰相"。

元和四年（809），鉴于江南大旱，白居易建言"减放江淮旱损"，以救流瘵，且多出宫人。同年，唐宪宗命宦官吐突承璀领兵征讨王承宗，白居易坚决反对，"兴王者之师，征天下之兵，自古及今，未有令中使专统领者"，假若令吐突承璀兼领制将、都统之职，"四方闻之，必轻朝廷"，切谏"军国权柄，动关于治乱"，请求撤销对吐突承璀的任命。还是这一年，白居易上《论太原事状三件》，弹劾严绶和刘贞亮，力挺范希朝。严绶是一个军阀，在永贞元年（805）上疏攻击王叔文集团的革新，刘贞亮又名俱文珍，是打击永贞革新的宦官首领，范希朝则是王叔文集团用来夺取神策军兵权的老将军，对于这样三人，白居易的态度非常鲜明："其严绶，早须与替，不可更迟"；"贞亮元是旧人，曾任重职，然臣伏闻贞亮先充汴州监军日，自置亲兵数千，又任三川都监日，专杀李康两节度使，事迹深为不可。为性自用，所在专权"；"希朝前在振武，威令大行，至今蕃戎，望风畏伏""则虽老年，事须且用。"

元和五年（810），元稹因触怒权贵而再次被贬。白居易三上表章，与同为翰林学士的李绛、崔群一道，为元稹辩解。"元稹守官正直，人所共知。自授御史已来，举奏不避权势"，因此权贵挟恨，宦官变色，藩镇切齿，今无罪被贬，即是杜绝言路，即是偏袒宦官，即是方便藩镇，"远近闻知，实损圣德。"矛头直指皇帝。

还有一件奏状非常有意思，那就是《论魏征旧宅状》。元和四年（809），地方军阀、淄青节度使李师道主动提出，自己愿意出钱六百万，赎回魏征的老宅，还给魏征的玄孙魏稠。这一建议得到唐宪宗的首肯。白居易上疏，说，"魏征是太宗朝宰相，尽忠辅佐，以致太平"，不幸"子孙穷贱，旧宅典卖于人"，既要赎回，应该"官钱收赎，便还后嗣，以劝忠臣"，也就是说，应该从国库中拿出钱来收赎，而不应该让李师道用钱来博得一个好名声。从这道

书状，可以体会白居易自觉不自觉地认定自己是魏征的传承者、与魏征惺惺相惜的心情，同时，也表明了白居易反对强藩浪博名声、暗行不义的鲜明态度。

看白居易的奏章，结合他所写的大量讽喻诗，不难看出矛头所向都是权贵、宦官和藩镇，是大唐帝国诸多不合理的事物。这些建言，皆大声镗鎝，无私无畏。所有这些，都是容易得罪人的，难怪他后来回忆，他所做的事情，无一不令权贵"变色""扼腕"和"切齿"。

白居易不是莽汉，不是傻瓜，他不是不知道，这样得罪人是很危险的。他在多个场合表明心迹："非不知逆耳，非不知危身""臣今言出身戮，亦所甘心。"

应该说，元和初年，唐宪宗心胸是开阔的，度量是宽宏的，还是听得进不同意见的。这个年轻的统治者，梦想恢复大唐昔日的荣光，决意革弊图强，适当放权，信用宰相，开言纳谏，从而赢得了元和中前期政治、军事、文化等多方面的成就，赢得了史家艳称的"中兴"名声。

包括白居易在内的元和士人，正是抓住了元和初年这一有利的历史机遇，自觉地把个人命运与国家命运联系在一起，以高歌猛进的姿态，推动政治清明、文化发展和社会风气的转变。他们或上书论事，或面折廷争，或弹劾权奸，或革除弊政，影响所及，遂成风气，精华荟萃，蔚然壮观。他们参政心情迫切，上疏谏词切直，斗争胆略极壮，所论所奏之事无一不关乎国计民生，所弹所劾之人无一不是权贵近臣，这样为公众利益鼓与呼，对体制中人鞭与挞的做法，无疑会触及既得利益者的痛处，会引起体制性的反弹。他们这样做，并不是不知道其中的危险和可能导致的颠踬，但明知危险和颠踬而仍一往无前，正说明国家和民族的危险更大，说明因循和苟且的危险更大，所以，他们才心甘情愿以个人的牺牲来换取国运的振作。这种因社稷之事而忘一己之危，纵令万死投荒也在所不辞的心性和气概，正是元和士人的一种共同特质。韩愈"为忠宁自谋"，柳宗元"许国不复为身谋"，刘禹锡"忧国不谋身"，元稹"效职无避祸之心，临事有致命之致"，和白居易"但以蝼蚁之命至轻，社稷之计至重"桴鼓相应，演绎了元和初年政治革新、文化精进的一场好戏。

但别忘了唐宪宗是专制君主，是代天立言、至高无上的皇帝。虽然在振作期间，他能俯下身子，捺住性子，听取意见，任用贤人，可当他自认为己

经到达某一高度时，他内心骚动的专权专制便会不断表现出来。事实上，随着军事上、政治上的每一个成功，他的实际权威便会增强一步，他内心的刚愎和自大便会增强一点，他的昏聩和残暴也会增强一分。看历史，号称英主者，鲜有一以贯之、自始至终的，这是制度的悲哀，是权力的悲哀，也是人性的悲哀。

有一个事例能说明问题。元和五年（810），唐宪宗大发脾气，说什么"白居易这小子，是朕亲自提拔，他怎么敢这样？怎么老是提意见，叫人难堪？这样的人，我怎么能容忍？一定要把他赶出去"。幸好李绛婉言劝解，唐宪宗才作罢。这个故事，充分显示出唐宪宗操切刚愎的一面。其实，早在三年前，唐宪宗就已经对谏官很不耐烦，想要杀鸡给猴看，同样幸亏李绛曲意周全，才没有爆发。这样说来，李绛是个好人，是个君子，假若他是个小人，那就会说，"是啊，是啊，这些家伙，怎么能这样呢，这样怎么对得起陛下您呢？"如此一来，问题就大了。诚所谓"一句话使人跳，一句话使人笑"。君主一跳，可能就是人头。关键时刻，是火上浇油，还是曲意劝解，对于领导身边的人来讲，是君子与小人的试金石。

终有一天，火山爆发。元和十年（815）六月，宰相武元衡在上朝的路上被刺客杀害，裴度也被砍成重伤，面对这一突发事件，白居易率先上书，要求急捕凶手，以雪国耻。这一下，被人抓住了"把柄"，说时任太子左赞善大夫的白居易不是言官，"宫官非谏职，不当先谏官言事""奏贬为江表刺史"，中书舍人王涯更扔一块石头，"言居易所犯状迹，不宜治郡，追诏授江州司马。"

历史黑暗的面孔，此刻露出了它狰狞的笑容。

魂断蓝桥

贬谪，又称迁谪、左降、窜斥、放流，也称出、斥、贬、绌，是对失罪官吏的一种惩罚。凡是政有乖枉、怀奸挟情、贪渎乱法、心怀不轨而又不够五刑量刑标准的，皆在贬谪之列。

严诏一下，仓皇上道，白居易心肝俱裂。

按当时的规定，凡是被贬谪的官员，在诏书下达的隔日必须即刻起程。本来，唐代对外任官员是给予一定时间让其做准备的，叫装束假。由于贬谪

官员是因罪被外放，较之于正常官员外调，装束假要短得多，武则天长寿三年敕："贬降官并令于朝堂谢，仍容三五日装束"。后日趋苛刻，至唐玄宗天宝五载达到顶峰。是时，口蜜腹剑的李林甫为迫害异己，对贬官的处置严厉升级，规定在诏书下达后，不许在京城多作逗留，要"驰驿发遣"。天宝五载敕文中，规定流贬之人在途中不许逗留，要"日驰十驿以上。"唐代一般是三十里设置一驿站，十驿就是三百里。这样匆匆忙忙赶路，许多人可能会因为劳累而丧命，难怪司马光在《资治通鉴》中说："是后流贬者多不全矣。"

让我们看看被贬者最初的遭遇：张说自相州刺史再贬岳州刺史，当"递书"到相州时，张说"承恩惶怖，狼狈上道"。张九龄自京城被贬荆州，制下之日，"闻命皇怖，魂胆飞越，即日戒路，星夜驰奔"。张说、张九龄都是开元功勋，都当过宰相，他们的贬职仍为藩维之任，其情形尚且如此，遑论其余。元稹自述被贬河南尉时是"谪官诏下吏驱遣，身作囚拘妻在远"。他再次被贬江陵时，白居易曾前往送行，白居易回忆当时的情形是："诏下日，会予下内直归，而微之已即路。"可见严诏之下，不许稍有延迟。

轮到白居易来品尝贬谪的苦果了。草草地跟家人作了些安排之后，仓皇离京之时，朋友里面只有李建一人来告别，亲戚之中只有堂内兄杨虞卿来送行。本是朝廷大臣，转眼间却成了罪人，吏役驱使，抛家撇口，仓皇上道，前景未卜，这时何等的惊心动魄，又是何等的痛苦惶惑。这是被命运操持而又无能为力的恐怖，是即将面临陌生世界而又无法预知的畏惧，是肉体到精神不可言状的摧残。

这种摧残，到蓝桥这个地方，化为一个结。

白居易走的是蓝田武关道，这是一条官道，也是一条近道。方向是出长安，经蓝田，过七盘岭，至蓝桥驿，越秦岭，到商州，过武关，经邓州，至襄阳，然后转水路，从汉水入长江，再到江州。其中，从蓝田到武关一路多山，崎岖难走，也叫商山道。晚唐诗人李商隐《商於新开路》所谓："六百商於路，崎岖古共闻。"

蓝桥在蓝田县东南 50 里处蓝溪上。从蓝田县城南七里火烧寨村上峣山、登七盘，经乱石岔、蟒蛇湾、鸡头关、风门子、六郎关、下十二筝坡才到蓝桥，也就是说，蓝桥并不在平坦空阔之处，而是在万山丛莽之中。

《庄子·盗跖》载："尾生与女子期于梁下，女子不来，水至不去，抱梁柱而死。"这里的"梁"，就是桥，据说，这座桥就是蓝桥。

故事很美好，也很悲剧。尾生与心爱的人相约于蓝桥，没想到的是，心上人没来，洪水倒是来了，为了不失信，尾生抱着桥柱，不幸死去。

这不是一个爱情故事么？怎么又是爱情？

此刻，白居易最不愿意想的就是爱情！

除开《长恨歌》中爱情的隐喻之外，仓皇就道、家属并未随行而孤身一人的白居易怎么会面对爱情呢？要知道，古代中国，爱情用来比喻君臣知遇，爱情还用来描述朋友相与。

从爱情比喻君臣知遇，想到了屈原。屈原是先秦时代最重要的诗人，在他手中，开创了贬谪诗歌之滥觞。在长达十余年的放逐生涯中，屈原的身心受到了严重的摧残，精神上承受了巨大的痛苦，哀怨、忧伤、被弃、愤懑几乎成了他的终身伴侣，但他却从未屈服过、颓废过，他的生命始终处于反抗、不屈的行进过程中。他那砥砺不懈、特立独行的节操，在逆境中敢于坚持真理，敢于反抗黑暗统治的精神以及卓越的人格力量和深沉悲壮的情怀，感动了一代又一代人，赋予了一种坚定不屈、顽强抗争、以死报国的悲剧模式、执着精神和文化意蕴。

"香草美人"是屈原常用的象征手法，是追求美政理想的强烈愿望。要实现所谓美政，就需要君臣遇合。"香草美人"就是以男女比喻君臣，以婚约比喻君臣遇合。放眼漫长的帝制时代，可以发现，由于受到来自绝对皇权的压抑，一部分男性作家被迫使用受压抑的女性话语。君臣、父子、夫妻等组成一对对二元对立的统治与被统治的等级压迫关系。班昭在《女诫》中说："（女子）事夫如事天，与孝子事父、忠臣事君同也。"这样，男性诗文中君臣之遇关系，便与表现男女情感的一系列词汇有了对应：渴望报效——相思；怀才不遇——美人迟暮；为君王重用——宠幸；受冷落——薄情；遭排挤打击——弃妇。清人方苞在《离骚正义》中说："古人以男女喻君臣，盖地道也，妻道也，臣道也，以佐阳而成一终也。有男而无女也，则家不成。有君而无臣，则国不立，故（屈）原以众女喻谗邪，以蛾眉自喻，盖此义也。"

士人一门心思要当温婉贤淑、忠贞不贰的美女，但可悲的是，君主往往都是薄情郎。

"亦余心之所善兮，虽九死其犹未悔。"

"路漫漫其修远兮，吾将上下而求索。"

由屈原，不由得想起汉代的贾谊。汉文帝元年（前179），有学问、有见

识的贾谊，满怀希望地来到长安，恰好遇到了赏识他的汉文帝刘恒，过了一段君臣遇合的蜜月生活。不幸的是，馋谤声起，贾谊被贬长沙，后当了梁怀王的太傅。印象中，贾谊总是在哭哭啼啼、悲天怨人，其实，除开他的《吊屈原赋》《鵩鸟赋》外，他的《过秦论》，尤其是长篇政论文《治安策》才值得高度关注。

《治安策》一开头，贾谊就大声疾呼：我看天下形势，至少有一个问题令人痛哭，有两个问题令人流涕，有六个问题令人长长地叹息，其他违法背理的事就更多了，难以一一列举。他斥责那些认为天下"已安且治"的人，认为这种人不是无知，就是阿谀奉承，都不是真正懂得治乱大体的人。他形象地说：把火放在柴堆之下，而自己睡在柴堆上，火还没有烧起来，就说平安无事。当今的形势，同这有什么两样呢？

那么，正当"文景之治"的"盛世"之初，"形势一片大好，不是小好，也不是中好，而是大好""到处莺歌燕舞"，天下还有什么问题呢？贾谊指出，最大的问题就是藩王坐大，"方病大肿"，这是"可痛哭者"；其次号令不行，匈奴入侵，这是"可流涕者"；富人穷奢极欲，农民苦不堪言，风俗败坏，秩序混乱，淫欲盛行，贪污成风，太子难以教育，大臣时遭辱戮，这一切等等，是"可为长太息者"。

好一篇盛世危言！有此文，贾谊33岁的生命便没有白过。

针对上述种种弊端，贾谊提出了一系列的政策措施。可惜的是，他的这些主张，汉文帝虽然有所采纳，但由于种种原因，并未实施。等到汉文帝的儿子汉景帝刘启、孙子汉武帝刘彻当政，才把这些主张一一加以落实。因此，说贾谊是个文学家，毋宁说是一个思想家，一个有远见卓识、能洞察幽微的思想家。正像北宋的改革家王安石所说的："一时谋议略施行，谁道君王薄贾生？爵位自高言尽废，古来何啻万公卿。"

但在当时，谁人识君？

"怀才不遇"，便是后人给贾谊打上的永久性标签。

从爱情描述朋友相与，想到了张籍。前面说过，张籍是白居易的朋友，是新乐府运动的重要诗人。张籍中进士后，经韩愈推荐，任国子监博士之职，声望颇佳。许多名士政要，都乐于与他交游。地方军阀、淄青节度使李师道是一个喜欢浪博名声的人，他拉拢张籍，想罗致麾下为其效命。张籍不便直拒李师道，寄一首《节妇吟》，含蓄委婉地表明自己的态度："君知妾有夫，

赠妾双明珠。感君缠绵意，系在红罗襦。妾家高楼连苑起，良人执戟明光里。知君用心如日月，事夫誓拟同生死。还君明珠双泪垂，恨不相逢未嫁时。"

诗写得哀怨凄美，"还君明珠双泪垂，恨不相逢未嫁时"已成千古名句，表示女子对男士的深情厚谊，因相见恨晚，只能忍痛拒绝。张籍以此婉谢而不愿就聘，李师道也只好作罢，不再勉强。

后来张籍任水部员外郎，诗人朱庆余在临考前给张籍递七言绝句《近试上张水部》以探虚实："洞房昨夜停红烛，待晓堂前拜舅姑。妆罢低眉问夫婿，画眉深浅入时无？"洞房花烛夜后，早起拜见公婆，精心修饰，羞问夫婿，眉毛描画深浅合时宜乎？此诗借新婚后的脉脉情事，把自己比喻成即将拜见公婆的新媳妇，把张水部比喻成夫婿，以试探虚实，并希望其向主考官推荐。比喻别出心裁，通俗而贴切。张籍阅后，大为赏识。

以爱情比喻君臣关系，对白居易来说是再熟悉不过的了。他曾经写过一首《新乐府·太行路》，注明"借夫妇以讽君臣之不终也"："古称色衰相弃背，当时美人犹怨悔。何况如今鸾镜中，妾颜未改君心改……人生莫作妇人身，百年苦乐由他人。行路难，难于山，险于水。不独人间夫与妻，近代君臣亦如此。君不见：左纳言，右纳史，朝承恩，暮赐死？行路难，不在水，不在山，只在人情反复间。"这首诗表明了作者的清醒，抨击了君主专制的暴烈。一句"朝承恩，暮赐死"，凝结着多少辛酸，饱含着多少血泪！

没想到的是，"妾颜未改君心改"的日子这么快就到来了，就是再达观的人，也不由得悲愤难平。此时，面对君主翻脸、朋友星散的严酷现实，白居易不会去想什么爱情了。倒是蓝桥这个地方引起了他的注意，因为对这个地方，他并不陌生。除开早年间自己往返南北已经走过蓝田武关道外，更重要的是，他最要好的朋友元稹在这里留下了诗篇。元和五年（810），元稹被贬江陵，从这条道上经过，作诗十七首，白居易写了答和诗十首，其中《和〈思归乐〉》中"皆疑此山路，迁客多南征。忧愤气不散，结化为精灵"的句子，道出了蓝田武关道严酷惨烈的文化意涵。本年度的正月，元稹自唐州返回长安，在蓝田武关道上写下《西归绝句十二首》，表达了经过五年外放、重返京城的喜悦之情。没想到的是，仅仅过了两个月，元稹再次被贬通州。在写《西归绝句》的同时，元稹还写了一首《留呈梦得子厚致用》，题留在蓝桥的题壁上：

泉溜才通疑夜磬，烧烟余暖有春泥。

千层玉帐铺松盖，五出银区印虎蹄。

暗落金乌山渐黑，深埋粉堠路浑迷。

心知魏阙无多地，十二琼楼百里西。

一声"心知魏阙无多地"，道出了多少悲辛和期望。

此刻，在蓝桥，白居易见到元稹的诗句，心情异常复杂。他随手写下《蓝桥驿见元九诗》：

蓝桥春雪君归日，秦岭秋风我去时。

每到驿亭先下马，循墙绕柱觅君诗。

春来秋往，双双被谪。君主无情，朋友有缘。君主在何处？朋友又在哪里？

蓝桥啊，蓝桥，你为何总令人心碎？[1]

山穷水复

现在已无从知晓，白居易是什么日子自长安出发，又是什么日子到达九江的。汇总各种材料看，可以大致估计为八月中旬动身，十月初到达，前后大约四五十天。[2]

为什么这么迟缓？不是说要"日驰十驿"，也就是日行三百里以上么？

实际上，"日驰十驿"是天宝三载的规定，安史之乱后，这一规定稍有缓和。加之蓝田武关道崎岖难行，驿站之间往往不足三十里，从襄阳上船后，每天也不可能行船三百里，加上大风、起雾等因素，走得就更为迟缓一点。

最关键的是，白居易不想走得那么快。

走那么快干什么呢？又不是什么军机大事，也不是什么明察暗访，更不是什么正常交接，身为贬官，有谁惦着你走了多久，有谁盼着你早日到来？

旅途是艰苦的。蓝桥，还刚刚是一个开始，接着，就要翻越秦岭了，道路更为崎岖难走。自蓝桥驿，过峣关（牧虎关），经北川驿、安山驿，过麻涧至仙娥驿，到达商州，在这里，白居易停下来，等待妻子和家人的会合。三天后，继续出发，过四皓驿、寿泉店、洛源驿，至棠棣驿、桃花驿、层峰驿，到达武关。在武关驿稍作休整，再经青云驿、分水岭、阳城驿（唐末改为富水驿），至内乡县廓的商於驿，再经林湍驿，南折至官军驿，到邓州治所穰县，

再经故邓城，渡汉水，到达襄阳。这一路，"途出崇山峻岭间，道小崎岖，且多猛兽"，从长安到襄阳，"凡一千一百余里。"

在襄阳，白居易停留了几日。白居易的父亲白季庚曾当过襄州别驾，并且是在任所去世的。白居易二十二三岁时，曾送母亲到襄阳，后又到襄阳为父亲治丧。因此，对白居易来说，襄阳既是旧地，又是伤心地，加上此刻的被贬身份，其心情可想而知。在《再到襄阳访问旧居》中，他写道："故知多零落，闾井亦迁移。独有秋江水，烟波似旧时。"

从襄阳的汉阴驿转水路，经宜城，到郢州（今湖北钟祥），登白雪楼，在郢州南90里的臼口遇上大风，迁延十天，再起程，到鄂州（江夏，今湖北武汉武昌），入长江，经武昌（今湖北鄂州），到江州。虽然比起旱路来，走水路时一家子吃的苦少了许多，但坐船也有坐船的烦恼，风波浪恶，漂浮不定，心情也好不到哪里去。《江中雨夜》就这样说："江云暗悠悠，江风冷修修。夜雨滴船背，风浪打船头。船中有病客，左降向江州。"

旅途也是孤寂的。自限期离京以来，白居易感觉所有的都失去了，唯一多出来的是时间，是大把大把的时间。在商山道，在汉水，在长江，总有许多时间打发不完。

还好，白居易是个诗人，一路上，有诗和他相伴。在途中大把的时间里，他不时读读庄子、读读李杜、读读元稹和元宗简的诗，并且开始整理编辑自己的诗集，此外，在途中，他还写下了51首诗。

细读这51首诗，我们感觉到了白居易的巨大痛苦和失落。

首先是强烈的抛弃感。远离了京城，远离了皇帝，远离了政治中心，远离了奏章、廷议、政务，一下子被抛弃到深山老林、风波江上，作为勇猛精进的政治家，其内心的痛苦是无以名状的，因此，在《题四皓庙》中，他写道："若有精灵应笑我，不成一事谪江州。"在《晏坐闲吟》中写道："昔为京洛声华客，今作江湖潦倒翁。"

其次是隐隐的愤懑感。你要打倒我，可以，如果我确实错了。问题是，这一次，我并没有错。武元衡被杀，确实是前所未有的，是令人发指的，试问，历史上有过宰相被人暗杀的事情么？纵然东宫属官不是言官，可在满朝噤声、无人说话之际，我上书请求追捕凶手，又有何罪？至于说"浮华无行"，[3]则明显是污蔑陷害，不值一驳。正因为是无端被打倒，白居易心中充满不平之气，于是，在《放言五首》之一中说："朝真暮伪何人辨，古往今来底事无。"在

《放言五首》之二中写道:"不信君看弈棋者,输赢须待局终头。"

再次是深深的挫败感。一不是世家子弟,没有高门大户的荫庇,没有大人物罩着,二没有干谒求进,没有依傍达官贵人,没有卖身投靠,是白居易引为自豪的两件事。"初应进士时,中朝无缌麻之亲,达官无半面之旧;策蹇步于利足之途,张空拳于战文之场,十年之间,三登科第,名入众耳,迹升清贯,出交贤俊,入侍冕旒。"这是多么不容易的事情,完全是靠才能立足,凭本事吃饭。可忽然,一朝恩断,扫地出门,再有才华,又有何用?于是,在《雨中题衰柳》中,他写道:"湿屈青条折,寒飘黄叶多。"在《放言五首》之五中说:"生来死去都是幻,幻人哀乐系何情。"

再次是无边的孤独感。远离熟悉的京城,远离熟悉的朋友,在千山之中彳亍前行,在万水之上颠簸漂流,身边,除了妻子家人外,没有一个人可以谈谈国家大事,没有一个人可以说说满腹委屈。庙堂里,还在蜗角争斗,江湖上,友人星散流离。元稹去了通州,刘禹锡去了连州,在朝的李绅、李谅、李建等人官小位微,放眼过去,没有人可说心里话,就像是独处孤岛,独漂孤舟。因此,在《独树浦雨夜寄李六郎中》,他写道:"可知风雨孤舟夜,芦苇丛中作此诗。"在《寄微之三首》中,他写道:"江州望通州,天涯与地末。有山万丈高,有江千里阔。"

还有就是强烈的荒废感。白居易29岁进士登第,31岁参加吏部书判拔萃科考选登第,35岁应制举及第,官职从校书郎做起,经周至尉、翰林学士、左拾遗,京兆户曹参军,其母病逝丁忧期满后授左赞善大夫,这样的官阶升迁,虽然谈不上快,但也并不慢,算是比较正常的。对于白居易来讲,无论在哪个岗位,好像都兴致颇高,一心做事。但突然,一夜之间,无事可做,一种空怀抱负而难酬壮志,空有胸襟而才学难施的荒废感攫住了他。于是,在《臼口阻风十日》中,他写道:"老大光阴能几日,等闲臼口坐经旬。"在《题王处士郊居》中,他说:"一卧江村来早晚,著书盈帙鬓毛斑。"

最后就是深深的恐惧感。江山万里,风波处处,新的环境如何,新的上司如何,新的同事如何,他们对于贬谪者的态度如何?都是未知数。还有,这次被贬,时间多久,还有可能回到京城吗,还有可能回到朝堂吗?也是未知数。由此,白居易不由得不对陌生的环境与不可预知的未来感到恐惧。于是,在《寄微之三首》中他写道:"此去更相思,江西少亲故。"在《舟行阻风寄李十一舍人》中,他唱道:"且愁江郡何时到,敢望京都几岁还。"

　　对一个有学养、有修养、有涵养的知识分子来讲，无边的哀怨解除不了心中的痛苦，唯有自己自我挣扎、自我解脱、自我升华，才能将痛苦按捺下去，以求得精神上的片刻安慰。从白居易的诗中，我们已经看出了他的这种超脱意图。在《仙娥峰下作》中，他写道："感彼私自问，归山何不早。"在《寄微之三首》中说："努力各自爱，穷通我尔身。"在《读李杜诗集因题卷后》，他高唱："天意君须会，人间要好诗。"

　　有一个地方不能不引起人们的注意，那就是鄂州（今湖北武昌）。鄂州是鄂岳观察使理所，向为咽喉之地。在鄂州，白居易稍作停留，有卢侍御等朋友在黄鹤楼设宴，招待白居易。这场宴会弄得很热闹，请了小歌舞团来表演，酒也喝得很到位。晚上，白居易听到邻船有人唱歌，歌声哀婉。这样的一天，叫白居易感慨不已。

　　黄鹤楼，面对长江，下临黄鹄矶，是一座酒楼，是鄂州形胜。当年，崔颢在这里写下千古名篇《黄鹤楼》："昔人已乘黄鹤去，此地空余黄鹤楼。黄鹤一去不复返，白云千载空悠悠，晴川历历汉阳树，芳草萋萋鹦鹉洲。日暮乡关何处是，烟波江上使人愁。"李白也写下《黄鹤楼送孟浩然之广陵》："故人西辞黄鹤楼，烟花三月下扬州。孤帆远影碧空尽，惟见长江天际流。"前人的诗篇，用文气冲淡了酒气，为黄鹤楼留下了不朽的传说。面对如画江山，面对朋友盛情，面对前人愁绪，面对未知前景，白居易挥笔写下《卢侍御与崔评事为予于黄鹤楼置宴，宴罢同望》："江边黄鹤古时楼，劳置华筵待我游。楚思淼茫云水冷，商声清脆管弦秋。白花浪溅头陀寺，红叶林笼鹦鹉洲。总是平生未行处，醉来堪赏醒堪愁。"

　　思也思了（"楚思淼茫"），听也听了（"商声清脆"），喝也喝了（"醉来堪赏"），愁也愁了（"醒堪愁"），在《卢侍御小妓乞诗，座上留赠》中，他笔锋一转，开起了小歌妓的玩笑来，说你的歌巾好香，你的舞裙好美（"郁金香汗裛歌巾，山石榴花染舞裙"），你的神态像文君，你的风度像瑶姬（"好似文君还对酒，胜于神女不归云"），在座的诸君可是比宋玉和楚襄王幸福多了，因为宋玉和荆王只能梦中与神女相会，诸君却是亲眼看见（"梦中那及觉时见，宋玉荆王应羡君"）。白居易是见过世面的，开这样无伤大雅的玩笑，是他的高明，也是他的可爱之处。一个人，要是一味壮怀激烈，或是整天悲天悯人，便不好玩了，一个人，一旦不好玩，便谈不上可爱了。

　　到了晚上，在江边，白居易听到邻船的歌声，心里受到极大的震动，写

《夜闻歌者》，近乎白描："夜泊鹦鹉洲，江月秋澄澈。邻船有歌者，发词堪愁绝。歌罢继以泣，泣声通复咽。寻声见其人，有妇颜如雪。独倚帆樯立，娉婷十七八。夜泪如真珠，双双堕明月。借问谁家妇，歌泣何凄切。一问一沾襟，低眉终不说。"

十七八岁的少女，有什么难言的心思，而哀歌垂泪、低眉愁绝呢？这心思，不正是白居易自己的心思么？这心思，曲折幽微，孤独惆怅，若问起，也只能"一问一沾襟，低眉终不说"。[4]

千里路遥，关山迢迢，风波处处，精神和肉体的磨难叫白居易痛苦不堪。还好，他还算是个达观的人。一路来，也有叫他高兴的事，那就是在驿站、在教馆、在寺庙、在酒店、在凉亭，他都看见有人把自己的诗抄写在墙壁上，刻写在廊柱间，装裱在房间里；他也听到很多秀才、蒙童、僧侣、妇人、歌者在吟咏自己的诗歌，这叫他很是自豪甚至自傲。这是世人对自己的肯定啊！这个时候，他对自己的前途又恢复了一些信心。他不断鼓励自己：振作些，爬起来，命运还要靠自己掌握。且看他的《放言五首》之中的一首：

赠君一法决狐疑，不用钻龟与祝蓍。

试玉要烧三日满，辨材须待七年期。

周公恐惧流言日，王莽谦恭未篡时。

向使当初身便死，一生真伪复谁知。

注释：

(1)美国影片《魂断蓝桥》的英文原名是《Waterloo Bridge》，直译是"滑铁卢桥"，开始译为《断桥残梦》。后来编译组在全国范围内征名，一位女士寄去了"魂断蓝桥"，成为最终的中文片名。

(2)关于启程：1.白居易《初出蓝田路作》：路在秋云里。《初贬官过望秦岭》：无限秋风吹白须。可知启程已在秋天。2.《红鹦鹉》：安南远进红鹦鹉。《旧唐书·宪宗本纪》：八月丙寅，诃陵国遣使献僧祇僮及五色鹦鹉。是否白居易在商山道巧遇使者？3.《登郢州白雪楼》：朝来渡口逢京使，说道烟尘近洛阳。《旧唐书·宪宗本纪》：八月丁未，淄青节度使李师道阴与嵩山僧圆净谋反，勇士数百人伏于东都进奏院，乘洛城无兵，欲窃发焚烧宫殿而肆行剽掠。可互证。4.《途中感秋》：树初黄叶日。《登郢州白雪楼》：青山蔟蔟水茫茫。似乎正是八、九月份气象。5.元稹《酬乐天东南行诗一百韵》自注：八月乐天之江州。关于到达：1.《江楼闻砧，江州作》：十月始闻砧。2.《泛溢水》：四月未全热……到官行半岁。从四月回溯半年，可证白居易是头一年十月到达江州。

（3）《旧唐书·白居易传》：会有素恶居易者，掎撼居易，言浮华无行，其母因看花坠井而死，而居易作《赏花》及《新井》诗，甚伤名教，不宜置彼周行。按：据陈振孙《白文公年谱》，白居易母亲因患心疾（精神疾患），遍访医药而不治，于元和六年坠井而亡，与看花无涉。白居易《新井》诗系周至尉任上所作，早于母亲去世。今白居易集中无《新井》诗，可能是后来有意删去。

（4）宋·洪迈《容斋随笔》之《容斋三笔》卷6《白公夜闻歌者》：（乐天）时自京城谪浔阳，宿于鄂州……其词曰……然鄂州所见，亦一女子独处，夫不在焉，瓜田李下之疑，唐人不议也。今诗人罕谈此章，聊复表出。按：洪迈此说未免冬烘。白诗中，确实未写出第三人，但要知道的是，诗歌不是散文，诗歌贵在简约，贵在意境，贵在旨趣，因此，白诗中未见船家、同伴，实为情理之中。更何况，唐人不同于宋人，假道学还未盛行，以"瓜田李下"来想象唐代的开阔气象，实在是宋儒（尤其南宋）量窄气短，可发一笑。再，清代何焯（何义门）认为该女子是白居易"亦自谓耳"，也有一定道理。

心思浩茫

经过长途跋涉，白居易终于到达江州。白居易眼中的江州和江州眼中的白居易，是什么样的感觉？江州司马是一个什么样的官职，白居易对青年时代有什么样的回忆？

州 司 马

这一天，船家告诉白居易：九江，就要到了。

该来的总是要来。

白居易放眼望去，在西门码头，矗立着两座高高的华表，不远处的江边，有一座高楼，临江一排房子，好像浸润在江水里，因为下雨，雨烟朦胧，又临近傍晚，再远处已经看不大清楚了。

忽然，锣鼓阵阵，鞭炮声声，在码头，聚集了一大批人，原来是来迎接他白居易的，为首的是江州刺史崔能。把臂言欢，相互介绍，文士揖见，百姓围观，这都是应有之义，朱轮马车，接风洗尘，安排住所，采买用品，也是人之常情。江州人以她的热情，一洗白居易心中的忧郁，叫他感觉到温暖。

要问崔能为什么这么热情？有议者称"朝官的贬谪往往是临时性的，随时可能返回朝廷再居高位"，因此崔能不愿得罪。这说法很有问题。说这话的，是不太了解崔能的履历和为人。崔能的曾祖父是武则天时期著名文人崔融。崔能少年时家里贫穷，饥荒年，与弟弟崔从在太原山中捡拾橡实为饭，但这兄弟二人志向远大，"励志苦学"。元和初年，崔能任蜀州刺史，元和六年（811），

转任黔中观察使，成为封疆大吏。元和八年（813），在对待南蛮酋长张伯靖叛乱的问题上，主战的崔能与宰相李吉甫意见不同，被贬为永州刺史。在永州期间，柳宗元是他的下属，虽然明知道柳宗元等人差不多被朝廷在政治上判处了死刑，也就是说，柳宗元已经被"打翻在地，再踏上一只脚"，但他还是非常礼遇和尊重柳宗元，为柳宗元开了许多方便之门，并为柳的写作提供了许多史料，譬如，柳宗元写《段太尉逸事状》，就提到崔能为其复校核实。从以上经历可以看出，崔能决不是等闲之辈，而是一个能文能武、心胸开阔的长者。

正因为崔能是读书人出身，而且经历过起伏跌宕，因此，他善待白居易就不足为奇了。通过各种途径，他还是比较了解白居易的，了解白居易的政声和诗名，了解白居易的委屈和才能，作为主官，虽然自己来江州的时间也不长，有很多公务需要处理，然而，他对白居易还是网开一面，在工作上，只交代了一句：随便吧。

白居易遇到这样的上司真是幸运。

实话实说，白居易对江州的第一印象似乎并不太好，他在《望江州》中写道："犹去孤舟三四里，水烟沙雨欲黄昏。"在《初到江州》中写道："树木凋疏山雨后，人家低湿水烟中。"但他对崔能的热情是感激的："遥见朱轮来出郭，相迎劳动使君公。"

不几天，白居易在僚属的帮助下，很快就弄清楚了州司马是个什么样的官职。

唐初，州，是地方最高行政区划单位，直接对中央政府负责，贞观年间，全国有州360个。安史之乱起，全国遍设节度（观察、经略、防御）使，由某个地理中心的州刺史兼任，管理若干州郡，叫作"方镇"，地方行政架构由"州—县"二级制逐步转变为"使（道）—州—县"三级制。一般地，只要不是所谓"强藩"（独立、半独立的方镇），其所属州县官员的任命，还在于中央政府。元和二年（807），唐帝国共置47节度（观察、经略、防御）使，336个州，1620个县。

唐代的州，又分为上、中、下州，分类的依据是人口多寡。户满四万以上为上州，二万五千户为中州，不足两万为下州。如果再细分，还有所谓辅州、雄州、望州、紧州，主要以所在区位的重要性为划分依据。"辅"，本指京城附近之地，唐代也以京城附近之州为辅州，以提高其地位。"雄""望"

"紧"州，也均以其政治、军事地位之重要与否以及经济开发程度作为划分依据。

对于上州而言，官员的设置是，刺史一名，官品为从三品；别驾（从四品下）、长史（从五品上）、司马（从五品下）各一人，录事参军事一人，还有司功、司仓、司户、司兵、司法、司士六曹参军事各一人。

现在的问题是，司马到底算是刺史的副职，还是州所属部门的官员。对于这一点，很多人了解得并不透彻，我曾经在多个场合听说过诸多版本。实际上，按李林甫奏进的《唐六典》，司马是刺史的副职无疑。《唐六典》卷30："尹、少尹、别驾、长史、司马掌二府、州之事，以纪纲众务，通判列曹，岁终则更入奏计。"《通典·职官十五·州郡下》载："大唐州府佐吏与隋制同，有别驾、长史、司马一人，大都督府司马有左右二员。凡别驾、长史、司马，通谓之上佐。"这就非常明确指出了司马确实是州刺史的副职。

那么，司马到底管些什么，也就是说，司马的职能是什么呢？仍看《通典》，我们得知，司马，就是隋代以前的治中。自魏晋以后，刺史多兼任将军，既是将军，那就有一套军事系统，又因为是刺史，还有一套行政系统。行政系统中，设置司马一职，为军府之官，理军事。[1]假如实在要类比，相当于当今设区市（地、市、州、盟）主管国防动员、民防的副市长。

有趣的是，这个副市长可以不管事，也无事可管。其原因是唐肃宗、唐代宗以来，方镇的权力逐渐膨胀，节度、观察可以自行聘用助手（使府辟署），叫幕职（白居易称为"部从事"），如果州县有事，则遣幕职去处理，甚或州县主官空缺，也可以由幕职暂时代理，再报中央政府或正式批准，或另行任命，这样一来，反而使得州这一级的长史、司马无事可干，成为闲职。难怪白居易在《江州司马厅记》中描述："自至德以来，庶官以便宜制事，大摄小，重侵轻，郡守之职，总于诸侯帅，郡佐之职，移于部从事。故自五大都督府至于上中下郡，司马之事尽去，唯员与俸在，凡内外文武官左迁右移者递居之，凡执役事上与给事于省寺军府者遥署之，凡仕久资高耄昏软弱不任事而时不忍弃者实莅之。""州民康，非司马功，郡政坏，非司马罪，无言责，无事忧。"刘禹锡在《送王司马之陕州》诗中也说："案牍来时唯署字。"

还要多说一句，唐代的官职官位体系弄得十分复杂，有职事官、散官、勋官，又有爵号和品秩。所谓职事官，是指有实际职务、有权有责的官职。所谓散官，是指官员铨叙的阶级，九品以上的职事官都有"散位"，即带有"阶"。

职事官与散官，类似于当今的行政职务和行政级别，有时候可能并不一一对应。职事官量才录用，既可以正常变动，也可以破格，因时因需因人任命，而散官的"阶"必须按部就班地一级级升迁。品秩，又称官品，是一种抽象的、用以划分高下的等级制度。隋兴科举之后，九品中正制作为一种选官制度寿终正寝，但从隋唐至明清，仍将官吏划分为"九品"。九品之中又有正从之分，三品以下，正从之中又有上下之分。职事官的品位共三十等。散官因无正一品，所以其品位共二十九等，譬如从一品叫开府仪同三司，正二品叫特进，从二品叫光禄大夫，正九品上叫儒林郎，正九品下叫登仕郎，从九品上叫文林郎，从九品下叫将仕郎等等。

由于官僚队伍日渐庞大，担任实职的职事官职位总显得不够，因此，散官又作为一种待遇授予一些官员，这些人，无印绶，无官署，无具体职掌，但享受相应级别的政治、生活待遇。

此外，唐代表示身份地位的称号还有"勋"和"爵"。"勋"最初用来奖励战功，后来文官没有战功也可以得勋。勋分十二等，以转数多少为高低，名称有上柱国、柱国、上护军、护军、上轻车都尉、轻车都尉、上骑都尉、骑都尉、骁骑尉、飞骑尉、云骑尉、武骑尉等。爵位也是享有某种特权的称号，唐承隋制，封爵分为九等，各有相应的食邑封户和阶品，名称有王、郡王、国公、郡公、县公、县侯、县伯、县子、县男等。

为什么不厌其烦，搞得如此复杂？盖因君主专制制度是一种自上而下的权力分配制度，这种制度的核心是权力，而权力又代表着对资源的占有和再分配。自秦以降，君主专制制替代了周王朝的分封制，土地分封被权力分配所取代。君主并不从事任何生产活动，他高高在上，乾纲独断，靠什么维持帝国的秩序，江山的稳定？靠的就是分配权力，或者叫分封权力，说得更明白一点，就是靠分配帽子，分配大大小小的官帽。皇家就是最大的帽子作坊。权力不能一次分配到位，不然，就没有后续的动力，也就是说，要对能干事的或者认为能干事的，不管是人才还是奴才，都要不断地给他点甜头，或转入要职，叫"从闲入剧"，或向上升迁，叫"去卑就高"。还有，带有实际权力的实职数量总是有限的，这时候，就只能用虚衔来敷衍了。因此，今天给你升个职，明天给你进个阶，后天又给你授个勋，大后天又给你封个爵，再不济，弄个高一点品秩的散官给你当当，或者清要的虚职兼个实惠的实职给你干干，花样玩得那叫一个漂亮，真可谓目不暇接，眼花缭乱，叫你总觉得

年年有进步，时时有奔头，从而保持对君主的绝对忠诚。这就好像训练海豚，那驯兽员在训练时，如果海豚做对了某个动作，要及时喂一条小鱼作为奖励，再做动作，再喂，一直到动作做好为止。那鱼儿要有足够的数量，也不能一下子都喂了，只有这样，海豚才能对驯兽员产生依赖，才能练好一个又一个动作。

有奖就有罚，有升就有降。君主的恩宠，是靠不住的，"一封朝奏九重天，夕贬潮阳路八千。"宠辱之间，变幻无常。既然皇帝通过某些手段将官帽变成了私家财产，那么，他想什么时候收回，就什么时候收回，无须程序，无须证据，无须审判，全在喜怒一念间。因此，不管是罪有应得的坏人，还是"信而见疑，忠而被谤"的好人，只要是逆了皇帝的龙鳞，就有可能一纸贬书，将你的帽子摘掉，打入十八层地狱。

江州原本划为中州，不知什么时候，她升为了上州。上州司马的品级，在从五品下，比较白居易被贬之前太子左赞善大夫的正五品上，可以看出白居易确实给降级了。白居易的散官是将仕郎，品秩是最低级的从九品下，白居易在《祭庐山文》中这样称呼自己："将仕郎守江州司马白居易"。

白居易担任的就是这样一个有职位、有薪水，但没有职能、没事做，名义上是副手，实际上是闲职，职事是从五品下，散阶是从九品的司马。[2]

这么看来，这真是一个不明不白的职位。

九江的热情和热情的九江，给了白居易温暖，因此，白居易在《江州雪》中写道："新雪满山前，初晴好天气。日西骑马出，忽有京都意。"但要知道的是，创痛不可能那么快平复。我们的目光，看到了无奈的司马和司马的无奈，在《初到江州寄翰林张、李、杜三学士》中，我们读到了这样的句子："伤禽侧翅惊弓箭，老妇低颜事舅姑。碧落三仙曾识面，年深记得姓名无。"

"信非吾罪而弃逐兮，何日夜而忘之！"[3]

庾 楼 月

"明月楼高休独倚，酒入愁肠，化作相思泪。"宋代范仲淹的词，道出了游子黯乡魂、惧登楼的心理。

高楼与月亮，成为乡愁的象征。

　　巧合的是，偏偏江州就有座高楼，偏偏这座楼与月亮有很大关系，这座楼就是庾楼。

　　甫到江州，白居易就登上了高楼，在楼上，看到了月亮，听到了砧声。

　　楼、月、砧，这几种意象化在一起，怎不触动白居易的心思？于是，他吟道："江人授衣晚，十月始闻砧。一夕高楼月，万里故园心。"[4]

　　从此，庾楼便嵌入白居易的心中。

　　要问庾楼是谁人建的，是什么时候建的，又建在什么地方？千百年来，众口纷纭，聚讼不已。细读白诗，抽丝剥茧，我们看到，这座楼也是一座酒楼，她矗立在江边，巍峨挺拔，是观景抒怀、欢聚宴会的好场所。[5]

　　其实，白居易在船到江州时，就已远远望到这座楼了。在《初到江州》中，有这样的句子："浔阳欲到思无穷，庾亮楼南湓口东。"

　　庾亮是谁？

　　说来话长。且说西晋末年，中原板荡，神州陆沉，中原士族衣冠南渡，琅琊王司马睿借助中原门阀士族的力量，并取得南方大族的支持，在建康（今江苏南京）即位，建立了偏安的东晋王朝，是为晋元帝。由于司马睿是靠以王导为首的门阀士族扶上王位的，当时就有"王与马，共天下"之说，皇家的根基不深，力量不足，因此，急于培植自己的亲信。这时，一个叫庾亮的进入了晋元帝的视线。庾亮，字元规，颍川鄢陵（今河南鄢陵北）人。这庾亮，长得那是标准帅哥，谈吐不俗，礼节周到，气度不凡，叫晋元帝很是喜欢。很快，晋元帝就将庾亮的妹妹纳作自己的儿媳妇。由于内忧外患，心情不佳，在位仅仅6年，正值壮年的晋元帝去世，晋明帝司马绍即位。晋明帝封太子妃为明穆皇后，重用大舅哥庾亮，授假节、都督东南诸军事，参与讨平王敦之乱，攻灭吴兴豪族沈充。王敦是王导的堂兄，剪除了王敦，使得王姓家族势力大大削落，庾亮开始执掌重权。过了三年，时年27岁的晋明帝病死，托孤于王导、庾亮等人，年仅4岁的司马衍即位，是为晋成帝。晋成帝即位后，皇太后庾氏临朝称制，虽然还是任命王导为宰相，但实际掌权的是她哥哥庾亮，史书上讲，"政事一决于亮。"

　　《世说新语》记载了这么一则故事，说庾亮权势很大，王导比较郁闷。那时候城池不大，建康有两座城池，王导与皇室一道驻冶城，庾亮则屯军石头城。有一天，刮起了大风，王导以扇拂尘，说，"哎呀呀，这庾亮，吹起的尘土这么大，有点呛人啊。"

妙哉！这就是所谓魏晋风度。发泄，都这么风度翩翩，骂人，都不带脏字的！

王导的不满归不满，庾亮可是要帮妹妹和外甥巩固政权。咸和二年（327），历阳内史苏峻联合祖约举兵反叛。江州刺史温峤得知消息后，准备派兵顺流而下保卫京都，庾亮不同意，赶紧致书温峤，说我更担心的是西边的荆州刺史陶侃，你的军队暂时不要动，不要越雷池一步。这里的雷池，就是当今湖北黄梅县和安徽宿松县一带的龙感湖、大官湖、黄湖和泊湖。后世，"不越雷池一步"成了成语，不过意思已经有了改变。

看来庾亮的为人有点问题，有点四面树敌的味道。实际上，苏峻的造反也是被庾亮逼的。苏峻以破王敦、沈充有功，且手中握有兵权，庾亮不能相容，数次征召他来朝廷，当什么大司农。傻子都明白这是啥意思，何况有点野心的苏峻。再加上庾亮当权后，"任法裁物"，得罪了不少人。看到这样的形势，苏峻于是起来造反。庾亮的战略战术也有问题，首都保卫战居然一败涂地，京城失陷，皇帝和皇太后均落入苏峻之手，庾亮狼狈出逃。

庾亮跑到哪里去？跑到了寻阳。[6] 因为只有温峤才算是他的朋友。在寻阳，庾亮表现出了政治谋略，他坚决不肯当头，和温峤商议请兵力强盛的陶侃作为盟主，来共同对付叛军。当陶侃到达寻阳城时，庾亮主动谢罪。晋明帝去世时，托孤之臣名单中没有陶侃，陶侃怀疑是庾亮捣鬼，两人关系不佳。这一次一见面，看到国家罹难，苏峻残暴，又看到庾亮诚恳，温峤恭谦，陶侃即捐弃前嫌，起兵破敌。要说的话，这一联盟的达成，还是陶侃作为政治家的胸襟和眼光在起作用，而决非庾亮的"风姿神貌"令其折服。

说来陶侃是地地道道的寻阳人，也是第一个载之于史册的九江本土名人。[7]《晋书·陶侃传》说得清楚："陶侃字士行，本鄱阳人也。吴平，徙家庐江之寻阳。"陶侃在东晋算是一个异类，他出身贫寒，却跻身重臣，他生逢乱世，却治绩极佳，他平步青云，却谦让节俭，他有条件造反，却矢志忠诚，这样一个人，确实是九江的骄傲。陶侃受母亲的影响很大。陶母与孟母、岳母合称为中国古代三大贤母，其"截发筵宾""封鲊责子"的故事脍炙人口。[8]东晋号称门阀政治，入仕当官，讲究家庭出身，如果不是豪门世家，基本上无法在朝廷立足，而陶侃自幼孤贫，家世不显，能在门阀政治中蹚出一条路来，实属不易。他也是东晋的各位名臣里头气魄最大、品格最高的一个人，究其原因，肯定跟出身贫寒、没有过多的历史包袱和家族利益有关，因此能

以大局为重，为国家尽力。陶侃并不是会"侃"，而是踏踏实实，认真做事，完全对得起"士行"这个表字。他从基层干起，一步步成为东晋砥柱。到庾亮请他会盟时，任"都督荆、雍、益、梁州诸军事，领护南蛮校尉、征西大将军、荆州刺史"，实力雄厚，因此，荆州、江州盟军能势如破竹，消灭苏峻。

苏峻既平，看到自己的妹妹皇太后死于叛军之手，看到满朝文武以异样的眼神看着自己，庾亮浑身不自在，感到不能再在朝中待下去了，于是上书自责，要求"自投草泽"，当皇帝的小外甥当然不同意，任命庾亮为"持节、都督豫州扬州之江西宣城诸军事、平西将军、假节、豫州刺史，领宣城内史"，坐镇离京城不远的芜湖，领重兵，在上游观察京城动向。没多久，后将军郭默据溢口造反，庾亮会同陶侃上下夹击，歼灭郭默。咸和九年（334），陶侃病逝，朝廷任命庾亮都督江、荆、豫、益、梁、雍六州诸军事，领江、荆、豫三州刺史，进号征西将军、开府仪同三司、假节，镇武昌（今鄂州）。

在武昌，有这么一则故事：说的是一天秋高气爽，月朗星稀，一些属官如殷浩、王胡之等在南楼赏月，吟诗作对，正玩得高兴，传来一阵脚步声，大家一听，就知道是庾亮来了。庾亮的严整是出了名的，大家纷纷准备避开。这时候，只听得庾亮说道："大伙儿别走哇，老夫对吟风弄月也很有兴致呢。"于是，庾亮坐在交椅上，与殷浩等人一同吟咏谈笑，相处甚欢。

这个故事在《晋书·庾亮传》和《世说新语》中都有记载，当不为假。这在当时的文坛，也算是一则佳话。

后来，就有人把武昌的南楼称为庾楼。庾楼明月，算是雅兴不浅、风流蕴藉的代称。因为庾亮兼任江州刺史，随后，他的两个弟弟庾翼和庾冰都担任过江州刺史，"三庾镇江州"，在江州留下了深深的印痕。不知什么时候，在江州浔阳城，人们在长江之滨也建了一座楼，同样被称为庾楼，算是江州对庾亮等人的纪念。可惜的是，至今，庾楼早废，[9]只有九江城区的一条道路还被称为庾亮路。

今天，我就是坐在位于庾亮南路的房子里，写这段文字的。我忽然想到，庾亮作为政治家，也许并不出色，但他毕竟有可敬可爱的一面，譬如进行过北伐，谋求恢复中原；譬如不肯出卖的卢马，以免妨碍他人等。一个人做了好事，便会被千万人记住，而且，有可能会被记住千年。我想，今天的人们，如果要学的话，要学的应该是庾亮的行止，而不仅仅是学点"风流蕴藉"的皮毛。

江州庾楼，就这样耸立在大江之滨，成为一方名胜。登上庾楼，北望神州大地，南观市井街衢，俯瞰大江东去，仰观庐山崔嵬，西瞻荆湘云起，东眺三吴烟雨，遥想当年陶侃与庾亮的风采，不由人不追古怀今、感慨万千。有人考证，民族英雄岳飞就是在江州写下千古传诵的《满江红》的。^⑩如果真是这样的话，那写《满江红》的地点应该是在庾楼。那是南宋绍兴三年（1133）九月，中卫大夫武安军承宣使、神武副军都统制岳飞屯兵江州，奉诏觐见，岳飞由九江至行在临安（今浙江杭州），宋高宗赵构面授"精忠岳飞"旗以及衣甲马铠等物件，授"镇南军承宣使、神武后军统制、江南西路舒蕲州制置使"，开司江州，直接受中枢指挥，时年30岁整。这一天，岳飞登上庾楼，遥望中原，想到朝廷的重托，想到古人的功业，想到北地的人民，想到肩上的责任，不由得心潮起伏，慷慨而歌：

> 怒发冲冠，凭阑处、潇潇雨歇。抬望眼，仰天长啸，壮怀激烈。三十功名尘与土，八千里路云和月。莫等闲、白了少年头，空悲切！

> 靖康耻，犹未雪；臣子恨，何时灭？驾长车，踏破贺兰山缺。壮志饥餐胡虏肉，笑谈渴饮匈奴血。待从头、收拾旧山河，朝天阙。

庾楼，历经多次毁损和重修，在大江边，在浔阳城，矗立了1500来年。她与长江相伴相守，一个是空间坐标，一个是时间坐标，默默地度量人的高贵与卑下，深沉与浅陋，默默地观看时势的喧嚣与平淡，沧海与桑田。她的声名，一代代留传下来。^⑪庾楼，甚至成了楼阁的代名词，一如"萧寺"成为寺院的代称一样。

"登兹楼以四望兮，聊暇日以销忧。"^⑫到江州后，白居易与庾楼结下不解之缘。他在江州期间，年年登楼，年年写楼，直接写庾楼的诗歌有7首，标明江楼的有7首，写登楼的有26首。

"把吴钩看了，栏杆拍遍，无人会，登临意。"^⑬

夜 深 沉

一场秋雨一场寒，九江，很快进入了冬季。

白居易这段时间一直在编辑自己的诗集。他把约800首诗歌分为四类：一类是有"美刺兴比"的，以及题为新乐府的，称之为讽喻诗；一类是"吟

玩性情"的，称之为闲适诗；一类是感遇咏叹的，称之为感伤诗；再有就是其他五言、七言、长句、绝句等，叫杂律诗。诗集编完，看着自己几十年的心血，想着自己走过的坷坎道路，白居易感叹不已。腊月长夜，他忽然有一股冲动，想要写点什么，于是，研墨铺纸，给他最要好的朋友元稹，写了一封长信，这就是著名的《与元九书》。

《与元九书》，是白居易最重要的作品，是他对九江的杰出贡献，也是他对中国文学的杰出贡献。

夜深沉，心如潮，在《与元九书》中，白居易回忆了自己往日的身世，提出了现实主义的诗歌理论，是一篇最全面、最系统、最有力的提倡现实主义、反对形式主义的宣言。这封信，不仅有利于我们理解他的诗，而且有利于我们了解他这个人。

如果说登庾楼，是在空间维度上有漂泊之感、怀念故乡的话，那么，这封信，则在时间维度上有身世之慨、爱惜羽毛的况味。

我们且把《与元九书》中的文学主张暂时放下，看看白居易是怎样回忆过去的。

说来白居易的身世并不显赫，他自称远祖是秦朝一代战神白起。秦始皇封白起的儿子白仲于山西太原，遂为太原人。下传三十代到白温，是为白居易的曾祖，迁居陕西渭南的下邽。从曾祖父到他的父亲白季庚，整个家族没有出过大官，属于中小官僚地主阶层。

唐代宗大历七年（772）正月，河南新郑县（今新郑市）东郭宅内，一个婴儿呱呱坠地，欣喜的父亲白季庚依《礼记·中庸》中"君子居易以俟命"之意，给这个婴儿取名叫白居易，希望长大后成为一名君子，当然也希望有美好的未来。后来及冠时，依《周易·系辞上传》中"旁行而不流，乐天知命，故不忧"，取字叫乐天。

小居易之所以出生在新郑，是因为他的祖父白锽曾任职河南，因而在新郑安家。白居易出生时，祖父和父亲都居官在外，因此，哺育和教育的担子就由祖母和母亲承担起来。小居易非常聪明，得人疼爱，在六七个月的时候，好像就认得"无"字和"之"字，似乎与文字有缘。五六岁时，便开始学习写诗，九岁时已能辨别声韵，算是一个早慧儿童。

小居易出生时，安史之乱的平复刚刚过去 10 个年头。在他十岁左右时，也就是唐德宗李适建中初年，李正己、田悦等强藩不服朝廷管辖，宣告造反，

天下动荡。建中二年（781）八月，平卢淄青节度观察使李正己死了，其子李纳擅领军务，据淄、青、齐等15州之地，拥十万精兵，发动叛乱。这时白季庚任彭城（今江苏徐州）令，他劝说李纳的族叔徐州刺史李洧脱离李纳的羁绊，"举州归国"，并和李洧一起坚守危城42天，保存了徐州，受到朝廷褒奖，被提升为徐州别驾。建中三年（782），白居易随母亲离开新郑，来到父亲的任所。

白居易来到徐州，并没有久住下来，因为周围还有战事，而徐州历来又是兵家易攻难守之地，因此，白季庚便把家眷安置在符离（今安徽宿州老符离集），另把白居易送到越中去避难。从此，诗人便开始了"故园望断欲何如，楚水吴山万里余"的漂泊生活。

白居易在江、浙一带亲戚们家中辗转漂泊了好几年。当时的苏、杭二州，是东南地区的两个大郡，由于未经战乱，加上韦应物、房孺复两位刺史治理有方，呈现出繁华富庶的景象。旅居越中时，白居易正值长身体、长知识的阶段，亲人与故乡的阻隔，经济的拮据，加上体弱多病，造就了他敏感、细腻的性格，练就了观察事物、观察人世的能力。也正是这种长期的流浪生活，开阔了视野，接触到底层人民的生活，了解了民众的苦难，锤炼了自己的意志。

在这期间，一件事情苦恼着这个十五六岁的少年，那就是出路问题。在唐代，读书人的唯一出路是做官。而做官的路径有两条，一是参加科举考试，以自己的才华博取功名；二是"干谒以进"，也就是拜谒当时的知名人士，再借其推荐，弄得一官半职。

有一个故事大家耳熟能详，说的是十六七岁的少年白居易拜谒当时大腕级诗人顾况，白居易呈上自己的诗集，顾况看到白居易的名字，开玩笑地说："米价方贵，居大不易啊。"当翻开诗集，读到"离离原上草，一岁一枯荣。野火烧不尽，春风吹又生"的句子时，顾况不觉动容，感叹道："有诗如此，居亦易矣。"这个故事说明，这个少年，已经非同凡响了。[14]

由于顾况并非身居要位，仅靠他的延誉显然不太靠谱。因此，白居易开始发狠，努力攻读。"十五六始知有进士，苦节读书。"苦读到什么程度？据他自己说，是"昼课赋，夜课书，间又课诗，不遑寝息矣。以至于口舌成疮，手肘成胝"。

贞元十年（794），白居易家里发生了重大变故，父亲白季庚在襄州别驾的任上去世，享年66岁。由于为官清廉，没有什么积蓄，父亲去世后，家庭

一下子陷于困顿，有时候甚至连吃饭都有困难。

唐朝制度，双亲之一去世，须居丧27个月，叫丁忧，其中25个月为正丧，后2个月叫"禫制未除"，任官者必须离职，居丧期间求官，不但口碑不佳，而且会受刑律处置。居丧期间，白居易继续刻苦攻读。贞元十三年（797），他奉母至洛阳，投靠叔父。贞元十四年（798）春，其兄白幼文在饶州浮梁县（今江西浮梁县）主簿任上，白居易这年夏天来到浮梁，意在"举业"，即准备参加乡试，这一年，他已经27岁。

到哪里去参加考试？白居易兄弟想到，他们的堂叔白季康在宣州的溧水做官，饶州与宣州为邻州，溧水又为宣州属县，大约由于这些缘故，白居易在贞元十五年（799）赶赴宣州应乡试，中选后为宣歙观察使崔衍所贡，前往长安参加省试。贞元十六年（800）二月，由中书侍郎高郢主考，以第四人进士及第，十七人中年龄最小。

唐代有"五十少进士，三十老明经"的说法，意思是五十岁进士及第，还算年轻，三十岁明经登科，就算老了。这句话往往用来形容进士及第的艰难，但也多少反映了实际情况。

要说的话，秀才、举人、进士、乡试、省试等名词，于国人并不陌生，但这些名词究竟代表着什么，很多人未必十分清楚。在这里，以科举制度已经成熟的中晚唐为例，看看这些词儿的准确含义究竟是什么。

中国的科举制度，创立于隋代，目的在于延揽人才，选拔官吏。这项制度，一直到清末废科举为止，历时1300年，可以说，没有一项政治文化制度能像科举制度那样，如此长久地影响中国知识分子的生活道路、思想面貌、价值观念和感情形态。

科举制度有一个不断变化的过程，不同的朝代，或者同一个朝代的不同时期，其方法、程序、称谓、待遇都有可能不同。

话说有唐一代，经历了隋末农民起义和安史之乱，士族门阀地主的特权趋于崩溃，大批非士族出身的庶族地主在掌握了一定的文化知识后，要求取得一定的政治地位，与此同时，国家也需要扩大执政基础，笼络中小地主巩固其统治，选拔各类人才来管理国家事务，因此，这个时候，科举制度日趋成熟。贞元、元和年间，国家的科举考试，主要有进士、明经和制举，这是中下层官僚地主家庭子弟入仕当官、进入主流社会的唯一阶梯。

进士科是唐代出现的新事物。大约唐高祖武德四年（621）或武德五年

（622），始设进士科。当时进士科与秀才、明经、俊士、明算、明法、明字并列，列为岁举常贡之一，但不久它就超过了别的科目。在整个唐代的科举试中，它的名声是最响的。进士科考试开始由吏部，后来改为礼部负责组织。

明经科起源于隋。在唐代，起始于唐高祖武德年间。有唐一代，明经科一直在进行，到了北宋初年，就明令停止。明经科主考机构与进士科是相同的。

为什么一年要进行两个科目的考试？这是因为选拔的目的不同所致。一般而言，进士科选拔的是中央机构后备人才，也就是当今所称的国家部委公务员，进士及第后，再经吏部铨选大多授予秘书郎、校书郎等职务，以后就逐步升迁进翰林院为学士，所谓"进士为士林华选"；而明经科选拔的一般是地方基层官员，有唐一代，凡明经出身的，再经吏部试合格，大多数选授为县丞、县尉，或州县的参军、主簿之类。

正因为目的不同，所以，考生来源、考试内容、录取人数、随后待遇等均有不同。

不论是进士，还是明经，一般是一年一考，因此也叫岁举。举子的来源有两种，一是由中央和地方的各类学馆，经过规定的学业考试，选拔送到尚书省的，叫生徒，二是乡贡，"而举选不由馆、学者，谓之乡贡，皆怀牒自列于州、县"。"乡贡"中的"乡"，指的是地方区域或地方政府的意思，并不是当今所谓乡镇中的"乡"；"贡"，指的是地方政府有责任推荐人才，人才也像金银财宝，作为贡品进贡给皇帝。实际上，乡贡是由县一级考试，经过筛选，录取若干名送到州府，州府再考试，选拔若干名报送到中央，然后会同生徒一道参加尚书省的考试。县级考试、州府级考试都叫乡试，中央级考试叫省试。凡州府考试过关，由州府主官荐举到中央参加考试的，叫"贡生""举子"或"举人"，推荐到中央参加进士科考试的，就叫"进士"，参加明经科的，就叫"明经"，都是"应试者"，没有任何政治或经济待遇，但有了"士"的身份。在中央组织的考试中录取中榜的，叫进士及第（登科）或明经及第；没有被录取的，就叫下第或落第。这里的"第"，就是第几名或第几等的意思。

那么，各州府向中央荐送的人数是多少呢？《通典》上说："大唐贡士之法，多循隋制，上郡岁三人，中郡二人，下郡一人，有才能者无常数。"又说："其不在馆学而举者谓之乡贡。旧令诸郡虽一二三人之限，而实无常数。"按平均每个州二人计算，全国每年的举子只有六七百人。这个数字，可能是唐前期的，那时候，重学馆而轻乡贡，天宝以后，乡贡应举者超过学馆，中小

官僚地主阶层子弟比重提高，是一个历史性的变化。估计贞元、元和年间的正常年份，每年到京城长安应试的，二三千人是会有的。

进士科和明经科考试的内容有很大不同。人们往往有一个误解，以为进士既被称为文学之科，主要就是考诗赋，于是就促进了唐代诗歌的繁荣。实际情况恰恰与此相反。在唐初相当长的一段时期，进士考试与诗赋无关。后来虽然加进了诗赋，但诗赋并不是唯一的决定因素。实际上，进士考试一般有三场，第一场是杂文，也就是诗赋，第二场帖经，第三场策文。所谓帖经，就是考核考生对儒家经典著作是否熟悉，以求学有根底；所谓策文，就是对时局的某一个或若个问题，写一篇论文，以便考察考生观察时事、解决实际问题的能力。这三场考试，每一场都定去留，也就是说，是每场淘汰制，有的人，考了第一场就被淘汰，也有人考第二场后被淘汰，只有三场都过关，才算中榜及第。

明经考试也分三场，第一场帖文，第二场口试，第三场试策文。实际上主要是头两场，第三场所谓答时务策，只不过是虚应故事。所谓帖文，按现在的说法，就是填空。考官或工作人员把经书的某一页两边用纸贴住（古籍均为竖排），只留一行，再在这一行用纸贴住三个字，叫考生把这三个字填写出来，这就是一道题。经书分大中小三种，如《礼记》《左传》为大经，《诗》《周礼》《仪礼》为中经，《易》《尚书》《公羊》《谷梁》为小经。每一经须考十帖，另外是《孝经》二帖，《论语》八帖，每帖试三个字。答案通六以上为及格；只答对五及以下为不通，就算落第。只有帖文及格，才能考第二场。第二场是口试，即经问大义十条，考官针对经书中的记载，提出一个问题，考生根据经书，进行回答。譬如说，考官问某经书中的某条，其下的注疏是怎样写的？考生就把这一条注疏背出来。可以看出，所谓经问大义，差不多是另一种形式的帖文，是考核应试者对经书及其注疏的记诵功夫。

进士与明经，考试的重点各有侧重：进士考试主要是文字功夫和理论联系实际的能力，而明经考试的重点则在于对经典的熟悉程度。进士考试中的第二场帖经，甚至可以用诗赋来"赎"，也就是说，如果对经书记忆不那么准确的话，可以用写诗作赋的办法来替代，叫作"赎帖"。明经考试的第三场策文，要求也不高，除了对考试总分有帮助外，恐怕没有实际用途，证据是，有唐一代，没有一篇明经时务策的文章流传下来，甚至连具体一点的记载也没有，这与大量的进士策论见诸于典籍形成鲜明的对比。

考试结束后，录取人数怎么样呢，也就是成功登第的情况又如何呢？贞元十八年（802）规定："明经、进士，自今以后，每年考试所拔人，明经不得过一百人，进士不得过二十人。"此后，录取人数略有增减，但大体不变。录取率呢？据《通典》："其进士，大抵千人得第者百一二，明经倍之，得第者十一二。"

由此看来，进士比明经难考；进士考的是理解力，明经考的是记忆力；进士比明经的录取比例低得多。由此，有唐一代，有"重进士，轻明经"之谓。前面说过的"五十少进士，三十老明经"也有道理，这是因为年轻人记忆力好，成年人理解力强。最明显的例子就是元稹明经登第是在 15 岁，而白居易进士登第则已经 29 岁。

不管是进士还是明经，登第后并不能直接授官。也就是说，进士或明经及第后，只是获取了入仕前的一种身份，叫作出身，也叫"前进士"或"前明经"，意思是进士科或明经科的"前应试者"。当然，未及第的，不能称为前进士或前明经，因为虽然也是"前应试者"，但因为没有及第，还要再考，还是一个"现"应试者。

举子登第之后，有一系列的活动，唐代正史、笔记、小说、诗文中多有描述，这里只说跟考试和入仕有关系的。举子中榜后，并不能完全放松，因为还有一次关试。所谓"关"，当是关白的意思，指的是古代官署之间的公文往来。《文心雕龙·书记》篇谓："百官询事，则有关、刺、解、牒。"进士或明经放榜敕下后，"礼部始关吏部"，也就是说，教育部门将及第举子的原始材料、考试材料等档案交给组织部门（人事部门），这时候，组织部门还要来一番验证，看看得以高中的这些家伙是不是真的有才。吏部关试一般试判两节，因为关试的时间一般在春天，因此也叫春关。经过了关试，举子就与礼部无关，而属于吏部管辖的人了。

关试的内容是判。所谓判，就是判狱讼，是司法判词。古代行政官员，兼有司法职责，因此要求会写判词。白居易有《百道判》，是为关试预先做准备的判词，这些判多用四六骈体，有的有实际意义，有的为戏谑之辞。

关试结束后，及第者的心思才稍稍放下，这时候，可以回到家乡，接受亲戚朋友和乡里乡亲的祝贺。下一步，有几种选择在等着他们，这就是吏部铨选、吏部科目选、制举以及使府辟署等途径入仕为官，叫作释褐或解褐，意为脱去麻衣步入仕途。吏部铨选为通常仕进之路，吏部科目选和制举为快

速仕进之道，使府辟署（即入聘节度使、观察使等成为其僚佐）为回旋仕进之途。

吏部铨选是一种考核性选拔制度，及第进士要守选三年，方能参选，铨选合格后，方能授官。铨选不设科目，主要试身（取其体貌丰伟）、言（取其言辞辩正）、书（取其楷法道美）、判（取其文理优长）。考试的程序，是先试书判，也就是书法和判案的文辞，这叫试；这一关通过后，就察看身和言，看形貌是否端正丰伟，说话的言辞是否清晰有条理，这叫铨；书判和身言都合格，接着询问被试者的意愿，并考察其本身的情况，拟出所授的官职，这叫注；最后，集合候选者，当众宣布新职，这叫唱。三注三唱后，没有什么意外情况，送尚书省审核，再报门下省复审，再由皇帝下旨授官，中书省负责起草任命"告身"，选人接到官告，获取官资，到殿庭谢恩，就可以走马上任了。

新中者的铨选一般和低层官员的考核放在一起，手续烦琐，竞争激烈，及第者由此入仕，缓慢而又艰辛，但这是一条常规的登进为官的道路。

假如确有才华，可走另外的捷径，那就是吏部科目选或制举。

吏部科目选是水平和能力考试，制举就是通常所讲的殿试，或者叫大选。这两种方式都属于破格选拔，可以不按选格年限，[05]成为有才者乐于选择的快速入仕途径。

吏部科目选的科目主要有宏词、拔萃和平判三科，还有三礼等诸科。这些科目，比铨选考判要求和难度都更高，尤其体现在综合素养方面，录取的人数十分有限，每科不过两三人而已，而考取者能立即释褐，官位是令人羡慕的清要官。

进士及第者入仕的另一显途是应制举。制举是皇帝亲诏临时设置的举选合一的制度，旨在打破常规，选拔非常之才，登科者即可得官扬名，故被视为快速升迁的通道。唐德宗时期的穆质说："国家取贤之道，其礼部、吏部，失之远矣，则制策之举，最为高科。"

唐代制举是在皇帝亲自监试下进行的，制举的考试科目与考试时间都不是固定的。应试者成分多样，有出身人、白身人、前资官，甚至六品以下现职官，只要通过了资格审查，都可以应考，而其中学养较高的进士出身者，尤为令人注目。

制举科目繁多，主要有贤良方正能言直谏、博通坟典达于教化、孝弟力

田闻于乡闾等等。这些科目，有的是试文艺辞藻的，有的是试经学的，有的是试吏治的，有的是试军事的，有的是试品行的，它们有一个共同的特点，那就是与当时的政治、经济、文化、社会密切相关，也就是说，于时事政治密切相关的"要道"与"大务"，乃是制举试的主要内容。制举考试，主要就是考策文，即按所出题目，结合当时实际，写出高质量的时政论文来。

制举既然是皇帝亲试，一般试前皇帝要亲颁制诏，表示对人才的渴望，规定应试科目名称，让地方长官和在朝官员举荐，也准许"茂材异等，拔萃超群"者自举。有时候，参加考试的人数多达一两千人。考试地点通常在宣政殿等地方，没有意外的话，皇帝往往亲临主试，有时候，还亲自参与阅卷。

唐代惯例，制举登第大致分为五等，但第一等、第二等向来空缺，第三等称为甲科，或称敕头，也称状元。第四等以下称乙科或乙等。录取的人数有限，每次大致录取十来个人。所授官职也有不同，第三等称优与处分，第四、第五等只说即与处分。列第三等即甲科的，授左右拾遗等，官品是从八品上；列第四、第五等的，授校书郎、秘书郎等职，也有授京畿近县县尉的。这与旧戏文中所谓高中状元后，即拜什么两省巡按，从而除恶扬善或报仇雪恨的情形有天壤之别。要知道，戏文毕竟是戏文，而不是真的历史。

虽然制举及第后所授官职并不高，但大致讲来，比进士及第经吏部铨选或吏部科目选还是要稍高一些。由于皇权的直接介入，制举登第者成为"天子门生"，其升迁速度也较快些。南宋时王应麟曾将唐宋两代制举登科后仕至宰相的作过比较，说："唐制举之名，多至八十有六，凡七十六科，至宰相者七十二人；本朝制科四十人，至宰相者富弼一人而已。"

让我们来看白居易的足迹。贞元十六年（800）进士得中后，白居易暮春归洛阳、到宣城、至浮梁，然后再到符离，准备吏部考选。贞元十八年（802）秋，再赴长安，参加吏部科目选。冬，在吏部侍郎郑珣瑜的主试下，以书判拔萃科及第，同时登第的有元稹、李复礼、吕颖等共八人。翌年春，与元稹同释褐授校书郎，白、元开始订交。冬，返回符离徙家，越年春，将家属安置在渭南下邽故里。元和元年，校书郎三年任期届满，罢官，和元稹一道，躲进上都华阳观，"闭户累月，揣摩当代之事，构成策目七十五门"，为应制举做准备。四月，应制举试，与元稹等人在才识兼茂明于体用科中登第，元稹入第三等，也就是状元，授左拾遗；白居易入第四等，授周至尉。[16]

此刻，"浔阳腊月，江风苦寒，岁暮鲜欢，夜长无寐"，想到自己少年时

漂泊的艰难岁月，青年时一再备考的艰难困苦，白居易不禁唏嘘不已，想到自己三考皆中，诗文皆优，赤手空拳打下一片天地，又不禁有些自负。长信写就，白居易再写一诗，题为《编集拙诗成一十五卷因题卷末戏赠元九、李二十》：

> 一篇长恨有风情，十首秦吟近正声。
>
> 每被老元偷格律，苦教短李伏歌行。
>
> 世间富贵应无分，身后文章合有名。
>
> 莫怪气粗言语大，新排十五卷诗成。

长夜漫漫，言不尽意，想到模糊的朝廷，想到远离的故乡，想到星散的朋友，白居易锥心刺骨，一夜，未曾合眼……

注释：

(1)《通典·职官十五·州郡下》：司马：本主武之官。自魏晋以后，刺史多带将军，开府者则置府僚。司马为军府之官，理军事。贞观二十三年，高宗即位，遂改诸州治中并为司马。长安元年，洛、雍、并、荆、扬、益六州置左右司马各一员。四年复旧。太极元年又置，四大都督府置左右司马各一员。所职与长史同。

(2)一直受困于白居易的散官而不解。唐代制度，官员一年一考课（相当于当今的年度考评），六品以下，四考皆满，并得中中考者，可以进一阶。如有中上以上考，可累加进阶。白居易从贞元十九年授官起，至元和十年（815），经三轮"四考"，可为什么到江州时仍为将仕郎？是考绩不佳，抑或是贬谪时被降阶？存疑。有议论是中晚唐散阶升迁混乱所致。

(3)屈原《哀郢》。

(4)白居易《江楼闻砧》，作于元和十年，甫到江州。疑此"江楼"亦即庾楼。砧：古时制衣的料子如罗纨、缣练等大都是生料，必须捶捣，使之柔软熨帖，这个过程称为捣衣，也叫捣练。砧声被称为寒砧、清砧或暮砧，用以表现征人离妇、远别故乡的惆怅情绪。李白《子夜吴歌》之三："长安一片月，万户捣衣声。秋风吹不尽，总是玉关情。何日平胡虏，良人罢远征？"

(5)白居易在江州写的诗中，直接点明"庾楼"的有：1.《初到江州》：浔阳欲到思无穷，庾亮楼南湓口东。2.《庾楼晓望》：三百年来庾楼上，曾经多少望乡人。3.《咏意》：春游慧远寺，秋上庾公楼。4.《庾楼新岁》：牢落江湖意，新年上庾楼。5.《三月三日登庾楼，寄庾三十二》：每登高处长相忆，何况兹楼属庾家。6.《山中酬江州崔使君见寄》：庾楼春好醉，明日且回车。7.《题崔使君新楼》：从此浔阳风月夜，崔公楼替庾公楼。从中可以看出：1.庾楼是真实存在的；2.庾楼的位置在城北江滨（城在"庾亮楼南"）；3.庾楼不是泛指，而是当时就叫庾楼（"兹楼属庾家"）；4.庾楼是一座酒楼（"庾楼春好醉"）；

5.庾楼很热闹（崔楼之前，数庾楼最为"风月"）。长庆二年（822），白居易到杭州赴任，途经九江时写《重到江州感旧游，题郡楼十一韵》：重过萧寺宿，再上庾楼行。这里的"庾楼"，也是实指。

（6）当时，有两个寻阳：江北寻阳（在湖北黄梅县境内）和江南寻阳（在今九江市八里湖西北）。此处的寻阳当为江南寻阳。温峤时，江州治所由武昌（今湖北鄂州）移江北寻阳，又移江南寻阳。《读史方舆纪要》引《庐山记》：寻阳县在大江北，寻水之阳也……咸和以后，始移于江南。杜佑曰：温峤所移也。王氏曰：成帝咸和中，移江州治寻阳，而江南之寻阳著，江北之寻阳益晦。

（7）与陶侃同时的还有九江人周访。《晋书·周访传》：周访字士达，本汝南安城人也。汉末避地江南，至访四世。吴平，因家庐江寻阳焉……访威风既著，远近悦服，智勇过人，为中兴名将……慨然有平河洛之志……诏赠征西将军，谥曰壮，立碑于本郡。按：周访是东晋名将，战功卓著，野心家王敦因顾忌周访、祖逖等人，在两人健在时不敢作乱。周访与陶侃同是浔阳人，又是儿女亲家，周访的女儿嫁给了陶侃的儿子陶瞻。陶瞻在苏峻叛乱中遇害。

（8）《晋书·陶侃传》：鄱阳孝廉范逵尝过侃，时仓促无以待宾，其母乃截发得双髻，以易酒肴，乐饮极欢，虽仆从亦过所望。《世说新语·贤媛》：陶公少时，作鱼梁吏，尝以坩鲊饷母。母封鲊付使，反书责侃曰："汝为吏，以官物见饷，非唯不益，乃增吾忧也。"按：陶母上述故事发生于何时何地？众说纷纭。陶母去世后，归葬何处，也未有定论。今都昌县、九江县均有陶母墓，还有鄱阳、临川、新淦等说法。《全唐文》卷727舒元舆《陶母坟版文并序》："太岁在卯，子帆彭蠡，见谢灵运诗石壁。壁东南行百步许，有高坟嵯峨。坟前有碑，书迹照湖。小子蹶起，疾眩视之，则陶母之字存。"观其意，说的正是都昌钓矶山石壁陶母墓。都昌原名鄡阳，东吴时属鄱阳郡管辖，晋永兴元年改隶寻阳郡。再据《晋书·陶侃传》：（陶母逝）"尝有二客来吊，不哭而退，化为双鹤，冲天而去，时人异之。"后人将浔阳城西八里湖命名为鹤问湖。

（9）参看刘晓祥《话说庾亮楼》，载《九江古今纵横》，政协九江市文史资料研究委员会；刘晓祥《浔城多古迹，几处庾亮楼》、陈建国《去讹消疑说庾楼》，载《九江之谜》，九江市政协文史委员会。庾楼几经兴废。最后一次是清咸丰三年（1853）毁于兵灾。

（10）李安《岳飞史迹考》（台湾正中书局，1970年6月台二版）：1.武穆之在九江，当其时也，因会受御赐"精忠旗"之殊荣，乃有雄壮无比《满江红》词之作成。更因母丧在此，乃有哀恸莫比之悲伤！益以被权臣诬陷，含冤为高宗赐死之后，妻复病逝于此……武穆与九江之关系，生前殁后，均至大焉。2.根据以上查考，可知《满江红》词是在公元1133年（宋绍兴三年）秋季九月下旬作于九江。龚延明《岳飞评传》：在一个秋雨初停的日子，岳飞在大江边的一座楼阁上凭栏北望，感慨啼嘘，独怆然而泣下，他命手下摆置文房四宝，一口气写下了《满江红》词。按：《满江红》是否为岳飞所写，写于何时何地，一直以来争论不休。但一般公论为岳飞所写，至于何时何地，则悬而未决。岳飞先后两次驻防江州，给九江留下许多印迹，原九江城有岳师门，小校场有岳飞旧宅（后改为岳

忠武王祠），濂溪区赛阳一带有岳家市。岳母姚太夫人，去世后被安葬在庐山余脉株岭（今九江县城沙河镇西南）。岳飞被害后，其夫人李氏偕儿子岳雷、岳霖等流徙岭南，二十年后南还，李氏仍住九江旧宅，寿终于此，安葬在庐山余脉太阳山。姚太夫人、李夫人两墓经重修，至今保留完好。

⑾宋代的多位名人都曾写到庾楼。

滕宗谅《与范经略求书记》：窃以为天下郡国，非有山水环异者不为胜，山水非有楼观登览者不为显，楼观非有文字称记者不为久，文字非出于雄才巨卿者不为著。今古东南郡邑，当山水者比比，而名与天壤同者，则有豫章之滕阁，九江之庾楼，吴兴之消暑，宣城之叠嶂，此外无过二三所而已。虽浸历于岁月，挠剥于风雨，潜消于兵火，圮毁于艰屯，须必崇复而不使骤斩者，盖由韩吏部、白宫傅以下当时名贤辈，各有记述，而取重于千古者也。按：白宫傅，白居易。范仲淹接到滕宗谅（字子京）的信后，写下了千古名篇《岳阳楼记》。

苏辙《江州五咏·庾楼》：元规情不薄，上客有殷生。夜半酒将罢，公来坐不惊。舞翻江月迥，谈落尘毛轻。尘世风流尽，高楼空此名。

陆游《入蜀记》：楼正对庐山之双剑峯，北临大江，气象雄丽。自京口以西，登览之地多矣，无出庾楼右者。楼不甚高，而觉江山烟云，皆在几席间，真绝景也。庾亮尝为江荆豫州刺史，其实则治武昌。若武昌南楼名庾楼，犹有理，今江州治所，在晋特柴桑县之湓口关耳，此楼附会甚明。

范成大《吴船录》：泊江州，登庾楼，前临大江，后对康庐，背、面皆登临奇绝。又名山大川，悉萃此楼，他处不能兼有，此独擅之。庾元亮故事，本是武昌南楼，后人以元亮尝刺江州，故亦以庾名此楼。然景物则有南楼不逮者。按："元亮"，应为"元规"，或"亮"，范文有误。陆与范到江州的时间分别为乾道六年（1170）八月三日、淳熙四年（1177）八月。

⑿王粲《登楼赋》。

⒀辛弃疾《水龙吟·登建康赏心亭》。

⒁这一故事版本甚众。《唐摭言》《幽闲鼓吹》《唐语林》《能改斋漫录》《全唐诗话》《尧山堂外记》等均有记载，情节稍有出入。这一故事发生于何时何地，亦有争议。据朱金城考证，有可能发生在贞元五年（789）后，地点在苏州或饶州。见朱金城《白居易年谱》。

⒂元和三年（808），柳公权先考进士，再考宏词，一年两登科。

⒃《唐大诏令集》卷106《政事·制举》类载《放制举人敕》：才识兼茂明于体用科第三次等元稹、韦惇，第四等独孤郁、白居易、曹景伯、韦庆复，第四次等崔韶、罗让、元修、薛存庆、韦珩，第五上等萧俛、李璠、沈传师、柴宿。按：《唐会要》、清代徐松《登科记考》中所载名单与此略有出入。

自 安 自 适

经历了严冬，春天来了。白居易需要寻找新的安慰，而在九江，也确实找到了新的乐趣。他访渊明故里，寻简寂山门，游东西二林，观山水烟云，在诸多经历中淡化痛苦，走向超越。

瓣 香 渊 明

转眼，就到了新的一年。

新年刚过，白居易就迫不及待地寻访陶渊明故地。

对陶渊明的仰慕由来已久。早在元和二年（807），白居易在任周至县尉时，曾写下《官舍小亭闲望》诗，其中就有这样的句子："数峰太白雪，一卷陶潜诗。"元和八年（813），白居易在渭南下邽家里为母丁忧期间，写下了《效陶潜体诗十六首并序》，用陶体诗抒发了自己的人生感慨。其中，第十二首这样写道："吾闻浔阳郡，昔有陶征君。爱酒不爱名，忧醒不忧贫。"这一次，真的到了浔阳郡，到了陶渊明的故乡，心情岂有不迫切之理？

陶渊明，是中国古代思想和文化一个特异的存在。他在世时和去世后的一段时间，并不为人所重。在人们的心中，他只是一个隐士，一个不爱做官、为人木讷、喜爱喝酒、钟情田园风光的隐士。同样，他的诗歌，在很长一段时间并不被人欣赏，没有人理解，也没有人喝彩，也就是说，他的诗歌，并不符合时代风潮和官僚士大夫的口味，其中的文学价值和思想价值远远没有被人所发现和推崇。较之于同时代的山水诗，他的田园诗显得默默无闻，孤

寂落寞。

那么，400多年后的白居易，为什么对陶渊明情有独钟？换句话说，400年前的陶渊明，究竟有什么魅力，吸引白居易的目光，影响白居易的心性？

白居易自己给出了答案，他说："予夙慕陶渊明为人。"还说："因咏陶渊明诗，适与意会。"就是说，喜好陶渊明，基于两点：一是他的为人，二是他的诗歌。

是的，陶渊明不仅是位诗人，更重要的，是个大写的人。千百年来，人们爱他，不只爱他的诗歌，更爱他的为人。

陶渊明的为人，不仅仅体现在"不为五斗米折腰"上，更不是所谓惓念故君、"耻事二姓"上，他的为人，最重要的还是纯粹、醇真，还是自然、天成，还是多情、冲远，也就是说，他的纯净不做作，他的自然不矫情，他热爱生活的点点滴滴而又难以与浊世同流合污，他生活的极端贫困和精神的极大富有，打动了一代又一代人。

近代思想家梁启超先生有一段话极好，我愿冒"掉书袋"之讥，抄录如下：

> 渊明一世的生活，真算得最单调的了。老实说，他不过庐山底下一位赤贫的农民，耕田便是他唯一的事业。他这种生活，虽是从少年已定下志趣，但中间也还经过一两回波折。因为他实在穷得可怜，所以也曾转念头想做官混饭吃。但这种勾当，和他那"不屑不洁"的脾气，到底不能相容。他精神上很经过一番交战，结果觉得做官混饭吃的苦痛，比挨饿的苦痛还厉害，他才决然弃彼取此。有名的《归去来兮辞》序，便是这段事实和这番心理的自白……这篇小文，虽极简单极平淡，却是渊明全人格最忠实的表现。苏东坡批评他道："欲仕则仕，不以求之为嫌；欲隐则隐，不以去之为高。"这话对极了。古今名士，多半眼巴巴盯着富贵，却扭扭捏捏说不愿意干，《论语》说的"舍曰欲之而必为之辞"，这种丑态最为可厌。再者，丢了官不做，也不算什么稀奇的事，被那些名士自己标榜起来，说如何如何的清高，实在适形其鄙。二千年来文学的价值，被这类人的鬼话糟蹋尽了。渊明这篇文，把他求官弃官的事实始末和动机赤裸裸照写出来，一毫掩饰也没有，这样的人，才是"真人"，这样的文艺，才是"真文艺"。后人硬要说他什么"忠爱"，什么"见几"，什么"有托而逃"，却把妙文变成"司空城旦书"了。

"这样的人，才是'真人'，这样的文艺，才是'真文艺'"，这话说得多好！这是由人及文的典型分析，这样的史论叫人信服。这样说来，千载以来，真正和陶渊明相通者，是不多的，数来数去，也就是杜甫、白居易、苏轼、辛弃疾等数人而已。

千载！陶渊明的诗文中，就多次出现"千载"字样，譬如"历览千载书，时时见遗烈""得知千载外，正赖古人书""其人虽已没，千载有余情"等等，从中可以看出，陶渊明虽然生活在东晋时代，但他却忻慕千载以前的理想社会，他的心系于那些淳朴自然、真率无比的人们。"不知有汉，无论魏晋""土地平旷，屋舍俨然""阡陌交通，鸡犬相闻"，这是一个多么平等、自由、快乐的世界，这是陶渊明在极度贫困孤寂面前仍然坚守的一方净土，是他笔下快乐、清澈的源泉，是他心中的珍藏和秘密，难怪他自己写道："不足为外人道也。"

东晋是个偏安小朝廷，到末年，更是乱象丛生。陶渊明不幸生活在这样一个乱世。他的曾祖父就是陶侃，是东晋著名的政治家和军事家。前面说过，陶侃是东晋名臣里头气魄最大、品格最高的一个人，他出身寒微，经过不懈努力，终登显位，拜侍中、太尉、都督荆江雍梁交广益宁八州诸军事、荆江二州刺史、长沙郡公。但即使有这样的曾祖，由于并非门阀世族，家道中落，加之政治腐败，军阀乱政，到陶渊明时，要想施展抱负、实现理想，比登天还难。

陶渊明直到29岁才出仕。年轻时，也是一个热血青年，意气风发，豪气干云，"猛志逸四海，骞翮思远翥。""少时壮且厉，抚剑独行游。"出仕后的十多年中，他几次做官，都不过是祭酒、参军等职务，不仅济世的抱负无由施展，而且必须降志辱身和官场周旋，这一切使他感到"违己交病"和"深愧平生之志"，于是，当了83天彭泽县令，即解职归田。从《归去来兮辞并序》[1]中，看他屈膝逢迎的痛苦，归隐之心的迫切，脱离樊笼的欢快：

> 余家贫，耕植不足以自给。幼稚盈室，瓶无储粟，生生所资，未见其术。亲故多劝余为长吏，脱然有怀，求之靡途。会有四方之事，诸侯以惠爱为德，家叔以余贫苦，遂见用于小邑。于时风波未静，心惮远役，彭泽去家百里，公田之利，足以为酒，故便求之。及少日，眷然有归欤之情。何则？质性自然，非矫厉所得。饥冻虽切，违己交病。尝从人事，皆口腹自役。于是怅然慷慨，深愧平生之志。犹望一稔，当敛裳宵逝。

寻程氏妹丧于武昌，情在骏奔，自免去职。仲秋至冬，在官八十余日。因事顺心，命篇曰《归去来兮》。乙巳岁十一月也。

归去来兮，田园将芜胡不归？既自以心为形役，奚惆怅而独悲？悟已往之不谏，知来者之可追。实迷途其未远，觉今是而昨非。舟遥遥以轻飏，风飘飘而吹衣。问征夫以前路，恨晨光之熹微。

乃瞻衡宇，载欣载奔。僮仆欢迎，稚子候门。三径就荒，松菊犹存。携幼入室，有酒盈樽。引壶觞以自酌，眄庭柯以怡颜。倚南窗以寄傲，审容膝之易安。园日涉以成趣，门虽设而常关。策扶老以流憩，时矫首而遐观。云无心以出岫，鸟倦飞而知还。景翳翳以将入，抚孤松而盘桓。

归去来兮，请息交以绝游。世与我而相违，复驾言兮焉求？悦亲戚之情话，乐琴书以消忧。农人告余以春及，将有事于西畴。或命巾车，或棹孤舟。既窈窕以寻壑，亦崎岖而经丘。木欣欣以向荣，泉涓涓而始流。善万物之得时，感吾生之行休。

已矣乎！寓形宇内复几时，曷不委心任去留，胡为乎遑遑欲何之？富贵非吾愿，帝乡不可期。怀良辰以孤往，或植杖而耘耔。登东皋以舒啸，临清流而赋诗。聊乘化以归尽，乐夫天命复奚疑！

从此，他就真正成为一介农民，不是假装，而是真的。"种豆南山下，草盛豆苗稀。晨兴理荒秽，带月荷锄归。"要不是真正的农民，谁能写出这样诗句？从此，他就再也没有离开家乡，不是不能，而是不愿。"羁鸟恋旧林，池鱼思故渊。开荒南野际，守拙归田园。"要不是发出内心，谁能这样真情告白？

当然，他还写诗。写田园，写草木，写花，写鸟，写故乡的山水，写和他一样的农民，你看："春秋多佳日，登高赋新诗。过门更相呼，有酒斟酌之。""邻曲时时来，抗言谈在昔。奇文共欣赏，疑义相与析。"

他的诗，处处洋溢着热情，充满着快乐："暖暖远人村，依依墟里烟。狗吠深巷中，鸡鸣桑树巅。""山涧清且浅，遇以濯我足。漉我新熟酒，只鸡招近局。"远处村落，袅袅炊烟，深巷狗吠，高树鸡鸣，那么有趣，那么生动；一条浅浅的山间小溪，一只小小的土鸡炖汤，再加上家酒新熟，葛巾漉酒，那么天然，那么率真。还有："日暮天无云，春风扇微和。""欢然酌春酒，摘我园中疏。"连微风拂面、果蔬清香，都是可以赞叹、可以讴歌的。难怪在周访家族的祖坟山上，面对死亡，他还是那么达观："清歌散新声，绿酒开芳颜。"

他也有忧愁。忧的是人生百年，韶华易逝："开岁倏五日，吾生行归休。"忧的是儿辈不读书，没出息："虽有五男儿，总不好纸笔。"忧的是年成不好，生计艰难："饥来驱我去，不知竟何之。"纵然忧愁，但在他的笔下，却是另外一番光景，是一种含泪的笑，是一种难以言说的快乐。就连临终时，他悠然自得、不慌不忙的几篇自祭、自挽的诗文，还是洋溢着一种生气、一种活泼、一种微笑："亲戚或余悲，他人亦已歌。死去何所道？托体同山阿。""千秋万岁后，谁知荣与辱？但恨在世时，饮酒不得足。"

"有疑陶渊明诗篇篇有酒，吾观其意不在酒，亦寄酒为迹焉。"昭明太子萧统是陶渊明的第一个知音，不过，这已经是陶渊明去世后100来年的事情了。萧统的话极有见地。是的，陶渊明爱酒，喝得多，吟得也多，可他绝非酒徒，酒，只是一种媒介，一种表达，一种寄托，是一种貌似糊涂的清醒，一种看来无奈的快乐，难怪萧统接着说："其文章不群，词采精拔，跌宕昭彰，独超众类，抑扬爽朗，莫之与京。"京，高、大、盛也。

陶渊明的纯粹、快乐、自然、真情，是再怎么学也学不到的，再怎么模仿也模仿不像的，"一语天成万古新，豪华落尽见真淳。"这样的品格和文艺，真正是"莫之与京"。"采菊东篱下，悠然见南山"，这位老乡的诗句，把身处江南、滚滚红尘中的我们，逼到了精神生活的戈壁荒漠。

早春二月，白居易来到庐山南麓。他到柴桑山，到栗里村，[2]寻访陶渊明故居。虽然相隔400年，走在陶渊明走过的路上，看到陶渊明耕种过的田亩，见到陶渊明住过的房子，放眼陶渊明吟过的山川河流、丘壑沟渠，一种亲切感油然而生。一瞬间，仿佛与陶渊明心神契合，灵魂相接。于是，他写下《访陶公旧宅并序》：

> 予夙慕陶渊明为人，往岁渭川闲居，尝有《效陶体诗》十六首。今游庐山，经柴桑，过栗里，思其人，访其宅，不能默默，又题此诗云。
>
> 垢尘不污玉，灵凤不啄膻。呜呼陶靖节，生彼晋宋间。
>
> 心实有所守，口终不能言。永惟孤竹子，拂衣首阳山。
>
> 夷齐各一身，穷饿未为难。先生有五男，与之同饥寒。
>
> 肠中食不充，身上衣不完。连征竟不起，斯可谓真贤。
>
> 我生君之后，相去五百年。每读五柳传，目想心拳拳。
>
> 昔常咏遗风，著为十六篇。今来访故宅，森若君在前。
>
> 不慕樽有酒，不慕琴无弦。慕君遗荣利，老死此丘园。

柴桑古村落，栗里旧山川。不见篱下菊，但余墟中烟。

子孙虽无闻，族氏犹未迁。每逢姓陶人，使我心依然。

细读此诗，再读早些时候在渭村写的《效陶潜体诗十六首并序》，以及头一年、甫到江州时写的《题浔阳楼》，我们看到，白居易此番探访是一个转折，是一番洗礼。如果说来江州之前，白居易还是在"效仿"陶渊明，刚来江州之时，心仪的还仅仅是陶渊明的诗文，那么，这一次探访过后，白居易对陶渊明就从了解到理解，从认可到认同，从感受到感悟，从相识到相通了，由此，就能对陶渊明的思想品格、人生态度、文学创作甚至陶渊明与翟氏的伉俪之情等诸多方面，一并作空前的、全方位的诠释和接受。

那么，白居易究竟从陶渊明那里接受了什么样的精神遗产，又有怎样的不同？

首先，陶渊明的意气飞扬，清高耿介，洒脱恬淡，质朴真率，为白居易筑就了一个精神家园。白居易对陶渊明的推崇，无论是在下邽，还是在江州，都是仕途失意、官场受阻、外在环境恶化、内心遭受打击之时。这样的时候，精神，往往需要依托，灵魂，往往需要安抚。正是这样的时候，他找到了陶渊明。陶渊明出身的低微，年轻时的壮志，中年时"猛气冲长缨"的心态，辞官归隐后淡泊高远、洒脱旷达的人生态度，给白居易以强烈的共鸣，他仿佛在陶渊明身上看到了自己的影子。因此，当面对陶渊明的故园，他不由得不朗声吟咏："垢尘不污玉，灵凤不啄膻。"用美玉和丹凤来比喻陶渊明，实际上也是在比喻自己。

其次，陶渊明高洁不群，光明坦荡，不肯同流合污，不与庸俗为伍，给白居易带来了安慰。律己、自省，是知识分子的重要特征。有良知的知识分子碰到挫折时，不是怨天尤人，而是首先问自己：我错了么，错在哪里？这是对灵魂的追索，是对良心的拷问。白居易也不例外，他也在时时反省自己，同时希望在陶渊明身上找到答案："呜呼陶靖节，生彼晋宋间。心实有所守，口终不能言。"一个"守"字，道出了秘密，那就是心中的"实"，也就是"道"，或者叫价值观，是需要坚守的。细思量，陶渊明并没有错，错的是时代，"晋宋"间那个时代，那个时代的污浊和不公。陶渊明既然没有错，我白居易也没有问题。

再次，陶渊明的脱略世故、恬静闲适、超越世俗、遗落功名的人生态度，给白居易以人生启示。在政治失意、流落江湖的人生转折阶段，陶渊明的思

想就像清澈的流泉，带给白居易心灵的熨帖，"不以躬耕为耻，不以无财为病"，给予了白居易精神的支点。"不慕樽有酒，不慕琴无弦。慕君遗荣利，老死此丘园。"是的，追寻自由，追寻心的自由，灵魂的自由，意志的自由，精神的自由，是陶渊明的伟大之处，也是白居易"森若君在前"而聆听到的最恳切的劝慰。田园是什么？就是自然，就是自由，就是净土，就是不用言不由衷，就是不受人为羁绊，就是不容他人涂抹；田园也是诗园，是如涌的文思，是清澈的内心，是干净的灵魂，容不得任何人、任何事物来玷污。这样一种状态和追求，对白居易产生了深远的影响。

再次，陶渊明诗歌的清真、自然、平畅、质朴，为白居易找到了合情合理的源头。白居易的诗歌，追求浅俗和平易，这既是无奈之举，又是自觉自愿。说无奈，是因为经初唐、盛唐，诗歌已成为唐代士子手中的利器，几乎所有的题材都被人吟咏过，几乎所有的格律都被人使用过，诗歌已经成为一座很难逾越的高峰，因此，身处中晚唐时期的白居易只能另辟蹊径，以"通俗唱法"来抗衡"美声唱法"。说自觉，是因为白居易有一种见解，那就是诗歌不能被特权所垄断，不应该成为贵族手中的玩具，而应该放下身段，追求变革和创新，改变其过于典雅、华丽的风格，成为一种世俗化的、为广大民众普遍接受的形式，进而达到"泄导人情"、启蒙大众的目的。这样一种自觉的、有意识的、带有见解的行为，有点类似于近代五四时期的"白话文运动"，是那个时代思想意识、社会风潮和文艺审美的反映，也是一部分知识分子刻意追求的效果。在陶渊明这里，白居易找到了诗歌通俗化的依据，对冲了他自身或旁人对平易浅白的疑虑。

最后，陶渊明一生爱酒，一生写酒，白居易由此找到了同好。在《效陶潜体诗十六首》中，白居易写道："先生去已久，纸墨有遗文。篇篇劝我饮，此外无所云。我从老大来，窃慕其为人。其他不可及，且效醉昏昏。"那时候，白居易佯装不知陶渊明"酒中有深味"，而且不无谦虚地说"其他不可及"，只有喝酒才能与之比肩。及至到了陶渊明故里，这才知道陶渊明的酒是多么意味深长，多么具有哲学意味，因此，"不慕樽有酒"了。而樽有酒、案有书的生存状态和"好读书，不求甚解""衔觞赋诗，以乐其志"的生存意趣又不能不叫人心驰神往，此刻，两个嗜酒品酒者相隔400多年的邀约和对饮，不仅揭示了酒的文化内涵，也表明了白居易对陶酒的深层认同。

正因为白居易对陶渊明内心深处的认同，从此，陶渊明哲学和文学便对

白居易产生了巨大的影响。"勤靡余劳,心有常闲,乐天委分,以至百年。"陶渊明的人生宣言,正好说出了白居易要说的话,是一份来自内心深处、引起灵魂共鸣的表白。"应须学取陶彭泽,但委心形任去留。"陶渊明的人格精神、价值观念、人生态度、诗学品格已经进入他的精神世界,融入他的人生之中。

此后,白居易写了一系列的所谓闲适诗,譬如《香炉峰下新置草堂即事咏怀题于石上》《浔阳秋怀赠许明府》《引泉》《竹窗》《玩松竹二首》《小宅》《自诲》《自题小草亭》《春日闲居三首》等等,或用陶事,或化陶语,表达了对陶渊明的崇拜与仰慕。白居易还构筑了"中隐"这样一种生存方式和应世策略,也算是慕陶学陶的一种独特方式。这些事迹,足以表明,白居易对陶渊明精神的传承,对陶渊明"为人"的阐释与认同,对陶诗所涉及的宇宙、社会、生命、自我等重大主题的思辨,对陶渊明人文精神与诗学品格的解读与阐发,已经与初唐、中唐的王绩、孟浩然、王维、李白、杜甫、韦应物等人对陶渊明的理解和认同有相当大的差别,从这一点来讲,无论是白居易自诩为"异世陶元亮",还是元好问"陶渊明,晋之白乐天"的评语,都恰当地说明了白居易对陶渊明的接受程度。

但白居易不是陶渊明。白居易对陶渊明的接受从来都不是无条件的。他自己就说过:"以渊明之高古,偏放于田园。"这句话当然是以诗歌"补察时政,泄导人情"——也即以诗歌的政治性、思想性、宣导功能和教化功能——来评判陶渊明,其标准未必持衡,但也可以从中看出,白居易自己也并不全盘认可陶渊明。宋代叶梦得评论:乐天"似未能全忘声色杯酒之类,赏物太深"。这话直指问题的根源。白居易的人生远比陶渊明滋润,除开旅居越中和渭村丁忧期间生活贫困外,白居易一生俸禄优厚,家境尚可,无衣食之忧,无冻馁之患,繁忙而紧张的声色杯酒之欢使他无暇对人生、生命、社会、宇宙进行冷静的哲学思索,而且对于功名利禄、荣华富贵,他一生也没有真正忘怀。宋人的批评是不留情面的,蔡宽夫说:"乐天既退闲,放浪物外,若真能脱屣轩冕者。然荣辱得失之际,铢铢较量,而自矜其达,每诗未尝不着此意,是岂真能忘之者哉!亦力胜之耳,惟渊明则不然。"戴复古对白居易的批评巧妙而幽默:"白乐天,白乐天,平生多为达者语,到此胡为不释然。弗堪谪宦便归去,庐山正接柴桑路。不寻黄菊伴渊明,忍泣青衫对商妇。"朱熹的批评更是直接:"乐天,人多说其清高,其实爱官职,诗中凡及富贵处,

皆说得口津津底涎出。"以此看来，白居易对陶渊明人生观的接受并非全面、彻底的，而是有选择、有局限的。

所幸的是，从白居易江州之前的行止看，他还是当得起"异世陶元亮"这一名号的。他曾经以庶族士子的身份刻苦努力过，以谏官的身份不懈斗争过，以过人的才华引领过新乐府运动，以昂扬的斗志积极参政议政，由此，他的慕陶学陶，便不是空中楼阁。无论他是真旷达还是假超脱，无论他是真归隐还是假出世，他用人生来接受并融合陶渊明是真诚的，是客观存在的。因此，苛求白居易，要他等同于陶渊明，那就有失公允了。

千载陶渊明，谁人说传承？

"归去来兮！田园将芜胡不归？"

浪迹老庄

话说唐高祖李渊武德三年（620），也就是唐王朝开国的第三年，有一个晋州人，名叫吉善行，他兴冲冲地向皇帝报告，说是自己在羊角山见到一位老头儿，骑一匹红鬃的白马，"仪容甚伟"，对自己说："你去告诉唐天子，我是他的祖宗。今年把贼子平定后，他的子孙后代可享有千年江山。"唐高祖一听，心花怒放，认为这是老子显灵，于是，赶忙在羊角山立庙祭祀，并不断给太上老君加以封号。

吉善行的故事，一听就知道是假的，但唐朝皇室愿意相信，因为刚刚从表亲隋炀帝手中把江山夺来，心中有点发虚，正好需要这样的灵异之事，来证明自己造反的合法性和取得皇位的正统性。更何况老子本姓李，与老子套近乎，攀亲戚，以本家祖宗的神启，来证明李唐王朝"受命于天"，不是正中下怀么！所以，吉善行子虚乌有的故事，皇家倒是很愿意花本钱来坐实。于是，以老子、庄子学说为依托的道教，在唐朝春风得意，气势不减。从唐高祖李渊、唐太宗李世民开始，除武则天时代外，唐王朝一直与道教打得火热。

老子的道德五千言，是一部奇书。用现在的眼光看，这部《道德经》只能算是一篇并不长的论文。可就是这篇论文，千百年来人们难以搞懂，更不用说读通。咬着牙关读下来，对我等非哲学专业的人来讲，除了由衷佩服我们的古人外，恐怕很难理出一个头绪。"道生一，一生二，二生三，三生万物。"

"道可道，非常道。""人法地，地法天，天法道，道法自然。"没有极深的功底，岂能理解这样的宇宙本体？岂能理解这样的哲学创新？岂能理解这样的思维精到？倒是对其中的一些句子，不由得不印象深刻，譬如说"上善若水""大音希声，大象无形""千里之行，始于足下""天网恢恢，疏而不失""知人者智，自知者明""执大象，天下往""将欲取之，必先与之""民不畏死，奈何以死惧之""祸兮福之所倚，福兮祸之所伏""不出户，知天下"，等等。尤其喜欢这几句话："大道废，有仁义；智慧出，有大伪；六亲不和，有孝慈；国家昏乱，有忠臣。"就是说，世衰道微，才有仁义的倡导；聪明人过多，就会有大奸大伪；家庭六亲不和睦，才要求父慈子孝；国家陷于混乱，才有人做忠臣。所以，仁义、大伪、孝慈、忠臣，都是病态社会的产物。这是史官出身的老子洞烛幽微，旷观乎百世之变，自立于九霄之上，下视人伦物理，而申其自然无为、返璞归真之道。

梁启超先生说得好：常人多说老子是厌世哲学，我读了一部《老子》，就没看见一句厌世的语。他若是厌世，也不必著这五千言了。老子是一位最热心肠的人，说他厌世的，只看见"无为"两个字，把底下"无不为"三个字读漏了。

这真是"信言不美，美言不信"。在当今浮躁、喧嚣、浇薄的时代，在速食主义、快餐文化的影响下，我们每天阅读一大堆资讯，可"读漏了"的东西又有多少！

与《道德经》相比，同时也与《论语》相比，庄子的书要有味道得多。这个曾管理过漆园而后终身不仕的底层知识分子，以其天才智慧，创作《庄子》一书，是一部杰出、深刻、优美、生动、充满怪奇创作手法、洋溢着浪漫主义精神的散文集，它在先秦诸子散文中独树一帜，无以伦比，是值得永久开发的艺术宝藏。

大家都喜欢庄子的鲲鹏扶摇九万里、"子非鱼，安知鱼之乐"、庖丁解牛以及庄周梦蝶的故事，我独喜欢河伯的自得和自失：秋天到了，秋雨按时而降，大川小溪的水汇入黄河，河面宽阔，波涛汹涌，两岸和水中沙洲之间，连牛马都分辨不清。于是河伯神欣然自喜，认为天下一切美好的东西全都聚集在自己这里。河伯顺着水流向东而去，来到北海边，面朝东边一望，看不见大海的尽头，于是河伯才改变先前洋洋自得的面孔，对着海神若仰首慨叹道："俗语说，'听到了上百条道理，便认为天下再没有谁能比得上自己'，这

话说的就是我啊。而且我还曾听说过孔丘懂得的东西太少、伯夷的高义不值得看重的话语，开始我不敢相信。如今我亲眼看到了你是这样的浩渺博大、无边无际，我要不是因为来到你的门前，可就真危险了，我必定会永远受到饱学之士的耻笑。"

还有一个运斤成风的故事，我也极喜欢：说的是郢地有一个人，不小心鼻尖上沾了点白灰，那一星点白灰就像苍蝇的翅膀那样又薄又小。他让一个叫石的匠人砍削掉这点白灰。匠石挥动锋利的斧子，快得像一阵风，一霎眼砍过去，白灰尽除而鼻子完好无伤，郢地的人站在那里脸色毫无改变。宋元君知道这件事，找来匠石说："你给我砍一下试试。"匠石说："臣下确实曾经砍削过鼻尖上的白灰，不过，我再也没有对手，和我搭档的伙伴已经死了很久了。"

这是一种怎样的思维，这是一种怎样的境界，这是一种怎样的神奇！汪洋恣肆的文字，雄浑飞越的意境，奇特丰富的想象，滋润旷达的情致，不由人不喜欢，不由人不着迷，难怪鲁迅这样评价庄子："汪洋辟阖，仪态万方，晚周诸子之作，莫能先也。"

本来，无论老子，还是庄子，都是一种学说，一种思想，一种哲学思辨，与宗教杳不相干。但到东汉年间，历史发生了有意思的转折。出生于徐州丰县的张陵来到四川大邑的鹤鸣山，经冥思苦想，创立了五斗米道，成为中国的本土宗教——道教。张陵将老子神化为教主，把老子原有的最高哲学范畴——抽象的无形之"道"改造成为有形有象的"太上老君"，编造了老子授雌雄剑和符箓，自己精修千日，炼成种种降魔法术的神话，"以惑百姓"，⁽³⁾吸引了大批信众，张陵也成了张"道"陵、张天师。自此，作为哲学思想的老庄道学，便与作为宗教的道教纠结在一起，这一纠结就是两千年。

五斗米道之所以产生于南方，很大程度上受到楚文化圈《庄子》《楚辞》的影响，同时又吸收了荆楚、巴蜀汉中原始巫觋某些元素，经糅杂、混合、梳理、臆造而成。葛兆光说："在这片土地上，多姿多彩、奇绝瑰丽的山川溪石、林莽湖泊，千奇百怪、变幻无方的草木虫鱼、飞禽走兽，一直刺激着人们的幻想，也一直影响着他们重淫祠、信神鬼的风俗，在他们的心目中，自然界是神秘莫测、变化多端、喜怒无常的，相貌诡异、神通广大的鬼怪精灵神仙出没在每一个角落。比起生活在一马平川的大平原上，不太容易观察到自然界奇诡变幻的北方人来，他们脑荧屏上的色彩更丰富些，图像更谲诡些。"

在这样的土壤中，当然容易长出宗教的根苗来。

在葆有某些"原始意味"的"孩子气"的南方先人中，有一种深深的焦虑，那就是难以实现生命的永恒与生活的自由。《楚辞·远游》中"往者余弗及兮，来者吾不闻""神倏忽而不反兮，形枯槁而独留"；《庄子·知北游》中"人生天地之间，若白驹之过隙，忽然而已"。《庄子·齐物论》中"一受其成形，不亡以待尽。与物相刃相靡，其行尽如驰而莫之能止，不亦悲乎！终身役役而不见其成功，苶然疲役而不知其所归，可不哀邪"！均对生命的短暂和人生的苦难做了深刻的反思，悲天悯人的情怀溢于言表。

道教就是从生命的永恒和生活的自由这两方面来为人们"指点迷津"的。所谓生命的永恒，用道教的话来讲就是"长生不死""羽化登仙"。道教假想的神仙的存在，以及修道者修行到位后可以成仙，便是生命永恒的"最佳"证明。所谓生活的自由，用葛洪的话来讲就是"人道当食甘旨，服轻暖，通阴阳，处官秩，耳目聪明，骨节坚强，颜色悦怿，老而不衰，延年久视，出处任意"。这就与儒教和佛教有极大的不同。道教不像儒教那样装出一副假兮兮的仁义君子面孔，也不像佛教那样做出一副恶狠狠的禁欲主义模样，因为它追求的是生命的永恒，而生命永恒的背后即是享乐永恒，不然的话，活那么久干什么呢？

道教为人们提供了两个与人世完全不同的异世。一个是正面的、神仙的世界。在这里，你可以看到各种飘然的、威严的、庄重的、奇异的神仙，譬如处于宇宙之上的元始天尊，鹤发童颜的太上老君，美丽端庄、风姿绰约的仙女，相貌古怪、神通广大的诸神，他们或升天，或入地，一派仙风道骨，长生不老，享乐不尽。道教的神仙不是生活在冥冥之中的精灵，而是现实活人个体生命的无限延伸和直接升华。神仙最大的特点是形如常人而长生不死，且逍遥自在，神通广大。另一个是反面的、鬼怪的世界。在这里，你可以看到阴森恐怖的北阴大帝，有头无身的恶鬼，变形害人的精怪，原形毕露的野兽，他们躲在阴曹地府，洞穴墓地，或自相残杀，或危害人类。这两个道教用想象力臆造出来的世界，正是用来引导人们追寻或逃避的两条道路：生存还是死亡，享乐还是吃苦，全看你是否跟着道教一起走。如果相信道教，按照它指引的方向，用适当的方法，你就有可能羽化登仙，尽情享受生命的快乐；否则，你就有可能堕入阴曹地府，去与妖魔鬼怪为伍，遭受死亡和苦难的永久折磨。

道教为人们指出了一条加入神仙世界的"光明大道",那就是按照道教的仪轨和方法进行修炼,一旦修炼成功,就有可能"羽化登仙"。道教的修炼方法和道术很多,如占卜、符箓、祈禳、禁咒、内丹、外丹、炉火黄白、辟谷、房中、仙药、服气等等。

浔阳城外南郊的庐山,与道学和道教瓜葛甚深。相传周武王时,有一个名叫方辅的人,与老子李耳一道,骑白驴入山炼丹,两人都得道成仙,山中只留下一座空庐,因此,人们便把这座山叫作庐山。这么一来,庐山便与老子扯上了关系,这当然是后来的道教徒编撰的神话故事,当不得真的。

还有一说,称有匡俗(或匡续,或匡裕)七兄弟,皆好道术,入山修炼,成仙后人去庐存,因此谓之庐山,或称匡山,或叫匡庐。至于匡俗是什么年代的人,有说是周武王时,有说是周威烈王时,有说是汉初时,时间跨度上千年,虚无缥缈,一时难辨。

西晋末年,葛洪在长江一带流徙漂泊,来到江州,他目睹"八王之乱"给人们带来的苦难,对荣位势利心灰意冷,转而对道教神仙思想作思考总结,著作甚多,从而成为道教史上划时代的人物。还有吴猛,"得道后,与三弟子越三石梁,至一处,高堂多珍玩,不可识"云云。还有许逊,南昌人,"少以射猎为生,一旦入山射鹿(据称射鹿地在庐山余脉株岭),鹿胎从弩箭疮中出,坠地,鹿母舔其子,未竟而死。逊怆然感悟,折弩而归。"就地结庐修道,"奉修真感,有愈于(吴)猛。"[4]还有东晋陶侃之孙陶淡,寻阳人,"幼孤,好导养之术,谓仙道可祈。年十五六,便服食绝谷,不婚娶。家累千金,僮客百数,淡终日端拱,曾不营问。颇好读《易》,善卜筮。"明显的一个不出家的道士。

直到南北朝,由于陆修静,庐山才真正成为道教的重要地盘。

陆修静(406~477),字元德,吴兴东迁(今浙江吴兴)人。他出身于世族地主家庭,其先祖为东吴丞相陆凯。陆修静少宗儒学,博通坟籍,旁究象纬,通辟谷之术。他早涉婚宦,但婚后不久,便遗弃妻子,入云梦山修道。为了搜求道书,采求仙踪,他南至天柱山、衡山、熊、湘以及九嶷、罗浮,西至巫峡、峨眉,遍游名山。元嘉末至京城建康(今江苏南京)卖药,为宋文帝刘义隆所钦重,召入宫内,讲诵经法。太后王氏甚为敬佩,降母后之尊,拜其为师,执门徒之礼。太子刘劭杀父自立,陆修静拂衣南游,至庐山,慕其胜境,于是在山南瀑布岩下构造精庐,隐居修道。

陆修静在庐山隐居 7 年，收徒布道，名声远播。一方面，他收集典藏，为道教发展进行理论思考，另一方面，悉心谋划，为道教改革作准备。

宋明帝刘彧即位后，思弘道教，深慕陆修静，遂遣使招引。陆修静奉召至建康后，居崇虚馆约 10 年。期间，他整理道教经典，总括三洞，也就是通过教相判释将上清、灵宝和三皇（洞真、洞玄和洞神）等各教派，整合成统一的南朝新道教，[5]并编纂了道教史上第一部经籍目录《三洞经书目录》，还撰写了许多文章著作。另外，他在两方面对道教进行改革，一是整顿道教组织。立治置职，编著户籍；授箓署职，奖进忠良。简单地讲，就是按照官场上的办法，将道教团体分为若干等级，对道教信众进行登记造册，设立若干层级的管理人员（守宅官）；把授箓、箓级升迁与道徒的功德联系起来，有功则奖，有错则罚。二是健全斋醮科仪。斋醮是指道教的祭祷仪式，包括设坛摆供、焚香、化符、念咒、上章、诵经、赞颂，并配以灯烛、禹步和音乐等仪注和程式，以祭告神灵，祈求消灾赐福。陆修静著斋法仪式百余卷，对筑坛、登坛、告盟、起誓、诵经、祝愿、授度等仪式作了具体而明确的规定。

元徽五年（477），陆修静在建康去世，享年 72 岁。遵其遗愿，其弟子奉灵归还庐山，诏谥简寂先生，以庐山旧居太虚观为简寂观。至今，简寂观已不存，只有硕大的礼斗石尚在。

陆修静，在道教史上占有重要地位，他是道教从原始的民间道团向完备成熟的官方宗教转变的重要人物，是道教发展史上的重要人物，是庐山宗教演化史上的重要人物。

隋唐之际，道教愈发依附于皇权。隋末动乱，道教用谶言、符命等为李渊起兵制造舆论，又以祥瑞、显灵等为新生的李唐王朝编造神话。投桃报李，李唐王朝为了政治需要，攀附老子为先祖，钦定道教为三教之首，倍加尊崇和扶植。史载，李世民为秦王时，曾和房玄龄一道私访道士王远知。这位王远知，是陆修静再传弟子陶弘景的徒弟，他揣摩李世民的心理，说："此中有圣人，得非秦王夫？"李世民略略透露心思，王远知又说："方作太平天子，愿自惜也。"另一位道士薛颐也对李世民说："德星守秦分，王当有天下，愿王自爱。"这些言论，正合李世民心意，为李世民发动"玄武门之变"做了心理上和舆论上的准备。李世民即位后，对王远知、薛颐均授以官职，同时，还将著名医学家、药物学家、道士孙思邈召至京师，欲授以官，只是由于孙思邈以年老而固辞不受才作罢。

　　唐高祖和唐太宗虽然抬高道教，但并不迷信道教。唐太宗李世民就说过："朕今所好者，惟在尧舜之道，周孔之教，以为如鸟有翼，如鱼依水，失之必死，不可暂无耳。"又说："神仙事本虚妄，空有其名。秦始皇非分爱好，遂为方士所诈，乃遣童男女数千人随徐福入海求仙药，方士避秦苛虐，因留不归。始皇犹海侧踯躅以待之，还至沙丘而死。汉武帝为求仙，乃将女嫁道术人，事既无验，便行诛戮。据此二事，神仙不烦妄求也。"又说，"梁武帝父子，志尚浮华，惟好释氏、老氏之教"，迷信佛、道以致痴迷，但仍不免国破家亡。上述言论，足以看出唐太宗对待道教的态度。不幸的是，他的这一态度没能贯穿始终。唐太宗晚年，出于治病以及企求长生的需要，开始服食丹药，致使身体每况愈下，最后，又服用了中天竺帝那伏帝国方士那罗迩娑婆的"延年之药"而不幸去世，享年才 52 岁。唐太宗前期对神仙方术一直抱有否定态度，后期对仙方丹药又是那样走火入魔，以至于死在古印度方士的手下，这实在是喜剧性与悲剧性兼具的历史故事。

　　道教真正的快速发展是在唐高宗时期，而到了唐玄宗时期达到鼎盛。唐高宗崇奉道教，亲至亳州谒太上老君庙，封老子为"太上玄元皇帝"，老子之母为"先天太后"；又东封泰山，在洛阳等地修建宫观。唐玄宗更是崇道抑佛，在他近半个多世纪的统治中，把道教推向了全面发展的繁荣昌盛。据史料记载，唐代道教兴盛时有宫观 1687 座，其中长安太清宫有两丈来高的汉白玉老君像，旁边还以汉白玉雕了人间皇帝唐玄宗来伺候这位道教领袖。东都洛阳的玄元皇帝庙气势宏大，殿台巍峨，杜甫《冬日洛城北谒玄元皇帝庙》诗中说："山河扶绣户，日月近雕梁。"

　　正是唐玄宗时期，江州构建了一座著名道观——庐山使者庙。据称，开元十九年（731），唐明皇做了一个梦，梦见一神人下凡，自称是九天使者，到人间来视察的。于是下诏江州刺史独孤祯在庐山西北麓主持修建九天使者庙，"准五岳真君庙例，抽德行道士五人，焚修供养。"庐山九天使者庙位处蛇冈岭南，宫观堂皇，香火旺盛。五代时，改名通玄府，宋太宗赵匡义时，按其年号改名太平兴国观，宋徽宗时又升格为太平兴国宫。桑乔《庐山纪事》说"其时道流常三数千人，崇轩华构，弥山架壑，毁而复新，其所糜费，不可胜纪"。元末，太平兴国宫毁于兵火，后历代屡建屡毁，终不复其盛。[6]

　　有道观必有道士，唐玄宗时期，出现了若干著名道士，如司马承祯、吴筠、李含光、叶法善、[7]张果等等。这些人大致分两类，一类侧重于静修养

气、钻研宏旨，以服饵辟谷和体验哲理来追求生命的长存和生活的超诣，他们不太热衷世俗，而往往幽栖林泉，吟啸松风；另一类则擅长符箓禁咒、斋醮祈禳，有一套障人眼目的法术，装神弄鬼、自吹自擂、变戏法骗人，是他们的拿手好戏，因而他们往往哪里热闹往哪里钻，尤其在京城长安非常活跃。前者有司马承祯、吴筠、李含光等；后者如叶法善、张果等。

　　道教的终极目标是成仙。修道之人如隐士、道士，在宗教实践上以长生不老为目标，民间也有长寿即道行的说法，这就可以理解为什么文学作品中的有道之士个个都在百岁之上。彭祖号称八百岁，陈抟老祖也在二百岁以上。其实，有道之士的百岁说法，往往都是"自言"。有一个典型的例子——八仙中的名人吕洞宾。近30年从海外汉学到海内国学，关于吕洞宾的研究汗牛充栋，结论基本一致：吕洞宾应是生活在北宋宋太宗、真宗时期的人。那么后世道教钟吕金丹道和民间传说中的唐代道士吕洞宾是怎么来的呢？据与吕洞宾同时代的杨亿在《杨文公谈苑》中透露，是吕洞宾自己放的话。吕洞宾拜见高官张洎，"自言吕渭之后，渭四子：温、恭、俭、让。让终于海州刺史，洞宾系出海州房。"吕渭是唐德宗时的礼部侍郎，吕温是"永贞革新"王叔文集团的成员。吕洞宾自称是吕渭四子吕让的后人，一下子就从江湖术士跻身世家子弟了。杨亿在引用吕洞宾自叙之后，说"让所任官，《唐书》不载"。言下之意，吕道士您自称先辈吕让曾任海州刺史，可是我们翻遍《唐书》怎么就找不着呢？

　　吕洞宾活了多大年纪？这真是一个谜。按《吕祖本传》，他出生于贞元十四年（798年，又说出生于贞观年间，还说天宝十四载），到北宋滕宗谅谪守巴陵，建岳阳楼时，吕洞宾"诡为回道士上谒"。宋仁宗赵祯庆历四年（1044），滕宗谅被贬岳州巴陵郡，翌年建岳阳楼，再一年范仲淹应滕宗谅之邀，写下了千古名篇《岳阳楼记》。从贞元十四年（798）到岳阳楼建成的庆历五年（1045），算来吕洞宾老人家已经247岁了。

　　要命的是吕洞宾与九江和庐山关系密切。据称，他老人家曾"以科举授江州德化县令"，但不久便弃脱尘缘。"后游庐山，遇火龙真人，传天遁剑法，自是混俗货墨于人间。""年五十三，归宗庐山。"在江州，他有游太平观赠诗、游开元寺收徒、临砌淬剑、鲹鱼再活、瑞昌遗笠等故事。其中一个故事说，他"游江州庐山真寂观，临砌淬剑"，要用这把剑"削平浮世不平事"，后来"掷剑于空中，化为青龙，跨之而去。"由此看来，吕洞宾得道于庐山，扬名

于庐山，羽化于庐山。庐山锦绣谷的仙人洞，传说就是吕洞宾修仙得道之所，其中有纯阳殿，就是纪念他老人家的地方。

现在的问题是，他老人家羽化登仙，享受无限快乐，然而，可把尘世中的我们给害苦了。因为只要有朋友从外地来，到了仙人洞，我们本地人不知道怎么介绍。是说唐代的吕洞宾，还是宋代的？是说早于白居易，还是比白居易要晚？他和唐代的李岩是什么关系，他到底有多大年纪？碰到不太较真的朋友还好办，几句话支吾搪塞过去就行了；但要是遇上个打破砂锅问到底的主，那就真张口结舌、欲哭无泪了。

说过了云里雾里的吕洞宾，再来说说一个真实的女道士，这个人就是李腾空。李腾空是"口蜜腹剑"的李林甫的女儿，不知道什么原因，也不知道什么时候，宰相的千金来到庐山，居住在九叠屏北凌云峰下，成了女道士，并以丹药符箓救人疾苦。安史之乱起，大诗人李白颠沛流离，第5次来到江州，隐居在庐山屏风叠，和李腾空应有往来。永王李璘起兵，经浔阳时，邀请李白参加他的幕府。随后，李亨和李璘兄弟之间展开了争斗，唐肃宗李亨打败弟弟李璘后，李白受到牵连，被流放夜郎，半道遇大赦，"朝辞白帝彩云间，千里江陵一日还"，再度回到浔阳。这时，他的宗氏夫人看破了红尘，决心拜李腾空为师，出家修行。李白无法改变老伴的主意，把她送到五老峰下的相辞涧，挥泪告别，并写下《送内寻庐山女道士李腾空二首》。从这些事实看，李腾空在庐山修道有凭有据，同时，也可看出，庐山的道教氛围是浓厚的。

元和十一年（816）秋，白居易来到庐山金鸡峰下，造访简寂观，住了一个晚上，写下了《宿简寂观》：

岩白云尚屯，林红叶初陨。秋光引闲步，不知身远近。

夕投灵洞宿，卧觉尘机泯。名利心既忘，市朝梦亦尽。

暂来尚如此，况乃终身隐。何以疗夜饥，一匙云母粉。

诗歌描绘了简寂观美丽的秋景，半真半假地抒发了自己泯除尘机、忘却名利的淡泊心情，亦真亦幻地写下了对隐居山林、辟谷成仙的向往。从诗歌里，可以看出白居易对道家、道教有很深的认识和研究，超旷出世、知足保和、委运任化等为白居易在江州的现实人生提供了心理调适的种子和安顿生命的依据。

白居易并不是一开始就对道学和道教感兴趣的，他骨子里还是一个儒

者。作为新乐府运动的倡导者，他在以诗歌"刺美"时政时，对当时道教的成仙宣传给予了深刻的批判，他的新乐府《海漫漫》诗，副标题就是"戒求仙也"：

> 海漫漫，直下无底旁无边。
>
> 云涛烟浪最深处，人传中有三神山。
>
> 山上多生不死药，服之羽化为天仙。
>
> 秦皇汉武信此语，方士年年采药去。
>
> 蓬莱今古但闻名，烟水茫茫无觅处。
>
> 海漫漫，风浩浩，眼穿不见蓬莱岛。
>
> 不见蓬莱不敢归，童男丱女舟中老。
>
> 徐福文成多诳诞，上元太一虚祈祷。
>
> 君看骊山顶上茂陵头，毕竟悲风吹蔓草。
>
> 何况玄元圣祖五千言，
>
> 不言药，不言仙，不言白日升青天。

这首诗，以道教妄称的神仙三山为咏题，回顾了秦皇、汉武相信方士们"不死药、能成仙"的忽悠，直指"蓬莱今古但闻名，烟水茫茫无觅处。"揭露徐福、文成这些方士所谓"祈上元""礼太一"是荒诞欺人，你要是执迷不悟的话，看看骊山脚下的始皇陵、汉武帝的茂陵在秋风中瑟瑟吹动的衰草吧。最后，诗人指出，老子道德五千言，既不说丹药之事，也没有成仙之谓，更没说白日飞升，这都是后来道教和方士虚构杜撰出来的。难怪清代乾隆皇帝读了这首诗，都不禁赞叹："借矛攻盾，极其警快！"

元和初年，白居易还写了一首《梦仙》诗，诗中描写有人做梦，梦见玉帝，玉帝许诺他十五年后羽化登仙。梦醒后这人励志苦修，"恩爱舍骨肉，饮食断膻腥。朝餐云母散，夜吸沆瀣精。"日日盼望玉帝派人来迎接他升天，这样过了三十年，结果呢？"齿发日衰白，耳目减聪明。一朝同物化，身与粪壤并。"诗人嘲讽道："徒传辟谷法，虚受烧丹经。""悲哉梦仙人，一梦误一生！"

有人说白居易在《长恨歌》中大段描述临邛道士"精诚致魂魄"的故事，着力描写"排空驭气""升天入地"的法术，"楼阁玲珑""金阙西厢"的仙境，"小玉双成""梨花带雨"的仙人，以及"钿合金钗""夜半私语"的信物，证明白居易对道教诚心归服，深信不疑。我倒以为，从《长恨歌》中，我们

恰恰可以读出白居易对道教的怀疑和批评。看这样的句子:"两处茫茫皆不见""山在虚无缥缈间",从而"此恨绵绵无绝期",其态度不是非常鲜明么?

当然,人的思想是复杂的,而且是变化的。元和初年,白居易积极用世,追求理想,在为君、为臣、为民、为物、为事上用力甚深,故而对儒家以外的意识形态取排斥态度。但当仕途不顺、命运多舛之时,就有可能兼收并蓄,以老庄和释梵思想来填补空虚,医治创伤。

变化从渭村丁忧期间开始。元和六年(811),白居易的母亲去世,按规定,白居易去官落职,退居渭南下邽义津乡金氏村,也就是白居易自称的渭村,开始丁忧。也就是这一年,三岁的长女金銮子病夭。两位亲人的离去,丁忧期间的贫困和生病,以及退居田里的空闲,白居易的性情发生了比较大的改变,研读道、佛,以此来排解苦闷和空虚就成为必然。

从渭村时期的诗来看,白居易对道教由排斥转为接受。《适意二首》中的"置心世事外,无喜亦无忧""悠悠身与世,从此两相弃",《闲居》中的"心足即为富,身闲当为贵",《归田三首》中的"形骸为异物,委顺心尤足"等,已透露出他的这一转变。

实际上,儒家和道家思想是中国传统思想的两大支柱。对于在孔孟与老庄思想熏陶下成长的知识分子来说,出仕与退隐、兼济与独善、乐观进取与消极退避这两种人生态度始终是他们需要面对的选择。一般说来,儒家主张积极入世,以兼济天下为己任;道家则主张超旷出世,以逍遥自适为理想。二者既相互对立,又相互补充。儒家思想作为一种理论体系,本身就有求仕进、行退隐,立功名、安贫贱这样一些互补观念。而以老庄为代表的道家人物也不是完全没有社会责任心,只是他们较多的以批评者的面目出现,并以文明倒退而不是进步为理想解决方法,从而有别于孔孟而已。我们看到,自唐代始,在日后的历史和社会选择中,一方面,儒家的入世与道家的出世各自得到强化,形成了民族文化与心理上"儒道互补"的格局,另一方面,儒、道,再加上释,又互为补充,互为融合,呈现出三教合流的趋向。

要问道家与道教为什么对白居易这样的知识分子有吸引力?原因是多方面的。中国古代文人尽管在政治上、经济上不足以成为一个独立的阶层,但在人格上却始终试图维持自己的尊严,在价值取向上却总是恪守自己的观念。独立思考、价值判断、自由精神,是中国优秀知识分子的传统。一种文化现象如果不是真正与他们心神相契,一种宗教信仰如果不是真正与他们产

生共鸣，他们会不屑一顾，冷漠对待的。因此，道教在唐代文人中赢得数量众多的信徒，其主要原因是它的生存哲学和生存技巧与文人士大夫的心理暗相契合，这样，不仅使道教渗入了唐代文人的生活，也渗入了他们借以表现自己人生态度和审美情趣的文学创作。

道教依托道家，树老子这样一位思想大师为教主，是其高明之处。这样，博大的老庄哲学就成为略显粗糙的道教神学体系上的一颗明珠，从而赢得有知识、有文化、有头脑、有理性、有思辨能力的文人士大夫的好感。进而，道教追求生活的自由和生命的永恒，劝导人们挣脱种种烦恼，排解人们对生命短暂的焦虑，这样一种价值观念，也很容易与文人士大夫取得一致。还有，无论是装神弄鬼的"实用派"道士，还是静修养气的"清高派"道士，为文人士大夫提供了很好的生活范本：前者总能弄出一些障眼法的东西，一些类似于魔术的把戏，插科打诨，制造惊喜，娱乐大众，他们是聚会的味精，宴饮的宝贝，没有他们的到场，那聚会就不叫聚会，宴饮就味同嚼蜡了；后者栖息于林泉，隐居于道观，远离尘世，不食人间烟火，高谈虚无缥缈的宇宙哲理，思考虚虚实实的生命本源，以自然为指归，视世俗为敝屣，琴书自娱，啸吟松风，这样的生存状态真是妙不可言。再者，无论是斋醮，灯影憧憧，还是炼丹，青烟袅袅，都是从未有过的生命体验，也叫文人士大夫心醉。最后，道教中白日飞升、排空驭气的法术，神灵仙女、妖魔鬼怪的形象，清幽庄严、阴森恐怖的场景，御神驱鬼、丹药变幻的神奇，给文人士大夫以灵感，成为他们诗歌与文章取之不尽的素材。

唐代文人士大夫中，或多或少打上道教烙印的不在少数，譬如王勃、陈子昂、顾况、孟郊、李涉等等。最特别的例子是李白。李白坚定地相信自己就是神仙，仙境的大门一直为自己敞开着，相信永恒与自由的境界就在眼前，他以恢宏的气度，非凡的想象为时代讴歌。看他《经乱离后天恩流夜郎忆旧游书怀赠江夏韦太守良宰》中的句子："天上白玉京，十二楼五城。仙人抚我顶，结发受长生。"自己岂不就是误触尘网、游戏人间的道人么？

经历安史之乱，人们的心理发生了很大变化。盛世的脆弱，人情的淡漠，欢乐的短暂，梦幻的虚妄，把文人士大夫的自信心击得粉碎。他们由豪迈转向冷静，由天真转向老成，由热情转向怀疑，由欢快转向沉郁。这时候的道教，并不像初唐、盛唐那样为诗人增添豪情和激情，而反过来成为麻醉的酒和疗伤的药。

　　金元之际的元好问说，少年气盛之人，一般来讲对道教不感兴趣，嫌它"堕窳不振"，但当他们一经创伤、饱餐风霜之后，一定"自视缺然，愿弃人间事，绝粒轻举，以从赤松子游。非自苦也，惟俟知物之不可太盛，知名之不可久处，知权之不可不畏而退之不可不勇，故慨然自拔于流俗，思欲高举远引也"。

　　白居易被贬江州，是退居渭村之后遭受的一次更大的打击，在这样一个时刻，他自然要到宗教中去寻找安慰。从心路历程看，这个时候的心情承接了退居渭村之时对道教的接受，进一步转向探究和喜欢。游简寂观后，有关道家和道教的诗有《咏意》《出山吟》《寻李道士山居，兼呈元明府》《寻王道士药堂，因有题赠》《闭关》《齐物二首》《山下宿》《酬赠李炼师见招》《浔阳岁晚，寄元八郎中、庾三十二员外》《赠韦炼师》《达理二首》《郭虚舟相访》《自悲》《寻郭道士不遇》《对酒》《山中戏问韦侍御》《送萧炼师步虚词十首，卷后以二绝继之》《送毛仙翁》等。细读这些诗歌，可以看出白居易对道家的痴迷，以及对炼丹服食的实践。在这里，白居易对老庄的宇宙本体论并不感兴趣，只是将其大旨拿下，加上自己对儒、释两家的认识，以及陶渊明、韦应物的影响，用自身跌宕起伏的经历作为主料，来配制自我疗伤的"丹药"。

　　在《咏意》中，白居易写道："常闻南华经，巧劳智忧愁。不如无能者，饱食但遨游。平生爱慕道，今日近此流。""此流"者，即道家者流也。这当然可看作是激愤之语或消极之语，当不得真的。正如《宿简寂观》中"何以疗夜饥，一匙云母粉"，只可看作是一种臆想，一种诗歌语言，而并非真的开始炼丹服食。因为这一次到简寂观，只是一次游览而已，从元和十一年（816）所写的诗文来看，白居易在这个秋天忙得很，还没有静下心来弄什么丹药。他的炼丹之事，是在元和十二年（817）才开始的。

　　无可否认的是，白居易在江州期间对道家和道教浸淫颇深。在困境中，老庄哲学正好帮他至少在心灵上摆脱困境，从而获得一种安抚和解脱。在江州，白居易的思想打上了深深的老庄烙印。

　　一是安时处顺、随遇而安的时命观。庄子说："我讳穷久矣，而不免，命也。求道久矣，而不得，时也……知穷之有命，知通之有时，临大难而不惧者，圣人之勇也。"所谓"勇"，不是对时势和命运的抗争，而是安然处之，听任顺从。这种人的穷通、荣辱、祸福、贫富，都由时势和命运所致的观点，在大千世界，在茫茫人海，是一种万般无奈而又不得不接受的现实，是一剂

麻醉药。庄子还说："得者，时也。失者，顺也。安时而处顺，哀乐不能入也。"对于这些思想，白居易深表赞同，他说："长者不可退，短者不可进。若用此理推，穷通两无闷。""我无奈命何，委顺以待终。命无奈我何，方寸如虚空。""况彼时命间，倚伏何足数。时来不可遏，命去焉能取。唯当养浩然，吾闻达人语。"

二是知足守分、恬淡忘机的修养观。老子说："祸莫大于不知足，咎莫大于欲得。故，知足之足，常足矣。""知足者富。"庄子说："虚无恬淡，乃合天德。"为在困境中求得精神上的解脱和安宁，避害远祸，白居易打算安命守分，清除物累，恬淡去欲，知足保和。他写道："然自到浔阳，忽已周岁，外物尽遣，中心甚虚。虽赋命之间，则有厚薄，而忘怀之后，亦无穷通，用此道推，颓然自足。""我心忘世久，世亦不我干。""名利心既忘，市朝梦亦尽。""此外即闲放，时寻山水幽。"这种知足与闲放，既是别无选择的自我解脱方式，又是自觉自愿的自我疗伤办法。陈寅恪说："乐天之思想，一言以蔽之曰'知足'。'知足'之旨，由老子'知足不辱'而来，盖求'不辱'必知足而始可也。"

除开老庄哲学，作为宗教的道教，对白居易也产生了巨大影响，其中最明显的是研味《参同》，参与炼丹。《周易参同契》是道教丹鼎派最早的理论著作。其书名中的"周易"，表示此书以《周易》为立论根据；"参"，即三，就是《周易》、黄老、炉火三事；"同"，就是通；"契"，即书契。也就是说，这本书是根据《周易》的原理贯通《易》、老、丹三学之书典。大约成书于东汉末年的这本书是一部外丹经，书中论述以铅汞入药，与水火为伍，详细规定炼丹时用药的分量，炼丹的火候，还丹的过程，食丹的效应等。

自先秦神仙思想滥觞以来，"服食"成为人们求仙得道的重要修炼方式之一。上自秦皇、汉武，再到官僚士大夫阶层，乃至一般平民百姓，都有服食的记载。由此看来，国人的"吸毒史"可谓源远流长。秦汉的不老药、魏晋南北朝的五石散、唐宋的丹药、明清的鸦片、当今五花八门的毒品，花了多少钱，害了多少人！不幸的是，出于各种原因，总有人以身试毒，前赴后继，毫无衰歇。

白居易是从元和十二年（817）之后开始接触炼丹的。道士郭虚舟赠他《周易参同契》，和他一道升火炼丹。那个时候，在庐山周边炼丹的道士还真不少，白居易诗中提到的，除郭虚舟外，还有李炼师、萧炼师、王道士，还有一位

女性的韦炼师。白居易迷上炼丹，主要是有大把的时间，无所事事，百无聊赖，其目的可能在于治病、延年，甚或还想到固阳。他写道："白石先生小有洞，黄芽姹女大还丹。""何处水边碓，夜春云母声。""阅水年将暮，烧金道未成。丹砂不肯死，白发自须生。""药炉有火丹应伏，云碓无人水自春。""漫把参同契，难烧伏火砂。""唯将绿醅酒，且替紫河车。"其中，姹女就是水银（汞），黄芽是从铅里炼出的精华，丹砂即硫化铅，云母即入药的云母粉，伏火砂是生丹砂炼制一定时间的半成品，紫河车既指入药用的人体胎盘，又指黄芽进一步炼制形成的紫粉，上述名词都是炼丹或制汞的原材料、中间产品以及最终结果。

看来白居易的金丹没有炼成，他写道："空王百法学未得，姹女丹砂烧即飞。事事无成身老也，醉乡不去欲何归？"郁闷之情溢于言表。离开江州后，对于这一段经历，他回忆说："剑学将何用，丹烧竟不成。"他分析没有炼成的原因是："心尘未净洁，火候遂参差。万寿觊刀圭，千功失毫厘。"不过，值得庆幸的是及时歇手，以后再没有弄这玩意："设不幸吾好药，损衣削食，炼铅烧汞，以至于无所成有所误，奈吾何？今吾幸不好彼。""白发万茎何所怪？丹砂一粒不曾尝。"并以友人服药先死为据，对炼丹服药提出强烈批评："退之服流黄，一病讫不痊。微之炼秋石，未老身溘然。杜子得丹诀，终日断腥膻。崔君夸药力，终冬不衣绵。或疾或暴夭，悉不过中年。唯余不服食，老命反迟延。"这就是说，白居易清醒地知道，丹药没有炼成，并不在于心诚与否和运气好坏，而在于丹药这东西压根儿就是假的，是有害的，这种东西，你可以好奇，但不能入迷，一旦有所好，轻则误你身，重则要你命。

无论如何，老庄哲学及道教对白居易的影响是巨大的，无怪乎陈寅恪在比较白居易与佛、道两家关系深浅轻重后，说：白居易"外虽信佛，内实奉道。""是乐天之得以身安而名全者，实由食其老学之赐。"

是的，作为儒者的白居易，在远离庙堂、身居江湖之际，老庄给了他精神上的慰藉和安抚，道教给了他时间上的排解和充实，这样，他的心情渐渐平复。反过来说，积极入世、勇猛精进已成过去，建言参政、关怀苍生日渐遥远，此刻，不从老庄中寻找安慰，不从炼丹中寻求刺激，又能做什么呢？看他在九江写的《早春》：

　　雪消冰又释，景和风复暄。满庭田地湿，荠叶生墙根。

　　官舍悄无事，日西斜掩门。不开庄老卷，欲与何人言？

栖心释梵

人间四月芳菲尽，山寺桃花始盛开。

长恨春归无觅处，不知转入此中来。

这首题为《大林寺桃花》的诗，是白居易元和十二年（817）在庐山写的。看起来，短短的四句诗，从内容到语言都似乎没有什么深奥、奇警的地方，只不过是把"山高地深，时节绝晚""人物风候，与平地聚落不同"的景物节候，作了一番记述和描写，但细细体会，就会觉察这首小诗有着曲折的心绪和深邃的意境，仿佛是有所发现，有所顿悟，这样一种议论化、哲理化（再加上其他诗歌中的散文化）色彩，实开后来宋代文人诗歌理趣之滥觞。

用"人间"对"山寺"，用"芳菲尽"对"始盛开"，莫非白居易想说些什么？是的，他是想说点什么。在这首诗的《序》中，我们读到：人间有种种不如人意处，我无以排解，然而，在山寺——也就是在佛陀这里，我找到了"恍然若别造一世界者"。

别造一世界？那是一个什么样的世界？

"此一境界，非地、非水、非火、非风；非无穷空间，非无限意识，非空无一物，非'非想非非想'；非此世、非彼世、非彼此二世、非日月之界。缘生不再，变化不起，绵延终止，无成无毁。既非定住，亦非行住，无凭无依。众苦于此尽灭……凡入于清凉寂静者，无所羁绊，欣喜无限。言语不足以状其妙，思想不足以范其美：一切思辩理性的途径皆幻化于无形。"[8]

这当然是在说彼世，看不见、摸不着的彼世，苦苦追寻、心向往之的彼世。而在此世，也就是人世间，烦恼正多，这也就是一些思想者苦思冥想、竭力寻找解决之道的原因。

现实世界有什么烦恼？原来古时候，也就是差不多和中国老子、孔子的相同时代，在古印度的迦毗罗卫国，净饭王的太子悉达多面临着诸多事情：印度次大陆四分五裂，大小国家彼此争斗，战争不断；雅利安人入侵后，由种族歧视转变为种姓制度，等级悬殊，冲突加剧；人类自身的衰老、疾病、死亡，人生苦短，生命无常，充满痛苦；饥饿困乏、在烈日下耕作的农人，绳索鞭打、口喘汗流拖着犁头的牛，蛇虫鸟兽弱肉强食，大地上的生灵都在痛苦中挣扎。和当时的中国、希腊、波斯一样，那时候的印度思想界异常活

跃，群雄角逐，异说纷呈，但又好像没有一种学说能解决现实问题，能求取解脱之道。于是，年轻的太子决定舍弃王位，出家修道，去冥思生命的真谛，去拯救众生的苦难。据说，太子在29岁（一说19岁）时出家，经过几年苦行，在菩提树下，突然天眼开了，从而成就正觉，成为佛陀（觉者，智者），时年35岁，再随后周游四方，化导众生，历40多年，最后在婆罗双树下示寂涅槃。

既有借鉴，又有创新，佛教在婆罗门教（带有一神教色彩的多神教，维护种姓制度）、沙门（婆罗门教之外的出家修道者）思潮的基础上脱胎而出，成为一种新的宗教。要说的话，说是宗教似乎并不合适，因为佛教是无神论者。佛教与其他宗教不同，并不认为宇宙是由一位神祇创造的，而是由"缘起"，经一系列变化而自然生成。[9]更进一步，佛教对宇宙起源、世界本质等本体论并不感兴趣，她感兴趣的是彼此的因缘牵连关系。

通常认为，佛教是从东汉年间开始传入中国的。传入的路径是经中亚细亚、西域进入关中，也有说经海路到达吴楚等地。这个时候，中国社会正处于风雨飘摇之际，政治腐败，外戚、宦官交替专权，他们巧取豪夺，横征暴敛，加上水旱、虫蝗、风雹等自然灾害接连不断，天灾与人祸，使得广大农民挣扎在死亡线上，史书不乏"百姓荒馑，流离道路""饥死者，什四五，至有灭亡者"，甚至"人相食"的记载。

这种社会现状给宗教的发展提供了土壤。一方面，广大农民和底层民众需要宗教求得精神安慰，幻想宗教会帮助他们摆脱苦难，另一方面，摇摇欲坠的统治者需要扶持宗教来麻醉人民，巩固统治。正是在这个时候，中国本土宗教道教正式创立，外来宗教佛教开始流布。在残酷的现实面前，佛教关于人生无常、充满痛苦的说教和因果报应的宿命论理论，与人们的悲观情绪引起了共鸣。佛教编造的所谓彼岸世界光明自在的境界，为人们在现实苦难中苟延残喘地生活下去提供了精神慰藉，因此，许多人被佛教所吸引，成为佛教信徒。

"橘生淮南则为橘，生于淮北则为枳。"偌大中国，是一个大熔炉，任何外来的东西来到中国，必定会走样。佛教也是这样。在佛教传入初期，无论是外来的传教者，还是本土的出家人，为了吸引信众，总是把佛陀高深奥秘的唯心主义理论暂时放在一边，而改用通俗易懂的现实主义方式来进行宣传。当时，人们对所谓涅槃境界既难以理解又觉得过于遥远，对解脱生死既没有

希望也不感兴趣，他们更关心的是如何摆脱今世的苦难，如果实在没有办法改变今世的话，所谓来世的生活会怎么样，来世能不能摆脱苦难获得幸福？因此，佛教常常采用"五戒十善，因果报应，生死轮回"等通俗语言来教化普通信众，甚至占卜打卦、阴阳星算、医术神咒等道教常用的方术也被佛教僧侣所运用。

实际上，佛、道两教一开始就纠缠在一起。这两个宗教，既是冤家对头，又是知己朋友，它们既激烈斗争，又相互依存。东汉以降，魏晋南北朝时期，要么是道教称"老子化胡"，说老子出函谷关后，西涉流沙，来到西方成佛，佛陀是其弟子，意下说你佛教是我道家的徒子徒孙；要么是佛教说佛陀派遣三个弟子来教化震旦，儒童菩萨为孔丘，光净菩萨为颜渊，摩柯迦叶为老子。这都是些用农村乡里间争辈分的手法来证明我比你高人一等的做派。还有，在《吴书》中，有佛教传入初期沙门与道士斗法的神怪内容。这些相互诋毁、相互攻击的言行使得两教看起来像敌人，但另一方面，它们却是朋友。在早期的佛教译著中，就采用了很多道家和道教术语，也就是说用老庄的语言来叙述佛，用老庄的思想来理解佛。譬如，东汉桓帝建和二年（148）来华的安息国僧人安世高在翻译《安般守意经》时，就用到了这样的词汇："安谓清，般为净，守为无，意名为，是清净无为也。"[10]而道家，针对自身理论的系统性不强、严密性不够的缺陷，有意无意地借用、化用佛教的某些教义，以便更为完善。事实上，佛、道两教基本上同兴衰，同荣辱，同命运。

魏晋南北朝三百六十年间，是中国继秦汉四百余年统一后的大分裂、大动乱时期，但也正是这一时期，是中国哲学史上的一个分水岭，是社会和思想界的大变革时期，是古代哲学、文学艺术大繁荣时期，同时，也是道教、佛教发展的大流行时期。这一时期，玄学盛行，清谈勃兴。玄学以老庄思想解释儒家经典，提出了有无、本末、动静等哲学概念，论证在现象世界背后存在着真实的、永恒不变的、超言绝象的精神本体——"道"或者"无"。玄学的盛行恰好为佛教的流布渗透提供了良好契机。于是，我们看到，在《晋书》和《世说新语》中，那些玄学名士，总与一些高僧打得火热，往来频繁，兴致勃勃。

在佛教大流行的这一时期，有一个人物可以算得上是分水岭或里程碑，那就是道安法师。在道安之前，佛教的传扬主要是靠外来的译经大师，之后，则以本土的高僧大德为中坚；之前，佛学仅仅是僧侣内部的专门学问，之后，

则成为文人士大夫的时代思潮。

道安法师本姓卫，西晋永嘉六年（312）生于常山郡的扶柳（今河北冀县西南），卒于东晋太元十年（385）。他12岁出家，游学各地，成为西域僧人佛图澄的弟子。随后，在乱世中，他领导僧团，东奔西走，授徒弘法。他是第一个为早期佛经作注解的人，修正了不少旧译讹谬；也是我国僧伽制度的建立者，制定了当时全国风从的僧尼轨范；他广搜经典，编撰国内第一部经录，为佛经的编辑整理做出了贡献；他注意与士人交往，宣讲教义，争取知识分子的理解和支持；他培养弟子数千人，其中不乏优秀者，并把他们派遣到各地弘扬佛教；他还劝说前秦的苻坚善待龟兹国的鸠摩罗什，并第一次总结翻译经验，培养了许多学者和翻译人才，为后来鸠摩罗什在后秦姚兴政权下的大规模译经准备了有利条件。可以说，道安对中国佛教的贡献是巨大的，是中国佛教的奠基之人。

道安之后，佛教形成了一南一北两个中心。南方佛教中心在庐山，慧远为南派佛教领袖；北方佛教中心在长安，以鸠摩罗什为代表。

慧远，俗姓贾，雁门楼烦（今山西代县、原平市一带）人。生于东晋成帝咸和九年（334），卒于安帝义熙十二年（416），活了82岁，大体上与东晋王朝（317～420）相始终。慧远早年追随道安，是道安思想的真正继承人。50岁前后来到庐山，此后从不出山，直到去世，在庐山弘法30多年。慧远的庐山东林寺，代表了佛教中国化和中国佛教化的趋势，对庐山文化风景起到了标志性的作用，开拓了庐山的人文境界。

慧远13岁游学于许昌、洛阳一带，学习儒家六经，同时涉猎老庄，对儒家、道家思想有深刻的理解和领会，不久即以卓异的才智和学养而享誉于知识名流中间。21岁时，与弟弟慧持一同到恒山拜道安为师，据说，慧远听到道安讲述《般若经》，叹曰："儒道九流，皆糠秕耳。"这里面当然有讲故事的《高僧传》作者贬损儒道、虚夸本教之意，但也不无看出佛教"义理"对慧远的影响。

从崇信儒学，到服膺老庄，再到皈依佛家，是慧远人生的三大转折。在对儒、道、佛三家均有深刻了解之后，再来对比三家理论，慧远得出结论：人生的意义、理想、目的在于追求"沉冥之趣"，即以达到玄默无欲、泯然无迹的境界为指归。这一思想转变和生活道路，是与当时的社会环境分不开的，与当时南北战乱、玄学横流分不开的。

在道安门下，慧远虔心修业，很快成为道安的高足。道安对他十分器重，说："使道流东国，其在远乎？"

晋孝武帝太元三年（378），前秦的苻坚命其子苻丕围攻襄阳，身在襄阳的道安不得不遣散徒众，让弟子独立四处传道。临行前，道安对弟子们一一诲勉，唯独对慧远未置一词。当时，慧远跪拜说："独无训勖，惧非人例。"道安说："如公者，岂复相忧？"当慧远请求老师像对其他同学一样给予临别训词时，道安对他表现出异乎寻常的信任。从中可以看出作为弟子的慧远自期甚峻，作为师长的道安期许甚高，师徒间的默契在这里达到了化境。

于是，在追随道安近30年后，慧远辗转来到了九江，来到了庐山。从此，慧远的名字与庐山难解难分。

慧远卜居庐山30多年，是他从事佛教活动最活跃和最重要的时期。他在西林寺住持慧永的协助下，得到了江州刺史桓伊的支持，创建了东林寺。慧永是慧远的同门师兄，约14年前来到庐山，受当时江州刺史、名将陶侃之子陶范的邀请，入住西林寺。东林寺就在西林寺东边不远处，建成于太元十一年（386），开始规模并不大，结构也简单，"仍石垒基，即松栽构"，与后来的"大起重阶，广延阿阁"不可同日而语。随后，慧远还在庐山创建上崇福寺、上化城寺、中大林寺等，但以东林寺名声最大，影响最广。

慧远一面悠游庐山名胜古迹，饱览鸟兽草木、崖岭瀑布的美景，一面讲经论道，撰写文章，培养弟子，邀请西来的僧人译经，派出弟子到西方取经，与四方僧界保持联系，并与统治者深相结纳，展开全方位的宗教活动，由此奠定了庐山南方佛教中心的地位。

慧远的佛学思想以"般若"学为宗旨，继承道安的"本无义"学说，吸收其他流派的思想，加以改造、发展，提出了"法性"说，将佛教出世主义宗教理论推向了一个新的高度。《般若经》把整个宇宙分为"色"（大约相当于物质概念）和"心"（泛指一切精神现象）两部分，认为物质世界和精神世界都是因缘和合而生，虚幻不实的，是空的，人们只有通过佛教智慧"般若"否定一切现象为实有的世俗认识，才能把握佛教"真理"，得到解脱。般若，是梵语的译音，或译为"波若"，意译就是"智慧"，但般若智慧不是普通的智慧，是指能够了解道、悟道、修证、了脱生死、超凡入圣的特殊智慧，是指如实理解一切事物的智慧，因此在大乘佛教中称之为"诸佛之母"。所谓"法性"，是与道教的"长生"相对应的概念，是宇宙万物绝对真实的本性，佛的

涅槃以永恒为法性，"至极以不变为性，得性以体极为宗"，也就是说，涅槃后的精神实体是不变的，是永恒存在的，人们应该把达到这一境界作为奋斗目标。

从"法性"说出发，慧远提出了形尽神不灭理论和因果报应说。所谓形尽神不灭，是指人或动物存在一个独立于形体之外的"神"，或叫作灵魂，它不因形体的死亡而死亡，而是不灭的，永恒的，会从这个形体上传到另一个形体上，也就是民间所说的"投胎"重生。这一点，其实已经和原始佛教有相当大的差距。因为佛陀的缘起论只承认"由因生果"，而反对"因变成果"，譬如以灯传灯，是乙灯的火由甲灯焰生，而不是甲灯的火跑到乙灯上去，根据这个道理，佛教虽然也讲六道轮回，然而不承认有个灵魂从这个有情的身体投入到另一个有情的胎里去。但慧远继承了东汉以来人们对佛教教义的理解，结合我国传统迷信观念，加上道教生命为大患、形体为寄托的思想，提出了"形尽神不灭"。在他所作的《形尽神不灭第五》中，他也用薪火之喻来做论据："火之传于薪，犹神之传于形；火之传异薪，犹神之传异形。前薪非后薪，则知指穷之术妙，前形非后形，则悟情数之感深。"也就是说，人的精神好比是火，人的形体好比是柴薪，柴薪经过燃烧，成为灰烬，而火却从此薪传到彼薪，永不熄灭。那么同样，人的形体消灭了，但神（灵魂）也从这一形体传到另一形体，永恒不灭。这样的论证过程，虽然有漏洞，但也显示出慧远优秀的辩才。此外，慧远还撰写了《答桓南郡明报应论》，从形神关系、产生因果报应的根源和怎样不受报应等三个方面，详尽地回答了当时的大军阀桓玄的问题，"论证"了因果报应理论。形尽神不灭理论，是慧远全部佛教学说的理论前提；因果报应理论，是慧远佛教思想的重心。

怎样才能达到"法性"？慧远为人们指出了方向，那就是往生弥陀净土。弥陀，是阿弥陀佛的简称，意思是"无量寿""无量光"，也就是说，寿命无限久远，光明无限广阔。《无量寿经》说，过去有个国王出家为僧，号法藏，发八十四愿，称"十方众生，至心信乐，欲生我国，乃至十念，若不生者，不取正觉"。后来果然成佛，名"无量寿佛"，国土在西方（指古印度）名"安乐"（"极乐"）。西方极乐世界与众生居住的人世间即所谓"秽土"相对，称为"净土"。因为无量寿是西方极乐世界的教主，能接引念佛人往生"西方净土"，所以又称"接引佛"。据说，阿弥陀佛在诸佛中誓愿特别宏大，无论怎样罪大恶极的众生，只要专念其名号，一心不乱，就能灭无数劫业，消除一

切苦恼，目见阿弥陀佛，往生净土。慧远提倡念佛三昧，修持观想念佛，[11]宣称用这一方法可以止息思念，断除疑网，心向净土。这是非常廉价地出售进入佛国天堂的门票，由于这一方法简单易行，深受信众欢迎。

慧远信仰弥陀净土思想，曾和刘遗民等人立誓，以期共同往生西方极乐世界。传说慧远还在庐山邀集僧俗结白莲社，入社者一百二十三人，其中佼佼者称为十八高贤。[12]净土信仰这一流派，百来年后经慧远的俗世老乡、北魏昙鸾的奠基，再经隋唐之际道绰的弘扬，到道绰的弟子善导建立起完备的净土理论及仪轨，使净土宗具有真正的宗教形态，从而实际创立了中国化的佛教——净土宗。由于弥陀净土思想发端于慧远，且又有立誓、结社的具体行动，因此，慧远被尊为净土宗始祖。[13]

在庐山，还有一个传说，那就是"虎溪三笑"。说的是陶渊明、陆修静到东林寺拜访慧远，三个高人在一起聊天，一直舍不得分手，最后天色晚了，慧远起身送客，不知不觉送过了东林寺大门口的小溪，那对面山上的老虎就吼叫起来，意思是你慧远大师把自个送客不过溪的规矩给破坏了，于是三人相视大笑而别。"虎溪三笑"的故事当然是编造的，[14]是为了调和儒、释、道三家思想而臆想出来的，可也为人与人之间超越意识形态而宽容共济提供了最好的范本，千百年来引多少遐想，抚慰着多少孤寂落寞的心。

传说归传说，有一件事却是真的，那就是隆安四年（400）春天，慧远与"交徒同趣三十余人"，游览庐山石门涧。石门涧林壑幽邃、崇岭巉岩、瀑布流泉、鸟翔猿啼、云遮雾障的自然美景给众人深刻的印象，很多人都写了诗，并结集刊印，慧远于是作《庐山诸道人游石门涧诗序》。这次游览，是为庐山有史以来的第一次大规模组团旅游，这本诗集，是为第一本庐山诗集。

此外，慧远对庐山还有多重贡献：他写下了《庐山记》，第一个近距离描写庐山；他与北方的鸠摩罗什书信往来，接纳被罗什教团排斥的佛陀跋陀罗，邀请僧伽提婆来庐山译经，派弟子法净等人去西域取经，显示了和而不同、兼容并包的气度；他提出佛儒合明论，极力调和佛教与儒家名教的矛盾，开创了三教融合思想的先河；他交纳广泛，上至帝王、将军、名士，下至隐士、普通信众，甚至造反者，他均与之往来，看得出他长袖善舞、圆融无碍的处世技巧。

还有一件事，显示了慧远的高峻，那就是沙门不敬王者的论战。元兴元年（402），大军阀桓玄率领大军攻入京师建康（今江苏南京），夺取了东晋政

府的实权，自称太尉。这时候，他承接了 60 年前庾冰（庾亮的弟弟）的思想，下令沙汰沙门，并要求佛教徒向王者跪拜敬礼。为此，慧远写下了《沙门不敬王者论》，论述了佛教的主要理论和沙门不敬王者的基本立场。慧远同意适当沙汰僧人，但对跪拜王者提出异议。他说："佛经所明，凡有二科，一者处俗弘教，二者出家修道"，在世俗社会里，就要敬君尊亲，而出家修道后，就是超脱世俗的世外之人，僧尼长期隐居寺庙修行，以摆脱世俗的痛苦，逐步通向成佛的道路，正因为这样，背离亲属之情，而不和孝道相悖，不对王者跪拜，而并不失去敬意。慧远的这一观点，从维护佛教团体不受政治干涉，以保持自身的独立与尊严出发，极力说服统治者给予佛教在世俗社会之外建立一个相对清静、保有"世外权杖"的领地，与他的师父道安"不依国主则法事难立"以及同时代北魏的法果主张"现在的皇帝就是当今如来"的态度完全不同，充分显示出慧远对佛学信仰根基所投注的心智，体现出严谨的理想主义者的风度。慧远的这一思想，在中国佛教史上具有里程碑意义，同时，也为庐山争得了一顶坚定信仰、独立不羁的桂冠。

事实上，作为外来宗教，佛教自传入中国以来，就一直面临着诸多争议，譬如佛教的出世主张与儒家的积极入世相背离；佛教的生死轮回与儒家的"未知生，焉知死"相冲突；出家人"背祖离宗"，既不从事物质生产，又不从事人口生产，与农耕文化和传统孝道相抵触；还有，经过一段时间的发展，寺院开始有了自己独立的经济，寺庙占有了大量庙产，积累了巨额财富，上层僧尼成了僧侣地主，僧尼享有免役免税的特权，减少了政府的财政收入；僧侣地主与世俗地主争夺土地，争夺劳动力，矛盾加剧；部分上层僧尼出入宫廷，交结官僚，干预政事，扰乱国政；少数底层僧尼不务正业，趋炎附势，经商牟利，装神弄鬼，好酒好色；甚或有极端狂热者，采取种种手段摧残自己，以示"信仰"，如有人当着大众面前割取自己身上的肉去喂鸟，遍体流血却脸色不变，又有僧人自以铁钩挂体，燃点千灯，一日一夜，端坐不动，如此等等，均对东方道德与中华秩序产生了冲击，因此，对佛教的抑制和沙汰就是必然的了。

没想到的是，对佛教的排斥和打击来得这样突然和猛烈。在慧远逝世后 30 年，也就是北魏太平真君七年（446），北方道教领袖寇谦之与宰相崔浩，煽动北魏太武帝拓跋焘下达废佛诏，开展了惨烈的灭佛运动。史载"以伪太平七年遂毁灭佛法，分遣军兵烧掠寺舍，统内僧尼悉令罢道，其有窜逸者皆

遣人追捕，得则必枭斩，一境之内无复沙门。"又过了128年，也就是建德三年（574），北周武帝宇文邕又一次开展灭佛运动，这次是佛、道两家一起废除，毁寺塔，焚经像，勒令沙门、道士还俗，禁止种种淫祀。再过三年，建德六年（577），北周征服了北齐，武帝将废佛政策用到北齐，将八州的四万所寺庙充当贵族宅第，令三百万僧侣还俗，占当时人口的1/10。这就是佛教史上著名的"三武一宗"之难的二武灭佛。

为什么这两次灭佛都发生在北方？为什么北方政权一会儿兴兴头头地建寺庙，凿石窟（据考，敦煌石窟、云冈石窟和龙门石窟均从北魏时代开始开凿），一会儿怒气冲冲地毁寺庙、遣僧尼？为什么南方的慧远提出"沙门不敬王者"反而没事，而北方说"皇帝就是当今如来"反而出事？这里面当然有政治的、经济的、文化的、社会的、种族的、心理的种种因素在里面，但不能不说，与北方佛教大起大落形成巨大反差的是，南方佛教走的是一条平稳发展的道路（其中，梁武帝萧衍崇佛以致走火入魔也算是一种反动），这与慧远提倡用中国思维来和统治者进行有效沟通的思想，既保持不敬王者的尊严又同意适当沙汰沙门、防止过度膨胀的做法，以及调和佛教与儒家名教的态度是分不开的。

入唐后，李唐王朝附会老子，抬高道教，但实际上，唐王朝心胸广阔，兼容并包，并不完全拉一派打一派，各种宗教都可以容忍，都允许发展，这样，已传入中国近六个世纪的佛教，进入一个繁荣昌盛时期，诸宗竞起，各擅胜场，开始越来越影响政治、经济和社会生活，开始越来越渗入中国人的血液，介入大众的信仰生活。

贞观十九年（645）正月，去西域游学18年的玄奘（602～664）回到长安，阖城百姓闻声奔集，万人空巷，"始自朱雀街内，终届弘福寺门，数十里间，都人士子、内外官僚列道两旁，瞻仰而立，人物阗闉。"二月初一，这位昔日的偷渡者受到了唐太宗李世民的接见。随后，入居弘福寺，开始了他长达19年枯燥而又壮伟的译经生涯。他率领译经团队，编译了大乘般若类经典《大般若波罗蜜经》600卷，又系统传译了无著、世亲等大乘佛学高峰时期瑜伽行学派的唯识论书，从而在中国译经史上做出了巨大成绩，成为法相宗（慈恩宗、唯识宗）的开创者。他的故事，通过四大名著之一的《西游记》而家喻户晓，妇孺皆知。[15]但悲剧性的历史事实是，他开创的法相宗这个显赫一时的宗派仅二传而绝。

就在玄奘出发去西域的前后，有一名当时并没有名气的江南僧人道信来到长江北岸的蕲州黄梅双峰山（今湖北黄梅县城西北 30 里，又称破额山）传法，到他逝世的 30 年间，影响渐大，此前默默无闻的双峰山逐渐成为一个新的佛教中心。道信被尊为禅宗四祖，从一定意义上说是中国禅宗的真正开创者。

道信（580～651），俗姓司马，河内（今河南沁阳市）人。7 岁出家，初期游学各处，曾拜僧璨为师。隋大业年间，正式得到官府许可出家，编籍于吉州（今江西吉安市）某寺院。隋末战乱，道信来到九江，入住庐山大林寺，在此研习佛法长达十年之久，大约在武德七年（624），道信驻锡于黄梅双峰山，创建丛林，接引四方学众，"他是达摩、慧可、僧璨之后真正使这一系禅门开始有了一个教派组织形式的领袖人物"，自此，"达摩一系才算是真正有了一个开宗说法的地盘。"在道信周围，很快聚集了一大批信徒，据说最多时达 500 余人，同时也很快在世俗社会形成影响，他的传法弟子弘忍（禅宗五祖）和另一个弟子法融，分别在东山（又称冯茂山，在今湖北黄梅县城北 30 里）和牛头山（今江苏南京市西南的牛首山）占山说法，开出后世禅门的两大支脉——东山法门和牛头宗。

弘忍（602～674），俗姓周，黄梅人，家寓浔阳，7 岁在九江邂逅道信，拜其为师，后 30 年不离其左右。性情内向，少言寡语，白天勤于体力劳动，晚上专心坐禅观想。道信去世后，弘忍在黄梅东山正式建立寺院，接受学众。据说，弘忍"既受付嘱，令望所归，裾屦凑门，日增其倍。十年之间，道俗受学者，天下十八九。自东夏禅匠传化，乃莫之过"。这种描述不无夸张，但可以看出，由道信开创、弘忍发扬光大的"东山法门"影响较大，特别是弘忍门下学徒众多，出现了神秀、慧能、智诜、义方等一批优秀人才，他们因应形势，把新禅法传布四方，更使得禅宗一派流布甚广。

大家可能都听到过这样一个故事，说是弘忍大师欲传衣钵，他叫弟子各作一偈，表明自己的悟境。其时上座神秀呈偈曰："身是菩提树，心如明镜台。时时勤拂拭，莫使惹尘埃。"一个舂米和尚慧能听说之后，亦作偈曰："菩提本无树，明镜亦非台。本来无一物，何处惹尘埃？"弘忍将两偈比较，认为慧能的悟境高于神秀，遂将衣钵密传给慧能，命他连夜南归。慧能逃脱了各种追杀，到了韶州（今广东韶关）曹溪宝林寺，成为禅宗南宗的领袖。

慧能主"顿悟"，与神秀提倡"渐悟"迥然不同。慧能的说教，由其弟子

法海编辑成书，叫《六祖法宝坛经》，是为禅宗宝典。开元、天宝年间，慧能的另一个弟子神会来到北方，对当时处于极盛的神秀弟子普寂一系展开猛烈攻击，由是，南宗影响迅速扩大，以神秀为师祖的北宗日渐衰落，南宗遂成为禅宗主流。后世论禅，认为六祖慧能是禅宗的真正建立者。

禅宗提倡"不立文字，教外别传，直指人心，见性成佛"。意思是只要安心潜修，觉悟到本无烦恼，即可做到此心即佛。禅宗反对大量念诵佛经，更反对出家苦行、西行求法，抛弃一切烦琐的宗教修养仪式，提倡顿悟成佛，佛性只在心中，只要反省觉悟就可，也就是俗语所说的"苦海无边，回头是岸""放下屠刀，立地成佛"，人人可以成佛。禅宗提倡心性"本觉"，强调主体"自信"，破除"他力"信仰的思想，不禁叫人想起十六世纪初叶，德国人马丁•路德提出的"因信称义"，认为信仰是唯一标准，人们可以凭借自己的信仰与上帝直接交往，"所有信徒都是牧师"，否定人与上帝之间需要教会这个"中介"，打破教会桎梏，进行宗教改革的历史事实。在佛教史上，禅宗的出现，毫无疑问也是一场宗教革命，它的产生和发展与那个时代思想发展的主流相吻合，从而和净土宗一道，成为佛教中国化的产物。

蕲州黄梅就是晋代江北寻阳的所在地，与江州浔阳城隔江相望。这两个寻阳一直以来交往密切，互通婚姻，差不多算是一家人，这种情形直到今天，依然如此。现在的问题是，为什么两大中国式佛教——净土宗和禅宗，均产生于这方圆不到百里的地方？这其中有什么奥秘，有什么因缘？这一问题，值得方家细细探究。[16]

禅宗在中唐的发展，几乎又一次重复了当年道信、慧能的情形：就在慧能的弟子神会已取得朝野信重、被迎请入东都的天宝初年，有一位三十多岁的四川和尚道一在南方行脚修学，居止于建阳（今福建建阳市）佛迹岭，开始聚徒传法。安史之乱起，中原鼎沸，南方相对平静，道一辗转来到洪州开元寺（今南昌佑民寺），弘扬一种新的禅思想，洪州又像当年的黄梅、曹溪一样，成为新的佛教中心。道一门下高足众多，这种新的禅思想经徒众分头弘化，"极盛一时，发展为前所未有的大宗派"，取得了禅宗的主导地位，被称为洪州禅。这样，又是在远离政治文化中心的偏远地区，由原本默默无闻的下层僧众实现了禅宗史上的一大转变。洪州禅主张"平常心是道"，人性即佛性，人生践履即是禅，"行往坐卧，应机接物，尽是道"。道一，俗姓马，是中国佛教最后一位被尊称为"祖"者——马祖。马祖和衡山的石头希迁为当

时最有影响的佛教领袖,僧人香客和世间众生行走于江西和湖南之间求学问禅,号曰"走江湖"。道一去世后,被安葬在建昌县石门山(今江西靖安县宝峰寺侧,唐时属建昌),元和年间,唐宪宗诏谥大寂禅师。浔阳城距南昌约300里路程,且是洪州出入中原、东进西行的孔道,可以想见当年道一及其徒众亦在江州留下大量足迹。桑乔《庐山纪事》称,庐山东脉吴障岭的马祖山,道一曾在这里驻锡,"相传一常寓此山,故名。"

元和十年(815),白居易来到江州,来到这块浸润佛家文化、具有佛教传统的土地,因此,他不可能不受佛教的影响,不可能不与佛家有密切的来往。自江州始,他赢得了一顶"好佛"的冠冕。但在此之前,我们有必要了解白居易早些年间对佛教的态度。

作为一个勇猛精进的政治家和文人,白居易早年是主张反佛的。《策林》75篇中有一篇《议释教僧尼》。在这篇策文中,他认为"儒、道、释之教鼎立于天下",是"德既下衰,道又上失"世运衰飒的反映,佛教虽有"诱掖人心,辅助王化"的作用,但它毕竟是西方之教,"若许之大行",不唯"乖古先惟一无二之化",而且"耗蠹国风""伤生之费亦深",利病相形,得不偿失。况且佛家的那一套"以禅定为根,以慈忍为本,以报应为枝,以斋戒为叶"等等"诱掖人心"的手段,在华夏传统文化,也就是儒家的"先王之教"中,可谓应有尽有,"何必使人去此取彼",以"成异教殊俗之弊"而"贰乎人心"呢?再者,若听任佛教恶性发展、盲目膨胀,必将对经济起破坏作用,危害国计民生。他说:"僧徒月益,佛寺日崇;劳人力于土木之功,耗人利于金宝之饰;移君亲于师资之际,旷夫妇于戒律之间。古人云:一夫不田,有受其饿者;一妇不织,有受其寒者。今天下僧尼,不可胜数:皆待农而食,待蚕而衣。臣窃思之:晋、宋、齐、梁以来,天下凋敝,未必不由此矣。"话都说到这个份上,这难道不可以看作是一篇排佛的檄文吗?

白居易还写有《新乐府·两朱阁》,言明"刺佛寺寖多也":"忆昨平阳宅初置,吞并平人几家地?仙去双双作梵宫,渐恐人间尽为寺。"对宫宅占地、转而为寺、寺庙泛滥提出强烈质疑,表现了着重民力、关怀苍生的情怀。

有人指出,白居易的上述言行,主要还是在政治、经济、伦理上指陈佛教弊害,而对佛教义理并无批评。这一判断是正确的。一个人的思想感情是复杂的,白居易也不例外。我们看到,一方面,他站在儒家正统立场批评佛教,另一方面则随同社会风气好佛习禅,从而构成了看似矛盾、实则调和的

微妙心态。

贞元二十年（804），白居易写下《八渐偈并序》，称"初，居易常求心要于师，师赐我八言焉，曰观、曰觉、曰定、曰慧、曰明、曰通、曰济、曰舍。繇是入于耳，贯于心，达于性，于兹三四年矣"。明确地说早在贞元十六七年，他就向洛阳圣善寺的法凝禅师"求心要"，表现了对佛教的好奇与虔诚。要知道，那时候，他才刚刚得中进士，正是春风得意、勇猛精进的时期，按理应是儒家精神占主导，但恰恰于此时开始了对佛学的探索。元和五年（810），白居易作《和梦游春诗一百韵并序》，与元稹唱和，说"与足下外服儒风，内宗梵行者有日矣"，并称"《法句》与《心王》，期君日三复"，自注"微之常以《法句》及《心王头陀经》相示，故申言以卒其志也"。从中可以看出，白居易与元稹除了政治上、文学上相与外，好佛习禅也是他们之间的共同爱好，当然，这种爱好之深浅，费时之多少，造诣之高低，则是另一个问题。元和九年（814）冬至元和十年（815）八月，白居易在任太子左赞善大夫期间，曾四次到兴善寺问佛法于惟宽，问的问题很具专业性："一问：既曰禅师，何故说法？二问：既无分别，何以修心？三问：垢即不可念，净无念可乎？四问：无修无念，亦何异于凡夫耶？"惟宽是马祖道一的弟子，白居易向惟宽问道，说明他对洪州禅已有了解。此外，白居易还和友人崔群、钱徽、李建、韦处厚等在一起习禅学佛，他在江州给崔群写过一封《答户部崔侍郎书》的信，其中就说："顷与阁下在禁中日，每视草之暇，匡床接枕，言不及他，常以南宗心要，互相诱导。"这就说明，在早年仕途顺利时，白居易就对佛教，尤其是禅宗南宗有相当的热情，他并不是经过仕途波折才回心向佛的。他的周围，也就是文人士大夫圈子里，好佛习禅的氛围浓重。

说到佛教，一般来说往往有一种误区，觉得佛教就是烧香、念经、拜菩萨，或者是晨钟暮鼓、青灯黄卷之类，实际上，这个看法是不全面的。佛教自传入中国以后，与中土文化相互碰撞、融合，变成了一种非常丰富、复杂的文化现象。佛教其实可以有三个不同的层面，一个层面是纯粹专业的层面，就是出家人，也就是俗话说的和尚尼姑，他们对于佛教的认识和理解，以及他们从事的佛教方面的活动是完全宗教意义的。另一个层面就是大众的，不管是为官为民，或富或贫，他们到寺庙烧香、拜菩萨，或请菩萨在家里供奉，这个层面既有宗教的，也有世俗的。还有一个层面，那就是文人士大夫这个层面，也就是知识分子，他们通过自己已经有的知识结构和文化修养，接受

佛教的某些内容，经过自己的消化，再把它体现在自己的生活中，也体现在自己的写作中，从而构成中国传统文化的一道独特风景。

从初唐到盛唐，是一个前所未有的富足、风流、自信的时代。经历了几百年的分裂、战争、死亡，中国进入了一个物阜民安、生机勃勃的盛世。人们仿佛从阴森凶险的地下岩洞里走出来，来到了阳光灿烂、鲜花盛开的田野，猛然见到光明世界的五彩缤纷、春光明媚，不免手舞足蹈、眼花缭乱。这时候，他们最喜爱的是酒，当人们满饮一杯又一杯青春佳酿，脸上泛起片片红晕时，他们的心里是何等的满足，何等的快活。这个时候，人们的生命意识和世俗情欲全面复苏，人们尽情地享受，尽情地追求，享受着现世的乐趣，追求着欲望的满足。而在这令人眩晕的兴奋的氛围中，又不免生出一种淡淡的忧愁，那就是"年年岁岁花相似，岁岁年年人不同""人生代代无穷已，江月年年望相似"，一种逝者如斯、人生苦短的忧愁。这个时候，文人士大夫很容易拥抱道教，在道教中赞美尘世生活，幻想神仙境界。

经历了安史之乱，形势发生了巨大变化。从梦中醒来，文人士大夫才发现周围并不都是奇草香葩、仙乐飘飘、烟霞缭绕、龙飞凤舞，他们像被分开八片顶阳骨、倾下一桶雪水似的冷不丁打了个寒战，刹那间都愣住了。于是，自信心崩溃了，人变得老成起来。过去"不设防"的天真换成了心理防御机制极强的老辣，过去勇于投入的热情换成了冷眼旁观的冷静。这时候，同样需要酒，需要借酒浇愁，麻醉自己，以求得暂忘世事、片刻欢愉。这个酒，或者说是酒精，就是佛教。

从初唐兴起到中晚唐全盛的禅宗，就可视为中国文人士大夫的佛教。它把佛教的心性论与中国知识分子的人生理想、处世态度结合起来，把般若空观向泛神论方面发展，创造出全然不同于印度佛教面貌的理论。它把顿悟成佛的教义发扬光大，满足了庶族地主通过科考一举成名的愿望，适应了李唐王朝压制门阀士族、扩大统治基础的形势，是更为廉价地出售天国门票的行为。禅宗的通达自由、游戏三昧的人生态度，调和了世间与出世间的矛盾，给文人士大夫开创了一个理想的精神世界，这样，出入儒释之间就成为时尚，成为社会风气。

从京师到江州，是白居易的一次重大转折。这个时候，他自然要去寻找他熟悉的佛教作为抚慰心灵的良药和酒精。不，用不着他自己去找，僧人找上门来了。元和十一年（816）正月，也就是白居易到江州后才两三个月，庐

山东林寺的道深、怀纵等二十多个僧人，率领上千人，带着十万钱，来到浔阳司马府，请求白居易为在东林寺逝世的景云大师上弘撰写墓志铭。这一场声势浩大的请求活动，一下子拉近了江州佛教界与白居易的心理距离，于是，我们看到，白居易在随后的日子里，频繁出入寺庙，与僧人来往热络。

先看行止。元和十一年（816）二月，也就是东林寺僧众进城回去后的一二十来天，白居易就来到东林寺、西林寺回访。他在僧人的陪同下，细细地参观了寺院，参拜了莲社十八高贤影堂，观看了罗汉松、出木池、卓锡泉、聪明泉、远公塔、虎溪桥等古迹，批阅了慧远大师和诸文士唱和的诗集，当晚，住在西林寺。第二天，又到东林寺，盘桓一天才回城。三月，他来到山南，到大云寺拜见智常禅师，同时，游历了宝称寺。秋天，为踏勘草堂地址，又来到东林寺，在东林寺长老神凑等协助下，选定草堂地址，开工建设。冬天，他来到东林寺习禅。元和十二年（817）正月，到东林寺，三月，草堂建成，他经东、西林寺入住草堂，四月初，与僧俗17人登山同游大林寺，四月九日，在草堂与僧俗22人集会畅谈。秋，游石门涧，遥想慧远事迹。元和十三年（818），常居草堂，与东、西二林僧众来往。应东林寺僧人三请，冬，撰写《唐抚州景云寺故律大德上弘和尚石塔碑铭并序》等。

再看交往。白居易在江州交往的僧人有：智常、神凑、寂然、神照、智满、法演、朗、晦、琳、士坚、利辩、道深、道建、云皋、息慈、怀纵、如建、冲契、宗一、至柔、辩诸、智则、智明、太易等。

智常，又叫赤眼禅师，也是马祖道一的弟子，与前面所说的兴善寺惟宽是同门师兄弟，住江州归宗寺，"其徒响应，其法风行"。据《五灯会元》，智常授徒常常采用棒喝、拳打方式，并助以锄头、鼎盖、帽子等日常用品来开导他们，师徒间气氛活泼，且不乏风趣幽默，尽显禅宗本色。桑乔《庐山纪事》载，白居易微服访问归宗，智常正袒露一臂，亲自涂刷墙壁，白居易将泥桶递给他。智常问："你是儒，还是释？"白答："儒。"智常又问："是君子儒，还是小人儒？"答："君子儒。"智常又说："我听说儒者中有白乐天，是你么？"答："是的。"良久，智常说："今日我们有递桶的缘分。"表明智常接纳了白居易。白居易写有《晚春登大云寺南楼，赠常禅师》："花尽头新白，登楼意若何。岁时春日少，世界苦人多。愁醉非因酒，悲吟不是歌。求师治此病，唯劝读楞伽。"

在《宋高僧传》中，还有白居易与江州刺史李渤同到归宗寺拜会智常的

故事，说李渤问道："教中有言：须弥纳芥子，芥子纳须弥。如何芥子纳得须弥？"一粒小小的芥子如何纳得偌大的须弥山呢？智常说，人家常常称赞博士您胸中有万卷书籍，一个人从头到脚只有若干尺，万卷书藏于何处？李渤听后，"俛首无言，再思称叹。"假如这个故事是真的，那就是后来的长庆二年（822），白居易授杭州刺史，上任时顺道路过江州，与李渤相见的时候发生的事了。

神凑，京兆蓝田人，23岁出家，"祈南岳希操师受具，复参钟陵大寂禅师"，说明他既学律，又学禅。钟陵大寂禅师就是马祖道一，说来神凑和智常也是同门师兄弟。神凑学佛、习佛甚为用功，"每夜捧炉秉烛，行道礼佛，少有废阙，如是经四十五载。"大历八年（773），参加国家级考试得中，"诏配九江兴果精舍"，由于学识和人望，再移居东林寺，"嗣兴佛事。"据白居易讲，他和神凑一见如故，"初予与师相遇，如他生旧识，一见欣合，不知其然。"算来神凑比白居易大28岁，可算是忘年交。元和十二年（817）四月，白居易草堂落成，神凑以74岁高龄参加了草堂聚会。九月，神凑去世。白居易很是伤感，撰写了《唐江州兴果寺律大德凑公塔碣铭并序》，其中的铭文又取题《与果上人殁时题此诀别，兼简二林僧社》："本结菩提香火社，共嫌烦恼电泡身。不须恋恋从师去，先请西方作主人。"由此看出神凑又被称为果上人，神凑在江州一共生活了44年。

智满，陶渊明之九世孙，出家于庐山宝称寺。白居易与他交往甚密，有《游宝称寺》诗。智满曾参与游大林寺和草堂聚会。多年后，曾在庐山隐居读书、得白居易举荐、时任秘书监、史馆修撰的刘轲撰写《唐宝称大律师塔碑》，从中可得知智满是一个律僧。

寂然，俗姓白，号白头陀，是白居易本家从侄。曾参与游大林寺。长庆年间，住长安之南太白峰，白居易写《寄白头陀》诗，有"仍闻移住处，太白最高峰"之句。太和二年（828），到越州沃洲山，与时任浙东观察使的元稹交往，后者助其构筑禅院，历三年，成为一座大禅院，聚僧众八九十人，"日与寂然讨论心要，振起禅风。"太和六年（832），寂然派弟子到洛阳，请河南尹白居易为禅院写记，白写下《沃洲山禅院记》，另一位大诗人刘禹锡为之书丹。

可以看出，当时江州佛教界人才济济，不乏高僧大德，其中既有禅师，又有律僧，可能还不乏禅律交修者。白居易以他的才华和文名，以他对佛教

的热心和向往，在佛家之中如鱼得水。

再看诗文。经统计，白居易在江州所写语涉佛禅的诗歌共有47首，另有4篇文章。数量可谓不少。此外，他离开江州后，又有多篇回忆性的诗文。近20年后的太和九年（835），他将自己的文集送东林寺收藏，撰《东林寺白氏文集记》，会昌二年（842），旧日相识中只剩下云皋一人，他再一次将诗集寄送东林寺，会昌五年（845），又将"大集"送东林寺收藏，写《白氏长庆集后序》，如此三番五次，可见他对九江、对庐山感情之笃厚。

《东林寺白氏文集记》："昔余为江州司马时，常与庐山长老于东林寺经藏中，披阅远大师与诸文士唱和集卷。时诸长老请余文集，亦置经藏。唯然心许他日致之，迨兹余二十年矣。今余前后所著文，大小合二千九百六十四首，勒成六十卷，编次既毕，纳于藏中。且欲与二林结他生之缘，复曩岁之志也，故自忘其鄙拙焉。仍请本寺长老及主藏僧，依远公文集例，不借外客，不出寺门，幸甚。"一见而倾心，一诺二十年，东林寺是一块宝地，白居易是一个汉子。

最后来看思想。细读白居易江州诗文，尤其是涉及佛禅的诗文，可以得出结论，那就是佛教对白居易影响甚大。概括起来大致有以下几点：

首先是愁和苦的混合。政治斗争险恶严酷，变化无常，但在君主专制主义下，对自己不公平的遭际并不能表现出愤懑，而只能是哀愁。人生本来短暂，加之体弱多病，个体生命意识空前强烈，而恰恰被置身闲荒，无所事事，这也只能是哀愁。这种种哀愁，和佛教中的"苦"相互交融，构成了白居易对当前境况缘由的无奈默认。"愁醉非因酒，悲吟不是歌。""鬓毛遇病双如雪，心绪逢秋一似灰。"你看看，多么忧愁！愁从哪里来？原来，"岁时春日少，世界苦人多。""欲知火宅焚烧苦，方寸如今化作灰。"

其次是闲与安的等同。时光流逝，事业荒疏，对于一个高呼大喊勇猛精进的政治家来说，真是一种极大的折磨。然而，假如死死抱住政治理想和道德人格不放，胶柱鼓瑟，不改弦易辙，走一条追求心安自得、逍遥洒脱的自由人格，以获得当下的适意和现实享受之路的话，那就是佛教所说的"我执"了。因此，将闲暇等同于心安，就成为白居易安顿当前的现实选择。"意气销磨群动里，形骸变化百年中。""职散优闲地，身慵老大时。送春唯有酒，销日不过棋。"何其闲也！"老来尤委命，安处即为乡。""岁暮竟何得，不如且安闲。""渐老渐谙闲气味，终身不拟作忙人。"岂不安哉！

　　再次是独善与看破的调和。孔子标举"天下有道则见，无道则隐"，并进一步提出"邦有道，贫且贱焉，耻也。邦无道，富且贵焉，耻也。"孟子则高度概括为："穷则独善其身，达则兼济天下。"由孔子和孟子提出的处世原则给予中国文人士大夫以极其深刻的影响。白居易早期是崇尚兼济的，并身体力行。早年他曾有诗："丈夫贵兼济，岂独善一身？安得万里裘，盖裹周四垠。"而当仕途被阻，大难袭来，飘蓬江湖，自感难以达而兼济时，其独善意识就自然而然生发出来。"大丈夫所守者道，所待者时。时之来也，为云龙，为凤鹏，勃然突然，陈力以出；时之不来也，为雾豹，为冥鸿，寂兮寥兮，奉身而退。进退出处，何往而不自得哉！故仆志在兼济，行在独善。"当独善遇到佛教，即与看破相融合，相调和。看破，就在于看破世相，看破红尘，置身局外，漠视现实，以旁观者的心态去演化人生。"平生荣利心，破灭无遗余。""唯有无生三昧观，荣枯一照两成空。"

　　最后是礼佛与超越的统一。面对纷纷扰扰、矛盾重重的现实世界，面对个人的种种烦恼与困顿，出路在哪里？白居易选择了多种排解途径，其中，礼佛习禅是解脱困厄的途径之一。"只有解脱门，能度衰苦厄。""自从苦学空门法，销尽平生种种心。""从此万缘都摆落，欲携妻子买山居。""荣枯事过都成梦，忧喜心忘便是禅。""前事是身俱若此，空门不去欲何之。"在专制政治的严酷压抑和无有穷尽的人生苦难面前，白居易"醒悟"了，他决计泯灭悲欢、遁世隐居、礼佛入禅，从而走上了一条超越现实、超越自我、超越苦痛的人生道路。

　　法国哲学家丹纳指出："厌世的心理，幻想的倾向，经常的绝望，对温情的饥渴，自然而然使人相信一种以世界为苦海、以生活为考验、以醉心上帝为无上幸福、以皈依上帝为首要义务的宗教。"白居易江州礼佛的心路历程，大约可作如是观。

　　然而，白居易真的解脱了么？我们看到的事实是，没有。表面看起来，白居易心静如水，"此鄙人所以安又安、适又适，而不知命之穷、老之至也。"这固然有戒惧、逃避的意味，但也有洁身自好，保持自由精神、独立人格的一面，甚至流露出对现状的某种批判意识。他无法，也不可能在事实上进行抗争，只能在幻想中求得心灵的解放，但在他所抒写的这种矛盾心情的背后，却可以清楚地看到他内心世界在现实重压下的丝丝血痕。像他这样的人，不可能忘世，也不可能忘事，更不可能忘诗，他的心中并不平静，因为真的心

止如水，就不会有诗了。"唯有诗魔降未得，每逢风月一闲吟。""人各有一癖，我癖在章句。万缘皆已消，此病独未去。"这正如绝对的"无心""无作"不可能存在一样，因为一切皆无也就没有禅了。正由于要追求"无心""无作"，所以要悟禅，才有禅与非禅的区别。正由于内心并不平静而要追求平静，才要去写诗。于是，禅和诗对人生才有了各自的价值。

有评论说白居易对佛教教义不能严分宗派体系——譬如，他追慕永、远、雷、宗，与神凑等人结成香火社，这是向往净土宗；后来长庆年间在杭州参加了华严社，这是心仪华严宗；他有诗"海山不是吾归处，归即应归兜率天"，并自注"予晚年结弥勒上生业"，这是弥勒信仰；他还有"龙尾趁朝无气力，牛头参道有心期"，这是牛头禅功。当然，有可能禅宗，尤其是洪州禅对他的影响更大一些——甚至多有任意曲解处，在实践上更谈不到虔诚。以这样的标准要求白居易，未免严苛。事实上，虽然白居易自称"身不出家心出家"，但他不是出家人——哪怕是精神上，白居易也从来就没有出过家，他不是佛教徒，最多只能算是普通信众。要求普通信众去钻研纷繁奥深的佛教经典，厘清千头万绪的宗派异同，恐怕只能算是强人所难。

从当今的情况看，国人对待宗教的感情挺有意思。在顺境，在日常生活中，恐怕没有几个人想得起佛陀，想得起菩萨，哪怕是比较虔诚的民众；但当一旦不顺，或者到了宗教圣地时，那就见佛就拜，见神就上香。还有，国人一般不分佛教、道教或是原始宗教，更不用说去搞清楚佛教各宗各派的异同，因此，在很多场合，你会看到出了寺庙进道观、拜了菩萨叩老君的奇特现象。

"平时不烧香，急时抱佛脚"，折射了大多数国人宗教淡漠的心态。有时候，当我在寺庙，在道观，在教堂，甚或在山神水怪老爷庙，看到许多人燃放爆竹、手持高香、顶礼膜拜，一方面为香客、信徒那种专注和虔诚所感动，另一方面，我不禁要问，跪拜者真的内心怀着信仰吗？他搞没搞清楚所求的神仙是谁？他所求的又是什么？一个人有信仰是很幸福的，但据我的观察，国人对宗教的感情恐怕与信仰沾不上边，对宗教本身的了解也不多，倒是在旅游点，由游客摇身一变成为香客者大有人在，这种做法实在叫人不敢恭维。还有，由游客变为香客，心态大多是浮躁的，所祈祷的内容也无非是求福（求官、求财、求寿）和消灾而已，这里面有强烈的贿赂神明之嫌，充分反映出人们对宗教的实用、功利态度。

身处唐代的白居易，比起当今人们的浮躁来要沉静得多。他对佛教的态

度算是严肃的。但他并没有将佛教当作一门学问来钻研，他往往是以一种随缘适意的轻松态度，将佛学大旨拿来当下了悟，直证本心，使之为自己的现实人生服务。这样的做法，虽然简单实用，但也无可厚非。

无可否论，白居易在江州的礼佛，对他今后的思想意识和人生道路产生了巨大的影响。在今后的岁月里，他还要遇到唐宪宗大肆张扬地迎奉佛骨、韩愈慷慨悲愤地上《谏迎佛骨表》、唐武宗会昌年间大规模惨烈灭佛（会昌法难）等重大事件，他还主持过儒释道三教教义辩论，写有《三教论衡》。至于晚年，他在洛阳期间，与马祖道一的另一位弟子佛光寺如满交往甚密，以至于被认为是佛光如满的"法嗣"，已是尽人皆知的事实了。

美国托马斯夫妇在《大画家传》中写道，文艺复兴时期的巨人列奥那多·达·芬奇"不是基督徒，但是耶稣的追随者。这一点，不惟在他的基督面部的共鸣入微的描画上，而且亦在基督思想的共鸣入微的理解上表现出来。就像基督或罗马的制欲者，他对自己的忧伤置之度外，而对他人的忧伤极表同情。他深受仇敌的憎恨、朋友的嫉妒，但他以宽容的尊严忍受痛苦和侮辱"。白居易也是如此。知识分子的独立精神、悲天悯人的人文关怀，清者自清浊者自浊的孤傲品性以及九折不回的执着态度，都在佛陀这里找到了共鸣，于是，从专注于自身的痛苦，转化为对他人、对人生、对天下的同情。"同是天涯沦落人，相逢何必曾相识。"这岂止是现实的感慨，其实也是佛教的悲悯，是对宇宙人生的思考，是对古往今来的浩叹，"俨有释迦、基督担荷人类罪恶之意。"

入世与出世，功名与退隐，诗与禅，兼与独，白居易费尽心思，徘徊不已。

与白居易同时代的李涉有《题鹤林寺僧舍（寺在镇江）》的诗，当可作为白居易江州礼佛习禅的最好注脚：

终日昏昏醉梦间，忽闻春尽强登山。

因过竹院逢僧话，又得浮生半日闲。

寄情山水

大自然是人类身体的安顿之地，也是人类灵魂的寄托之所；大自然是人类的衣食父母，也是人类的精神家园。大自然的山川草木、云烟光色，跟人

类的生命绝不是不相干的存在。每一片飞花，每一线星光，都在提醒着人类的心灵与宇宙的关系。在中国文化中，自然具有一种亲切、温暖、宽大、包容的特性，更具有一种消释人生块垒、令人超然解脱的作用。

在人类的童年，日月出没、电闪雷鸣、洪水干旱、风霜雨露、彩虹云霓等等自然现象，具有神秘的、不可预知的主宰力量，由此，产生了以神秘感应为核心的自然崇拜，无论日月星辰、江河湖海、高山低丘、雷电风云皆是神，甚至树木有灵，虫蛇成精，灶台为王，于是，自然山水在人类的眼中由实用对象变成了崇拜对象，早期的祭祀和占卜透露出先民对自然现象的敬畏和迷惘。

然而，中国人又是一个早慧的民族。从盘古开天、夸父逐日、精卫填海、女娲补天、后羿射日等远古神话中，可以看出先民与自然之间的苦斗、挣扎与抗争，也可看出先民期望与自然比肩、进而征服自然的热切愿望。

随着先民一步步跨入文明的门槛，人与大自然的关系开始转向平等，自然山川由"神化"转向"人化"。这样，自然逐渐由威严、阻隔变得平易、亲近起来。

山水意识的觉醒在魏晋南北朝。其实，山水意识的觉醒，实际上是人的自我意识的觉醒。魏晋南北朝时期，儒家思想统治地位动摇，老庄思想活跃，佛教教义流布，人们对自然的认识也进一步提高，自然山水逐渐从人的意志中游离出来，恢复到作为自在之物的面貌。大自然山水已淡化了神秘、崇高的色彩，消减了主宰、支配人的精神力量，自然和人更为亲近，山水成为人的审美对象。在这期间，人们创造了情景交融、主客互渗的山水艺术。这些山水艺术包括山水诗、山水画、山水游记、山水园林等等。

通常认为，山水诗的开创者是谢灵运，山水画的奠基者是宗炳，山水游记的拓荒者是慧远，有别于皇家园林和贵族园林的文人山水园林由戴颙等人发端。除戴颙外，谢灵运、宗炳、慧远等三人都与九江和庐山有莫大关系，谢、宗二人又与慧远关系密切。

谢灵运（385～433），祖籍陈郡阳夏（今河南太康），南渡后，谢氏家族迁居始宁（今浙江上虞）。其祖父谢玄是淝水之战的先锋，挫败了前秦苻坚30万大军，保住了东晋的半壁江山，是晋朝的大功臣，被封为康乐公。谢灵运自小聪明，因为是一线单传的独子，按当时风俗，他被寄养到钱塘杜明师家，直到15岁才返回家里，因此被称为"客儿"。18岁袭封康乐公，20岁左

右步入仕途。此时，晋宋易代的斗争已经展开，握有实权的刘裕集团日益强大，并最终篡位，刘宋取代东晋。在血腥的权力之争中，曾经辉煌的王谢世族一步步走向没落。谢灵运起初被降为侯爵，随后被出为永嘉（治所在今浙江温州）太守，在此期间，纵情山水。一年后，称病辞官，回到始宁南山经营庄园，与隐士僧道一起诗书自娱。后又为临川内史，游放如故。刘宋王朝忌惮谢灵运的名声，最后找了一个借口，将他弃市于广州，终年49岁。才华出众的谢灵运，在山水澄鲜的自然中，在污浊不堪的世道前，早早地结束了他"天地一客"的命运。

谢灵运是第一位以山水为题材进行大量诗歌创作的诗人，他现存诗约百首，其中模山范水之作约60首左右。谢灵运的山水诗擅长铺叙景物，组成完整的画面，诗境的营造富有鲜明的空间感。譬如他在永嘉写下的《登池上楼》，其中有一段描写冬春之际景物变化，向来被人们所称道："初景革绪风，新阳改故阴。池塘生春草，园柳变鸣禽。"你看，初春的阳光抑制住残余的冬风，阳春的温暖替代旧冬的寒冷，池塘边新生出细细的嫩草，园柳上鸣叫着新来的鸟儿，多么生动的画面。还有《登江中孤屿》中的句子："乱流趋正绝，孤屿媚中川。云日相辉映，空水共澄鲜。"风景多么明媚，多么迷人。

谢灵运山水诗的主要创作地是永嘉、会稽一带，但幸运的是，他在江州也留下诗篇，目前确证的至少有《入彭蠡湖口》《登庐山绝顶望诸峤》两首。《入彭蠡湖口》这样写道：

> 客游倦水宿，风潮难具论。洲岛骤回合，圻岸屡崩奔。
> 乘月听哀狖，浥露馥芳荪。春晚绿野秀，岩高白云屯。
> 千念集日夜，万感盈朝昏。攀崖照石镜，牵叶入松门。
> 三江事多往，九派理空存。灵物吝珍怪，异人秘精魂。
> 金膏灭明光，水碧缀流温。徒作千里曲，弦绝念弥敦。

这首诗写沿长江逆流而上，风急潮猛，洲岛回合，涛声轰鸣，叫人厌倦。但一到鄱阳湖口，则一派大好春景：花儿挂着露水，散发阵阵香气，高山绿野，晴空白云，使人心旷神怡，思绪万千。诗人慕石镜，羡松门，默念着三江、九派的传说，遗憾的是神仙不肯将金膏、水碧等宝物示人，因此，纵然弹奏了"千里别鹤"琴曲，但曲终之时，那对故乡和亲人的思念之情愈加强烈。诗中，"春晚绿野秀，岩高白云屯"，是谢灵运山水诗的名句。清代黄子云《野鸿诗的》评点说："康乐于汉魏外，别开蹊径，抒情缀景，畅达理旨，

三者兼长，洵堪睥睨一世。"

谢灵运确立了山水诗的独立地位，经过鲍照的发展，到谢朓之时，无论是在景物剪裁，还是在诗风的清丽、情韵的自然方面都标志着山水诗已达到了成熟的境界，以致李白每逢佳境，常"恨不携谢朓惊人诗来"。

宗炳，这个名字你可能不熟，他的侄儿宗悫的名字你可能也不熟，但宗悫的一句名言你可能非常熟悉。那是宗炳问少年宗悫，你长大了有什么志向？宗悫回答说："愿乘长风破万里浪。"宗炳既高兴又害怕，说："这小子，如果不能大富大贵，那就必然败我家族。"后来宗悫果然发达，此是后话，不提。

宗炳可远没有侄子的雄心或者叫野心。宗炳（375～443），字少文，南阳人。早年，刺史殷仲堪、桓玄都想聘他当幕僚，他没有应征。刘宋政权取代东晋前后，刘裕多次征召，不断给他官职，他还是一一拒绝。平生"好山水，爱远游"，足迹遍布庐山、巫山、衡山。晚年因病隐居江陵，他将所游历过的地方一一画出来，挂在墙上，谓之"卧游"。他还是个音乐家，善弹古谱"金石弄"。在他挂满画作的斗室，他"抚琴动操，欲令众山皆响"，他对此很是得意。元嘉二十年（443），宗炳去世，停止了他那不知疲倦的双脚，也停止了他那作画操琴的双手。

东晋顾恺之、戴逵等人，开创了专门描写山水景观的画科——山水画。顾恺之有《庐山会图》《山水》，戴逵有《吴中溪山邑居图》等。至南朝，宗炳、王微等人发扬光大，山水画渐入佳境。宗炳最大的贡献是《画山水序》，这是中国也是世界最早的山水画论，它承接顾恺之的《画云台山记》，与王微的《叙画》一道，对山水画的特质和理念做出了方向性的指引，导致了中国画重精神性和理性的价值意义，为中国山水画的发展奠定了思想和美学基础。

《画山水序》全文不长，抄录于下：

圣人含道应物，贤者澄怀味象。至于山水，质有而灵趣，是以轩辕尧孔，广成大隗、许由孤竹之流，必有崆峒、具茨、藐姑、箕首、大蒙之游焉，又称仁智之乐焉。夫圣人以神发道，而贤者通，山水以形媚道，而仁者乐，不亦几乎？

余眷恋庐、衡，契阔荆、巫，不知老之将至。愧不能凝气怡身，伤跕石门之流，于是画象布色，构兹云岭。夫理绝于中古之上者，可意求于千载之下。旨微于言象之外者，可心取于书策之内。况乎身所盘桓，目所绸缪，以形写形，以色貌色也。

　　且夫昆仑山之大，瞳子之小，迫目以寸，则其形莫睹，迥以数里，则可围于寸眸。诚由去之稍阔，则其见弥小。今张绡素以远映，则昆、阆之形，可围于方寸之内。竖划三寸，当千仞之高，横墨数尺，体百里之迥。是以观画图者，徒患类之不巧，不以制小而累其似。此自然之势，如是，则嵩、华之秀，玄牝之灵，皆可得之于一图矣。

　　夫以应目会心为理者，类之成巧，则目亦同应，心亦俱会，应会感神，神超理得，虽复虚求幽岩，何以加焉？又神本亡端，栖形感类，理入影迹，诚能妙写，亦诚尽矣。

　　于是闲居理气，拂觞鸣琴，披图幽对，坐究四荒，不违天励之丛，独应无人之野。峰岫峣嶷，云林森渺。圣贤映于绝代，万趣融其神思。余复何为哉！畅神而已。神之所畅，孰有先焉。

　　这样一篇500字的文章，透露了若干重要信息：首先，山水画的发端是自然之山川，无论是"应目会心"还是"以形写形，以色貌色"，都必须事先"身所盘桓，目所绸缪"，这正是宗炳写生山水的映照。其二，"澄怀味象"与"诚能妙写"，呈上下文对照，也是因果关系，意在只有将内心的积淀清洗干净后，才能够真正体味到自然之象的本质作用，才能够以真诚的内心坦然面对自然山川，才能够把握住自身内心与自然山川之间的境妙之处而写之，也才能够真诚地将自然山川的境妙之处无穷尽地表现出来，同时自然山川也才能够真诚地善待"妙写"之人。其三，欲画山水，需掌握"去之稍阔，则其见弥小"的透视关系，运用好了近大远小的透视关系，则"竖划三寸，当千仞之高，横墨数尺，体百里之迥"。小小的方寸画布，既可以表现昆仑之大，也可以表达千载之遥。这与文学诗歌中的"观古今于须臾，抚四海于一瞬""寂然凝虑，思接千载；悄然动容，视通万里"有异曲同工之妙。因此，一幅画，有没有气势，不在于画幅大小，而在于"巧"与"不巧"。其四，"神本亡端，栖形感类，理人影迹，诚能妙写，亦诚尽矣"，这里，着重强调"诚"。中国画的"传神论"是顾恺之提出来的，但他指的是人物画，"四体妍蚩，本无阙少于妙处，传神写照，正在阿堵中"，即人物画的传神在眼睛。山水画的"眼睛"在哪里呢？应该就在宗炳所说的这两个"诚"字之中。其五，"圣人"与"贤者"都懂得山水之乐，是因为"道"在其中。这里的"道"，是宗炳理想中的"道"，有别于孔子和老子的"道"，但又似乎和孔、老的"道"有着剪不断理还乱的牵连关系，而且与当时所处的时代有关，是当今之"道"。以

山水之乐来悟道，这映衬了老庄所说的"自然之道"及"仁者乐山，智者乐水"自然美学观和佛家的"修持"观，同时这也正是魏晋南北朝之后山水画大行其道，成为中国画坛主流的重要原因之一。

宗炳画了那么多山水画，可惜一张也没有留存下来（顺便说一句，顾恺之、戴逵、王微等人的画作原作，也没有一张留下来），但是，他留下来《画山水序》，从而使我们可以窥见他山水画的神韵，也正是这篇文章，成了山水画的宣言，成为山水画艺术的起点和基础，由此，宗炳成为山水画的鼻祖。

宗炳为我们做了一个良好的示范。他"每游山水，往辄忘归""画象布色，构兹云岭"的做法，"身所盘桓，目所绸缪，以形写形，以色貌色"的观念，为我等爱游历、好拍照之徒提供了实践榜样和理论依据，他的"澄怀""妙写""畅神"三部曲，实在是游历、拍照、回味的指导原则、人格境界和审美意趣。想想，年轻时游遍名山大川，到老时屋内挂满画作（照片也行哦），卧游其中，该是怎样的惬意，怎样的悠闲，"余复何为哉！"

说了谢灵运、宗炳，再来接着说慧远。慧远不仅仅是个宗教家，而且可称得上是一个文学家。诚如梁代释慧皎所称赏的那样，慧远"道业贞华，风才秀发"，在佛教与文学两方面均有不凡的建树。在慧远存世的文章中，有一篇题为《庐山记》（一作《庐山略记》），作为庐山最早的地志，不仅对庐山文学有其贡献，而且也是晋宋地志游记中不可忽视的成果。另外，有一篇《庐山诸道人游石门诗序》，虽然有说是慧远所作，有说是慧远的弟子所作，但文中记叙了慧远组团同游庐山石门涧的历史事实，实为山水游记的开篇之作，不仅为庐山赢得了又一顶桂冠，而且就山水文学的走向来看，也具有标志性的意义。

《庐山记》先说庐山的地理位置："山在江州浔阳南，南滨宫亭，北对九江。""左挟彭蠡，右傍通川，引三江之流而据其会。"次叙其名称来历："有匡续先生者，出自殷周之际，遁世隐时，潜居其下。""故时人感其所止为神仙之庐而名焉。"

文中最出彩的是描述庐山景致的部分："其山大岭，凡有七重，圆基周回，垂五百里，风云之所摅，江山之所带。高岩仄宇，峭壁万寻，幽岫穷崖，人兽两绝。天将雨，则有白气先抟，而缨络于山岭下。及至触石吐云，则倏忽而集，或大风振岩，逸响动谷，群籁竞奏，其声骇人，此其化不可测者矣。众岭中，第三岭极高峻，人之所罕经也。太史公东游，登其峰而遐观，南眺

五湖，北望九江，东西肆目，若陟天庭焉。"

还有："北背重阜，前带双流，所背之山，左有龙形而右塔基焉。下有甘泉涌出，冷暖与寒暑相变，盈灭经水旱而不异，寻其源，出自龙首也。南对高峰，上有奇木，独绝于林表数十丈，其下似一层浮图，白鸥之所翔，玄云之所入也。东南有香炉山，孤峰独秀起。游气笼其上，则氤氲若香烟；白云映其外，则炳然与众峰殊别。将雨，则其下水气涌出如车马盖，此龙井之所吐。其左则翠林，青雀白猿之所憩，玄鸟之所蛰。西有石门，其前似双阙，壁立千余仞，而瀑布流焉。"

前一段，远描整座大山，近说五老峰景色；后一段，则将石门涧一带风景细细道来。不是身临其境，不会这么贴切，这么生动；不是庐山中人，不会这么仔细，这么有趣。

《庐山诸道人游石门诗序》的写作更有意思。文中记载，隆安四年（400），慧远与"交徒同趣三十余人"，出东林寺，到庐山西南的石门涧春游。那一天，大家早早起来，抱着极大的兴趣出发："咸拂衣晨征，怅然增兴。"一路上，排除种种险阻，乘兴而往："虽林壑幽邃，而开途竞进；虽乘危履石，并以所悦为安。"到了石门涧，大家攀岩附葛，努力登山："既至，则援木寻葛，历险穷崖，猿臂相引，仅乃造极。"然后开始欣赏风景："于是拥胜倚岩，详观其下，始知七岭之美，蕴奇于此。双阙对峙其前，重岩映带其后，峦阜周回以为障，崇岩四营而开宇。其中则有石台、石池、宫馆之象，触类之形，致可乐也。清泉分流而合注，渌渊镜净于天池，文石发彩，焕若披面，柽松芳草，蔚然光目。其为神丽，亦已备矣。"大家的心情非常愉悦："斯日也，众情奔悦，瞩览无厌。"更进一步，天气变化，视角不同，引来不同风景，不同感受："游观未久，而天气屡变，霄雾尘集，则万象隐形；流光回照，则众山倒影。开阖之际，状有灵焉，而不可测也。乃其将登，则翔禽拂翮，鸣猿厉响。归云回驾，想羽人之来仪；哀声相和，若玄音之有寄。虽仿佛犹闻，而神之以畅；虽乐不期欢，而欣以永日。当其冲豫自得，信有味焉，而未易言也。"于是想到，环宇宽广，灵山渺远，能在一起聚会，岂非缘分："乃喟然叹宇宙虽遐，古今一契，灵鹫邈矣，荒途日隔。不有哲人，风迹谁存？应深悟远，慨焉长怀！"大家感遇同欢，各就篇章："各欣一遇之同欢，感良辰之难再，情发于中，遂共咏之云尔！"

这次春游，能确考的除慧远外，有刘遗民、王乔之、张野等人。慧远还

写有《游庐山》诗，刘、王、张等人写有和诗，甚至还有可能大家在一起联句作诗。后来，这些诗结集刊布，成为庐山的第一本诗集。

这一次师徒同游的动机是"吟咏山水"，所以文学集会的意味十分明显。他们一方面为大自然的"神丽"而"众情奔悦，瞩览无厌"，表现出对山水美的欣赏热情，另一方面又不止于徜徉山水，更是"一次心灵上的体验"，他们共同探讨从山水中所获美感的根源，认为应在于"虚明朗其照，闲邃笃其情"，即有一颗澄澈闲适之心，"并三复斯谈，犹昧然未尽。"于是，"乃悟幽人之玄览，达恒物之大情，其为神趣，岂山水而已哉！"山水是一种承载，是一种表达，更是一种告示：先贤的思想，万物的情感，都通过山水直达人们的心灵。这种山水与心灵之间互动，山水欣赏与哲理领悟相互结合的游历方式，对后世产生了巨大的影响。

慧远的石门游，不禁叫人想起47年前的永和九年（353），王羲之等人在会稽兰亭的曲水流觞之会。那次集会，似乎比慧远这次集会更为有名，主要原因当然是由于王羲之写下千古名篇《三月三日兰亭诗序》，并直接、间接留下墨宝的缘故。《兰亭诗序》这样描摹山水："此地有崇山峻岭，茂林修竹，又有清流激湍，映带左右""是日也，天朗气清，惠风和畅"，众人"引以为流觞曲水，列坐其次""仰观宇宙之大，俯察品类之盛"，于是大家"欣于所遇""故知一死生为虚诞，齐彭殇为妄作"，从而发出"后之视今，亦犹今之视昔，悲夫"的深切感慨。《兰亭诗序》千古不朽，然而其篇幅大小、气度高低和感怀深浅与《庐山诸道人游石门诗序》相比，似乎有那么一些距离。

这次石门游，还叫人想起14年后的义熙十年（414），陶渊明等人的游斜川。斜川在哪里？千百年来并无确论。以我的揣测，似乎庐山东北方的姑塘一带更为相像。文中的曾城，有可能是指鄱阳湖的大孤山（又称鞋山）。[7]这一次出游也很有趣，陶渊明与"二三邻曲"一同前往，每个人都写了诗，陶渊明写了《游斜川诗序》。《序》中说，这一天，"天气澄和，风物闲美""鲂鲤跃鳞于将夕，水鸥乘和以翻飞。"大家"临长流，望曾城"，看到的是"傍无依接，独秀中皋"，想到昆仑中之增城山与此山同名，于是"悲日月之遂往，悼吾年之不留。"活脱脱又一篇《兰亭诗序》。陶渊明诗中有句："气和天惟澄，班坐依远流。弱湍弛文鲂，闲谷矫鸣鸥。"是为陶渊明唯一一首山水诗。

慧远开创的山水游记，后经鲍照、陶弘景、吴均、庾信、郦道元、杨衒之等人的继承和发扬，到中唐时代经元结着力开拓，再随古文运动的兴起，

山水游记由此蔚为大观。

谢灵运、宗炳、慧远三人有非常的缘分。义熙七年或八年（411、412），谢灵运第一次，很可能也是唯一一次在庐山见到慧远。26岁的年轻诗人与77岁的高僧大德一见如故，结成忘年交。义熙十年（414），慧远派弟子道秉到京城建康，邀请谢灵运为庐山佛影台写一篇文章，谢灵运作《佛影铭并序》。义熙十二年（416），慧远圆寂，谢灵运作《庐山慧远法师诔并序》。又，东林寺有谢灵运所作《慧远上人塔铭》，张野为之作序。正因为慧远的缘故，谢灵运对庐山有很深的感情，他在《初发石首城》诗中写道："游当罗浮行，息必庐霍斯。"

有一个故事，很有意思，《佛祖统纪》卷36载：谢灵运"为凿东西二池种白莲，因名白莲社，灵运尝求入社，师以心杂止之。"这个故事与《莲社高贤传》中另一个故事相映成趣："远法师与诸贤结莲社，以书招渊明，渊明曰：'若许饮则往。'许之，遂造焉，忽攒眉而去。"陶渊明和谢灵运这两个人形成了对比：一位是田园诗人，已经归隐，有充分的条件入社，但并不想入社，被招之后攒眉而去（攒眉的原因显然不是什么许饮不许饮的缘故）；另一位是山水诗人，尚在官场，貌似入社的条件并不充分，但是想入社，而被拒之。慧远对待这两个人也形成对比：慧远与陶渊明年龄相差31岁，且同住庐山30来年，史上没有看见交往的证据，思想见解并不一致，某些观点甚至相左，然而，惺惺相惜，于是写信招之；慧远与谢灵运年龄差别更大，相差51岁，但谢灵运对佛教情有独钟，对慧远倾心仰慕，而且凿东西莲池，有发善愿的实际举动，不过慧远没有接纳他加入莲社。招陶拒谢的传说，可以看作是一个寓言式的故事，从中掺杂着后人对陶渊明、谢灵运的不同评价，亦可看出慧远与陶、谢关系的异同，前者似乎是神合形离，后者似乎是貌合神离。

如果说谢灵运与慧远还只是泛泛之交，交往时间并不长，那么宗炳就完全不一样了。史载，宗炳中年时，"乃下入庐山，就释慧远考寻文义"，据宗炳自己说，他在庐山一住5年。[18]

在这5年里，宗炳一面遨游庐山的山山水水，一面向慧远求教佛教义理。遨游山水的成果在《画山水序》中已有表达："余眷恋庐、衡，契阔荆、巫，不知老之将至。愧不能凝气怡身，伤跕石门之流。"这里的石门，很可能是实指——也就是说，宗炳很可能参加了慧远组织的庐山石门涧春游——而并非有人所说是虚指。求教义理的成果是：他参加了"建斋立誓、共期西方"活

动——或者说，他加入了莲社。离开庐山后，宗炳写有论文《明佛论》，另外，还有两封为佛教辩难的长篇书信《答何衡阳书》和《又答何衡阳书》。

《名佛伦》和《画山水序》不同，后者只有区区 500 字，前者多达 11000 字。当然，文章的重要性并不在于字数多少，事实上，《画山水序》的历史地位比《名佛伦》要高出许多。《名佛伦》的主要思想是宣扬神不灭理论。毫无疑问，这里有慧远"形尽神不灭"理论的影子。宗炳对此并不讳言："昔远和尚澄业庐山，余往憩五旬。""骤与余言于崖树涧壑之间，暧然乎有自言表而肃人者，凡若斯论，亦和尚据经之旨云尔。"

《高僧传·晋庐山释慧远》有一段义字，引起了我的兴趣："陈郡谢灵运负才傲俗，少所推崇，及一相见，肃然心服。远内通佛理，外善群书，夫预学徒，莫不依拟。时远讲'丧服经'，雷次宗、宗炳等，并执卷承旨。"这就是说，在义熙八年（412）前后，慧远、宗炳、谢灵运这三个人很可能在庐山见了面（请注意"时"字）。假如这是真的的话，那么，这个新"虎溪三笑"，应该是中国文化史上的一件大事情。一位精通佛理的山水游记大师，一位精研琴艺的山水画巨匠，一位精于书法的山水诗圣手，这些山水精灵，聚会在一起，那是一种怎样的情形！那一刻，江州风生水起，鄱湖高挂虹霓，庐山云蒸霞蔚；那一刻，真是"云日相辉映，空水共澄鲜""开阖之际，状有灵焉，而不可测也""众山皆响"。

在"庄老告退，而山水方滋"的晋宋之际，地处江南北部的九江，由于得舟楫之便，拥山川之秀，享鱼米之丰，由于慧远、宗炳、谢灵运等一连串名字（当然，还有伟大的陶渊明，有人说，田园诗也是山水诗），又一次站在了时代的潮头，引领山水文化的方向。

积跬步以至千里，积小流以成江海。慧远、宗炳、谢灵运等人在匡山蠡水、荆巫衡岳、会稽永嘉留下的足迹，深深地影响后人，由这几个地方发端的山水艺术，由细小浪花汇会洪流。入唐后，无论是山水诗、山水画、山水游记，抑或是山水园林，都达到了一个前所未有的高度。山水诗人群星闪烁，著名的有初唐四杰、陈子昂、张若虚、孟浩然、高适、岑参、李白、杜甫、韦应物等，山水画的代表人物有李思训、吴道子等，还有唐末五代的荆浩，山水游记有韩愈、柳宗元等，还有王维，则在山水诗、山水画、山水游记和山水园林诸方面，达到了空前的境界。

在这样的蔚为大观面前，作为发源地之一的九江，山水艺术的创作一刻

也没有消歇过。崔融、张九龄、孟浩然、王昌龄、刘长卿、顾况、韦应物、权德舆等人，还有著名道士吴筠，著名僧人灵澈等，都在江州赏玩山水，放声高歌，为江州山水文化增光添色。

白居易在山水艺术盛行之时，来到江州这块盛行山水艺术的土地，真可谓机缘巧合。"九派寻阳郡，分明似画图。"江州的风景确实不俗，江州的山水确实秀美，为困惑与痛苦中的白居易带来了极大的安慰。一方面，由于身处贬谪逆境，心情欠佳，白居易初到江州时，看江州山水，未免荒远，未免暗淡，未免有囚笼和桎梏之感；另一方面，当他稍稍熟悉江州，则义无反顾地喜欢上这里的山山水水，并由此讴歌，由此纵怀，从而丰富着江州的山水文化。这样一种从视自然为异己到视山水为知己的过程，实实在在地折射了白居易从政治家到文学家的思想变迁，确确实实地体现了从庙堂到江湖的心路历程。正像尚永亮所说："白居易对待自然的态度也并不失为达者的明智之举，他放弃了抵抗，却获得了自由；他认同了命运，即消解了幽怨；他走向了自然，也找到了慰藉——尽管这自由和慰藉是有限度的，但他内心的幽怨情怀却委实因此而大为淡化。"

有他的行止为证。元和十年（815），初到江州的头三个月，他基本上闭门不出，名义上是自编诗集，实际上是禁锢自己。这些日子，他最多只在城内转转，登庾楼，思故乡，望北地，自伤情。元和十一年（816）早春始，他激发了游览的兴致，始游东、西二林寺，再到庐山山南，访陶渊明故地，在城西的溢水中泛舟。晚春，又到山南，到温泉，游归宗，"闲游江郭"。秋，再到山南，游简寂观、海会石牛山相辞涧（元十八溪居），在官舍内凿小池。送客浔阳江头，作《琵琶行》。冬，宿东林寺。这一年，还游了北楼、北亭、南亭、西郊、百花亭等。元和十二年（817）二月，在庐山使者庙设祭。三月底，庐山草堂建成，居草堂。四月，组团登山游大林寺。于城中与草堂之间往来，两次登北香炉峰。夏，经楚城驿到建昌。又至山南，游黄石岩。秋，游石门涧。元和十三年（818）早春，游彭蠡湖（鄱阳湖），再游黄石岩，在山南盘桓（很可能在此炼丹）。三月，游东、西二林寺。夏，来往于草堂与城中。秋，至五老峰，送元虚集（元十八）。从上述行止看，白居易确实满身心地把自己投放到江州的山水中，他的足迹基本上覆盖了城内城外、山南山北。

其中的一次出游令人不解，那就是元和十二年（817）夏天的建昌（今江西永修县）之行。建昌当时属洪州管辖，按照规定，州司马一般不能擅离州

县。如果说白居易到彭泽还好理解，彭泽由于两位县令而著名，一位当然是陶渊明，另一位则是本朝的狄仁杰。武则天长寿元年（692），狄仁杰遭酷吏来俊臣诬告，被贬为彭泽县令。从宰相（同凤阁鸾台平章事）到县令，这中间有多大的落差，其中的痛苦与绝望是常人难以想象的。但狄仁杰没有颓废，而是脚踏实地了解民间疾苦，转而认真思考国家的前途和命运。由于接地气、连民心，加上有远见、有才能，以及知人、识人的气度和胸怀，狄仁杰成为推动唐朝走向繁荣的重要功臣之一，成为有唐一代最伟大的政治家之一。狄仁杰在彭泽头尾五年，在此期间上《乞免民租疏》，是他在底层观察农民生存状态的写照。这篇《疏》并不长，但揭露问题，暴露矛盾，一针见血。以戴罪之身，还能写出这样的汇报材料，充分展现出思想的深邃、精神的自由和人格的伟大。

白居易从未到过隶属于江州的彭泽，反而到了并不隶属于江州的建昌，所以叫人不解。建昌并没有什么奇山异水，也没有什么特别胜迹，也没有什么特殊人物，为什么到建昌去？以我揣测，这是一次未经请示的出游，其目的很可能是同僧人一道，去拜谒洪州禅创始人马祖道一的陵墓。前面说过，道一去世后，被安葬在建昌县石门山（今江西靖安县宝峰寺侧，唐时属建昌）。浔阳城到石门山将近 300 里路程，一路上晓起昼伏，看起来很是辛苦。白居易这一趟写诗不多，仅仅《早发楚城驿》《箬岘东池》和《建昌江》三首。《建昌江》写道："建昌江水县门前，立马教人唤渡船。忽似往年归蔡渡，草风沙雨渭河边。"把建昌的渡口比作他家乡渭河边的蔡渡，表达了思念故乡之情。不知什么时候起，人们把永修县的渡口称为"唤渡"，并建亭纪念。永修县城上游的一段修水江面，传说白居易在此乘槎渡江，后人称为"白槎"，至今地名尚存。

有他的诗歌为证。初到江州，白居易写道："树木凋疏山雨后，人家低湿水烟中。""大江寒见底，匡山青倚天。"一派萧瑟景象。稍后，"竹雾晓笼衔岭月，蘋风暖送过江春。""熙熙风土暖，蔼蔼云岚积。"有春风回暖之感。再后，"湖山处处好，最爱湓水头。""江风万里来，吹我凉淅淅。"对江州山水开始喜欢。然而，"浔阳江头夜送客，枫叶荻花秋瑟瑟。""江城寒角动，沙洲夕鸟还。"风景中映照的是心情，其愁肠百转，思绪翻覆，可见一斑。再后，"木落天晴山翠开，爱山骑马入山来。""山吐晴岚水放光，辛夷花白柳梢黄。"山水可以悦目。再后，"寻泉上山远，看笋出林迟。""观鱼傍湓浦，看竹入杨

家。"山水开始入心。再后，"楼阁宜佳客，江山入好诗。""倦鸟得茂树，涸鱼返清源。"山水得以入化。

有两首诗引起了我的注意。一首是《湖亭晚望残水》："湖上秋沉寥，湖边晚萧瑟。登亭望湖水，水缩湖底出。清漪得早霜，明灭浮残日。流注随地势，洼坳无定质。泓澄白龙卧，宛转青蛇屈。破镜折剑头，光芒又非一。久为山水客，见尽幽奇物。及来湖亭望，此状难谈悉。乃知天地间，胜事殊未毕。"把冬天湖水萎缩、残水蜿蜒的景象一一道来，于残破中看出幽奇，看出美丽，于随势中得到感悟，得到体味，充分展现出诗人敏感、曲折的心绪。另一首是《游石门涧》："石门无旧径，披榛访遗迹。时逢山水秋，清辉如古昔。常闻慧远辈，题诗此岩壁。云覆莓苔封，苍然无处觅。萧疏野生竹，崩剥多年石。自从东晋后，无复人游历。独有秋涧声，潺湲空旦夕。"光有好的山水，是远远不够的，不足以让人理解山水，不足以激发人的想象。山水，再加上人文故事，才能使山水更美，游兴更浓。石门涧是慧远等人游历过的地方，可自此以后，好像再也没人游过，"无复人游历"——在《游大林寺序》中，白居易也说过"寂寥无继来者"——真是这样么？不，不是，只是说慧远和石门缺少知遇者而长期寂寞罢了。今天，"我"来了，石门"清辉如古昔"，终于迎来了知音。而"我"想到慧远，山水立刻生动起来，"我"通过山水，也通过人文，获得了精神上的极大享受。

白居易在江州创作了大量的山水诗。"江州，左匡庐，右江湖，士高气清，富有佳境。""江州风候稍凉，地少瘴疠，乃至蛇虺蚊蚋，虽有甚稀。溢鱼颇肥，江酒极美。"山川的秀美，物产的丰盛，加上司马官职的闲散，使得白居易得以悠游于山水之中，给了他极大的灵感，也给了他极大的安慰。"惟司马，绰绰可以从容于山水诗酒间。由是郡南楼山、北楼水、溢亭、百花亭、风篁、石岩、瀑布、庐宫、源潭洞、东西二林寺、泉石、松雪，司马尽有之矣。"白居易对此很是自足。这是白居易的幸事，也是江州山水的幸事。

我们可以拿柳宗元来做对比。永贞革新失败后，柳宗元被贬永州。永州荒远，当时算是穷山恶水。元和九年（814），柳宗元作《囚山赋》。在这篇小赋当中，作者不仅写到山水自然的荒莽凶险，展现了作者遭到无枉贬谪的悲愤心绪，而且以文学史的眼光来看，作者一改六朝和盛唐山水诗人以山水自然为皈依的文学传统，再一次将人与自然、人与山水之间的相互对立凸现出来。"楚越之郊环万山兮，势腾踊夫波涛。纷对迴合仰伏以离迤兮，若重塘之

相褒。争生角逐上轶旁出兮，其下坼裂而为壕。欣下颓以就顺兮，曾不亩平而又高。沓云雨而渍厚土兮，蒸郁勃其腥臊。阳不舒以拥隔兮，群阴冱而为曹。"这里，群山环绕，峰峦险峭，沟壑纵横，林木茂密，瘴气盛行，冷热不均，真是蛮荒无比。"侧耕危获苟以食兮，哀斯民之增劳。攒林麓以为丛棘兮，虎豹咆阚代狴牢之吠嗥。胡井眢以管视兮，穷坎险其焉逃。"在这样的环境中，土里刨食，生民艰难，林莽丛生，野兽横行，与世隔绝，欲逃无路。"顾幽昧之罪加兮，虽圣犹病夫嗷嗷。匪兕吾为柙兮，匪豕吾为牢。积十年莫吾省者兮，增蔽吾以蓬蒿。"幽昧之罪无端加于我身，就算再坚强也奄奄一息，如柙如牢里，我一待就是十年，即使清白自守，也抵挡不住世俗的诋毁和诟病。"圣日以理兮，贤日以进，谁使吾山之囚吾兮滔滔？"不是说天下清明么，究竟是谁囚禁我在这大山深处不见天日？这一悲愤的呐喊，是对世情与人情的拷问，是对苍天和大地的呼号。

事实上，柳宗元并非视山水为异己。早些时候，他写下了著名的《永州八记》，成为我国古代山水游记名作。这些优美的游记，生动表达了人对自然美的感受，丰富了古典散文反映生活的新领域，从而确立了山水游记作为独立的文学体裁在文学史上的地位。《八记》中，都是些名不见经传的小景，但就是这些小景，传达出一种清新欢快，与《囚山赋》中所表达的悲愤，大异其趣。难怪宋代晁补之这样评价："语云，仁者乐山。自昔达人，有以朝市为樊笼者矣，未闻以山林为樊笼也。宗元谪南海久，厌山不可得而出，怀朝市不可得而复，丘壑草木之可爱者，皆陷阱也，故赋囚山。"

晁补之说对了一半。作为一个勇猛精进的斗士，一个有理想的思想家和政治家，柳宗元当然怀念朝市，渴望重返政治舞台进行革新。当这种愿望长期不能实现时，他的痛苦与悲愤是可以想见的。但也不能否认，当时永州山水的蛮荒恶劣，交通的极端不便，环境的封闭隔绝，给了柳宗元以极大的摧残。假若柳宗元是到了像江州这样山明水秀、四通八达之地，他的想法是不是又会不一样呢？

所以说，白居易比柳宗元要幸运得多。这也难怪，柳宗元犯的是政治错误，差不多算是"敌我矛盾"，而白居易最多算一时糊涂，是"人民内部矛盾"，于是，柳宗元被窜荒远，白居易来到江州，说起来，唐宪宗李纯对白居易这个"门生"还算是关照的。

由此，也有了不同的结果。正因为山水恶劣，路途遥远，柳宗元在理想

幻灭以后，被迫安下心来，把精力主要转到思想文化领域，在中晚唐儒学重建、古文运动、山水游记等方面都取得了巨大成绩，在我国思想史和文学史上闪耀着光芒。而白居易来到江州，山水自然、道徒僧人占据了他大部分时间，他不太可能静下心来思考什么儒学重建的问题，也没有继续高擎新乐府运动的大旗，他的山水诗虽然不少，但成就并不算高，因而，在哲学思辨、思想理论、山水艺术等方面，白居易反而比柳宗元要逊色得多。

当然，白居易不是一般人，他知道怎样发挥自己的长处，展示自己的特点。在江州这块风景如画、胜迹如林的地方，他和柳宗元走的是不同的路子，在这里，他写就了千古名篇《琵琶行》，留下了著名文章《与元九书》，在山水艺术方面，他建造了为人称道的山水园林——庐山草堂，写下了《草堂记》。

实际上，自东晋始，江州的园林艺术也曾散发迷人的气息，只不过，与吴越之地相比，要暗淡许多。三国时期，董奉在庐山南麓设庐，为人治病，治愈的患者栽种杏树若干，几年后，杏林蔚为大观，这一行为，当为江州山水园林之滥觞。东晋时期，王羲之任江州刺史，解职后，曾在庐山南麓的归宗建习字别墅，也是一处山水园林。慧远、陆修静分别建东林寺、简寂观，一处在剪刀峡，一处在金轮峰下，都是风景极佳之地，它们又何尝不是山水园林？

是什么给白居易以启发，要建一座草堂？远的无疑是庐山这个名称，近的有可能是同朝早些时候的郑弘宪。庐山之"庐"，有许多传说，最能引起无限想象，"人去庐存"，是隐逸文化的象征。郑弘宪是谁？正史里没有记载，推断他大约生活在天宝至贞元年间，曾当过殿中侍御史，不知什么原因来到庐山，在东林寺与北香炉峰之间建了一座遗爱草堂，并隐居于此。贞元元年至贞元三年（785～787），韦应物任江州刺史，写下《题郑弘宪侍御遗爱草堂》《东林精舍见故殿中郑侍御题诗追旧书情涕泗横集因寄呈阎澧州冯少府》等诗，可证郑弘宪确实在庐山设立了草堂。

白居易创建草堂的动机他自己讲得很清楚。在《与微之书》中说："仆去年秋，始游庐山，到东西二林间，香炉峰下，见云水泉石，胜绝第一，爱不能舍，因置草堂。"在《祭庐山文》中进一步说："居易夙闻匡庐天下神秀，幸因佐宦，得造兹山，又闻永、远、宗、雷，同居于是，道俗并处，古之遗风，而遗爱西偏，郑氏旧隐，三寺长老，招予此居，创新堂宇，疏旧泉沼，或来或往，栖迟其间。不惟耽玩水石，以乐野性，亦欲摆去烦恼，渐归空门。"

可以看出，白居易建草堂，其初衷来自于庐山"神秀"的召唤，来自对慧远、宗炳等人的追慕，来自郑弘宪的启发，来自东西二林、遗爱寺僧人的招引，[19]但细细体味，白居易此举，实在还有他深层的用意。

首先是用山水一浇块垒。白居易自己说："庐山在前，九江在左，出门是沧浪水，举头见香炉峰，东西二林，时时一往，至如瀑水怪石，桂风杉月，平生所爱者，尽在其中，此又兀兀任化之外，益自适也。"感谢上苍的慷慨赐予和馈赠，江州有壮阔的大江、浩渺的鄱湖、神奇的庐山和古老而美丽的浔阳城，再加上之前慧远、谢灵运、宗炳等人对江州山水的解读和发掘，江州呈现出山水如画、胜迹如林、民风如歌、游人如织的五彩斑斓的画卷，白居易悠游于此种境地，显然得到了极大的安慰，冲淡了他那苦涩的心情。他半真半假地说："炉烟岂异终南色，溢草宁殊渭北春。此地何妨便终老，譬如元是九江人。""遗爱寺钟欹枕听，香炉峰雪拨帘看。匡庐便是逃名地，司马仍为送老官。"

其次是借草庐抗议庙堂。草庐，是一种实体，更是一种象征。作为一种实体，它可以安顿当下的身心，使寄寓草庐的人获得宁静；作为一种象征，它分明告诉高高在上的庙堂，我不和你在一起玩儿了！你不是要放逐我么？我干脆把自己放逐到底！就像远古的许由、巢父，三国时期的诸葛亮，魏晋南北朝时期的竹林七贤，本朝的王维、孟浩然，他们不也是躲进深山，寻求安宁么？这种既实际又暗含不满和抗议的举动，充分表明了白居易复杂而矛盾的心思。于是，他一方面很得意："时来昔捧日，老去今归山。倦鸟得茂树，涸鱼返清源。"似乎真有陶渊明归去来兮的喜悦。但另一方面，他又更为郁闷："鸡栖篱落晚，雪映林木疏。幽独已云极，何必山中居。"我已经幽独已甚，还要把我"赶"往山中啊？

最后是以山林讥讽朝市。"天下攘攘，皆为利往；天下熙熙，皆为利来。"不管朝廷还是集市，无非名利之场，纷争之所。本来，求名求利，算是正常需求，但看看人们把朝市糟蹋成什么样子！陶渊明曾经愤而指出："自真风告逝，大伪斯兴，闾阎懈廉退之节，市朝驱易进之心。怀正志道之士，或潜玉于当年；洁己清操之人，或没世以徒勤。故夷皓有安归之叹，三闾发已矣之哀。悲夫！"乡里间已不再砥砺廉洁退让的节操，市朝间盛行巧取求升的心态，这真是真隐伪兴、黑白颠倒，这怎么不叫人心酸，叫人愤懑。连伯夷叔齐、商山四皓这样的高人都有"安归"之叹，屈原这样的义士也有"已矣"之哀，

就看得出,这世间已经烂成什么样子了!陶渊明的话是白居易所熟知和认同的,于是,他只有躲进山林:"已许虎溪云里卧,不争龙尾道前行。从兹耳界应清净,免见啾啾毁誉声。"登上香炉峰:"不穷视听界,焉识宇宙广。江水细如绳,溢城小于掌。纷吾何屑屑,未能脱尘鞅。归去思自嗟,低头入蚁壤。"

徐复观说:"人的精神,固然要凭山水的精神而得到超越,但中国文化的特性,在超越时,亦非一往而不复返;在超越的同时,即是当下的安顿,当下安顿于自然山水之中。不过,并非任何山水,皆可安顿住人生;必山水的自身,现示有一可供安顿的形相,此种形相,对人是有情的,于是人即以自己之情应之,而使山水与人生,成为两情相洽的境界;则超越后的人生,乃超越了世俗,却在自然中开辟出一个更大更广的有情世界。"

这段话用于白居易,真是再恰当不过了。白居易就是借助于山水而得到超越。他在山水中获得了空前的审美趣味,感受到了由于前人屦痕处处而带来的文化意蕴,由此,他开始淡化愤懑,趋于平静,走向超越。但他的超越,也并非一往而不返,因为身体与精神都需要安顿。肉体需要庇护,灵魂需要寄托,好就好在九江山水恰好可以提供庇护和寄托。也就是说,江州的山、江、湖、城,虽然不能说处处锦绣,但千岩竞秀、万壑争流的自然风光,的确"现示有一可供安顿的形相",于是,结庐庐山,正是有利于肉体的安顿,更何况,陶谢、老庄、释梵以及诸多文人墨客在江州的足迹,带来了隔空对话、引为知己的效果,也显示出另一种"可供安顿的形相",于是,山水有"情",白居易以"情"应之,写诗作文,两情相洽,灵魂渐渐得以安顿。看白居易九江之后的表现,明显可以看出这一点。从江州量移忠州后,由于忠州遥远偏僻,穷山恶水,加之没有深厚的人文内涵,自然形相变了,白居易的肉体和精神更难安顿下来。虽然到忠州当了主官,已经脱谪,政治前途呈现出光明的态势,生活境遇大为改观,应该说心情也好了许多,然而细读白居易忠州期间的诗作,便可发现其中远没有江州时期的那种潇洒情韵,也极少达到山水与人生构成的"两情相洽的境界"。这种潇洒和境界,一直到他后来刺杭州、苏州时,才再度迸发出来。从这一点来讲,鬼使神差,机缘巧合,白居易来到江州,这一方山水与他缠绵对话,才使得诗人在江州"开辟出一个更大更广的有情世界"。

当然,白居易并未彻底超越世俗,他对朝市还是很向往的。他看见庐山的桂树,感叹说:"无人为移植,得入上林园。不及红花树,长栽温室前。"

他见到溢浦的竹子，慨叹道："吾闻汾晋间，竹少重如玉。胡为取轻贱，生此西江曲。"他看着东林寺的白莲，想的是："欲收一颗子，寄向长安城。但恐出山去，人间种不生。"他见到庐山脚下的温泉，吟的是："一眼汤泉流向东，浸泥浇草暖无功。骊山温水因何事，流入金铺玉甃中。"除了最后一句暗含讥讽外，其他恐怕都是以拟人的手法在自比，其向往朝市之心溢于言表。而当想到朝市是那么遥远，不管眼前的风景是如何秀美，那锥心的痛楚还是会不时表现出来。典型的例子是，元和十二年（817）三月二十七日，庐山草堂建成，始居草堂。四月九日，组团登山游大林寺，与众人在草堂集会，写下了《游大林寺序》和《草堂记》，看起来玩得很开心。第二天晚上，他给元稹写了一封信《与元微之书》，信的最后题了一首诗："忆昔封书与君夜，金銮殿后欲明天。今夜封书在何处？庐山庵里晓灯前。笼鸟槛猿俱未死，人间相见是何年？"从自认"外适内和，体宁心恬"到"笼鸟槛猿"的悲愤，多么巨大的情绪变化和心理落差！

正因为这样，虽然江州山水给了白居易极大的安慰，但他最终并没有释然，因此，他的山水诗往往在结尾带有强烈的失意情绪。这样的诗如果一首两首还可以，但如果不厌其烦地絮叨这种失意，就必然冲淡其中的诗意。看他写的《彭蠡湖晚归》："彭蠡湖天晚，桃花水气春。鸟飞千白点，日没半红轮。何必为迁客，无劳是病身。何来临此望，少有不愁人。"再看他的《南湖⑩早春》："风回云断雨初晴，返照湖边暖复明。乱点碎红山杏发，平铺新绿水苹生。翅低白雁飞仍重，舌涩黄鹂语未成。不道江南春不好，年年衰病减心情。"风光如此明丽，但心情却如此晦暗，什么原因？无他，都是名利之心、世俗之情给闹的。

但白居易的过人之处在于他懂得怎样超越：在游历上超越，他建了庐山草堂；在文艺上超越，他写就了《草堂记》；在精神上超越，他瓣香渊明、浪迹老庄、栖心释梵、寄情山水，表现了一种经深思熟虑后并不孜孜以求、长谢人间而高蹈远引的人生态度。

今天，白居易草堂早已湮没，其旧址何处，众说纷纭。但他的《草堂记》流传了下来，这是中国山水园林的一篇宝贵文献。由此，九江和庐山的文化中又多了一种印迹，一份记忆，一件宝藏。

"匡庐奇秀，甲天下山。"在《草堂记》中，白居易这样开头。天下名山众多，为什么庐山能甲天下山？除了风景瑰丽、品相不俗外，更重要的是，

庐山有陶渊明的桃源和田园，有谢灵运、宗炳、慧远等山水精灵，有孟浩然、李白等诗歌前辈，有僧侣道人等现实伙伴，于是，无论在庐山的哪个角落，眼中的山水已经不完全是自然的山水，无论是悬崖峭壁，瀑布流泉，还是云林森渺，无人之野，都有着前人的影子、前人的屐痕，"圣贤映于绝代，万趣融其神思。"于是，一不小心，白居易自己也成了创建"甲天下山"中的一员，他在庐山的行止，他的庐山草堂，叫后人牵挂，从而发出感叹，自从中唐后，"无复人游历""寂寥无继来者。"

山水，是文章；文章，也是山水。山水不老，文章永存。

多年后，白居易作《忆江南词三首》。其中第一首可以看作是年轻时游吴越、中年时旅九江、晚年时守苏杭，寄情山水、亲和自然的总括：

> 江南好，风景旧曾谙。
>
> 日出江花红胜火，
>
> 春来江水绿如蓝。
>
> 能不忆江南？

注释：

(1)至宋代，陶渊明受到一致推崇，《归去来兮辞》亦获崇高评价。欧阳修：晋无文章，惟陶渊明《归去来兮辞》一篇而已！李格非：陶渊明《归去来兮辞》沛然如肺腑中流出，殊不见有斧凿痕。朱熹：其词义夷旷萧散，虽托楚声，而无尤怨切蹙之病。（李公焕《笺注陶渊明集》卷5引）

(2)明·桑乔《庐山纪事》：栗里者，陶渊明先生所居之故里也，其地在虎爪崖之南。清风桥在栗里坂，去醉石一里许，醉石涧水之所经也。

(3)《三国志·张鲁传》：张鲁，字公祺，沛国丰人也。祖父陵，客蜀，学道鹤鸣山中，造作道书，以惑百姓，从受道者出五斗米，故世称米贼。陵死，子衡行其道。衡死，鲁复行之。按：差不多与张陵同时，琅琊（今山东临沂北）人于吉（又说干吉）在东海（今山东郯城西）曲阳著《太平清领书》（后称《太平经》）。后来张角依此创立太平道，宣传"苍天已死，黄天当立"，画符水为人治病，组织群众，发动了著名的"黄巾起义"。

(4)见葛洪《抱朴子》及《云笈七签》卷85《吴猛》、卷160《许逊真人传》。《抱朴子·内篇》卷4《金丹》：余周旋徐、豫、荆、襄、江、广数州之间，阅见流移俗道士数百人矣。桑乔《庐山纪事》：洪井山在东古山观音岩西北隅，香炉峰之支也，相传葛洪真人炼丹处，其下有丹井。按：洪井至今可寻。许逊事迹在同治《德化县志》有类似记载，并指射鹿处在"古驿道青林铺"，在株岭（今九江县城西南）之北不远处。许逊后来被称为许真君、许旌阳，建庙祭祀，宋代敕称万寿宫，明清时江西人在全国各地建立众多万寿宫，为江

西会馆。

(5)钟国发《陶弘景评传》附《陆修静评传》：自陆修静总括三洞以后，原先并立的各派，变成了同一大派内部的不同层次，一个统一的道教组织实体就形成了。奇怪的是，一些当代学者喜欢把南朝新道教称为"南天师道"，他们显然没有理解三洞判教体系的意义。

(6)自宋至清，历代均有太平宫记载，其中著名的有：陆游《入蜀记》、范成大《吴船录》、周必大《后录》、王世贞《游东林天池记》、查慎行《游记》、吴名凤《游太平宫记》等。

太平宫在蛇冈岭（今蛇头岭）南。白居易《郡斋暇日忆庐山草堂，兼寄二林僧社三十韵，多叙贬官已来出处之意》：眉低出鹫岭，脚重下蛇冈。按：蛇冈为浔阳城至东西二林、庐山草堂必经之地，庐山使者庙在蛇冈南官道紧要处，白居易多次往返，未见留下诗篇。只在《江州司马厅记》中提到过"庐宫"，当指庐山使者庙。元和十二年（817）二月（当为三月），白居易连续写下《祭匡山文》和《祭庐山文》两篇祭文，细读之，前者应是在庐山使者庙中告祭之文。

到宋仁宗时期，太平兴国观已成为天下著名道观。当时，有一项"领宫观以寓禄"制度，指有些官员退休后，给他一个某宫观提举的职衔，以便继续领取俸禄，以示优待，后来从退休官员扩大到其他散职。《宋史·职官十·宫观》：杭州洞霄宫……江州太平观……置管干或提举、提点官。

(7)吴筠，唐玄宗时期著名道士。《豫章书》：（吴筠）爱庐山之胜，卜居于兹，著《庐山液泉赋》。按：《全唐诗》载吴筠有关江州诗有：《游庐山五老峰》《秋日彭蠡湖中观庐山》《登庐山东峰观九江合彭蠡湖》《晚到湖口见庐山作呈诸故人》《酬叶县刘明府避地庐山言怀诒郑录事昆季苟尊师兼见赠之》等。叶法善，庐山莲花洞左有叶真人洞，据传是叶法善所居，已不可考。

(8)《圣哲四传》中的罗兰著《佛陀》，团结出版社，1996年11月。

(9)赵朴初《佛教常识答问》：对婆罗门教的神祇，佛教也没有否定他们的存在，只是贬抑他们的地位，当作一种众生看待，认为他们也不免轮回生死之苦，如对于梵天，认为只是天界中的天人，将来也会堕地狱。

(10)南朝梁·释慧皎《高僧传·汉洛阳安清》：安清，字世高，安息国王正后之太子也……七曜五行，医方异术，乃至鸟兽之声，无不综达。按：安世高与庐山亦有关系。据《高僧传》，说安世高来到庐山，超度他昔日的同学。这个同学已变成一条巨蟒，被人尊为宫亭湖（鄱阳湖）庙神。安世高入庙，"梵语数番，赞呗数契"，巨蟒变成"一少年"、巨蟒的尸体化为"浔阳郡蛇村"之蛇岗（蛇头岭）云云。

(11)三昧，佛教语，梵文音译，又译"三摩地"，意译为"正定"，谓屏除杂念，心不散乱，专注一境。《大智度论》卷7：何等为三昧？善心一处住不动，是名三昧。慧远《念佛三昧诗集序》：夫称三昧者何？专思寂想之谓也。方立天《慧远及其佛学》：念佛三昧，是禅定十念之一。它的具体法门一般又分为三种，一是称名念佛，就是口念佛名，如说口念佛号七万、十万声，即可成佛；二是观想念佛，就是静坐入定，观想佛的种种美好形相和功德威神，以及所居的佛土的庄严美妙；三是实相念佛，就是洞观佛的法身"非

有非无中道之相"之理。慧远修持的是念佛三昧中的观想念佛，而不是称名念佛。

⑿通常认为，慧远和刘遗民等众人聚会，立誓祈愿同往净土一事，应该是真实的，时在元兴元年（402）。但是否结白莲社或莲社，所谓十八高贤究竟何人？结社和聚众立誓是否是一回事？说法不一，存疑。参见汤用彤《汉魏两晋南北朝佛教史》。十八高贤：传说是指慧远、慧永、慧持、道生、佛陀耶舍（觉明）、佛陀跋陀罗（觉贤）、慧叡、昙顺、道敬、昙恒、道昺、昙诜、刘遗民、雷次宗、宗炳、张野、张诠和周续之。

十八高贤中，道生值得一提。道生俗姓魏，巨鹿（今河北平乡县西南）人。少年时曾在庐山学习佛经七年，后游长安，成为鸠摩罗什的高足，继而南返，在建康、姑苏等地讲经授徒，后再入庐山，于元嘉十一年（434）在庐山圆寂，葬于庐山西阜。道生提倡顿悟之说，主张一切人等皆有佛性，有先觉之明，著作甚多。见《高僧传·宋京师龙光寺竺道生》。

⒀《慧远及其佛学》：到了东魏时，昙鸾（476～542）奉行观想念佛和称名念佛并行的法门，对于净土宗的创立起了很大的作用。后来唐代的道绰（562～645）、善道（613～681）进一步发展了昙鸾的法门，侧重于称名一门，提倡每日口诵阿弥陀佛，从而真正创立了净土宗。陈扬炯《中国净土宗通史》：（宋代），各宗对净土都提倡兼修，形成各宗汇归净土的潮流。

⒁虎溪三笑一事，历代均有质疑。譬如宋代苏轼，明代但宗皋，清代王士祯等。主要论据是，陆修静比慧远小72岁，慧远去世时，陆才10岁。陆于元嘉年间末始来庐山，其时，慧远已逝30余年，陶渊明已逝20余年。

⒂玄奘西行求法返回长安后，仅用一年时间，在其弟子辨机的协助下，写就《大唐西域记》，是为伟大的历史学、地理学和佛学著作，对于研究印度中古历史、中印文化关系、中印交通地理等，具有崇高的学术价值。参见《大唐西域记校注》，中华书局，1985年2月第1版。尤其推荐季羡林的《玄奘与〈大唐西域记〉——校注〈大唐西域记〉前言》。

明代中叶，吴承恩继承发展之前的民间文学，创作小说《西游记》，成为明清时期古典文学名著。《西游记》中，关于唐僧的身世，各版本中所载不同。人民文学出版社1980年5月北京第2版，在第八回、第九回之间，加上了《陈光蕊赴任逢灾，江流僧复仇报本》一节，称为"附录"。恰是这一节，又将《西游记》与九江扯上莫大关系。这一节里，说玄奘的父亲陈光蕊考中状元，丞相殷开山将女儿殷温娇许配陈光蕊，皇帝授陈光蕊江州州主，赴任途中遭艄公刘洪谋害，殷温娇无奈跟着刘洪到达江州，生下遗腹子，不得已将婴儿放置木板之上，随波漂流，幸被僧人救起，取名叫江流，后江流寻母告官，剿灭刘洪，陈光蕊起死复生。考《大慈恩寺三藏法师传》《续高僧传·京大慈恩寺释玄奘传》，均无此记载。

⒃东晋时期，佛陀跋陀罗（觉贤）来华，在长安专务禅法，"四方乐净者，并闻风而至。"因受鸠摩罗什教团排挤，南下庐山。慧远接纳佛陀跋陀罗，后者译出《达摩多罗禅经》等"禅数诸经"，慧远为之作《达摩多罗禅经序》，又称《庐山出修行方便禅经统序》，

表明那时禅法已开始在庐山萌芽。此事比禅宗初祖菩提达摩传授达摩禅约早一个世纪。现东林寺中尚存佛陀跋陀罗墓塔。见《高僧传》卷2《佛陀跋陀罗传》、清严可均辑《全晋文》卷162《释慧远·庐山出修行方便禅经统序》。道信在庐山驻锡十年，此中大概是有微妙关联的。

⑰关于斜川、曾城之地，千百年来聚讼纷争，莫衷一是。有说曾城是石门涧之郭山（逯钦立《陶渊明集》），有说曾城是落星墩（袁行霈《陶渊明集笺注》）。据本人揣测，斜川应在姑塘一带，曾城似指大孤山（鞋山），这样一来，曾城"傍无依接，独秀中皋"，站在斜川看庐山，"彼南阜"等，均可作出合理解释。

⑱宗炳《明佛论》：昔远和尚澄业庐山，余往憩五旬。按：宗炳很可能分两次到庐山。一次是青年时，参与石门游和立誓活动，年纪在25～27岁间，另一次是中年时，约在义熙八年（412）前后，年纪在37岁左右。有论者称"五旬"乃50天，误。从宗炳《明佛论》的上下文、《高僧传·晋庐山释慧远》的记载以及宗炳在庐山受慧远的影响看，绝不止50天。"旬"释为"旬年"较为合适。但到底是累计5年，还是第二次一住五年，存疑。

⑲有论者称白居易建庐山草堂是为了炼丹（《樵人直说》《东坡志林》《仇池笔记》等），误。白居易自己说得很清楚。《祭庐山文》：（建草堂）不惟耽玩水石，以乐野性，亦欲摆去烦恼，渐归空门。《同微之赠别郭虚舟炼师五十韵》：简寂馆钟后，紫霄峰晓时。可以看出山北草堂主要是礼佛习禅，炼丹之地主要在山南简寂观、紫霄峰一带。当然，白居易也写有"曾住炉峰下，书堂对药台。"但此中"药台"并非确指炼丹处，也有可能是指"药圃"。人们之所以得出草堂炼丹的结论，是由于论者对庐山具体方位并不熟悉。

⑳唐宋诗人多有诗词吟咏九江南湖，许多注者将其注为鄱阳湖，误。这一错误的产生显然是由于不熟悉九江浔阳城的地形地貌所致。鄱阳湖固然被称之为南湖，但诗词中的南湖未必皆指鄱阳湖，而很可能是指浔阳城之南的南湖（今南门湖和甘棠湖，称为两湖，实为一湖）。白居易《南湖早春》《过李生》《南湖晚秋》《放鱼》《湖亭望水》等篇中的南湖，均指南门湖。

忧 乐 天 下

　　白居易在江州，并非完全悠哉游哉，他以政治家、文学家的胸怀和敏感，关心着世事和人情。他对藩镇割据、农民辛劳和人才的关注，为他赢得了口碑，也为九江赢得了赞誉。

淮 西 寇

　　藩镇坐大，是白居易心中的痛。

　　藩镇坐大，不仅严重影响大唐的国家命运，而且严重影响白居易的个人命运。

　　在江州，白居易写了一首诗，题目叫《元和十二年，淮寇未平，诏停岁仗，愤然有感，率尔成章》：

　　　　闻停岁仗轸皇情，应为淮西寇未平。

　　　　不分气从歌里发，无明心向酒中生。

　　　　愚计忽思飞短檄，狂心便欲请长缨。

　　　　从来妄动多如此，自笑何曾得事成。

　　诗题说得很清楚，是得知朝廷下诏，以淮西用兵、师旅劳苦，暂停正月朝贺、不摆仪仗的消息，因而有感而发。诗中，描写了闻停岁仗、忿恨不平的心情，抒发了欲以投身战场、报效国家的豪情，刻画了自己妄作多情、无以驱驰的悲愤。诗题和诗里，两处对淮西称之为"寇"，表达了对藩镇割据的憎恶之情。

藩镇，又称方镇，也称藩岳、藩翰、藩垣、藩侯。藩的本意是篱笆，引申为保卫、屏障之意；镇，指的是镇守或军镇。

在远古时，藩镇是一个溢美之词，《诗·大雅·板》中就有"价人维藩，大师维垣，大邦维屏，大宗维翰。"意思是甲兵、百姓、诸侯、宗族，如篱笆、垣墙、屏障和栋梁一样围绕在君主周围，共同保卫君主，这是一幅多么和谐美妙的政治构图。"封建亲戚，以蕃屏周，"[1]周武王灭殷，分封诸侯，周王是天下共主，各诸侯国共同藩屏王室，纳贡服役。这样的想法原本是好的，但不幸的是，周武王姬发一去世，他的弟弟管叔、蔡叔就据封地而反叛，名义上是"疑周公"，实际上是觊觎侄子成王姬诵的王位。到周厉王姬胡时，任用奸邪，横征暴敛，弄得天怒人怨，四海沸腾，厉王不听召公的"防民之口，甚于防水"之谏，用高压手段来钳制人口，以为"吾能弭谤矣，乃不敢言"，弄得"其谤鲜矣，诸侯不朝""国人莫敢言，道路以目"，结果，国人暴动，厉王被迫出逃到彘地（今山西霍州），老死在汾河边，"召公、周公二相行政，号曰'共和'"，维藩维翰的政治构架被打得粉碎，于是乎与《板》同时的《诗·大雅·民劳》中幽幽地唱道："民亦劳止，汔可小康。惠此中国，以绥四方。无纵诡随，以谨无良。式遏寇虐，憯不畏明。柔远能迩，以定我王。"

藩镇一词转向贬义是从汉代开始的。靠造反起家的刘邦建立大汉帝国，一改秦始皇的郡县制，建立起郡县和封国混合的政治构架。当然，他封韩信、彭越、英布等人为王，实在是不得已而为之：自己起自微细，不可能赤手空拳打天下，一个篱笆三个桩，没有帮手不行，于是乐得讨好卖乖，用空头许愿的法子去驱使他人为自己卖命，用子虚乌有的"王帽"去忽悠人。要知道，自己本来就一无所有、两手空空，要是连原本不属于自己的帽子都不肯发放，那还能干成事么？何况是干谋国的大事！及至天下坐定，那嘴脸就变了，那些昔日的战友，就成了眼中钉、肉中刺，于是乎举起屠刀，将他们一一收拾，于是乎刑白马盟誓："非刘氏而王，天下共击之。"

立刘氏子侄为王，是汉高祖刘邦的如意算盘。你想，朕居关中，诸子侄环卫南北西东，天下岂不安宁？这想法一点没错，但有一点，也是最关键的一点，就是没有考虑到人性的弱点。人性本嗜利，本忌妒，本贪欲，这一点，荀子在《性恶》中说得太好了。人之恶性，再经权力的魔杖一点化，那就会膨胀到不可预知的地步。君不见，当诸吕剪除，文帝刘恒继位，即面临贾谊所说的藩王坐大、"方病大肿"的"可痛哭者"局面；景帝刘启时，晁错建议

"削藩"，吴王刘濞纠集其他藩国，以"诛晁错，清君侧"为名，发动叛乱，史称"七国之乱"，结果，晁错被诛；及至雄才大略的汉武帝刘彻登基，采用主父偃之议，颁布充满政治智慧的《推恩令》（实际上还是贾谊的思想[2]），将藩国土地再分割细封给藩王诸子，用分而化之的办法，算是解决了藩王尾大不掉的问题，中央集权和君主专制制度才算真正建立起来了。

唐代本不存在藩王问题。唐初，曾有过一次政治辩论，萧瑀主张"封建之法，实可遵行"，而魏征、李百药、颜师古等人主张郡县制，结果，太宗听从了后者，"竟从其议"。从此，有唐一代，未曾实行过土地分封制。至于皇帝诸子封王、功臣封户，则不过是以爵名受廪禄而已，并没有封地范围内的治权，史家称为虚封。

到了唐代宗李豫、唐德宗李适时期，藩镇问题忽然成为一大问题。强藩割据，成为大唐王朝的肘腋之患。

这一切是怎样发生的呢？

通常所说的中晚唐的藩镇，是指中央和州之间的一级地方政权，叫作"道"。道的长官为观察使，雄藩重镇又兼节度使，一般的则兼都团练使或防御使以掌军事。道在名义上是监察区，但自安史之乱后，道的权力逐渐扩大，慢慢地拥有行政权、人事权、财权、监察权、司法权和军权，实际上已成为凌驾州县之上的一级军政实体。

之所以要设"道"，是因为唐帝国幅员辽阔，人口众多，当时交通、通信手段落后，中央要直接统领数百个州，上千个县，怕是力有不逮。唐初，采取的主要措施是不时派使者巡省天下，监察州县。唐太宗分全国为十道，武则天称帝后不久，十道巡察已成定制。唐睿宗景云二年（711），"敕天下分置都督府二十四，令都督纠察所管州刺史以下官人善恶。"朝廷经过激烈争议，最终还是以"权重难制"而罢，依然置十道巡察使。巡察使没有实际治权。随着人口增多，政务加剧，唐玄宗开元二十一年（733），重新划分全国为十五道，置采访处置使，确定了各道治所，各使置印、道"正在向实际的行政区过渡"。此外，天宝年间，在边疆地区确立了十个常设的军区，也被称为道，其长官是节度使、经略使。边军较大的驻防单位有军、守捉，较小的有城、镇，其长官称"使"。每一军、镇一般都有称号，如横海军、纳降军，丰宁城、保宁城，东牟守捉、东莱守捉等等，其使，则称为某某军使，某某守捉使等。每个军事上的道，管辖若干军和守捉，其长官的职责"主要负责战争及辖区

内诸军的管理、训练"，无权过问地方行政事务。但在开元天宝之际，已有节度使兼领采访处置使，节度使权力日重。

天宝十四载（755）十一月九日，安禄山在范阳（治今北京西南）举兵，发所部兵及同罗、奚、契丹、室韦等族人共 15 万，号称 20 万，以讨杨国忠、清君侧为名，步骑相间，鼓行南下，发动了企图夺取最高权力的武装叛乱。[3] 此时，唐玄宗正在华清池歌舞升平。由于事发突然，朝廷毫无防备，加上国家承平已久，军备弛坏，唐军主力均部署在边境，唐王朝的腹心地区兵力有限，"外强中楛，乱亡之势成矣"，因此安军势如破竹，莫撄其锋，中央没有一支可靠的劲旅前往抵抗。封常清纠集的乌合之众一触即溃，洛阳失守，高仙芝从陕郡（今河南陕县）退守潼关，后被宦官边令诚诬陷，封、高两人被杀，身统数十万大军的哥舒翰（时已患有严重的风疾病）也一战被擒，潼关失守，玄宗奔蜀，天下几危。

逃亡途中，唐玄宗为把持权柄，决意分封诸侯，以便让他的几个儿子相互牵制，为己所用，于是发布诏令，新设山南东路、江南东路、江南西路、黔中、淮南等节度使，分别由永王李璘、盛王李琦挂印。唐肃宗李亨灵武即位后，又在关中设置同、华、京畿、凤翔、邠宁等节度使，在与叛军争夺激烈的河南设置宣武、郑陈、豫许、东畿等节度使。永王李璘企图割据时，肃宗又设置淮南、淮西等道节度使。整个战乱期间，唐王朝先后增置节度使达四十余个，负责边境军事的军区制度被推广到全国，所谓"至德之后，中原用兵，刺史皆治军戎，遂有防御、团练、制置之名，要冲大郡，皆有节度之额。寇盗稍息，则易以观察之号"。这样一种战时紧急状态的部署，对于变和平体制为战时体制，开动战争机器，加强地方管理，是势在必行的，也是行之有效的。

战争期间，促使了节度等军事职能与观察等行政监察职能的合并，更进一步，节帅又取得了独立的财政权力。唐玄宗逃到普安郡（今四川剑阁）时，颁诏"应须士马、甲仗、器械、粮赐等，并于本路自供"，这样，"既有其土地，又有其人民，又有其甲兵，又有其财赋"的藩镇才算普遍形成。军政合一的地方军人集团，成为地方政治和军事的把控者。

经八年苦战，安史之乱终于平复，这时，销兵罢镇言论蜂起，但唐王朝没能采纳。为什么对藩镇不裁军（销兵）？为什么不将藩镇军队国家化？为什么不将地方行政权和军事权分开？对于这些问题，历朝历代，议论颇多。

其主要原因有：唐王朝对驾驭军事领袖没有底气，不放心将军权授予能堪大任者，不可能建立一支控摄全局的武装力量，而宁愿遍设数十个节帅分别统领军队，以达到分而制之的目的；安史之乱后，国家财政吃紧，国库空虚，一些强藩自收自支，不向中央上贡赋税，朝廷难以拿出钱来进行军队国家化改造，而宁愿一些藩镇以地方财赋养地方之兵；边疆地区需要庞大的武装力量以对付吐蕃、回纥、党项、南诏、契丹、奚等游牧民族入侵，为改变所谓外重内轻的状况，内地也需要一定数量的武装以避免安史之乱的悲剧重演，以达到一种军事力量的平衡；河北的幽州（又称范阳、卢龙）、成德、魏博等河朔三镇以及其他一些藩镇，本来由招抚安史叛军而设置，轻易无法废除，因此，只得在中原再保留宣武、忠武等藩镇，以便防御河朔三镇、保护东南漕运，达到以藩制藩的目的；宦官势力膨胀，宦官监军成为制度，中央禁军为宦官所掌握，领兵将帅受到君主和宦官势力的猜忌、排斥和打击，宦官与君主、文人官僚、武将之间矛盾重重，极大地影响了对整个时局的谋划；还有，自高宗、武后以来，均田制渐趋破坏，流民、逃户成为严重的社会问题，一些破产农民和无业流民成为职业雇佣兵，要使那些无业可操的军士解甲归田难乎其难，安史之乱后，逃户现象变本加厉，当兵吃饷对流民有巨大吸引力，而藩镇割据、忙于扩军恰好为流民提供了出路，士兵从此听命于一人，军队种下流氓化的恶果，由此，在中晚唐，骄兵逐帅杀帅、自行拥立的动乱史不绝书，这是一个前所未有的奇特现象，是中晚唐藩镇割据的社会基础。

到唐德宗李适时期，藩镇已达40多个。这些藩镇，并不都是割据的，相反，大多数藩镇成为唐帝国国家机器的组成部分，承担着地方行政监察、对内相互制约、对外军事斗争、支持国家财政等职能。有人将藩镇分为"河朔割据型""中原防遏型""边疆御边型"和"东南财源型"等四种类型，是有道理的。中晚唐的藩镇，是安史之乱及其平定前后各种复杂的政治、军事、经济、社会矛盾相互作用的结果。

一种社会格局一旦形成，就很难改变，因为欲以调整，涉及的是许许多多的利益纠葛。这个时候，就需要远见卓识，需要战略谋划，需要一个意志坚定、目光远大、多谋善断、调度有方的领导中枢，一句话，需要所谓英主。

关于皇帝，每个中国人都有两个梦，一个是"好皇帝梦"，一个是"当皇帝梦"。好皇帝梦指的是不管贵族平民，不管富翁穷人，都希望生活在"好皇帝"的统治下。因为在"好皇帝"时期，才有可能实现和平与富足，公平与

正义，才有可能实现人尽其才，物尽其用，才有可能吃一口饱饭，睡一个安生觉。"好皇帝梦"的延伸是"清官梦"，一个地方的官吏士子、农民商贾、贩夫走卒，无不企盼"清官"当政，这样，便少些折腾，少些盘剥，多些正气，多些希望。而当一碰上冤屈，遇到不公，更是指望"清官"和明君，希望以权制权，用上级"清官"更大的权力来劾治下级官吏的不法行径。这种"好皇帝——清官梦"，实际上是一种权力迷信，是君主专制下普遍的无奈，是政治上走投无路但又自以为唯一寄托的表现，是宗法制度和经济不发达条件下的一种群体心态。

不幸的是，有史以来，好皇帝少之又少，而混蛋皇帝比比皆是，国人的"好皇帝梦"每每做不下去。由是，每个人心中便做着另一个梦，那就是"当皇帝梦"。

"当皇帝梦"怕是暗藏于每个中国人灵魂深处的火苗，不管他身份怎样，地位如何，这火苗他一直异常小心地保存着。每当生活不如意，他便用这火苗暖暖自己的灵魂。当恰好遇到合适的土壤和环境，适合于放火烧荒，或者是社会溃烂到一定程度，民众实在活不下去时，这些火苗便聚集成星星之火，终会将社会大厦燎个干净。"当皇帝梦"可不论出身，想当初，刘邦见到秦始皇的派头，喟然长叹："嗟乎，大丈夫当如此也！"项羽见到秦始皇的排场，脱口而出："彼可取而代也！"要知道是，这个时候，刘邦和项羽都是标准的小人物，一个是乡间地痞，一个是巷里街痞，一个好色及酒，一个使气斗狠，都不是什么好鸟，这样底层的社会角色，离皇帝何止十万八千里，但就是这样的人物，居然也敢做"当皇帝梦"，而且是不约而同地，而且是在秦末乱局尚未到来的太平年间！太史公这神来的一笔，实在将国人的"当皇帝梦"刻画得淋漓尽致。朗朗乾坤，光天化日，连流氓和无赖都想当皇帝，这样的社会多么可怕！

你不要以为想当皇帝的仅仅是刘亭长和项大个，其实，无论是太平年间，还是战乱时期，想当皇帝的比比皆是。"当皇帝梦"的外化和延伸是"土皇帝梦"，国人一面痛恨压迫，痛恨不公，一面则对权力投以贪婪的眼神，对手中握有的权力不吝于使用，也就是说，国人都不喜欢皇权，不喜欢专制，但一旦当上头儿，有了自己一亩三分地，那就结结实实地变成了土皇帝，驾轻就熟地搞起了专制。这种把国家公器变成君主私产，把地方和衙门公权力变成个人私权力的做法，历朝历代，从未消歇。

皇帝和土皇帝有着巨大的差别,这一点,不用我说,大家都清楚。一旦夺得政权,当了皇帝,那么你就是条龙,国家就成了"家国",冕旒就可以世袭,自己可以为所欲为,对别人可以生死予夺;而土皇帝呢,不管你再牛皮,再能耐,对下面再蛮横,但在上面看来,你最多就是条蛇,你是臣子,弄不好就成了"贼子"。差别这么大,难怪一部分土皇帝念念不忘想着当真皇帝呢。

专制制度还有一个特点,那就是最高权力的攫取靠的是暴力,靠的是拳头。从秦到清,王朝更迭,无一不是枪杆子里面出政权。托马斯·潘恩在《常识》中说:"人们一般认为当今世界上的一群国王都有着光荣的出身,但追溯他们发迹的根源,我们就会发现,他们的先祖只不过是某一伙不法之徒中作恶多端的匪首罢了。"正因为拥有天下的合法性是靠拳头,而不完全是靠能力,靠民心,因此,刘邦项羽之流才敢做、也才会做"当皇帝梦":你能夺而取之,为何我就不能?再者,当最高权力攫取到手后,暴力又成为内部之争的基本模式:要用拳头扑灭犯上作乱的觊觎者,要用拳头收拾"不听话"的批评者,由是,暴力——跟随暴力的是苦难,几乎是中国两千多年君主专制时期挥之不去梦魇。虽然我们常说中国历史的主流是统一,统一的时间远远超过分裂的时间,但细看历史,我们看到,皇族内斗,藩镇作乱、外族入侵、农民起义,大大小小的战争从未消歇,苦难远远多于幸福,这样一部泪水和血水浇灌的历史,极大地影响了中国人的信仰和心性,影响了中国人的价值判断和行为方式。

有了地盘,有了枪杆子,有了财税,当然,更重要的是,有了"当皇帝梦",那么,尝试尝试称王称帝的激动,体会体会世袭罔替的快感,再不济,比试比试拳头的大小,是再自然不过的事了。唐代宗、唐德宗之际的一部分藩镇,就是这么干的。以河朔三镇为代表的强藩(还有易定、沧景、淮西、淄青等镇),几成独立王国,或不供赋税,或侵扰他州,或内部兵乱,或抗命朝廷,或子承父业,或军士拥立,弄得这些地方,动荡不已。这时候,就需要有人挽狂澜于既倒,扶大厦之将倾了。

这个人就是唐宪宗李纯。

唐宪宗最大的政绩就是比较成功地解决了藩镇问题。

解决藩镇问题,唐宪宗用的是两手,一手是军事打击,另一手是制度调整。事实证明,唐宪宗这两手都比较硬,从而取得了丰硕成果,由此,赢得了"睿谋英断,近古罕俦""承十一叶之基运,荡六十年之妖氛""自古中兴

之君无人及者"的赞誉。

撇开论者的虚美之词，我们看到，元和年间，确实呈现出一种新的气象，在政治、军事、文化、经济等诸多方面取得了巨大成就，尤其在藩镇问题上，中晚唐近一个半世纪，能做到挥斥方遒、统摄四方，也就是元和年间。

且来看皇权与军阀如何斗法。

永贞元年（805）八月，唐宪宗刚刚继位，剑南西川（治成都）节度使韦皋暴毙，引发了一场政治危机。韦皋治蜀长达21年，在联合南诏、抵抗吐蕃、发展经济、繁荣文化等方面很有政绩，蜀人甚是感念。韦皋对朝廷算是忠诚，但也不排除有异志。他曾派刘辟到京师面见王叔文要求领剑南三川之地，谋求更大地盘，遭王叔文的严词拒绝，转而过于积极地推动唐顺宗立李纯为太子，促成唐顺宗"内禅"和唐宪宗登基。外官如此迫切地参与内廷事务，推动人事变动，实属罕见，因此，韦皋的死，很是叫人生疑。[4]韦皋尸骨未寒，野心家、西川支度副使刘辟便自为留后，并上表要求节钺，也就是要求正式任命为节度使。这一非分要求，令唐宪宗大为震怒，于是任命中书侍郎、同平章事袁滋为剑南东西两川、山南西道安抚大使，前往蜀地抚慰，十月，又任命尚在途中的袁滋为成都尹、剑南西川节度使，征召刘辟入朝任给事中。刘辟不干，阻兵自守，袁滋胆小，不敢入蜀。唐宪宗恼怒，贬袁滋为吉州（今江西吉安）刺史。考虑到甫登大位，"永贞革新"人员正在处置，各项事情需要铺排，唐宪宗强忍不平之气，十二月，任命刘辟为西川节度副使，知节度事，也就是副节度使，主持工作。元和元年（806）正月，刘辟上表，又提出兼领三川之事，朝廷拒绝后，刘辟悍然起兵攻打东川节度使李康于梓州（今四川三台），公开叛乱。

面对这一形势，唐宪宗问计于众臣。多数朝臣认为蜀道险固难取，主张姑息，只有门下侍郎、同平章事杜黄裳力主出兵平叛，他推荐左神策行营节度使高崇文为讨逆主帅，"愿陛下专以军事委之，勿置监军，辟必可擒。"翰林学士、中书舍人李吉甫也主张讨蜀。于是，唐宪宗命高崇文出斜谷，神策京西行营兵马使李元奕出骆谷，与山南西道节度使严砺一起进攻刘辟。

仗打得还算顺利。二月，唐军攻下剑州，三月，攻下梓州，六月初，高崇文遣勇将高霞寓进攻鹿头关（今四川德阳北）东的万胜堆，八战皆捷，同月，严砺在石碑谷（今四川绵竹境内）击败叛军万余人，七月，高崇文在玄武（今四川中江）大败叛军万余人，九月，高崇文再次在鹿头关击败叛军，

河东援军将领阿跌光颜（李光颜）深入鹿头关之西，切断贼军粮道，俘获士卒数以万计。高崇文顺胜追击，拿下成都。刘辟带着亲信数十人，弃城逃跑，欲以投奔吐蕃，在羊灌田（今四川都江堰北）被追上，自投汶江（岷江），被唐军入水擒获，后押解京城问斩。唐宪宗命高崇文为西川节度使，严砺为东川节度使，刘辟之乱遂平。

西川之乱的平息，加之差不多同时平定夏绥，[5]迅速提高了朝廷的威望，也使得唐宪宗削平藩镇的信心和决心大增。

元和二年（807），在"诸道偃强者入朝"，也就是一些强藩迫于形势上表入朝的情形下，镇海军（治润州，今江苏镇江，又称浙西）节度使李锜先是上表请求入朝，后又借故延宕，并拥兵叛乱，唐宪宗被迫再次发动平定李锜的战争，以确保东南财赋基地的稳固。

李锜是唐宗室淮安王李神通的后代，他的父亲李国贞曾任户部尚书、节度使等要职，唐肃宗上元二年死于绛州士兵暴乱。李锜承袭父荫走上仕途，贞元年间历任湖州、杭州刺史。李锜走上方路线，以数十万缗贿赂唐德宗的佞臣李齐运，求其荐为浙西观察使。贞元十五年（799）初，由常州刺史转任润州刺史、浙西观察使及诸道盐铁转运使。在掌握了江南财赋转运大权后，李锜放手敛财，骄纵刻剥，为所欲为，民众深受其害，但由于进奉颇多，深得唐德宗信任。曾有布衣崔善贞进京告状，以事实揭发李锜的种种不法行为，唐德宗非但不听，反而将崔善贞械送回润州，被李锜连人带枷一道活埋。

李锜既有财赋，又增置兵额，愈发骄奢。永贞元年（805），永贞革新派推荐老政治家杜佑任度支及诸道盐铁转运使，夺取李锜诸道盐铁转运权力，任命李锜为镇海节度使。李锜虽然失去了财权，但由于获得地方军权，因此尚无反意。元和二年（807）九月，朝廷同意李锜的入朝请求，派宦官至润州抚慰，李锜委任判官王澹为留后，但无意动身，迁延时日，及至看到王澹将军政事务处理得井井有条，更加不快，在朝廷颁发冬衣日，唆使亲兵杀死王澹及大将赵琦。十月，朝廷召李锜为左仆射，任命御史大夫李元素为润州刺史、镇海军、浙西节度使，以替李锜。看到朝廷来真格的，李锜决定武装对抗，他分派五个心腹将领分别袭击苏州、常州、湖州、杭州和睦州，谋图杀害各州刺史，占据州城，并以军变为由，请求暂缓入朝。

唐宪宗接到李锜叛乱的消息，问计于众臣。宰相郑絪主张姑息，而另一宰相武元衡认为不妥："陛下初即政，锜求朝得朝，求止得止，可否在锜，将

何以令四海！"唐宪宗采纳武元衡的建议，下诏削去李锜官爵，以淮南节度使王锷为招讨处置使，统辖宣武、义宁、武昌、淮南、宣歙等道兵出宣州，江西兵出信州，浙东兵出杭州，共同讨伐李锜。

李锜派出的五将，只有苏州、睦州刺史大意，被袭破州城。其余三州早有防备，以州兵和乡闾子弟抵抗叛军，并斩杀其将。

宣州本不属于李锜管辖，但他看到宣州富饶，就派兵马使张子良、李奉仙、田少卿率兵三千，前往袭取。三将已经感到李锜必败，于是和牙将裴行立商议反戈。裴行立是李锜的外甥，所以知道李锜的安排部署。于是，三将召集士兵，说明去逆效顺的缘由，由原路返还润州，裴行立在城内做内应，引兵直趋牙门，围李锜于军府。李锜听说裴行立起兵的消息，捶胸痛哭说：我还有什么希望啊！赤脚藏于楼下。李锜的亲将李钧带领三百亲兵还想抵抗，被裴行立的伏兵全部斩杀。李锜全家皆哭，其左右为求活命，抓住李锜，用幕帐裹住，缒于牙城之下，官军将其械送至京师。十一月，唐宪宗下令，将李锜与其子李师回一同腰斩。没收的李锜家财，数量巨大，有司准备运送到京师，翰林学士裴垍、李绛建议将其分赐给浙西百姓，以代当年租赋，唐宪宗"嘉叹久之"，采纳了这一建议。

李锜伏诛，还引发一段风流韵事。润州有女子名叫杜秋，有文采，能歌舞，15岁被李锜看重，纳为小妾。杜秋作诗《金缕衣》："劝君莫惜金缕衣，劝君莫惜少年时。花开堪折直须折，莫待无花空折枝。"已是老头的李锜非常高兴，常常唱着这歌，沉醉于温柔乡中。及至李锜被诛，杜秋没入宫掖，又得到唐宪宗的宠爱。后来的太和七年（833），晚唐诗人杜牧在润州见到"其穷且老"的杜秋，写下了名篇《杜秋娘诗并序》。此时离元和年间不远，当为确证。[6]

悍藩伏法，美人入宫，这叫唐宪宗很是快慰。也是，帝制时代，帝王们无一不具有职业性浪漫——好色，也鲜有不走结结实实的现实主义路线——敛财，唐宪宗虽然算是英主，但也不例外。史载，唐宪宗的正妃郭氏，是平定安史之乱的大功臣郭子仪的孙女，其父郭暧赠左仆射、驸马都尉，其母是唐宪宗的曾祖唐代宗的长女升平公主。[7]唐宪宗在位时，一直没有立郭氏为皇后，原因有两点，一是郭氏"门族华盛"，怕立后之后外戚难制，二是"帝后庭多私爱"，怕立后之后"不容嬖幸"。唐宪宗和他的祖先一样，从来都不是禁欲主义者，他有20个儿子，18个女儿。在这种情形下，杜秋娘以叛将

之妾充入宫中并得到宠爱，也就不足为奇了。

至于说到敛财，唐宪宗也毫不逊色。登基之初，唐宪宗就惊喜地发现，他的爷爷唐德宗在贞元年间不遗余力地敛聚钱财，为他留下了一个充实的国库，为他征伐刘辟、除掉李锜打下了非常好的财政基础。登上龙位后，唐宪宗深感钱财的重要性，他一方面走常规渠道，劝课农桑，加强税收，另一方面走非正常渠道，广受进奉，积储资财，例如，元和三年（808）初，山南西道节度使柳晟、浙东观察使阎济美进京述职，并进贡财物，御史中丞卢坦奏弹二人违规进奉，唐宪宗才将财物归于国库。同年九月，淮南节度使王锷入朝，进奉巨大，并贿赂宦官，求宰相职位，只是由于翰林学士白居易等强谏，才未授相位，但财物照收不误。元和四年（809）四月，山南东道节度使裴均凭恃宦官的帮助，进银器一千五百余两，由于翰林学士李绛、白居易等进谏，唐宪宗才将银器付度支。对于这种敛财行为，唐宪宗后来辩解说："今两河数十州，皆国家政令所不及，河湟数千里，沦于左衽，朕日夜思雪祖宗之耻，而财力不赡，故不得不蓄聚耳。不然，朕宫中用度极俭薄，多藏何用邪！"这个辩解一方面是实情，对内削藩、对外战争确实需要钱，宫廷用度、国家机器运转、赏赐臣下、救灾救济，哪一样都离不开钱；另一方面是矫情，上有所好，下必效焉，皇帝爱财，臣工岂不盘剥？百姓岂不更苦？所以胡三省评论道："淮西既平，帝之所聚，适为骄奢之资耳！"

但此时，也就是元和初年，唐宪宗满脑子考虑的确实是削藩。这位年轻的统治者，血气方刚，雄心勃勃，豪气干云，他要一改曾祖唐代宗、祖父唐德宗对强藩的姑息政策，要以一个全新的面貌示于天下。

这个机会来到了。

元和四年（809）三月，成德（治恒州，今河北正定）节度使王士真病死，他的儿子王承宗自立为留后。成德正是河朔三镇之一，一直以来不听中央管辖，父死子承、自行废立已成惯例。成德原来是安置安禄山的部下张忠志的。宝应元年（762），唐代宗甫登位，急于结束战争，下诏"东京及河南、北受伪官者，一切不问"。张忠志归降朝廷，唐代宗将其改名为李宝臣，任命其为成德军节度使，统恒、赵、深、定、易五州。李宝臣死，其子李惟岳代之。李惟岳的部下王武俊弑主自立，称赵王。王武俊死，其子王士真继之。

现在，王士真死了，唐宪宗感到机会来了，他借伐蜀、讨夏、平浙的余威，准备拿成德开刀，教训教训河朔强藩，灭掉他们世袭罔替的念头，想以

朝廷命官替代自行拥立，恢复朝廷对河朔的完全治权。

然而，这一次，远没有伐刘辟、平李锜那么顺利。元和四年（809），唐宪宗开始征讨成德，但久战无功，只好罢兵。元和十一年（816），再次出兵，历时数年，劳民伤财，直到元和十五年（820），王承宗病死，成德才告平息，但这已经不是战争的直接结果。可以说，平定成德，是唐宪宗削藩事业中最无光彩的一页。

首先是出兵理由有点勉强。王士真守成德以来，虽然并不上贡税赋，自行任命官员，"然岁贡货财，名为进奉者，亦数十万，比幽、魏二镇，最为承顺。"还算是效忠朝廷。王士真死，王承宗自以为留后，曾多次上表向朝廷表示忠心，以期得到朝廷的正式任命。本来，像这样谦恭归顺者，可以采取怀柔政策暂时笼络。更何况，早些时候，也就是元和元年（806），平卢（亦称淄青，治青州，今山东青州）节度使李师古死，他同父异母的弟弟李师道也是自以为留后，当时唐宪宗考虑到正在对刘辟用兵，不能多头树敌，因此诏命李师道为节度使。有这样的先例，因此，当唐宪宗征求群臣意见时，宰相裴垍就说："陛下前许师道，今夺承宗，沮劝违理，彼必不服。"翰林学士李绛更分析说：河北诸镇不遵国家法度，人神共愤！但现在攻取，不一定成功。成德镇自王武俊以来，父子相承已经四十多年，习惯成自然，民众并不以为有什么不对。现在，王承宗已掌军务，如果免其兵权，他肯定不会奉诏。此外，范阳、魏博、易定、淄青等镇，和成德一样，都是父子相袭，一旦听到朝廷对成德的政策有变，肯定会心怀忐忑。这几个近邻藩镇长久以来一直暗中连动，共同进退。如果国家诏讨一镇，其余几镇会借口助讨为名，大开狮口，向朝廷要钱要粮要官，真打起来时，他们肯定会按兵玩寇，坐观胜负，最终是劳费国家人力物力财力。今年江淮大水（尚未说头年江南大旱），公私困竭，军旅之事，此时时机尚不成熟。

应该说，上述分析丝丝入扣，十分中肯，但唐宪宗哪里听得进去。唐宪宗已被西川、夏绥、浙西的胜利冲昏了头脑，内心膨胀，一种好大喜功的念头油然而生，于是，他决定对成德用兵。

其次是选择主帅十分荒唐。唐宪宗也知道成德的骨头未必好啃，同时，"欲将夸服于臣下"，于是，决定出动中央禁军作为主力。恰好左神策军护军中尉、宦官吐突承璀欲夺宰相权力，迎合唐宪宗心理，主动要求率兵讨伐王承宗。昭义（治潞州，今山西长治）节度使卢从史因为父亲去世，丁忧去职，

也想早日复官，他通过吐突承璀转呈表章，请求调本镇军队参与讨伐。瞌睡碰上枕头，唐宪宗大喜过望，十月，任命吐突承璀为左、右神策、河中、河阳、浙宣歙等道行营兵马使、招讨处置等使，率军讨伐王承宗，卢从史官复原职，加左金吾大将军。翰林学士李绛、白居易，度支使李元素，盐铁使李鄘，京兆尹许孟容，御史中丞李夷简，给事中吕元膺、穆质，补阙独孤郁，谏议大夫段平仲等极言不可，唐宪宗不得已，削吐突承璀四道兵马使，改处置为宣慰，仍然为诸道军队统帅。

再次是战争过程叫人失望。一旦权在手，就把令来行。吐突承璀大公公领兵出朝，浩浩荡荡，并命恒州四面藩镇各路齐进，讨伐王承宗。有鬼才之称的诗人李贺有《吕将军》一诗，诗中对空有报国热情、而不被重用的吕将军寄予无限的同情，讽刺宦官为帅、"傅粉女郎"阵前莲花指、金甲扑鼻香的荒谬景象："磕磕银龟摇白马，傅粉女郎火旗下。恒山铁骑请金枪，遥闻箙中花箭香。"

战事一开，魏博（治魏州，今河北大名东北）节度使田季安怕唇亡齿寒，接受幽州牙将谭忠的建议，派人通知王承宗，让他献出堂阳一城，这样，田季安就可以上报朝廷，说是自己已经出兵，攻取了堂阳，以蒙蔽皇帝，同时与王承宗约定，保证不再与成德为难。王承宗依计行事。

卢龙（又称幽州，治今北京西南）节度使刘济一直与成德不和，思虑再三，刘济决定借此机会公报私仇。元和五年（810）正月，他亲率兵士7万，进攻成德，连下饶阳、束鹿（今河北辛集）。

刘济一军获胜，大公公却丝毫不振。毕竟宦官为帅，既不知兵法，又无驾驭能力，因此，屡战屡败，左神策大将军郦定进战死，"军中夺气"，士气非常低落。其他各镇军队会于定州，诸军将领不求有功，但求无过，既不献谋，也不进讨。

昭义节度使卢从史是讨伐王承宗的首议者之一，但当朝廷出兵后，卢从史又逗留不进，并与王承宗勾勾搭搭，又抬高当地粮食、草料价格，以增加国库开支，还上表要求封自己为宰相，并贼喊捉贼，诬奏诸道与王承宗相通，不可以进兵。对于这些伎俩，唐宪宗深以为害，密令大公公设计除之。

打仗，大公公是完全的外行，但搞阴谋诡计，那是他最最擅长。卢从史贪婪，大公公往往在自己的军帐内摆上奇珍异宝，每次请卢从史过来喝酒赌博，只要卢从史喜欢什么，大公公立马奉送，这样，博得了卢从史的好感，

也放松了警惕。得到唐宪宗密令后，大公公又请卢从史过来喝酒赌博，卢从史居然兴致盎然，毫不防备，及至幕后甲士一拥而上，五花大绑，押送京城，还似恍若梦中。唐宪宗将其远贬到驩州（今越南荣市）去当司马。

虽然拿下了昭义的卢从史，但对成德的战争几乎呈胶着状态。期间，其他各道兵马对成德也打了一些胜仗，但都是一些小胜，不足于扭转战争局面。更为关键的是，大公公所帅的中央军没见什么动静，好像连小胜都不曾取得。就这样，一拖半年，久战无功，耗费甚大，兵疲意沮，于是，朝堂之上，罢兵之论蜂起。

台阶来了。七月，王承宗上表，说是不该听从卢从史唆使（不知远在驩州的卢从史作何而想），以至于做了错事，现在，愿意输贡赋，申官吏，请求给予改过自新的机会。淄青节度使李师道也上表为王承宗求情。唐宪宗思前想后，借坡下驴，下诏罢兵，任命王承宗为成德军节度使，至此，正剧变成闹剧。

王承宗逆命，最后倒是捡了个大便宜，获得了正式任命。吐突承璀大公公也不差，虽然宰相裴垍、给事中段平仲、吕元膺、翰林学士李绛等都认为大公公该重处，甚至该斩，但唐宪宗喜欢这个奴才，只是象征性地降级使用，被任为军器使。

倒霉的反而是这场战争中最卖力的卢龙节度使刘济。刘济征讨成德，以长子刘绲为副大使，留守幽州老营，次子刘总为瀛洲刺史、行营都知兵马使，跟随自己打仗。成德战事停歇，朝廷表彰其忠勇，加职中书令。屯军饶阳期间，刘济身体不适。刘总性格阴贼险谲，看老爸病了，心生一计，诈称有钦差从长安来，说是"朝廷认为您逗留无功，已经任副大使（刘绲）为节度使了"。刘总又屡屡派人在帐外喧哗，嚷嚷说朝廷封赏刘绲的旌节已经越走越近。这样一惊一乍，军中将士皆惊骇不已。愤怒之下，刘济在病床上发令，杀掉数十名平日与刘绲关系不错的大将，急令刘绲赶赴饶阳行营。怒叫狂吼了一上午，刘济口干，派人索取酪浆解渴。刘总暗中下毒，老头一喝，登时毙命，时年只有54岁。其长子刘绲对这一切皆不知情，行至涿州被弟弟刘总的随从抓住，矫称刘济命令，用大杖击死。毒父杀兄，刘总掌管了幽州事务，朝廷佯装不知其中缘由，下诏任命刘总为幽州卢龙军节度使。

读史至此，掩卷长叹：何以世道如此颠倒，人心如此险恶！

河北喧扰已过，又来了一个机会。元和七年（812）八月，魏博节度使田

季安以 32 岁的壮年突然死亡，死因不明。田季安不是什么好鸟，对蹴鞠和女人的喜爱胜过军政事务，而且刚愎自用，听不进任何意见，对不合心意者，活埋致死，其凶暴与他老爹田绪有得一拼（奇怪的是，田绪也寿命不长，暴卒于 33 岁）。

这一次，唐宪宗接受成德的教训，听从李绛的建议，采取怀柔政策，接受魏博军卒推举田兴（田季安的族叔）的现实，赐名田弘正，任命为魏博节度使，并派知制诰裴度前往魏博宣慰，发国库钱一百五十万缗赏赐军卒。"军士受赐，欢声如雷。成德、兖郓使者数辈见之，相顾失色，叹曰：'倔强者果何益乎！'"

狼窝出忠臣。田弘正本身底子不错，习儒书，善骑射，加上裴度循循善诱，晓以大义，竟然成了模范藩镇。他贡赋税，请官员，遵守朝廷法令。成德节度使王承宗、淄青节度使李师道、淮西节度使吴少阳、卢龙节度使刘总数次派人游说田弘正，劝他按旧规行事，不要倒向朝廷，田弘正不为所动。在后来朝廷讨伐淮西、淄青、成德的战争中，魏博都出动了大量兵力，有力地支持了中央的军事行动。如此恭顺听命，真心归附，半个多世纪以来，河朔三镇中，绝无仅有，这是元和中期唐宪宗最大的收获。

元和九年（814）闰八月，淮西（亦称彰义，治蔡州，今河南汝南）节度使吴少阳病死，其子吴元济秘不发丧，擅领军务，十月，唐宪宗决定出兵讨伐。这样，又开始了一场既艰苦卓绝、又无上荣耀的战争。

这一年，唐宪宗 37 岁，吴元济 32 岁。

这是一场年轻人与年轻人之间的角斗。

淮西镇，地处中原腹心之地，扼江淮至长安的漕运通道，控御颍河、汝河入淮口岸，战略地位非常重要。自唐肃宗至德元年（756）建立，到唐宪宗元和十三年（818）撤销，淮西镇共存在 62 年。在淮西镇的历史上，曾先后出现过李忠臣的"忠诚"和李希烈的称帝，以后又形成了吴氏的割据统治，成为朝廷的心头大患。

李忠臣，原名董秦，平卢（今辽宁朝阳）人，是安禄山的部将。安史之乱爆发后，他不愿意参与叛乱，与刘客奴（朝廷赐名刘正臣）密议，杀伪平卢节度使吕知诲，在安史的后院开展斗争。至德二载正月，董秦率兵卒三千人渡渤海来到德州、沧州一带筹集军资，从此，董秦便转战河北、河南战场，屡建军功，乾元二年（759），唐肃宗召至长安，赐姓李，名忠臣。

　　李忠臣确如其名，其对朝廷的忠诚，除在平定安史之乱的战争中屡建功勋外，也表现在唐代宗宝应元年（762）拜淮西十一州节度使之后。永泰元年（765），仆固怀恩引诱回纥、吐蕃军队进犯长安，唐代宗下令各道勤王，诸道大多数不及时赴难。而当中使来到淮西，"忠臣方会鞠，即令整师饰驾。监军大将固请曰：'军行须择吉日。'忠臣奋臂于众曰：'焉有父母遇寇难，待拣好日方救患乎！'即日进发。"可见确实忠诚。在以后的日子里，不管是率兵防秋，还是出兵平叛，亦是召之即往，积极主动。

　　然而，李忠臣对朝廷的忠诚，并不是其表现的全部。事实上，在安史之乱后藩镇"率皆跋扈"的情势下，李忠臣刻意经营淮西镇，有其政治野心和经济利益。史称李忠臣"贪残好色，将吏妻女多被诱胁以通之，又军无纪纲，所至纵暴，人不堪命"。军事上，他建立起一支以河朔平卢军人为核心和骨干的强大军事力量，"拳头"越来越硬；经济上，他横征暴敛，纵兵剽掠，为他带来许多好处；地盘上，他攻城略地，扩张势力，迫使朝廷不得不承认既成事实。这样一个凶暴之人，冠之以"忠臣"，实在是一个极大的讽刺。

　　李忠臣统治淮西17年，奠定了淮西后来飞扬跋扈、武装割据的基础。可笑的是，李忠臣对朝廷也未能"忠诚"到底，建中四年（783）"泾师之变"时，他投靠了朱泚。朱泚称帝，封李忠臣为司空兼侍中。朱泚追击唐德宗李适至奉天（今陕西乾县），命李忠臣京城留守。朱泚叛乱失败后，李忠臣被朝廷诛杀，结束了他忠奸莫辨的一生。

　　李希烈，辽西人，平卢军人出身。早年，李希烈拜李忠臣为干爹，深得李忠臣的信任，职务多有升迁。唐代宗大历十四年（779），因李忠臣暴虐，左厢都虞侯李希烈联合其他将领杀死节度副使、李忠臣的妹婿张惠光，驱逐干爹李忠臣，李忠臣单骑逃奔京师。病中的唐代宗息事宁人，任命李希烈为淮西节度留后，保留李忠臣检校司空、平章事的职位，留京师待安排。五月，唐德宗即位，任命李希烈为淮西节度使，旋即，又改淮西节度淮宁军，以示荣宠。建中元年（780），又加李希烈检校礼部尚书。建中二年（781），魏博、成德、淄青及山南东道等藩镇连兵叛乱，唐德宗对李希烈寄予厚望，进其爵南平郡王，兼汉北都知诸兵马招抚处置使，命其讨山南东道（治襄州，今湖北襄阳）梁崇义。李希烈不负所望，很快平复，唐德宗嘉其勇，加李希烈同平章事，给了一顶宰相的头衔。建中三年（782）秋，又加检校司空，兼淄青兖郓登莱齐等州节度支度营田、新罗渤海两蕃使，以讨淄青李纳。然而就在

这时，李希烈背叛了朝廷。

趁火打劫，浑水摸鱼，是一切野心家惯用的伎俩，李希烈也不例外。史称他"性惨毒酷，每对战阵杀人，流血盈前，而言笑饮馔自若"。这样的一个恶人，遇到了建中年间强藩相继作乱的"大好形势"，要是不想从中捞取一把才算奇怪。于是，他与河朔、淄青等叛镇密与往来，移镇许州（今河南许昌），出兵取汴州（今河南开封）、陷汝州（今河南临汝）、围郑州，游骑剽掠至彭婆镇（今河南伊川东北），东都洛阳震骇，士民窜匿山谷，江淮财赋经汴渠转输关中的通道断绝。后又据邓州，断绝了江淮财赋输入关中的南路。这一系列猛攻，除直接给大唐帝国以沉重打击外，更重要的是，它带来一连串叛变的发生，导致战局根本性的转变。

建中四年（783）八月，李希烈亲自统兵三万攻襄城（今河南襄城），唐德宗调泾原（泾原节度泾、原二州，治所在今甘肃泾川北）兵前去救援。十月，泾原兵途经京师长安，发生了著名的"泾师之变"，上演了朱泚称帝的闹剧。朝廷本想以藩制藩，没承想战火越烧越旺，唐德宗自身性命也差点丢掉。没奈何，兴元元年（784）正月，唐德宗痛下罪己诏，除朱泚不赦外，其他强藩头目均予赦免。但李希烈不理这茬，也就是在这个月，他在汴州即皇帝位，国号大楚，改元武成，置百官，封疆域，公然要与李唐王朝争天下。这样，唐帝国境内同时出现了三个皇帝：一是大唐皇帝唐德宗，在奉天，二是大汉皇帝朱泚，在长安，三是大楚皇帝李希烈，在汴州。

天将令其灭亡，必先令其疯狂。李希烈称帝，看来风光无限，但已经预示着他走向覆没。称帝后，李希烈虽然四处出击，但败者居多，加上魏博田悦、成德王武俊、淄青李纳等强藩上表归顺唐廷，幽州卢龙朱滔虽然与其兄朱泚联合继续为乱，但被魏博和成德阻于河北，无法南下，朱泚也是"皇帝"，他压根儿不想（当然也没有能力）帮助另外一个"皇帝"，随后也加入造反队伍的朔方节度使李怀光与李希烈本无联系，又被官军分割一方，自顾不暇，李希烈处于单军作战、孤立无援的境地。因此，在唐军的四处夹击下，李希烈很快势穷日蹙，贞元二年（786）四月，因食牛肉而得病，饮药之时，部将陈仙奇在药中下毒，立刻毙命，其妻子骨肉兄弟17人被杀，献首京师。算来，李希烈的"皇帝"只当了两年零三个月。

李希烈还算幸运，他做"皇帝"的时间比朱泚要长。兴元元年（784）五月，大唐名将李晟等攻克京师长安，朱泚欲投吐蕃，六月，当逃到宁州彭原

县（今甘肃庆阳西南）时，为部将梁廷芬等所杀，朱泚的"皇帝"仅仅当了半年。另一个军阀、朔方节度使李怀光虽然没有称帝，但他逼得大唐皇帝唐德宗从奉天逃到梁州（今陕西汉中），也算是个牛皮哄哄的家伙。贞元元年（785）八月，在名将浑瑊、马燧的夹击围攻下，李怀光自缢而死，从反叛到完蛋，也才一年半。

李希烈还做了一件令人切齿的事情，那就是杀害德高望重的政治家、书法家颜真卿。李希烈叛唐后，唐德宗听信奸相卢杞的谗言，派太子太师颜真卿去"宣慰"李希烈。在随后的日子里，李希烈扣住颜真卿不放，精神上百般折磨，最后，将其杀害，享年77岁。

陈仙奇毒杀李希烈后，上表归顺朝廷，唐德宗即任命其为淮西节度使。由于根基太浅，三个月后，陈仙奇便被淮西兵马使吴少诚所杀，后者自为留后，唐德宗予以认可，从此，开始了吴氏在淮西的割据统治。

吴少诚受领的淮西与李忠臣、李希烈时代大不相同。战前，淮西最多时领有申、光、蔡、许、随、唐、寿、安、汴、汝等十州左右的区域，李希烈覆没后，仅剩下申、光、蔡三州，其余均被朝廷收回，或别置节镇，或隶属他镇。地盘的缩小，意味着兵源、财税的缩减，意味着实力的消减。再者，经过酷烈的战争，淮西的经济受到极大摧残，兵士几乎损失殆尽，淮西，差不多成了一片废墟。

吴少诚虽然是武将出身，但却有政治和经济头脑，他接管淮西后，着力收拾残局，发展经济，壮大武装，经过十多年的努力，拥有三州之地的淮西居然又成了一个颇具实力的藩镇。史称吴少诚"善为治，勤俭无私，日事完聚，不奉朝廷"。元稹在《代谕淮西书》中也说其"躬服节俭，衣食与士卒同，蓄货力耕"。从地方治理来讲，确实是一个有作为的官员，只是，对朝廷来讲，可能有些"少诚"——少些忠诚。期间，淮西多次与周边摩擦。贞元十五年（799），吴少诚出兵临颍，进围许州，朝廷分遣17道兵马予以征讨，双方交战一年零两个月，朝廷方面以败为主，吴少诚也未占到大的便宜，结果各自撤兵，唐德宗无奈，下诏复其官爵。

元和四年（809）十一月，吴少诚病死，他的"堂弟"吴少阳自为留后。这个堂弟的来历很是说不清楚。可能吴少诚和他老爹吴翔两代人都有龙阳之好、断袖之癖，也就是现代人所谓同性恋，吴翔养吴少阳为娈童，继而吴少诚也喜欢吴少阳，将其招至淮西，名为堂弟，出入于家。这个堂弟可不是什

么好东西，他看到吴少诚病重，已不省人事，设计杀死吴少诚的儿子吴元庆，在吴少诚一命呜呼后，即自为留后。此时唐宪宗正任命吐突承璀大公公征讨王承宗，无法同时打两场战争，故隐忍未发，任命吴少阳为淮西节度留后，三年后正授节度使。

别看吴少阳虽然"少阳"——少些阳刚之气，但他深感朝廷对淮西用兵是早晚的事，因此积极做战争准备。他的最大成绩是养了很多好马，以替代原来的骡子军，而且不时到寿州掠茶山，劫商贾，以聚集财富，还有，招引四方亡命之徒，以充实自己的军队，这样，经过吴少诚、吴少阳两"兄弟"的苦心经营，小小淮西已经积蓄了很大能量。

元和九年（814）闰八月，吴少阳病死，他的儿子吴元济秘不发丧，自领军务，并派兵四处烧杀抢掠，"屠舞阳，焚叶县，攻掠鲁山、襄城。汝州、许州及阳翟人多逃伏山谷荆棘间，为其杀伤驱剽者千里，关东大恐。"

出于对大唐王朝的责任感，也基于眼里揉不得沙子的刚介性格，面对吴元济的横暴肆虐，唐宪宗李纯再次举起了屠刀。

本来，这一仗早就想打。早在元和二年（807），西川刘辟伏法后，唐宪宗就有意淮西。这一年，李吉甫编撰《元和国计簿》一书，从国家全局的高度分析天下人口和税赋，指出河朔三镇、淮西、淄青等强藩不申户口、不纳贡赋的危害，襄赞削藩的意图明显。元和四年（809），吴少诚、吴少阳交替之际，李绛、李吉甫就分别进言唐宪宗，请求着意淮西。李绛分析说："淮西事体与河北不同，四旁皆国家州县，不与贼邻，无党援相助；朝廷命帅，今正其时，万一不从，可议征讨。"李吉甫时在淮南节度使任上，也"自请徙寿州，以天子命招怀之，反间以挠其党"。元和八年（813），第二次入相的李吉甫"进所撰《元和郡国图》30卷，又进《六代略》30卷，又为《十道州郡图》54卷"，其中将黄河南北为强藩所割据的五十余州，以及被吐蕃侵占的河西、陇右之地细加勘察，循名核实，意味深远。这一次，吴元济又搞子承父业的老套，李吉甫进言："淮西非如河北，四无党援，国家常宿数十万兵以备之，劳费不可知也。失今不取，后难图矣。"并详画淮西地图，以为作战之用。经过仔细权衡，唐宪宗决计出兵征讨，十月，以山南东道节度使严绶为申、光、蔡招抚使，宦官崔潭峻监军，督诸道兵马招讨吴元济。翌年，也就是元和十年（815）正月，诏削吴元济官爵，命令宣武、忠武、河东、武宁、淮南、宣歙、魏博、剑南东川、山南东道、江西等 16 道军队，从东南西北四面围攻淮西。

有了比较快地平复刘辟、杨惠琳和李锜的经历，当时，朝廷上下洋溢着一股乐观情绪，认为淮西只据三州，蕞尔之地，民寡兵少，财富不足，大军压境，必定很快完蛋。譬如元稹的《代谕淮西书》，在夸耀中央调来的各路兵马之盛后，说：淮西"用三州之赋，敌天下四海之饶，以一旅之师，抗天下无穷之众，虽妾妇骏孩，犹知笑之，而况于义夫壮士哉"？如果要是围而不打，你淮西"男不得耕，女不得织，盐茗之路绝，仓廪之积空，不三数月，求诸公于枯鱼之肆矣"；如果要是真打，你淮西"东抗则西入，南备则北侵，腹背受敌，首尾皆畏""力不可支，势不可久。"当然，这是时任唐州从事元稹[8]代严绶起草的檄书，用现代话讲叫布告，是官样文章，有夸耀己方、贬斥对方的意思，但也不难看出，这样的说法当为朝廷上下的一致判断。

元稹的檄文写得好是好，但倔强者的头颅不可能靠一篇檄文按捺下去。令朝廷上下没有料到的是，吴元济变成了第二个王承宗，严绶大将军变成了第二个吐突承璀大公公。16道兵马把淮西围得水泄不通，但淮西人就是不害怕，反而打了许多胜仗，弄得严绶灰头土脸。这样，迁延至五月，唐宪宗坐不住了，派御史中丞裴度到前线宣慰，实际上是观察形势，了解情况。随行的考功郎中、知制诰韩愈也做了一番调研。裴度回来汇报说，淮西应取，也可取，看诸将中，李光颜"见义能勇，必能立功"。而严绶嘛，能力不足，难作统帅。

韩愈回来后，上《论淮西事宜状》，说淮西"以三小州残弊困据之余，而当天下之力，其破败可立而待也。然所未可知者，在陛下断与不断耳"。他分析中央征召的各路军马虽然声势很大，但每道只有二三千人，势力单弱，且统帅不力，接应困难，情报不准，心存忌惮，这样怕是难以成事。他鼓励唐宪宗"先决于心，详度本末，事至不惑，然可图功"。并给出了就地募兵、适当集中兵力、不过分杀戮淮西士兵、阵前明于赏罚、提防淄青恒冀遥为相助等具体措施。韩愈不愧是文章大家，这篇调研报告，不仅文笔好，更重要的是内容扎实，分析中肯，措施得力，比起元稹的檄文来要好得多，至今读来，口齿生香，当为调研报告之范本。

韩愈文中，虽然也有"陛下以圣明英武之姿，用四海九州之力，除此小寇，难易可知，太山压卵，未足未喻"等说给皇帝听的豪语，但他真真切切地告诫不要"欲其速捷"，要作较为长期的打算，准备打持久战。事实证明，这一点，韩愈的判断非常到位。再者，他提出的防备淄青、成德、幽州等镇

与淮西相互勾结，最好预先下诏、分化瓦解的建议，则可谓有先见之明。

淄青李师道、成德王承宗等果然按捺不住。五月，李师道、王承宗等人数次上表请求宽恕吴元济，唐宪宗没有答应。李师道接着派兵二千到寿春，明地里说是讨伐吴元济，实际上是想帮助淮西。李师道还派小股特种兵数十人袭击河阴（今河南郑州西北）转运院，杀伤十余人，放火烧毁钱帛三十余万缗匹，谷三万余斛。王承宗又派人到京师见宰相武元衡，为淮西游说，武元衡叱出之。

六月三日清晨，天尚未亮，武元衡与往常一样带着两个家人骑马上朝。刚出所居靖安坊东门，突然在树后窜出数名刺客，用箭射走从人，用大棒猛击武元衡的大腿，追赶十多步后，将武元衡拖下马来，割下其头颅而去。与此同时，裴度在上朝的路上也遭到袭击。刺客用刀猛砍裴度，裴度一下子跌入沟中，幸好所戴的毡帽厚实，伤口不算太深，从而幸免于难。裴度的仆人王义抱住刺客，大呼求救，刺客不敢恋战，剁断王义的手臂后仓皇逃窜。这样一个血淋淋的恐怖活动，彻底改变了战争的走向，也改变了许多人的命运。

武元衡、裴度都是主战派，一位是门下侍郎、同平章事，也就是当朝宰相，一位是御史中丞兼刑部侍郎。武元衡的曾祖武载德，是武则天的堂弟，可能依附武则天不深，仅官至湖州刺史。经历了神龙政变等一系列眼花缭乱的事件，武家人能活下来，并在政坛上崛起，武元衡是为数不多的一个。武元衡早年进士及第，唐德宗很是赏识，认为有宰相之器。元和二年（807）正月，与李吉甫同时拜相，在剿灭李锜的过程中，多有贡献。同年十月，高崇文上表，自陈善治军不善治蜀，也就是说愿意带兵打仗，而不愿做地方行政长官，于是，唐宪宗以武元衡带宰相衔入蜀，任西川节度使。在蜀期间，多有治绩。元和八年（813）三月，复征入朝为相，与李吉甫、李绛同列，在调和二李不同政见和矛盾方面，不偏不倚，甚是得体。元和九年（814），武元衡协助李吉甫谋划讨伐淮西，进行了一系列的战略战术部署，十月，李吉甫突然病故，于是，唐宪宗"悉以用兵事委武元衡"。李吉甫病逝时，对淮西战争尚未开始，实际上，武元衡是用兵淮西的真正操作者。

惊天血案发生后，京城大骇，人心惶惶。宰相上朝需要禁军护卫，官员以保镖自随，老百姓天亮以前不敢出门，以至于唐宪宗在朝堂等待许久，众臣还未到齐。加之刺客十分嚣张，到处撒下传单，上写"勿急捕我，我先杀汝"，因此，有司捕贼并不十分卖力，数日，未有线索。兵部侍郎许孟容面见

唐宪宗，说"自古未有宰相横尸路隅而盗不获者，此朝廷之辱也"！唐宪宗下令，悬赏捉贼，如捉到贼人给官五品，如敢藏匿者灭族，并于东、西二市各置一万贯以为赏钱。于是，京城开始了前所未有的大搜捕，长安陷入了前所未有的大混乱之中。

重赏之下，必有勇夫。神策将军王士则、王士平（均是王承宗的亲叔叔）出面举报，说是这事儿跟自家大侄子王承宗有关。"证据"是，成德进奏院（用现代话叫成德驻京办事处）有张晏等人进进出出，鬼鬼祟祟，不知道在干些什么，弄不好这杀人的事就是他们干的。有司立即捉拿张晏等8人，刑讯逼供，也不知招了没招，最后认定张晏等人就是凶手，斩杀张晏等19人。

裴度受伤，告假20天。有人乘机进言，说成德王承宗、淄青李师道蠢蠢欲动，皆因武元衡、裴度所致，现武元衡已死，请罢免裴度的官职，以安抚两镇。唐宪宗大怒："若罢度官，是奸计得行，朝纲何以振举？吾用度一人，足以破此二贼矣。"于是，任命裴度为中书侍郎、同平章事，将用兵之事委任于裴度。裴度献言："淮西，腹心之疾，不得不除，且朝廷业已讨之，两河藩镇跋扈者，将视此为高下，不可中止。"这一点，君臣甚为相合。

五六年前，对成德的讨伐劳师费力，无功而返，令朝廷颜面尽扫，这一次，成德居然打上门来，刺杀宰相，史无前例，唐宪宗异常愤恨，七月，下诏历数王承宗罪恶，绝其朝贡，准备开辟第二战场。

八月，东都留守吕元膺密报，说追查到了杀害武元衡的凶手，是淄青节度使李师道派人干的。这又是怎么回事呢？

原来，李师道看到朝廷讨伐淮西，生怕唇亡齿寒，一直暗中捣鬼，阴为相助。他在东都洛阳也设置了办事处，淄青的细作、杂人来来往往，以为常事。由于淮西兵威胁东都，东都官军大部分调往伊阙屯防，城中空虚。这个月，在淄青驻东都办事处聚集了数百人，他们谋划在洛阳焚烧宫阙，杀掠百姓，制造恐怖，已经杀牛饮酒，磨刀擦枪，只待天亮出发。紧要关头，有人到吕元膺处告变，吕元膺急调伊阙兵包围贼人。贼人一看已经暴露，举火喧哗，且战且走，躲入西南山中。这山中原有猎户，叫作山棚，骁勇雄壮，贼人躲入山中后，夺山棚的麋鹿以充饥，山棚恼怒，召集同类，引导官军进山围剿，全部捉获。审讯结果，为首的是中岳寺的和尚圆净。这圆净，曾是史思明的部将，勇悍过人，已经80多岁，他向李师道出主意，在伊阙、陆浑一带买田置地，分给山棚耕种，以收买人心，结党作乱。计划由圆净在山中举

火为号，訾嘉珍、门察等人在城中策应，召集伊阙、陆浑两县山棚共袭洛阳，血洗全城。这真是一个相当阴险的计划，幸好吕元膺处置果断，这一罪恶才没有得逞。事败后，圆净被斩，贼党被杀者数千人，还包括通敌的官军将士10人。在审讯訾嘉珍、门察时，吕元膺意外得知这两人正是刺杀武元衡的凶手，其背后主谋是李师道，于是，赶紧向朝廷密报，并将訾嘉珍、门察二人押解到京师。唐宪宗这才知道真相，但是由于已经下诏断绝王承宗，因此对李师道，暂且隐忍。

恐怖活动一桩接着一桩，淮西正面战场的形势也不容乐观。自正月开战以来，仗打了八个多月，除了忠武节度使李光颜、鄂岳观察使柳公绰取得了一些小胜外，整个战争没有大的进展。就在八月，连李光颜在时曲（今河南项城西）也吃了败仗。这一下，叫唐宪宗很是窝心，他认识到，这种局面，已经不是换将的问题，而应该考虑换帅了。九月，唐宪宗重新作出部署，任命宣武（治汴州，今河南开封）节度使韩弘为讨淮西诸军都统，十月，又分山南东道为两节度，以户部侍郎李逊为襄、复、郢、均、房州节度使，以右羽林大将军高霞寓为唐、随、邓州节度使，使高霞寓专事攻战，李逊调5个州的粮饷接应。

没承想的是，韩弘比严绶更不堪。严绶还只是没有帅才，"无威略以制寇"，而韩弘呢，居然"乐于自擅，欲倚贼自重，不愿淮西速平"，一个只能说水平差，另一个则是人品坏。有这么一个故事，说是韩弘知道诸军中李光颜最为卖力，欲结其欢心，在汴州城寻觅到一个美妇人，教之以歌舞，饰之以珠玉，值钱数百万。这天，李光颜得到通知，说统帅韩弘派人来劳军，于是高规格接待，结果"使者进妓，容色绝世，一座皆惊"。李光颜是条汉子，当即表示自己愿意以身许国，不为声色所娱，将美人退还给了韩弘。瞧瞧，军事统帅不以威令示众，不以好的战略战术调兵遣将，而用这种下三烂的手段来收买人心，从中就可以看出韩弘的人品。别看韩弘官当得很大，但其实是个小人。

小人远远没有君子好相处。"君子喻于义，小人喻于利。"君子怀恩，小人记仇，而且这仇会记你一辈子。李光颜退回美人，韩弘觉得很没面子，马上找碴儿报复。十一月，韩弘狐假虎威，借朝廷诏令命诸军齐攻淮西。怀汝节度使乌重胤是位骁将，立马冲锋陷阵，没想到的是，淮西集中兵力，对准乌重胤的队伍猛攻。乌重胤吃不消，请求友邻部队的李光颜支援。李光颜得

知，小溵桥是敌人的一个据点，其士兵大部分攻打乌重胤去了，据点空虚，于是派田颖、宋朝隐两位将领带兵袭占小溵桥，解除了乌重胤之围，同时，两军合作，打了个大胜仗。作为统帅的韩弘，不仅不予以表彰，反而以为抓住了把柄，说是李光颜违令，要其交出田、宋二人处斩。田、宋二人都很勇敢，为人也不错，听到这个消息，部队中很是愤愤不平，李光颜也不愿交人，但又不得不交。正纠结间，恰好朝廷派来宦官景忠信视察，李光颜就将事情原委告知，这景忠信倒也不错，说你先别交人，就说是皇上有诏，要将田、宋二人在原地羁押。景忠信立马报告朝廷。唐宪宗一听，赦免景忠信矫诏之罪，下令释放田、宋二人。韩弘还不依不饶，屡次上书予以争辩，以至于唐宪宗专门下诏抚慰韩弘，韩弘还是"不悦"。看到这里，估计读者诸君都很是"不悦"。思来想去，恕我愚笨，我就是没有看出李光颜"违令"在什么地方。韩弘居然连皇帝的面子也不给，就是要固执己见，这样看来，韩弘作统帅，他手下的将领肯定不会战死沙场，因为一个个早被气死了。

长话短说，从元和十年（815）九月，韩弘被任命为都统，一直到翌年五月，对淮西的正面战场均无起色。期间，在京城等地发生了多次恐怖活动。元和十一年（816）正月，鉴于成德王承宗"纵兵四掠，幽、沧、定三镇皆苦之，争上表请讨承宗"，于是，唐宪宗罢免了不赞成同时打两场战争的宰相张弘靖，终止了主张罢兵的钱徽、萧俛参知政事资格，下诏削去王承宗官爵，征河东、幽州、义武、横海、魏博、昭义六道兵马进讨成德，第二战场开辟。

在淮西战场，元和十一年（816）六月，唐随邓节度使高霞寓在铁城（今河南遂平西南）遇伏大败，全军覆没，高本人只身逃脱。消息传来，朝议哗然。实际上，自开战以来，无论是严绶为帅，还是韩弘统军，诸军在讨淮西的过程中，都是报喜不报忧，"胜则虚张杀获，败则匿之。"这一次，败得太狠，不得不报。宰相李逢吉上朝，正要讲罢兵休战，唐宪宗未等其开口，说："胜负兵家之常，今但当论用兵方略，察将帅之不胜任者易之，兵食不足者助之耳。岂得以一将失利，遽议罢兵邪！"另一位宰相韦贯之之前数次劝说罢兵，这次又不识时务，再次劝说休战，唐宪宗干脆将其罢相。七月，任命荆南节度使袁滋为彰义节度使，申、光、蔡、唐、随、邓州观察使，以唐州（今河南唐河县）为军府所在地，指挥南线讨伐事务。由于淮西北边的官军大都调往成德战场，因此，破除淮西的任务主要落在袁滋身上。

说来袁滋是个老资格的政治家，他和严绶、韩弘都不大一样。严绶的官

是送出来的。当年,严绶任宣歙团练副使,他的上司、宣歙观察使刘赞死后,严绶暂时主持工作,这时,他"倾府库以进献",于是博得了唐德宗的欢心。史家可能有些不平之气,不忘载上一笔:"天下宾佐进献,自绶始也。"副职进献,严绶为始作俑者,可见,这家伙带了一个多么坏的头。韩弘的官是杀出来的。他是汴宋节度使刘玄佐的外甥。汴州原来也归淮西管辖,经李忠臣、李希烈统治,百姓穷困,士卒骄悍。刘玄佐死后,汴州数次发生内乱,逐帅杀将。贞元末,韩弘被军官们推举为宣武节度留后,为树立威信,韩弘暗查喜欢闹事的士兵,共有三百多名,于是,召集起来,全部斩杀,"血流道中,弘对宾僚言笑自若。"从此,"无敢怙乱者。"与上面两个坏蛋不同,袁滋可算是正正当当从政来着。袁滋的表兄是著名大诗人元结,受元结的影响,袁滋的学问也很不错。贞元末年,朝廷要派人到云南去宣抚南诏,其他人以路途遥远而忌惮,只有袁滋愿往,而且很好地完成了任务,后来为华州刺史,也有很好的政声,唐宪宗即位后,与杜黄裳一道拜相。西川刘辟造反,唐宪宗命袁滋领宰相衔入川,因兵阻没有去成,被贬为吉州(今江西吉安)刺史,后拜义成军节度使、荆南节度使等,这次被选中为征讨淮西的南军主帅,可能就是考虑到袁滋是一个不错的人选。

没想到的是,朝廷又一次失着,而且是一次大大的失着。思想决定行动,几位统帅的出身决定其在战场上的表现:严绶滥赏将士,韩弘养寇自重,而袁滋居然通敌。严绶总以为钱能通神,故而"到军日,遽发公藏以赏士兵,累年积蓄,一旦而尽,又厚赂中贵人以招声援"。韩弘本身就是军阀,有唇亡齿寒之惧,因此"常不欲诸军立功。阴为逗挠之计,每闻献捷,辄数日不怡"。袁滋呢,他本人并不主张讨伐淮西。他家的祖坟山在淮西的朗山,淮西开战后,他请求入朝,想劝唐宪宗撤兵,走到邓州时,听说钱徽、萧俛等被贬官,知道罢兵之说不讨皇帝喜欢,因而,当觐见皇帝时,翻转舌头说淮西该打、必克云云。这一次,他被任命为南线统帅,到前线后,老毛病又犯,并不真心想打,居然试图讨好吴元济,命令去掉斥候,不许军队进入淮西境内。吴元济并不买账,派兵包围了官军的新兴栅,袁滋竟然卑辞陈请,屈膝求和。唐宪宗听说这一丑行,勃然大怒,十二月,重新任命太子詹事李愬为唐随邓节度使,贬袁滋为抚州(今江西抚州)刺史。

算来到此时,淮西之役正式开打已经两年整了。战争局面如此胶着,令唐宪宗心急如焚。一方面,他给北线战场的李光颜等加授检校官,同时下诏

书切责，暗示若再无大功，将严加处罚。另一方面，给淮西行营 500 张空白任命书及钱财，以激励将士卖力。还有，疏通漕运，置淮、颍水运使，将江淮地区的大米经淮河、颍河、溵水运至郾城（今河南漯河）附近，以供军需，又派理财专家、盐铁副使程异到江淮督促赋税。

李愬是唐德宗时的名将李晟之子，但一直未能显名。元和十二年（817）正月，李愬到达唐州。他采取示弱的办法迷惑吴元济，不大事张扬，不调整人事，亲自抚恤士兵。吴元济以为在南线战场已经打败了高霞寓和袁滋，而且知道李愬名位不高，因此很是轻视，并未加强防备。李愬请朝廷给予增兵，擒拿淮西将领丁士良，招降吴秀琳，基本搞清了吴元济老巢蔡州的情况。

三月，北线战场打了一个大胜仗，李光颜等渡溵水，打败淮西三万多人，斩杀上万人，招降郾城令董昌龄、大将邓怀金等，拿下了郾城。吴元济听说郾城失守，随即把蔡州的亲兵派往时曲（又叫洄曲，今河南项城西），以帮助大将董重质加强防务。董重质是吴少诚的女婿，智谋兼备，吴元济倚为依靠，他将淮西的精锐部队骡子军交由董重质指挥，守卫军事要地时曲。这一次，又将亲兵派往时曲，时曲的力量得以加强，但同时也造成了蔡州兵力空虚。

仗打到现在，淮西有点支应不住了，史称"元济食尽，士卒食菱芡鱼鳖皆竭，至斫草根以给者，民苦饥，相与四溃"。而官军这边，困难亦多，"诸军讨淮蔡，四年不克，馈运疲弊，民至有以驴耕者。"由此可见，战争一起，受害的都是老百姓。

即使这样，淮西的抵抗迄今为止仍然是有效的。从正月到五月，虽然李愬也打了一些胜仗，但都是小胜，不足以改变战争局面。李愬谋取出奇兵取蔡州，淮西降将吴秀琳建议，要把淮西骁将李祐争取过来，庶几成功。李愬用计，生擒李祐，亲解其缚，晓以大义，李祐归心。李愬于是精选三千人，组成敢死队，叫作突将，日夜操练，准备突袭蔡州。只是当时久雨，洪水泛滥，李愬只好暂停行动，等待时机。

闰六月，吴元济考虑到淮西诸多困难，军士离心，百姓奔逃，于是上表谢罪，愿意束身归朝。唐宪宗下诏，许其不死。但董重质以及左右亲信力劝吴元济不要投降，吴元济无奈，继续抵抗。

七月，眼看离最终胜利差距甚大，唐宪宗十分焦虑。他问计于宰相。李逢吉主张妥协罢兵，裴度则坚持打下去。裴度自行请战，愿意到前线督战，他分析："臣比观吴元济表，势实窘蹙，但诸将心不一，不并力迫之，故未降

耳。若臣自诣行营，诸将恐臣夺其功，必争进破贼矣。"并推荐刑部侍郎马总、右庶子韩愈作为自己的助手。唐宪宗大为感动，任命裴度为淮西宣慰处置使，亲自到长安通化门为裴度送行。

八月，裴度到达郾城，即以此为行营，随即巡视诸军营寨，传达皇帝旨意，统一军事指挥，激励官兵士气，调度各地粮饷。当时，诸道军中都有宦官为监军，进退不由主将，这些宦官胜则抢先报捷邀功，败则百般凌辱将士。裴度上奏唐宪宗，请悉罢去，使将领得以掌握战争指挥权。

李祐向李愬建议："蔡之精兵皆在洄曲，及四境拒守，守州城者皆羸老之卒，可以乘虚直抵其城。比贼将闻之，元济已成擒矣。"十月，李愬派人到郾城，向裴度密报了作战计划，裴度批准了这个计划。

十月十五日夜，大雪纷飞，冷风如刀，天黑如墨。李愬命史旻留守文城（今河南遂平西南），命李祐率突将三千人为前锋，自率三千人为中军，李进诚率三千人殿后，展开了军事史上一次大胆的奇袭。将士偃旗裹甲，钳马衔枚，一路奔袭。蔡州城自吴少诚以来，官军32年没有到过城下，因此，没有防备。李愬的部队一路进军到蔡州，黎明时分，分别拿下外城及里城，城中无人觉察。李愬考虑到董重质在时曲拥有精兵万人，于是，查访董家，厚待其家属，并派自己的儿子持书信到时曲劝降。董重质见大势已去，又感李愬厚待其家，遂单骑赴蔡州向李愬投降。吴元济登牙城拒战，指望董重质来救，唐军攻城，焚烧牙城南门，当地老百姓已经厌恶吴元济，争先恐后抱来柴草帮助官军进攻。吴元济无奈，束手就擒。当天，申、光二州及其余两万多人马相继投降，头尾四年，打了三年整的淮西战役终于结束。

淮西平叛战争的胜利，是大唐朝廷削藩事业中一次最大、最彻底的胜利，标志着所谓"元和中兴"的真正到来，唐宪宗亦成为有唐一代继唐太宗、唐玄宗以来的伟大君主。

吴元济被擒继而被处斩，带来了一系列的成果。元和十四年（819），在官军的节节进逼中，淄青节度使李师道被其将刘悟杀死，传首京城，淄青遂平。同年，久不入朝的宣武节度使韩弘见淮西、淄青已平，不得已，带着一大堆金银财宝，入朝贡献，曾经的征讨淮西诸军统帅算是归心。元和十三年（818），成德节度使王承宗见淮西已平，心中恐惧，多次上表以求自新，元和十五年（820），王承宗病死，他的弟弟王承元坚辞不为留后，朝廷派田弘正为成德节度使，成德镇归顺朝廷。长庆元年（821），卢龙幽州节度使刘总

见河南、河北强藩尽皆归化，内心害怕，要求剃度为僧。至此，朝廷的削藩事业取得了重大胜利，国家政令基本畅通，人们梦寐以求的荡平藩乱、恢复一统的愿望初步实现。

藩镇割据，是为中晚唐最大的问题，元和削藩，是为唐宪宗最大的功绩，故不吝笔墨，铺排叙述。下面，我们再来说白居易。

从元和元年（806）制举登第，到元和十年（815）被贬江州，白居易与元和削藩事业息息相关。来到江州后，虽然远离庙堂，难施拳脚，但他并不一味怨天尤人或闭耳塞听，而是一直关注着淮西的战事，为战争的挫折和胜利而悲喜交加、心潮起伏。

我们先来看看白居易在藩镇问题上的基本立场。

元和元年（806），在为应制举考试而作准备的《策林》75篇中，有多篇涉及藩镇割据。在《策林五十一·议封建论郡县》中，白居易反对恢复封建制，认为"王者将欲家四海，子兆人，垂无疆之休，建不拔之业者，在乎操理柄，立人防，导化源，固邦本而已矣"。如果能做到"刑行德立，近悦远安，恩信推于中，惠化流于外，如此，则四夷为臣妾，虽置守罢侯，亦无害也"。反过来，要是"法坏政荒，亲离贤弃，王泽竭于上，人心叛于下，如此，则九族为仇敌，况天下乎？虽废郡建邦，又何益也"？因此，他建议"以敦睦亲族为先，不以封王为急；以优劝劳逸为念，不以建侯为思；以尊贤宠德为心，不以开国为意；以安抚黎元为事，不以废郡为谋"。与柳宗元的《封建论》相比，虽然在立意、逻辑、议论、篇幅、影响上不及柳文，但在元和之际，表面上是封建与郡县优劣的比较，实际上是抑制还是姑息藩镇的论战，可以看作是元和削藩的思想准备和舆论准备，在这场大讨论中，白居易的这篇文章占有重要地位。

在《策林四十三·议兵》中，他认为"君天下者，不可去兵也，不可黩武也；在乎用之有本末，行之有逆顺"。在《策林四十四·销兵数》中，认为当时的军兵太多，空耗粮资，建议逐渐裁军。在《策林四十六·选将帅之方》中，强调广集民意，优选将帅。在《策林四十七·御功臣之术》中，给出了驾驭功臣的法子，那就是"限之以爵""纠之以法"。在《策林四十八·御戎狄》中，他建议要做到"政成国富，德盛人安"，只有这样，才能"国富则师壮，师壮则令严；人安则心固，心固则思理：如此久久，则天子之守，不独在于诸侯，将在于四夷矣；则暂虽有事，何足忧矣"？反过来，假如"政缺

国贫，德衰人困"，那么"国贫则师弱，师弱则不虞；人困则心离，心离则思乱：如此久久，则天子之忧，不独在于边陲，或在于萧墙。则暂虽无事，何足庆焉"？在《策林四十九·备边，并将，置帅》中，针对京西地区"镇垒太多、主将太众"的现状，建议大力整合，适当撤并，设置主帅，统一军事指挥，以便对付来犯之敌。

应该说，白居易的上述论述很有见地。他立足于传统儒家道统，分析了元和初年中央与地方关系的现状，提出了一系列行之有效的方法措施，为进一步加强中央集权出谋划策，表现了一种革新政治、重振国威的使命意识。他的政治理想是"政成国富，德盛人安"，也就是政治清明，国家富强，道德昌明，人民安居，实际上是对贞观之治和开元盛世的怀念，也是对安史之乱以来社会现实的批判，同时又是对年轻的唐宪宗的期许，更是一种兼济天下、关怀苍生的愿景。

令人痛心的是，现实社会远远没有达到"政成国富，德盛人安"的境界。"上古竞于道德，中世逐于智谋，当今争于气力。"韩非子的时代已经这样，那么，中晚唐"争于气力"就不足为怪了。于是乎，我们看到，肃、代、德宗时期，反叛，征剿，再反叛，再征剿，无有宁时，离"父慈子孝""君礼臣忠"是越来越远了。

看来唐宪宗即位伊始就想改变这种现状。元和元年（806）四月，制举考试开考，科目叫作"才识兼茂明于体用科"，其题目恰恰就与藩镇有关。为了让读者诸君了解当时的所谓殿试是怎么回事，因而不怕啰唆，将这次制举题目抄录于下：

> 问：皇帝若曰：朕观古之王者，受命君人，兢兢业业，承天顺地，靡不思贤能以济其理，求谠直以闻其过。故禹拜昌言而嘉猷罔伏，汉征极谏而文学稍进，匡时济俗，罔不率由。厥后相循，有名无实。而又设以科条，增求茂异，舍斥己之至言，进无用之虚文，指切著明，罕称于代。兹朕所以叹息郁悼，思索其真；是用发恳恻之诚，咨体用之要，庶乎言之可行，行之不倦，上获其益，下输其情，君臣之间，确然相与。子大夫得不勉思朕言而茂明之？我国家光宅四海，年将二百，十圣弘化，万邦怀仁；三王之礼靡不讲，六代之乐罔不举，浸泽于下，升中于天，周汉以还，莫斯为盛。自祸阶漏壤，兵宿中原，生人困竭，耗其太半，农战非古，衣食罕储，念兹疲甿，远乖富庶。督耕植之业，而人无恋本之心；

峻榷酤之科，而下有重敛之困。举何方而可以复其盛？用何道而可以济其艰？既往之失，何者宜惩？将来之虞，何者当戒？昔主父惩患于晁错，而用推恩；夷吾致霸于齐桓，而行寓令。精求古人之意，启迪来哲之怀。眷兹洽闻，固所详究。又，执契之道，垂衣不言：委之于下，则人用其私；专之于上，则下无其效。汉元优游于儒学，盛业竟衰；光武责课于公卿，峻政非美。二途取舍，未获所从。余心浩然，益所疑惑。子大夫熟究其旨，属之于篇；兴自朕躬，无悼后害。

虽然这次考试，唐宪宗没有亲自督考，而是派宰相代替，⁽⁹⁾但既然是制举，则考试题目必然呈皇帝过目同意，或者题目就是唐宪宗本人所出。考试题目比较长，主要说了三层意思：一是表达了渴求人才、想听真话的意愿；二是面对藩镇坐大、民生艰苦等弊端，问计于举子；三是说权力是下放一点好呢，还是集中一点好呢，委之于下和专之于上，好像都有偏颇，究竟如何取舍？看得出，刚刚即位的唐宪宗，念兹在兹的是中央权威与藩镇坐大的矛盾，反复思虑的是君权与相权的轻重多寡，这些问题正是大唐现实的反映，如果不是皇帝的指示，臣子是不敢擅拟这样敏感而又尖锐的题目的。

白居易是如何答题的呢？他的对策文章有三千言，不可能一一道来，待拣紧要处叙述之，有兴趣的诸君可以去看原文。文章一开头，就直奔主题："臣闻汉文帝时，贾谊上疏云：'可为痛哭者一，可为流涕者二，可为长太息者三。'"要说的话，那个时候"万方大理，四海大和"，是文景之治的盛世之初，为什么贾谊要危言耸听？盖因不如此，不足以感动君主，不足以警醒世人。如今陛下您求大治，开言路，真是天下之幸，因此，我就不揣冒昧，直而言之："太宗以神武之资，拨天下之乱；玄宗以圣文之德，致天下之肥"，太宗皇帝（协助）开国，人民站起来，玄宗皇帝治国，天下富起来，盛世之治，无过于此。但"洎天宝以降，政教寝微，寇既荐兴，兵亦继起。兵以遏寇，寇生于兵；兵寇相仍，迨五十载"。

面对如此百孔千疮的局面，怎么办？白居易给出答案："陛下将欲安黎庶，先念省征徭；将欲省征徭，先念息兵革；将欲息兵革，先念销寇戎；将欲销寇戎，先念修政教。"因此，政治清明是最重要和最关键的。为什么政治清明是最关键的？因为只有"政教修，则下无诈伪暴悖之心，而寇戎所由销矣。寇戎销，则境无兴发攻守之役，而兵革所由息矣。兵革息，则国无馈饟飞挽之费，而征徭所由省矣。征徭省，则人无流亡转徙之忧，而黎庶所由安

矣"。因此，他鼓励皇帝："今天下之寇，虽已尽销；伏愿陛下不以易销而自怠。今天下之兵，虽未尽散；伏愿陛下不以难散而自疑。"只要勤政不怠，政令一致（不疑），那么就会朝着好的方向发展："无自怠之心，则政教日肃；无自疑之意，则诚信日明。故政教肃，则暴乱革心；诚信明，则犷鸷归命。革心，则天下将萌之寇，不遏而自销；归命，则天下已聚之兵，不散而自息。然后重敛可日减，疲甿可日安，富庶可日滋，困竭可日补。日安，则和悦之气积；日富，则廉让之风形。因其廉让，而示之以礼，则礼易行矣，乘其和悦，而鼓之以乐，则乐易达矣。"

怎样做到政治清明？白居易借舜帝的治理之道来说明："懋于修己，劳于求贤，明察其刑，明慎其赏，外序百揆，内勤万枢，昃食宵衣，念其不息。"君主管大事，管方向，任贤去邪，防微杜渐，一以贯之，臣工各效其能，各宣其力，忠贞无私，敢于建言，那么何愁天下不得升平？至于"优游"与"责课"，只要分清有为无为，分清大事小事，按大小繁简，决策操作，按轻重缓急，一一施行就可以了。因此，耽于悠游，严于督责，都不会有好效果，"陛下但举中而行，则无所惑矣。"

白居易在答题中提出了一个命题，那就是政治清明是管总的，是决定方向的。政治是一面旗帜，一面镜子，最怕的是说一套，做一套，最怕的是朝令夕改，有始无终。白居易的修政教、销寇戎、息兵革、省征徭的主张，充满了维护国家统一的思想和强烈的民本意识。在《策林七·不劳而理》中，他还说过："太宗文皇帝尝曰：'朕虽不及古，然以百姓心为心。'臣以为致贞观之理者，由斯一言始矣。"贞观之治由何而来？"以百姓心为心"而来！

与白居易这篇策论相映成趣的是元稹的策论。对于同一个题目，元稹的论述更为尖锐，逻辑更为严密，提出的主张更为实际，针对性更强，操作性更好，因此，元稹获得这一届状元是情理之中的。

我们再来看白居易在削藩期间的言行。

元和二年（807）十一月到元和六年（811）四月，白居易任翰林学士，得以入于中枢，参与机要，是许多历史事件的亲历者。期间，发生了剪灭李锜、征讨王承宗的战争。在这段时期，白居易起草了很多诏书，由皇帝颁发。譬如元和二年（807）十一月，起草《答薛苹贺生擒李锜表》。元和四年（809）八月，草《与王承宗诏》，授其为成德节度使。十月，草《与师道诏》，答复李师道奏派兵会讨王承宗。元和五年（810）正月，下《与刘济诏》，表彰刘

济攻下王承宗的饶阳县，下《与希朝诏》，表彰范希朝攻下王承宗的洄湟镇。二月，草《与从史诏》，表彰其征讨王承宗有功。三月，下《授吴少阳淮西节度使留后制》，授吴少阳为淮西留后。五月，多次下《与昭义军将士诏》，说明为什么要抓卢从史，要求部队保持稳定，不要生事，下《与承璀诏》，要求其对昭义将士进行安抚，务求安宁。七月，下《与恒州节度下将士书》《与承宗诏》《答王承宗谢洗雪及复官爵表》，恢复王承宗官爵。九月，下《与刘总诏》，任命其接替老爸任范阳（幽州卢龙）节度使等等。

如果说代皇帝起草诏书是官样文章，代表不了自己的想法，那么，诗文和奏章则可以充分展现白居易对时局的态度。

永贞元年（805），撰《为人上宰相书》，其中提到："方域未甚安，边陲未甚静，水旱之灾不戒，兵戎之动无期。"

元和二年（807），写《太社观献捷诗》，其中有句："淮海妖氛灭，乾坤嘉气通。"

元和三年（808），写《寄唐生》："太尉击贼日，尚书叱盗时。"

元和四年（809），《贺雨》诗："元年诛刘辟，一举靖巴邛。二年戮李锜，不战安江东。"《题海图屏风》："突兀海底鳌，首冠三神丘。钩网不能制，其来非一秋。或者不量力，谓兹鳌可求……万里无活鳞，百川多倒流。遂使江汉水，朝宗意亦休。"

元和五年（810），《赠樊著作》："刘辟肆乱心，杀人正纷纷。""从史萌逆节，隐心潜负恩。"

元和十年（815），《赠友五首并序》："周汉德下衰，王风始不竞。又从斩晁错，诸侯益强盛。百里不同禁，四时自为政。"

这些诗歌，表明了作者对藩镇割据、衰剥百姓的忧虑和愤慨，对剿灭酋首、重树国威的欣喜和激动。

在这期间，白居易还有多篇奏疏与藩镇有关。元和三年（808），上《论于頔裴均状》，对山南东道节度使于頔、荆南节度使裴均入朝事提出质疑。于頔在襄州当了十年节度使，是个桀骜不驯之徒，"公然聚敛，恣意虐杀，专以凌上威下为务"，这么个坏蛋，居然和皇帝结为亲家。元和二年（807），在看到西川刘辟、夏绥杨惠琳、浙西李锜被剿灭后，于頔有些害怕，于是请求下嫁公主，唐宪宗为了尽快制服强藩，不得不软硬兼施，同意将女儿普宁公主下嫁给于頔的儿子于季友，皇权和军阀进行了一次政治联姻。裴均也不是什

么好鸟，他奉宦官窦文场为义父，"以财交权幸，任将相凡十余年，荒纵无法度"。这两人要来入朝，本来是件好事，因为只要入朝，就等于承认中央政府的权威，放弃所谓地方独立，不谋求子承父业的世袭，这是地方军阀归顺朝廷的表现。但白居易担心的是，这俩家伙一个是皇亲国戚，一个与宦官深交，人品都不好，又善于敛财，怕他们入朝，带了一个以进奉纳贡而得高位的坏头，又怕他们入朝后，恃宠而骄，藐视法度，没有人敢于谏言，就是皇帝怕是也难以约束。同年，上《论王锷欲除官事宜状》，对淮南节度使王锷进贡巨额财物并贿赂宦官、谋求宰相职位提出异议。

元和四年（809），白居易上《论太原事状三件》，揭露河东节度使严绶与宦官监军李辅光相勾结，不理政事，应速令其入朝。同年，上《论于頔所进歌舞人事宜状》《论魏征旧宅状》《论裴均进奉银器状》，对于頔、李师道、裴均等种种不法行径进行抨击。

元和五年（810），朝廷对成德王承宗用兵，由于吐突承璀指挥不力，久战无功，师老兵疲，白居易连上三状，要求罢兵。细读留存下来的《请罢兵第二状》和《第三状》，以及头一年的《论承璀职名状》，白居易并非反对削藩，而是对用兵成德的一系列战略战术提出质疑：任命吐突承璀为主帅，威令不行；诸道兵马互相观望，空耗钱粮；田季安、李师道等人与王承宗暗中勾结，互为奥援，这样一来，朝廷怎么能取胜？"臣伏料陛下去年初，锐意用兵之时，必谓讨承宗，如讨刘辟、李锜，兵合之后，坐见诛擒。岂料迁延经年如此。然则始谋必克，犹不可知；后事转难，更何所望？至于竭府库以富河北诸将，虚中国以使戎狄生心：可为深忧！可为痛惜！"矛头直指唐宪宗本人急欲成功，战前没有深谋远虑，没有谋定而后动，战时处事优游不断，没有审势而作为。唐宪宗虽然听从了众人的谏言，借坡下驴，撤兵罢战，但心中已种下对白居易等人怨恨的种子。

即使这样，白居易并不退缩。元和六年（811），在接到撰写严绶为江陵节度使（即荆南节度使）任命书的任务后，白居易上《论严绶状》，说严绶"怯懦无耻"，不堪大任，如果任命，则"邪人得计，正人忧疑，大乖群情，深损朝政"。从严绶后来的行止看，白居易看人比唐宪宗要看得准，对严绶的评价十分得当。

综观白居易的诗文奏章，在入翰林的三年半时间里，他虽然不像李绛那样提出很多建设性意见，更不能像李吉甫那样周密谋划，襄赞削藩，甚至不

能理解李吉甫辅助唐宪宗大规模对调三十六个藩镇节度使的重大意义，他的奏章基本上都是就事论事，没有能深究其原，但我们不能苛求白居易。从他的言行中，我们已经可以感知他的一腔热血，一片赤诚，可以看出他的心底无私，大声镗鎝，他从维护皇权、维护统一、维护民生出发，不计个人安危，不惜以下犯上，对藩镇割据表现出极大的愤慨，对权贵不法表现出极大的蔑视，尽到了一个政治人物应尽的责任和义务。

元和十年（815）六月，武元衡被杀的惊天大案发生后，白居易义愤填膺，立即奋笔疾书，写就奏章，在当日午间呈进，要求迅速查明真相，惩治凶手。结果，被人指责赞善大夫不是言官，不应该出头，由此获罪，被贬江州。

在江州的头尾五年，实则约三年半中，白居易一直注视着淮西战役的进展，在此期间，一共有9首诗歌涉及淮西。另外，他还写有《与杨虞卿书》，详细描述了武元衡被害之后，自己进奏的过程与心路历程，为自己的行为作辩护，并表明不怨天尤人、虽九死其犹未悔的坚定态度："握兵于外者，以仆洁慎不受赂而憎，秉权于内者，以仆介独不附己而忌，其余附丽之者，恶仆独异，又信猜猜吠声，唯恐中伤之不获。"自己对国家忠肝义胆，一片赤诚，换来的是藩镇、权贵、宦官的猜猜吠声、恶意中伤，从而被贬江州。然而，即使如此，"或免罢之后，得以自由，浩然江湖，从此长往，死则葬鱼鳖之腹，生则同鸟兽之群，必不能与捃声攫利者，摧量其分寸矣。"就是难回朝堂，老死荒野，生与鸟兽同群，死而葬身鱼腹，也绝不与小人同流合污、让其丝毫！人们都说在江州，白居易由积极走向消极，但从这样铿锵有力的话语中，我们哪里看得到一丝丝消极！

远离庙堂，远离政治，远离决策，远离信息，白居易很无奈，但又不甘沉沦，他关心着时事，关心着战事，关心着由于战争而饱受摧残的老百姓。在来江州的路上，听到僧人圆净受李师道指使，准备在东都洛阳进行暴动的消息，他很是愤慨，写《登郢州白雪楼》："白雪楼中一望乡，青山蔌蔌水茫茫。朝来渡口逢京使，说道烟尘近洛阳。"到江州后，在游览东、西二林之际，他并没有一味转向空门，而是在心旷神怡之际，仍然忧心忡忡，《春游二林寺》中写道："是年淮寇起，处处兴兵革。智士劳思谋，戎臣苦征役。"在《春晚寄微之》《送幼史》《首夏》《东南行一百韵》《西楼》中，分别吟道："南国方谴谪，中原正兵戈。""淮右寇未散，江西岁再徂。故里干戈地，行人风雪途。""一身在天末，骨肉皆远道。旧国无来人，寇戎尘浩浩。""大道全生棘，中

丁尽执殳。江关未撤警，淮寇尚稽诛。""乡国此时阻，家书何处传。仍闻陈蔡戍，转战已三年。"当听说李景俭以幕僚的身份奔赴前线参与淮西战役时，他既为老朋友有用武之地而高兴，又为敌人能早日灭亡而欣喜，写《闻李六景俭自河东令授唐邓行军司马，以诗贺之》："谁能淮上静风波，闻道河东应此科。不独文词供奏记，定将谈笑解兵戈。泥埋剑戟终难久，水借蛟龙可在多。四十著绯军司马，男儿官职未蹉跎。"有人说白居易被贬江州后，远离朝廷，心情黯淡，并不关心削藩事业，这是没有把白居易读懂读透。你看，他写李景俭"不独文词供奏记，定将谈笑解兵戈"，也写自己"愚计忽思飞短檄，狂心便欲请长缨"，其对藩镇割据的态度不是非常鲜明么！

人们都说唐风宋韵，好像大唐处处繁花似锦，清风明月，唐诗句句温柔熨帖，风流蕴藉，殊不知，大唐的许多殿堂是由累累白骨所垒就，唐诗的许多句子是由斑斑血泪所构成。强藩作乱，朝廷进剿，有多少鲜活的生命暴尸荒野；胜败进退，恩怨翻覆，有多少美好的愿望飞灰烟灭。中晚唐朝廷与强藩的拉锯战，在大唐帝国的身上拉出了深深的创口，在大唐士子的灵魂拉出了深深的创口，在大唐百姓的心头拉出了深深的创口。

知识分子是社会的良心。是的，真正的知识分子，就是有责任，有担当，就是既俯瞰大地，又仰望天空，就是既不忘自己，又胸怀天下。看白居易的言行，他可算得上是一个真正的知识分子。他身在江湖心悬魏阙、远离庙堂关怀苍生的情怀，为他赢得了口碑。

元和十二年（817）十一月，吴元济在京城被斩于独柳之下，消息传来，白居易心情复杂，国仇家恨，涌上心头，于是，招来刘十九，通宵喝酒下棋，分享喜悦，写下《刘十九同宿，时淮寇初破》一诗：

> 红旗破贼非吾事，黄纸除书无我名。
> 唯共嵩阳刘处士，围棋赌酒到天明。

农 民 愁

元和十二年（817），白居易在九江写下《大水》一诗：

> 浔阳郊郭间，大水岁一至。闾阎半飘荡，城堞多倾坠。
> 苍茫生海色，渺漫连空翠。风卷白波翻，日煎红浪沸。

工商彻屋去，牛马登山避。况当率税时，颇害农桑事。

独有佣舟子，鼓枻生意气。不知万人灾，自觅锥刀利。

吾无奈尔何，尔非久得志。九月霜降后，水涸为平地。

这是一首颇关民情的诗。诗中，透露了若干信息：一是地处江南北部的江州，每年都会发生洪水灾害；二是洪水给城外的农桑、城内的工商都造成了不小的损失；三是说在大水面前，还有人不顾生死，划着小舟兜售物品，寻觅蝇头小利。面对此情此景，作者伤乎其神，徒呼奈何。

那么，中唐元和年间，老百姓，尤其是农民，生活状态究竟怎样？

一直以为，观察一个社会或一个国家，最好的办法是观察它的农村，换句话说，农村的社会面貌，折射出整个社会的现实状况。这一观察方法，直到今天，仍然有效。当然，当今世界，工业化和城镇化愈发加速，在城乡二元社会结构下，政治、经济、文化的根基已经悉数归于城市，话语权也完全归于城市，但这并不意味着农村失去了折射镜的作用，相反，随着城镇化的日益推进，这一作用反而越来越大。

农民问题，是中国的最大问题。

中国是世界上最古老的农业国之一，农业是古代中国最重要、最基础的生产部门。许多研究表明，隋唐时期农业生产力比两汉魏晋南北朝时期有新的发展和提高，农业部门生产的剩余产品率大大增加，农业的发展为手工业、商业及社会经济各方面的发展奠定了良好的物质基础，由是，迎来了令当时周边国家所仰望、至今人们津津乐道的贞观之治和开元盛世。

农业的发展离不开自然条件和社会环境。有研究表明，中国气候在公元7世纪中期开始变暖。唐代年平均气温较之4世纪时，高出2℃左右，即使较之于现代，也要高出1℃左右。全球变暖，在当今是一个重大话题，但任何一件事情，都有正、反两方面的意义，也就是利、弊兼有。"在唐代三百年中，大雪奇寒和下霜下雪的年数都比较少，而冬天无雪的年份竟达十九次之多，居中国历史上各朝代之冠。"气候温暖湿润，使得唐代前期农业主产区的黄河流域普遍开发水稻田，水稻种植面积西起河西走廊，北抵河套、燕山南麓，南至秦岭、淮河，东至于海，麦、粟的收成更好；气候温暖湿润，还使得游牧民族的草原生态环境良好，农牧区界线北移，农耕区扩大，农业区与游牧区有一个缓冲地带，游牧民族的生计得到缓解，对内地的袭扰减少，唐帝国屯边防御有较好的条件；气候温暖湿润，还使得南方广大地区自然条件改善，

开垦面积扩大，稻、桑、苎、茶等作物有充足的热量，农作物生长周期缩短，复种指数提高。气候的变化，对于靠天吃饭的传统农业，有不可替代的重要意义。

隋唐农业的技术进步也是明显的。首先是大规模的农田水利建设。隋统一全国后，重视水利事业，开凿了中国历史上最伟大的水利工程——隋朝大运河。这条运河由广通渠、山阳渎、通济渠、永济渠、江南河等组成，南起余杭，西到京都长安，北到涿郡（治蓟，今北京），形成了一个横卧的人字形水运大通道，沟通了江淮地区与京师长安的联系。这条运河隋唐时称为漕渠或漕河，是首都的运输生命线。运河除用于漕运外，还具有灌溉之便。此外，隋朝还修建了诸多水利工程。入唐后，为了发展经济，其水利工程在数量、质量和经济效益等方面，都取得了显著成就，据统计，唐代水利工程共计323项。

其次是生产工具的改良。"工欲善其事，必先利其器。"劳动人民有无限的创造力。灌溉方面，人们发明了运用齿轮传动的斗式水车，使用人力或者畜力旋转拽动，可以连续提水灌溉，人称"井车"。唐代还广泛使用龙骨水车和手转水车，后者被称为"拔车"，都可以连续提水，还发明了以水力为动力的提水设备——筒车。生产工具方面，唐代最主要的发明是以江东犁为代表的曲辕犁。曲辕犁犁架变小变轻，可以调节耕地的深浅，一牛牵挽，有利于一家一户耕作。由于炒炼熟铁技术、灌钢技术以及锻炼技术的进一步发展，钢刃铁农具的使用变得普遍起来，铁制农业生产工具如锄、铲、镰等有广泛应用。畜力使用方面，"由于《耒耜经》的写成，我们可以得出结论，在唐代，江南牛耕才真正普及，成为水田耕作的主要方式。"

隋唐之际的社会环境有利于农业的快速发展。唐朝的建立，结束了四个世纪的国家分裂，人们迎来了期盼已久的和平，神州大地洋溢着一股蓬勃向上的气息，聪明才智和生机活力竞相迸发，创业冲动和财富梦想充分涌流。国家的经济政策对头，推行均田制，自耕农增多，劳动者有了土地这样一种基本的生产资料，同时，采取轻徭役、减赋税等政策，农民负担减轻，调动了劳动者的积极性。一个生机勃勃的大国，对农产品、手工业产品的需要激增，市场容量空前扩大，城市商业非常活跃，同时，对外交流频繁，丝绸之路空前繁荣，技术传播和商品流通加快，内需和外贸一道，刺激着农业、手工业、商业以及其他行业的发展。

有了气候温暖湿润的"天时"，水利建设和工具改良的"地利"，以及经济政策和市场导向的"人和"，初唐和盛唐的农业大发展就是顺理成章的事情了。

让我们看看一个普通农户的情况。

唐初，进行土地改革，实行均田制，规定"丁男、中男以一顷，老男、笃疾、废疾以四十亩，寡妻妾以三十亩，若为户者则减丁之半。凡田分为二等，一曰永业，一曰口分。丁之田，二为永业，八为口分"。有研究表明，唐代授田普遍不足，"狭乡授田，减宽乡之半"，宽乡和狭乡差别甚大。"以宽乡每农户有垦田 50 亩，狭乡每农户有 30 亩计，则全国每农户平均有垦田 40 亩。以一唐亩合今 0.786 市亩计，则为 31.44 市亩。每农户为五口之家，当有两个劳动力，平均每个劳动力占有耕地为 15.7 市亩。""唐代人口与土地的比例，符合中国传统的理想数字，即每户'三十亩地一头牛'。"也基本符合孟子的农民经济图景："五亩之宅，树之以桑，五十者可以衣帛矣；鸡豚狗彘之畜，无失其时，七十者可以食肉矣；百亩之田，勿夺其时，八口之家可以无饥矣。"

那么，唐代普通农户的产出是多少呢？唐代亩产一般以"粟"计，"当以 1.5 石为宜。以粟 1 石重 81 斤计，唐代亩产量折合为今 1 市亩产 154 斤。""每个农业劳动力年产粮为 2417.8 斤，即 2400 斤左右。这一劳动生产率较汉代每个农业劳动力年产粮 2000 斤高出 20%，这是我国封建社会最高的农业劳动生产率。"这样，每户产粮大约 4800 斤。如果种水稻，一般亩收 2 石左右，因此，每个农业劳动力年产稻 3200 斤，每户产稻约 6400 斤。

支出方面，有人算了这样一笔经济账："唐代一个五口之家的农户，占有耕地 40（唐）亩，每亩产粮 1.5 石，全年粮食总收入为 60 石。其必要的支出为：（1）全家五口的口粮为 40.75 石，占总收入的 67.9%。（2）赋税：租庸调及户、地税交纳的有粮食、绢、布及钱币等。此处当主要计交纳的粮食包括租 2 石，地税 0.8 石，共计 2.8 石，占总产量的 5%。（3）再生产用。种子每亩以 3 斤计，共 1.5 石，耕牛以一头计，饲料需 3 石。共 4.5 石，占总产量的 7.5%。以上三项共计 48.05 石，占总产量的 80%，亦就是说，每个农户的剩余产品率为 20%。"

当然，除上述支出外，还有赋税中的以绢布交纳的庸调，以钱币交纳的户税（250 文），以及燃料、油、盐、看病、识字、购置或修理农具等，这些

支出均没有折算成粮食从总产量中扣除。"因为中国封建社会个体小农业,其特点是男耕女织,农业与家庭手工业、饲养业(如养猪、羊、鸡、鸭、鱼等)相结合,因此,以绢布、钱币交纳的赋税和购入生活、生产必需品,都不一定用粮食去交纳和换取,可用自己生产的绢布及农副产品去交纳和换取。"

应该说微观事实比宏大叙事更有说服力,我们正应该从一些小事中见微知著。唐代普通农户的生活,正为我们描绘了一幅小小的画面,我们可以从中窥视到唐人的辛劳和汗水、富足与自豪。可惜的是,无论是正史还是野史,无论是文章还是笔记,无论是诗歌还是小说,直接描写农户衣食住行的日常生活,尤其以量化数字来记录农户收入与支出的,并不多见,因此,我们对唐朝农民的认识,难免有隔靴搔痒之嫌。

但有一个基本事实是,千万个自耕农上交的钱粮,支撑起了一个伟大的王朝。王朝兴旺发达的标志,就是人口的快速增长。"从贞观十三年到天宝十四载,户数由3120151增加到8914709,总增长率为186%,每年平均增长率为9.1%。口数由13252894增至52919309,总增长率为299%,年平均增长率为12%。天宝十四载的户口数为唐代在籍户口的最高值。"[10]

人口猛增,既是经济发展的结果,又是经济发展的成因。在古代中国,有了人,就有了劳力,就可以开垦出更多的土地,就可以有更多的赋税。"人民,只有人民,才是创造世界历史的动力。"这句话用在这里,是再合适不过的了。

但人口的超快速增长,又带来另一个问题,那就是人口压力。一直没弄明白开元盛世有没有人口压力,如果有的话,又是怎样解决人口压力的?

有资料表明,中国历史上的盛世,都与粮食产量有关,与农作物的变革有关,与所谓"农业革命"有关,一句话,决定人口数量上限的,是农作物产量的高低,而不是别的什么。"民以食为天",有了粮食,就有了一切,没有粮食,一切都没有。君不见汉朝的文景之治,靠的是从西亚传来的小麦,逐步取代之前的粟和黍,成为汉人餐桌上的主食;而大清的康乾盛世,则是靠从美洲辗转传来的玉米、番薯、土豆(还有花生、向日葵、辣椒、烟草等),充实粮仓,填饱子民的肚皮。就是当今,中华民族迎来了一个前所未有的富足时代,除开工业化突飞猛进外,粮食问题的基本解决也起了决定性作用,绕不开的还是这个道理。

开元之际,有没有所谓"农业革命"?看许多材料,似乎没有定论,因

为很大一部分史家认为中国传统农业（特别是南方农业），在宋代出现了历史性的进步，也就是说，"农业革命"发生在宋代，其标志就是稻米取代了小麦，成为粮仓中的主角。但我们也看到，有一些研究即指出，在唐代，有独立起源、以水稻生产为中心的江南水田农业进入了高速发展期，江东犁的发明，以及江南可能普遍实行牛耕，是我国农业史上划时代的大事。江南稻、麦复种技术，以及水稻生产推广到以长安为中心的关中地区，以洛阳、邺为中心的河南地区，以及山东、河北、山西等地，是唐代农业发展的里程碑。这也就是说，由水稻引起的古代中国第二次"农业革命"，应该是始于唐而成于宋。这样一来，开元盛世的物质基础就有了说得过去的解释。

无论如何，粮食，只有粮食，才是创造盛世的主因。

开元盛世有多盛？我们可以看看史家和诗家的描述。《旧唐书·玄宗本纪》称："其时频岁丰稔，京师米斛不满二百，天下又安，虽行万里不持兵刃。"《新唐书·食货一》说："是时，海内富实，米斗之价钱十三，青、齐间斗才三钱，绢一匹钱二百。道路列肆，具酒食以待行人，店有驿驴，行千里不持尺兵。天下岁入之物，租钱二百余万缗，粟千九百八十余万斛，庸、调绢七百四十万匹，绵百八十余万屯，布千三十五万余端。"大诗人元结说："开元、天宝中，耕者益力，四海之内，高山绝壑，耒耜亦满。人家粮储，皆及数岁。太仓委积，陈腐不可较量。"杜甫的《忆昔》更是脍炙人口："忆昔开元全盛日，小邑犹藏万家室。稻米流脂粟米白，公私仓廪俱丰实。"

中国农民是最伟大的农民，中国历史上最伟大的王朝是由最伟大的农民构筑起来的。

安史之乱，吹散了盛世繁华。战争以极其残酷的方式，摧毁了城池、交通和市场，也摧毁了小农经济的田园梦。北方一大批水利工程和灌溉设施遭到破坏，大量人口死亡和南逃，大量田地荒芜，唐王朝的经济，尤其是北方经济，遭受了毁灭性打击。安史之乱平定后，黄河两岸的中原地带又形成了强藩割据的局面。这些强藩不服从中央号令，不缴纳贡赋，由此，唐王朝的经济重心，逐步转移到长江中下游地区，尤其是江南地区。

唐代中叶以前，长江中下游农业从整体上说，一直落后于中原。虽然荆、湘、吴、越的江汉平原和长江中下游平原可以使用石制、木制和铜制生产工具进行开垦，从而开发甚早，但自先秦，经两汉魏晋南北朝，直至唐初，"江淮以南各地的富庶程度已有增加，但还不能和北方黄河流域相比。"

南方水稻的种植历史悠久而漫长，早在上古时期，江南地区的先民们就已经使用骨、木农具种植着水稻，并已知道养蚕与纺织丝、绢。这表明，长江流域和黄河流域一样，同是传统的中国农业的起源地，所谓"中原中心论"的论断并不准确。

西晋末年到六朝时期，长江中下游经历了一次波涛汹涌的大移民，从永嘉南渡开始，数以百万计的民众，为躲避战祸，或是逃避重赋，举家南迁，为长江中下游带来了人口，也带来了先进的文化。但与文化传播截然不同的是，北方的生产技术并未对长江中下游地区的农业产生明显的影响。主要原因是，对于南下的北人而言，当他们渡过长江、淮河之后，他们发现在他们面前，是一个与其故乡华北平原、黄土高原完全不同的环境，他们所熟悉的旱地耕作方法，除在少数地势稍高的丘陵地区可以派上用场外，在水汪汪的江南之地无所施展，因此，他们不得不放弃原来熟悉的旱地生产技术，而从当地土著那里从头学习水田生产技术。所以说，永嘉南渡的第一次大移民，使得包括江州在内的长江中下游文化由此繁茂，是确切的，但由此推断长江中下游耕作文明，亦由移民推动，南方农业由此大发展，则可能与历史事实不符。

安史之乱起，长江流域迎来了第二次大移民。人口的迁出地，主要是受战乱影响的河北、河南及长安、洛阳两京附近，这些地方是北方人口的稠密地区。人口的迁入地主要是江淮、江南、荆湘、四川盆地等。据《元和郡县图志》，在北方，安史之乱后，京畿地区元和户数比开元户数下降了78.7%，都畿地区下降了67.5%，河南、河北战乱频仍地区下降了80.3%，元和时北方地区的户数只有战乱前的十分之二三。在南方，东南八道（浙东、浙西、宣歙、淮南、江西、鄂岳、福建、湖南，合四十九州）元和户数与开元户数相比，只下降了10.3%，可见安史之乱对南方人口发展的影响不大，不仅如此，在东南八道中，江南西道人口增加了28.4%，淮南道人口增加了184.3%，并且东南八道人口占元和时全国在籍人口的44.8%，几乎近一半，十分引人注目。

有研究者称元和户数有误，《元和郡县图志》中所载元和二年（807）各州的户数和人口，可能只有实际的一半左右，这样一来，虽然北方户数下降比例没有那么多，而东南八道户数则未降反升，人口增长比例更大。《元和郡县图志》统计数字不准的原因有，一是均田制逐渐破产，大小地主土地兼并

日益严重，大量自耕农被迫成为佃客、雇农和奴婢，"富者兼地数万亩，贫者无容足之居"；二是北方战乱，百姓大量出逃，寄居他乡，编户变成了"户籍不挂"的"客户"；三是两税法取代租庸调后，由于简单地以各州旧额为征收的定额，因此，"旧重之处，流亡益多；旧轻之乡，归附益众"，又出现了新的逃户。还有，黄河两岸的强藩，不申户口，不交赋税，就是一般藩镇和州县，也有隐瞒民户的行为，一来可以用浮寄客户分摊土户（土著民户）的负担，二来可以用客户交纳的钱财中饱私囊。这些因素混合交错，李吉甫就是再有能耐，责任心再强，工作再努力，统计数字怎么能搞准？统计怎么不变成"估计"？

实际上，土地兼并和农民逃亡并不是安史之乱后才出现的，乱象在更早时间已露端倪。《通典·食货二》载，在均田制下，王公、贵族、官僚授田与平民相差甚大，永业田"亲王百顷，职事官正一品六十顷"。"诸京官文武职事职分田，一品一十二顷，二品十顷，三品九顷，四品七顷，五品六顷，六品四顷，七品三顷五十亩，八品二顷五十亩，九品二顷，并去京城百里内给。"这些人占有大量土地后，并不满足，而是采取各种手法进行土地兼并，"开元之季、天宝以来，法令弛宽，兼并之弊，有逾于汉成、哀之间。"豪强兼并土地，必令普通百姓耕地减少。不管有没有土地，土地多少，农民都要按丁口标准交纳皇粮国税，每丁每年需交租粟二石，调绢二丈，出劳役二旬，或用绢六丈抵劳役。这样一来，农民，尤其是失地农民，只有逃亡一条生路了，"或因人而止，或佣力自资"，从而成为客户或佃客，还有化为"流贼"或入军籍，社会矛盾一天天积累，社会动荡也就一步步临近了。

综观古代中国，每个王朝兴起之初，无不以自耕农增加，耕者有其田为开端，及至王朝中后期，土地兼并日益加剧，两极分化日益严重，富者益富，贫者益贫，老百姓实在过不下去，以至于起义造反，给社会带来空前的混乱和破坏，一个王朝走向覆灭。新的王朝诞生后，又继续重复过去的故事。古代中国周期性王朝更替的最大秘密，在于土地兼并。

建中元年（780），唐德宗听从宰相杨炎的建议，改租庸调为两税制，实为唐王朝税收制度的一次重大改革。

为什么要进行税制改革？表面上看，是由于户籍不实、课丁减少、负担加重、逃亡日多，但深层次看，则是由于人口增多，土地兼并严重，均田制无田可均，受田数普遍不足，按丁征收租庸调已经很难进行下去，这是两税

取代租庸调的根本原因。

有一则资料可以说明这种情况。早在武则天长寿元年（692），狄仁杰被贬江州彭泽县，是年，彭泽遭遇春夏连旱，农民颗粒无收。狄仁杰由此上疏："窃见彭泽地狭，山峻无田，百姓所营之田，一户不过十亩五亩。准例常年纵得全熟，纳官之外，半载无粮。今总不收，将何活路？"本来每丁应受百亩，而彭泽一户才不过十亩五亩，纵然是狭乡，也不应至此，何况皇粮国税，还要按丁收取，因此就算是丰年，"纳官之外，半载无粮"，而今遇上灾荒，别说是青壮年，就是老的、小的，也靠树皮草根填充肚皮，"见在黄老草莱度日，旦暮之间，全无米粒。"连老人和孩子全靠野菜充饥，可见农民有多苦。

所谓两税制，简单地说，是将税赋征收对象由人丁改为资产，征收物由实物改为货币，征收时间由原来的"旬输月送"改为夏秋两征，征收科目由原来的租庸调以及杂役改为户税和地税两种。此外，实际征收物数量以市价而变化，各地农户税额不同，从法令上取消其他苛捐杂税，制定财政预算、"量出以制入"等，也是两税制的基本内容。

这一改革有其重要意义。两税制"唯以资产为宗，不以丁身为本。资产少者则其税少，资产多者则其税多"，改变了王公贵族、官僚僧人不纳税赋的传统，扩大了征税面，客观上减轻了中下层农民的负担。两税制以钱为额，反映了当时商品经济因素的发展，有利于农副产品市场交换，有利于手工业与农业的分离。两税制夏秋两征，表现了谷物生产一年两熟在一定范围内的普遍化，有利于农民安排农时。还有，两税制统一了税目，简化了征管手续，收到了划一税制、增加赋入的效果。陆贽评论："天下便之。人不土断而地著，赋不加敛而增入，版籍不造而得其虚实，贪吏不戒而奸无所取。自是轻重之权，始归朝廷。"杜佑也说："收入公税，增倍而余。遂令赋有常规，人知定制，贪冒之吏，莫得生奸，狡猾之氓，皆被其籍，诚适时之令典，拯弊之良图。"

两税初行，公私称便，说明了这次改革具有进步意义。两税法以资产定户等按户征收，放宽了对农民的人身控制，使得束缚在土地上的人们得到了解脱，激发了农民的创造力和积极性，给予了农民现实的财富梦想，农村经济呈现多样化的趋势，农民的经济生活方式也发生了很大的变化。农村中大量商品性农副业的出现、商品交换的发展以及大量农民从事手工业及商业活动，是中晚唐农村经济生活中出现的新变化。

两税法在制度上规定"比来新旧征科色目，一切停罢"，既是对税收制度的简化，更是对人心的制约，因为正常税收之外的一切苛捐杂税，是各级官吏疯狂敛财的最好理由。白居易就曾分析："盖以君之命行于左右，左右颁于方镇，方镇布于州牧，州牧达于县宰，县宰下于乡吏，乡吏传于村胥，然后至于人焉。自君至人，等级若是，所求既众，所费滋多。则君取其一，而臣已取其百矣。所谓上开一源，下生百端者也。"一项额外征收项目下来，各级官吏眼睛发红，良心变黑，皇帝征1块钱，到了基层，就要征100块钱，那99块钱就成了所谓"火耗银子"，被各级大大小小的官吏中饱私囊。因此，省罢杂税，不仅仅是罢免杂税本身，实际上是打掉了各级官吏盘剥百姓的借口。

两税法由税人逐步转变为税地，代表着古代中国国家税收制度的发展方向。从唐代的两税法，到宋代的二税，再到明代的"一条鞭法"，直至清代康熙年间"盛世滋生人丁，永不加赋"以及雍正年间推行的"摊丁入亩"，这一过程历时一千多年。

两税制的确给百姓带来了些许好处，但最终不能改变统治者盘剥百姓的事实。虽然朝廷煞有介事地宣称"自艰难以来，征赋名目颇多，今后除两税外，辄率一钱，以枉法论"，然而，自扇嘴巴的往往是皇帝自己。建中三年（782），"淮南节度使陈少游请于本道两税前每千增二百，因诏他州悉如之。"全国两税征收额一下子增加了20%。贞元八年（792），"剑南西川观察使韦皋奏请加税什二，以增给官吏，从之。"剑南西川的两税征收额又再增加20%。

正常的税收，永远不能满足皇帝和各级官吏的诛求，农民的血汗，永远填不饱统治者的胃口。两税之外，实际上还有青苗钱、义仓税、间架税、除陌钱、竹木茶漆税、酒税、盐税等"税外税"，还有所谓急备、供军、折估等"无名暴敛"，还有盐铁垄断、榷酒、榷茶等专卖制度，还有所谓进奉（地方主动向皇帝进献财物），更有甚者，还有所谓宣索（皇帝令地方和各衙门上供），这些统统称为羡余（资金节余）。"韦皋剑南有日进，李兼江西有月进，杜亚扬州、刘赞宣州、王纬李锜浙西，皆竞为进奉，以固恩泽。"

上有所好，下必效焉。地方官员哪来的什么资金节余，还不都是来自老百姓！古代中国，所有的社会财富，最后的指向，无一不是来自农民。不断增加的税赋，名目繁多的搜刮，弄得农民异常艰难。

中晚唐农民生存状态究竟怎样？我们来看《资治通鉴》记载的一个故事。

贞元三年（787），唐德宗外出打猎，在京郊顺便到村民赵光奇家了解情况，算是一次亲民调研吧。唐德宗问："你们老百姓快乐吗？"赵光奇可没有说什么皇恩浩荡之类的鬼话，而是老老实实地说："不快乐。"唐德宗很诧异："今年大丰收呢，为什么还不快乐？"赵光奇说："皇上，朝廷说的话不算数呀。颁布两税法时，说只要交两税，其他苛捐杂税一律免除，可事实呢，苛捐杂税比两税还多。朝廷又实行和籴，其实是强买，不给一分钱，并且还要我们自己将所籴的粟麦送到京西行营，数百里路程，车摧马毙，多少家庭破产难支！百姓这样愁苦，有什么快乐！朝廷有时发诏，看起来有利于百姓，但恐怕是一纸空文。我怕皇上深居九重，这些事可能都不知道吧！"听了一席话，唐德宗什么也没说，只是命令地方官员免掉赵光奇一年的租赋。

这个例子说明什么？说明大唐帝国已经病入膏肓，老百姓快要活不下去了。丰年犹如此，歉收年份更不必说，要是遇上灾荒、战乱，老百姓还有活路么？怪不得司马光写到这里，忍不住发了好大一通议论，说这位唐德宗皇帝真是不开窍啊！你好不容易做了一次调研，听到了真话，知道了民间疾苦，就应该认真检讨各项政策，废除不合理赋税，严查各级官吏的贪腐，将那些粉饰太平、整天吹嘘什么莺歌燕舞之辈绳之以法，"然后洗心易虑，一新其政，屏浮饰，废虚文，谨号令，敦诚信，察真伪，辨忠奸，矜困穷，伸冤滞，则太平之业可致矣。"你放着这些大事不做，仅仅免掉赵光奇一家的租赋，用这些小恩小惠收买人心，又有什么用呢？

司马光的话也算是醒世之言，可在帝制时代，不要说碰上唐德宗这样的主儿，实际上不管是哪个皇帝，谁能听到老百姓的呼声？谁愿意听到老百姓的呼声？就是听到了，哪一个不是装聋作哑？哪一个不是我行我素？面对一大堆的社会矛盾和问题，哪一个不是能拖就拖？哪一个不是能糊则糊？

有研究表明，两税法是长江流域的产物，两税法实施主要着眼于长江流域（特别是江南），因此，两税法对长江地区的农业和农民也相对较为有利。实际上，中晚唐，长江流域已成为国家财赋的主要来源地。与饱受战乱、强藩坐大的中原地区不同，长江流域局势稳定，人口增加，垦地增多，稻作经济快速发展，桑麻、渔业及其他农副业和手工业开始繁茂，经济实力大大增强。

长江流域经济实力的增强，对国家统一起到了重要作用。中晚唐的朝廷，可以说是一个首都虽设在长安，但经济上非得依凭长江流域方能生存的政府，

如果截断了江南财源，朝廷就无法存续下去。这一点，最集中表现在唐德宗贞元二年（786）。史载："关中仓廪竭，禁军或自脱巾呼于道曰：'拘吾于军而不给粮，吾罪人也！'上忧之甚，会韩滉运米三万斛至陕，李泌即奏之。上喜，遽至东宫，谓太子曰：'米已至陕，吾父子得生矣！'时禁中不酿，命于坊市取酒为乐。又遣中使谕神策六军，军士皆呼万岁。"这一悲剧与喜剧兼具的画面，充分说明朝廷之命运，实赖江南之财赋。

出现了这种状况，往好的说，是长江流域的经济快速发展，江南财力已有可能供养皇室、朝廷、官僚以及大批军队。但只要一细想，就会发现，本来由黄河流域、长江流域两个经济中心承担的朝廷用度，一下子几乎全部转移到长江流域一方负担，并且由于北方强藩作乱，平藩削藩费用大增，各项行政开支也为之加剧，因此，朝廷只能强化对长江流域的榨取，江南百姓遭受的盘剥比以前更甚，农民负担更加沉重。

到元和年间，情况依然如此。韩愈就说："当今赋出于天下，江南居十九。"唐宪宗也说："天宝已后，戎事方殷，两河宿兵，户赋不入，军国费用，取资江淮。"

说了国家大事，我们再来看九江。

自夏商，历两周、秦、汉，关于九江经济的资料甚少，很难一窥就里。通过考古发现，我们知道的是，早在新石器时期，在九江这块土地就有人类居住，他们在这里生产生活，繁衍生息。

有一件事值得浓墨重彩，那就是到商代中期，铜岭铜矿（今九江所属瑞昌市夏畈镇内）开始开采冶炼，1988年发现了铜岭铜矿古代遗址，"是目前所知中国最早的采铜冶铜遗址"，成为当代重大考古发现之一。

"从1988年到1991年，在为期4年的科学发掘中，揭露采矿区面积1800平方米，冶炼区面积600平方米，共发现采坑7处，古矿井102口，巷道18条，工棚2处，炼炉2座，水井数口，以及斧、锛、凿等青铜工具，铲、锹、锄、筐、桶等竹、木装载工具，绞车、滑轮等运载、提升器具，竹、木质的选矿工具，鬲、盂、豆、罐等陶质日用工具，照明用的竹签，矿工穿着的草鞋等400余件。"经碳14测定，年代最早的样本距今3330±60年。"这一遗址地处长江中游，其规模之宏大和年代之久远均出于人们的意料之外，且又保存完好，为世所罕见。"

中国青铜文化有一个突出的特点，是在商周时期有一个发达的彝器铸

造和使用阶段，这是世界上其他国家所没有的。数量大、品质高的青铜礼器以及青铜生活用具的制造，需要有较多的、稳定的铜金属来源。铜岭铜矿遗址的发现，为铜金属的来源提供了物证。瑞昌铜岭古矿冶遗址，连同江西吉安新干县大洋洲商墓和四川广汉三星堆器物坑，"是近年来商代考古中最出人意料、至今使学者们感到振奋的三项重大发现。"华觉明《中国古代金属技术——铜和铁造就的文明》中写道：铜岭遗址和新干大洋洲商墓，"改变了原先人们对商代江南青铜冶铸业发展的传统看法，也说明早在3000多年前，赣江、鄱阳湖流域已存在高度发达的青铜文明，并有可能是冶铜术在中国的发祥地之一。"

金属技术（金属的开采、冶炼和加工工艺）和陶瓷技术（制陶、制瓷工艺）都是人类的伟大发明，从此，人类告别了仅能直接利用天然物产（或作简单的物理加工），从而进入到"天工开物"也就是人造工具和器物的新时代，成为人类物质文明史上具有划时代意义的里程碑。瑞昌铜岭有如此完备的铜矿石开采、铜金属冶炼技术和规模，比黄河流域最早的中条山铜矿遗址早了1000年，足可以叫我们为之自豪。当然，在青铜文化的河流中，铜岭有可能还只是"流"而不是"源"，只不过，我们目前尚不知源在哪里，因此，瑞昌铜岭暂时可以得坐"第一把交椅"。

载于典籍的资料就简单了。《禹贡》荆州条下说："贡羽毛齿革，惟金三品"以及木材、丹砂等，扬州条下也说："贡惟金三品，瑶琨篠簜，齿革羽毛惟木"等。金三品是指不同质地与色泽的铜料，结合铜岭考古，看来《禹贡》的记载是可靠的。自现代科学考古以来，我们看到，实证的历史有时候比见诸文字的历史还要丰富得多。

《史记·货殖列传第六十九》说："楚越之地，地广人希，饭稻羹鱼，或火耕而水耨，果隋蠃蛤，不待贾而足，地势饶食，无饥馑之患，以故呰窳偷生，无积聚而多贫。是故江淮以南，无冻饿之人，亦无千金之家。"这就至少给我们一个印象，那就是在江州这块土地，稻谷、水产、金属冶炼都很是有名，只不过，比起中原来，地广人稀，生产生活水平并不算高。

西晋覆没，东晋建立，永嘉南渡的一段时间，由于移民的大量涌入，江州经济开始快速发展。据《晋书·刘胤传》："自江陵至于建康，三千余里，流人万计，布在江州。"江州商旅继路，刘胤为刺史，"大殖财货，商贩百万。"虽然北人不习种稻，但农民最讲实际，最爱学习，他们与当地原住民一道，

围湖作堰，开垦田地，辛勤劳作，艰苦创业，农业渐趋发达，粮谷充实。《隋书·食货志》说到东晋仓储时说：其仓，"在外有豫章仓（今江西南昌）、钓矶仓（今江西都昌县）、钱塘仓（今浙江杭州），并是大贮备之处。"《资治通鉴》南朝刘宋孝武帝孝建元年正月胡三省注："溢口米，荆、湘、郢三州之运所积也。钧圻（即钓矶，《读史方舆纪要》又说在湖口）米，南江（即赣江）之运所积也。"豫章、钓矶二仓与钱塘仓并列，为国家级储备基地，说明鄱阳湖盆地的稻米生产，已达到与太湖流域比肩的水平。另外，由于溢口的特殊地理位置，也建有粮食储运仓库。

江州多流民（移民），丰粮谷，又居荆州、扬州之间，为军事要冲，当时辖境又大（包括当今江西、福建两省，湖南东北部、湖北东南部），地位非常重要。《晋书·桓冲传》说它是"一任之要"，《刘胤传》则说是"国之南藩，要害之地"。因此，在咸和、咸康年间，以庾亮为首的外戚势力和以王导为首的士族门阀势力，展开了对江州的反复争夺，演绎了一场又一场惊心动魄的故事。

有了稻种基础，有了新的劳动力，有了仓储条件和运输条件，再加上政治军事斗争的需要，江州经济没有理由不加快发展。事实上，两晋时期，江州经济得以发展还有另一个重要原因，那就是鄱阳湖的变迁。

鄱阳湖古称彭蠡泽，又叫彭泽、蠡水、左蠡、宫亭湖等，原本在大江之北。晚全新世，海平面下降，长江三角洲海侵减少，长江下游河流尾部被淤积抬高，河水潴积在低洼地，形成淡水湖泊。在今天的湖北黄梅、安徽宿松、望江一带，有古彭蠡泽，《禹贡》中所说的"彭蠡既猪（同潴），阳鸟攸居"，指的就是这里。汉代以后，由于长江主泓道南移，阻碍了赣江水系的泄流，彭蠡泽转而向南扩张。与此同时，古彭蠡泽不断萎缩，分裂成若干湖泊，演变为当今的龙感湖、大官湖、黄湖、泊湖等，在晋代，统称为雷池。两汉及晋，彭蠡泽的江南水域还仅限于罂子口（今庐山市城东，汉晋时赣江流注彭蠡的交汇口）以北至湖口的狭长地带。罂子口因傍宫亭庙，故又有宫亭湖之称。南北朝时期，彭蠡泽迅速向南扩张，水域已达今松门山附近。"赣水总纳十川，同臻一渎，俱注于彭蠡也。北入于江。""赣水总纳洪流，东西四十里，清潭远涨，绿波凝净，而会注于江川。"隋代继续向南涨至今鄱阳县城附近，抵鄱阳山，始称鄱阳湖。唐宋时期，鄱阳湖继续南侵，并担石湖，明清以来，水面继续拓展，使入湖水系下游溺水形成湖汊，如军山湖和青岚湖等。

两汉魏晋时期，彭蠡泽尚未南侵到罂子口以南，在当今的鄱阳湖区内形成了广阔的鄡阳平原。鄡阳平原大致以鄡阳县城[1]（今都昌县周溪镇泗山）为中心，由赣江等诸多河流冲积而成，水网密布，土地肥沃，在当时的生产条件下，人们组织大规模的沼泽排水工程，开垦出众多水田，尤其是东晋时期，由于移民的到来，增加了大量劳动力，开垦的水田更多。这些水田，土质肥沃，便于灌溉，每年汛期一到，水田即被水淹，水退后，留下淤积物，相当遍施肥料，从而使得水田肥力不减，由此，鄡阳平原遂成膏腴之地。我们耳熟能详的尼罗河泛滥、造就古埃及农业文明的故事，在鄱阳湖地区又一次重演。

鄡阳平原与地势稍高的当今鄱阳湖平原一道，成为东晋粮仓。

入唐后，由于彭蠡泽水位抬升，鄡阳平原已被淹没，就连鄡阳县城、海昏县城（今永修县吴城东北）也被无情的洪水所吞噬，人们只好另觅他处设立新的都昌、建昌（今永修）县城，昔日的沃野良田变成了一片泽国，包括江州在内的鄱阳湖地区遭受了巨大损失。

中国农民非凡的坚忍在此时表现出来。失去了湖区的田地，就开垦稍高的丘陵垄口，水田变成了泽国，就养鱼捕虾，河道变成了大湖，就泛舟运输。可喜的是，此时，人们已经有了更好的生产工具，有了更多的水稻耕作经验，有了江东犁、牛耕、水车、大型铁器和复种间作技术，加上唐初轻徭薄赋、与民休息的政策，以及气候变暖、江南地区雨水丰沛，更重要的是劳动人民吃苦耐劳、肯将汗珠摔八瓣的精神，那真是"政策好，人努力，天帮忙"，江州的农业（包括渔业、副业和水运业）由此进入快速发展期。

安史之乱起，江州经济基本上没有受到影响，而是继续发展，原因是战火尚未燃及江州这块土地，更重要的是，有了大量移民的到来。北方难民欲到赣、闽、粤，必先经过江州这个孔道。众多的北人通过长江水路或是陆路，汇聚到江州，或落脚开荒，或临时路过，要么成为江州居民，要么通过鄱阳湖逆流而上，再行迁徙，到达闽、粤，江州成为移民的落脚点和暂住地。人口的增加，尤其是劳动力的增加，加快了江州农业和商业的繁荣。

江州最著名的移民是大诗人元结及其家族。元结（719~772），字次山，北魏皇室拓跋氏之后，祖籍洛阳，出生于汝州鲁县（今河南鲁山县）。17岁时折节读书，天宝十三载（754）进士及第，时年35岁。翌年，尚未授官的元结没有等来朝廷的任命，却令人震惊地听到了安史之乱爆发的消息，没有

办法，元结只好举家南迁，加入了逃难大军，避难于猗玗洞（今湖北大冶境内）。至德二载（757），安禄山被自己的儿子安庆绪所杀，郭子仪等先后收复首都长安和东都洛阳，史思明向朝廷投降，听到这个消息，大家以为战乱结束，可以回家了，元结于是召集亲戚邻里二百余家北上返乡。谁知走到襄阳，史思明复反，战火再燃，没有办法，元结带着大家只好再次南下，于乾元元年（758）将家族安置在江州瀼溪。

瀼溪，也就是溢水，今叫长河，发源于今瑞昌市清溢山（或称青盆山），蜿蜒曲折100余里，经鹤问湖（今八里湖），于浔阳城西入长江，称为溢口或溢浦。元结安置家族的地点不详，很可能在今瑞昌市范镇、高丰一带，也有可能在城南大塘畈一带。

二百余家算来就有一千多人口。这么多人，靠什么吃饭穿衣，靠什么生活？幸好，元结为我们留下了文字。始到瀼溪时，他写了一篇《瀼溪铭》，就借谐音高颂"让"的精神："瀼溪，可谓让矣。让，君子之道也。"三年后，也就是上元二年（761），当他任水部员外郎、荆南节度判官，驻扎在九江时，他情真意切地写下了《与瀼溪邻里》《喻瀼溪乡旧游》两首诗，使我们更进一步一窥这批移民当时的生存状态和精神状态。

《与瀼溪邻里》有序："乾元元年，元子将家自全于瀼溪。上元二年，领荆南之兵镇于九江。方在军旅，与瀼溪邻里不得如往时相见游。又知瀼溪之人，日转穷困，故作诗与之。"诗的全文是：

昔年苦逆乱，举族来南奔。日行几十里，爱君此山村。
峰谷呀回映，谁家无泉源。修竹多夹路，扁舟皆到门。
瀼溪中曲滨，其阳有闲园。邻里昔赠我，许之及子孙。
我尝有匮乏，邻里能相分。我尝有不安，邻里能相存。
斯人转贫弱，力役非无冤。终以瀼滨讼，无令天下论。

在这首诗中，我们看到元结率领家族来到瀼溪，这里，峰谷回转，修竹夹路，景色不错。他们的到来，受到了当地村民的欢迎。村民非常大度，将河湾的"闲园""让"给外来者耕种，并许诺永不收回。大家看到外来者缺衣少粮，纷纷解囊相助，看到外来者为失去家园而伤心落泪，纷纷予以劝解。这种互助友爱，让元结非常感动，而对三年以来，村民（"斯人"）努力耕作，不但没有富裕，反而愈发贫穷的现状，寄予深深的同情。

正因为历尽艰辛，且又和劳动人民相接触，深知农民的冷暖，深知社会

的黑暗，元结才能开新乐府运动之滥觞，发古文运动之先声，成为一位有良知、有思想的知识分子，成为一位有成就、有地位的文学大家。

还有一件事不能不提，那就是元结在江州写下了《大唐中兴颂》，这篇文章由于有大书法家颜真卿的书法而珠联璧合、相映生辉。元结与颜真卿有深厚友谊。上元二年（761），元结写下《大唐中兴颂》，大历六年（771），请刚刚卸任抚州（今江西抚州）刺史的颜真卿书丹，刻石于永州浯溪（今湖南永州市祁阳县浯溪镇）。在刻石时，元结添加了"湘江东西，中直浯溪"等后面六句。浯溪的这一石刻，历来脍炙人口，久负盛名。不知什么时候，有好事者再刻碑，立于庐山秀峰开先寺，今庐山秀峰景区内依然可以目睹这"文书双绝"。但可惜的是，抗日战争时期，为避免日军的侵占，僧人将四块石碑分头掩埋，多年后，从地下起出三块，还有一块下落不明。

元结在瀼溪的行止，对后世产生了较大的影响。北宋宋仁宗嘉祐六年（1061），时年45岁的哲学家、文学家周敦颐任虔州（今江西赣州）通判，上任时途经九江，"爱庐山之胜，有卜居之志，因筑书堂于其麓。堂前有溪，发源莲华峰下，洁清绀寒，下合于湓江。先生濯缨而乐之，遂寓名以濂溪。"为什么叫濂溪？他自己在《濂溪书堂》诗中说得很清楚："元子溪曰瀼，诗传到于今。此俗良易化，不欺顾相饮。庐山我久爱，买田山之阴。田间有流水，清泚出山心……吾乐盖易足，名濂朝暮箴。元子与周子，相邀风月寻。"诗中说，我钦慕元结的为人，他以"瀼"谐"让"，我则以"濂"喻"廉"，这就是我的理想，我的志向。"瀼"与"濂"，是隔空对话，斟酒对饮，是高山流水，同气相应，非关故乡，非关本名，也非关风月，当然，从志向和意趣而言，从襟怀和行止来讲，元结和周子，又怎么不是风流相继，风月相续？

在九江濂溪，周敦颐写下了不朽名篇《爱莲说》：[12]

水陆草木之花，可爱者甚蕃。晋陶渊明独爱菊。自李唐来，世人甚爱牡丹。予独爱莲之出淤泥而不染，濯清涟而不妖，中通外直，不蔓不枝，香远益清，亭亭净植，可远观而不可亵玩焉。予谓菊，花之隐逸者也；牡丹，花之富贵者也；莲，花之君子者也。噫！菊之爱，陶后鲜有闻；莲之爱，同予者何人？牡丹之爱，宜乎众矣。

这篇文章不长，但影响深远，其名句"出淤泥而不染，濯清涟而不妖"脍炙人口，千古传诵。

正因为喜爱庐山，十年后，周敦颐向朝廷请求任职南康军（治所在今庐

山市，宋代于津要之地设军，与州同级），他将母亲的坟茔由丹徒移葬庐山余脉三起山（又叫栗树岭），去官，定居于濂溪书堂，再两年，病逝于九江，葬于母亲墓旁。至今，濂溪书堂不存，但周墓历经修缮，保存完好，为九江留下了又一笔沉甸甸的文化遗产。[13]

回到唐朝。顺便说一句，颜真卿亦有移民江州的故事。唐代宗永泰二年（也即大历元年，766），58岁的颜真卿受权相元载排挤，被贬吉州（今江西吉安）别驾。在途经江州时，游东西二林，访陶渊明醉石，经五老峰南边的一座小山（在今庐山市白鹿镇五里牌）时，爱其佳丽，遂筑室安家。颜真卿家族有多少人迁居于此，不详，但此为星子、都昌等地颜氏发脉之地。到了唐末，颜真卿的裔孙颜翊率子姓30多人，受经白鹿洞中，凡三十余年。

正是当地土著与外来移民一道，相濡以沫，患难与共，胼手胝足，艰苦奋斗，江州经济得以恢复与高速发展。独孤及说："至德已来，戎马生而楚氛恶，犹以是邦咽喉秦吴、跨躐荆徐，而提封万井，歧路五裂，每使臣计郡县之财入，调军府之储峙，玺节旁午，羽书络绎，走闽禺而驰于越，必出此路，而防虞供亿，功倍他郡。"权德舆也说："由是九江之西，岁用大穰。"符载更是夸张："浔阳古郡也，地方千里，江涵九派，缗钱粟帛，动盈万数，加以四方士庶，且夕环至，驾车乘舟，叠毂联樯。"

江州有没有那么富有和繁荣，我们无法用数字来核实。但从相关典籍中，我们看到，包括江州在内的江西地区，已经越来越成为朝廷用度的来源地，甚至成为救济江淮地区的输出地：

贞元元年（785）十一月下诏："宜令度支取江西湖南见运到襄州米十五万石，设法般赴上都，以救百姓荒馑。"

陆贽《请减京东水运收脚价于缘边州镇储蓄军粮事宜状》："顷者每年从江西、湖南、浙东、浙西、淮南等道，都运米一百一十万石送至河阴，其中减四十万石留贮河阴仓，余七十万石送至陕州，又减三十万石留贮太原仓，唯余四十万石送赴渭桥输纳。"

元和三年（808）底，下诏："宜以江西、湖南、鄂岳、荆南等使折籴米三十万石赈贷淮南道三州，三十万石贷浙西道三州。"

李绛《论户部阙官斛斗疏》："臣伏见自陛下嗣位以来，遇江淮饥歉，三度恩赦。赈贷百姓斛斗，多至一百万石，少至七十万石。本道饥俭无米，皆赐江西、湖南等道米。"

崔嘏《授纥干暨江西观察使制》："钟陵奥区，楚泽全壤，控带七郡，襟连五湖。人推征赋之饶，俗擅鱼盐之利。"

李商隐《上江西周大夫状》："国用取资，终赖江、湘之入。"

一直到唐僖宗李儇（873～888年在位）时，还说："湖南、江西管内诸郡，出米至多，丰熟之时，价亦极贱。"

抛开文人的虚文美词，古代中国的一条重要历史经验是：稻米才是硬道理。

既然江西等地的稻米如此重要，那么，遴选这些地方的节帅也就显得十分要紧。建中三年（782），唐德宗任命宗室曹王李皋为江西观察使，第二年，为应对李希烈的反叛，升江南西道观察使为节度使。李皋知人间疾苦，性勤俭，能识人，对下属官吏约束甚严，江西百姓受益颇多。正是在江西，他发明了桨轮船。贞元十三年（797），朝廷以李巽为江西观察使。李巽也是一位能人，能明察秋毫，使得下属官吏不敢欺瞒，他统领江西长达八年，对江西也颇有增益。

值得一提的是元和二年（807），韦丹任江西观察使。韦丹是颜真卿的外孙，幼年失父，在颜真卿的哺育教育下长大，明经、五经两登第，为官清廉，政绩卓著。当时江西的民房是竹片作椽，茅草为瓦，既不耐雨淋，又容易引起火灾。韦丹召集工人，烧陶瓦，聚木材，实行"民建官助"，大力推进"改茅为瓦"工程，两年中，建瓦屋一万三千七百栋，楼房四千七百栋，房子高大而宽敞，便于暑天排湿散热，平时避免火灾。这一工程，是德政工程、民心工程，为江西的老百姓带来了实实在在的好处，带来了长远利益。他还精简州县冗员，修筑赣江堤坝，凿淘陂塘，开垦水田，劝课农桑，设置市场，并从北方引进新的丝织机器和丝织技术，组织生产，从而促进了江西蚕桑业的发展，"居三年，于江西八州无遗便。"可以说，韦丹能为官一任，造福一方，难怪后来被称为元和时治民第一，"德被八州，殁四十年，老幼思之不忘。"韦丹在江西任上时，朝廷下旨褒奖，其诏书《与韦丹诏》就是白居易所撰，韦丹去世后，两位大文豪韩愈和杜牧先后为其撰写了墓志铭和遗爱碑。

政声人去后，民望闲谈中。官员的示范，不是听你说什么，而是看你做什么，官员的政绩，不是听当时吹什么，而是看后人议什么。

有好人必有坏人。李皋、李巽、韦丹是好人、好官，但江西不会也不可能总那么幸运。江西就不幸碰到过李兼、齐映这样的坏蛋。

贞元元年（785），朝廷派来李兼接替李皋任江西观察使。李兼新、旧《唐书》均无传，事迹不详，但有三处记载叫人印象深刻。《旧唐书·裴胄传》载："前江西观察使李兼罢省南昌军千余人，收其资粮，分为月进。"裴胄是李兼的继任，于是"奏其本末，罢之"。《旧唐书·食货上》载："李兼江西有月进。"罢省军伍，看起来是好事，但是不是朝廷的命令？就算是朝廷的命令，将其节省的资粮作为进奉而不入国库，是不是违法？还有，进奉的仅仅是罢省军队而节省下来的钱么？再看第三处记载，这一处则又与齐映有关。齐映于贞元八年（792）任职江西。这是一位年龄不大、资格颇老的政客，曾经入相，后因事被贬。到江西后，刻意进奉以讨皇帝的欢心："常以颀为相辅，无大过而罢，冀其复入用，乃掊敛供奉，及大为金银器以希旨。先是，银瓶高者五尺余，李兼为江西观察使，乃进六尺者。至是，因帝诞日端午，映为瓶高八尺余者以献。"这一记载将李兼、齐映两人放在一起，充分说明"物以类聚，人以群分"的道理，充分说明这俩是一样的坏蛋。

李兼、齐映的银瓶从哪里来？还不是老百姓的血汗！

重税、搜刮、专卖、和籴、贪污、军供等等，将中晚唐老百姓逼到了悲惨的境地。

但凡有良心的知识分子，有良知的政治家，无一不以苍生为念，不以农民为怀。难能可贵的是，白居易作为官僚士大夫，有着这样的情怀。

前面说过，白居易显然不属于劳动人民阶层，因此，按理说，他与劳动人民，尤其是农民应该没有太大的牵连。但实际上，我们看到，白居易与农民感情深厚，对农民的遭际寄予无限的同情，在不同场合常常代农民立言，为农民的不幸洒一掬真诚的泪水。

早在贞元十七年（801），也就是进士及第的第二年，白居易写下《春村》诗，首次描写农村景色："二月村园暖，桑间戴胜飞。农夫春旧谷，蚕妾祷新衣。牛马因风远，鸡豚过社稀。黄昏林下路，鼓笛赛神归。"这首诗，有静有动，有男有女，有远有近，有色有声，展现了江南淳朴清新的早春风光，描绘了农民生产劳动、春社娱乐的生动画面，可算得上是一首山水田园诗。这首诗表明，白居易对农村生活的熟悉，对农民感情的亲切，他并不以为自己得中进士、地位变化而对农村加以排斥、抗拒和切割。这首诗叫我们想起四百来年后，南宋大诗人辛弃疾羁旅信州（今江西上饶）期间所写的一些农村题材的词，譬如"平冈细草鸣黄犊，斜日寒林点暮鸦""春入平原荠菜花，新

耕雨后落群鸦"之类。只不过白居易此时年轻而仕途向上，辛弃疾彼时年老而报效无门，心态不太一样，表现手法也不一样，白诗远景摄影，辛词就近绘画，白是风景的观赏者，辛一不小心把自己画进了画面。然而，诗人与词人的心是相通的，诚所谓英雄豪杰，亦不乏宁静安逸，或准确地说，是向往宁静安逸。

只看见田园风光，看不见农民愁苦，那就不正常了，不符合所谓辩证法，也不是白居易的性格，更重要的是，不符合中晚唐农民的真实生活。元和五年（810），白居易写下《秦中吟十首》，其中《重赋》诗，描写了两税法实行后，农民的悲惨遭遇：

> 厚地植桑麻，所要济生民。生民理布帛，所求活一身。
> 身外充征赋，上以奉君亲。国家定两税，本意在忧人。
> 厥初防其淫，明敕内外臣：税外加一物，皆以枉法论。
> 奈何岁月久，贪吏得因循。浚我以求宠，敛索无冬春。
> 织绢未成匹，缲丝未盈斤。里胥迫我纳，不许暂逡巡。
> 岁暮天地闭，阴风生破村。夜深烟火尽，霰雪白纷纷。
> 幼者形不蔽，老者体无温。悲端与寒气，并入鼻中辛。
> 时日输残税，因窥官库门：缯帛如山积，丝絮似云屯。
> 号为羡余物，随月献至尊。夺我身上暖，买尔眼前恩。
> 进入琼林库，岁久化为尘。

你看，中国的农民多听话，多讲道理：皇粮国税，天经地义！但官员们呢？在两税之外横生枝节，将农民手中仅有的缲丝和织绢都征收了。干什么呢？原来是作为"羡余"，用于"月进"。以至于大雪纷纷的冬天，农家不管是老者还是孩童，都是衣不遮体，寒冷刺骨。而官府的库藏中，绢丝堆积如山，时间久了，化为灰烬。这样的一首诗，充满了对农民的同情，更是对李兼、齐映之流的强烈控诉。

实际上，更早时候，也就是元和元年（806），白居易就深刻指出："盖亦君好则臣为，上行则下效。故上苟好奢，则天下贪冒之吏将肆心焉；上苟好利，则天下聚敛之臣将置力焉。雷动风行，日引月长，上益其侈，下成其私，其费尽出于人，人实何堪其弊？"君主喜欢什么，臣子就怎么干；上面有什么风，下面就跟着来。假如君主追求无限度的享受，全国贪婪自肥的官吏就会为非作歹；假如君主喜欢多多的钱财，全国假公济私的官吏就会大肆搜刮。

歪风邪气，来得极快；陋俗恶习，迅速蔓延。君主越是花费无度，下面更加营私舞弊。一切费用全出自于老百姓，老百姓怎么受得了？

这一段话出自《策林》中的《人之困穷，由君之奢欲》。事实上，75篇《策林》中关于经济、关于农民的篇章占很大比例。譬如《辨水旱之灾，名存救之术》篇中提出要积谷防饥，以备荒年，"所谓思危于安，防劳于逸。"《息游堕》中对"钱重物轻"，也就是通货紧缩现象提出批评，认为这样一来，直接损害了物质生产者也就是农民的利益，不但不利于农桑，而且带坏了社会风气。《平百货之价》中针对当时铜料价格上涨，很多人为了牟利，把铜钱熔化后铸成铜器出售的现象，提出要禁止销钱为器。《议罢漕运可否》中针对当时江淮连年旱灾，关中地区粮食丰收，有人提出要停掉江淮漕运的议论，白居易坚决反对，认为这是一种短视行为，弄不好，可能危及京师的粮食安全。《立制度》中提出要"节才用，均贫富，禁兼并，止盗贼，起廉让"，尤其是君主，更要抑奢靡，制贪欲。《养动植之物》中提出，人类不能贪得无厌，对资源不能采伐过度，要适时保护动植物资源，以做到可持续利用。看看，一千二百年前的白居易，思想和理念是多么先进！

令我更为关注的是《策林》中的《不夺人利》和《议盐法之弊》两篇，对盐铁专卖和榷酒制度提出批评。唐承汉制，对盐铁实行专卖，以国家垄断性经营从而获取高额利润。专卖制度，又称禁榷。榷，本意为独木桥，引申为专利、专卖、垄断，也称为辜榷或榷。《唐六典》卷20《太府寺》两京诸市署令丞执掌条注文释"榷"字之义曰："榷为专略其利。"中晚唐，禁榷制度包括榷盐、榷酒、榷茶和榷铁等。这些禁榷，为国库带来了丰厚的收入，带来了国家财政结构的前后变化，但也极大地扼杀了民间工商业的正常发展，给老百姓带来了沉重的负担。还有，这种制度，养肥了一部分官员，一些参与其中的商人也大得其利。

《不夺人利》中说："君之所以为国者，人也；人之所以为命者，衣食也；衣食之所从出者，农桑也。若不本于农桑而兴利者，虽圣人不能也。苟有能者，非利也，其害也。何者？既不自地出，又非从天来，必是巧取于人，曲成其利。"是啊，如果没有生产出更多的物质，天上又不会掉馅饼，那么，一些人所宣称的"人不益税而上用以饶"就是一句鬼话！这与他在《立制度》中所说的"然则地之生财有常力，人之用财有常数：若羡于上，则耗于下也；有余于此，则不足于彼也"的说法是一致的：财富是一个定数，皇帝多拿了，

百姓就必然少得，官员和商人富足了，黎民就必然穷困。因此，白居易接着说："臣但见其害，不见其利也。""臣闻榷管之谋，则思侵削于下；见羡余之利，则念诛求于人；然后德泽流而歌咏作矣。"禁榷并不是好制度，羡余更是恶主意，这样盘剥百姓，怎么不尽失民心而百姓长歌当哭呢？

《议盐法之弊》中说，榷盐制度弊端多多，最主要的是掺和盐业的官吏和商人太多太滥，人人都想在盐上发一笔不义之财。为什么要那么多官吏？因为盐业是暴利行业，走私贩盐利益巨大，不少人以身犯险，贩卖私盐，这样就需要官吏专职打击私盐交易。涉盐的官吏多了，消耗自然就大，于是，官吏和商人一道，以次充好，掺杂使假，这样一来，盐越来越贵，但涉盐官吏耗散更多，货越来越假，而盐商反而获利更多，国家法度管不住他们的诡计，专卖制度变成了个人捞钱的手段，国家没有得利，民众遭受坑害，钱都流到官吏和盐商口袋里去了，这些人成了国家的蛀虫，这真是一大弊政，需要尽早革除。

白居易还写了一首新乐府《盐商妇》，对盐商富得流油的生活进行抨击：

盐商妇，多金帛，不事田农与蚕绩。

南北东西不失家，风水为乡船作宅。

本是扬州小家女，嫁得西江大商客。

绿鬟富去金钗多，皓腕肥来银钏窄。

前呼苍头后叱婢，问尔因何得如此？

婿作盐商十五年，不属州县属天子。

每年盐利入官时，少入官家多入私。

官家利薄私家厚，盐铁尚书远不知。

何况江头鱼米贱，红脍黄橙香稻饭。

饱食浓妆倚舵楼，两朵红腮花欲绽。

盐商妇，有幸嫁盐商。

终朝美饭食，终岁好衣裳。

好衣美食有来处，亦须惭愧桑弘羊。

桑弘羊，死已久，不独汉时今亦有！

也不知那扬州小女子是大奶还是二奶，反正巨有钱。她又不种田又不纺纱，钱从哪里来？原来是嫁了一个好丈夫。这夫婿可算是金龟婿，贩盐十五年了，居然州县管不着，属于天子直管的人了！看来是个"红顶商人"。这女

人好衣美食，整天无所事事，吃饱了没事干，在浓妆媚眼、招蜂惹蝶呢！

看看，这是什么社会！

白居易上述议论和对盐商妇的描写，表现了政治经济上的远见卓识，表现了一贯的忧国忧民意识，也表现了相当的历史洞察力。十分不幸的是，白居易一语成谶，70 年后，两个私盐贩子王仙芝和黄巢起来造反，把大唐江山搅得一塌糊涂，最终，野心家朱温窃取果实，大唐王朝灰飞烟灭。历代中国人引以为傲、为之向往的大唐王朝竟毁在私盐贩子手中，想起来真叫人气短，令人心痛。

应该说，唐帝国这座大厦到了贞元末年已经千疮百孔、腐朽不堪了。唐宪宗的登基让大家看到了一线希望，因为这位年轻的君主，看起来像是个好的建筑师，他有决心、也有能力将这座大厦修一修、补一补，甚或还能加一加固、出一出新。这样一来，激发了白居易的斗志和热情。作为中央的低级官员，同时又是对天下弊端有感性认识和理性思考的知识分子，他就像个勤快、能干的小技术员，认真地、细心地检查大厦每一处裂缝、每一个蛀洞，将这些破败之处做好标记，以便建筑师带领施工队进行修葺。

这样的例子很多。在《论和籴状》中他抨击官吏借和籴之名，限时限量，强取稻麦，奸吏渔利其间，农民不堪其扰。在《奏请加德音中节目二件》状中他说上年江淮大旱后农民并未得到多少救济，反而在青黄不接之际要交今年的税租，"疲乏之中，重此征迫，人力困苦，莫甚于斯。"在《杜陵叟》诗中他指斥官吏不顾京郊旱灾风多、颗粒无收，也不顾朝廷已下诏豁免，急征暴敛强行收税，弄得农民典桑卖地、呼天抢地："剥我身上帛，夺我口中粟。虐人害物即豺狼，何必钩爪锯牙食人肉？"在《缭绫》中他深叹越女纺织缭绫的不易，而宫中美人华丽的演出服穿了一次便弃之不用。他不由得大发感慨：要知道那可是"春衣一对直千金"啊！在《买花》中他指斥人们过于喜欢牡丹，奢靡无度："一丛深花色，十户中人赋。"在《红线毯》中他简直就是在高声怒骂："宣州太守知不知？一丈毯，千两丝。地不知寒人要暖，少夺人衣作地衣！"

有人说：白居易"他做讽喻诗，主要是为了拾遗补阙，尽言责，做好谏官，并不是'每饭不忘君'，也不是坐卧关心人民的疾苦，考虑国家的安危，更不是'进亦忧、退亦忧'，为了拾遗的职责以诗歌当谏草，虽然也苦心孤诣写出了些好文章，但究竟不是与人民共患难的心声，而只是站在拾遗的立场

上为群众呐喊"。"白居易《与元九书》虽然自伤以歌诗得罪权贵……是借以自负",乃"自命是为民请命的最大诗人"。这真是一派胡言。这样的说法要么是对白居易的诗歌没有进行系统性研究,没有对白居易所处时代的变迁以及心路历程的变化进行全面考察而信口道来;要么,就是戴着阶级分析和阶层分类的有色眼镜来看待白居易,以出身定阶级,以血统定立场,以致"自负"地乱下断语。

元和七年(812),白居易写下《纳粟》《观稼》等诗,批评的锋芒依然不减。《纳粟》中写道:"有吏夜叩门,高声催纳粟。家人不待晓,场上张灯烛。扬簸净如珠,一车三十斛。犹忧纳不中,鞭责及僮仆。"《观稼》写道:"言动任天真,未觉农人恶。停杯问生事,夫种妻儿获。筋力苦疲劳,衣食长单薄。"元和八年(813),写《村居苦寒》:"北风利如剑,布絮不蔽身。"《采地黄者》:"岁晏无口食,田中采地黄。采之将何用?持以易糇粮。"元和九年(814),写《夏旱》,更是概括性地喊出:"嗷嗷万族中,唯农最辛苦。"

这些算不算站在农民的立场上为群众呐喊?反正不是"站在拾遗的立场上为群众呐喊",因为,这个时候,白居易已经不再担任左拾遗这个职务了(顺便说一句,在写《观刈麦》时,白居易还没有担任左拾遗)。如果说,写这些诗是为了"自负",是为了"自命是为民请命",那么,不管是谁,请你也"自负"给我们看看,请你也"为民请命"那么一回!

在我的印象中,白居易好像从来就没有"自命"过自己是为民请命的"最大诗人"。那时候,不像现在,要成为"最大"可不容易,因为古人的脸皮较之于当今要薄许多。古人还是知道"山外有山、天外有天"的说法的,还是知道"毋意,毋必,毋固,毋我",也就是不凭空猜度、不绝对肯定、不僵化固执、不唯我独尊的道理的。实际上,品德无须宣传,智慧无须卖弄,知识无须炫耀,格调无须拔高,正像我们看见许多真正的学者、真正的大师那样,他们朴实、平易、亲切,但周身闪烁着深沉而内敛的光华。

要说起来,白居易在写农民时,不但没有居高临下,而且还往往伴随着一种挥之不去的"惭愧"情结,譬如《观稼》最后四句是:"自惭禄仕者,曾不营农作。饥食无所劳,何殊卫人鹤?"这样的例子比比皆是。这可不是装出来的。这样的"惭愧",只能说明他的立场还算是站在人民中,他的感情是和农民相通的,他的心是红的,他是有良知的,他的灵魂是干净的。反观当今的一些名人和闻人,这样的"惭愧"早就被抛到九霄云外去了。

到江州后，白居易除了写《大水》，还写了《孟夏思渭村旧居寄舍弟》，对江州农家生活进行了描绘："九江地卑湿，四月天炎燠。苦雨初入梅，瘴云稍含毒。泥秧水畦稻，灰种畲田粟。"还写了《东南行一百韵》："水市通阛阓，烟村混舳舻。吏征渔户税，人纳火田租。""喘牛犁紫芋，赢马放青菰。"还写了《霖雨苦多，江湖暴涨，块然独望，因题北亭》："门前车马道，一宿变江河。"

有人会说，看看，除了《大水》，白居易并没有在其他诗中反映农民的苦难，没有揭露和批评。这样评诗和评人未免狭窄。不要说还有一首《大水》——"工商彻屋去"和"颇害农桑事"不就是反映洪水给工商和农民带来了苦难么？至于诗中"独有佣舟子，鼓枻生意气。不知万人灾，自觅锥刀利"的批评却是错误的^{（4）}——就是没有，也不能就断言白居易已经转变了立场，不"为群众呐喊"了。为什么这么说？是因为写诗作文都脱不开环境，要有所见，有所闻。没有所见所闻，你要他凭空造作，那就勉人所难了。白居易的视角还是向下的，他还能看到农民的苦，因此，有《大水》；但另一方面，白居易看到的江州经济发展状况尚好，农民生活尚能温饱，因此，没有惊心动魄的诗句，是正常的，否则，反而不正常了。

诚然，自江州后，白居易的斗争锋芒收敛了许多，他没有再写《秦中吟》和《新乐府》那样的诗篇。这倒不完全是立场出了问题，而是形势变了，世道变了，当然，无可否定，诗人的内心也发生了变化。说形势变了，是因为元和十四年（819）这一年，白居易离开江州赴忠州，朝廷风气发生了重大变化，翌年正月，唐宪宗去世，随后的唐穆宗李恒、唐敬宗李湛等皆是游乐无度之辈，根本不把国家大事放在心上，更不用说听得进批评意见，这时候你写诗来讽谏，来规劝，岂非有病？说世道变了，是因为唐穆宗李恒继位后，新乐府运动、古文运动相继衰歇，写诗作文的语境发生了变化，元和初年那种蓬勃向上、锐意革新的风气不复存在，诗文风向也随之转变，这时候，如果仍然坚持用讽喻诗之类揭露矛盾、针砭时弊已不太可能，正像今天的诗人，不可能再去写20世纪70年代末、80年代初时兴的朦胧诗一样。最后，当然是白居易自身的变化。无端遭贬，远离京师，这样的打击使得白居易变得消极。自唐穆宗开始，皇帝与白居易之间并不熟悉，谈不上信任，隔阂日重，再加上白居易慢慢老去，阅尽世事，他已经不可能像中年时期那样倔强和斗争了。

　　然而，白居易毕竟是白居易，他并没有忘记农民。太和四年（830），白居易在洛阳以太子宾客分司东都的身份写下《劝酒十四首》组诗，其中《不如来饮酒》之二说："莫作农夫去，君应见自愁。迎春犁瘦地，趁晚喂羸牛。数被官加税，稀逢岁有秋。"在真醉、假醉（屈原：众人皆醉我独醒）中没有忘记农民。同年，写《苦热》："朝客应烦倦，农夫更苦辛。始惭当此日，得作自由身。"在真热、假热（有谚：心静自然凉）中也没忘记农民。翌年，虚岁60的白居易任河南尹，已经是实职高干了，他写《新制绫袄成，感而有咏》："心中为念农桑苦，耳里如闻饥冻声。争得大裘长万丈，与君都盖洛阳城！"在高位、高龄（俗话：六十花甲子）中还是没有忘记农民。这就非常可贵、非常了不起了，在这样的位置和这样的年龄还能关心民瘼，说明他内心深处的人道主义思想始终未泯。

　　毋庸讳言，白居易不是农民，不可能以农民的身份来发出声音，不可能以农民的心思来写诗作文。他最多算是个代言人，农民的代言人，老百姓的代言人。为老百姓代言，并不容易。清代刘熙载在《艺概·诗概》中说："代匹夫匹妇语最难。盖饥寒劳困之苦，虽告人人且不知，知之必物我无间者也。杜少陵、元次山、白香山，不但如身入闾阎，目击其事，直与疾病之在身者无异。颂其诗，顾可不知其人乎？"刘熙载说得对，但只对了一半。实际上，为底层匹夫匹妇代言，不仅仅是要知道百姓的心思，更要紧的是要观察君主的脸色，不仅仅是要发出百姓的声音，更要紧的是要顾及朝堂的颜面，本意是要写百姓的饥寒，就有可能戳破别人的牛皮，本意想给百姓带来些许光明，就有可能给自己带来一片黑暗，你说你是针砭时弊，他可说你是唱衰抹黑，你说你是打根基，他可说你是挖墙脚，简言之，为百姓代言，不仅仅需要智慧，更需要勇气。

　　请注意刘熙载点了三个人：杜甫、元结、白居易。这三个人都不是农民，但他们都为农民喊出了心声。白居易就是这样，他承接杜甫、元结的优秀传统，关心底层，关心农民，为百姓说话，为农民代言，表现了一个现实主义者的思想境界，表现了一个理想主义者的人文高度。

　　白居易是官僚士大夫，是知识分子，是政治人物，他关心农桑，有很大一部分是从国家兴衰存亡、从社会长治久安的角度来考虑的。难道这样有什么不对，有什么问题么？如果政治人物都能这样考虑问题，岂不是偌大的幸事？

中国的农民是最好的农民，推而广之，中国的老百姓是最好的老百姓。他们很努力，很舍得花气力和心血，他们很善良，很懂得感恩和回报。他们爱劳动，愿意用自己的双手创造美好的生活。他们知足常乐、恪守本分，不会尔虞我诈、阴谋诡计，只要能活下去，就不会造反。当然，历朝历代，他们始终处于社会底层，始终是国家大厦的基石和础礤，他们需要关心，需要帮助，应该说，关心百姓疾苦，是政治人物的应有之义，是知识分子的应有之义。

忘记农民，就是背叛历史，鄙视农民，就是作践自己。

"长太息以掩涕兮，哀民生之多艰。"

士 子 忧

元和十二年（817），在九江，白居易为一个叫刘轲的人写了一封信，信不算长，抄录如下：

庐山自陶、谢洎十八贤已还，儒风绵绵，相续不绝。贞元初，有符载、杨衡辈隐焉，亦出为文人。今其读书属文，结草庐于岩谷间者，犹一二十人。即其中秀出者，有彭城人刘轲。轲开卷慕孟轲为人，秉笔慕扬雄、司马迁为文，故著《翼孟》三卷、《豢龙子》十卷、杂文百余篇，而圣人之旨，作者之风，虽未臻极，往往而得。予佐浔阳郡三年，轲每著文，辄来示予。予知轲志不息，异日必能跨符、杨而攀陶、谢。轲一旦尽赍所著书及所为文，访予告行，欲举进士。予方沦落江海，不足以发轲事业，又赢病无心力，不能遍致书于台省故人，因援纸引笔，写胸中事授轲。且曰：子到长安，持此札为予谒集贤庚三十二补阙、翰林杜十四拾遗、金部元八员外、监察牛二侍御、秘书萧正字、蓝田杨主簿兄弟，彼七八君子，皆予文友，以予愚直，常信其言，苟于今不我欺，则子之道，庶几光明矣。又欲使平生故人，知我形体已悴，志气已惫，独好善喜才之心未死。去矣去矣，持此代书。三月十三日，乐天白。

刘轲是谁？白居易为什么要写这封信？

让我们还是先来读读这封信。

这封信说了这么几层意思：一是庐山这个地方，儒风绵绵，自陶渊明、

谢灵运以及慧远莲社十八高贤以来，读书风气甚浓，在本朝建中、贞元年间，就有符载、杨衡等人在此隐居读书，后来皆以文而显。二是说当下在庐山结庐隐居、读书著文的就有一二十人，这些人中突出的有彭城人刘轲。刘轲为人学亚圣孟轲，为文追杨雄、司马迁，撰写了《翼孟》《豢龙子》以及杂文上百篇，其思想已直追孟夫子，其笔力已媲美杨子云（杨雄）。三是我白居易到江州已头尾三年，每每看到刘轲的文章，知道他的志向和才华。今日刘轲前来告别，说是要回本州乡试，然后到京师去考进士，我倒是乐于举荐，但身处江州，有心无力，因此写这封信嘱咐刘轲，到京后，你拿着这封信去找庾敬休、杜元颖、元宗简、牛僧孺、萧睦以及杨汝士、杨虞卿兄弟俩，这些人都是我的文友，知道我的为人，你去拜会他们，或许能给你些许帮助，也好让他们知道，他的故交白居易虽然身已疲、志已衰，但爱才、惜才、重才之心一如既往，从未衰歇。

这封称为"代书"的推荐信透露了一个重要信息，那就是，有唐一代，至少是中晚唐，江州庐山成为"一大读书中心"。[15]

这一读书中心是怎么形成的呢？

让我们先来看看唐代的教育。

有唐一代，其教育是以儒学学校为主要形式的多维组合。在近三百年的历史进程中，大致经历了前后两个时期的变化，唐前期，官学也就是公立学校，作为国家教育的主导，覆盖了中央及地方的各个方面，安史之乱后，官学日渐式微，其教育的主导地位逐渐为民间私学所替代。

唐代官学有中央和地方两个层面。中央一级又分两种，一种是礼部国子监直管六学：国子学、太学、四门学、律学、书学和算学。唐玄宗开元后期，又设立广文馆。国子学、太学、四门学、广文馆类似于当今的综合性大学，学习内容主要是儒家经典。律学、书学和算学相当于专科学校，讲授与各科专业有关的知识。另一种是各政府部门主办学校：弘文馆、崇文馆、医学、崇玄馆等。弘文馆由门下省主办，崇文馆由东宫主办，医学由太医署主办，崇玄馆由祠部主办。此外，朝廷其他部门还分别办有天文学、历数学、漏刻学、兽医学、校书学、卜筮学等专科教育学校。地方学校有府学、州学、县学，依府、州、县大小分为大中小三等，确定学校规模，这些地方学校都以学习儒家经典为主。此外，在府、州两级还设有医学。

古代中国，教育的根本目的在于维护统治者的利益，也就是说，学校的

产生首先是源于统治者的政治需要，因此，古代中国的学校，基本上成为统治阶级享受教育特权的工具，学校基本上成为国家机器的一部分。这一点，在唐代官学中表现得非常充分。

《新唐书·选举志上》："国子学，生三百人，以文武三品以上子孙若从二品以上曾孙及勋官二品、县公、京官四品带三品勋封之子为之；太学，生五百人，以五品以上子孙、职事官五品期亲若三品曾孙及勋官三品以上有封之子为之；四门学，生千三百人，其五百人以勋官三品以上无封、四品有封及文武七品以上子为之，八百人以庶人之俊异者为之；律学，生五十人，书学，生三十人，算学，生三十人，以八品以下子及庶人之通其学者为之。"就是说，国子学、太学、四门学，并不是学校的学术水平有什么不同，也不是课程设置有什么不同，更不是学制长短、学业深浅有什么不同，而是学生的入学资格有高低之分。所谓入学资格，指的是其家庭官阶和门荫地位。国子学学生的家庭出身比太学学生高，太学学生的家庭出身比四门学学生高。弘文馆、崇文馆的情况也差不多，生源不是靠什么考试筛选，而是比家长官职大小，只有皇亲国戚、三品以上大官的子孙，才有入学资格。一句话，唐代的官学基本上是贵族学校，是官僚子弟俱乐部。

唐代官学的入口主要是官僚贵族子弟，出口则主要是应科举。也就是说，学校教学的目的，就是为培养合格的科举应试人才。国子学、太学、四门学的学生，一入学就分为举进士或是举明经，广文馆则是专门培养进士科举子的。这样一来，学校就成了科举补习班、官员养成所。

毫无疑问，中央学校的教育资源属于稀缺资源，因为，按《新唐书·选举志上》所载六学、二馆的生员统计，一共只有 2260 个名额，这些名额肯定满足不了中央各级官僚和贵族对儿孙教育的需求。不过，变通的办法肯定是有的。一个办法是扩大招生规模。《唐会要》卷 35《学校》载："贞观五年以后，太宗数幸国学太学。遂增筑学舍 1200 间。国学、太学、四门，亦增生员，其书算等，各置博士，凡 3260 员。其屯营飞骑，亦给博士，授以经业。已而高丽、百济、新罗、高昌、吐蕃诸国酋长，亦遣子弟请入国学。于是国学之内，八千余人。国学之盛，近古未有。"包括留学生在内，学生达到 8000 多人，这样的鼎盛发达，不光是空前，有唐一代，怕也是绝后。另一种办法就是放宽出口。唐代还保留门荫入仕的规定，也就是高官的子孙可以直接给予做官的资格，这是一种制度化的政治特权，是士族门阀势力的余绪，这样一

种制度安排，十分腐朽，但也舒缓了中央学校的压力。

地方学校的情形也差不了多少。譬如州学，上州学生配额 60 人，上县 40 人。以江州为例，开元年间江州 12 万人，江州和下辖三县学生配额总共 180 人（均按上州、上县计算），学生占人口比重为 0.15%，这是一个非常低的比例，说明地方的教育资源也非常稀缺。这样一种稀缺资源，势必被地方官僚地主所瓜分，其法理依据很可能参照中央学校的入学资格规定。

当然，地方学校学生家长的官阶财产与中央大员、皇亲国戚相比，那就是小巫见大巫了。所谓庶族、寒门，指的就是这类人。地方学校的学生出口，也无一例外地指向科举。其佼佼者，通过乡试成为"举子"，在京城与中央学校选拔的"生徒"一道参加科举，博取功名。次一等但又可堪造就者，也可升入中央四门继续深造，因此有四门学"八百人以庶人之俊异者为之"的说法。

中央学校和府学、州学、县学，都可算是高级教育，拿当今来类比，应该是高中或高校。至于启蒙教育，京城有秘书外省所属小学，地方有乡学，似乎还有村学。乡学一般由官府主办，唐玄宗开元二十六年（738），皇帝下诏："其天下州县，每乡之内，各里置一学，仍择师资，令其教授。"唐德宗贞元三年（787），右补阙宇文炫上疏："请京畿诸县乡村废寺，并为乡学。"而村学可能由民间主办，规模比乡学要小，大抵只有一个教书先生，教着一二十个村童，先生的衣食之费由村中支给。

私学在古代中国源远流长。孔子可算是私学的开创者，他"有教无类"的办学思想，"学而优则仕"的培养目标，给中国以深刻影响。唐代前期，朝廷对私学有所限制，唐玄宗开元二十一年（733），下诏"许百姓任立私学"，放开了民间办学的限制，自此，私学开始兴盛。办私学的有在职官吏、退休官员、无意仕宦者以及政治上失意的儒士，也有借此换取斗筲之资的贫寒知识分子。他们中有的精通经学，通晓文史，有很高的造诣，在地方被奉为名师大儒，自行在民间聚徒讲学。

综合上述材料和其他材料，我们可以得知如下信息：一是唐代教育制度比较完备，学校形态多种多样；二是官学主要为王公贵族服务，但客观上，中小官僚地主的子弟亦有上升的阶梯，而且相比较而言，寒门子弟比贵族子孙更奋发上进，更有可能考取功名；三是官学教学主要围绕着科举的指挥棒转动，科举考什么，学校就学什么，科举怎样考，学校便怎样教；四是为适

应社会需求，唐代学校亦培养诸如医学、算学、天文学等专门人才；五是乡试、科举的录取率都非常低，大部分未及第者有可能在其他岗位从事脑力劳动；六是相对于人口总数，学生占比并不高，离普遍教育或大众化教育相差甚远；七是民办教育即私学，是官办教育的重要补充。

应该说，唐代的教育体制是成功的，其证据就是知识分子与广大民众一道，创造了空前繁荣的伟大王朝。经济进步，国力强盛，政治和社会组织合理发展，科学文化昌明发达，大唐帝国以其昂扬的姿态"成为世界上最富饶、人口最多、在许多方面文化最先进的国家"。这一切，离不开广大的农民、手工业者、商人等劳动者，当然，也离不开一大批有思想、有见识、有技能的知识分子。

发端于隋代、成熟于唐代的科举制度，是为当时世界上最优秀、最先进的人才选拔制度。

围绕着科举指挥棒的唐代教育制度，是为当时世界上最完备、最先进的人才培养制度。

一个社会，只有让中下层的知识精英有上升通道，这个社会才不会板结，才有活力。更进一步，一个社会，只有让每个人（包括底层民众）有梦想，有希望，这个社会才不会凝滞，才有创造力。

安史之乱，吹散了大唐帝国的旷代繁华，也改变了大唐帝国教书育人的走向。战乱之后，社会动荡，经济衰落，国库空虚，朝廷不以教育为意，办学经费成了首先削减的对象，学生人数大幅度减少，连教师也处于困顿状态。《旧唐书·礼仪四》载："自至德后，兵革未息，国学生不能廪食，生徒尽散，堂庑颓坏，常借兵健居止。"李绛论及学校时说："顷自羯胡乱华，乘舆避狄，中夏凋耗，生人流离，儒硕解散，国学毁废，生徒无鼓箧之志，博士有倚席之讥。马厩园蔬，殆恐及此。"沉痛地描述了官学凋敝的凄惨景象。

读者诸君对大文学家韩愈的《进学解》可能并不陌生。文中说，正当国子先生谆谆教诲学生"业精于勤荒于嬉，行成于思毁于随"之际，"有笑于列者"反驳说："先生口不绝吟于六艺之文，手不停披于百家之编……焚膏油以继晷，恒兀兀以穷年……然而公不见信于人，私不见助于友……冬暖而儿号寒，年丰而妻啼饥。头童齿豁，竟死何裨。"抗颜为师表的韩愈在元和八年（813）写了这篇文章，文中借一个"顽劣"学生之口，惟妙惟肖地描绘了国子学博士的窘境。身在官方一流大学，官居五品，承担"传道、授业、解惑"重任

的老师，尚且如此狼狈，大家就可以知道所谓"再穷不能穷学校，再苦不能苦孩子"的说法，就是一句鬼话。当然，这篇文章是韩愈抒发愤懑之作，不无夸张，但当与实际情况相去不远，佐证是柳宗元也说"今之世，为人师者众笑之""专名誉、好文章者，咸耻为学官"。大学老师的境遇如此不堪，可见中晚唐公立学校的衰败。

官学衰微，而社会又有渴望知识的需求，由此，中唐后，私学在数量和质量上均有压倒官学之势。私学具有官学无可比拟的多种形式，如遍布乡间村野的村学，由寺院出资延引俗家子弟学习经史的寺学，官宦和富人延师设馆的私塾，由硕儒兴办的书院以及家学等。私学对学生身份不作规定，能满足各阶层子弟求学的需要。

庐山成为一大读书中心，就是唐中叶时候开始的。当时，山林讲学的风气日盛，终南山、华山、嵩山、中条山、太行山、泰山、衡山、罗浮山、九华山、会稽山等地都是讲学读书之地。而庐山以其便捷的交通、深厚的传统、极佳的山水以及浓厚的社会风气，成为讲学、读书的最佳处之一。

民谚说："深山涧里读书，不如十字街头听讲。"也就是说，与其在深山里闷头读书，不如在十字街头听人谈话，因为这样得到的信息更多，对自己更有裨益。那么，为什么中晚唐一批士子会放弃城镇的种种好处，跑到深山里来读书呢？

道理说复杂也复杂，说简单也简单。到山林读书的已不是所谓蒙童，而是粗识文字的少年或青年，读书的目的无外乎在于功名。要考取科举，博取功名，不下苦功、花大力气不行，因此，隐于山林，正好静下心来，一心读书；一些名师大儒，或厌于官场，或不惯城市，在山林开馆收徒，讲经论道，青年学子比较容易得到名师指点；山林中多寺院道场，保存不少儒家典籍，佛、道两家通文墨者较多，便于学习与交流；有一些人家庭非常困难，不能自给，需仰仗寺院道场寄食，得以继续读书；还有，统治者出于实际的政治需要，屡下诏书求贤征隐，以此显示太平，教化风俗，由隐入仕成为士人实现理想抱负的"终南捷径"，他们隐居山林，读书著文，养名待时，激扬名节，进退皆可。就这样，山林中，有教的、有学的，庙宇中，有书籍、有文友，于是林栖谷隐，论学会友，蔚为风气。

较之于终南山、华山、嵩山等地，庐山离京城比较远，条件并不算优越，然而，庐山恰是最好的"十字街头"：长江和鄱阳湖水道，使得九江处于交通

大动脉的黄金丁字路口，南边的闽、粤，东边的苏、杭，来往于京都长安，必经江州，西边川蜀、荆湘，北边淮南、淮西，也与江州往来密切，在九江，朝廷动向和各地信息并不缺乏；自陶渊明、谢灵运以来，江州文风茂盛，真隐伪隐、全隐半隐者相续不绝，文化根苗茁壮，文化氛围浓厚；由慧远、陆修静等人开拓的佛、道事业，在庐山兴旺发达，寺庙道观甚多，僧侣道人甚众，包括儒家经典在内的书籍甚广；再加上江州没有受到安史之乱大的影响，社会安定，物产丰富，交通便利，进出皆宜，由此，江州庐山成为书生渊薮，就不足为奇了。

中晚唐来庐山读书，最早的应该算是李白。天宝十五载（756），为躲避战乱，李白偕家人历经千辛万苦，来到庐山，隐居屏风叠，折节读书。后来由于参加永王李璘幕府，被唐肃宗流放夜郎，至巫山时中途遇赦，又放归浔阳。上元二年（761），杜甫在成都怀念李白，写了一首诗："不见李生久，佯狂真可哀。世人皆欲杀，吾意独怜才。敏捷诗千首，飘零酒一杯。匡山读书处，头白好归来。"不知道李白行踪的杜甫，借用陶渊明的话深情呼唤李白"归来"，表达了两位大诗人惺惺相惜、相知相与的深厚情谊。

当然，李白来到庐山，主要是避祸，也是等待时机，和年轻学子的读书不是一回事。翻箱倒柜，从典籍中我们看到，中晚唐到江州庐山读书的和教书的，确有不少。

卢振，生平及事迹不详。我们所知道的是，卢振在唐代宗广德二年（762）之前来到江州，在城南筑书堂、建竹亭，用以安身修性，弄得两位文学大家李华和独孤及均为此写记。李华在《卢郎中斋居记》中写道："书堂斋亭，成于指顾；高松茂条，森于门巷。宴然燕居，胜自我得。"而独孤及在《卢郎中浔阳竹亭记》中则说："数仞之邱，伐竹为亭。其高出于林表，可用远望。工不过凿户牖，费不过翦茅茨，以俭为饰，以静为师。辰之良，景之美，必作于是。凭南轩以瞰原隰，冲然不知锦帐粉闺之贵于此亭也。亭前有香草怪石，杉松罗生，密条翠竿，腊月碧鲜，风动雨下，声比箫籁。亭外有山围溢城，峰名香炉，归云轮囷，片片可数，天香天鼓，若在耳鼻。"这样的读书之地，分明是一处山水园林。卢振是以前朝廷官员的身份（李记为尚书左司郎中、独孤记为尚书右司郎中，官阶为从五品）来到江州的，并不为功名，但他这样一处读书之地，必定吸引其他文人和青年学子前来同游，正像李华所说："大江在下，名山当目，嘉宾时来，携手长望，可以

颐神养寿，畅其天和。"

　　符载，字厚之，唐德宗建中（780～783）初年，与杨衡、李元象、王简言等隐居庐山，号"山中四友"。符载《荆州与杨衡说旧因送游南越序》："载弱年与北海王简言、陇西李元象洎中师高明会合于蜀，四人相依然约为友……无几何，共欲张闻见之路，方乘扁舟，沿三峡，造浔阳庐山，复营蓬居，遂我遁栖。二三子以道德相播，以林壑相尚，精综六籍，翱翔百氏，繇是声誉殷然，为江湖闻人。居五六年，载出庐岳。"符载《浔阳岁暮送徐十九景威游潞府序》："余有茅居在郡南西岭下，前有芙蓉菱芡，后有高梧大竹。"这就说得很清楚，为张大"闻见之路"，符载等四人同至庐山，在浔阳之南、西岭之下建有读书堂，在这里钻研典籍、遨游于诸子百家之中，有五六年时间。与杨衡应科举、中进士不同，符载没有应举，而是潜心读书著文，因此有了巨大的文名，李巽守江西时荐其任南昌军副使。《全唐书》卷526有李巽《请符载书》《再请书》《第三书》。当时使府辟署，也就是观察使、节度使延请佐僚，格外客气，需要三请，李巽的做法符合规矩。符载对李巽的三请，也作了三答。到南昌任后，作《新广双城门颂并序》："贞元十四年，我常侍钟陵之政成，繇赋均调，法令修理，男女大小，祗承教化，土地千里，蚩蚩浩浩，莫不划心，化为端良。"后来，符载又辟为西川韦皋的掌书记，刘辟叛乱时，曾劝诫刘辟，得以免祸，再入庐山读书写作。后入于荆南节度使、江陵尹赵宗儒幕府，再后入朝任监察御史。

　　柳宗元，贞元元年（785）随父柳镇来到九江，时年13岁，居住多久不详。贞元四年（788），其父任殿中侍御史，柳宗元随父入京，贞元九年（793），进士及第。柳宗元《送萧炼登第后南归序》："始余幼时，拜兄于九江郡，睹其乐嗜经书，慕山薮，凝和抱质，气象甚茂，虽在绮纨，而私心慕焉。厥后窃理文字，先礼而冠，遇兄于泽宫之中。"萧炼，贞元十二年（796）进士，曾任太原府参军。萧炼比柳宗元年长，少年柳宗元曾在九江师从萧炼，弱冠时在京城（泽宫，古代习射取士之所）再一次相遇。柳宗元为中唐伟大的文学家、思想家。

　　李涉、李渤兄弟，大约贞元二年（786）到庐山，李渤14岁，李涉约18岁。李渤，字浚之。《新唐书·李渤传》："刻志于学，与仲兄涉偕隐庐山……久之，更徙少室。"与李渤同时隐居庐山的一共七人，他们借庐山石人峰下的僧舍读书论道，学业精进。这座僧舍是归宗寺赤眼禅师智常的别院，由

于李渤等七人的缘故，后人称为七贤寺，也叫栖贤寺。不久，李渤游历到四山环合、一水中流的庐山余脉卓尔山麓，见这里无市井之喧，有泉石之胜，是隐居读书的理想环境，兄弟俩就在此结庐读书，还驯养了一头白鹿，常带牠外出，时人称李渤为白鹿先生，其读书处称白鹿洞。李氏兄弟在庐山时间很长，贞元十四年（798），李渤写《辩石钟山记》，[16]落款"白鹿先生记"，此时李渤尚在江州，由此看出他在庐山隐居就学至少十二三年。李渤没有参加科举，但学养丰富，名动京城，人称博士。元和初，经李巽、韩愈推荐，到朝廷当官，韩愈在《与少室李拾遗书》中说："朝廷之士，引颈东望，若景星凤凰之始见也，争先睹之为快。"给予李渤相当高的评价。长庆二年（822），朝廷任命李渤为江州刺史，再次来到他所熟悉的地方。时值大旱，而朝廷竟在追讨 36 年前江州逃户拖欠的税赋，李渤上书要求豁免，减轻了百姓负担，又发动群众在城南的南湖中筑堤，沟通南北，在南湖与长江通道口建桥安闸，控制和调节水位，兼有灌溉农田之利，后人感念李渤，将堤命名为李公堤（俗称小坝），外湖名甘棠湖，[17]桥名思贤桥。李渤还对白鹿洞进行了整修，"地创台榭，引流植花"，成为一方名胜。李渤后来任桂管观察使，组织疏浚境内的古灵渠，有利于民。李渤在江州和桂林大力兴修水利，表字"浚之"当之无愧。《旧唐书·李渤传》称其"孤贞力行，操尚不苟合"，是中晚唐的名臣。

韦成绪，生平事迹不详，诗人韦应物的堂侄。韦应物贞元元年至贞元三年（785～787）刺江州时，写下《题从侄成绪西林精舍书斋》《因省风俗与从侄成绪游山水中道先归寄示》等诗。《题》诗中有句："郡有优贤榻，朝编贡士诏。欲同朱轮载，勿惮移文诮。"看得出，韦应物希望这个堂侄能学有所成，博取功名。韦应物还有一首诗《因省风俗访道士侄不见题壁》，有论者疑"道士侄"即前者韦成绪，莫非一年后韦成绪不学儒而入道耶？

李逢吉，贞元四年（788）来到江州，时年 31 岁。贞元十年（794），进士及第。李逢吉《折桂庵记》："吾顷年奉家君牧九江，得从白鹿先生浚之游，观焉志羡，则咏真之邻也。"宋代陈舜俞《庐山记》卷 2《叙山南篇第三》："证寂院，旧名折桂庵。唐相李逢吉，旧依李渤学于此山。逢吉去而为僧居，故名折桂。"折桂庵在白鹿洞书院之北。李逢吉以而立之年，与比他小 15 岁的李渤同游，盖因李渤的才气和正直为世人所知，李逢吉借以扬名。李逢吉后两度为相，为人污卑，结党乱政，是为党争之始。南宋朱熹游此地，写诗《折

桂院黄云观》，其中有句："受书彼何人？姓字不足详。竹帛有遗臭，桂树徒芬芳。"对李逢吉进行了辛辣的讽刺。

萧存，贞元十一年（795）来到江州，时年57岁。萧存继承了他父亲萧颖士的传统，是一位著名文士。颜真卿在湖州任刺史时，曾召集陆羽、萧存、皎然等20多名文士研究探讨古今诗韵，编成《韵海镜源》一书。萧存后入朝历任殿中侍御史、比部郎中等。唐德宗的宠臣裴延龄掌管中央财政后，陆贽被罢相，萧存等受牵连被排挤出京，来到庐山，在紫霄峰下建有一座草堂，读书教徒，礼佛习禅，寄情山水。曾与魏弘简、李渤等同游大林寺。后因中风，右体麻痹，于贞元十六年（800）在浔阳城逝世。元和十五年（820），韩愈自袁州（今江西宜春）刺史征为国子祭酒，途经九江，特地到萧存的墓地祭拜，当得知萧存的儿子均已凋谢，只剩下一个女儿在江州为尼时，他非常痛惜，留下一些钱财，并赋诗感慨："中郎有女能传业，伯道无儿可保家。偶到匡山曾住处，几行衰泪落烟霞。"

检《全唐诗》，有关庐山读书的有中晚唐李端《长安书事寄卢纶》："弱冠家庐岳，从师岁月深。"杨巨源《题五老峰下费君书院》："解向花间栽碧松，门前不负老人峰。"刘禹锡《送张盥赴举诗》："长裾来谒我，自号庐山人。"章孝标《赠庐山钱卿》："象魏抽簪早，匡庐筑室牢。"许浑《元处士自洛归宛陵山居见示詹事相公饯行之什因赠》："紫霄峰下绝韦编，旧隐相如结袜前。"自注："元君旧隐庐山学易，常为相国师服。"刘得仁《和厉玄侍御题户部相公庐山草堂》："白云居创毕，诏入凤池年。"《和段校书冬夕寄题庐山》："仁者终携手，今朝预赋诗。"李群玉《劝人庐山读书》"片玉若磨唯转莹，莫辞云水入庐峰。"许棠《寄庐山贾处士》："穷经休望辟，饵术止期仙。"李咸用《送赵舒处士归庐山》："诸侯师不得，樵客偶相随。"许彬《酬简寂熊尊师以赵员外庐山草堂见借》："顾己恩难答，穷经业未慵。"杜荀鹤《哭山友》："十载同栖庐岳云，寒烧枯叶夜论文。"唐求《送友人江行之庐山肄业》："莫教衔凤诏，三度到中庭。"五代，伍乔《庐山书堂送祝秀才还乡》："束书辞我下重颠，相送同临楚岸边。"《送江少府授延陵后寄》："五老云中勤学者，遇时不能困风尘。"李中《壬申岁承命之任淦阳再过庐山国学感旧寄刘钧明府》："三十年前共苦辛，囊萤曾寄此烟岑。"此外，《唐才子传》《北梦琐言》《太平广记》《庐山记》等亦有庐山读书的记载。在庐山读书的如此之多，怪不得符载说过"中朝珪组君子，大半皆匡庐之旧"。

江州还有一处读书之地不得不提，那就是德安陈氏的东佳书楼。南唐徐锴作《陈氏书堂记》，将来龙去脉叙述得较为清楚："浔阳庐山之阳，有陈氏书楼……伯宣因来居庐山，遂占籍于德安之太平乡常乐里。合族同处，迨今千人。室无私财，厨无异爨。长幼男女，以属会食。日出从事，不畜仆夫隶马……能嗣其业，如是百年……遂于居之左二十里曰东佳，因胜据奇，是卜是筑，为书楼堂庑数十间，聚书数千卷。田二十顷，以为游学之资。子弟之秀者，弱冠以上，皆就学焉。"据《陈氏家谱》，陈伯宣先居于庐山（今濂溪区赛阳镇凤凰村义门铺），其孙陈旺迁居德安，家族渐大，族风淳朴。陈氏家族由于南唐先主李昪（宋陆游《陆氏南唐书》作李昪，宋马令《马氏南唐书》作李昪）下诏"旌其义也"，世代被称为义门陈。

如果说中晚唐到庐山读书还是个人的、散在的话，那么到南唐，庐山读书中心则是官方的、成规模的，其标志是在白鹿洞设立了庐山国学。庐山国学究竟设立于何年？查遍典籍，均未明确，只知道是南唐先主李昪昪元年间（937～942）。南唐是一个偏安小国，却热心教育，不能不说是一件奇事。[18]

还有一件奇事是南唐中主李璟即位前曾入庐山秀峰读书，即位后，念念不忘庐山读书之地。实际上，在庐山读书的还有一位先行者，那就是南北朝时梁昭明太子萧统。萧统是梁武帝萧衍的长子，立为太子，可骨子里却是一个文人，他由于编纂《文选》而不朽，这是中国现存最早的诗文总集。萧统有没有在庐山读过书，已经无从考证了，但他真心推重陶渊明，搜集编成陶渊明的集子，并写下《陶渊明传》和《陶靖节集序》，成为陶渊明的第一个知己，由此，盛传萧统在陶渊明的家乡庐山秀峰读书就毫不奇怪了。

李璟也是太子，而恰好也偏爱文艺，那诗词名句"细雨梦回鸡塞远，小楼吹彻玉笙寒"就是他写的，还有，"青鸟不传云外信，丁香空结雨中愁"也非常有味道（当然，他的儿子，亡国之君后主李煜，文才更好）。与萧统不同的是，李璟27岁登上了皇位。这位年轻的君主在用武力开疆拓土的同时，感到精神需要有所依附，于是，下诏改秀峰庐山书堂旧基为寺，是为开先寺，保大十二年（954），文人冯延巳奉诏撰《开先禅院碑记》，对皇上的英明好一番吹捧。

延至宋代，南宋淳熙六年（1179），朱熹任南康知军，上表修葺白鹿洞书院，自任洞主，筹置学田，编制课程，制订学规，收聚图书，使白鹿洞书院达到鼎盛，成为当时全国四大书院（白鹿洞书院、睢阳书院、石鼓书院、岳

麓书院）之首，确定了庐山的教育地位。朱熹制定的"博学之、审问之、谨思之，明辨之、笃行之"等内容的学规，至今闪烁着智慧的光华。

可能有人说，唐代有完备的教育制度和先进的科举制度，是士林之幸。这话当无大谬。前期，中央官学吸纳的是官宦子弟，但州县学校毕竟面向寒门，中晚唐，勋贵子弟依靠家庭私学获取知识，庶族子弟则通过庐山读书中心这样的私学来谋取学问，最后的指向均归于科举，这样一来，"从理论上说，官职之门向一切有才之士敞开，但实际上它却只有利于那些有足够财力进行多年学习和准备的阶层。不过这并不意味着统治中国的是世袭贵族阶层，相反它是一个由学者组成的统治集团即文人学士集团来统治中国，他们为中国提供了一种赢得欧洲人敬佩的、有效而稳定的行政管理。"[19]

是的，有唐一代，心胸开阔，兼容并包，宗教宽容，思想开放，意识形态钳制较少，外来文化交流频繁，文学成就辉煌，文化艺术争奇斗艳，科学技术也有发展，城市繁荣，商业兴盛，加上科举制的成熟，以及以科举为目标的教育的发展，一代又一代有想法、有干劲、有能力的青年学子，可以通过自身的努力，获取知识，求取功名，找到出路。科举考试的实行，教育对象的下移，使得盛行几百年的"贵仕素资，皆由门庆，平流进取，坐至公卿"的门阀世袭最终无立足之地，打破了社会阶层的流动性停滞也就是所谓社会阶层板结格局，一大批非士族出身的、一般中小官僚地主家庭的子弟，有了进阶之途，他们或在政治上崭露头角，或在文艺上展示才华，或在科技工艺以及其他方面苦心经营，给社会以极大的活力。

然而，我们也必须看到，中国自古以来国家机器发达，以维护皇权为目的的科举制度，以服务科举为根本的教育制度，对唐代知识分子的摧残也是巨大的。其实，有唐一代，对科举流弊的批评不绝于耳，主要集中在重才轻德、交通关节、请托行卷、考场作弊、权贵宦官插手干预等种种不堪上，朝廷也进行了一些补救和改革，但这些改革，没有起到根本性作用。由于教育绑定在科举上，虽然有关教育弊端的议论较少，然而，在教育上，也存在不少问题。

唐代教育，从根本上说，是一种应试教育，又是官本位教育，由此，在整个社会中，弥漫着若干不良风气，引领着教育方向。

首先是崇拜官场、崇拜权力之风。"万般皆下品，惟有读书高。"为什么只有读书高？原来，"书中自有千钟粟，书中自有黄金屋，书中自有颜如玉。"

读书的目的，就是为了科举，就是为了当官，有了官位，就有了一切。这样，功名利禄就成为牵动学子以及整个社会的一种价值取向。"彼徇名者，遭时多故，乘地高势便，罕不争先鞭，务飞速，以夸当代。"崇拜官场，追求权力，致使一些知识分子迷失自我，其独立之精神、自由之人格为之扭曲，没当官之前想当官，当了官之后想当大官。当官揽权，进而牟利，成为古代中国文人士大夫一生奋斗不已的目标。因此，有识者悲鸣"忠孝寂寞，人伦憔悴"，当为官本位下社会风气的真实写照。

其次是填鸭式、灌输式之风。既然读书是为了科举，科举内容主要是儒家经典和文史，因此，读书便成了死记硬背，也成了大量做题，只有这样，才能熟悉经典，知道出处。进士和明经虽然也考策文，但这些策文大多还取材于经史，与时局关系并不密切，与制举策文不可同日而语，激发不了学子关注时政、思考问题的热情，所谓"鲁叟谈五经，白发死章句。问以经济策，茫如坠烟雾""青春作赋，皓首穷经，笔下虽有千言，胸中实无一策"是也。由此，学校便如同鸭舍，学子便如同容器，老师猛灌，学生活吞，老师出"标准答案"，学生被迫成为"读书机器"，知识分子成了"知道分子"，看起来掌握的知识点很多，但分析、研究的能力不值一提。

再次是重文轻理之风。有唐一代，按照社会需要，虽然也设有医学、天文学、历数学、漏刻学、兽医学、校书学、卜筮学等专门学科和学校，但就学人数很少，前途并不明朗，不可能取得什么好的社会地位。"兹道寝微，争尚文词，互相矜衒……幼能就学，皆诵当代之诗；长而博文，不越诸家之集……朝之公卿，以此待士；家之长老，以此垂训。"这样一来，现代科学中的理性和实验，那种讲逻辑、讲实证的思维模式和思想方法，就在漠视和贬斥下渐行渐远。大唐帝国的建筑、绘画、雕刻、冶金、造船、瓷器、丝绸、农学、园林等，都留下了令人信服的巨大成就，为人类做出了重要贡献，但历史告诉我们，在这么多领域，没有一样东西经研究总结综合集成，成为一门真正意义的学科。而那些工艺巨匠或技术大师，往往失意于科场，或湮没于无闻。

最后是重才轻德之风。既然读书是为了考试，完全以考试成绩说话，那么，学生的品行、情商、修养等非智力因素遭到忽视就变得司空见惯了，甚或人格遭到扭曲，心胸变得狭窄，自我膨胀，心理畸形，道德滑坡。由此，就有"此辈诚有文章，然其体性轻薄，文章浮艳，必不成令器"，甚至"致有

朝登科甲而夕陷刑辟"者。实际上，成绩好不等于人品好，分数高不等于品格高。有唐一代，得中进士者成为朝廷良臣、文章好手当然比比皆是，但也请别忘记，混账不法之徒也有不少，像已经提到的齐映、严绶、刘辟、王涯、李逢吉、李宗闵、牛僧孺，还有将要提到的皇甫镈都是进士出身，书都读得很好，可品行嘛，不值一提。

有唐一代的这些风气，形成了深厚的考试文化，对中国产生了无与伦比的影响。由于大唐帝国被公认为是古代中国的黄金时代，是帝制时代中华文明的巅峰，由于大唐官学和私学的开放性和有效性，科举制度的成熟带来了世界上最好的文官制度，因此，唐代的教育和科举便为后世所效仿，而其中的弊端也无一例外地被继承，被扩大，被渐渐发挥到极致。历经演变，至明、清两代，教育和科举越来越刻板，越来越成为束缚士子思想和活力的工具。明代科举考试内容陷入僵化，只要求考生能造出合乎形式的文章，反而不重视考生的实际学识。大部分读书人为应科考，思想渐被狭隘的四书五经、迂腐的八股文所束缚，无论是眼界、思考能力、创造精神都被大大限制。士子以通过科考为读书唯一目的，读书变成只为做官，光宗耀祖，科举制度在为政府发掘人才的同时，亦埋没了民间在其他各方面的杰出人物。到了清代，满人以落后的少数民族入主中原，把大量的精力用来防止汉人反抗，在政治思想领域实行空前的镇压与控制，士子的生命常常受到威胁，学界被迫转向乾嘉考据，事功之学未能发展，科举以及被绑架的教育越来越走向末路。[20]

而在明清之交，西方正经历伟大的科学革命。也就是说，正当哥白尼以怀疑论者的眼光推翻地心说、宣扬日心说的时候，正当伽利略在比萨斜塔上做落地实验、验证轻重不同的物体同时落地的时候，正当牛顿被苹果砸中、思考万有引力定律的时候，中国的聪明人正在做同一件事：想当官或正在当官。途径和孔道就是科举。这样一来，我们不得不说，明清两代是科举葬送了科学。

当然，在唐朝，科举正盛，不可能预见如此长远的未来。然而，科举和教育之弊已经种下了不良的种子。唐代文化最鲜明的特征，是它具有巨大的开放性和包容性，唐代士人从总体而言，是昂扬激越、生动活泼的，是兼容并包，心胸宽广的。唐帝国是一个强国，即使到中晚唐，唐帝国还是一个大国，政治上、经济上、文化上具有世界上其他文明无可比拟的高度，同时，

在思想上，唐王朝的条条框框较少，知识分子中普遍洋溢着一种达观、向上、热情、积极的生活态度和价值取向。关怀天下，面折廷争，王霸大略，立功边塞，纵横任侠，无所拘束，充满好奇，探究真相，行走万里，以观风俗，都是知识分子乐于从事的工作。在这一背景下，"富贵不能淫，贫贱不能移，威武不能屈"的儒家传统，与一心当官、追求权力的社会风气有着巨大的反差，而崇尚个人自由、追求人格独立、渴望价值判断和完善品行修养的心理期望，与扼杀创造性、培养顺从性的社会现实有着巨大的冲突。于是，我们常常可以看到，在唐代士子的诗文中，有思想在官僚压榨下的抗争，有灵魂在权力榨取中的哀号，有志趣高远不为经典所缚的呐喊，有满腹经纶不为社会所用的悲鸣。

我们可以想象这样一种场景：一对父母送孩子入学，父母谆谆教导孩子说，要好好读书，将来考个状元！孩子瞪大无辜的眼睛，频频点头，并不知道父母的话意味着什么，只知道父母鼓励自己要出人头地。这是一份将所有同龄人当作对手，充满着排他潜规则的期望与叮咛，也是背离孩子天性的期望与叮咛。这一叮咛声声在耳，从唐代直到今天，扼杀了多少孩子的童真！

我们还可以想象这样的场景：学校里，孩子在摇头晃脑读"诗云"，背"子曰"，并不知道是什么意思，也不知道有什么用处。稍大一些，便要对付那无涯无尽的"题海"，死记硬背、模拟考试、标准答案，便是学习的全部。这是一种把人脑当作机器（电脑），只管生吞活剥而不管消化，只管大量存贮而不管分析的门道和捷径，也是背离教学规律和孩子本真的门道和捷径。这一捷径历历在目，从唐代直达今天，扭曲了多少孩子的天性！

我们所知道的是，只要是科举或者高考这根指挥棒还在，只要是应试教育这一制度还在，那么，这些叮咛与捷径便不会消失，读书便不是快乐而是苦差，学子们"起得比鸡早，睡得比狗晚，干得比牛累"便会继续下去，"高分低能"者便会越来越多，终有一天，高考照常会打败科学，还会顺带断送创造和活力！

现在，让我们回过头来看看刘轲是个什么样的人。

刘轲，字希仁，曲江（今广东韶关）人。祖籍徐州沛县（今江苏沛县），故又说是彭城（彭城系徐州的古称）人。安史之乱时，刘轲的祖父刘效为逃避战乱，携家南迁，自淮入湘，后又转曲江安家，其子刘绮在郴州经商，生刘轲。刘轲生卒年不详，约生于大历年中，可能比白居易小一两岁。他童年

时曾学佛，可能还有一段时间学道，成年后，漫游北方，后在罗浮山就学于杨生，开始钻研儒家经典。元和初，"下罗浮，越梅岭，泛赣江，浮彭蠡，又抵于匡庐"，在庐山开始半耕半读的生活。在庐山的十多年，刘轲学业精进。元和十二年（817）春，他欲回韶州参加乡试，与白居易话别，白居易写下《代书》这封推荐信。同年秋，至京城应举。翌年，进士及第。累官侍御史、史馆修撰，出为洺州刺史。刘轲著述甚富，是古文运动的一员健将，五代王定保在《唐摭言》中称，刘轲"文章与韩、柳齐名"，把刘轲和韩愈、柳宗元相媲美，给予了相当高的评价。可惜的是，除《全唐文》中留存的 14 篇文章，清末学者缪荃孙《藕香零拾》中所辑《牛羊日历》1 卷外，刘轲的著作几乎亡佚殆尽。

本来，像刘轲这样的商人之子，不太可能考中进士，倒有可能在乡试之前进行资格审查时被刷掉。唐代虽然商业繁荣，商人增多，但商人的地位还很低，对商人的管理还沿用秦汉的市籍制度，即在籍的商贾及其子孙，与罪吏、亡命等同样看待，都要服役，不能为士。这是典型的歧视性政策，是古代中国"重农抑商"的传统。然而，我们也看到，有唐一代，对商人和商业的限制在逐步放宽，譬如市籍制度在逐渐瓦解，到唐宣宗李忱的大中年间（853）被正式取消；譬如商业活动不再局限于官府设立的市内进行，交易时间也不再由官府进行限制等等。没有这些变化，刘轲的应试是不可想象的。

当然，刘轲也很聪明，他很可能没有亮出自己的市籍。他到京城后，给当时的进士试考官写了一封信，就说自己是农耕世家，自己在庐山也是半耕半读，有意模糊自己的身份："轲本沛上耕人，代业儒为农人家……元和初，方结庐于庐山之阳，日有芟黄畚筑之役。虽震风凌雨，亦不废力火耨。或农圃余隙，积书窗下，日与古人磨砻前心。岁月悠久，浸成书癖。"模糊归模糊，朝廷的资格审查肯定是要做的，但我们可以看出，中晚唐对市籍的管理比较松散，对举子的出身有所放宽。

刘轲读书在庐山南麓七尖山下，离浔阳城有七十里路程，与白居易往来并不方便，但他们很可能在元和十年（815），也就是白居易甫到江州的那一年就开始结识，第二年，白居易数度游历山南，可以想象他们相洽甚欢，奇怪的是，未见白居易写诗记叙，究其原因，是刘轲不喜诗歌和小说，"伏念自知书来，耻不为章句小说桎梏声病之学。"因此对于酷爱诗歌的白居易来讲，

未免郁闷。当刘轲前来告别、准备南下之际，白居易写《代书》，与其说是心心相通，毋宁说是惺惺相惜。

这封书信不知道对刘轲起没起作用，在后来的岁月里，未见白居易和刘轲交往的痕迹。然而此时，对刘轲而言，毕竟是当时名满天下的大诗人的提携和奖掖，因此，在刘轲的人生中，白居易可算得上是一个贵人。

一个人的一生总会遇到几个贵人，或有意，或无意，由于这些贵人相助，你才能达到一定的高度。

刘轲就要走了，白居易思绪万千。这其中，有对国家兴衰的牵挂，有对农民命运的担忧，有对士子前程的期盼，他知道，以他江州司马的闲官，不可能去左右国家命运、经济起落和他人沉浮，但他更知道，不管是清明政治，还是削除强藩，或是振兴经济，要实现修政教、销寇戎、息兵革、省征徭的政治理想，最关键的，靠的是人。改用电影《天下无贼》里面的一句经典对白：当下"什么最贵？人才"！

在江州，白居易关注削藩、关注农民、关注人才，这在他思想观念、行事方式、价值取向以及文艺创作的走向上，具有重要意义。我们将看到，以苍生为念，以仁义为怀，以慈悲为本，追求真理，自由人格，遗世独立，是白居易坚守的信条。

早些年，白居易写过《杂兴三首》，诗中以楚王、越王、吴王为例，对君主的荒诞进行抨击。你看，那高高在上、躲进深宫的君主，有哪一个关心刑政，有哪一个关心稻苗，又有哪一个关心人才？换句话说，只要是藩镇不公开背叛朝廷，有哪一个君主不是一味纵容？只要是粮食尚未危及生死，有哪一个君主真正牵挂农桑？只要是朝廷大厦尚能支撑，又有哪一个君主不是喜欢奴才而讨嫌人才？这种君主任性而为、世事黑白颠倒的世道什么时候是个头？且看诗歌的最后几句，可以看作是白居易此刻心情的写照：

> 古称国之宝，谷米与贤才。今看君王眼，视之如尘灰。
>
> 伍员谏已死，浮尸去不回。姑苏台下草，麋鹿暗生麑。

注释：

(1)《左传·僖公二十四年》。按：多有论著指出，周朝的封建制度，与西欧历史上的封建制度（feudalism）有本质的不同。前者一般是封国，没有材料证明形成了逐级分封的封建等级制，且没有形成个人之间的主从关系；后者是一种自上而下层层分封的土地

受封制度，称为采邑领主制，领主和附庸形成依附关系。

(2)贾谊《治安策》：欲天下之治安，莫若众建诸侯之少其力……子孙毕以次各受祖之分地，地尽而止。

(3)安禄山当时的头衔是：加尚书左仆射，封东平郡王，范阳节度使、平卢（治今辽宁朝阳）节度使、河东（治太原，今山西太原西南）节度使，兼河北、河东采访处置使，兼领闲厩、五坊、宫苑、陇右群牧都使。这样，西自忻（今山西忻州）、代州（今山西代县），东到平（今河北卢龙）、营（今辽宁营口），这一广大地区的行政、军事、财政等权力，悉归安禄山，连国家马匹也归其调遣。安禄山三镇总兵力为18.39万人，占当时全国边兵的37%。

(4)韦皋之死，为一大疑案。永贞元年（805）六月，韦皋上表，请皇太子监国（差不多同时上表的还有荆南节度使裴均、河东节度使严绶），同时，写信给皇太子李纯，要求斥逐群小（指王叔文集团）。在表和信中，只字未提自己是否得病。两个月后，突然暴毙，年仅61岁。有论者谓王叔文集团指使人下毒，显系臆想。或曰刘辟作怪，弑主自立，综观刘辟行径，倒有可能，但不能确定。

(5)永贞元年（805）八月，夏绥（治夏州，今陕西靖边北白城子）节度使韩全义请求回京，以其外甥杨惠琳为留后。韩全义到京后，唐宪宗勒令其退休，另派右骁卫将军李演为夏绥节度使，杨惠琳拒不受命，举兵反叛。朝廷命河东节度使严绶出兵镇压，元和元年（806）三月，杨惠琳部将张承金发动兵变，斩杀杨惠琳。

(6)李锜死时67岁，贞元十五年（799）出镇润州时，也已经59岁。如果李锜甫到润州，即寻得杜秋，那么，杜秋入宫时年23岁，唐宪宗时年28岁。

唐宪宗死后，穆宗让杜秋娘担任皇子漳王李凑的"傅姆"，太和三年（829），被"赐归"润州。杜牧《杜秋娘诗并序》：杜秋，金陵女也。年十五，为李锜妾，后锜叛灭，籍之入宫，有宠于景陵。穆宗即位，命秋为皇子傅姆。皇子壮，封漳王。郑注用事，诬丞相欲去异己者，指王为根。王被罪废削，秋因赐归故乡。予过金陵，感其穷且老，为之赋诗。《旧唐书·李德裕传》：德裕至镇，奉诏安排宫人杜仲阳于道观，与之供给。仲阳者，漳王养母，王得罪。放仲阳于润州故也。九年（835）三月，左丞王璠、户部侍郎李汉进状，论德裕在镇，厚赂仲阳，结托漳王，图为不轨。按：时金陵为上元县，归润州管辖。景陵，宪宗陵墓。杜仲阳，即杜秋娘。杜被"赐归"在太和三年（829），漳王"得罪"在太和五年（831），杜牧、《旧》记载有误。王璠、李汉系诬告。越剧《金缕曲》即敷衍杜秋娘故事，剧中将崔真（即崔善贞）、杜秋娘说成是恋人，并最终团聚，显系作者臆想。

(7)戏曲《打金枝》，或曰《郭子仪拜寿》，即敷衍郭暧、升平公主故事。从母系看，郭氏与唐顺宗为表兄妹，唐宪宗迎娶的是其表姑。

(8)元和五年（810），元稹被贬江陵府士曹参军，六年（811），严绶任荆南节度使兼江陵尹，是元稹的顶头上司。九年（814）九月，严绶转任襄州刺史、山南东道节度使，

十月，任命其为申光蔡招抚使。严绶启程赴任之际，按唐代惯例，带走了荆南的一批僚属，元稹也在其中，职务是唐州从事。元稹任唐州时间不长。

(9)元和元年（806）的制科考试，是由唐顺宗上年所下诏命举行的。永贞元年（805）八月，唐顺宗内禅于唐宪宗，由于初登帝位，加上顺宗于元和元年（806）正月驾崩，试期因此频频改动。《旧唐书·宪宗本纪》：丙午（十二日），命宰臣监试制举人于尚书省，以制举人先朝所征，不欲亲试也。

(10)上述数段引文均引自宁可主编《中国经济通史·隋唐五代经济卷》。

(11)鄡阳县最早见于《汉书·地理志》，还见于《后汉书·郡国志》《晋书》《明一统志》《江西通志》《南康府志》《都昌县志》等。有说英布于汉高祖十一年（前196）造反，在番阳（鄱阳）被擒枭首，后分鄱阳置县，以志其事，故名鄡阳。此说真假莫辨，关键在于未知鄡阳究竟何年所置。《汉书》载鄡阳属豫章郡，豫章郡设于汉高祖六年（前201），如果鄡阳县同时设立，则此年英布被刘邦封为淮南王（英布的九江王系项羽所封），豫章郡在英布管辖之下，鄡阳与枭首何干？当然，如果鄡阳是英布死后所设，则有可能真的与英布有关。参见《史记》《汉书》。

(12)《爱莲说》撰于何处？千百年来未有定论。《爱莲说》文后载："舂陵周惇实撰，四明沈希颜书，太原王抟篆额，嘉祐八年五月十五日江东钱拓上石"，并未说明撰于何处，只是说发表形式是碑刻，碑立雩都（今江西于都县）罗岩。从所载日期看，《爱莲说》撰写时间应在嘉祐八年（1063）之前。考嘉祐六年（1061），周敦颐筑濂溪书堂于庐山莲花峰下，同年至八年均在虔州任上，在虔州，未见有与莲花相关事迹，再者，文中特意点名陶渊明，因此，《爱莲说》很可能构思于或撰写于九江。惇实，周敦颐原名。

(13)濂溪书堂历代多次改建，原址在何处，不详。周敦颐墓园在今濂溪大道中段。今庐山市（原星子县）城区谯楼（又称周瑜点将台）附近有爱莲池，传为周敦颐守南康军时所凿，可信度不大，周敦颐任南康知军为熙宁四年（1071）八月至腊月，仅四个月左右，身体欠佳，且注意力在母亲迁坟上，似乎没有必要弄出较大动静。此爱莲池很可能是后来好事者为之。

(14)1998年，长江发生全流域大洪水，九江堤4、5号闸之间决口，九江开发区部分地区受淹。几天后，在市政府调度会上，有人反映，除政府组织的救助外，还有一些商家自行组织，用船向受困在"岛"上的人们售卖米面、蔬菜，价格与平时相同，与会者感叹："市场经济就是好，群众觉悟就是高。"

(15)严耕望《唐史研究丛稿》第八篇《唐人习业山林寺院之风尚》之《庐山》篇，新亚研究所出版，1969年10月初版。

(16)石钟山，坐落于江州湖口，在长江与鄱阳湖的交汇处，是一处形胜之地。宋神宗元丰七年（1084），苏东坡月夜探石钟，写下名篇《石钟山记》，其中有"盖叹郦元之简，而笑李渤之陋也"之句。

(17)《史记·燕召公世家第四》：召公卒，而民人思召公之政，怀棠树不敢伐，哥咏之，作《甘棠》之诗。按：后遂以"甘棠"称颂官员的美政和遗爱。

⒅南唐时，在庐山隐居读书的还有郑元素（郑玄素）。桑乔《庐山纪事》：郑元素者，温韬之甥也。朱梁时，韬盗发昭陵，石函铁匣所得前代图书及二王真迹甚富。后韬殛死，元素尽得其图书真迹，避祸南徙，隐居庐山青牛谷，四十余年，所积书千余卷，卒。隐居今废。按：温韬是五代时最大的盗墓狂人，他在长安任京兆尹七年，关中地区所有唐朝皇陵，除乾陵外，均被其盗掘。

⒆［美］斯塔夫里阿诺斯《全球通史》。

⒇李鸿章《筹议海防折》：用人最是急务，储才尤为远图……小楷试帖，太蹈虚饰，甚非作养人才之道，似应于考试功令稍加变通，另开洋务进取一格，以资造就。梁启超《饮冰室合集·文集之一·变法通议·论变法不知本原之害》：变法之本，在育人才，人才之兴，在开学校，学校之立，在变科举。袁世凯等《奏请立停科举推广学校折》：奏为时艰日迫，亟图补救，拟请立停科举，推广学校。光绪三十一年八月初四（1905年9月2日）《著自明岁丙午科为始停止科举谕旨》：著即自丙午科为始，所有乡会试一律停止，各省岁科考试亦即停止。见《光绪宣统两朝上谕档》第31册。至此，科举寿终正寝。

岁 月 无 痕

当我们对中晚唐和江州做出种种宏大叙事的努力之后，让我们回归到白居易的日常生活，从他交往的女人、喜爱的音乐、爱喝的美酒、时尚的茶饮、疗疾的药品，也就是从社交娱乐和身心状况两方面，来寻找他思想和艺术的存在之根。

白 氏 与 妓

在信息爆炸、资讯泛滥的今天，书籍和互联网、电视、报纸、杂志、智能手机等一道，被称为"眼球经济"。如果读者诸君中的哪一位一下子翻到了本书这一页，那么，恭喜你，你是眼球经济的受惠者！或者换一种说法：你上当了，你是眼球经济的受害者！

为什么这样说？因为看"白氏与妓"的标题，好像很是香艳，而美女恰是眼球经济最重要的资源之一，因此，如果这么香艳的标题都不能引起你的兴趣，那么，我不得不说，你可能有问题。更何况，坊间有关白居易的香艳故事俯拾皆是，譬如白居易逼死关盼盼啦，白居易与琵琶女的生死恋啦等等，最著名的当然是"樱桃樊素口，杨柳小蛮腰"。素口蛮腰，太能调动人们的想象力。在这样的语境下，读者诸君要想一窥唐代官僚士大夫的隐私，想要知道白居易都和哪些女人有关，就顺理成章、毫不为奇了。

但不幸的是，历史并不是任人打扮的小姑娘。一个人的身世，就像一个国家的一段历史，你可以从不同角度去打量它，从不同方面去解读它，但你

得要尊重史实，得要尊重人性，就是说，要以基本事实为依据，以性格变化为逻辑，不能为猎奇而无中生有，为眼球而胡说八道。这样一来，我非常惶恐的是，假如没有"戏说"，没有"娱乐至死"，那"白氏与妓"还能不能满足读者诸君的好奇心？

纵然惶惑，但也不能不说，你说是不是？

白居易一生与众多妓女有关。有人甚至做了统计，说白居易交往的有名有姓的妓女多达 37 人，还有"不知名姓者更多。"[1]虽然这一统计亦有缺陷，譬如罗敷、小玉、秋娘更像是对美人的泛指而并非实名，譬如没有将《琵琶行》中大名鼎鼎的琵琶女统计在内，要知道，这可是与白居易关系最大的妓女！但即使这样，这一统计还是具有重要意义。白居易的诗号称诗史，也就是凡事入诗。诗史者尚难统计，那么，要想厘清唐朝文人到底与多少妓女有交往，实在不是一件容易的事。

看到白氏如此"艳福"，可能有人急于举起道德大棒，也可能有人禁不住要流出口涎，但是且慢，在你内心冲动、言辞欲出之前，先来看看有关妓女的说道。

妓，东汉许慎《说文解字》释为"妇人小物也"，它的原始意思不是很清楚。曹魏张揖《埤苍》释："妓，美女也。"隋陆法言《切韵》说："妓，女乐也。"后代辞书如《正字通》《康熙字典》《辞源》等都释"妓"为女乐。另有"伎"字，《说文解字》释为"与也"，后世也当作"妓"的同义词。在唐代诗文中，一般直写为"妓"。

妓又常常与娼字合用，称为"娼妓"。娼，古代同"倡"。《说文解字》中只有"倡"字而没有"娼"，释曰："倡，乐也。"说明"倡"是擅长音乐与歌舞之人。倡是男女乐人的总称，并不专指女子。后来出现了"娼"字，表明乐人大多由女性充当。因此，说到娼妓，在古代，往往是指女乐倡优，并不是后来所说的卖淫嫖娼。这其中的变化，如同"小姐"。小姐，这是一个多么有涵养、有韵味的称谓，但不知怎的，进入 21 世纪后，一个好端端的称呼已经完全变味，差不多变成骂人话了。当下，如果你要是胆敢对着美女叫"小姐"，美女不给你一个爆栗而只给你一个白眼，那就算她客气，算你走狗屎运了。与"小姐"同样遭际的，还有"同志"称谓。

既是美女，又懂歌舞，这样的尤物谁不喜欢？史载，自夏商始，就有专门为帝王提供声色服务的女乐。春秋战国，随着生产力发展，劳动剩余增多，

蓄养女乐倡优已不仅仅是君主的专利，诸侯、豪门、贵族往往有样跟样，不学自通，嗜好声色、蓄养倡优成为风气和时尚，以至于"妖童美姿，填乎绮室；倡讴伎乐，列乎深堂"。

至唐代，由于国力强大，经济发达，文化昌盛，思想禁锢较少，对外交流增多，声妓繁华便是一种必然。有唐一代，狎妓冶游并不是一件见不得人的事情，相反，它已经成为一种社会风尚。上自朝廷宰执，下至地方牧守、士子商贾，无不竞染此风。这也难怪，在开疆拓土、建功立业成为时代旋律，在平安富足、艺术盛行成为现实图景的时候，追求浪漫、享受青春也就自然而然成为一股大潮。这股大潮带着诱惑与放荡、欢乐与悲伤，席卷大地神州。

唐代的两性关系算是比较正常，唐人与娼妓交往，也是正常不过的事。当然，在唐朝，娼妓也分三六九等，有卖艺的，也有卖身的，也有介于两者之间的。其上等娼妓，是色艺双全的尤物，她们与音乐艺术结下了不解之缘，而音乐又和诗歌连在一起，由此，娼妓也与文学，尤其是诗歌紧密相连。这种娼妓，相当于当今的歌唱家、舞蹈家或当红明星，是皇家庆典、官府娱乐、高档宴会不可或缺的参与者。其下等娼妓，则主要从事坊间拍卖肉体的活儿。

唐代娼妓名堂甚多，按其归属分，有宫妓、官妓、营妓、私妓、家妓之分，按特长分，有乐妓、舞妓、饮妓、诗妓之名，当然，有些妓女一专多能。此外，还有内人、前头人、官使妇人、风声妇人、席纠、酒纠、录事、都知、女校书等称谓。教坊中能歌善舞的妓女，称内人，因为常在皇帝跟前服侍，因此也叫前头人。席纠、酒纠、录事意思相同，是指大家推举妓女在饮筵上司法，执掌赏罚之权，故称酒纠。掌管诸妓的头目，称为都知。校书之称，则可能源于著名营妓薛涛。武元衡镇蜀，重薛涛之才，奏为校书郎，虽然并未获朝廷准许，但时人已称"女校书"。

谁人和娼妓交往？当然是又有钱、又有闲的人。谁又有钱、又有闲？当然是皇家贵族、官僚地主、将帅官兵、商贾工匠，还有就是文人士大夫。

文人士大夫为什么乐于和娼妓交往？或者反过来，娼妓为什么乐于和文人士大夫交往？这是一个既简单又复杂的问题，也就是说，这个问题既容易回答，又不好回答。

文人士大夫乐于和娼妓交往，可能得从美学、文学甚至性学诸多方面来考虑。

女人，钟天地之灵气，具有不可名状之美。《诗经》中就赞叹女人"手如

柔荑，肤如凝脂，领如蝤蛴，齿如瓠犀，螓首蛾眉，巧笑倩兮，美目盼兮"。古乐府《日出东南隅行》（一作《陌上桑》）说秦女罗敷采桑于城南，由于其美丽健康，致使"行者见罗敷，下担捋髭须；少年见罗敷，脱巾著帩头。耕者忘其耕，锄者忘其锄；来归相喜怒，但坐观罗敷"，女性魅力一览无遗。正因为女性赏心悦目，同时又象征着青春、生命、爱情等人世间美好的事物，因此，女性便具有难以言传的审美价值。

女人还具有丰富的文学价值。女人，是作家灵感的源泉之一。不能想象，如果文学艺术不描写、不塑造、不展现女人，那该成什么样子？那会是一座空城，一潭死水，是一棵枯树，一道荒岭。歌唱并赞叹美人，是古今中外各民族文学艺术永不衰竭的主题。翻开中国文学史，马上就会发现，歌唱和描写美人的篇章车载斗量，不可胜数。从《诗经》首篇"关关雎鸠，在河之洲。窈窕淑女，君子好逑"始，到先秦宋玉的"增之一分则太长，减之一分则太短；著粉则太白，施朱则太赤"，汉代司马相如的"有美人兮来何迟，日既暮兮华色衰"，李延年的"一顾倾人城，再顾倾人国"，三国曹植的"翩若惊鸿，婉若游龙"，到六朝艳曲，再到唐诗宋词，女性一直是文人咏哦的重要对象。女人如水，滋润着文人的辞藻，荡漾着文人的灵魂，丰富着文人的想象。

性是人类社会永恒的话题。性别之间的相互欣赏和爱慕是人世界最美好的情感，有多少两性之间的倾慕、相思、情话、臆想和缠绵，温暖着这个荒芜的世界，当然，也少不了别离、幽怨、痛苦、嫉妒和愤懑，诉说着两性间的种种失衡。从这一点来讲，我很怀疑，假若没有女人，没有性，是不是还会有诗歌，有文学和艺术？女性的婀娜多姿、一颦一笑、莺啼燕鸣、弱骨丰肌，会引发男人的快乐，增添男人的情趣，激起文学艺术的创作欲望。精神分析大师弗洛伊德就认为艺术作品本是艺术家内心中潜意识的表现，这个潜意识的基本内容就是性动力或性原欲。他写道："本能的升华是文化发展的极其引人注目的特点；由于它的存在，科学、艺术、思想意识等较高层次的心理活动才在文明生活中起着至关重要的作用。""艺术的产生并不仅仅为了艺术，它们的主要目的是在于揭示那些现在大部分已被压抑了的冲动。""性本能的成分中很突出的一点就是能够进行这样的升华，并把它们的性目标转变成为更有活力，更有社会价值的目标。我们也许应该把我们文化的最高成就归功于以这种方式释放的能量。"

具有美学、文学和性学价值的女性，在男人的世界里，成了欣赏对象、

追逐对象和描写对象。然而，处于纲常礼教约束之下，人们往往把自己明媒正娶的妻子作为自己的私有财产，秘不示人。古代中国，文人士大夫虽然也高度评价夫妇之间的琴瑟之好，欣赏夫妇之间的情投意合，然而，他们却很少或不屑赞美夫妻之间的爱情，不愿或耻于将家庭温馨见诸诗文，假如把婚前和悼亡作品排除在外，那么，我们看到的事实是，古代中国，丈夫描写自己家庭温暖、夫妻之爱的诗文少之又少、寥若晨星。这可能与君主集权相对应的男人专制有关，与夫妇关系等同于君臣差别的"三纲五常"有关，与孔老夫子的"唯女子与小人为难养也"有关，与包办婚姻违背个人意愿有关，与大男子主义有关，与女人和孩子是男人附属物的观念有关。

然而，上述种种纠结，到了娼妓这里，便迎刃而解。不管是卖艺的明星，抑或是卖肉的妓女，说到底是公共人物。既然是公共产品，那就可用来消费。消费公共产品，用不着扭扭捏捏、遮遮掩掩。于是乎，我们再次看到，男人唱给娼妓的诗歌，那真是恒河沙数、洋洋大观。

古代中国是一夫多妻制婚姻，严格来讲是一夫一妻多妾制婚姻。男人无论是感情还是性，并不要求忠实于正式合法的妻子，也就是说，妾，可以与妻子一道，分享感情和性。就是对于妻妾之外的两性关系，好像社会容忍度也很高。在这种情势下，有钱又有闲，或者没什么钱但有才的文人，热衷于与娼妓交往就是一件不足为奇的事情了。娼妓尤其是名妓，是女性审美最容易见到或者是最容易得到的标本。名妓的姿色、才智和艺术趣味高于同时代女人的一般水平，达到了"色艺双全"、肉体美与精神美的高度统一，在这样的尤物面前，身为感情细腻、富有激情的文人，要是不文思如涌、诗情迸发才是奇怪的。当然，从名妓的角度来看，喜欢风流才子，既有欣赏对方容貌、才情的一面，又有借名士抬高身价、显示品位的一面。这样一来，名士名姬两相宜就顺理成章了。

有一个现象不能不提，那就是诗人给娼妓写诗，未必就爱上她了，未必就有肉体关系。在没有现代出版业、没有报纸杂志、没有广播电视的古代，诗人所创作的诗歌，要传播到四面八方是十分不易的，而娼妓所在的青楼，或者娼妓本人，则是诗歌传播的最好场所和最佳媒介。反过来，娼妓尤其是名妓，也需要好的诗词来演唱，尤其是时下名家的诗词作为新歌，这样可以装点自己，提高知名度。要知道，古代的诗词，是可以入乐的，也就是可以演唱的。

　　这就好像现在的词作家，为歌星写下一首首歌词，有的歌词感情很是真挚细腻，甚至有些肉麻，但他们之间并非情人，并没有苟且之事。词作家需要写词，以便换取名声和金钱，而歌星演唱歌曲，有可能一举成名，成为追星族追捧的对象，这是一个所谓"双赢"的故事。因此，文人借娼妓以扬名，娼妓借文人而增价，不仅仅是古代中国的时代特色，而且也是当今世界的国际通例。只不过不同的是，古人写下的诗词，其精华留存了下来，而名姬美人则玉殒香消、空存其名；当今歌星借助于影像资料、电台电视和演唱会红透九州，而词作家反而默默无闻、略显落魄。

　　在将妓女说得差不多之后，我们再来看白居易与妓女的关系。

　　已经很难知道白居易第一个交往的妓女是谁。翻箱倒箧，检索白诗，可能阿软算是一个。元和十年（815），也就是白居易被贬江州的那一年，白居易写下一首诗，诗的标题很长，叫《微之到通州日，授馆未安，见尘壁间有数行字，读之，即仆旧诗，其落句云："渌水红莲一朵开，千花百草无颜色。"然不知题者何人也。微之吟叹不足，因缀一章兼录仆诗本同寄。省其诗，乃是十五年前初及第时，赠长安妓人阿软绝句。缅思往事，杳若梦中，怀旧感今，因酬长句》，诗是这样写的："十五年前似梦游，曾将诗句结风流。偶助笑歌嘲阿软，可知传诵到通州。昔教红袖佳人唱，今遣青衫司马愁。惆怅又闻题处所，雨淋江馆破墙头。"

　　这就说得很清楚，15 年前也就是贞元十六年（800）二月，白居易得中进士后也和其他进士一样，参加了曲江宴游、杏园宴、慈恩寺大雁塔题名等一系列活动，可能在某一次集会上，认识了长安名倡阿软，为此，白居易写下"渌水红莲一朵开"一诗。从这残留的两句诗来看，好像白居易对阿软很有好感，直接赞美对方使得"千花百草无颜色"，这个评价是非常高的了。并且，很可能当时将这首诗谱曲，深谙音乐的白居易一字一句地向阿软教唱，这样一种风流场景，15 年后回想起来如同梦中。尤其是好朋友元稹量移通州司马，将千里之外通州壁上诗句抄录寄来，更添一种惆怅，一种佳人红袖今何在、朋友青衫在远方的惆怅。

　　唐代进士及第后，有种种名目的宴集和活动，其中曲江宴游和慈恩寺大雁塔题名大家可能都知道，而杏园宴则未必清楚。杏园在曲江之西，又与慈恩寺南北相望。据宋人张礼《游城南记》："杏园与慈恩寺南北相值，唐新进士多游宴于此。"杏园宴饮，是曲江宴游之后的一次重要活动。这次活动，以

"探花"最具特色，留下种种雅韵。

所谓探花，就是在同科进士中选择两个年纪较轻的，使之骑马遍游长安各处园林，去采摘名花，这两个人就叫作两街探花使，也称探花郎。当此时，"长安城的一些有名的园林都特为开放，使探花使有遍赏名园、选摘名花的机会。""如果有别的人先折得名花如牡丹、芍药来的，就要受罚。"这样一种名头和安排，真可算是风流蕴藉，难怪中唐诗人孟郊有《登科后》诗："昔日龌龊不堪言，今朝放荡思无涯。春风得意马蹄疾，一日看遍长安花。"

白居易得中进士，在十七个人中年龄最小，很有可能被选中为探花郎，走马观花，遍采名园，这是多么风光、多么自豪的事情。这一路上，有多少名媛闺秀、贩夫走卒争相一睹探花郎的风采。这样的招摇，这样的排场，没有引得几个女孩子喜欢，那才不正常。这一年，白居易29岁，尚未结婚，新科进士，与阿软等倡优妓女有声色之欢，在唐代普遍的社会风气下，大概算不上特别荒唐。

与阿软同时，白居易还结识了名倡秋娘，以及态奴、得怜等妓人。不过，这样的风流日子并不长，因为白居易没多久就离开长安去家乡省亲。暮春，经洛阳至宣城再至浮梁，九月，回到老家符离，与多年前结识、三年前已是心上人的湘灵姑娘，再次相会，缱绻缠绵。翌年秋，再至洛阳探母，来年，又至符离，秋，绕道黄河北岸诸县进京，冬，参加吏部科目选，以书判拔萃科及第，越年（贞元十九年）春，和元稹一道，授秘书省校书郎，取得官职，进入政界。冬，经许昌东返，贞元二十年（804）春，游徐州，到符离，将家属迁至渭南下邽，也永远离别了心爱的姑娘湘灵。

正是在这一年，白居易遇到了关盼盼。

关盼盼是徐泗濠节度使留后张愔的歌妓。白居易游徐州，拜谒张愔，张愔在宴请酒酣之际，叫关盼盼出来歌舞助兴。白居易自感"欢甚"，于是写诗赠曰："醉娇胜不得，风袅牡丹花。"看来唐代风气的确开放，客人直接写诗赞扬主人的爱妓，也未尝不可，"尽欢而去，尔后绝不相闻。"元和十年（815），司勋员外郎张仲素来访，告知白居易，说张愔于元和元年（806）十二月去世，关盼盼守义不嫁，在彭城（今江苏徐州）张氏旧第燕子楼独居，已有十年，至今尚在。张仲素并将他自己所咏关盼盼的三首诗呈给白居易，其中一首写道："楼上残灯伴晓霜，独眠人起合欢床。相思一夜情多少？地角天涯不是长。"[2]这样一个矢志不移的故事，令白居易大为感动，于是写下

《燕子楼三首并序》与张仲素唱和。序中，记述了关盼盼事迹和张仲素写诗因由，为关盼盼情意绵长而赞叹。三首诗是这样写的："满窗明月满帘霜，被冷灯残拂卧床。燕子楼中霜月夜，秋来只为一人长。""钿晕罗衫色似烟，几回欲著即清然。自从不舞《霓裳曲》，叠在空箱十一年。""今春有客洛阳回，曾到尚书墓上来。见说白杨堪作柱，争教红粉不成灰？"分明是褒扬关盼盼忠于爱情，甘于寂寞，同时又感叹时光流逝，红颜易老。

引起争议的是白居易的另一首诗《感故张仆射诸妓》："黄金不惜买娥眉，拣得如花三四枝。歌舞教成心力尽，一朝身去不相随。"有人以为就是这首诗，责备关盼盼偷生，讽其未殉情而去，关盼盼见到这首诗后，不胜羞愤，绝食而亡，故有"白居易逼死关盼盼"之说。还说关盼盼死前曾写《和白公诗》为自己辩白："自守空楼敛恨眉，形同春后牡丹枝。舍人不会人深意，讶道泉台不去随。"临终时还口占诗句责怪白居易："儿童不识冲天物，漫把青泥污雪毫。"

这可真有点胡说八道。白居易的这首诗写于何时并不清楚，但清楚的是并不是针对关盼盼一人所感，不然"诸妓""三四枝"便无从解释。细品白诗，说的是张愔花本钱挑选家妓，好容易训练得能歌善舞，主人一旦撒手归西，而众家妓或有不得其所者，殊为可惜。诗意是有责怪张愔没有将诸妓安顿好，为蓄妓者感慨，而无论如何也读不出责备诸妓，要求她们都去殉葬的意思。从关盼盼的角度讲，她读到这首诗就去自杀，好像有点说不过去，因为关盼盼应该能解读这首诗，就算是关盼盼理会错了，也不至于不看《燕子楼三首并序》中的褒扬，而专瞧《感故张仆射诸妓》的讽刺，这样钻牛角尖的做法好像与关盼盼的素养并不相符，所以，我们可以得出结论，所谓"白居易逼死关盼盼"的故事是后人杜撰出来的。君不见捕风捉影，捏造流言，挖掘奇闻，吸引眼球，制造轰动效果者，历朝历代，大有人在，毫无衰歇。

从这一段公案中，可以看出白居易对女性的基本态度和思维走向，那就是欣赏青春美丽，褒奖忠贞守一，感慨红颜易老，这与他对人生、对社会的看法是一致的，也就是说，与他的世界观、人生观、价值观是一致的。白居易与张仲素的唱和，为关盼盼和燕子楼带来了声誉，之后，苏东坡、文天祥、曹雪芹等人都以燕子楼为题材写过诗词，其中，以苏东坡《永遇乐》最为著名，其下阕是："天涯倦客，山中归路，望断故园心眼。燕子楼空，佳人何在，空锁楼中燕。古今如梦，何曾梦觉，但有旧欢新怨。异时对，黄楼夜景，为

余浩叹。"

　　大致可以确定的是，白居易不仅仅与阿软有风流债，与关盼盼有一面缘，而且很可能与其他女子也有关系，因为白居易在入京城之前就有一定的诗名，及至元和元年（806）《长恨歌》写出后，白居易成为当时著名诗人，这个时候，已经不是白居易主动追星，而是他自己成为倡优妓女追逐的对象。元和五年（810），白居易给再贬江陵士曹参军的元稹写了一首长诗《代书诗一百韵寄微之》，其中就回忆贞元末年，二人同授校书郎后狎妓冶游的风流生活："征伶皆绝艺，选妓悉名姬。粉黛凝春态，金钿耀水嬉。风流夸坠髻，时世斗啼眉。密坐随欢促，华樽逐胜移。香飘歌袂动，翠落舞钗遗。筹插红螺碗，觥飞白玉卮。打嫌调笑易，饮讶卷波迟。"坠马髻、啼眉妆都是贞元末年的时髦打扮，而《调笑》是舞曲，《卷波》是酒令，这样倚翠偎红、载歌载舞、钏动钗飞、吟诗斗酒的场景，白居易回忆起来，依然心醉神迷。

　　但奇怪的是，到了元和年间，除了回忆，我们已经很少见到白居易正面描写妓女的诗歌了。说奇怪也不奇怪，因为这时白居易的心思已经转向宫廷政治，转向新乐府运动，加上元和三年（808），白居易与杨氏结婚，次年，女儿金銮子出生，朝廷职责和家庭责任，也容不得恣意放达、任性所为。[3]

　　这段时间，我们反而看到白居易的另一类诗歌，那就是反对纵欲，讽刺美艳，以及表现青春易逝的残酷。这一类诗，有《新乐府·古冢狐》，副题"戒艳色也"，称"古冢狐，妖且老，化为妇人颜色好""忽然一笑千万态，见者十人八九迷"。警告世人"狐假女妖害犹浅，一朝一夕迷人眼。女为狐媚害却深，日增月长溺人心"。仿佛是一首警世歌。有《杂兴三首》之一，说"楚王多内宠，倾国选嫔妃。又爱从禽乐，驰骋每相随"。致使"色禽合为荒，刑政两已衰"。分明是一首醒世曲。有《续古诗十首》之五，叹"窈窕双鬟女，容德俱如玉"。由于贫困和阻隔而不得皇帝赏识，反而是"邯郸进倡女，能唱黄花曲。一曲称君心，恩荣连九族"。应该是一声喻世钟。还有《秦中吟·歌舞》，描写的是"朱门车马客，红烛歌舞楼。欢酣促密坐，醉暖脱重裘"。对应的是"岂知阌乡狱，中有冻死囚"。还有《新乐府·李夫人》，副题"鉴嬖惑也"，诗中借汉代李延年之妹李夫人早逝后，汉武帝刘彻思念不已的故事，感慨的是"纵令妍姿艳质化为土，此恨长在无销期"。于是生出浩叹："生亦惑，死亦惑，尤物惑人忘不得。人非木石皆有情，不如不遇倾城色！"还有《新乐府·上阳白发人》，副题"悯怨旷也"，说的是唐玄宗时宫里的美人，被杨贵妃侧目

排挤，别置东都洛阳上阳宫，老去无人问，叹息的是"脸似芙蓉胸似玉"而"一生遂向空房宿"，于是发出呐喊："少亦苦，老亦苦。少苦老苦两如何？"

可能有人会说，白居易写这些诗，主要还是为了"救济人病，裨补时阙"，为了"惟歌生民病，愿得天子知"，是"为君、为臣、为民、为物、为事"而创作，是中兴情结的反映，是说国家大事，而未必不喜欢儿女情长。这话自当有一定的道理。但是我们应该看到，元和初年，一股活泼、开阔、积极的风气席卷神州，朝廷内外洋溢着一种昂扬向上的进取精神，面对江河日下的种种弊端，面对世风浇薄的不利局面，白居易与众多的文人士大夫一道，欲以振作，实现政治、文化和社会风气的变革，确实是专心致志，勇往直前。这段时间，他满脑子想的是辅佐皇帝，复兴大唐，想的是针砭时弊，锐意革新，想的是救黎民于水火，解倒悬于危厄，加上这一时期，他的官位不高，影响不大，因此，暂时按下对美人的嗜好，不写"嘲风雪、弄花草"的诗文，是顺理成章的事情。

元和十年（815），白居易无端遭贬，人生轨迹发生了重大变化。由于江州遐远，各种条件与京城长安不可同日而语，因此，在江州的诗文中，有关优伶娼妓，呈现出一种完全不同的意境。

让我们来看看这些诗文。

大约元和十一年（816），白居易写了一首《江南喜逢萧九彻，因话长安旧游，戏赠五十韵》，诗中，尽情地回忆起早年在京城追逐欢场的情形，可看作是他的香艳日记。诗中描写优伶娼妓妆容时尚，衣着时髦，是所谓贞元年间的时世妆："时世高梳髻，风流澹作妆。戴花红石竹，帔晕紫槟榔。鬓动悬蝉翼，钗垂小凤行。拂胸轻粉絮，暖手小香囊。"风流少年和优伶娼妓在一起觥筹交错，吹拉弹唱，舞姿翩翩，尽情狂欢："选胜移银烛，邀欢举玉觞。炉烟凝麝气，酒色注鹅黄。急管停还奏，繁弦慢更张。雪飞回舞袖，尘起绕歌梁。旧曲翻调笑，新声打义扬。"有两位口齿伶俐，活泼可爱，是宴会上的明星："多情推阿软，巧语许秋娘。"欢宴之后，更有一番温存："结伴归深院，分头入洞房。彩帷开翡翠，罗荐拂鸳鸯。留宿争牵袖，贪眠各占床。"真是一派春光旖旎，叫人无限思恋。可是，好花不常开，好事不常在，自己很快离开了京城去符离探亲："岁月何超忽，音容坐渺茫。往还书断绝，来去梦游扬。"及至被贬江州，异乡逢故人："自我辞秦地，逢君客楚乡。常嗟异岐路，忽喜共舟航。话旧堪垂泪，思乡数断肠。"于是想到"帝路何由见，心期不可忘。

旧游千里外，往事十年强"。怎么办，只能强装欢笑，互相安慰："强歌还自感，纵饮不成狂。永夜长相忆，逢君各共伤。"

元和十二年（817），白居易写下《东南行一百韵》，寄给在通州的元稹以及其他好友。诗中，再次不厌其烦地回忆朋友们早年相聚京城的声色享乐："定场排越妓，促坐进吴歈。缥缈疑仙乐，婵娟胜画图。歌鬟低翠羽，舞汗堕红珠。""软美仇家酒，幽闲葛氏姝。十千方得斗，二八正当垆。"这样的风流，当然是为了对比现实：往日的快乐，更显现实的残酷，当下的无奈，更显昔日的有情。

再次令人奇怪的是，白居易这个时候又有正面描写优伶娼妓的诗歌了。在长安到江州的途中，他写《听崔七妓人筝》："花脸云鬟坐玉楼，十三弦里一时愁。凭君向道休弹去，白尽江州司马头。"写《卢侍御小妓乞诗，座上留赠》："郁金香汗裛歌巾，山石榴花染舞裙。好似文君还对酒，胜于神女不归云。梦中那及觉时见，宋玉荆王应羡君。"到江州后，他写《醉后题李、马二妓》："行摇云髻花钿节，应似霓裳趁管弦。艳动舞裙浑是火，愁凝歌黛欲生烟。"写《江楼宴别》："樽酒未空欢未尽，舞腰歌袖莫辞劳。"写《醉中戏赠郑使君，时使君先归，留妓乐重饮》："密座移红毯，酡颜照渌杯。双娥留且住，五马任先回。"

在江州，白居易写《与元九书》，其中有两段话值得注意，一是"又闻有军使高霞寓者，欲娉倡妓。妓大夸曰：我诵得白学士《长恨歌》，岂同他妓哉？由是增价"。二是"又昨过汉南日，适遇主人集众乐娱他宾。诸妓见仆来，指而相顾曰：此是《秦中吟》《长恨歌》主耳。自长安抵江西，三四千里，凡乡校、佛寺、逆旅、行舟之中，往往有题仆诗者。士庶、僧徒、孀妇、处女之口，每每有咏仆诗者"。

那么，从这些诗文中，我们读到了什么呢？

首先我们读到的是回忆昔时欢乐来对比现实的残酷。过去的日子是快乐的。虽然读书读得艰苦，可三战科场，每战皆捷，从而入官、入宫，参与政事，与最高权力者时时亲近，多么意气风发。那个时候，虽然官职不大，可位居清要，才华横溢，引来多少女孩的喜欢和追随，多么风流倜傥。一夜之间，仿若如梦，一切都千山万水、无从追寻。江州虽然也是大唐的土地，也有美丽的山水，可能和帝都长安相比么？江州虽然也有佳丽，也有丝竹，可能和京师的美人相比么？

其次我们读到的是从陶醉青春欢快转向感叹美丽易碎。自到江州之后，白居易抱定"穷则独善其身"的宗旨，瓣香渊明、浪迹老庄、栖心释梵、寄情山水，努力排解痛苦，医治创伤。然而，陶渊明是"过去时"，佛道两家是"未来时"，只有山水是"现在时"，当然，佳人也是"现在时"。这两个"现在时"又有对比：山水永恒，红颜易老，以山水为参照物，青春美丽算得了什么？美人仿佛是流霞，是波光，脆弱易碎，变化无常，折旧太快，瞬间幻灭。

再次我们读到的是由寻欢作乐变为怡情适意的超越。生命何速，作为万物之灵的人类，我们在温饱之外，不能不追求所谓人生的价值。人生价值不仅仅是金钱、仕途和功名，还有诗歌、文章和艺术，还有后世的科学和发明，还有人格的完善、心灵的安宁，都是人们所期盼、所企求的。假如能在追求个人价值的同时，为国家、为民族、为社会、为他人能做点事情，做点好事，那就是再好不过的了。元和年间，韩愈、柳宗元、刘禹锡、白居易、元稹等知识分子，就是这一价值观的实践者。

做事情、做好事容易么？回答是否定的。你追求生命的丰富和圆满，想为国家、为民众做点事情，这世间未必能容你。因为要想做点事情，就有可能触及既得利益，利益格局一旦形成，要有所变革，真是难上加难。触及利益往往比触及灵魂还难。你未曾动手，就有可能深陷旋涡，惹来无尽的烦恼。于是，明枪暗箭，防不胜防，谣诼谗谤，数不胜数，一旦君恩寡薄，就只有窜伏于山林、哭泣于荒野了。元和年间五大知识分子，无一不是如此宿命。

被贬之后，"飘零同落叶，浩荡似乘桴"，但人还要活下去。靠什么排解痛苦？白居易选择的是多种途径。陶谢、佛道、山水、诗歌、琴酒，都可用来疗伤。值得注意的是，白居易自京城奔赴江州始，已有用美人排解苦恼、怡情适意的倾向。

事实上，美人也的确是心灵创伤的一剂良药。偎红倚翠，既是文人士大夫仕途得意之际的享受，也是饱受创伤之后的自放，或是处于仕隐矛盾之际的消遣。文人在失意时，往往更加关注自己的存在和个人的感受，更加注重心灵的抚慰和情绪的满足。在这个时候，红颜知己往往是感伤心态的最佳抚慰者，久而久之，在文人士大夫中，形成了一种特定的心理定式——唯有红颜知己的柔情抚慰，感伤才能消释和平复，也正是在红颜知己的温存抚慰下，这感伤也变得风流而美丽。

也是，官场诡异，朝暮祸福，一旦失宠，窜伏荒远，这时候你的失落和痛苦跟谁说？跟新的同事说？除非你有病。跟老婆孩子说？未免心不忍。这个时候，你亟须一个排解对象，亟须一个倾听者。如果恰逢一位美女，来听你诉说，来为你流泪，抑或还来个同病相怜，同声相应，惺惺相惜，心心相印，这个时候，这位美女岂非天人！

被贬江州以来，白居易已自觉不自觉地寻找这样的红颜知己了。当听到高霞寓要聘请的营妓能吟诵自己的《长恨歌》而增价，听到自己的《秦中吟》被汉南诸妓所称美，听到自己的诗歌每每被士庶、僧徒、孀妇、处女所吟咏时，他还是很得意的；当他听到崔七的筝曲，看到卢侍御小妓的舞蹈，欣赏到李、马二妓的歌舞以及郑使君留妓歌唱时，他还是很快乐的。这一切，至少使他暂时忘却了贬谪的痛苦，获得了短暂的平静。美人啊美人，因你的存在，诗、酒、琴、禅，乃至人生，都有了不同的境界："醉耳歌催醒，愁眉笑引开。平生少年兴，临老暂重来。"

然而，这些还不算红颜知己。上面所说的美人，或空间过于遥远，或年龄过于青涩，或相处过于短暂，或歌舞不甚高明，因而尚未达到惺惺相惜、心心相印的地步。

千呼万唤，石破天惊，这一红颜知己，终于出现了，这就是浔阳江头的琵琶女。

元和十一年（816），也就是被贬江州的第二年秋天，在浔阳江头，枫叶、荻花，月亮、扁舟，迁客、归人，诗、酒，所有的要素都齐备，就等一个人物出场了。那一个晚上，白露横江，水光接天，在逝者如斯的江水中，在孤光自照的月光下，终于等来了那陈旧琵琶、半老徐娘，于是，江州司马与长安旧倡，文人与佳丽，逐臣与离妇，相互倾诉，同病相怜，主宾俱化，人我双忘，一时间，百感交集，悲喜共鸣，两者心中压抑的悲怆终于喷薄而出，化为一大恸。

"同是天涯沦落人，相逢何必曾相识。"

一次看似无意的邂逅，一曲实藏于心的爆发，成就了中国诗歌和中国文学永恒的经典和传奇。

千载琵琶曲，千载《琵琶行》。

自此，白居易决计走自安自适、脱略世故的路子了。尤其是离开江州，经忠州的蛮荒孤寂、再经长安的朝廷倾轧，自己要求外放而刺杭州后，遗落

功名、闲适自放的态度更加明显。这个时候，内心有没有微澜，有没有隐痛？回答是肯定的。但人不能时时浸泡在哀愁中，他需要寻找安慰。最好的安慰剂是什么？是诗酒、山水和佛道，当然，也少不了美人和音乐。

如果说江州、忠州是白居易享受伎乐的低潮期，那么，杭州、苏州和洛阳便一直是高潮。也难怪，在江州，白居易还是僚属，不是主官，不可能有太多的资源来搞什么音乐艺术，加上第一次被贬，打击甚大，心情恶劣，因此，与伎人交道不多是可以理解的。及到忠州，虽然当了主官，但忠州偏僻荒远，山水不佳，人文不丰，因此也难得有什么心境来和优伶娼妓做什么纠缠。到杭州后，山水境界、人文环境大变，于是，我们看到，白居易自此在优伶娼妓中游刃有余，很是滋润。

到杭州的第二年，白居易再次对音乐感兴趣，从这时候起，他与商玲珑、谢好好、陈宠、沈平等歌妓往来密切。《霓裳羽衣歌》："玲珑箜篌谢好筝，陈宠觱篥沈平笙。清弦脆管纤纤手，教得霓裳一曲成。"他貌似扮演着音乐总监的角色，在教授众人演奏京城的霓裳羽衣歌。《湖上招客送春泛舟》就得意地说："两瓶箸下新开得，一曲霓裳初教成。"

长庆四年（824）五月，53岁的白居易由杭州刺史调任太子左庶子分司东都。这一年，他有了陈结之。结之，又叫桃叶。东晋书法家王献之（王羲之之子）有爱姜叫桃叶，往来于建康秦淮两岸时，王献之常常亲临渡口迎送，并为之作《桃叶歌》："桃叶复桃叶，渡江不用楫。但渡无所苦，我自迎接汝。"由此，秦淮南浦渡被称为桃叶渡。有人联想这一传说，认为陈结之是白居易的姜。陈结之看来没有什么歌舞方面的特殊技艺，主要是服侍白居易的起居。宝历二年（826），白居易坠马伤足，写诗《马坠强出赠同座》："坐依桃叶妓，行呷地黄杯。"陈结之和白居易一家共同生活了10年，白居易对她有很深的感情。太和八年（834），陈结之离开了白居易，白居易因此写诗《结之》："欢爱今何在，悲啼亦是空。同为一夜梦，共过十年中。"后来，白居易还有两首诗《感旧石上字》和《对酒有怀，寄李十九郎中》分别提到陈结之，前者说"太湖石上镌三字，十五年前陈结之"。后者说"往年江外抛桃叶，去岁楼中别柳枝"。从白居易的诗意看，陈结之应该是白居易所纳的第一个小侍女，或者叫丫鬟，既不是家妓，也不是姜媵。她大约13岁来到白家，照顾白居易及其家人的生活，10年后，到了婚嫁年龄，白居易忍痛割爱，将她嫁出去了。[4]

　　宝历年后，看到朝廷倾轧更甚，社会秩序更乱，皇帝日益荒唐，民生日益凋敝，再加上年龄增长，白居易宦情更薄。于是，不管是在洛阳，还是在苏州，或是在长安，白居易更加超然放任，诗、酒、琴、禅、妓等在生活中的比重越来越大。也就是这一段时期的风流自放，引发了个别人的愤怒。

　　有人假装纯洁地反问："这位以'独善'自矢的诗人，似乎也有行不顾言之处。既然早年讽谏皇帝拣放宫女，为何自己晚年也蓄养声妓？"有人口吐白沫地指责："白乐天自不妨其为伟大诗人，但也要看到伟大的亦自有不伟大的一面，硬要把七八十岁老人御女说成是工作需要，说樊素、小蛮、女道士、小尼姑也沾上了伟大的光，硬要请她们来担当什么戏的主角，就更可以不必了。"还有人急赤白脸地谩骂："我读诗少，只就我读过的范围来说，即使《疑雨集》那样最肉欲地狎玩女性的诗，也总要竭力替自己装点几分'多情种子'的色彩，或者扮一点'醇酒妇人'的牢骚，而'三嫌老丑换蛾眉'这样赤裸裸的老流氓之句，真还没有在别处见过。比较起来，《红楼梦》中薛蟠公子的'女儿乐'名句，似尚未曾于如此老淫棍式的绝对男性本位也。"[5]

　　是什么引得一行人等如此出离愤怒？甚至"老流氓""老淫棍"等小人骂街的话都用上了？原来是"读诗少"。自称"读诗少"者反而读过了"最肉欲地狎玩女性的"《疑雨集》（虽然这一定语亦很可疑），我看就不是"读诗少"，而一定是"读史少"，要不然，不会连基本概念都弄不清楚而信口胡说。这样的所谓文人最害人，他之所以挖祖坟、反传统，穷究历史人物的"隐私"和"艳史"，狂抖知名人物的"内幕"和"猛料"，其本意无非在于紧跟形势，显示立场，自夸纯正，其目的无非在于吸引眼球，制造轰动，获取名声。

　　鲁迅先生说得好："《红楼梦》是中国许多人所知道，至少，是知道这名目的书。谁是作者和续者姑且勿论，单是命意，就因读者的眼光而有种种：经学家看见《易》，道学家看见淫，才子看见缠绵，革命家看见排满，流言家看见宫闱秘事……"正像先生所说的那样，我们看到的事实是，有的人就是一看见"妓"字，马上就想到"肉欲"，想到"狎玩"，一看到男人和女人在一起，就想到"御"，想到"淫"。殊不知在唐代，妓，在性别之外，是一个普通称谓，殊不知男人和女人，在性之外，还有种种美好的情感。普通称谓和美好情感在君子看来，是美丽的，纯洁的，在小人看来则是淫荡的，肮脏的，什么原因？皆因脑中存贮美好与丑恶的多寡而已。

　　除开泛泛之交的歌妓，陈结之（桃叶）、樊素、小蛮都是长期与白居易

生活在一起的"妓"，但他们都不是妾，也不是什么性伴侣，更不是不入流者想象的随时可以泄欲的性奴隶。证据是，在江州，白居易连生三个女儿，他对自己只有女儿没有儿子很是着急，看见别人的儿子总要艳羡一番，后来，58 岁的他以太子宾客分司东都时，生下儿子阿崔，但仅 3 岁而殁，给白居易带来了无尽的哀痛。无论是江州、京城、杭州、苏州和洛阳，白居易哀叹"伯道无儿"的诗文比比皆是。对生儿子如此渴望，又有生育能力，而且朝廷法度也允许纳妾，而最终没能成功，表明白居易并不是一个追求肉欲的人，也表明桃叶、樊素、小蛮不过是丫鬟和家庭歌舞团的成员而已，不然，如果桃叶、樊素、小蛮等是妾媵，不可能一个都不生育，不可能全部都外放出去。[6]

让我们暂且把樊素、小蛮放一放，我们看到，自江州到杭州，白居易与歌妓的交往是正常的，是符合其思想变化轨迹的，是符合其人性发展逻辑的。作为名满天下的大诗人以及地方大员，在歌妓看来，有着很强的魅力，也有着非常功利的考量，因为无论是歌舞剧团还是草台班子，在古代中国，为官府服务是很光荣的事情，也是再正常不过的事情，更何况，官府中还有白居易这样杰出的人物，要是得到他的一首诗，那今后的艺术前景会更加广阔。反过来，诗人以诗歌来赞美歌妓的才艺，或者是出于内心的真诚，或者是出于文场的惯例，都会为宴席增添无限美妙的亮色，或许还会博得佳人的嫣然一笑，都会在自己心头的伤口上抹上一层油膏，或许还会得到灵魂的莫大快慰。诗人与美女，相互取悦，相互安慰，眉来眼去并不是贩卖色情，你吟我唱有可能情愫暗生，这样的生存状态，你不能说非常积极，但也不能说十分消极，这应该说是还原了生活本真，算是一种再正常不过的生活态度和生活方式。

我们这个民族，在禁欲主义的枷锁中禁锢已久，已经养成了用异样眼光看待女性的传统。"红颜祸水""狐狸精"是对妖娆女人最简单的修辞，也是男人出了问题而委过于女人的最便利的借口，因此，直到近代，甚至一直到今天，我们尚不能正确对待男女的正常交往，不能用正常心态对待女性，不能正确对待真正的爱情。在男权主义世界里，女性的地位卑下而低贱。另一方面，作为一种反动，深厚的色情文化又对人们影响至大。"男人有钱就变坏"，"十个贪官九个色"，赤裸裸地追求肉欲，甚至以有几个女人而显摆，已经成为部分有钱、有权人的做派。在这些人看来，性，已经与爱情无关，已经与

繁衍无关，更遑论与诗歌音乐等艺术有关。性，已经变成了一种商品，一种用金钱或权力等价或不等价交换的东西。反过来，也确实有一些女人，自甘依附，不是追求经济上、人格上的独立，精神上、品位上的自由，不是找一个志同道合的贫困小子，一道去打拼，一道去奋斗，去共同创造美好的未来，而是求现成、讲实用，"宁愿坐在宝马车里哭，也不愿坐在自行车上笑"，甚至于求包养、当二奶、做小三、坐台卖淫，不一而足。无论男人和女人，越来越受物质所累，越来越受欲望所制。这样的社会风气，不用说离唐宋古典风雅气息与文化氛围越来越远，就是离五四运动以来所宣扬的"独立之精神、自由之思想"也越来越远。

宝历二年（826），55 岁的白居易在苏州刺史任上给时任和州刺史的刘禹锡写了一首《重答刘和州》，诗中美人、文章、器乐、声乐、园林、古迹、山水、诗歌样样具备，可以看作是他超然自适、风流自放的宣言：

> 分无佳丽敌西施，敢有文章替左司？
>
> 随分笙歌聊自乐，等闲篇咏被人知。
>
> 花边妓引寻香径，月下僧留宿剑池。
>
> 可惜当时好风景，吴王应不解吟诗。

白 氏 与 乐

"人类的历史能追溯多远，音乐产生的年代就有多久。"中华民族的音乐歌舞生发得很早。刘向的《世本》说："庖羲瑟五十弦（大瑟），黄帝使素女鼓瑟，哀不自胜，乃破为二十五弦，具二均声。"庖羲是上古时代人物，音乐是否自庖羲开始，一时难辨。倒是《尚书·尧典》中所谓"夔曰：'於！予击石拊石，百兽率舞'"，还带有几分"石器时代"人类的本色。夔，相传为尧舜的乐正——主管礼乐教化的官员，但音乐又是否自夔开始，也存疑虑。《史记》中太史公干脆含糊其辞，说"昔者舜作五弦之琴，以歌南风；夔始作乐，以赏诸侯"。时间没有超过舜帝，算是一种处理技巧。因此，歌舞究竟是什么时候产生的，是有语言之前就有歌舞，还是有了语言才有歌舞，事涉邈远，本无凭据。

中华民族是一个早慧的民族。说中国人早慧，在音乐歌舞上可以见证。

考之于中国的少数民族，美洲的印第安人，非洲的土著民族，可以看出，音乐歌舞的出现肯定出自民间，而不是出自帝王，纯粹为了娱乐，而不是别的什么。娱乐是一切动物的本性，更何况身为万物之灵长的人类。但我们的老祖宗居然在音乐中发现了"教化"功能，说是高雅的音乐能使人心地纯正，绵软的音乐能使人道德败坏，从而推断出音乐歌舞是帝王或官员用于教化人民而"创作"出来的，这一点，你不得不说，实在是国人的一大发明。这样一来，礼和乐就纠缠在一起，这一纠缠，就纠缠了几千年。

礼乐诗书，能使人开智，能使人高尚，能使人在"食色性也"的基础上有更高的追求，这大概是没有问题的。由此，尊敬的孔老夫子教导我们，一个人不能只吃饭穿衣，求偶生子，还应该学习六艺，即礼、乐、射、御、书、数。这里的乐，据称指《云门》《大成》等六种舞乐，应该都是所谓雅颂之音。但不管怎么说，毕竟又有舞蹈，又有音乐，而我们的孔老夫子也热衷其间，这倒为老夫子增添了一抹亮色和喜色，使得我们得知老夫子不仅仅是一个正襟危坐之人，同时也是一个喜欢热闹、会唱歌跳舞的普通人。

可惜的是，不管是三皇五帝的示范，还是圣哲先贤的教诲，大概收效都不大，因为大家并不把教化放在心上，而对娱乐则孜孜以求。自从人类生产力有所发展、有了一定的劳动剩余之后，就紧跟着出现了所谓的君长，出现了一批贵族，这些人并不劳动，而靠其他人的劳动养活自己，而且活得比劳动者更好。有了权、钱、闲，就必须得找乐子，于是，音乐歌舞就不可能只有雅颂之音——那是国家大典和朝堂之上的门面，当然也是祭天地、通鬼神和拜祖宗的摆设——而更多的必定会转向娱乐享受。也是，在没有电视电台、没有演唱会、没有留声机、没有收音机，没有当下五花八门的新奇玩意儿的几千年前，除了歌舞，又有什么其他的耳目享乐呢？喜欢音乐歌舞，总比酷爱酒池肉林要文雅一些、无害一些。

春秋战国，诸侯争霸，拼的是力气和胆量，拼掉的是生命和财富。在一片蛮勇斗狠中，我们也看到许多乐器、乐师和伎人的身影，最著名的莫过于西施。据说越王勾践被吴王夫差打败，释放回国后，用范蠡之计，搜寻到卖薪女西施、郑旦，花三年时间，教以歌舞、步履、礼仪等，然后进献给吴王。吴王得到这一至宝，不听伍子胥的劝谏，沉湎于美色与歌舞之中，不理朝政，终于被"卧薪尝胆"的勾践所打败，亡国丧身，西施则下落不明。

秦始皇廓清寰宇，一统天下，在把六国土地、人民践踏在自己的铁蹄之

下时，还不忘记将"所得诸侯美人钟鼓"全部掳掠到咸阳，"以充入之。"《三辅旧事》记载：秦始皇"表中外殿观百四十五，后宫列女万余人，气上冲于天"。所以说，秦始皇不仅是统一中国的第一人，而且还是有史以来拥有优伶娼妓数量最多的人。难怪一千年后晚唐诗人杜牧作《阿房宫赋》，这样想象房屋之巨、美女之多："蜀山兀，阿房出。覆压三百余里，隔离天日。""明星荧荧，开妆镜也。绿云扰扰，梳晓鬟也。渭流涨腻，弃脂水也。烟斜雾横，焚椒兰也。雷霆乍惊，宫车过也。辘辘远听，杳不知其所之也。"以此猛烈抨击"一人之心，万人之心也"的丑恶。

历两汉、三国、两晋、南北朝和隋，歌舞艺术一直在发展。入唐后，歌舞艺术更是达到鼎盛。有人评价，开国之君往往是文化的毁灭者，亡国之君往往是文化的发扬者。这话有一定的道理，但唐太宗李世民是个例外。也许唐太宗并不算例外，因为他老爸李渊才是真正的开国者，从而使唐太宗躲过了这一宿命。

唐太宗有艺术天分，自己赋诗作文，述怀言志，喜爱音乐舞蹈，还亲自制订《破阵乐舞图》，热爱书法艺术，对王羲之书法的鉴赏到了痴迷的程度，对绘画也情有独钟，有著名画家阎立本应诏画作《步辇图》的宋代摹本传世。《旧唐书·音乐志》中有这么一个故事，说是当时的御史大夫杜淹对唐太宗说："隋代之所以灭亡，主要原因是音乐。您看，南朝陈后主喜欢《玉树后庭花》，北齐高后主喜欢《伴侣曲》，这两个国家都灭亡了。这两首曲子都是靡靡之音，路人听到了，都伤心落泪，正所谓亡国之音。以此来看，隋朝的亡国也是由于音乐的缘故。"唐太宗说："话不能这么说吧。音乐之所以能感动人，是有其规律的。心情欢欣的人听到音乐，则感到更加快乐，内心忧愁的人听到音乐，则感到更加悲伤。快乐与悲伤，原是听者主观情绪所具有的，好像与音乐的声调、节奏、旋律关系不大。一个政权的末期，主要是弄得人民太苦，老百姓快要活不下去了，因此听到音乐才感到更加悲伤。哪有所谓哀怨的乐声，能使得平常心情欢快之人感到难过的？你看，《玉树》《伴侣》这两首曲子都保存下来了，如果现在招人来演奏，你杜爱卿决不会感到悲伤的。"在一旁的魏征说道："是啊，孔子说：'讲礼讲礼，说的仅仅是玉帛吗？讲乐讲乐，说的仅仅是钟鼓吗？'音乐之所以给人们带来快乐，并不是音调的缘故，而是在于听者内心和谐。"唐太宗对魏征的观点很是赞许。这个故事说明什么？显而易见，唐太宗不是说音乐本身不表达感情，不会对听者、对

社会产生作用，而是反对夸大音乐的社会功能，反对把音乐与政治直接挂钩，承接了魏晋时期嵇康的"声无哀乐论"的思想，打破了长期以来音乐决定政治、音乐亡国论等荒谬论断，不啻是对音乐的一次思想解放，更表现出一种兼容并包的大气和自信，表现出一种通达敞亮的胸怀和气度。

假如君主光有自己的雅好，而对天下之人的爱好加以禁锢的话，那就不啻为一场悲剧。君不见，历史上，只许州官放火、不许百姓点灯的事例数不胜数，更何况是皇帝，何况是拥有绝对权力的皇帝。幸好，李世民的大度基本上贯穿始终、遍及朝野。也就是说，他没有说一套做一套，没有对艺术创作设置禁区，横加干涉，没有焚书坑儒，没有兴文字狱，没有搞文化灭绝运动。据《新唐书·礼乐志十一》，贞观十一年（637），协律郎张文收"复请重正余乐，帝不许，曰：'朕闻人和则乐和，隋末丧乱，虽改音律而乐不和。若百姓安乐，金石自谐矣'"。

有了君主艺术创作和艺术欣赏的良好示范，同时讲究艺术发展规律，不设置条条框框，再加上国力逐渐强大，经济日渐繁荣，对外交往增多，有唐一代，艺术创作和艺术成就达到了历史巅峰。诗歌、小说、笔记、文学、哲学、绘画、书法、雕塑、音乐、歌舞，还有与艺术大有关系的建筑、丝绸、漆器、金银器、瓷器、服饰、工艺品等等，流光溢彩，洋洋大观。文字上的事我们就不必说了，单是我们耳熟能详的画家李思训、吴道子、周昉、关全，书法家张旭、怀素、颜真卿、柳公权，舞蹈家公孙大娘，洛阳龙门石窟的卢舍那大佛以及众多唐代石雕，敦煌石窟的壁画、雕像以及藏书，陕西法门寺地宫起出的唐代供奉物品等等，都给中国人留下无价的珍藏和无尽的回味。就说陕西历史博物馆所藏的一尊唐三彩少女立俑吧，那脸上略带一丝调皮的微笑，足可以与法国巴黎卢浮宫中达·芬奇6个多世纪后创作的《蒙娜丽莎》相媲美。个人认为，这是中国的女一号，是中国最美丽的形象之一。[7]

梨园，大家是知道的，那是唐玄宗的杰作。《新唐书·礼乐志十二》说："玄宗既知音律，又酷爱法曲，选坐部伎子弟三百教于梨园，声有误者，帝必觉而正之，号'皇帝梨园弟子'。宫女数百，亦为梨园弟子，居宜春北院。梨园法部，更置小部声音三十余人。"唐玄宗根据表演者的功力和表演方式，将乐队分为"立部伎"和"坐部伎"两部，其重心有明显的偏向，优秀的入坐部，一般的隶属于立部，更差一点的，叫他去练习雅乐。能入梨园的，当属佼佼者。梨园，在皇宫大明宫北部的禁苑中，能在这里练习音乐歌舞，当

皇家艺术学院的学生，自有无限光荣。而更为荣耀的是，皇帝唐玄宗不是挂名的院长，而且亲自担任艺术指导、作曲、编舞，甚至灯光、舞美、指挥等等，叫人怎么不心潮澎湃，技艺精进？唐玄宗的艺术细胞非常活跃，眼光也很独到，他可不是井底之蛙、鼠目寸光，他对传统的、境外的、民间的艺术概不排斥，而是兼收并蓄，发扬光大，他对隋代的燕乐——法曲进行适当改造并加以推广，还积极引进西域的外来音乐歌舞，并从民间吸收优秀舞者如公孙大娘等进宫表演，以及尝试各种新鲜有趣的玩意儿。还是《新唐书·礼乐志十二》说："唐之盛时，凡乐人、音声人、太常杂户子弟隶太常及鼓吹署，皆番上，总号音声人，至数万人。"有皇帝如此倡导，有大唐最优秀的舞蹈家杨贵妃的舞蹈，有《霓裳羽衣曲》这样难以形容的音乐的悠扬，开元盛世之盛，就不仅仅是物质，也是文化，不仅仅是皇宫，也是民间，不仅仅是帝都，也是其他城市。总之，开元盛世，应该是经济发展，文化繁荣，人心安定，举国无忧。

安史之乱，打断了盛世繁华的进程。那个满肚肥肠的安禄山将大唐帝国弄得皮包骨头，同样是那个胡旋舞跳得极好的安禄山，给大唐文化带来了毁灭性的灾难。安史之乱，给关中地区、黄河两岸造成了极大的破坏，但另一方面，江南地区、长江流域、四川盆地等其文化反而在原有基础上有所发展，原因很简单，除开被劫掠、失踪、死亡之外，一大批文人、艺术家为躲避战火，从中原逃难到了这些地方，从而为这些地区的文化添柴加薪。多年后，吕温就这样描写当时的情况："天宝季年，羯胡内侵，翰苑词人，播迁江浔，金陵会稽，文士成林，嗤衔争驰，声美共寻，损益褒贬，一言千金。"

那就让我们来看看地处江南北部的九江，其音乐歌舞情况究竟如何。

与诗文、雕塑、绘画、工艺等艺术形式不同，音乐歌舞是时间艺术，在古代，没有适当的介质能将其保留下来，因此，无论是古代遗存，还是现代考古，对音乐歌舞的追溯是非常困难的。加之江州相对于中原而言，地处荒远，气候多雨，地表潮湿，墓葬、碑刻、建筑之类等级不高，存世不易，实证材料稀少。考察江州音乐歌舞，一是求于民俗，二是寻诸典籍，方能找出鸿爪片影。

从现今民间风俗情况看，江州的音乐歌舞可以从傩戏、山歌（船歌）和划龙舟上找出些许影子。傩戏源于远古时代，早在先秦时期就有既娱神又娱人的巫歌傩舞，是民间祭祀和传统节日不可或缺的娱乐项目。傩戏的表演大

多戴面具，后来也画油彩脸谱。估计原始傩戏的动作以模仿自然界生灵为主，念唱则以求神祈福的短句为主，乐器则以锣鼓等打击乐为主。江州的原始傩戏，应该充满楚文化风韵。至于后来，则吸收赣东北弋阳腔、安徽青阳腔、湖北汉剧等唱法，有一定的剧本和演出规范，乐器也慢慢丰富，现今九江地区所属修水、武宁、瑞昌、都昌、德安等地都有傩戏存世，但与古代傩戏应该有较大差别。

一般说来，山歌和船歌是人们在劳动之时和劳动之余自然生发的歌咏之声，有独唱、对唱和合唱等形式。江州在远古时是三苗之地，也就是苗族聚居地。三苗尚武、善歌，被大禹征服后，流散西南西北，但三苗的善歌应该尚有余韵。江州山歌有山歌、车水锣鼓、锄山鼓、锣鼓歌、秧号、渔歌等。山歌多为情歌，有"山歌不离郎和姐，离了郎姐不成歌"之说，有高腔、平腔、低腔等唱法。秧歌等其他山歌则与劳动有关，在插秧、耘禾、耙田、挖山、车水之时，往往一唱众和，你丢我接，相互猜歌，此起彼伏，活跃异常。江州又处于水网地带，船歌盛行。船歌，也叫渔歌，《湖口县志》载："江尽入湖口，渔歌四面闻。"除山歌外，江州地区还盛行号子，有搬运号子、拉纤号子、排工号子、抬石号子、打夯号子等等。

划龙舟的起源一般认为是纪念屈原而来。屈原在第二次被流放时，来往于彭蠡之滨、庐山之麓。[8]屈原所投汨罗江的源头就在江西、湖南交界的幕阜山脉，离当今九江所辖的修水县（唐代属洪州）隔山相望。屈原时期，九江一带属楚，因此，很可能九江是第一批开展划龙舟的地区。划龙舟，又叫赛龙舟、龙舟会，每逢五月端午节，临江、临湖的人们必定龙舟竞渡。届时，姑娘们打着阳伞，儿童们着上新衣，男人们带上鞭炮，主妇们准备酒食，老人们带上板凳，一起到指定地点去"看船"。划龙舟亦有一定的程序，有拜社、船开头、划船歌、拜客、谢茶、船回程等曲调，依照一定顺序配合规定动作而高唱。看船时，只见江中水花飞溅，龙舟似箭，号子震天，岸上人潮如海，歌声如潮，锣鼓齐鸣。特别是健儿们即将到达终点而争夺锦标（锦制旗帜或锦匹）时，人们欢呼四起，喝彩阵阵，那真是群情鼎沸、热闹非凡。

从历代典籍中，我们能找到的九江音乐歌舞的最早源头，可能是大名鼎鼎的周瑜。周瑜是一员猛将，也是一员儒将。建安十一年（206），周瑜"讨麻、保二屯，枭其渠帅，因俘万余口，还备宫亭。江夏太守黄祖遣将邓龙将兵数千人入柴桑，瑜追讨击，生虏龙送吴"。宫亭就是鄱阳湖，柴桑是汉代柴

桑县，治所在今九江县马回岭镇马头村。与上一次"进寻阳"的军事行动不同，周瑜这次驻军柴桑，屯兵鄱湖，是借此训练陆军和水师，准备攻打刘表所管辖的江夏（今湖北武汉武昌），当时周瑜任中护军、领江夏太守。但江夏并不在吴主孙权手中，周瑜这个江夏太守只是"虚受"或"遥领"而已。周瑜在柴桑驻军时间蛮长，直到建安十三年（208）赤壁大战爆发前夕才离开，头尾三个年头。

史称周瑜少年时即精通音乐，年长后，更精于此道。宴会上酒过三巡，仍然保持清醒头脑，只要是乐工的演奏稍稍跑调，周瑜都会知晓，都会盯着跑调者，因此当时就有歌谣："曲有误，周郎顾。"呵呵，厉害吧？

周瑜的夫人是著名的小乔，更准确地说应该是小桥，因为史书记载小乔的老爸是"桥公"。大乔、小乔是一对姊妹花，长得那叫一个漂亮，被称之为"国色"。美女配英雄，孙策娶了大乔，小乔嫁了周瑜。小乔会不会歌舞？正史并没有记载，但估计没有问题。周瑜如此了得，岂能仅仅找一个花瓶？英雄美女，美女英雄，当是三国那个冰冷的乱世留给后人一抹温馨的回忆。

正因为周瑜在柴桑驻留时间长，又有小乔相伴，因此叫人横生无限想象。不知什么时候，九江的一条巷子被称为督府巷，一个小山包被称为延支山或胭脂山，山上还建有梳妆楼（台），据说这些都与周瑜、小乔有关。这当然是后人附会，因为在三国时，浔阳城还叫溢口，周瑜驻军在柴桑，离溢口有几十里路呢。

有了周瑜的滥觞，我们看到，江州浔阳城往往晃动着既是将军、又是文艺小资的人们的身影。前面说过，庾亮，算是个政治人物，但也爱好音乐，《晋书·乐志》载"庾亮为荆州，与谢尚修复雅乐，未具而亮薨"。谢尚，是东晋名相谢安的堂兄，他"善音乐，博综群艺"，还会跳"鸲鹆舞"。永和年间，谢尚招募音乐人才，研究创制石磬这种乐器，"江表有钟石之乐，自尚始也。"王羲之，不但是伟大的书法家，也是音乐家，喜山水，爱丝竹。这几位都当过江州刺史，均有将军名头，但又都是音乐人物。

另一位担任过江州刺史的桓伊更厉害。桓伊曾与谢玄（谢安的侄子）一道破前秦苻坚的大军于肥水，使敌人"风声鹤唳""草木皆兵"，是为淝水之战。虽有大功，但为人谦逊，不居功自傲。"善音乐，尽一时之妙，为江左第一。"他笛子吹得特别好，著名的笛子曲《梅花三弄》就是他创作的。桓伊还善唱歌，据说他每当听到别人清唱时，都要唤"奈何"以帮腔相和，以至于

谢安说他对音乐可谓"一往情深"。桓伊还善抚筝，曾在晋孝武帝司马曜面前边抚筝边唱曹植的《怨歌行》："为君既不易，为臣良独难。忠信事不显，乃有见疑患。"唱得谢安"泣下沾衿"，晋孝武帝"甚有愧色"。

桓伊与江州有很深的因缘。东晋太元八年（383），桓伊有功于淝水之战，拜永修县侯、右军将军，翌年，拜江州刺史、都督江州荆州十郡豫州四郡军事。到任后，上表减免欠租，安置流民，州治移至寻阳，为政宽恤，"百姓赖焉。"他还资助慧远创立东林寺，为庐山文化做出了重要贡献。

东晋灭亡，历史进入南北朝，时局动荡，朝廷倾轧，宗室相残，百姓悲苦，江州和各地一样，已经完全没有哪怕一丁点的风流蕴藉，取而代之的是冷淡、寂寞甚至血腥。檀道济，是东晋末、南朝宋初的名将，他讨逆灭寇，北伐中原，立下赫赫战功，为南朝宋武帝刘裕取代东晋登上帝位创造了条件。后来在抗击北魏时，唱筹量沙，保全了实力。就是这样的功臣，朝廷也不能相容。"司空、江州刺史、永修公檀道济，立功前朝，威名甚重，左右腹心并经百战，诸子又有才气，朝廷疑畏之。"元嘉十三年（436），檀道济被宋文帝刘义隆下令处死，和他一道被处死的还有他的 11 个儿子，以及号称关、张的两个从属。理由呢？当然是谋反！证据呢？没有！诏书上说是"空怀疑贰，履霜日久"，是一个"莫须有"的罪名。又怕大家不服，还把三年前被处死的谢灵运扯上，说什么"谢灵运志凶辞丑，不臣显著"（别忘了，宋文帝曾将谢灵运的诗、书称为二宝，这里又说"辞丑"），你檀道济"纳受邪说，每相容隐"，算是一条"坐实"的罪状。史称"道济见收，愤怒，目光如炬，脱帻投地曰：'乃坏汝万里长城！'魏人闻之，喜曰：'道济死，吴子辈不足复惮'"。"时人歌曰：'可怜白浮鸠，枉杀檀江州。'"白浮鸠是什么？是一种歌舞，叫作拂舞，其歌词是"翩翩白鸠，再飞再鸣。怀我君德，来集君庭"。据晋代杨泓考证，三国后期，东吴深陷孙皓的暴政中，百姓悲苦，生灵涂炭，人们跳起舞蹈，愿意归属晋国，这种舞蹈就是白浮鸠。檀道济被冤诛杀，江左之人跳起白浮鸠，就说明人们对这兔死狗烹、亲痛仇快的事情有多么厌恶，说明人们对偏安江左不思恢复、反而一味窝里斗的局面有多么厌恶！檀道济，是江州浔阳城心头永远的痛。

昭明太子萧统在《陶渊明传》中还记载了檀道济和陶渊明交往的故事："陶渊明……躬耕自资，遂抱羸疾。江州刺史檀道济往候之，偃卧瘠馁有日矣。道济谓曰：'贤者处世，天下无道则隐，有道则至。今子生文明之世，奈

何自苦如此？'对曰：'潜也何敢望圣贤？志不及也。'道济馈以粱肉，麾而去之。"这段对话很有意思。檀道济借用孔子"天下有道则见，无道则隐"的话来说陶渊明，称当今是"文明之世"，可你陶渊明的境遇却貌似"贫且贱焉"，当然，不一定"耻也"，因为你是"自苦"，但好像也并不需要弄成这样呀？陶渊明怎么回答？他没有直说世道到底是明是暗，只是抓住孔子未曾提及而檀道济所说的"贤"字说事，说，我可不是什么贤者，不但不是，而且连当什么贤者的心思都没有！话说得干脆利落，米面肉食等退回得也干脆利落。这样一段对话很值得回味。假如，我们说的是假如，檀道济要是知道自己后来的命运，那就晓得这世道到底是文明还是昏暗，他与陶渊明到底谁是贤者谁是愚者。当然，性格决定命运，态度决定行动，常说尽人事、听天命，也就是说，既要尽力而为，又要知足常乐，能建功立业时，你不可能要他隐世独居，反过来，想隐世独居时，你非得要他建功立业，这都违背天道人心。因此，檀道济和他"又有才气"的 11 个儿子"显"而死于非命，陶渊明和他"总不好纸笔"的 5 个儿子"隐"而得以善终，不能说谁是谁非、谁贤谁愚，换句话说，檀道济和陶渊明两人的悲喜剧，并不是贤愚的问题，而是世道的缘故。

历史有点搞笑。史料载，极力主张杀害谢灵运和檀道济的，是彭城王刘义康。这样一个杀人者，没过多久就失去权势，最后自己也丢掉了性命，而他的失势也跟江州有关，而且还跟一首叫《乌夜啼》的曲子有关。刘义康是宋文帝刘义隆的亲弟弟，当时入掌中枢，握有重权，故而极言谢灵运、檀道济应杀而杀之。没几年，刘义隆、刘义康兄弟反目，皇帝哥哥把弟弟贬为江州刺史，甚至一度软禁在浔阳城。不知道是组织安排，还是确有其事，随后，弟弟与一桩连着一桩的谋反案件有干系，最后，哥哥不耐烦了，派出使者，将弟弟用被子活活闷死，终年才 43 岁。唐代崔令钦《教坊记》称："乌夜啼，宋彭城王义康，衡阳王义季，帝囚之浔阳，后宥之，使未达，衡王家人扣二王所囚院曰：'昨夜乌夜啼，官当有赦。'少顷使至，故有此曲，亦入琴操。"乌，《说文解字》中称"孝鸟也"，说乌鸟长大后能反哺，因此是孝鸟。乌鸟夜啼，是一种吉兆，因此，《乌夜啼》并非哀怨之曲。《教坊记》还称，《乌夜啼》不仅是琴曲，还是一支舞曲，属于"软舞"，也就是慢步舞。而据《乐府诗集》引《古今乐录》称："《乌夜啼》，旧舞十六人。"也就是 16 人群舞的舞曲。

在《旧唐书·音乐志》中又把《乌夜啼》与刘义庆扯在一起，说这首曲子是刘义庆所作。刘义庆是刘裕的侄子，刘义隆的堂兄弟，过继给叔父刘道规为嗣子，后袭封为临川王。刘义庆由于编撰《世说新语》而不朽。《世说新语》是一部笔记小说，是刘义庆在任江州刺史前后召集文士编撰的，其本意是安抚刘义隆的猜忌之心，表白自己没有争权野心而采取的韬晦避祸之计。内容主要载录汉末至两晋士族阶层各色人物的言行逸事和人物品评，反映了魏晋名士崇尚清谈和放荡不羁的社会习气。作品篇幅短小，着重通过言语刻画人物，多有传神之笔，具有较高的文学审美和史料价值。这是中国最早的一部笔记小说，鲁迅称其"记言则玄远冷峻，记行则高简瑰奇"，给予非常高的评价。

《旧唐书·音乐志》中说刘义庆在江州，接待"获罪"的彭城王刘义康，"相见而哭"，不料，有人密报朝廷，宋文帝刘义隆很不高兴，认为这两人有问题，于是诏令刘义庆至京城，刘义庆"大惧"，而"妓妾夜闻乌啼声"，认为是吉兆，由此作歌云云。这么说来，刘义庆对江州的贡献就不仅仅是《世说新语》，而且还有《乌夜啼》。这个故事虽然是喜剧，但却有极大的悲剧成分：堂兄弟相见，自然带有感情，但同为兄弟的皇帝居然起疑心，这就说明政治这玩意是远远超出亲情的，说明手足之谊很难抵挡利益之争，说明专制主义的残暴与丑恶。历史真是无情，宋文帝刘义隆诛杀了谢灵运、檀道济、刘义康等人，最后自己却挨了亲儿子刘劭一刀，死于非命。说历史有点搞笑，但这样不着调的搞法，是不是也太离谱了些？

不管是《白浮鸠》，还是《乌夜啼》，这些曲子的旋律怎样我们已无从知晓，但他们背后的故事都是悲剧。难怪陶渊明、刘义庆，还有随后的萧统等人都厌恶风波险恶的政治，从而转向相对平和的文学，从这一点来讲，谢灵运、檀道济、刘义康是江州的不幸，而陶渊明、刘义庆、萧统又是江州的大幸。

在南朝，还流行所谓西曲。因为荆州、江州位于京都建康（今南京）西面，因此这一带流行的曲子称为西曲。西曲种类很多，其中有《寻阳乐》等曲辞。据《古今乐录》记载，《寻阳乐》是一种"倚歌"，也即用鼓吹而无弦乐伴奏的歌曲。原始曲目和歌词是什么样子，已经杳不可寻。

隋唐后，有关江州音乐歌舞的记载反而见少。道理很简单，因为京城在长安，政治文化中心在北方，江州相对荒远；隋唐后江南地区经济发展迅猛，

随着大运河的开凿，江南人员流动和货物流动有了新的通道，苏州、杭州、扬州、润州（今镇江）、越州（今绍兴）等地受益颇多，成为新的经济文化次中心，江州反而冷僻。考《全唐诗》《全唐文》，只看见王勃《秋日登洪府滕王阁饯别序》（即《滕王阁序》）中的"渔舟唱晚，响穷彭蠡之滨"、刘允济《经庐岳回望江州想洛川有作》中的"礼乐富垂髫，诗书成舞勺"、张九龄《出为豫章郡途次庐山东岩下》中的"愿言答休命，归事丘中琴"、孟浩然《晚泊浔阳望庐山》中的"东林精舍近，日暮空闻钟"、李白《永王东巡歌十一首·其三》中的"雷鼓嘈嘈喧武昌，云旗猎猎过寻阳"、韦应物《简寂观西涧瀑布下作》中的"聊将横吹笛，一写山水音"等寥寥数语而已，而且基本上都不是实写！

让我们到白居易江州诗文中去寻找答案。

白居易《琵琶行》中"浔阳小处无音乐，终岁不闻丝竹声"一句，是大家耳熟能详的。这一句，似乎给九江的音乐歌舞下了一个断语，由此，大家对元和年间江州音乐可能有了一个"不佳"的固定印象。事实果真如此么？

初到江州，白居易有《醉后题李、马二妓》诗："行摇云髻花钿节，应似霓裳趁管弦。艳动舞裙浑是火，愁凝歌黛欲生烟。有风纵道能回雪，无水何由忽吐莲。疑是两般心未决，雨中神女月中仙。"这首诗应该是其顶头上司、江州刺史崔能为迎接白居易的到来举行欢迎宴会时写的，李、马两位应该是江州最好的歌唱家和舞蹈家。诗中，白居易对李、马两位的描绘费尽心血，从穿着打扮，到舞姿歌喉，再到惊若天仙的比喻，用了"是火""生烟""回雪""吐莲"等辞藻，看得出来，不是一般的追捧，而是真心的赞叹。李、马两位的声乐和舞蹈也确实做到了声情并茂、婀娜多姿，有较高的水平，不是一般的草台班子。当然，李、马是本地歌者，还是恰好游历到此，我们就不得而知了。

为什么白居易对李、马的歌舞感觉如此之好？为什么与《琵琶行》中"岂无山歌与村笛，呕哑嘲哳难为听"对比如此强烈？原因很简单，那就是两者都进行了艺术夸张。从白居易自长安至江州一路所写的诗歌来看，他的心情是非常郁闷和痛苦的，"昔为京洛声华客，今作江湖潦倒翁"，这一巨大反差使他一下子如同掉入万丈深渊。离开高高的庙堂，转向遥远的江湖，不说前途和命运，单就人身安全而言也仿佛是个未知数。"谁知千古险，为我二人设。""生当复相逢，死当从此别。"充分体现了他对江湖的恐惧，甚至是抱着必死

的心态。没想到的是，崔能以长官和长者的身份给予他高规格的接待和安排，怎么不叫白居易大感意外、感激涕零？由此，这一场欢迎宴会是一剂安魂药，这场宴会的李、马二妓也变得可爱起来，她们的歌声和舞姿也变得多情和曼妙。倒不一定是这两位真的有多么漂亮，有多么高的艺术水准，只是白居易在作必死的臆想时陡然看到生还希望，在极度的恐惧中蓦地碰到些许安慰，生存环境与之前的极端想象有较大改观时，因而觉得这两位的歌喉婉转动听，歌舞美不胜收，岂止是美不胜收，这两位简直就是神仙，"雨中神女月中仙。"

然而，江州毕竟是江州，音乐歌舞不可能跟京师长安、东都洛阳相比，甚至也不可能跟白居易少年时游历过的杭州、越州一带相比。一个人，经历的事多了，眼界高了，观察事物有时候容易将好的与差的相比。白居易在帝都摸爬滚打了这么多年，什么繁华没见过，什么经历没有过，加之自己懂音乐，会弹琴，因此，江州的音乐歌舞是难以入他的法眼的。我们看到，在这一场宴会后，白居易编辑书稿、书写信件，然后瓣香渊明、浪迹老庄、栖心释梵、寄情山水，努力排解自己的痛苦，好长一段时间对音乐歌舞没有描写，一方面说明江州音乐歌舞与京城相比差距太大，另一方面说明他的心思没有放下，总是带着被贬者的眼光去看待江州。江州的山水、佛道未必比长安差，因而，能够对比的，就只有娱乐、建筑、人物和出产。建筑和人物，来江州前已有充分的心理准备，不可能拿来和京城相比，出产也没有可比性，这样一来，唯一可做比较的，就是音乐歌舞。

江州音乐歌舞真的是荆棘林莽么？让我们来看看白居易在九江写的诗文。

一是江州可静可动、动静皆宜。江州不是京城，远没有那么繁华，因此，在平常的日子里，显得冷清落寞。"黄昏钟寂寂，清晓角呜呜。"清晨的号角，傍晚的钟声，显得那么悠远，那么空寂，正让人想到遥远的故乡、模糊的宫阙和易逝的时光，想到昔日的诗酒年华、朋友的音容笑貌和宫廷的夜值灯光，想到青春易逝、红颜易老、路在何方。寒角和晚钟，在带来悠然、寥廓、宁静之时，也牵动着心头的丝丝血痕，牵动着心底的丝丝隐痛。当然，江州也有生动的一面，那就是迎来送往之际，绿袍红裙，歌声绕梁，舞姿翩翩，好一番风月景象。音乐和歌舞水平怎样？好像并不差，"铮鏦越调管弦高""江暗管弦急"；歌妓打扮如何？好像蛮风骚，"缥缈楚风罗绮薄"。可为什么这样的场景，总是发生在带着伤感的离别之际呢？

　　二是江州流淌着山水之韵味、渊明之琴声。大江东去，山谷流泉，鸟儿和鸣，万壑松风，都是大自然的天籁之声，你细心去听，就能听出那无穷的秘密，无尽的神奇，因此，笔墨难以书写，琴瑟难以模仿。陶渊明并不会弹琴，但他手抚无弦琴、体会琴中趣的神态，一直被后人称道。这样一种完全根据人的主观意愿，与自然对话，与天地和鸣，从而获得快乐与美感的做法，承继了老子"大音希声"、庄子"得意而忘言"的命题和情致，有一种看似荒诞、实则高妙的意趣，是一种超然物外、随性逍遥的境界。难怪张九龄、韦应物、白居易等人来到江州，来到陶渊明的家乡，都不约而同地宣称要横笛山水、琴书消忧，白居易甚至还憧憬"左手引妻子，右手抱琴书，终老于斯，以成就我平生之志"。不管他说的是不是真的，反正其感受山水流韵、渊明遗风是明白无误的。

　　三是江州既有下里巴人，亦有阳春白雪。"巷口钓人歌"，一句诗，表明了劳动者的达观和开朗，要知道，此时正是每年涨水期间，应该是百姓生活困顿之际，但底层人民生性乐观，不屈不挠，居然在作者愁肠百转之时还能放声歌唱，无他，只能是主观意识的不同罢了。劳动者思想很单纯，只要能活得下去，就很满足，如果在大水上涨之际能抓到一两条鱼，那就很快乐，而且这种快乐是发出内心的，是无比真挚的。除了《琵琶行》，白居易在九江还写有两首听琵琶的诗，《听李士良琵琶，人各赋二十八字》和《春听琵琶，兼简长孙司户》，细读之，我们就会发现，江州并不止渔歌山歌，你看，也有琵琶高手呢。两次琵琶声，都是声情并茂、能融入听者的情感，水平都非同一般。李士良是谁？不详。唐诗中没有其他人写过李士良，白居易后来也没有写过他。从白居易自注"人各赋二十八字"看，当是江州的一次小型聚会，大家欣赏了李士良的琵琶后，都写了诗，不过只有白居易的诗留存了下来。个人臆测，李士良和另一次的琵琶演奏者均是路过九江的音乐高手，可能并不是江州本地人。

　　白居易还有两首诗值得一提。一首是《寄微之》："帝城行乐日纷纷，天畔穷愁我与君。秦女笑歌春不见，巴猿啼哭夜常闻。何处琵琶弦似语，谁家髻堕髻如云。人生多少欢娱事，那独千分无一分。"用帝都的欢乐场面对比江州、通州的冷清和落寞，是诗人一贯的做法。另一首是《吴宫辞》："一入吴王殿，无人睹翠娥。楼高时见舞，宫静夜闻歌。半露胸如雪，斜回脸似波。妍媸各有分，谁敢妒恩多。"朱金城将这首诗笺证为元和十三年（818）白居

易在江州所写。如果真是这样的话，那就不是游览实地的有感，而是基于想象的遣怀。诗中借宫女之口而自我安慰，半真半假地说"谁敢妒恩多"，也是诗人惯常的手法。

还有一首诗更值得关注，那就是《江南遇天宝乐叟》。这首诗描写的是天宝乐叟与诗人自己的一段对话，前者叙述了乐叟的不幸遭遇，后者记叙了诗人在京华故地的所见所闻。乐叟的故事并不复杂，安史之乱前，他是梨园弟子，作为一个艺人，他多才多艺，能弹琵琶，会演奏法曲，经常陪伴在唐玄宗身边，给皇帝提供娱乐，也得到了很高的待遇。那个时候，唐玄宗常到华清宫巡幸，千官问候起居，万国朝拜皇帝，命妇的首饰照亮了石瓮寺，兰麝的香味充盈着温泉池，柔媚宛转的杨贵妃，衣袂飘飘，舞姿翩翩，何等热闹，何等繁华！然而，好景不长，燕寇至，胡语喧，唐玄宗仓皇出逃，继而忧郁而死，乐叟不得已只有逃离京城，漂泊南土，秋风江上，暮雨舟中，惟有借酒浇愁而已。天宝乐叟的不幸遭遇，激起了诗人的强烈共鸣，诗人听到乐叟的叙述，回忆自己在骊山渭水间所见的萧条、破败和残缺，想到乐叟和自己都来自秦地帝都，想到国家由盛转衰，想到个人命运的巨大转折，于是家国之痛，同为慨叹，身心之苦，相互同情。难怪乾隆在《唐宋诗醇》中说："前叙乐叟之言，天宝旧事也。后叙告乐叟之言，乱后景象也。俯仰今昔，满目苍凉，言外黯然欲绝。乐叟未必实有其人，特借以抒感慨之思耳。"这段评论倒是非常中肯。可以说，这首诗与《长恨歌》实为异曲同工。

当我们搞清楚了江州音乐歌舞的基本情况之后，我们就能明白白居易在《琵琶行》中所说的"浔阳小处无音乐，终岁不闻丝竹声""其间旦暮闻何物，杜鹃啼血猿哀鸣""岂无山歌与村笛，呕哑嘲哳难为听"的含义了，原来，都是为了对比！对比，不仅仅是诗歌的艺术手法，更是人生的起伏跌宕。浔阳城的"小"，是与京城的大相对应的，浔阳城的杜鹃和猿猴，是与自己的内心相对应的，浔阳城的"难为听"，是与仕途、前景相对应的，这一切，都是为了突出京城长安，突出长安倡女，突出琵琶之声！

"今夜闻君琵琶语，如听仙乐耳暂明。莫辞更坐弹一曲，为君翻作琵琶行。"

这样说来，唐太宗李世民的确英明，他的"欢者闻之则悦，忧者听之则悲，悲欢之情，在于人心，非由乐也"的论断，用在白居易身上，是再合适不过的了。

离开江州后，白居易有一首《听夜筝有感》："江州去日听筝夜，白发新生不愿闻。如今格是头成雪，弹到天明亦任君。"还有一首《霓裳羽衣歌，和微之》，其中回忆"溢城但听山魈语，巴峡惟闻杜鹃哭。移领钱唐第二年，始有心情问丝竹"。这些诗，是对"悲欢之情，在于人心"的一次次印证。

白居易当然不满足于"丝竹"，他还要追求更极致的快乐。

《世说新语》记载孟嘉的故事，说桓温问道："听妓，丝不如竹，竹不如肉，何也？"孟嘉答道："渐近自然。"孟嘉是陶渊明的外祖父，白居易心仪陶渊明，当然熟悉这则故事。[9]

"丝不如竹，竹不如肉"，这里的"丝"，是指弦乐器，"竹"指管乐器，"肉"指美妙的歌喉。为什么弹奏乐不如吹奏乐，吹奏乐不如声乐呢？孟嘉的"渐近自然"是一句妙语，他认为最能淋漓尽致地表达感情的是人的歌喉。这一说法固然有理，但恐怕也跟国人喜欢热闹的天性有关。国人无论是朋友集会，还是红白喜事，抑或是公众场合，喜欢的是那个闹腾，那个热烘烘的气氛，饮酒猜拳是如此，听歌看戏是如此，大声喧哗也是如此。旧剧场中，你在上面唱，他在下面闹，才不管唱的是什么内容，演的是什么戏文。孟嘉的这一妙语，实则影响了中国音乐艺术的走向。我们看到，中国的音乐艺术与西方有较大分野，西方的音乐演奏会之类，很难在中国流行开来，如果只有"丝竹"，就算配器再丰富，表现手法再高明，也很难得令国人静下来细细聆听，细细体会，当然，这是后话。

白居易应该是这一理论的拥趸，证据是他开始注重声乐了，商玲珑就是一个例子。商玲珑是器乐高手，声乐也很不错，白居易《醉歌，示妓人商玲珑》说："罢胡琴，掩秦瑟，玲珑再拜歌初毕。"还有这样一个故事，长庆三年（823），元稹授越州刺史、浙东观察使（治所在今绍兴），途经杭州，白居易给予好朋友高规格接待，酒席上令商玲珑歌唱元稹的诗歌数十首。元稹为此写诗《重赠》："休遣玲珑唱我诗，我诗多是别君词。明朝又向江头别，月落潮平是去时。"

宝历二年（826），白居易在苏州刺史任，写《问杨琼》："古人唱歌兼唱情，今人唱歌唯唱声。欲说向君君不会，试将此语问杨琼。"这是对当时一些歌者的批评。听一些二三流歌者唱歌，声调、节拍、旋律，没有一处有问题，声音也很好，但就是感觉唱得不对，怎么个不对？原来是没有融入感情。我们看戏剧、看电影、听演唱会，为什么会有明星效应？因为真正的艺术家，

不仅富有技巧，而且投入感情。白居易深谙此道，故有"今人唱歌唯唱声"的评语。

既然难得听到声情并茂的歌唱，那就自己培养吧。太和三年（829），58岁的白居易自刑部侍郎转任太子宾客分司，从长安到洛阳。也就是这一年（这一年，他老来得子，阿崔出生），他寻觅到了樊素，当时十二三岁的小姑娘，经面试，认为声线不错，基础还行，可堪造就，于是加以调教，若干年后终于成为高水平的歌唱家。

当时的法律是允许这样做的。据《唐会要》卷34载：神龙二年（706）九月，唐中宗李显下诏："三品以上，听有女乐一部，五品以上，女乐不过三人。"天宝十载（751）九月二日，唐玄宗又再次下诏："五品以上正员清官，诸道节度使及太守等，并听当家畜丝竹，以展欢娱。"

当时的风俗也是允许这样做的。在没有电影电视，没有录音录像，没有演唱会，甚至连戏剧都尚未成型的时代，官僚地主、达官贵人的娱乐主要靠官妓和家妓。畜养家妓已经成为一种风气，一种暗地较劲的把戏，一种装饰门面的排场。这样的事例数不胜数。

樊素就是这样来到白居易身边。可能一起来的不止樊素一个。白居易在《南园试小乐》里写道："小园斑驳花初发，新乐铮鏦教欲成。红萼紫房皆手植，苍头碧玉尽家生。高调管色吹银字，慢拽歌词唱渭城。不饮一杯听一曲，将何安慰老心情？"这首诗写于太和三年（829），写的是长安城新昌坊白居易宅的南园。从诗意来看，似乎樊素并不是直接买来的，而可能是此时招进的奴仆带来的子女，所谓"家生"是也。看起来，家庭歌舞小班子至少有两人以上，有器乐，有声乐，经过调教，已开始有模有样。组建家庭歌舞班子的目的很明确，那就是"饮一杯听一曲""安慰老心情"。

太和六年（832），时任河南尹的白居易写了一首《九日代罗樊二妓招舒著作》："罗敷敛双袂，樊姬献一杯。不见舒员外，秋菊为谁开？"这首诗以罗、樊二妓的名义，邀请舒元舆来白家听歌观舞，饮酒赏菊。罗敷应该是一姓罗的家妓，白居易借用古代美女罗敷的名字来作代称；樊姬也是代称，是借楚庄王的贤妃樊姬来指樊素。这一年，算来樊素已经十五六岁，歌也唱得更加娴熟，主人可以拿得出手呈献给客人了。这一首诗，亦可证明樊素并非妾媵，若是妾媵，不会公然示人。

说了樊素，再说小蛮。小蛮是何人，何时到白家？一时间弄得我稀里糊

涂，甚至一度怀疑这个人是否存在。原因是白居易亦将盛酒的容器"小花蛮榼"简称为小蛮，所以，小蛮也可作为美酒的代称。开成二年（837），白居易有诗《晚春酒醒寻梦得》："还携小蛮去，试觅老刘看"，自注"小蛮，酒榼名也。"这一年，正是传说中的家妓小蛮活动期间。当然，我怕是不能武断地否定小蛮这个人的存在，因为《旧唐书·白居易传》中明确说："家妓樊素、蛮子者，能歌善舞。"正史号称信史，不能不信。当然，正史中也有相互矛盾、难以令人置信的，此话不说。

从上面的《九日代罗樊二妓招舒著作》诗中可以看出，小蛮到白家至早不会在太和六年（832）之前。小蛮比樊素侍奉白居易时间短，白居易对其感情也没有樊素深厚，证据是提到小蛮的诗歌寥寥，而写到樊素的诗文多多。

太和七年（833），62岁的白居易太子宾客分司，写《把酒思闲事二首》，其中有句："掌上初教舞，花前欲按歌。"貌似又招了新的家妓，而且以舞蹈见长，如果真是这样的话，很有可能指的就是小蛮。这样算来，小蛮比樊素要晚来4年。[10]

时间如流水，转眼又是6年，开成四年（839），樊素有二十三四岁了，小蛮也有十九二十，这一年，68岁的白居易有风痹之症，感到自己老了，他怕樊、蛮没有好的安顿，便将她们外放出去。外放，又称放、放免、放遣、放归，是主人放其奴婢为良，许其自由，按律需到官府履行一定的手续，方为合法。白居易由此写《不能忘情吟并序》，叙述卖马放妓的难舍之情。《序》中先说樊素来历："妓有樊素者，年二十余，绰绰有歌舞态，善唱杨枝，人多以曲名名之，由是名闻洛下；籍在经费中，将放之。"再说临别之苦："素闻马嘶，惨然立且拜，婉娈有辞，辞毕涕下。"多么难舍难分，弄得老诗人不忍别去。但最终，还是外放出去，于是，老诗人再写《别柳枝》："两枝杨柳小楼中，袅娜多年伴醉翁。明日放归归去后，世间应不要春风。"樊素擅唱杨柳枝曲，小蛮善跳杨柳枝舞，因此，才说"两枝杨柳"。写《春尽日宴罢感事独吟》："病共乐天相伴住，春随樊子一时归。"写《前有别杨柳枝绝句，梦得继和云："春尽絮飞留不得，随风好去落谁家"，又复戏答》："柳老春深日又斜，任他飞向别人家。"写《对酒有怀，寄李十九郎中》："往年江外抛桃叶，去岁楼中别柳枝。"自注"樊、蛮也"。写《会昌二年春题池西小楼》："苏李冥蒙随烛灭，陈樊漂泊逐萍流。"自注"苏庶子弘、李中丞道枢及陈、樊二妓十余年皆楼中歌酒中伴，或殁或散，独予在焉"。写《听歌六绝句·听都子歌》：

"更听唱到嫦娥字，犹有樊家旧典刑。"典刑，通典型，指鲜明独特的个性。

这样说来，白居易可算是个多情之人。多情，不是什么坏事，甚或是伟大诗人必有的性格特征。前面说过，少年时期的越中之游，养成了他的敏感细腻，尔后政坛风波、家庭变故、地域变迁和韶华老去，使得他更加多愁善感。无论是物件，还是人事，只要是相处日久，就会产生感情，就会恋恋不舍，我们从他自长安带到江州的一条朱藤杖中可见一斑。物件如此，何况人乎！

意外的是，这种多情引发了种种不当议论。有人臆想，白居易对樊、蛮（还包括陈结之）如此多情，那就必然有一腿；有人猜测，白居易出身寒门，对樊、蛮有阶级感情；有人烦啧，白居易何必招来樊、素，让人家贻误青春；有人议论，白居易不该扔下樊、蛮不管，有可能致使两人无依无靠。这些说法统统都是胡说八道。白居易之所以招来结之、樊、蛮，是因为需要服侍，需要怡情；之所以对她们有感情，是人性使然，而非功利性质；之所以外放，是自己老了，怕照顾不了，外放出去以便让她们寻觅更好的前程。

更容易引起误会甚至非议的是白居易的《追欢偶作》。这首诗写于开成四年（839），正是外放樊、蛮的那一年。诗中写道："追欢逐乐少闲时，补帖平生得事迟。何处花开曾后看，谁家酒熟不先知？石楼月下吹芦管，金谷风前舞柳枝。十听春啼变莺舌，三嫌老丑换蛾眉。乐天一过难知分，犹自咨嗟两鬓丝。"自注"芦管、柳枝以下，皆十年来洛中之事"。有人就是借"三嫌老丑换蛾眉"之句，来破口谩骂白居易是"老流氓"和"老淫棍"的。

怎样来解读或者叫读懂白居易的这首诗？其实只要静下心来，将白居易的人生行止捋一捋，将他与伎乐歌舞的关系捋一捋，那就不难明白这首诗的意思。在樊蛮外放（或外放决心已下）之后，白居易带着一丝丝惆怅，也带着一丝丝得意，外加一点点自嘲，还有一点点自伤的心情和口吻来写这首诗：我为什么追欢逐乐？是因为我有的是闲暇。为什么有这么多闲暇？是因为"得事迟"，也就是事业功名我不计较了。不计较或者说难计较事功，怎么办？那就只有看花、饮酒、赏乐、观舞。好就好在我有所准备，樊素的歌喉由青涩变为婉转，舞者也几经淘选找到了小蛮。我字号乐天为什么还有那么一点点不知足，还要自怨自艾两鬓如霜呢？

还有一首诗可以参照。宝历二年（826）至太和元年（827），白居易自苏州至洛阳途中写《有感三首》，其中第二首说："莫养瘦马驹，莫教小妓女。

后事在目前，不信君看取。马肥快行走，妓长能歌舞。三年五岁间，已闻换一主。借问新旧主，谁乐谁辛苦？"诗白如话，但道出了教者辛苦，换者频繁的真实状态。

为什么要教小妓女？看起来当然是为了自娱，但别忘了白居易是诗人。像白居易这一类的诗人，但凡有条件，是要将自己的诗谱上曲，要让人歌唱出来的。这也是唐诗最为风流蕴藉的缘故。自杭州始，白居易就不断将自己的诗、元稹的诗谱曲给伎人歌唱，由此，看白居易诗集，听妓唱诗的篇章目不暇接，此外，观舞、听筝等诗篇也数量众多，甚至容、满、蝉、态等十妓同游，甚至最多时有菱、谷、紫、红等家妓，甚至卡拉OK式的对唱，甚至洛阳十五人"前水嬉而后妓乐，左笔砚而右壶觞，望之若仙，观者如堵。尽风光之赏，极游泛之娱。美景良辰，赏心乐事，尽得于今日矣"。

这就是白居易。他既是个好演员，又是个好听众，他会唱歌，会弹奏，又懂得欣赏音乐，欣赏舞蹈。他在宴会中尽情玩乐，与女人厮混，十分随和，十分惬意，他在家中培养家妓，当艺术指导，自娱或者与朋友同乐，既怡悦性情，又有点显摆。他接触的女人众多，又有多情气质，却没有纳妾，没有庶子。歌妓舞女们崇拜他，喜爱他，愿意跟他一起玩乐，要是得到他的一首诗，那就喜不自胜，但好像没有一个歌妓能获得他的爱恋，没有一个歌妓和他有风流韵事，歌妓没有成为他爱情诗歌创作的对象。他在跟女人厮混的时候，潇洒而多愁，适意而忧伤，闲散、随性、松弛，获得了灵性的自由，有如四月的春风，呢喃着拂过广阔的原野。

他变了么？是的，自江州始，他变了很多，他从一个干预生活的绝对现实主义者，变成了一个适性怡情的自由主义者，或者说是在精神世界中，拓展最大限度自由空间的浪漫主义者，他从不屑于"嘲风雪、弄花草"，变成"放怀自娱""以山水风月歌诗琴酒乐其志"，从而，在唐代恒河沙数的文人中，他成为过得最快活的聪明人之一，甚至绝对点可以说是唯一。但他又没有变，他心中对美好事物的追求没有变。他之所以以新乐府和讽喻诗作武器，给人以斗士的形象，说到底还是对现实的残缺和丑陋不满，而向往国家强盛、政治清明、民生改善，有着强烈的中兴情节。而中兴的终极目的，还在于人的自由，人的解放。他前期的《长恨歌》、江州的《琵琶行》，写的都是女人，看起来与新乐府和讽喻诗杳不相干，但悉心体味，它们却是相通的，相通在于抨击现实，向往美好。从新乐府、讽喻诗、《长恨歌》《琵琶行》乃至后期

的诗歌中可以看出，白居易是一个多情的人，这些作品，实际上都是多情的产物：对国家多情，对土地多情，对百姓多情，对春花秋月多情，对青春红颜多情，对红尘世界多情。

鲁迅有诗："无情未必真豪杰，怜子如何不丈夫？"用在白居易身上，是非常贴切的。你再细看鲁迅，那种横眉冷对、怒目金刚式的形象，加之"回眸时看小於菟"的温柔，不正得白居易等人的真传么？只不过，白居易生活在中唐，鲁迅生活在民国，中唐是"山雨欲来风满楼"，民国则是"风雨如磐暗故园"。

安史之乱后，大唐帝国进入了下行通道，国家孱弱，政治腐败，民生凋敝，唐宪宗的元和中兴像一道闪电，带来了光明，但稍纵即逝，大唐国运更进入幽暗之中，对白居易来说，经江州之贬，他深感政坛风波险恶，自己报国无门，理想难以实现，于是，他只有去寻找缓和痛苦的方法。美人和歌舞，就是政治理想、人生价值和奋斗目标的无可奈何的替代。作为一个聪明智慧和有历史洞察力的政治家，一个感情细腻和有深刻危机感的诗人，美人和歌舞确实能带来片刻的欢娱，但在内心深处，怕是欢宴之后的落寞和苦恼更难以祛除。宝历二年（826），白居易在苏州写了一首《和柳公权登齐云楼》，[1]如果仔细玩味"四海清"和"兴亡恨"等字眼，就可以看出他的隐痛，他的担忧：

> 楼外春晴百鸟鸣，楼中春酒美人倾。
>
> 路旁花日添衣色，云里天风散珮声。
>
> 向此高吟谁得意？偶来闲客独多情。
>
> 佳时莫起兴亡恨，游乐今逢四海清。

白 氏 与 酒

元和十二年（817），白居易在江州写《问刘十九》：

> 绿蚁新醅酒，红泥小火炉。
>
> 晚来天欲雪，能饮一杯无？

其实，这就是一张便条，一张叫人来喝酒的便条。由于这张便条写得生动如画，对比强烈，感情真挚，温暖人心，因此，成为酒中的名篇。

酒，是一种最奇怪的饮料，没有任何一种东西能与之相比。它既是物质的，又是精神的，既是经济的，又是文化的，既形而下，又形而上，既俗不可耐，又雅不可言。"朱门酒肉臭"中的酒肉，"诗酒趁年华"中的诗酒，就直指酒的两个极端。

都说中国的酒文化深厚，深厚就在于酒是一笔糊涂账。我们不清楚酒的起源，不清楚粮食、果蔬或奶酪经历怎样的奇妙历程居然变成了酒，不清楚酒有多少种类，不清楚酒喝下去为什么令人愉悦又令人难受，不清楚喝酒有多少礼仪，不清楚劝酒有多少理由，不清楚酒令有多少种类和多少行令方法，不清楚酒究竟是天使还是魔鬼，不清楚酒成了多少事，不清楚酒害了多少人，一句话，不清楚酒中有多少故事。

让我们先看看九江有关酒的说道。

包括九江在内的楚文化圈，最有名的关于酒的故事恐怕非《渔父》莫属。《渔父》是《楚辞》中的一篇，未必是屈原所作，但其影响极其深远，不仅仅是文学上的影响，其实还有思想上的影响。《渔父》全文写得比较通俗，照抄如下：

> 屈原既放，游于江潭，行吟泽畔，颜色憔悴，形容枯槁。
>
> 渔父见而问之曰："子非三闾大夫与？何故至于斯？"
>
> 屈原曰："举世皆浊我独清，众人皆醉我独醒，是以见放。"
>
> 渔父曰："圣人不凝滞于物，而能与世推移。世人皆浊，何不淈其泥而扬其波？众人皆醉，何不餔其糟而歠其醨？何故深思高举，自令放为？"
>
> 屈原曰："吾闻之，新沐者必弹冠，新浴者必振衣。安能以身之察察，受物之汶汶者乎？宁赴湘流，葬于江鱼之腹中。安能以皓皓之白，而蒙世俗之尘埃乎？"
>
> 渔父莞尔而笑，鼓枻而去，歌曰："沧浪之水清兮，可以濯吾缨；沧浪之水浊兮，可以濯吾足。"遂去，不复与言。

听屈原与渔父的对话，静下心来细细体会，你会感觉到，他们哪里是在说水的浊清、酒的醉醒，分明是在说人生！他们各自不同的观点，似乎不能强行分出对错、立马分辨是非，从而将水和酒都赋予了哲学况味。屈原的"深思高举"，是一种愤世，被太史公赞为"皭然泥而不滓者也"，而渔父的"与世推移"，也并非混世，亦有不少人称之为生存法则，当然，这种法则不是同

流合污，不是没有底线，不刻意当君子，但决不当小人，是保持自我人格而随性自适，是适应时势变化而随遇而安。于是，我们看到，在漫长的古代中国，大地神州，各色人等，庙堂之高，江湖之远，偶有如屈原者宁赴湘流，倒是渔父濯缨濯足的身影，熙熙攘攘，不绝如缕。⑫

屈原之后近五个世纪，我们听到了另一首著名的关于酒的歌曲。那是曹操平定北方之后，率百万雄师，饮马长江，欲以一统天下。是夜明月皎洁，他在大江之上置酒设乐，欢宴诸将，酒酣，曹操横槊赋诗，慷慨而歌：

对酒当歌，人生几何？譬如朝露，去日苦多。

慨当以慷，幽思难忘。何以解忧？唯有杜康。

青青子衿，悠悠我心。但为君故，沉吟至今。

呦呦鹿鸣，食野之苹。我有嘉宾，鼓瑟吹笙。

明明如月，何时可掇？忧从中来，不可断绝。

越陌度阡，枉用相存。契阔谈讌，心念旧恩。

月明星稀，乌鹊南飞。绕树三匝，何枝可依？

山不厌高，海不厌深，周公吐哺，天下归心。

曹操就是曹操，歌唱得苍茫雄浑、豪迈纵横，充分表露了他渴望凝聚人才、完成统一大业的雄心和气度。

但也正是曹操，居然借酒的名头杀人。孔融，这个人大家都知道，他人小鬼大，弄出个四岁让梨的故事，使他成了名人，叫家长很是喜欢，叫小孩很是纠结。家长喜欢是因为有了把标尺，可以以此拍拍小孩，而小孩恰恰不喜欢被拍，不喜欢无缘无故让什么梨：假如要让的是哥哥姐姐，那他们大些为什么不让？假如是要让给弟弟妹妹，他们两三岁能吃梨么？他们为什么不让？小孩纠结没什么关系，如果纠结的是曹操，那就不得了。后来孔融因为名头大，哥儿们多，加上又有意无意地维护日渐式微的汉室，叫曹操很是碍眼。时值饥荒，加上用兵，粮食紧张，曹操下达禁酒令，孔融上《难曹公表制酒禁书》，话说得很难听："尧非千钟，无以建太平；孔非百觚，无以堪上圣"，把帝尧开太平之基、孔圣建不朽之业的功劳全记在酒杯上，明显的是在说酒话。他还说什么"夏商亦以妇人失天下，今令不断婚姻"，说你曹公以为酒是坏东西，好酒会误事乃至误国，那么夏朝和商朝都因女人而失天下，你为什么不禁止婚姻呢？看这话说得，叫乱世奸雄的曹操如何咽得下？结果罗织罪名，杀了孔融。历史上，劝君主不要贪杯而被杀的，事例多得很，但不

同意禁酒而被杀的，孔融算是第一个。由此看来，酒中不仅仅是风流，而且也带着杀气。

又过了两百多年，我们看到了"竹林七贤"对酒的酷爱和疯癫。竹林七贤的行止与九江杳不相干，但嵇康、阮籍、山涛、向秀、刘伶、王戎及阮咸等七人的故事，通过刘义庆的《世说新语》而留存下来，从而让我们得窥在暴烈的君主专制统治下，不愿同流合污的文人士大夫内心的痛苦和灵魂的撕裂。竹林七贤与毕卓"一手持蟹螯，一手持酒杯，拍浮酒池中，便足了一生"的混世哲学并不相同，后来的遭际亦有巨大差别，但他们的故事，一代一代流传下来，成为后世文人士大夫的一剂疗伤的汤药。

如果说屈原、曹操、竹林七贤的故事离九江略略有点远的话，那么，陶渊明爱酒、好酒、嗜酒就是九江本土的故事。渊明与酒故事真的说也说不完，譬如他到彭泽任职，就叫属下将公田全部种上可以酿酒的秫（高粱），还是其夫人力争，才改为"二顷五十亩种秫，五十亩种粳"。看看，多么迂拙。还有，家里酿酒，酒熟，取下头上的葛巾过滤酒糟，抖一抖后将葛巾重新戴在头上，并不觉得有什么不妥。看看，多么古朴。还有，家里来客人，不管贵贱，有酒的话就对饮，有点醉了的话，就对客人说："我醉欲眠，卿可去"，我醉了，要睡觉了，你自便吧。看看，多么洒脱。庐山南麓虎爪崖下有大石，据说陶渊明外出喝酒，醉卧其上，酣然入睡，故称醉石。

陶渊明有《饮酒二十首并序》，在序中说："余闲居寡欢，兼比夜已长，偶有名酒，无夕不饮。顾影独尽，忽焉复醉。既醉之后，辄题数句自娱。纸墨遂多，辞无诠次。聊命故人书之，以为欢笑耳。"在诗中，他感叹"羲农去我久，举世少复真""道丧向千载，人人惜其情"。这样的世道已经污秽不堪，难觅真朴，"道"在哪里？情又在何方？怎么办，"悠悠迷所留，酒中有深味。"还是让我喝酒吧，酒中自有意味。他描绘"一士常独醉，一夫终年醒"。这不就是屈原与渔父的形象么？只不过，好像自己就是渔父，醉眼看世的渔父。"规规一何愚，兀傲差若颖。"醒者规规，醉者兀兀，也不知道到底是规规者醒，还是兀兀者颖？颖者，聪明也。他又借田父之口说："一世皆尚同，愿君汩其泥。"汩，同"淈"，搅动，比喻与世俗为伍。田父说，一世之人都是这样，你大可不必过于认真。渔父又化身为田父。陶渊明自己的主意呢？"纡辔诚可学，违己讵非迷。且共欢此饮，吾驾不可回。"信马由缰，确实潇洒，不学自会，但违背本性，迷失自我，我却做不来。喝酒吧，喝酒吧，我的车

驾已经这样走了，不可能回头了。自己又化为屈原，只不过是好酒的屈原罢了。

《饮酒二十首》之五："结庐在人境，而无车马喧。问君何能尔？心远地自偏。采菊东篱下，悠然见南山。山气日夕佳，飞鸟相与还。此中有真意，欲辨已忘言。"一切的翻译都是徒劳，一切的解说都是苍白，这哪里是在说饮酒，分明是在说灵魂。手心里的一捧野菊，散发着淡淡的清香，南山（庐山）的身影，不经意飘入眼帘。日暮的岚气，若有若无，浮绕于峰际，成群的鸟儿，结伴而飞，归向山林。读到这里，陶渊明，他的"心远"还需要解说么？你们，我尊敬的读者诸君，得到了陶渊明的"真意"么？得意而忘言，如果得到了，那么，言，是什么，言，又在哪里？

"有疑陶渊明诗篇篇有酒，吾观其意不在酒，亦寄酒为迹焉。"昭明太子萧统真是极有见地，"有疑"和"寄酒为迹"真是说到了点子上。陶渊明的酒，如同篱边的菊，那清幽、淡雅、冲远、纯真之气，那对生命和自然的热爱之情，如同他的桃源之水，流进了我们的心田，温润着我们的灵魂。伟大的陶渊明，成了一个哲学上的饮者。

说了陶渊明，不能不说另一个饮者的名字，那就是颜延之。颜延之是陶渊明同时代人，诗文与谢灵运齐名，时称颜、谢。《南史·颜延之传》载，颜延之曾经问鲍照，自己与谢灵运孰优孰劣，鲍照回答说："谢五言如初发芙蓉，自然可爱；君诗若铺锦列绣，亦雕缋满眼。"钟嵘《诗品》中说："汤惠休曰：'谢诗如芙蓉出水，颜诗如错彩镂金。'颜终身病之。"说的是谢诗富于自然美，颜诗工于人工美。当然，看得出，颜延之并不喜欢这样的评价。

虽然诗文没有谢灵运自然清新，但颜延之还算是一个非常有才华的人。他所作的《五君咏》，也就是吟咏"竹林七贤"中稽康等五人的诗，以及《北使洛》《还至梁城作》等篇，就充分显露了他的才华。他耿介不合流俗，怀古伤时的真挚情感，为时人及后人所称道。他还写有《庭诰》，也就是家训，开北齐颜之推《颜氏家训》之先河。颜之推恰是颜延之的同支后人。

颜延之和陶渊明前后有两次晤面，交谊甚笃。《宋书·陶潜传》说："先是，颜延之为刘柳后军功曹，在寻阳，与潜情款。后为始安郡，经过，日日造潜，每往必酣饮致醉。临去，留二万钱与潜，潜悉送酒家，稍就取酒。"除开与陶渊明对饮外，颜延之"好酒疏诞，不能斟酌当世"的故事亦有很多，但细究起来，颜酒与陶酒区别还是挺大的，陶酒清澈透明、醇和味远，颜酒

则时烈时淡、劲道未臻。颜延之的性格里有十分傲岸的一面，但立身处世则以佯狂掩盖狷介而又有和光同尘的一面，因此，虽然官场沉浮，屡经蹉跌，却仍得保天年，富贵以终。他的儿子颜竣后来显达，居功骄盈，颜延之对他说："平生不喜见要人，今不幸见汝。"这话如此有趣，让我们隐隐窥见了一个智者的身影。

又过了将近两个世纪，九江再次迎来了一位好酒者。那是隋末唐初，王绩来到江州庐山。王绩，字无功，自号东皋子，是隋代著名学者王通的弟弟。早年曾有抱负，但仕途蹭蹬，逐渐心灰意冷，在群雄逐鹿的隋唐之际，并没有什么积极的作为，与自称"无功"倒是很相配。归田以后，常以阮籍、陶渊明相比，但诗中缺乏陶渊明那种内在的理想、热情和纯真，结果只剩下闲适懒散。他的诗有一定的生活内容，写出了最早摆脱齐梁浮艳气息的近体诗，如《野望》《秋夜喜遇王处士》等，描写田园景色生动活泼，清新自然。王绩会同他稍后的"初唐四杰"有唐诗开拓之功，在中国诗歌史上有突出地位。"无论从思想或艺术来说，他都是唐代山水田园诗派的先驱人物。"

王绩关于酒的糗事多多，他可算是唐代第一位知名酒徒，自号"五斗先生"。《新唐书·王绩传》中说，在唐高祖时，王绩任秘书正字待诏门下省，有人问他："待诏一职有什么趣味？"他回答说："哎呀，待诏并不好玩，但一日三升酒的待遇好像还值得留恋。"侍中陈叔达听到这话，破例给王绩每日一斗，因而大家称其为"斗酒学士"。到唐太宗时期，王绩听说太乐署有个叫焦革的，极善酿酒，就要求去当太乐丞。组织部门说，那是个无职无权的单位，管的又是俗务，好像与您政务出身不太相称哦。你猜王绩怎么说？他说："你们别管那么多，我可是有深意的。"这里的"深意"，读者诸君不难猜到吧？到了太乐署，过了几天有滋有味的日子，但没承想，焦革没多久就呜呼哀哉了，还好，焦革的老婆不错，依旧送酒不绝，又过了年把，焦革的老婆也呜呼了。这一下，王绩有点绝望，哀叹道："天不使我酣美酒邪？"从此对做官彻底没了兴趣。他还将焦革的酿酒方法总结出来写成《酒经》，又将杜康、仪狄以来善酒者铺叙罗列，著《酒谱》，并仿刘伶《酒德颂》写《醉乡记》，仿陶渊明《五柳先生传》写《五斗先生传》。

这么一个好玩的人，在正史上你看不到他跟九江有任何关系。说王绩跟九江有缘的，是一篇名为《古镜记》的小说。小说，在唐代叫作传奇，《古镜记》是现存传奇中最早的一篇，也就是说，是唐代小说的开山始祖。《古镜记》

的作者叫王度，是王绩的长兄。《古镜记》的内容是记述王度以及弟弟王绩带着古镜，一路降妖、伏兽、显灵、治病以及反映阴阳变化的诸种灵异，从中透露出一些社会动向和民间疾苦。有人认为，传奇中说到王绩带着古镜走南闯北，基本上与王绩的行止相当，有实写的成分。《古镜记》中王绩自述：我在庐山住了几个月，有时在树林里扎营，有时在草丛里露宿，那里豺狼虎豹多得不得了，但只要我拿出宝镜，就都吓得趴在地上动也不敢动，转而飞快地逃窜。庐山上有个隐士叫苏宾，是个博学之人，精通易经，能洞察过去，预测未来，他对我说："天下的神物，肯定不会一直留在人间。现在世道纷乱，在异乡不是很安全，你手里拿着宝镜，可以自卫防身，但还是早些回家乡的好。"于是王绩便回到长安云云。这个故事中，并未见王绩与江州酒有任何牵连，但可以肯定的是，这样一个酒徒，到了九江，不找点酒喝，那就不太正常了。

入唐后，经济发达，文化昌盛，交通便利，酒徒也多了起来。何谓酒徒？明代学者袁宏道在其《觞政》中下了定义，那就是"酒徒之选，十有二：款于词而不佞者，柔于气而不靡者，无物为令而不涉重者，令行而四座踊跃飞动者，闻令即解不再问者，善雅谑者，持曲爵不分诉者，当杯不议酒者，飞觥腾觚而仪不惰者，宁酣沉而不倾泼者，分题能赋者，不胜杯杓而长夜兴勃勃者"。话虽然啰唆，中心意思却很明白，那就是待人真诚、遵守酒令、能说会道、不挑剔、有风度、不赖酒、能赋诗、酒量不一定很大但一直兴致勃勃的，方可被称之为酒徒。这个标准其实蛮高，高就高在既要正儿八经，又要谐趣幽默，既要会喝善品，又要能诗能文，而绝不是胡吃海喝，也不是比酒炫富，更不是酒后失态。照这个标准，历史上，酒池糟隄的夏桀，酒池肉林的商纣，好酒好色的陈后主，荒于酒色的隋炀帝，小说中喝酒误事的张飞，酒后打虎的武松，尤其是当今世界，"酒精考验"的肉食者，醉眼迷离的"成功者"，无酒不欢的哥儿们，长醉不醒的小混混，其实都不够格，统统都算不上真正意义上的酒徒，充其量，只能叫作酒鬼，或叫醉汉，对了，说得文雅些，叫作酒囊。

倒是在唐代，酒徒蔚为大观。像初唐四杰，都是才华横溢、锋芒毕露之辈，他们将诗歌题材由宫廷台阁转向江山大漠，文章风格由绮靡纤弱转向刚健豪迈，开拓了唐诗新的宏大气象，因此，被杜甫赞誉为"不废江河万古流"。这些人诗文了得，酒品酒德也不差，够得上酒徒的标准。

初唐四杰中的王勃和骆宾王都和九江有关系，也就是说，他们都到过江州，写过江州。王勃是王通的孙子，王绩的侄孙，他最著名的诗文当数《滕王阁序》，正式名字叫《秋日登洪府滕王阁饯别序》，其中"落霞与孤鹜齐飞，秋水共长天一色"的句子，那真是鬼斧神工。这场高朋满座的酒会盛筵，由于这篇《序》而千古流传，洪州（今江西南昌）的滕王阁也因这篇《序》而声名远扬。当然，王勃的诗也不差，"海内存知己，天涯若比邻"，这样开朗壮阔的诗句，只有胸怀博大的人才写得出来。《新唐书·王勃传》载："勃属文，初不精思，先磨墨数升，则酣饮，引被覆面卧，及寤，援笔成篇，不易一字，时人谓勃为腹稿。"看看，这样的人，假如还不能称之为酒徒，那就不知道还有谁够格了。

骆宾王也是天纵奇才。他最有名的文章就是《代李敬业讨武氏檄》。中国自古以来敢于骂皇帝的人很少，骂得精妙，骂得流芳百世的，更少。骆宾王以其才情和胆量完成了这一壮举。"入门见嫉，蛾眉不肯让人；掩袖工谗，狐媚偏能惑主。""一抔之土未干，六尺之孤安在。""请看今日之域中，竟是谁家之天下？"字字见血，句句诛心，直骂得临朝称制的武则天惊悚不已（是时，武则天尚未称帝），与当年陈琳的《讨曹操檄》交相辉映。骆宾王还写过《帝京篇》，描写京城长安的繁华，抒发怀才不遇的悲愤，笔力雄健，气势磅礴，文采飞扬，与卢照邻的《长安古意》，一时双璧，"当时以为绝唱"。骆宾王好不好酒，不是特别清楚，但从他"好与博徒游"的性格，以及从军出塞、征战云南、出使蜀地、檄文动天下的行止，结合他写的诗歌来看，他是一个豪迈之人，而豪迈之人，岂能与酒无缘？

"五花马，千金裘，呼儿将出换美酒，与尔同销万古愁。""花间一壶酒，独酌无相亲。举杯邀明月，对影成三人。""弃我去者，昨日之日不可留；乱我心者，今日之日多烦忧。长风万里送秋雁，对此可以酣高楼。"一听这口气，就知道这一定是个酒徒。这酒徒是谁？当然是李白！李白的好酒还用我多说么？有杜甫的诗为证："李白斗酒诗百篇，长安市上酒家眠。天子呼来不上船，自称臣是酒中仙。"

还有一个人，这样写诗："有时逢恶客，还家亦少酣。"有时碰到了"恶客"，弄得我回家睡觉都睡不好。他还怕大家不明白，特意自注："非酒徒，即为恶客。"呵呵，这话说得透彻：你不喝酒，或者闷头喝酒，而不是边喝边闹，那你就是"恶客"哦，这顶帽子大得很哟！谁这么大口气？原来是元结。

元结是胡人，酒量不小。他自号漫叟、浪士，以一种落拓不羁的态度来表现对时势的不满，但实际上，他是一位具有仁政爱民理想的清正官吏，他的《舂陵行》《贼退后示官吏作》，深接地气，得到杜甫的赞赏，后者在《同元使君舂陵行》诗中说："道州忧黎庶，词气浩纵横。"

前面已经说过，李白五到江州，元结移民瀼溪，这两位都和九江有很深的渊源。这两位酒徒来到九江，九江的酒坛岂能不掀起波澜？

打住，打住，有关江州酒徒的话题，貌似已经有些篇幅了。照这么说下去，"闲话"就太多了。闲话少说，言归正传，让我们来看白居易。

白居易够得上酒徒的标准，这大概是没有疑义的。不管是江州之前，还是江州之时，抑或江州之后，白居易提到酒的诗文真是不少。到晚年，他更是自号醉吟先生，写《醉吟先生传》，其中写道："吟罢自哂，揭瓮拔醅，又引数杯，兀然而醉。既而醉复醒，醒复吟，吟复饮，饮复醉。醉吟相仍，若循环然。由是得以梦身世，云富贵，幕席天地，瞬息百年，陶陶然，昏昏然，不知老之将至，古所谓得全于酒者，故自号为醉吟先生。"这样好饮，这样好吟，假如还不能被评为酒徒，那真是没有天理了！

白居易的酒量大不大？貌似不大。何以见得？有诗为证："未尽一壶酒，已成三独醉。勿嫌饮太少，且喜欢易致。一杯复两杯，多不过三四。便得心中适，尽忘身外事。更复强一杯，陶然遗万累。"这是元和八年（813），白居易 42 岁时在渭南下邽写《效陶潜体诗十六首并序》中的几句。写此诗时，白居易尚属壮年，诗中所述酒量，应该是真实的。

酒量不大，但好饮如故，为何？原来是"欢易致"。更进一步描述：一两杯入口，便感"心中适"，再两杯下去，"尽忘身外事"，如果还要再勉强弄两杯，便神马都是浮云，陶然遗世了。这么说来，喝酒，便具有其价值观与宇宙观的表征，不仅仅是形而下，而是形而上，已经有了哲学上的意趣了。

"清瘦诗成癖，粗豪酒放狂。"这是白居易在江州写诗《四十五》中给自己的自画像。让我们暂且放下形而上的分析，从日常生活的角度来考察白居易在江州喝什么样的酒，在什么场合喝酒等等所谓俗事吧。

其一，江州有好酒。白居易在《与微之书》中赞誉"溢鱼颇肥，江酒极美"。在《首夏》中说："浔阳多美酒，可使杯不燥。"在《早秋晚望，兼呈韦侍御》中写："浔阳酒甚浓，相劝时时醉。"这么高频度称赞九江之酒，大概不是谬赞，而是实情。李肇的《唐国史补》提供了旁证："酒则有郢州之富水，

乌程之若下，荥阳之土窟春，富平之石冻春，剑南之烧春，河东之乾和薄萄，岭南之灵谿、博罗，宜城之九酝，浔阳之湓水，京城之西市腔，虾蟆陵郎官清、阿婆清。又有三勒浆类酒，法出波斯。"浔阳城的湓水酒，与乌程若下（亦作箬下）、剑南烧春相提并论，足见其不俗。湓水酒是什么样的酒？通常认为唐代的酒有黄酒、果子酒和洋酒三大类，黄酒是用糯米、高粱等粮食为原料酿成的酒，也称米酒、水酒，果子酒是葡萄等水果酿成的酒，洋酒是从波斯等国传入的酒，如三勒浆之类。不管是湓水，还是烧春，都是米酒，并不是现代意义的白酒。明代大医学家李时珍在《本草纲目》中说："烧酒非古法也，自元时始创其法。"也就是说，通过蒸馏法而得到的度数高的白酒（烧酒），直到元代才开始出现。这一结论，为多数人所共识。

正因为是酒精含量不高的米酒、果酒之类，才有可能论"升"论"斗"。据考，唐代 1 升为 600 毫升（公制），10 升 1 斗，1 斗 6000 毫升。真要喝 1 斗酒，500 毫升的酒瓶有 12 瓶之多，就算是酒精度为 10%左右的黄酒，那么，酒量也是可观的了。至于"杯"，一杯究竟有多少？实在不好界定，因为杯子有大有小，"千杯不醉"中的杯，可能要小一点，白居易"一杯复两杯"中的杯，可能要大一些。

有人说，20 世纪全国知名的九江封缸酒，有可能就是湓水酒的传承。这种说法有一定道理，但又令人心里头不踏实。封缸酒是以九江一带上等糯米为原料酿造的浓甜型低度酒，与绍兴酒等同属黄酒系列，酒精度数 11 度至 13 度，酒液色泽淡黄，逐年转深成琥珀色，酒味醇厚，营养丰富。其制作特点是，在前发酵阶段，多次加入约 50 度的醅酒，发酵出缸后，又经数度澄清，再次密封陈酿，历时五年，方成佳品。有人说，加入的就是白居易"绿蚁新醅酒"中所说的"醅酒"，而恰恰就在这里，论者把它搞错了。封缸酒酿造过程中所加的醅酒，高达 50 度，是地地道道的蒸馏酒，也就是白酒，而在唐代，白酒尚未诞生，因此，此"醅酒"与彼"醅酒"，实在不是一回事。所以，封缸酒是糯米甜酒这一点，与湓水酒很相像，但酿造方法已经变化，与湓水酒应该没有直接的亲缘关系。

其二，时兴自家酿。白居易有《蔷薇正开，春酒初熟，因招刘十九、张大夫、崔二十四同饮》诗："瓮头竹叶经春熟，阶底蔷薇入夏开。似火浅深红压架，如饧气味绿粘台。试将诗句相招去，倘有风情或可来。明日早花应更好，心期同醉卯时杯。"春天来了，家里自酿的酒也熟了，红色的蔷薇，绿色

的佳酿，叫人多么高兴，因而写诗，招引刘十九等人来同饮共醉。九江一带是竹乡，自然就会想到用粮食加竹叶合酿，这样酿出的酒，色泽清亮而微带青碧，十分好看，叫作竹酒，或叫竹叶青。西晋文学家张华在《轻薄篇》中有"苍梧竹叶青，宜城九酝醝"。前面提到的王绩《过酒家五首》中有"竹叶连糟翠，蒲萄带曲红"。白居易后来在《忆江南》中说："吴酒一杯春竹叶，吴娃双舞醉芙蓉。"都提到竹叶青酒。唐时的竹叶青，与近代山西名酒竹叶青不是一回事，前者是米酒，后者是白酒。饧，就是饴糖，"如饧气味"，表明是甜酒。

酿酒者还不止白居易一人。白居易的顶头上司、江州刺史崔能自家也酿酒，白居易《山中酬江州崔使君见寄》有句："酒熟心相待，诗来手自书。"对崔能酒熟相待、诗书往来非常感激。还有，白居易《浔阳秋怀，赠许明府》："试问陶家酒，新篘得几多。"许明府是谁？不详。唐代，明府是县令的代称。许明府很可能是当时的浔阳县令。白居易借陶渊明故事，称许明府的酒为陶家酒，巧妙地表示了对许明府的褒赞。篘，是一种用竹编成的滤酒器具，作动词用，就是滤酒。为什么需要滤酒？是因为粮食酿酒，酒和酒糟贮存在一起，饮用时才进行压榨或过滤。醅酒，就是没有过滤的酒，绿蚁，就是浮于酒中的绿色酒糟。李白《金陵酒肆留别》："风吹柳花满店香，吴姬压酒劝客尝。"这"压酒劝客"就是用压槽将酒与酒糟分离，再请客人品尝。

为什么要自家酿酒？大概有两个方面的原因，一是买酒费钱，自家酿造总会节省一点；二是自家酿酒，有一种探究意味，亲眼看到粮食变成酒，不断琢磨怎样酿得更好，岂不有趣？当然，自家酿酒，也有一种夸耀和显摆的成分，要是酿得一坛好酒，邀上一二知己、三朋四友喝上一杯，岂不快哉！

唐代的酒价若何？这个问题不好回答。据卞孝萱考证，唐肃宗至德初年普通酒的价格是三百钱一斗，有杜甫"终须相就饮一斗，恰有三百青铜钱"为证，而"中唐的美酒价，每斗接近一千钱"。当时的米价大致五十钱一斗，按此折算，1斗酒值20斗米。大米一斗合多少斤？翻箱倒柜，遍查书籍，没有结果，无奈，只有本人自己实测，结果为1000毫升容量的大米重量约0.91公斤。照此计算，1斗酒合大米218.4市斤（今制），也就是1市斤（今制，500毫升）酒，合18.2市斤大米，按米价3元/斤计，1斤酒约54.6元人民币。考虑到是米酒、果酒之类，其价格比当今黄酒价格高出5倍左右，算是比较贵的。

为什么酒价如此之高？为什么至德年间还只是三百钱一斗，而至中唐，上升到一千钱一斗？除开酒的品牌、质量不同外，最重要的一个原因是榷酒，也就是酒类专卖而引发价格上涨。唐初，继承了隋文帝开皇三年（583）"罢酒坊，与百姓共之"的官私酒业共存政策，酒类经营不受限制。到唐代宗时，酒政发生重大变化，广德二年（764），敕令"天下州，各量定酤酒户，随月纳税。除此外，不问官私，一切禁断"。数年后的大历六年（771），又对此敕令做出补充规定："量定三等，逐月税钱，并充布绢进奉。"

唐代宗之所以要"量定"，即只有官方批准的酤酒户才能酿酒销酒，是为了收取酒税。酒税多少，史书上并无记载，估计不是一般货物的增值税和营业税，可能还包含酒类消费税。其中的原因我不说大家都清楚，那就是安史之乱后，国库空虚，钱总是不够用，朝廷于是打起酒的主意，垄断经营，敛收酒税。

到唐德宗时期，情况再次发生变化。建中三年（782），为应付各地反叛，军费开支巨大，空虚的国库逼迫唐德宗下诏榷酒："天下悉令官酿，斛收直三千，米虽贱，不得减二千，委州县综领。醨薄私酿，罪有差。以京师王者都，特免其榷。"政府凭借政治强权禁断了除京师之外的全国各地的酒业经营，即使私自酿制质次味劣的薄酒出卖，也被定为非法有罪。与代宗时期的榷酒制度相比，它宣布一切非官方经营的酒业均为非法，予以禁绝，只由州县政府官方经营酒的酿造沽卖，全面垄断酒业的产销，独取酒利，是完全意义上的榷酒制度。当时，由于京城地位特殊，王公贵族、官僚地主反对的力量较大，因此，京城榷酒予以例外，但不久，京城长安也和全国一样，实行酒类专卖制度。此后，专卖政策虽然也有小的变化，但榷酒制度一直持续到唐朝灭亡。

每斛酒收三千榷税，也就是每斗加三百的专卖税，叫酒价焉能不贵？因此，除了外购，官宦人家、中小地主、文人士子往往自酿自饮。自酿家酒，不管你是自己喝，还是招人来喝，只要不卖，好像并不违法。由是，我们看到，唐代诗文中关于自酿家酒的篇章比比皆是。白居易是喝酒大户，自然不能免其俗，他不仅仅在江州自酿家酒，后来在杭州、苏州、洛阳等地，都有自酿招饮的诗文。

其三，公款消费少。检白居易江州诗，有那么几首貌似是描写公款宴请：甫到江州，写《醉后题李、马二妓》，这是崔能特意为白居易所设的欢迎宴会；《江楼宴别》《北楼送客归上都》似乎是集体送别远行者，从"灯下红裙间绿

袍"和"江楼客散日平西"的诗意看,参加宴会的人数应该不少;《醉中戏赠郑使君,时使君先归,留妓乐重饮》),似乎是姓郑的刺史上任时经过九江,江州官员宴请时所作;《题崔使君新楼》,是江州刺史崔能在湓口之滨建了一座新楼,大家聚集在一起,庆祝新楼落成;⑬再有一次,那就是元和十四年(819)春天,白居易升任忠州刺史,他前往洪州(今南昌)拜会江西观察使裴堪,有《钟陵饯送》:"翠幕红筵高在云,歌钟一曲万家闻。"从洪州回江州后,临上路赴忠州之际,江州衙门特意设帷帐、祭路神、饮宴送行,有《浔阳宴别》:"鞍马军城外,笙歌祖帐前。"白居易在江州头尾5年,实际3年5个月左右,只有这么几次公款宴饮,看来中唐江州的公款吃喝风并不算很盛。

其四,对饮次数多。酒这个东西很矛盾,说它是饮料吧,它不是生活必需,说它不是饮料吧,它又可以自斟自饮。但不管什么时候,你高兴也好,郁闷也罢,独酌总不如和一二知己、三朋四友在一起共同举杯来得有味。于是乎,我们看到,白居易对饮的诗歌比比皆是,其对象、地点也五花八门。

《赠别崔五》:"移樽树间饮,灯照花纷纷。"《琵琶行》:"主人下马客在船,举酒欲饮无管弦。"《南浦岁暮对酒,送王十五归京》:"相看渐老无过醉,聚散穷通总是闲。"《戏赠李十三判官》:"垂鞭相送醉醺醺,遥见庐山指似君。"《西河雨夜送客》:"酒罢无多兴,帆开不少留。"《夜送孟司功》:"江暗管弦急,楼明灯火高。"《清明日送韦侍御贬虔州》:"欲别能无酒,相留亦有花。"《秋江送客》:"不醉浔阳酒,烟波愁杀人。"这些是离别的酒。离别的酒对饮在树下、船上、江浦、马背、高楼、住所、码头,对饮在白天、雨夜,对饮在春、夏、秋、冬。相见时难别亦难,离愁别绪满人间。离别诗中的酒,带着浓浓的伤感,带着殷殷的祝愿。

《风雨中寻李十一,因题船上》:"小榼酤清醑,行厨煮白鳞。"《答故人》:"故人对酒叹,叹我在天涯。"《早秋晚望,兼呈韦侍御》:"浔阳酒甚浓,相劝时时醉。"《江南喜逢萧九彻,因话长安旧游,戏赠五十韵》:"强歌还自感,纵饮不成狂。"这些是重逢的酒。天涯何处,老友相逢,白云苍狗,对饮欲狂。相逢的酒,有多少问讯,有多少感慨。

《对酒示行简》:"今旦一樽酒,欢畅何怡怡。"这是亲情的酒。兄弟相聚,骨肉相亲,对床夜话,其乐融融。

《北亭招客》:"小盏吹醅尝冷酒,深炉敲火炙新茶。"《招东邻》:"小榼二升酒,新簟六尺床。能来夜话否,池畔欲秋凉。"《残暑招客》:"谁能淘晚

热，闲饮两三杯。"这些是招饮的酒。共享，是酒的特质，交流，是人的需要。清酒一两升，招引客来尝，闲话天下事，又送一夜长。

《早春闻提壶鸟，因题邻家》："谁家红树先花发，何处青楼有酒酤。"《春末夏初闲游江郭二首》："雨埋钓舟小，风飐酒旗斜。""绿蚁杯香嫩，红丝脍缕肥。"这些是冶游的酒。江南风情，细雨如丝，青楼酒旗，惹人相思。

《题元十八溪居》："更愧殷勤留客意，鱼鲜饭细酒香浓。"《题元十八溪亭，亭在庐山东南五老峰下》："饮君螺杯酒，醉卧不能起。"《雨夜赠元十八》："把酒循环饮，移床曲尺眠。"《过李生》："何以醒我酒，吴音吟一声。"《偶宴有怀》："遇兴寻文客，因欢命酒徒。"这些是新知的酒。人到中年，知己难逢，如若投机，醉卧苍穹。

其五，独酌也不少。心中有块垒，要靠酒来浇。白居易被贬江州，心中的愤懑和痛苦无以言表。无论是心仪渊明，还是悠游老庄、礼佛习禅、徜徉山水，或者是芳颜歌舞，好像都不足以抚平创伤，平息苦闷。于是，自斟自饮、诗酒同醉的状态不在少数。检白居易江州诗，自饮自吟的有：

《泛溢水》："命酒一临泛，舍鞍扬棹讴。"

《四十五》："行年四十五，两鬓半苍苍。清瘦诗成癖，粗豪酒放狂。"

《香炉峰下新置草堂，即事咏怀，题于石上》："左手携一壶，右手挈五弦。"

《首夏》："朝饭山下寺，暮醉湖中岛。"

《东南行一百韵》："谩写诗盈卷，空盛酒满壶。"

《咏怀》："妻儿不问唯耽酒，冠盖皆慵只抱琴。"

《江南谪居十韵》："忧方知酒圣，贫始觉钱神。"

《白云期，黄石岩下作》："见酒兴犹在，登山力未衰。"

《对酒》："无如饮此销愁物，一饷愁消直万金。"

《醉中对红叶》："临风杪秋树，对酒长年人。"

《岁暮》："祸福细寻无会处，不如且进手中杯。"

《对酒》："唯将绿醅酒，且替紫河车。"

《醉吟二首》："事事无成身老也，醉乡不去欲何归。""酒狂又引诗魔发，日午悲吟到日西。"

《九日醉吟》："无过学王绩，唯以醉为乡。"

王绩！不正是唐代首位知名酒徒么？莫非，白居易从王绩的醉乡想到了

王绩的表字叫无功？莫非，又从无功，想到了自己的表字叫乐天？无功退藏，酒中日月，乐天知分，壶里乾坤，看来，王绩的醉乡有那么几分道理！

说过了白居易饮酒的林林总总，我们再来说说白居易的几个特殊酒友。

刘十九。刘十九由于白居易的招饮诗而名扬千古，然而其面目和庐山一样很是模糊。我们从白居易的诗中只知道他是嵩阳人，是一个处士，也就是没有做过官的士人。白居易与刘十九交往比较频繁，其诗有《问刘十九》《刘十九同宿，时淮寇初破》《雨中赴刘十九二林之期，及到寺，刘已先去，因以四韵寄之》《蔷薇正开，春酒初熟，因招刘十九、张大夫、崔二十四同饮》等四首。看来白居易与刘十九很投缘，无论是冬天还是春天，酒熟了都能想到刘十九，尤其是淮西战役胜利、吴元济被斩之后，"唯共嵩阳刘处士，围棋赌酒到天明"，以这种方式来庆祝，说明有相知之情。

有人说刘十九就是刘轲，这种说法是错误的。刘轲的郡望是彭城，家在曲江，与嵩阳杏不相干。再者，刘轲读书在庐山南麓的凌云峰下，离浔阳城有70里之遥，因而，白居易与刘轲不可能有过多交往，不可能动不动就招引来喝酒。记载刘轲读书地点的是《庐山记》，作者陈舜俞是北宋人，距中唐不远，且在庐山盘桓日久，记载当有所据。还有，刘轲于元和十二年（817）春回韶州参加乡试去了，同年秋至京城应试，翌年春进士登第，而白居易《刘十九同宿，时淮寇初破》作于元和十二年（817）十一月，因此刘十九绝非刘轲。有人为了解决刘轲与嵩阳的矛盾，说是"嵩阳"系"高阳"之误，是白居易借"高阳酒徒"郦食其来称呼刘十九，这完全是胡扯。白居易被贬江州，与藩镇坐大、征讨淮西有直接关系，吴元济被斩，白居易邀伴喝酒下棋，庆祝胜利，这么重要的时刻，这么重要的事情，不可能用"高阳"这样戏谑的口吻来称呼刘十九。

僧侣。白诗《游宝称寺》："酒嫩倾金液，茶新碾玉尘。"《晚春登大云寺南楼，赠常禅师》："愁醉非因酒，悲吟不是歌。"如果说"愁醉非因酒"并非一定指饮酒，那么"酒嫩倾金液"则是饮酒无疑。寺庙里能不能饮酒，僧人能不能饮酒？看来唐代没有特别的限制。大书法家怀素就是和尚，也是一个不折不扣的酒徒，茶圣陆羽《僧怀素传》称其"余酒以养性，草书以畅志，时酒酣兴发，遇寺壁里墙，衣裳器皿，磨不书之"。宝称寺的住持智满是陶渊明的九世孙，是不是也好那么两口？抑或，寺庙里迎来了大诗人白居易，智满特意破禁沽酒，款待诗人？

道士。道士好酒，倒没什么奇怪。李白的好友元丹丘，玄宗时著名道士叶法善，云里雾里的吕洞宾，晚唐女道士鱼玄机，都是好酒的主。李白《将进酒》："岑夫子，丹丘生，将进酒，杯莫停。"这一声余韵千古的呼唤，将元丹丘定格为难得的酒友。唐代郑綮的《开天传信记》则留下叶法善与"麴秀才"的故事，说是叶法善与众人相聚，"满座思酒"，突然来了一少年，自称麴秀才，高谈阔论，叶法善用小剑刺他，化为酒瓶，盛装美酒，后以"麴生"或"麴秀才"作为酒的代称。吕洞宾与酒的故事更多，他与钟离权（即八仙之一的汉钟离）相遇即在长安酒肆，吕在酒肆中做了南柯一梦，先是梦见自己大富大贵，后来穷苦憔悴，醒来后感悟世道无常，于是拜钟离权为师，弃世得道。鱼玄机有《遣怀》诗："琴弄萧梁寺，诗吟庾亮楼。""满杯春酒绿，对月夜窗幽。"要讲的话，唐代道士好酒的故事多了去了。白居易在江州与众多道士来往，写道士的诗也有很多，但只有《郭虚舟相访》一首诗写到了酒："晚酒一两杯，夜棋三数局。"依我猜想，不是其他道士不好酒，只是白居易与道士交往的诗中要表达的内容很多，没有提到酒而已。

从上面的叙述可以看出，白居易的酒，喝的次数多，喝的地点广，喝的心情呢？那是喜也喝，愁也喝。与谁在一起喝呢？那是三教九流，什么人都有。白居易，以及他的酒友刘十九、智满、郭虚舟等人，给九江的酒文化贴上了一个独特的标签。

大江大湖，舟船辐辏，通衢大道，人来人往，隐士高人，时常出没，僧人道士，真假莫辨，官家百姓，暗中较劲，当然，更重要的是有酒肆青楼，有醉人的美酒，由是，九江大地被赋予了一种别样的意味。浔阳江、浔阳楼、浔阳酒，还有从四面八方而来的浔阳人，最能扩张人们对江湖的想象，最能调动人们对侠客的向往。九江之酒，既充满不平之气，又化为苦闷之泪，既睥睨傲然，又逍遥适性，既豪放，又内敛，这种拘谨而又豁达的心态，美丽而又险峻的环境，心怀天下而又无奈遁世的处世方式，对后世文人影响至大，这样一来，九江幻化成文人心中的理想江湖。

元末明初，施耐庵在创作《水浒传》时，思前想后，把宋江的流放地放在江州，杜撰出宋江琵琶亭酒馆结识戴宗、李逵和张顺，浔阳楼醉题反诗，戴宗梁山泊传假信，梁山泊好汉劫法场等一连串故事，给九江的山水、人物和美酒作了一个不可思议的注脚。[40]

前面已经说过，白居易是个多情的人。多情之人，自然感情丰富，心思

缜密，思维活跃，感受细腻；多情之人，也自然钟情山水，热爱艺术，喜欢热闹，渴望知己，多情之人，还动不动会感时、伤逝、怀旧、思乡，这样的多情之人，又恰逢有过人的才华，又恰逢是诗歌的年代，怎不叫人心潮澎湃，诗思如涌？而诗思如涌之际，又怎能离开酒的催化，酒的燃烧？此时，亦不知是酒引诗来，还是诗助酒兴？总之，诗与酒，酒与诗，已幻化在一起，构成生命的悲喜，成为人生的印迹。

离开江州、忠州之后，白居易在杭州、苏州、洛阳，其饮酒要更洒脱些、风流些。试看杭州《对酒自勉》："犹堪三五岁，相伴醉花时。"《湖上招客送春泛舟》："两瓶箬下新开得，一曲霓裳初教成。"苏州《郡斋旬假命宴呈座客示郡僚》："清奏凝未阕，酡颜气已春。"《题西亭》："幸有酒与乐，及时欢且娱。"洛阳《耳顺吟寄敦诗、梦得》："闲开新酒尝数盏，醉忆旧诗吟一篇。"《三月三日祓褉洛滨并序》："前水嬉而后妓乐，左笔砚而右壶觞。"等等。

看他67岁时在洛阳写的《醉吟先生传》："每良辰美景，或雪朝月夕，好事者相过，必为之先拂酒罍，次开诗箧。酒既酺，乃自援琴，操宫声，弄《秋思》一遍。若兴发，命家僮调法部丝竹，合奏《霓裳羽衣》一曲。若欢甚，又命小妓歌《杨柳枝》新词十数章。放杯自娱，酩酊而后已。往往乘兴，履及邻，杖于乡，骑游都邑，肩舁适野。舁中置一琴一枕，陶、谢诗数卷。舁杆左右悬双壶酒，寻水望山，率情便去。抱琴引酌，兴尽而返。"

这样的状态是不是太过？有人可能会问，白居易此时与元和年间的状态相比，为何相差如此之远？早期的斗争，心中的黎民，眼里的家国，梦中的清明，都到哪里去了？

这个问题问得好。但问者显然没有考虑白居易的年龄，没有考察白居易的心路历程。唐时，官员70岁才退休，叫作致仕，这一制度今天看来非常荒谬。荒谬之处并不在于退休年龄的大小，而在于当官成了职业，成了终身职业，这就非常有害。一个人，在官场磨砺、浸染几十年，再有锋芒，也给你磨平了，再有斗志，也给你挫掉了，再有理想，也给你浇灭了，再有能力，也给你淹没了，到后来，只能是你好我好大家好，尸位素餐，随波逐流。因此，只有当官不成为职业，尤其不成为终身职业，加上激烈竞争和有效监督，才有可能实现政治清明。当然，我们不能如此要求古人。看白居易，元和年间，初进政坛，踔厉风发，杭、苏期间，人到中年，踏实做事，到了六七十岁，年龄大了，诗酒自娱，难道这有什么不对？岑仲勉说："白氏生平弗亟亟

求进，然有所事任，亦恰能尽其职责，固非积极，要自别乎消极一流。"考之于白居易江州之后的状态，岑氏之论，是为得当。

再看《酒功赞》："离人迁客，转忧为乐。纳诸喉舌之内，淳淳泄泄，醍醐沆瀣；沃诸心胸之中，熙熙融融，膏泽和风。百虑齐息，时乃之德；万缘皆空，时乃之功。"在将酒的功效、酒的神奇说个尽兴后，白居易怎么作结？他说："吾尝终日不食，终夜不寝。以思，无益，不如且饮。"这句话从哪里来？其实，这话是有出处的，出处就是孔老夫子的"吾尝终日不食，终夜不寝，以思，无益，不如学也。"白居易将孔子的"不如学也"改成"不如且饮"。好家伙，连至圣先师的话都敢篡改，够反动的！幸好，白居易生活在唐代，如此明目张胆地胡乱篡改，居然没人起来反驳。当然，估计有不少人责怪他：咱们暗暗地做就行了，别明说呀！这一篡改，意思全变。在这里，中国人特有的优越感达到了一种极致，白居易特有的大智慧也达到了一种极致，这是一种超乎寻常的智识，又是一种不可思议的美学，不刻意哲学地追求生命的终极答案，只认准生命的当下性、即时性，那么，我们就能看到，人生的每一刻都有它特定的意义与价值，生命的每一分钟都有它充沛的内容与意趣。这样一种人生况味，实际上不知不觉又上升为一种生存哲学，也正因为有了这每时每刻的审美价值与幸福感觉，身体才有了安顿，灵魂才有所寄托，红尘才值得依恋，人生便成其为人生。

于是乎，我们看到，自杭州始，他更加兴致勃勃地参加宴饮，也更加津津有味地自家酿酒，他还是那样聚饮、招饮、对饮和独饮，只不过心地更加平和，他还是那样钟情于女人、音乐、山水和美酒，只不过心胸更加豁达，他还是那样动不动写诗，只不过哀怨之气少了，欢快之情多了。他诗酒自娱，讲究情调，喜欢雅令，自适自放。就酒而言，倒不一定是杭州等地的酒更好、更浓，最重要的还是境况、心态和趣味与江州不同，从这一点来讲，与唐太宗那句"悲欢之情，在于人心"一样，白居易的酒，饱含了哲学意味。

说到底，白居易是一个纯粹的人。纯粹的人，面对一个并不纯粹的世界，需要的是奋斗、坚忍和练达，需要的是挣扎、自赎和创造。挣脱心的形役，追求人性自由，是人的应有之义，虽然徜徉其间，尚未放浪形骸，是酒的真正意趣。一个人，不能总是独清独醒，更多时又何妨和光同尘，一个人，也不能老是醉生梦死，关键时要记得濯足濯缨。白居易早年的许国投身，没有离开酒，江州的苦闷彷徨，也没有离开酒，后期的淡泊平和，更没有离开酒，

这正是人性使然，也是酒中真味。

弗洛伊德说："我们感到了生活的艰难，它带给我们不可战胜的痛苦、失望和不可能完成的任务。为了忍受这样的生活，我们不能不采用缓和这种艰难程度的办法……大概有三种缓和的方法：极大地转移我们的注意力，使我们无视自己的痛苦；替代性满足，它可以减少痛苦；致醉物，它可以麻痹我们对痛苦的感觉。"弗洛伊德说得好极了，看白居易与妓、与乐、与酒的纠缠，不正是转移、替代和麻醉的具体表现么。

稼轩词曰："休感慨，浇醽醁，人易老，欢难足。有玉人怜我，为簪黄菊。且置请缨封万户，竟须卖剑酬黄犊。甚当年，寂寞贾长沙，伤时哭。"

白 氏 与 茶

在九江，白居易有诗《食后》：

食罢一觉睡，起来两瓯茶。举头看日影，已复西南斜。

乐人惜日促，忧人厌年赊。无忧无乐者，长短任生涯。

你可能觉得有点不解，这首诗怎么如此洒脱，如此达观，如此超然，好像与他的其他九江诗的风格有点不一样哦？当然，在诗中，我们还是能读到所谓激愤之语，"无忧无乐者"，其实是反话正说。但不管怎样，这首诗呈现出一种醒醉全无、无喜无悲、胜败两忘的人生哲学和处世态度，当是茶这种饮料带给白居易的一种全新的感受。

人说茶能醒酒、茶能明目，适逢江州是茶叶产地，又是茶叶集散地，加之九江又有泡茶的好水，喜欢喝酒加上眼睛不好的白居易，焉能不爱茶、写茶？

茶，这种饮料也很奇怪。同样一杯水，如果是白开水，你倒给客人喝，客人肯定不高兴，心中暗暗地怪你有怠慢之嫌，说话也会支支吾吾，半句都是多的，而要是你在水中加了点干树叶子，成了一杯茶，那客人舒心，你也高兴，没准两个人能有滋有味地聊上半天。看看，干树叶子有这么大的功效，能不奇怪么？

奇怪的还有，茶能令人清醒，但居然也能怡情养性。弗洛伊德不是说致醉物是缓和人生痛苦的三种方法之一么？他的理论，用在酒上，至为恰当，

可怎么令人清醒的茶也能舒缓心情、减轻痛苦呢？这是我一直没弄明白的事情。

还令人奇怪的是，作为一种饮料，茶，居然成了一种文化，一种风行中国，乃至于扩展到世界的文化。说是文化，就不是像喝个果汁、吃个水果那么简单，而是有一些风俗，有一些讲究，有一些规矩，有一些礼仪。譬如带有复古迹象的茶道，充满洋派意味的下午茶，少数民族的酥油茶和奶茶，含有宗教意趣的禅茶和道茶，普通民众柴米油盐酱醋茶中的茶，各色人等的自饮、待客、祭祀礼仪，以及茶的生产、甄别、饮用、器具等等，都各有各的做派，不是三言两语能说得清楚的。不管怎样，茶，其传播范围之广，对日常生活影响之深，人们在其中得到的趣味和想法之多，可谓难测深浅，因此，称之为文化，大概并不为过。

实际上，茶叶何时进入人们的生活，其源头并不清楚。不像咖啡，还有一个牧羊人的故事。据说牧羊人看见羊吃了树上的红色果子，以至于蹦蹦跳跳，异常兴奋，牧羊人好奇，也摘了点红色果子，回家一煮，香味四溢，一喝，提神醒脑，从而咖啡进入人们的生活。在茶来讲，没有这样的故事，于是，自然而然的，中国人把茶的发现归功于上古时的君主："茶之为饮，发乎神农。"这种说法倒是省事，略去了许多应有的环节，但也有害，与音乐歌舞一样，这种说法成了英雄史观的一个佐证。

我们的祖先最早发现、利用了茶这种植物，这是没有疑义的，我们的祖先又将茶发展成一种中华文化，继而向外传递成为一种世界性文化，这也是没有疑义的。这样一来，我们就有必要将茶文化的形成与传播说道说道。

唐代之前，没有茶这个字。不要说先秦著作中没有这个字，就是东汉许慎的《说文解字》中，也没有"茶"而只有"荼"字："荼，苦荼也。"还有，在先秦文化中，不但没有可以确定的茶器，甚至连茶的可靠直接记载也没有找到。当然，这并不是说唐以前没有茶。许多研究指出，茶之饮，至少发乎于战国秦汉，也许更早，但有文字记载，却是汉代以后的事情，至于茶由南方区域性文化发展成为一种全国性文化，则是唐代尤其是中唐以后的事情。

茶的写法来自于陆羽的《茶经》。之前，茶有许多称呼，如槚、蔎、茗、荈等，因此，如果你在唐前的古书中看到了"茶"字，那很可能是后世学者给篡改的。我们的古籍，历经时间、鼠虫、水火和战乱的摧残，加上避讳、通假、禁毁、纂修、集成等等，再加上抄写、刊刻时有意无意的笔误和篡改，

造成了许许多多的差别。大家可曾记得，鲁迅先生曾说过，水、火、兵、虫，外加随意刊刻、官方纂修和乱加标点，是中国图书的七大劫难？[15]

通常认为，茶的摇篮是巴蜀地区，饮茶的风气，由长江上游向长江中游、下游渐次传播，进而再由南方逐步推向北方。清初顾炎武在《日知录》中说："自秦人取蜀而后，始有茗饮之事。"这里说的"始有"，并不是说秦人取蜀之前没有茶，而是说这个时候开始，种茶、饮茶之事，逐渐由蜀地弥漫开来，慢慢地成为风尚。唐人杨华在《膳夫经手录》中说："茶古不闻食之，近晋宋以降，吴人采其叶煮，是为茗粥；至开元、天宝之间，稍有茶，至德、大历遂多，建中已后盛矣。"这里的"稍有茶"和"盛矣"，都是指中原地区。秦人取蜀，是秦惠王更元九年（前316）的事，唐德宗建中年号共有四年，是公元780年至783年，从上述两段记载可以看出，茶叶从蜀地外传，到形成蔚为壮观的全国性茶文化，这一过程共用了1100年。

为什么茶文化扩展如此之慢，要用到一千多年？我们喝茶人都知道，茶的汤色诱人，香气馥郁，滋味醇厚，且含有多种营养和药用成分，是一种健康饮料，但仔细想来，我们不得不说，在尚未形成饮用习惯之前，茶，应该不是日常生活所必需，因此，茶的推广和风行，才需要如此漫长的时间。

都说"茶兴于唐"，也就是说，历秦汉、三国、两晋、南北朝，至隋，在这个漫长的时期，饮茶风俗虽然一直在弥散，但速度较为缓慢。到了中唐，情况发生了根本变化，茶的扩展有了一个爆发，一次突变，茶叶，很快从南方风行至北方，甚至扩散到所谓四方蛮夷，饮茶，无论皇室贵族、官僚地主，还是文人学士、僧尼道人，抑或农人士兵、贩夫走卒，已成为一种风气，这样一来，茶叶的生产、制作、贸易都迅速发展起来，直到这时，茶在中国社会生活中才真正成为一种显著的生产事业和文化现象，所以说，"唐朝是我国茶业和茶叶文化发展史上一个有划时代意义的重要时代。"

为什么是唐朝，而不是别的什么朝代，为什么是中唐，而不是初唐、盛唐或晚唐，茶文化有这样一次突变呢？

其一，唐帝国以大一统的泱泱大国姿态磅礴于世，为茶文化的大范围传播打下了基础。经贞观之治和开元盛世，经济发展到一定高度，粮食生产有一定的剩余，经济作物自然顺势而生，在南方，茶叶种植面积和产量有比较大的增长，茶叶价格随之下降，为茶饮品的大面积流行提供了可能。

其二，随着隋朝大运河的开凿，漕运的便利，使得除粮食之外的其他货

物运输不再艰难。由于茶叶基本生长在长江流域，北方人想要饮茶，运输无疑是个问题。如果没有便捷的交通，茶叶等区域性生产的货物势必让位于粮食等生活必需品。假如运输成本居高不下，茶叶由南到北，"豆腐盘成肉价钱"，肯定不利于茶叶的普及。大运河这一南北大通道，基本解决了运量和运输成本问题，使得茶叶进入中原已不存在障碍。

其三，道、佛两家为茶文化的普及做出了贡献。道教强调自然，清静无为，道人栖谷幽居，升火炼丹，这些思想和行为往往和茶有密切关系，南北朝著名道士陶弘景在《杂录》中说："苦茶轻身换骨，昔丹丘子、黄山君服之。"把喝茶从休闲提升到修仙的境界。佛家本来并不嗜茶，但到了中唐，禅宗的兴起为茶饮的普及推广带来了动力，唐代封演《封氏闻见记》中说：茶，"南人好饮之，北人初不多饮。开元中，泰山灵岩寺有降魔师大兴禅教，学禅务于不寐，又不夕食，皆许其饮茶。人自怀侠，到处煮饮，从此转相仿效，遂成风俗。"

上述因素，并没有回答为什么是中唐，茶文化有一次量的变化和质的飞跃这个问题。按一般想法，初唐和盛唐，由于经济繁荣，文化昌盛，交通便利，人员往来频繁，似乎更容易促成茶文化的传播和兴盛。实际上，无论是茶叶的生产，还是运输，或是道家及禅宗的推波助澜，应该在开元年间甚或更早，就已经具备了充足的条件，那么，为什么盛唐时，茶饮风气没有发展起来，而到了安史之乱后，中原板荡、国库空虚之际，茶文化反倒热热闹闹地普及开来了呢？

思前想后，翻箱倒柜，一连几天，均不得其要。突然间，电光石火，心中一动，我终于得出了一个结论，貌似是未曾有论者阐述过的，叫我自己好一阵激动，那就是：南方经济的崛起，为地方风尚的流布注入了活力。

我们知道，安史之乱后，北方经济受到重创，而南方经济迅速崛起。前面说过，中唐的朝廷，可以说是一个首都在北方，但需要凭借长江流域经济方能生存的政权。经济地位的高低，决定着文化影响力的大小。正是在中唐，长江流域的茶文化，挟经济崛起之势，"攻城略地"，很快风靡到中原。这一现象，与20世纪六七十年代，阿拉上海话以及上海做派风行全国，七八十年代，台湾校园歌曲和香港流行歌曲风靡大陆，八九十年代，大舌头广东话以及粤语歌曲流行一时，其原因是一样的。看当今，肯德基和麦当劳，星巴克和LV，哈日和哈韩，大致意思也差不多，不同的是，当今交通更为发达，资

讯更为畅通，时髦玩意的流行已跨越国界，在更大范围内进行，不是大家都说，我们已"地球村"了嘛。

回到茶文化。古往今来的研究者，其结论有一点是高度一致的，那就是，中唐饮茶风气的突变和兴盛，茶，普及到中原，成为全国性文化，跟一个人密切相关，这个人便是——陆羽。

陆羽，算不上中国茶文化的奠基者，然而，却是中国茶文化最杰出的普及者。由于《茶经》，陆羽被尊为茶圣，成为中国文化史上的一座丰碑。

要说陆羽这个人出身悲惨，绝对的苦大仇深。他是一个孤儿，父母是谁都不清楚。开元二十三年（735），复州竟陵（今湖北天门市）龙盖寺住持智积禅师冬天清晨在湖滨散步，忽然听到一阵雁叫，放眼望去，不远处有一群大雁围在一起，他匆匆赶去，只见一个大约两岁的弃儿蜷缩在大雁羽翼下，瑟瑟发抖，智积禅师念一声阿弥陀佛，快步把他抱回寺庙里，并以《易》占卦辞"鸿渐于陆，其羽可用为仪"，给他定姓为"陆"，取名为"羽"，用"鸿渐"为字。大雁之说，当然预示着他有一个好的未来，但我估计是后人附会的，不然，成神话了。

陆羽生前并不得意，由于相貌不帅，又有口吃的毛病，因此少年时期吃了很多苦，他当过寺庙中的杂役，当过戏班子中的优伶，20岁时开始四处游历，研究种茶、制茶技术，32岁时，写成了世界上第一部茶叶专著《茶经》，随后，他进一步探索研究，不断补充完善，于47岁那年将《茶经》定稿刊刻于世。27年磨一剑，《茶经》刊刻问世，一生心血终有寄托，但好像没有给他带来特别的好处。他与书法家颜真卿、僧人皎然、诗人张志和、文士萧存等均有来往，他的诗文、剧本、书法也很有成就，但可悲的是，和他的出生一样，他究竟是哪年去世的都不清楚。陆羽取名为羽，本意当然是鸿鹄冲天，至少也是爱惜羽毛，他的《茶经》可以算是鸿篇巨制，但陆羽一生飘零，轻如鸿毛，真正是时代的悲剧。因为在那个时代，文人士大夫热衷的还是官场，像他这样一心研究种茶、制茶的，只能算是另类，算是杂学，其心中悲苦，是常人难以揣测的，难怪当时有人叫他为楚狂接舆。

《茶经》的篇幅并不长，原文只有7000余字，与现代学术著作差距蛮大，但在那个时代，已属不易。《茶经》有茶之源、茶之具、茶之造、茶之器、茶之煮、茶之饮、茶之事、茶之出、茶之略、茶之图等十个章节，分别叙述茶的起源、采茶用具、采制方法、煮茶器皿、烹茶方法、饮茶风俗、茶的故事、

茶区分布、省略事项以及营造气氛等，是一部划时代的茶学专著。《茶经》开篇"茶者，南方之嘉木也"，已有审美意趣，中间采茶制茶、煮茶饮茶、茶具茶器等等，无一不带有文化含意，尤其是陆羽将"荼"记为"茶"，意思是"人在草木间"，已经将茶赋予了哲学意义。

正因为陆羽的《茶经》，加之其他因素的相互作用，茶，终于在中原大地风行起来，并产生了一系列的饮茶风俗和礼仪。请看典籍是怎么记载的：

《新唐书·陆羽传》："羽嗜茶，著经三篇，言茶之原、之法、之具尤备，天下益知饮茶矣。时鬻茶者，至陶羽形置炀突间，祀为茶神。"人死方知其伟大，按陆羽的形象制作陶俑，设于焙茶的灶头，作为茶神祭拜，算是人们的最高奖赏，也是对亡灵的极大安慰。

《膳夫经手录》："饶州浮梁茶，今关西、山东，闾阎村落，皆吃之，累日不食犹得，不得一日无茶也。其于济人，百倍于蜀茶，然味不长于蜀茶。"浮梁的茶叶卖到了关西、山东（山南东道）等地，其地之人喝茶比吃饭更重要，浮梁茶对人的好处大得很哪。

《唐国史补》："风俗贵茶，茶之名品益众。剑南有蒙顶石花，或小方，或散芽，号为第一。湖州有顾渚之紫笋，东川有神泉、小团、昌明、兽目，峡州有碧涧、明月、芳蕊、茱萸簝，福州有方山之露牙，夔州有香山，江陵有南木，湖南有衡山，岳州有邕湖之含膏，常州有义兴之紫笋，婺州有东白，睦州有鸠坑，洪州有西山之白露，寿州有霍山之黄芽，蕲州有蕲门团黄，而浮梁之商货不在焉。"列举了15个名茶产地，四川雅安境内蒙顶山产的蒙顶茶位列第一，而浮梁茶由于比较大众化，未进入名茶之列。

《封氏闻见记》："楚人陆鸿渐为茶论，说茶之功效并煎茶炙茶之法，造茶具二十四事以'都统笼'贮之。远近倾慕，好事者家藏一副。有常伯熊者，又因鸿渐之论广润色之，于是茶道大行，王公朝士无不饮者。"陆羽的《茶经》一出，影响甚大，好事者每家一本。茶艺表演——也就是茶道，已开始流行。《封氏闻见记》还记载，常伯熊在表演茶艺时已经有一定的服饰、程式、讲解，具有极强的观赏性，陆羽的茶艺表演不如常伯熊。

《新唐书·陆羽传》："时回纥入朝，始驱马市茶。"《封氏闻见记》："始自中地，流于塞外。往年回鹘入朝，大驱名马市茶而归，亦足怪焉。"《唐国史补》："常鲁公使西蕃，烹茶帐中，赞普问曰：'此为何物？'鲁公曰：'涤烦疗渴，所谓茶也。'赞普曰：'我此亦有。'遂命出之，以指曰：'此寿州者，

此舒州者，此顾诸者，此蕲门者，此昌明者，此邕湖者。'"通过茶马互市，茶叶不仅传到了回纥、吐蕃等地，而且在化外之地，居然对内地名茶一一道来，可见茶文化的辐射区域已经非常广泛。常鲁公就是常伯熊。赞普一开始不知道常伯熊在干什么，估计是吐蕃地区并未引进茶艺表演。藏人习惯的是奶茶、酥油茶，而这种饮茶方法，恰为陆羽所不屑——陆羽反对在茶中加添调味，提倡纯茶煮饮，追求茶的自然本色、原汁原味。

皎然《饮茶歌诮崔石使君》："此物清高世莫知，世人饮酒多自欺。愁看毕卓瓮间夜，笑向陶潜篱下时。崔侯啜之意不已，狂歌一曲惊人耳。孰知茶道全尔真，唯有丹丘得如此。"正式提出"茶道"二字。这里的茶道，不同于《封氏闻见记》中的茶道。结合皎然《答苏州韦应物郎中》"迹隳世上华，心得道中精"、《戏呈吴冯》"世人不知心是道，只言道在他方妙。还如瞽者望长安，长安在西向东笑"的诗意，显然，皎然的"茶道"是精神层面的，而不是制茶之道、茶艺之道等物质层面的，带有明显的哲学况味。陆羽在《茶经》中没有提出茶道的概念，只是提到"精行俭德"之人，饮茶如同醍醐和甘露。"精行俭德"是什么？实际上就是茶道。皎然是谢灵运的十世孙，与陆羽是知己，皎然比陆羽年长，陆羽《茶经》的编著得到了皎然的帮助。因此，这一对"缁素忘年之交"分别提出"茶道"和"精行俭德"，奠定了茶的品位和文化根基，引领着茶文化的发展方向。唐宋之后，茶文化传入日本、朝鲜半岛，获得了新的发展，日本茶道讲究"和、敬、清、寂"，韩国茶道追求"清、敬、和、乐"，其根正在于陆羽和皎然所提倡的"精行俭德"和"茶道"。

茶，在中唐，已蔚然成风。陆羽的《茶经》和皎然的"茶道"，实际上将茶从纯物质性升华为精神性，导致了饮茶与审美、悟道、修身、养性的相互结合，从而将茶赋予了一种新的生命与价值。自此，茶便与中国人长相厮守，难解难分。当代法国历史学家费尔南·布罗代尔甚至说："茶在中国与葡萄在地中海沿岸起的作用相同，凝聚着高度发达的文明。"

说到茶，就不能不说水，说到水，就不能不说九江庐山。

大家都知道"天下第二泉"，那就是江苏无锡的惠山泉。惠山泉由于民间艺术家华彦钧（瞎子阿炳）的二胡曲《二泉映月》而闻名。现在的问题是，天下第一泉在哪里？

这个问题，大多数人都回答不上来。一般而言，人们对所谓天下第一，印象深刻，而对第二、第三，则往往模糊。试问，中国最高峰、当然也是世

界最高峰是什么峰？保证大家异口同声：珠穆朗玛峰！那么，谁能立马告诉我，中国第二高峰在哪里？

也怪，泉水的记忆似乎打破了只记第一、难记第二的"铁律"：二泉那么有名，而一泉则鲜为人知。正当大家懵然无措之时，如果有人告诉你，"天下第一泉"是庐山康王谷的谷帘泉，你信么？

信不信由你，反正很多人相信。第一个相信的是北宋陈舜俞，他在《庐山记》中写道："陆鸿渐茶经尝第其水为天下第一。"于是乎，后世辗转抄写，以讹传讹，都说是陆羽的《茶经》将谷帘泉定为天下第一泉。这一说法害人不浅哪，因为《茶经》中只说泡茶之水"山水上，江水中，井水下"，并没有品评所谓第一第二，你就是将《茶经》翻烂了，也不会看见其中有谷帘泉字样。于是，就有人怀疑泉水第一第二的说法，是当代人们为了旅游宣传而玩的噱头。这也难怪别人怀疑，你没有详细考证某个事物的出处，而胡乱指证，别人一查，不是这么回事，你不责怪自己，难道还责怪别人？

事实上，说第一、第二的，不是《茶经》，而是《煎茶水记》。

《煎茶水记》也是唐代人写的，作者叫张又新，一个非常陌生的名字，大概成文在会昌三年（843）左右，离《茶经》正式刊刻已经63年了，离公论的陆羽去世也已经39年了。《煎茶水记》开头说一个叫刘伯刍的，将煎茶水分为七等，"扬子江南零水第一，无锡惠山寺石水第二"云云，后面说元和九年（814），作者本人在京城长安荐福寺遇见一个楚僧，在其携带的书囊中看到一本书，书中有一篇《煮茶记》，说唐代宗朝的湖州刺史李季卿曾问陆羽哪里的水好，陆羽将天下水分为二十等，"庐山康王谷水帘水第一，无锡县惠山寺石泉水第二""庐山招贤寺下方桥潭水第六"云云。《煮茶记》是谁写的，张又新没有说，其他人也没见过。于是，就有人附会说，《煮茶记》的作者就是陆羽。

张又新当过江州刺史，《煎茶水记》载于《全唐文》卷721（《煮茶记》则已散佚），因此，庐山康王谷谷帘泉第一的说法并非空穴来风。康王谷又叫庐山垄，据今本《竹书纪年》载：周康王"十六年，王南巡狩，至九江卢山（原文如此）"。因此，后人命名为康王谷。[06]康王谷谷口狭窄，谷内深达15里，是庐山第一长峡谷。有人根据陶渊明的行止，以及《桃花源记并诗》中的描述，认为康王谷即是陶渊明笔下桃花源的原型地。本人也曾多次进入康王谷，其地"土地平旷，屋舍俨然""阡陌交通，鸡犬相闻"的景象依然，其

人"怡然自乐"、淳朴善良、辛勤劳作、热情好客的风俗依然，真乃谓"不知有汉，无论魏晋"。可惜的是，近年来新修乡村公路，把狭窄的入口拓宽了，那种"初极狭，才通人，复行数十步，豁然开朗"的味道一去不复返了。

谷帘泉在康王谷底，其水甘洌，最宜茶饮。苏轼《西江月》称："龙焙今年绝品，谷帘自古珍泉。"陆游《入蜀记》载："史志道饷谷帘水数器，真绝品也，甘腴清冷，具备众美。"这两位大家给予谷帘泉极高的评价，一个认为是"珍泉"，一个认为是"绝品"。

这样说来，谷帘泉就是桃花源之水。陆羽品为"天下第一"，焉知不是钦慕陶渊明的为人，不是向往桃花源的所在，简言之，焉知不带有主观色彩？谷帘泉为桃花源又增添了物质的、精神的内涵与趣味，实为陶渊明理想社会和精神家园的又一诠释与注解。

物华出天宝，人杰地自灵。九江有福，拜上天所赐，托名人之名，桃花源和谷帘泉，千年双璧，万古长流。

"泻从千仞石，寄逐九江船。"这是《全唐诗》卷308中所载陆羽《题康王谷泉》中的残句，句中表达了自然的壮阔和永恒，也表达了人生的颠簸与漂泊。陆羽生前，寄迹烟波，用庙堂的眼光看，恐怕只是一个没理想没追求的人，一个不正儿八经做事的主，死后，声名骤起，在百姓的口碑中，居然成了一个有趣味有灵通的神，一个泽被天下流芳千年的圣。这一现象真是叫人感慨，叫人嘘唏。其实茶圣不茶圣并不重要，重要的是，哪怕事情不起眼，只要认准了，就一腔热情干下去，最后，终将有收获；其实第一、第二也不重要，重要的是用好水，泡好茶，喝出味道，喝出健康，喝出好心情来。爱喝茶的读者朋友，你们说对吗？

三十年前，我和妻子旅行结婚，记得是冬天一个下雪的日子，当我们徒步穿行杭州龙井村旁的九溪十八涧，又冷又累之际，在虎跑泉喝了一杯热茶，那感觉，无法形容。西湖龙井和虎跑泉水，那香，那甜，至今仍在梦中。

与杭州一样，九江不仅有好水，也有好茶。

庐山种茶，历史久远。据说两晋时，就有僧人在庐山种茶，但那个时候，尚未有名称，茶叶也不见得特别出色，产量也极少。成书于明代嘉靖年间桑乔的《庐山纪事》载："茶，诸庵寺皆艺之，有风标，不减他名产。"同样是嘉靖年间刊刻的《九江府志》（天一阁藏本）在"职贡·国朝"中载："茶芽一百二十斤。"下注："德化县三十六斤，德安县三十六斤，瑞昌县四十八斤。"

两书均未出现茶的名字。到顺治年间《庐山通志》中，引《山疏》而明确提及叫"云雾茶"，据考，《山疏》大致刊刻于明代隆庆至万历年间。明代大医学家李时珍在万历年间编撰《本草纲目》，有"洪州之白露，双井之白毛，庐山之云雾……皆产茶有名者"的记载，因此，云雾茶的名称很可能是明代隆庆年间才开始出现的。清代康熙年间毛德琦撰《庐山志》，其中引《新志》说："云雾茶，山僧艰于日给，取诸崖壁间，撮土种茶一二区。然山峻高寒，丛极卑弱，历冬必用茅苫之，届端阳始采，焙成，呼为云雾茶。"直到民国吴宗慈撰《庐山志》，还说"庐山云雾茶，出名虽久，至今市面绝少真品"。

产量少，成名晚，这都是事实，但并不能掩盖庐山茶的芬芳。在唐朝，已经有许多关于庐山茶的记载，虽然那时候还不叫云雾茶。李华《江州卧疾送李侍御诗序》中说："且以簪击茶瓯歌而饯之曰：江沈兮雨凄凄，洲渚没兮元云低，伤别心兮闻鼓鼙。"韦应物刺江州，写《简寂观西涧瀑布下作》，其中有句："茶果邀真侣，觞酌洽同心。"五代南唐文人朱遵度在《栖贤寺碑》中说："茶烟袅而乳窦飘香，禅悦味而虚实生白，实释门之盛事，为信史之美谭。"等等。

真正的云雾茶，生长在海拔千米以上的地带，云蒸霞蔚，雨润风清，从而具备了高山茶的特殊品质。云雾茶选一芽一叶为原料，经杀青、抖散、揉捻、炒二青、理条、搓条、拣剔、提毫、烘干等工序制成，成茶条索紧结重实，饱满挺秀，色泽碧绿光滑，芽壮叶肥而显露白毫，香气纯正，幽若兰气，汤色绿而透亮，滋味甘洁，香气清幽，回味绵长，是茶中精品。

云雾茶，谷帘泉，真是天作之合，与龙井茶和虎跑泉一样，堪称绝配。

顺便说一句，除庐山云雾茶外，江州周边也有茶区，最著名的是修水双井。

说来双井茶的名气比云雾茶要大，出名也要早得多。与白居易同时代的刘叉在《冰柱》诗中写道："不为九江浪，徒为汨没天之涯，不为双井水，满瓯泛泛烹春茶。"五代时，毛文锡《茶谱》记载："洪州双井白芽，制造极精。"《读史方舆纪要》："双井，在州西二十里。《志》云：南溪心有一井，土人汲以造茶，绝胜他处。"《元和郡县图志》："分宁县，贞元十六年（800），刺史李巽奏分武宁县西界置，因以名焉。"分宁县唐时属洪州，宋沿唐制，元代改为宁州，民国称修水县，今属九江。

双井茶的主产区在双井周边，但从历史来看，双井茶应该是修水、武宁、

靖安等山区县茶叶的总称。双井茶的种植和制作应早于中晚唐，到北宋初年就非常有名，北宋大文豪欧阳修在《归田录》中说："自景佑已后，洪州双井白芽渐盛，近岁制作尤精，囊以红纱，不过一二两，以常茶十数斤养之，用辟暑湿之气，其品远出日注上，遂为草茶第一。"这就说得很清楚，宋仁宗景佑年间起，双井茶开始走俏，茶叶品质好，看来市场营销也做得很好，用同样是分宁特产的丝绸做包装，红囊绿茶，极其可爱。这样的小包装茶叶，藏在数十斤普通茶叶中，以防回潮，可见人们多么珍爱。欧阳修认为双井茶远胜过绍兴日铸山的茶叶，是为"草茶第一"。草茶，即直接炒制烘焙的茶叶，与团饼制作方法不同，后者鲜叶经蒸青、捣碎、压模、烘干而成。双井茶属蒸青散茶类，用蒸汽杀青，再炒制烘干，外形圆紧略曲，锋苗润秀，银毫显露，形如凤爪，所以别称鹰爪。宋时的喝法是，将茶叶磨碎，然后煮饮，并不直接撮泡。

欧阳修《双井茶》诗中有："西江水清江石老，石上生茶如凤爪。穷腊不寒春气早，双井茅生先百草。白毛囊以红碧纱，十斤茶养一两芽。长安富贵五侯家，一啜尤须三日夸。"同时代的梅尧臣在欧阳修处喝过双井茶，后来写诗《晏成续太祝遗双井茶，因以为谢》："始于欧阳永叔席，乃识双井绝品茶。"欧阳修是庐陵人（今江西吉安市永丰县），与分宁同属江西，因此，对家乡风物予以足够的关注，是情理之中的事。欧阳修自号"醉翁"，其文《醉翁亭记》千古流传，其句"醉翁之意不在酒，在乎山水之间也"脍炙人口，而从上述诗文看来，欧阳文忠公不仅是醉翁，也是茶客，不仅在乎山水之乐，也在乎舌尖之趣。

要说双井茶的出名，还和一个人有关，这个人就是黄庭坚。

黄庭坚（1045～1105），字鲁直，自号山谷道人，晚号涪翁，又称豫章黄先生，是北宋著名诗人、书法家。他的诗歌，立意新颖，风格奇峭，独树一帜，在北宋诗坛与苏轼齐名，世称"苏黄"，后人奉为江西诗派的开山祖师。他的书法，侧险取势，纵横奇绝，自成一家，[7]与苏轼、米芾、蔡襄并称为"宋代四大家"。他命途多舛，一生蹭蹬，但旷达高洁，丹心傲骨，天成性得，自有气象。《宋史·黄庭坚传》记载，苏东坡曾评价黄庭坚"超轶绝尘，独立万物之表""瑰伟之文，妙绝当世，孝友之行，追配古人"。

黄庭坚的家乡就在双井。看来，双井这个地方真是钟天地之灵气，既出好茶，又出人物。黄庭坚对家乡的茶叶非常得意，写词《满庭芳·茶》："北

苑龙团，江南鹰爪，万里名动京关。"他多次将双井茶分赠诸多好友。他在给苏东坡送茶时写诗《双井茶送子瞻》："人间风日不到处，天上玉堂森宝书。想见东坡旧居士，挥毫百斛泻明珠。我家江南摘云腴，落磑霏霏雪不如。为君唤起黄州梦，独载扁舟向五湖。"苏东坡和诗《黄鲁直以诗馈双井茶，次韵为谢》："江夏无双种奇茗，汝阴六一夸新书。磨成不敢付僮仆，自看汤雪生玑珠。列仙之儒瘠不腴，只有病渴同相如。明年我欲东南去，画舫何妨宿太湖。"苏黄一唱一和，展现了他们的真挚情感。后世称黄庭坚为"苏门四学士"之一，也就是说，黄庭坚是苏门弟子，但其实，老师和弟子年龄相差并不大，苏年长 8 岁，他们之间是亦师亦友的关系，他们的伟大友谊，堪称百代楷模。

说了茶和水，让我们来看白居易。

留存下来的白居易诗中有 60 多首写到了茶，居唐代诗人之冠，在九江，写到茶的诗篇有 11 首。那么，白居易的江州茶诗中都透露了哪些信息和思绪呢？

大家耳熟能详的，当然是《琵琶行》中"商人重利轻别离，前月浮梁买茶去"。浮梁买茶，却将家眷留在浔阳城，这就是说，九江不仅仅是茶叶产地，而且是茶叶集散地。前面说过，浮梁产茶，其茶叶主要销往关西、山东一带。浮梁周边的婺源、祁门、德兴都是产茶大县，"祁红婺绿"，后世为名茶。浮梁通水路，是周边数县的交通枢纽。《元和郡县图志》载："浮梁，每岁出茶七百万驮，税十五余万贯。"当时，全国每年茶税大约 50 万贯，浮梁占 15 万贯，占比 30%，数量惊人，显然包括周边数县的产量和税收。九江到浮梁，经长江、入鄱阳湖，再进入昌江，水路 480 里路程，需要 20 多天才能往返。有人提出，浮梁茶叶是供"闾阎村落"所饮，不是名茶，品质不高，《琵琶行》说"商人"到浮梁买茶，意在贬低"商人"没有品位，或者资本有限，为了区区蝇头小利，甘愿抛家撇口，任由琵琶女独守空船。这一说法未免过于钻牛角尖。实际上，浮梁买茶与茶叶品质无关，与资本数量无关，更与人品无关。历史的事实是，浮梁、婺源、祁门、德兴一带的茶叶先在浮梁集中，再经水路到九江集散，数量众多。白居易的兄长白幼文曾任浮梁县主簿，贞元十四年（798）春，白居易到浮梁意在"举业"，因此，对浮梁的情况有一定的了解。白居易到江州后，见证了茶叶的集散，加上到过浮梁，或者有诗歌韵律的考虑，因此，以浮梁作为这一带茶区的代称。"商人"能到浮梁去采购茶叶，经九江落脚办事，再将茶叶经长江、汉水贩运到京城长安周边，又娶

了原国手琵琶女为妻，说明其资本是雄厚的，是有一定实力的。

这样看来，在中唐，九江已经成为全国性的茶叶集散中心之一。看《膳夫经手录》，从其茶叶产销流向分析，不仅浮梁茶叶销往关西、山东（山南东道，治襄州，今湖北襄樊），而且蜀地茶叶南走百越、东临江南，衡州（今湖南衡阳）团饼达于五岭，建州茶叶销往淮扬等，九江均是重要的靠泊港、中转站和集散地，也是船户和商家重要的补给地、落脚点和信息港。正因为特殊的地理位置和区位优势，九江茶市在宋代有较大发展，延至清代末年，更为顶峰，九江成为茶叶采购、加工和出口的重要基地，与汉口、福州并称为"三大茶市"。

《草堂记》："又有飞泉植茗，就以烹燀，好事者见，可以永日。""具斋施茶果以落之。"更写诗《香炉峰下新置草堂，即事咏怀，题于石上》，有句"架岩结茅宇，斫壑开茶园"。还有《香炉峰下新卜山居，草堂初成，偶题东壁》之《重题》有句"药圃茶园为产业，野麋林鹤是交游"。在草堂未建之时，草堂周边已有茶园，在建草堂过程中，可能对原有茶园进行了改造或扩建。这些茶园是谁的？只能是东林寺的。东林寺庙产中茶园应有不少，白居易《春游二林寺》中写道："二月匡庐北，冰雪始消释。阳丛抽茗芽，阴窦泄泉脉。"已经提到了茶。当然，东林寺在庐山山脚，海拔不高，其茶叶远远不够云雾茶的条件。东林寺僧人在协助建草堂之际，许诺草堂周边茶园可由白居易任意采摘，因此，白居易才说"为产业"。其实，白居易根本不可能将药圃茶园作为产业，他的主要经济来源还是靠官俸，当然，作为文学大家和著名诗人，也有其他收入。大家或许还记得，前面说过，东林寺僧人曾带着十万钱来请白居易为景云大师上弘撰写墓志铭，虽然这笔钱他捐还给了东林寺，但也足以说明，白居易并不差钱，东林寺出手也很是阔绰。东林寺将茶园名义上交给白居易，是其高明之处，一下子拉近了两者的感情距离。东林寺很富有，将茶园交由白居易打理，自有其经济基础，更何况，东林寺也知道，白居易不可能在江州长期逗留，早晚茶园又要回到寺院手中。站在白居易的角度，建草堂，是为了安顿身体，而有了一片茶园，就不仅仅有了安身立命之所，更重要的是形式上有了经济独立的感觉，有了不靠官俸也能生存于天地间的心理，于是孤傲品格和独立精神在一瞬间得到满足，有利于安顿灵魂。

《谢李六郎中寄新蜀茶》："故情周匝向交亲，新茗分张及病身。红纸一封书后信，绿芽十片火前春。汤添勺水煎鱼眼，末下刀圭搅麹尘。不寄他人

先寄我，应缘我是别茶人。"时任忠州刺史的屯田郎中李宣从蜀地寄来新茶，真正是礼轻情意重，或者说礼重情更重。李宣寄来的可是好茶，是寒食节禁火之前采摘制成的茶叶。清代沈涛《交翠轩笔记》卷4："《学林新编》：'茶之佳者，造在社前，其次火前，其下则雨前。'余案唐人最重火前。"火前就是当今所说的清明茶，比谷雨茶品质要好。鱼眼，《茶经·茶之煮》："其沸，如鱼目，微有声，为一沸。"指水刚烧开，水面有许多小气泡，像鱼的眼睛，故称鱼目，也称蟹眼。刀圭，唐代茶叶加工采用蒸捣制作团茶或饼茶，品饮时用铁夹或竹夹将团茶取出，放在微火上炙烤，再用碾子将茶叶碾成末，用海贝等小介壳或铜铁竹制成的匙形物挑入碗中，再以开水冲泡。小介壳或匙形物在《茶经》中叫"则"，白诗中称刀圭。那个时候，王公贵族、文人雅士喝茶的名堂多了去，这些人玩起小资来，比起现在的小哥小妹不知道要强多少倍，刀圭取茶，点茶拉花（类似于咖啡拉花），玩得那叫一个嗨皮。别茶，意思是辨别得茶，识别得茶，是白居易独创的词汇。李宣为什么将茶先寄给我？因为我懂茶、知茶，精于品茶，是茶的知音，当然啦，我能从茶中体会你李六郎中的一片心意，我是你的知音，你将茶先寄我，是认可我品茶的能力，更是认可我知交的心意，你是我的知音啊。

《清明日送韦侍御贬虔州》："寂寞清明日，萧条司马家。留饧和冷粥，出火煮新茶。欲别能无酒，相留亦有花。南迁更何处，此地已天涯。"韦侍御，当是韦辞。《全唐文》卷717韦辞《修浯溪记》，落款是"元和十三年十二月六日江州员外司马韦辞记"。这就是说，元和十三年（818），白居易和韦辞同为江州司马，不过一位是正员，一位是员外。员外，即正员以外的官员，有的在编内，有的在编外。两个司马聚在一起，加上韦辞将被贬更远的虔州（今江西赣州），心情能好到哪里去？离别诗写得如此沉郁，可以看出不仅仅是对韦辞的不舍，而其中有自己的身世之慨。

读这首诗，亦可一窥中晚唐和初唐、盛唐文人士大夫不同的心态和审美。初唐和盛唐，是一个气魄宏大、生命旺盛的时代，这个时代，其代表性的文化莫过于酒文化。随着经济日益壮大，文化日益繁盛，交通日益便利，往来日益增多，人们的心态是开阔的、张扬的、积极的，充满着豪迈、奔放、浪漫之气，建功立业、开疆拓土、兼济天下，是主流价值观念。这时的酒，是浇入人心的沸腾，是升华灵魂的火焰，当一杯杯青春佳酿映在年轻的脸上时，所发出的声音是那样热情而慷慨，雄浑而悲壮，这时候的诗歌，是诗人们豪

饮醇酒时冲口而出的天籁之声。我们就看离别诗吧，王勃的"海内存知己，天涯若比邻"，陈子昂的"勿使燕然上，惟留汉将功"，岑参的"匹马关塞远，孤舟江海宽"，均呈现开朗壮阔、乐观豪迈的气派，就是孟浩然的"分手脱相赠，平生一片心"，王维的"劝君更进一杯酒，西出阳关无故人"，也还算健康自然、清新活泼，至于高适的"莫愁前路无知己，天下谁人不识君"，杜甫的"痛饮狂歌空度日，飞扬跋扈为谁雄"，李白的"孤帆远影碧空尽，唯见长江天际流"，都是脍炙人口的诗篇，不用我啰唆了。

安史之乱起，打断了大唐王朝的历史进程，也极大地改变了文人士大夫的心理。社会的动乱，王朝的衰微，国力的崩溃，个人的困苦，使得当年那种自信、开朗、热情、豪迈一去不复返了，取而代之的是沉郁、麻木、冷静和怀疑。这时，酒，不再是催人上进的出征酒，而是举杯浇愁的"销愁物"。文人士大夫的心理开始内缩，从初唐、盛唐那种尚军功、好游侠，追求事功为时尚，转化为尚儒雅、好理趣，追求闲适为归宿；不以驰骋大漠、遍游名山、广交天下豪侠为乐事，而是在公事之余，或与二三好友谈禅言理、饮酒论诗的雅集为美事；或以一门一户将自身与外界隔绝开来，铺开一张纸，在笔墨砚台之间，写一首诗歌，画一幅山水，留一副墨迹，然后欣欣然陶醉其中。这一趋向，恰好又赶上饮茶品茗之风大起，因而相互作用，相互强化，从而成为不可逆转的社会风气。

在这个转变中，无论如何，白居易算得上是一个标志性人物。饮茶品茗，加上随之而来的文人雅趣，自陆羽导夫先路，到白居易等人的着力开拓和实践，至宋代更形成高潮。苏东坡爱茶如命，黄庭坚则被人称为"分宁一茶客"，这两人分别写有"从来佳茗似佳人"和"恰如灯下，故人万里，归来对影"的诗句，将茶比喻成小美眉和老朋友，这样的比喻，也只有宋代士人才想得出来。当代学者缪钺指出："凡唐人以为不能入诗或不宜入诗之材料，宋人皆写入诗中，且往往喜于琐事微物逞其才技。如苏黄多咏墨、咏纸、咏砚、咏茶、咏画扇、咏饮食之诗，而一咏茶小诗，可以和韵四五次。余如朋友往还之迹，谐谑之语，以及论事说理讲学衡文之见解，在宋人诗中尤恒见遇之。此皆唐诗所罕见也。"说唐诗中罕见，并不是不见，要说的话，白居易就是一个例证。白居易诗歌无一物不咏，为后世提供了一个"闲乐"、雅趣之范本，实开宋代吟咏"琐事微物"之先河，无论如何，这是一个创举，他"打开了世界的眼睛，看到了一种新型的美——平凡事物之美。"

当我们搞清楚了中晚唐文人士大夫这一心理变化，就容易理解白居易在江州另外三首关涉茶的诗了。一是《北亭招客》，其中写道："小盏吹醅尝冷酒，深炉敲火炙新茶。能来尽日观棋否，太守知慵放晚衙。"二是《游宝称寺》，其中说："酒嫩倾金液，茶新碾玉尘。"三是《春末夏初闲游江郭二首》有句："嫩剥青菱角，浓煎白茗芽。"我们也容易理解他在江州咏朱藤杖，咏蟠木几，咏素屏风，离开江州后咏片石和太湖石，咏琴棋书画，咏镜子，咏泉水，甚至毡帐、火炉、垂钓，更不用说女人、歌舞、花朵、酒和茶，凡是日常生活中所接触到的事物，无论是高雅，还是浅俗，不管是雅集，还是独处，他的关注与表现都是那么兴致勃勃，乐此不疲。"凡平生所慕所感，所得所丧，所经所遇所通，一事一物已上，布在文集中。"这是享受生活的老手，又有一个天然活泼的灵魂，在兼济天下之志被无情摧残之后，你还能剥夺他独善其身的好奇、探究、尝试之心？

在江州，白居易写《咏意》，正好可与本节开头所引的《食后》一诗相映照，当可为他饮茶怡情、自我解脱的小结：

> 常闻南华经，巧劳智忧愁。不如无能者，饱食但遨游。
> 平生爱慕道，今日近此流。自来浔阳郡，四序忽已周。
> 不分物黑白，但与时沉浮。朝餐夕安寝，用是为身谋。
> 此外即闲放，时寻山水幽。春游慧远寺，秋上庾公楼。
> 或吟诗一章，或饮茶一瓯。身心一无系，浩浩如虚舟。
> 富贵亦有苦，苦在心危忧。贫贱亦有乐，乐在身自由。

白氏与药

《琵琶行》中有句："我从去年辞帝京，谪居卧病浔阳城。"卧病？看到这，读者诸君会心头一紧：我们的诗人病了么？

人吃五谷杂粮，焉能不生疾病？病，是人类常见的生理现象，本不值得大书特书，然而，病，内化于肉体，外化于容颜，再被写入诗，则有了异样的意味。

较之于史书、散文、传奇（小说）、笔记等，诗歌是最具细节化和情绪化的文字，检《白居易集》，写病、写药的诗篇真不少，从中，我们可以一窥唐

人极具质感的生活画面，可以感知诗人极其细腻的内心世界。

白居易的身体状况历来给人的印象是清癯、消瘦，病痛比较多，身体不算好，可奇怪的是，在平均寿命不高的唐朝，白居易以带病之身居然活到了75 岁（虚岁），成为长寿之人，不能不说是一个奇迹。[18]

有了病，就需要医生来医治，就需要用药，由此，我们不能不将祖国医学——主要是中医，简单地捋一捋，再说说九江的情况。

都说中医博大精深，诚然，看了一大堆的书，加上请教了恰好是中医的妻子，可愣是没弄明白中医是什么，中医又是怎样治病的。中医的那些神神秘秘的哲学思辨，那些玄玄乎乎的诊断方法，那些奇奇怪怪的治疗手段，那些虚虚实实的汤头配方，就像庐山一样，云遮雾罩，叫人很是摸不着头脑。

中医的来历就很是玄乎。据说，神农在荆楚大地"尝味草木，宣荣疗疾，救夭伤人命"。他老人家"尝百草之滋味，水泉之甘苦，令民知所避就，当此之时，一日而遇七十毒"。炎帝神农氏这位传说中的英雄，这位神话中的人物，实际上凝聚了上古时期无数先民的智慧，代表了漫长的新石器时代生产力的进步，从而成为一个民族的信仰和图腾，成为中华文明的始祖。相传神农"斫木为耜，揉木为耒，耒耨之用，以教万人，始教耕，故号神农氏。于是作蜡祭。以赭鞭鞭草木，始尝百草，始有医药。又作五弦之瑟。教人日中为市，交易而退，各得其所。遂重八卦，为六十四爻"。看得出，在上古时代史诗般的农业革命中，农具的创造与发明，音乐的娱乐与教化，市场的创立与交换，数学的启蒙与应用，祭祀的仪轨与定制，还有疾病的预防与治疗，已成为人类童年时期标志性的大事件，农业丰收、身体健康，适应了广大民众的普遍需求，由此，神农才成为农神、医神。

中医的诊断也令人惊奇。扁鹊和齐桓侯的故事大家可能都熟悉，《史记》中有精彩描述：扁鹊到齐国，见到齐桓侯，说大人您身体有毛病啊。齐桓侯说：我身体倍棒，没有毛病。扁鹊退出后，齐桓侯对左右说，这些做医生的，总喜欢把没病的说成有病，下了些药说是治好了，就可以捞取好处。第二次会面，扁鹊还说齐桓侯有病，齐桓侯坚持说没病，如此这般三四回，结果扁鹊望齐桓侯而走，人问其故，扁鹊说，如果病在肌肤，汤剂药熨就能管用；病到血脉，针刺砭石也可以治疗；病达肠胃，药酒还能奏效；病入骨髓，就是神仙也束手无策啊，现在君侯的病已入骨髓，我已经无能为力。过了几天，齐桓侯果然病情发作，派人找扁鹊，扁鹊已逃往他国，齐桓侯不治而死。太

史公这一故事，将扁鹊的望诊技艺讲述得绘声绘色，人物对话描写得活灵活现，这哪里是在讲历史，讲医学，分明是在讲文学，讲人心。

中医的某些治疗方法也叫人不解。如果说汤药治病、刮骨疗毒、外敷给药等容易被接受，那么，针灸、火罐、刮痧等就叫人有点困惑了，而火疗、艾灸、拆骨等则令人恐怖。就说针灸吧，小小银针能治病，而且内科、外科的病都适用，急症、痼疾都能治，而且还跟穴位、深浅、手法快慢、留针时间有关系，这就有点神奇了。"凡用针者，虚则实之，满则泄之，死陈则除之，邪胜则虚之。大要曰：徐而疾则实，疾而徐则虚。言实与虚，若有若无。察后与先。若存若亡。为虚与实，若得若失。"真是玄而又玄啊。讲一个实证：早些年，作者本人脚上长一鸡眼，痛得要命，找医生瞧，药水泡、刀片削、鸡眼膏等等都不见效，后来在一医学杂志上看到针灸法治疗，如法炮制：洗脚，局部消毒，用银针对准鸡眼中心——叫阿是穴——快速进针，如阻力较大，可捻转进针，达鸡眼根部后，留针 10 分钟，每日 1 次，不到一个星期，鸡眼脱落，好了。问当中医的妻子，什么原理？她说，只管有效无效，莫问其中道理。

中医的方剂配伍也很有意思。中药讲究"君、臣、佐、使"，被认为是"制方之要"。《黄帝内经·素问·至真要大论篇》说："主病之谓君，佐君之谓臣，应臣之谓使。"接着说"非上中下三品之谓也"。而《神农本草经》则说："上药一百二十种为君，主养命；中药一百二十种为臣，主养性；下药一百二十五种为佐、使，主治病。""药有君、臣、佐、使，以相宣摄。"虽然前者和后者说的不是一回事，前者说的"君"是指主治疾病的药味，而后者说的"君"是指那 120 种"上药"，不过，两者都不约而同地强调药物之间的主从关系和相须相制的道理，实在是借人事来说药事的经典范本。撇开那复杂的药性药理，那难记的汤头歌诀，我们看到的是，要真正做好一个医生，开出一味管用的药，并不容易。记得妻子早些年在临床，回家后若魂不守舍、无心其他，翻箱倒柜、查书研方，我就知道她遇上危难险重或者是疑难杂症病例了，方子里加减哪味药，某味药加减多少量，那真是呕心沥血，煞费苦心。

事实上，人类对自身的了解是远远不够的，这种情况直到今天依然如此。人类可以上天入地，航天潜海，可以宏观看宇宙，微观看粒子，但对于生命运动，对于成长与衰老、肉体与灵魂、生理与心理等了解得还很肤浅。因此，对于生命体，我们的祖先总是抱着一种敬畏的、神圣的心态去观察、去探索

的，总是试图用可观察的天地万物的特性去解释、去分析生命现象的，由此，产生了中国特有的医学体系——这一医学体系常常和中国的哲学体系纠缠在一起——从而成为一种复杂而又奇特的知识系统。

"如果仅仅把医学视为一门自然科学和社会科学，那只是学究们的看法。在人类的进化过程中，医学如同农、牧、渔生产技术一样，首先是一门保障人类自身生产和健康生活的基本生存技术。芸芸众生的生活经验，有如大江源头的涓涓细流不断地汇进医学智者的大脑，组成那知识的瀚海。"就这样，中国古代哲学中的元气论，构成了中医理论体系的基石，而阴阳学说和五行学说，构筑了中医理论体系的基本方法，藏象学说和经络学说集中体现了中医学对于人的生理活动及病理现象的理性认识，成为中医理论体系的核心，整体观念、恒动观念和辨证论治构成了中医理论体系的三大特点，由此，以望、闻、问、切为基本诊断手法，以表里、寒热、虚实、阴阳等为基本辨证方法，以未病先防、既病防变为养生救生理念，以治病求本、扶正祛邪、调整阴阳、因时因地因人制宜为治疗法则，以汤药、外敷、推拿、针灸、手术等为基本治疗手段的知识系统构建起来，并一步步丰富和发展。

国人的早慧充分体现在医学上。那两部分别托名神农和黄帝的著作——《神农本草经》和《黄帝内经》的出现，为我们提供了证据。可能编撰于战国，到汉代最后写定的这两部著作，其思想之庞杂、内容之丰富叫人叹为观止，充分体现了先秦为数众多的医者的集体智慧。汉代，还有《难经》一书，托名秦越人（扁鹊）所作。这三部著作的出现，表明中国医学已经发展到一个崭新的阶段，中国医学的完整体系建立起来了。

这就叫人不能不感动：自战国至秦汉，动荡的时候多，太平的时候少，战争、饥荒、天灾、野兽等等造成了多少疾病、伤残、瘟疫和死亡，多少中下层知识分子用学到的一技之长救死扶伤，拯危济困，保障了人类从衣食不周、争斗不休的苦世、乱世中顽强生存下来，实在是功德无量；蒙昧时期先民有疫鬼、瘟神之说，认为疾病来源于此，于是或用咒语、催吐、导泄等作为治疗手段，或用傩戏、作法等仪式来祛除邪恶，或用焚香、祷告等方法来祈求神明保佑和宽恕，巫医混杂，巫医同源，在这种情形下，医学一步步站立起来，一步步驱除迷信和唯心，一步步走向唯物和科学；药草能治病，好像某些动物也有这样的心得和习性，但只有人类，才会总结和提炼经验，并将这些经验传播开来、传承下去；药草加上其他可以入药的材料有千百种，

要一样样鉴别，一样样定出药性，在几乎没有科学仪器和科学手段的古代，是多么的艰难，可我们的祖先硬是做到了；人生在世，好像无非是求名求利，可那么多医者默默无闻地临床施治，默默无闻地撰写心得，并未见得名利双收，先秦的医者有多少，有名有姓的不过医缓、医和、扁鹊等寥寥数人而已，《黄帝内经》等三部著作没有署名，没有版权，没有科研经费，没有所谓的祖传秘方需要藏藏掖掖，那么多人都来添砖加瓦，不断充实和丰富内容，一切进行得那样悄无声息、浑然天成，那样坦坦荡荡、顺顺当当，好像本来就应该这样似的。

这就是医者，这就是医者仁心。

汉代以降，医学界出现了众多标志性人物，他们或善临床，或善著述，为丰富中医药这一宝库做出了贡献，这些人中有张仲景、华佗、葛洪、陶弘景、孙思邈等，此外，还有一些人也有或多或少的成果。可怪的是，在医学初创与起航的伟大历程中，九江这块土地没有缺席过，许多医学人物与九江有着千丝万缕的关系。

让我们先来讲讲"杏林"的故事。

大家知道，"杏林"是医家的代名词，正像"梨园"是剧团的代称一样。医家往往自称"杏林中人"，就好比人称戏曲演员为"梨园弟子"。假如某人不幸身患疾病，恰好有幸碰上一个高明的医生，把他的病给治好了，这时就会想到给医生送块牌匾或者锦旗吧，上面写什么呢？问来问去，那些个读书人给出的主意无外乎"杏林春暖""誉满杏林""杏林高手"等等。当人们敲锣打鼓将写有这样词汇的牌匾或锦旗送到医生那儿时，就充分赞赏了那个医生他医德高尚、医术高明，也充分表达了自己对医生的感激之情。

要说的话，"杏林"可比"梨园"年纪大多了，"梨园"发生在唐玄宗时期，而"杏林"则发生在汉末三国时期。换一个角度讲，"杏林"要比"梨园"平民化得多，"梨园"设在京城，"杏林"则生在旷野。这并不奇怪，治病救人比搭台唱戏更关乎民生，更贴近民众，也就是说，生存问题总是第一位的。

这"杏林"故事的主角是谁？他就是董奉，与华佗、张仲景是同时代的人。也许董奉的主要形迹在庐山，因此董奉和庐山一样，面目模糊。不要说我们不知道他主修什么科目，主要医学成就有哪些，就连他的生卒年月，活了多大年纪，也没人弄得清楚，这就与华佗、张仲景很有些不同。在后人称之为"建安三神医"的三人中，华佗名气最大，他的针灸术、麻醉术达到了

非常高的水平，是顶呱呱的外科医生。张仲景由于写下了《伤寒杂病论》，后来经人整理改编为《伤寒论》和《金匮要略》这两部医学巨著而不朽，是响当当的内科专家。而董奉，亦人亦神，亦医亦道，搞不清行踪，弄不清来历，这位老兄在当时恐怕就是一个云里雾里的人物，叫后来的考据家们伤透了脑筋。但有一点，董奉的故事比较起前两位则要有趣得多。

董奉，字君异，福建侯官县（今福州市）人，生于汉末三国时代。三国时代是一个乱世，在这样的乱世，大概董奉觉得自己当不了英雄，于是选择做一个医生，正所谓"不为良相，便为良医"，这样一个理想，在乱世其实是非常不容易的。董奉似乎不太热衷于与官僚士大夫周旋，而更乐意与老百姓打成一片。在治好了交州刺史士燮的不治之症后，不管怎么赏赐，任凭怎么挽留，董奉还是执意要走，这一走就走到了九江庐山脚下，开启了最为后人称颂的一段佳话。

当年的庐山，可不像今天这么有诗情画意。董奉行医之处，是庐山南麓一个叫归宗的地方，那时候疾病流行，水旱频仍，百姓生活异常艰难。董奉到这儿后，天天给人治病。他立下一个规矩，重病患者经他治好后，不收钱，不要粮，你栽五棵杏树就可以了，如果病不太重，栽一棵就够了，这样经过了几年，好家伙，一个十万多株杏树的林子就形成了。阳春三月，繁花似锦，春色满园；杏黄时节，果实累累，百里飘香。大人小孩笑语其中，飞禽走兽游戏其间，真可谓人间仙境，世外桃源。[19]

杏树结果后，董奉在林中建了一间简易仓房，告诉大家，有想买杏的不用通报，只要拿一斗粮食倒进仓房，就可以把一斗杏子拿走。这样一来，他人得到了杏子，董奉得到了粮食，大家都很高兴。可指头并非一般长，世上总有贪心人，个别人在簸箕里放一点点粮食，却装了满满一簸箕杏，心想反正你看不见，我可是赚大发了，没想到这时一只老虎突然吼叫着追了出来，那人吓得屁滚尿流，捧着装杏的簸箕急忙往回跑，慌慌张张的，一路上杏子掉出去不少，到家一看，可怪，剩下的杏子正好和送去的粮食一样多。还有极个别的混混，压根儿不带粮食，干脆来偷杏，这老虎就一直追到混混家，把他咬死。家人一看，知道是因为偷了杏，就赶快把杏拿来还给董奉，并磕头认罪，董奉一包药下去，死去的人又活过来了。这一下，大家伙儿都知道那老虎的厉害，当然更知道董奉的厉害，就再也不敢以少换多，更不敢来偷杏了。一来二去，董奉每年以杏子换得大量粮食，用来救济庐山周边贫苦百

姓和南来北往的饥民，一年之中救助的百姓多达两万多人。

说来正像董奉的表字"君异"一样，这里面就有很多灵异的成分了，尤其是那只老虎。看来庐山的老虎不简单，除了在这儿有上好的表现外，见于传说的还有百十年后，陶渊明、陆修静和慧远的"虎溪三笑"，故事中的那只老虎不是也非常可爱么？

董奉的可爱当然并不光是与老虎为伴，他的治病方法也与众不同。譬如一个热病患者来求医，只见他用五层布匹蒙上病人，也不知用没用药，反正病人感觉就像被一个什么怪物舔了一遍，周身的皮肤全脱掉了，他告诉病人勤洗澡，不要被风吹，二十天后病人身上长出了新皮，病也好了，皮肤十分光滑，"身如凝脂"。据说他还是一个"神"人，可以呼风唤雨，有一年大旱，就是他求来了雨，"方民大悦"。就连他娶妻，也和别人不一样，说是县令的女儿，"为精邪所魅"，老治不好，县令就放出话来，说如果谁把我女儿治好了，我就将女儿许配给他。董奉就召来了一条几丈长的大鳄鱼，让鳄鱼在地上一直爬到县令家门口，这时大伙儿一起努力，当着姑娘的面把鳄鱼杀死，结果那姑娘的病就好了，结果真的就做了董奉的妻子。这些事儿看起来都很神妙，很灵异，实际上可能也不无道理，要知道，药蒸药浴确实是重要的给药方法，经长期观察天气确实可以预报，强烈刺激对某种精神疾患可能会带来不可思议的效果。董奉的方法是不是运用了这些原理，我们不得而知，我们知道的是，他这些方法管用，够用，为他带来了良好的口碑。

看来老百姓的口碑很重要，也是最难得的。董奉就是由于老百姓的口碑而赢得了声誉。不像华佗，董奉在《后汉书》《三国志》等正史中并没有记载，他的故事见于很可疑的晋代葛洪编著的《神仙传》；也不像张仲景，董奉没有医学典籍留存于世，他的那些治病救人的法子就像庐山一样云遮雾罩。他靠的就是口碑。在口口相传的故事里，董奉成为一个"神"人，杏林成为一片圣地。

那天，我与当医生的妻子闲谈，说"建安三神医"很有意思：他们的行医范围不同，恰好也"三分天下"，华佗在魏，张仲景在蜀，董奉在吴；他们的学科不同，华佗擅长外科，张仲景精于内科，董奉不知道什么科；他们结局不同，华佗被曹操砍了头，张仲景大概是自然死亡，董奉"羽化登仙"了；他们的历史影响也不同，华佗进了中央档案馆，张仲景进了国家图书馆，董奉进了民间博物馆。最后，妻子的话很有深意，为老百姓做事，很寂寞，很

难，但也最有意义，最长久。

无论如何，董奉在庐山的传奇故事，既是对上古时代医家追求"工巧神圣"、强调德为尚、术为精思想的传承，又为后来倡导"大医精诚"、强调医德医技并重做出了方向性的指引，从而使得"杏林"成为中医药的符号，成为一种共同的价值认同，开拓了医学发展的新境界。杏林故事中的济世思想、献身精神、平等原则，以及人与自然和谐共存的生动画面，成为庐山百世不磨的风标，开拓了九江人文的新天地。

董奉无意中在庐山开创"杏林"品牌之后，许多中医药人物便与九江大有关系。

葛洪，自号抱朴子，晋代著名道士，他的著作《抱朴子》内外篇70卷、《神仙传》10卷等，对战国以来的神仙思想作了系统总结，使道教的神仙信仰理论化，对道教思想和古代化学做出了重要贡献。同时，他还是一个医家，他所著的《肘后备急方》4卷、《金匮药方》（又名《玉函方》）100卷（已佚）等，提出了"价廉、简便、灵验"的处方用药原则，为普通百姓乃至寒门贫家治疗疾病提供了可能，具有相当的进步意义，他还对天花、结核、狂犬病等免疫方法有研究，从而在医学、药物学、养生学上有重要贡献。前面说过，葛洪二十三四岁时，曾在长江流域漂泊，此时，他正开始立志著书立说，因而广搜典籍、潜心炼丹、研究药物、与人治病，因此，江州大地可算是他学习研究的课堂。桑乔《庐山纪事》说："洪井山在东古山观音岩西北隅，香炉峰之支也，相传葛洪真人炼丹处，其下有丹井。"

殷仲堪，东晋中后期的官僚、名士，晋孝武帝司马曜甚为倚重，视为股肱，曾任都督荆益宁三州军事、荆州刺史，又善谈玄，信奉道教。《晋书·殷仲堪传》说，其父患病多年，殷仲堪昼夜服侍，衣不解带，亲自学习医术，研究其精妙，手上沾有药物去擦眼泪，因此弄瞎了一只眼睛，以孝子而闻名，且"善取人情，病者自为诊脉分药"。《隋书·经籍志》子部医方类录有《殷荆州要方》一卷，已亡佚。陈舜俞《庐山记》载，殷仲堪到东林寺拜访慧远，两人在松林中谈《易》，殷仲堪言语滔滔，辩才甚好，慧远大师指着一汪清泉说："君之辩如此泉涌。"后世遂将这口泉水叫作聪明泉。《易》为医理之母，易医相通，看来殷仲堪于易和医都很精通。《世说新语》还记载："殷荆州曾问远公：《易》以何为体？答曰：《易》以感为体。殷曰：铜山西崩，灵钟东应，便是《易》耶？远公笑而不答。"

刘寄奴，南北朝刘宋政权的创始人，大名刘裕，小名寄奴。就是他，废除东晋恭帝司马德文，自立为帝，以刘宋取代东晋，实现了改朝换代。《南史·宋武帝本纪》讲了一个故事，说是刘裕年轻时在新州砍伐芦苇，见到一条数丈长的大蛇，刘裕张弓搭箭，射伤了大蛇。第二天，他再次到新洲，听到有捣药之声，一看，见到几个青衣童子，在灌木丛中忙乎着呢。刘裕问为谁捣药，童子说，我们的大王被刘寄奴射伤了，我们捣药给他敷治。刘裕说，你们大王是蛇，已经成精，为何不杀射箭之人？童子说，这个刘寄奴，将来要登大位，杀不得。刘裕说，我就是刘寄奴。于是童子一哄而散，刘裕收药而返。此后，在战争中，士兵遇到刀枪外伤，刘裕就把这种草药拿出来敷在伤口处，伤口很快愈合。这个故事听起来很耳熟，与刘邦斩白蛇的故事像极了，应该是刘裕为了神化自己而编造出来的。大蛇之说固是谬谈，但草药有效确有其事，中草药中有一味至今还叫刘寄奴，是一种菊科蒿属植物，野生于山坡、树林等较为阴凉的地方，药用全草，有疗伤止血、破血通经、消食化积、醒脾开胃的功效，被称为金疮要药，这是唯一以皇帝名字命名的中草药呢。新州在哪？有说就是桑落洲（今九江县江洲镇），是长江之中四面环水的一个洲岛，与浔阳城一水之隔。桑落洲的尾闾，是江分九派、于此合流处，叫九江口。

陆修静，南北朝刘宋时期的著名道士，道教史上的重要人物。他总括三洞，领袖群伦，为南朝新道教的勃兴奠定了基础，是一个宗教理论家和改革家。陆修静对医学也很精到，他早年云游四方，寻仙问药，元嘉末年，他到京师建康卖药，被皇室看中，召入宫闱，旋即来到庐山，在山南构筑简寂观，居7年之久。此间，他采药炼丹，撰写文章，啸傲松风，传经布道，成为九江文化的标志性人物。只不过，陆先生对道教的热情远胜过医学，因此，检他的一大堆著作目录，就是见不到一本医书。这一点不像他的再传弟子陶弘景。陶弘景被称为"儒冠道服僧人鞋"，36岁时栖遁茅山（今江苏句容茅山），著书立说，涉猎甚广，是一个百科全书式的人物，也是道教史上划时代的人物，在中国古代思想史上占有重要地位。陶弘景在医药养生方面也下了很大功夫，《本草经集注》《陶隐居本草》《名医别录》《效验施用药方》、增补葛洪《肘后百一方》《太清草木集要》等一系列著作，无可争辩地确定了陶弘景的医学地位。陶弘景是否在江州住过，没有确证，但他到过江州是确信无疑的。

释深师，亦称僧深，南朝宋齐之间的僧人，曾整理撰述晋时支法存等人

的旧方，以善治脚气病而有名。孙思邈《千金要方》卷7《风毒脚气》载："宋齐之间，有释门深师，师道人述法存等诸家旧方为三十卷，其脚弱一方近百余首。"又载"道人深师增损肾沥汤"，以黄芪、甘草、羊肾等入药，"治风虚劳损挟毒，脚弱疼痹或不随，下焦虚冷，胸中微有客热，心虚惊悸不得眠，食少失气味，日夜数过心烦，迫不得卧，小便不利，又时复下。湘东王至江州，王在岭南病悉如此，极困笃。余作此汤令服，即得力。病似此者，服无不瘥，随宜增损之方。"深师生平和行止不明，是为佛门名医，他的《深师方》30卷已佚，其方散见于《外台秘要》等医著中。

九江太守。隋唐甄权的《古今录验方》中有一个方子叫"九江太守独活散"，以独活、白术、防风、细辛、人参、干姜、蜀天雄、桂心、栝楼等入药，主治风眩厥逆、身体疼痛等。孙思邈《千金翼方》中也载有一个方子，叫"九江太守散"，以知母、人参、茯苓、蜀椒、栝楼、防风、白术、泽泻、干姜、附子、桂心、细辛入药，主治男子五劳七伤，妇人产后余疾，五脏六腑诸风。这两个方子所指九江太守是谁，什么时候的事情，两个方子间有什么关系？《古今录验方》和《千金翼方》都没有明说，算是一笔糊涂账。

说了这么些，我们来看白居易。

白居易现存诗中大约有100首涉及医药，在江州，有20多首跟疾病和医药有关，让我们看看这些诗文，都记载了哪些疾病？

白居易有"身病"。身病是指生理性或器质性疾患，像眼昏、肺病、衰老等等。有时候，人的灵魂受困于肉体，不管你是天潢贵胄，还是聪明透顶，哪怕一个牙痛，也叫你深感无奈。白居易的眼昏，是很早的事。《与元九书》说："二十已来，昼课赋，夜课书，间又课诗，不遑寝息矣。以至于口舌成疮，手肘成胝，既壮而肤革不丰盈，未老而齿发早衰白，瞥瞥然如飞蝇垂珠在眸子中也，动以万数。"古代文人，因应科举，不得不阅读大量典籍，因此，像白居易这样有眼疾的大有人在，譬如杜甫、韩愈、权德舆、皮日休、李商隐等等。唐时没有眼镜矫正视力，因此有眼疾者确实难受。但我们也看到，白居易对自己的眼病有夸大之处，证据是他的诗《登香炉峰顶》，登上庐山北香炉峰，尚能看到"江水细如绳，溢城小于掌"，说明眼神不至于那么不济。

肺病当是大病，如果弄个肺结核，身子病怏怏的如林黛玉模样，岂不遭罪！但要知道，古人对肺病的认识过于宽泛，如感冒、上呼吸道感染之类都叫作肺病。元和十二年（817）夏天，白居易确实病了，而且病了蛮长时间，

起病原因估计是感风寒。这年夏天，白居易先有建昌之行，前面说过，很可能是到石门山去拜谒洪州禅创始人马祖道一的陵墓。浔阳城到石门山来回600里，为躲暑热，一路上晓起昼伏，很是辛苦。后又登北香炉峰，遇雨而返。身体疲劳，加上登山身热，淋雨着凉，很容易生病。病症无外乎是畏冷畏热，咳嗽流涕，胸闷气逼，所以认为是肺病。这场病时好时坏，迁延时日，可能一直到秋凉时才痊愈，因此有《闲意》中的"病停夜食闲如社，慵拥朝裘暖似春"。这年冬天，白居易又生病，直到翌年春天才好利索，于是写诗《病起》："病不出门无限时，今朝强出与谁期。经年不上江楼醉，劳动春风飏酒旗。"

衰老本不是病，由衰老引起的白发、落发、消瘦、力软都不是病。白居易在九江，一直把衰老挂在嘴边，诗文中充斥着衰老字样，现在的问题是，他真有那么衰老么？要知道，他到江州时才44岁，按现在的标准，应该是正当年，就是在唐代也还是壮年时期。他曾经登大林寺，至少三次登北香炉峰，游遍山南山北，城里城外，石门山来回600里也走过，兴头大得很，劲头足得很，哪来的什么衰老！他的《与杨虞卿书》透出了真实的一面："除旧目疾外，虽不甚健，亦幸无急病矣。"不算白发、消瘦，外加偶然生一两场病，他身体的基调还是好的，虽不算强健，但不至于羸弱，正像他自己在《白云期，黄石岩下作》中所说："见酒兴犹在，登山力未衰。"既然未老又未衰，白居易为何一再自己为自己唱衰呢？这就涉及他的另一种病，也就是心病。

心病是各类心理疾患的总称。中医认为，人的情志变化有喜、怒、忧、思、悲、恐、惊等七种，叫作"七情"，又认为悲与忧、恐与惊性质相似，归纳合并后形成喜、怒、忧、思、恐等五种，称为"五志"，五志与心、肝、肺、脾、肾等五脏有密切关系，人的情志活动是五脏精气所化生，过度的情志活动势必对人体的五脏精气造成影响和损伤，所谓怒则气上、喜则气涣、悲则气消、思则气结、惊则气乱是也，被称为"七情内伤"，外在表现就是各种各样的心理疾患甚至生理疾病。

文人士大夫有什么样的心病？比白居易年长、担任过江州刺史的窦常说得明白："马羸三径外，人病四愁中。"人之心病，病在四愁。四愁，来自东汉大科学家、文学家张衡，他有《四愁诗》：

我所思兮在太山，欲往从之梁父艰。

侧身东望涕沾翰。

美人赠我金错刀，何以报之英琼瑶？
路远莫致倚逍遥，何为怀忧心烦劳？

我所思兮在桂林，欲往从之湘水深。
侧身南望涕沾襟。
美人赠我金琅玕，何以报之双玉盘？
路远莫致倚惆怅，何为怀忧心烦伤？

我所思兮在汉阳，欲往从之陇阪长。
侧身西望涕沾裳。
美人赠我貂襜褕，何以报之明月珠？
路远莫致倚踟蹰，何为怀忧心烦纡？

我所思兮在雁门，欲往从之雪纷纷。
侧身北望涕沾巾。
美人赠我锦绣段，何以报之青玉案？
路远莫致倚增叹，何为怀忧心烦惋？

　　萧统《文选》收《四愁诗》，写序，称张衡看到"天下渐弊，郁郁不得志，为四愁诗。屈原以美人为君子，以珍宝为仁义，以水深雪雾为小人，思以道术相报，贻于时君，而惧谗邪不得以通"。就是说，别看张衡满纸写的都是美人，风流婉转，情思旖旎，可事实上，他是用比兴手法抒写自己伤时忧世的苦闷。细细读来，其泰山之有梁父小山之隔，桂林之有湘水之阻，汉阳郡（今甘肃省甘谷县东，西汉称天水郡）之有路途之遥，雁门之有雨雪之险，东南西北有忧，春夏秋冬含恨，不正是君臣疏离、内部纷乱、亲人阻隔、外族威胁的象征与写照么？有这么多值得发愁的事情，怎能不成病呢？

　　说了"四愁"，不得不再花点时间说"五噫"，因为很多时候，"四愁"与"五噫"相提并论。"举案齐眉"的故事大家都听说过吧？那是两汉之交梁鸿和孟光夫妻俩相敬如宾的事迹。梁鸿与人为佣，其妻每次准备饭菜，都将盛放食物的托盘举得和眉骨一样高，妻子对丈夫这样恭敬，不由不叫当今男士"羡慕嫉妒恨"。知道身为佣人的梁鸿为何有如此高的待遇么？说来就是"五噫"的结果。梁鸿出身太学，博览群书，很有才华，但对官场不热衷，对高

门大户不巴结，对矫揉造作的美人也不感兴趣，挑来挑去，看中了肥丑而黑、年已三十、已经是"剩女"的孟光，而且是真心实意地喜欢她，当然，不用说，孟光自有其闪光的优点，她很贤惠，也很有见地。他们在霸陵山中，男耕女织，"咏诗书，弹琴以自娱。"后来，他们出函谷，路过东汉京城洛阳，梁鸿有感而发，作《五噫歌》：

> 陟彼北芒兮，噫！
>
> 顾览帝京兮，噫！
>
> 宫室崔嵬兮，噫！
>
> 人之劬劳兮，噫！
>
> 辽辽未央兮，噫！

意思是：我登上高高的北邙山，噫，俯瞰偌大的帝都，噫，见到宫殿巍峨豪宅如云，噫，想到百姓的劳苦与血汗，噫，这种情形遥远漫长永无止境，噫！

听听，当看到帝都如此排场，如此气派，不说加以颂扬，加以赞美，反而一噫再噫，好像一言难尽、欲言又止、满腹忧愤、无限悲痛，你什么意思？果然，汉章帝听到后极不高兴，派人捉拿，梁鸿只得改名换姓，一再逃匿，偌大才子，以致为佣。举案齐眉，貌似是一个轻飘飘的风流故事，而有了《五噫歌》，梁鸿的生命就有了重量，灵魂就有了分量，人格就有了力量。

在江州，白居易正被"四愁"所笼罩，同时对"五噫"也深有同感。小人构陷，远离帝京；朋友星散，亲人分离；悍藩作乱，边境不靖；人民苦难，徭役无穷，不正是他眼下痛彻肺腑的四愁么？"帝乡远于日，美人高在天。""乡国程程远，亲朋处处辞。""是年淮寇起，处处兴兵革。""吏征渔户税，人纳火田租。"有这么多值得忧愁的事，又怎么不"唯残病与老，一步不相离"？家国不幸，人生多艰，内心忧闷者，虽然少不了日常生活的烦恼，但并非柴米油盐等鸡毛蒜皮，并非食色性也等细枝末节，而是一种超越个人而关怀苍生、超越眼前而胸怀天下的人生境界，于是乎，在《与元九书》中针对两晋、刘宋时代诗歌的社会批判性不强，白居易发出慨叹："如梁鸿《五噫》之例者，百无一二焉。"

白居易是一个异常敏感的诗人，在被贬江州、生命沉沦之际，孤独、屈辱、悲伤和近乎绝望的苦闷，使得精神遭受无与伦比的重创，而不算强健的体质愈加加深了其对时光推移、万物凋零的伤感。被打倒、遭贬谪，打破了

生活的宁静和内心的平衡，颠倒了人生价值和精神信仰，是一种最沉重和最深刻的生命体验，被下放、流千里，由身在京城、论政议事、意气风发到身居僻远、无所事事、寂寞苦闷，改变了生命形态和生活规律，与少年时遍历山川、走南闯北有根本的不同，是一种被动的、无可奈何的人生跌落，因此，愁苦和衰老势必要携起手来，心病和身病势必会共同显现，难怪白居易说："应是烦恼多，心焦血不足。""旧病重因年老发，新愁多是夜长来。"苏东坡讲："常以谓人之至乐，莫若身无病而心无忧。"而眼下白居易是既有病又有忧，叫人如何"乐"得起来？

还有一件事不得不提，那就是元和十二年（817），兄长白幼文去世，对白居易打击很大。白幼文生年不详，从白居易诗文来看，大约比他大三四岁。元和十一年（816）夏天，白幼文曾带领同宗"孤小弟妹六七人"自徐州到江州，投奔白居易，翌年春回到渭南下邽，闰五月去世，虚岁才50岁。不到半百，撒手人寰，叫生者如何不哀痛？更何况，由于身不自由，白居易没能回家给兄长送终。他们还有一个小弟弟白幼美，乳名金刚奴，早年夭折，年仅9岁。亲人的早逝，更加重了白居易对自己家族和家庭体质的担忧，加重了对自身变化和生命流程的关注，加重了对时序变化和生命流逝的焦虑。

被贬江州，白居易处于生命沉沦的低谷。政治上的打击，身体上的病痛，亲人的离去，自会产生一种地老天荒无所归属的大真实与大虚幻，一种心神俱疲无可把握的大寂寞与大痛苦，一种生死难料天意无常的大孤独与大悲哀，在这样的时间和空间，灵魂需要透气，愤懑需要宣泄，情感需要表达。诗人的才气，拯救了自己。于是我们看到，在九江，白居易创作了大量作品，其中贫、病、衰、老、愁、苦等字眼充斥其中，这些具有深沉悲伤意绪和强烈孤愤情怀的诗歌，与元和年间韩愈、柳宗元、刘禹锡、元稹等诗人一道构成了饱含悲剧艺术特征、有独特历史价值的元和贬谪文学大潮，其中最为杰出者之一，便是《琵琶行》。

久病成良医。白居易身体不算强健，自然寻医问药。江州是医学祖林，在这里岂能讳疾忌医？《寻王道士药堂，因有题赠》："行行觅路缘松峤，步步寻花到杏坛。"显然，他对董奉亦医亦仙的故事是熟悉的，诗中，以董奉的杏林比拟王道士住处。他的关于药的诗文也不少，譬如《东南行一百韵》："沉冥消意气，穷饿耗肌肤。防瘴和残药，迎寒补旧襦。"《秋晚》："莱妻卧病月明时，不捣寒衣空捣药。"《山居》："朝餐唯药菜，夜伴只纱灯。"《重题》："药

圃茶园为产业，野麋林鹤是交游。"他还写了一首《十二年冬江西温暖，喜元八寄金石稜到，因题此诗》："今冬腊候不严凝，暖雾温风气上腾。山脚崦中才有雪，江流慢处亦无冰。欲将何药防春瘴，只有元家金石稜。"友人元宗简寄来金石稜（"稜""凌"通用），白居易很高兴，准备第二年预防春天的瘴气所用。据孙思邈《千金翼方》卷18《杂病上·压热第六》："金石凌，主服金石热发，医所不制，服之立愈方。上朴硝一斤，上芒硝一斤，石膏四两，凝水石二两。右四味，熟沸水五升渍朴硝、芒硝令消，澄一宿，旦取澄消安铜器中，粗捣寒水石、石膏纳其中，仍纳金五两，微火煎之，频以箸头柱看，著箸成凌云，泻置铜器中，留著水盆中凝一宿，皆成凌，停三日以上，皆干也。若热病及石发，皆以蜜水和服半鸡子大。"看来金石稜是一种药散，但与五石散不同，前者清热解毒，后者服后发热，正好相生相克，金石稜能治疗服用五石散后引发的全身发热症状，也能预防瘴气，古人认为是补品和预防药，有时候，皇帝还将金石稜作为礼物恩赐给大臣，以示优眷，元稹就有《为令狐相国谢赐金石凌红雪状》。

　　心病还须心药医。白居易的身病在九江期间并无大碍，主要还是心病。白居易的过人之处就是并未沉湎其愁苦之中而不能自拔，而是乐天知命，知足守分，努力排解自己的痛苦，走向超越。他瓣香渊明，"每逢姓陶人，使我心依然"；浪迹老庄，"药炉有火丹应伏，云碓无人水自舂"；栖心释梵，"中心一调伏，外累尽空虚"；寄情山水，"其喜山水，病癖如此"，他还赏妓、听乐、饮酒、喝茶、弹琴、下棋、钓鱼等等，不一而足，看他写的《咏怀》："冉牛与颜渊，卞和与马迁。或罹天六极，或被人刑残。顾我信为幸，百骸且完全。五十不为天，吾今欠数年。知分心自足，委顺身常安。故虽穷退日，而无戚戚颜。昔有荣先生，从事于其间。今我不量力，举心欲攀援。穷通不由己，欢戚不由天。命即无奈何，心可使泰然。且务由己者，省躬谅非难。勿问由天者，天高难与言。"

　　"若问乐天忧病否？乐天知命了无忧。"这是白居易68岁时，在洛阳写《病中诗》15首中《枕上作》的句子。那个时候，他真的病了——《病中诗序》说："始得风痹之疾，体瘆目眩，左足不支，盖老病相乘时而至耳。"《病中五绝》自注："今予始病，得非幸乎！"——但他并不想向命运低头，他借自己的字号"乐天"开起了自己的玩笑，表现了一种参透世事、了无悲喜的人生境界。我们看他的一生，无论早期意气风发，除弊图强，写下讽喻诗与

《长恨歌》，还是在江州沉潜苦闷，不断挣扎，写下《琵琶行》《与元九书》《草堂记》，还是杭州、苏州、洛阳期间，云卷云舒，诗酒年华，他都努力把病痛、不幸踩在脚下，把洒落、达观升华于胸，这样一种既要生命的长度，也要生命的宽度，既要生活的数量，也要生活的质量的态度与方法，为后人留下了一个良好的范本。

在元和五大诗人中，白居易以瘦弱之身活到了 75 岁，为最长寿者。后人多说与其达观的性格、积极的养生、众多的爱好分不开，与其热爱生活又知足常乐分不开。他自己也总结："余早栖心释梵，浪迹老庄，因疾观身，果有所得。何则？外形骸而内忘忧患，先禅观而后顺医治。""虽贫眼下无妨乐，纵病心中不与愁。"这些都可作为线索和依据。但我以为，较之于韩愈等人，白居易有两点算是幸运，一是贬谪地在江州，二是贬谪时间不算长。韩愈被贬连州阳山、潮州，贬谪期加起来 6 年，柳宗元被贬永州、柳州，15 年沉沦不偶，死于贬所，刘禹锡被贬朗州、连州、夔州、和州，23 年被逐，元稹被贬江陵、唐州、通州、虢州，10 年流离，而白居易到了江州，贬谪时间把忠州也算上，加起来头尾 6 年。连州等地比江州更加荒远，柳宗元等被贬时间更长。艰苦的环境、恶劣的气候，直接威胁着人的健康，而长时间被打倒、被囚禁的感觉，折磨着人的心身，韩愈等人身体受到了极大的摧残，寿考怎会长得了？

江州对于白居易算是一个福地。虽然白居易多次说到九江的"荒远"与"炎瘴"："面瘦头斑四十四，远谪江州为郡吏。""荒凉满庭草，偃亚侵檐竹。""烟尘三川上，炎瘴九江边。""九江地卑湿，四月天炎燠。"那是诗人的语言。在《与微之书》这封信中，他还是老老实实地说："江州风候稍凉，地少瘴疠，乃至蛇虺蚊蚋，虽有甚稀。溢鱼颇肥，江酒极美。其余食物，多类北地。"气候好，物产丰，加上陶渊明、陆修静、慧远、马祖道一、谢灵运、宗炳、桓伊、董奉等给他以远古的关怀，琵琶女、溢水酒、云雾茶、寺庙道观、云水泉石、松竹花草等给他以当下的安慰，再加上"外形骸而内忘忧患"的修身养性思想，"知足保和，吟玩情性"的生活方式，于是，比起韩愈等人来，白居易的痛苦淡化得要快一些，对身心的摧残要小一些，他自己说："仆自到九江，已涉三载。形骸且健，方寸甚安。下至家人，幸皆无恙。"这是给朋友报平安说的宽慰的话，但我们不能不承认他说的也是实情。

论者多说白居易在江州，是由兼济走向独善的一个转折，这当然是从思

想方面去分析的，另一方面，白居易被贬江州，这样的一次人生跌落，一种人格的蹂躏和自由的扼杀，一种沉重的忧患和剧烈的打击，使得他更加看清专制主义的凌厉和威烈，更加看清世道的污浊和人性的丑恶，更加看清仅凭善良和正直难以立足的现实，从而不得不将敢于用事、踔厉风发的心性稍作收敛，不得不将强烈的社会责任感和道德使命感稍作调整，从这一点来讲，江州也是一个转折，令人啼笑皆非的是，这一转折对身体可能还有益无害，有助于健康和长寿。

奇怪的是，体质不强、然而有才，身体瘦弱、然而长寿的白居易，居然在个人形象方面也成了标志性人物。英雄美女与才子佳人，是公认的两种最佳搭配，也是少男少女追求的梦想。英雄美女流行于唐代和唐前，才子佳人则时髦于宋代及其之后。初唐和盛唐，崇尚的是强壮如山、一身肌肉的关西大汉，以及丰腴肥润、雍容华贵的丰满女人，而到了宋代，气质优雅、身材纤弱的书生，瘦弱骨立、气质如兰的美人，则成为大众心仪的对象。形象变化如此之大，不能不说"时尚"这玩意儿叫你永远搞不懂。有说宋代国力屡弱，外患压迫甚重，士人心理内缩，以致审美发生变化，情趣趋向细微，所以文弱书生、骨感美人受到人们的宠爱，这一过程有什么样的心理学、生物学基础，有什么样的社会学、历史学意义，又有什么样的文学、美学价值，还有什么样的医学、养生含义，我们在此不作探讨和评论。我们看到的是，与屈原、贾谊、杜甫不同，在宋代，白居易被文人乃至社会全面接受，不仅仅包括白居易的思想意识、诗学理趣、生存方式和闲情逸致，也包括他那瘦弱的身躯、坚韧的生命和能屈能伸的灵魂。

白居易的遭际与长寿给了我们以启示：在对待功名上，尽人事、听天命，"苏格拉底说年轻人应该学知识，成年人应力争有所作为，老年人应退出一切军民事务，按照自己的意愿生活。"在遭受打击时，要坚强、忍耐，"尺蠖之屈，以求信也；龙蛇之蛰，以存身也。"在生命沉沦时，要看开、想通，"莫听穿林打叶声，何妨吟啸且徐行。竹杖芒鞋轻胜马，谁怕，一蓑烟雨任平生。"在情趣爱好上，要有积极的心态，生活的热情，"总得时时寻一两个值得研究的问题""总得多发展一点非职业的兴趣""总得有一点信心。"在欲念上，适可而止，适性开怀，不一定最好，不要求第一，"傲不可长，欲不可纵，志不可满，乐不可极。"在生活上，要尽可能简单，追求轻松、健康、快乐，而不是高屋宝马、华服美食，"幸福不是房子有多大，而是房里的笑声有多甜。"

"人生的行囊里，少背一点，会走得更久。""在不断流失的时间里走过，平和地告诉自己，风雨彩虹，经历过，花开花落，珍惜过。"在养生上，有病则治，无病则防，不贪吃，不乱补，"但减荤血味，稍结清净缘。"在对待人生最大的问题——生和死上，达观，平和，"未归且住亦不恶，饥餐乐饮安稳眠。死生无可无不可，达哉达哉白乐天。"

了脱生死，风流超然，人生境界到此全出，要做到这一点，能有几人？

友人杨巨源写了一首《寄江州白司马》，问候和安慰白居易，我们用来结束这一节：

> 江州司马平安否，惠远东林住得无？
>
> 湓浦曾闻似衣带，庐峰见说胜香炉。
>
> 题诗岁晏离鸿断，望阙天遥病鹤孤。
>
> 莫谩拘牵雨花社，青云依旧是前途。

注释：

(1)孙菊园《唐代文人和妓女的交往及其与诗歌的关系》，载《文学遗产》，1989.3。

(2)《全唐诗》卷802将《燕子楼三首》系于关盼盼名下。在人物简介中，将关盼盼说成"徐州妓也，张建封纳之"。张建封系张愔之父，早有人辨明关盼盼系张愔之歌妓，《全唐诗》误甚。而据白居易《燕子楼三首并序》云"司勋员外郎张仲素绩之访予，因咏新诗，有燕子楼三首，词甚婉丽。诘其由，为盼盼作也""予爱绩之新咏，感彭城旧游，因同其题作三绝句"。《燕子楼三首》显系张仲素（字绩之）所作。参见朱金城《白居易集笺校》卷15《燕子楼三首》之《笺》。所谓"不食而卒"、《和白公诗》《句》等亦见《全唐诗》。参见清张宗泰《质疑删存》卷下《辨白乐天无赠盼盼诗讽以死事盼盼所答诗亦出附会说》。

(3)可能有人会说，元和十年（815），白居易和元稹还写过艳曲。见白居易《与元九书》：如今年春游城南时，与足下马上相戏，因各诵新艳小律，不杂他篇。自皇子陂归昭国里，迭吟递唱，不绝声者二十里余。樊、李在旁，无所措口。元稹《为乐天自勘诗集，因思顷年城南醉归，马上递唱艳曲，十余里不绝……》。按：白居易、元稹所谓"新艳小律""艳曲"，很可能是现今留存的白居易《重到城七绝句》以及元稹的四首和诗。这些作品，是白、元经历一段时间离别后再次相聚时的感叹和相互劝慰，题材既不艳冶，辞藻也不艳丽。艳词，本指配合艳曲的诗歌，与艳情无关。艳曲，华丽婉转的抒情曲调，乐体短小。

(4)关于陈结之的来、去时间，本人曾经迷惑。朱金城笺《结之》诗写于太和六年（832），诗中"共过十年中"，前推10年，陈结之来白家为长庆二年（822），太和六年（832）离

开。但这一时间与太和八年（834）所作《杨柳枝二十韵》中"小妓携桃叶"、开成四年（839）所作《感旧石上字》中"十五年前陈结之"不合，故《结之》诗应作于太和八年（834），这样一来，时序均合。结之应该是长庆四年（824）白居易尚在杭州时来到白家（《柘枝妓》："红蜡烛移桃叶起"），太和八年（834）晚些时候离开。

（5）分别见王汝弼选注《白居易选集》之《前言》，上海古籍出版社，1980年10月第1版；钟叔河《忆妓与忆民》，载1996年8月3日《文汇读书周报》"书人茶话"栏；舒芜《流氓诗人白居易——伟大背后的另一面》，载《老年健康》2006年第11期"闲话"栏。

（6）桃叶、樊素、小蛮来到白居易身边的时间和年龄：长庆四年（824），白居易53岁，陈结之约13岁；太和三年（829），白58岁，樊素约13岁；太和七年（833），白62岁，小蛮约13岁。樊、蛮来历见下节。

（7）陕西历史博物馆的唐三彩陶俑甚多，可惜没有一一命名，也没有编号。我所说是头梳单垂髻，垂髻在脑门正中，右肩披明黄色（朱红色）披巾，微微举目上仰，两手拱举胸前的那一尊。那一天，我凝视着那青春、生动的脸庞，仿佛进入了时光隧道，仿佛隔空对话，灵魂出窍，久久不愿离开。奇怪的是，在巴黎卢浮宫，当我见到《蒙娜丽莎》时没有这种感觉。也许是《蒙娜丽莎》前观众太多？也许是中西文化在灵魂深处还有那么一点点相"隔"？一笑。

（8）据考，屈原第二次被流放的路径是从郢都（楚国的都城，在今湖北省荆州市西北纪南城）出发，沿着长江、夏水向东南方向流亡，经夏浦（夏口，今湖北汉口），最后到达陵阳（今安徽省青阳县陵阳镇），在此待了九年。后再溯江而返程，过鄂渚（今湖北武昌）、入洞庭，至辰阳、溆浦，不久复下沅水入洞庭，渡湘水而达汨罗。屈原东迁和西返，必经彭蠡之滨、庐山之麓。忽发狂想：屈原《哀郢》"登大坟以远望兮，聊以舒吾忧心"中的"大坟"，似乎正是庐山。由洞庭，经夏浦，再到庐山，与东迁路径相合，且沿途只有庐山为雄伟高大者。"当陵阳之焉至兮，淼南渡之焉如"中的"南渡"，似乎正是古彭蠡泽或古九江。从"当陵阳"句始，是身处陵阳由近及远思念故乡郢都，先"淼南渡"，再"江与夏之不可涉"，也近情理。坟：高地。

（9）这则故事见于《晋书·孟嘉传》，还见于陶渊明《晋故征西大将军长史孟府君传》《世说新语·识鉴》中刘孝标的注。孟嘉是陶侃的女婿，当过庾亮、桓温的从属。孟嘉的四女，即陶渊明的母亲。征西大将军即桓温，桓玄之父。

（10）白居易家庭歌舞班子成员，是一个动态过程。大约樊素时间最长，前后一贯，而罗敷、菱、谷、紫、红等，来来去去，小蛮晚到，但也留时较长。至开成四年（839）外放时，仅樊、蛮而已。写于开成三年（838）的《天寒晚起引酌咏怀寄许州王尚书汝州李常侍》中"四海故交唯许汝，十年贫健是樊蛮"，显系约数，算来樊在白家9年，蛮5年，樊蛮同说，十年可也。前一句也系诗人语言，时元稹已逝，但李绅、刘禹锡等尚健在。

(11) 柳公权，唐代大书法家。柳公权与庐山亦有渊源。大中三年（849）前后，崔黯任江州刺史，个人出钱并寻得缙绅相助，修复会昌法难中被毁的东林寺，作《复东林寺碑》（见《全唐文》卷757），并请柳公权书丹。崔黯的文辞，柳公权的书法，是为双绝。清初，碑损为多块。康有为上书碰壁后，来到庐山，在厨下得见残碑。现存于东林寺，是为庐山金石最古者。

(12)《南史》卷75特意为"渔父"立传，而且这位渔父与九江大有关系。《南史·渔父传》：渔父者，不知姓名，亦不知何许人也。（南朝刘宋明帝期间）孙缅为寻阳太守，落日逍遥渚际，见一轻舟凌波隐显。俄而渔父至，神韵潇洒，垂纶长啸，缅甚异之……谓曰："窃观先生有道者也，终朝鼓枻，良亦劳止。吾闻黄金白璧，重利也，驷马高盖，荣势也。今方王道文明，守在海外，隐鳞之士，靡然向风。子胡不赞缉熙之美，何晦用其若是也？"渔父曰："仆山海狂人，不达世务，未辨贱贫，无论荣贵。"乃歌曰："竹竿籊籊，河水浟浟。相忘为乐，贪饵吞钩。非夷非惠，聊以忘忧。"于是悠然鼓棹而去。按：屈原相会之渔父，与此渔父，异曲同工；孙缅"王道文明"与檀道济"文明之世"，亦堪比照。

(13)崔楼建于何处？不详。有人据白居易《题崔使君新楼》中"从此浔阳风月夜，崔公楼替庾公楼"之句，说崔楼建于庾楼旧址。此说不通。庾楼通常认为建在今庾亮北路的江边，人称庾楼矶的地方，而据白诗"碧甃红栏溢水头"可知，崔楼建在龙开河口（溢水头），根本不在同一个地方。再者，假如庾楼坍塌或毁损，在江州是一件大事，白居易等人不可能不记载。

(14)《水浒传》中，与九江有关的章回有第37回"没遮拦追赶及时雨，船火儿大闹浔阳江"、第38回"及时雨会神行太保，黑旋风斗浪里白条"、第39回"浔阳楼宋江吟反诗，梁山泊戴宗传假信"、第40回"梁山泊好汉劫法场，白龙庙英雄小聚义"等。

(15)鲁迅《且介亭杂文·病后杂谈之余》：清朝的考据家有人说过，"明人好刻古书而古书亡"，因为他们妄行校改。我以为这以后，则清人纂修《四库全书》而古书亡，因为他们变乱旧式，删改原文；今人标点古书而古书亡，因为他们乱点一通，佛头着粪：这是古书的水火兵虫以外的三大厄。

(16)康王谷的命名有多种说法。民国吴宗慈《庐山志》认为康王是匡阳或康阳的讹音，匡阳，即匡山之阳。宋代为避赵匡胤讳，将匡庐称为康庐。

(17)据新华网报道，2010年6月3日，北京保利春拍，黄庭坚书法作品《砥柱铭》最终落槌3.9亿元，加上12%的佣金，总成交价高达4.368亿元，这一价格创下了中国艺术品拍卖成交价格的世界新纪录。按：《砥柱铭》是否为黄庭坚真迹，有不少争论。此番落槌，如此天价，自有黄庭坚书法艺术高超之处，但亦有恶意炒作之嫌，联想到黄庭坚晚年在宜州（今广西宜州）贫病交加，甚至到了无钱买米、靠借债度日的光景，不由叫人一大恸。想春拍现场，多少人油头粉面、大腹便便，槌声落处，多少人眼睛放光、脑门

发亮，此时此刻，想必大家的心思都在价格上，又有几人想到作品价值？当然，更不会有人想到黄庭坚的人生沉浮、喜怒哀乐。

⒅据《新唐书》，正常病逝者寿考（虚岁）：韩愈57岁，刘禹锡72岁，柳宗元47岁，元稹53岁，李绅75岁，孟郊64岁，陆贽52岁，李吉甫57岁，李渤59岁，裴度76岁，李逢吉78岁，牛僧孺69岁，李德裕63岁。

⒆杏林在何处？有两种说法：一说在山南，般若峰下，醉石之东，原有董奉馆（董真人坛）；一说在山北，双剑峰下，龙门之西，原有太乙宫。董奉馆与太乙宫均为祀董奉之所。董奉事迹看似缥缈，实则与"神仙"不同，史上应有其人其事，若此，则以山南杏林稍得近似。三国期间，湓城（今九江市区）尚未大规模开发，山北一带，尚觉荒凉，而柴桑县（治所在今九江县马回岭镇马头村）与宫亭湖（今庐山市城东）之间，实为官道，人员往来密集，山南杏林正处于柴桑县与宫亭湖之间，在此治病救人，合乎逻辑。

人 间 有 情

让我们进一步把白居易还原成"人"，从朋友交往、婚恋生活、兄弟之谊以及诗歌传承等方面，一窥诗人内心丰富的感情世界，从中感知友谊、爱情、家庭、前人给予的温暖和安慰，进一步揭示其积极用世的力量源泉、击而不垮的支撑所在以及走向超越的心灵依托。

友 情

> 残灯无焰影憧憧，此夕闻君谪九江。
>
> 垂死病中惊坐起，暗风吹雨入寒窗。

这是元稹写的《闻乐天授江州司马》，是一首情景交融、形神俱肖、含蓄不尽、富有包孕的诗。残灯将灭，阴影摇曳，烘托出自己所处的夜境、病境和愁境，此夜，突然得知好友白居易被贬江州，陡然心惊，挣扎坐起，只听见厉风吹门，只看见寒雨飘窗。这样一首刻骨铭心且又含蓄隽永的诗，充分表现了元稹和白居易的伟大友谊。

白居易一生交友甚众，如张籍、唐衢、王建、李绛、韩愈、崔群、萧祐、李绅、李建、庾敬休、崔玄亮、王起、杜元颖、元宗简、牛僧孺、樊宗师、杨汝士、杨虞卿、李景俭、崔韶、韦处厚、窦巩、李翱、吴丹、令狐楚、李程、舒元舆等，后期与刘禹锡、裴度等交往甚密，但终其一生，最要好、最亲密的朋友，非元稹莫属。

前面已经说过，在江州，白居易写了一封长信《与元九书》，是白居易最

重要的作品之一。这样一封有身世之慨、爱惜羽毛，且又论诗歌大旨、表明心迹的信，是写给当时身在通州的元稹的。江州和通州之间的信件往来、诗歌唱和，是白居易与元稹友谊体现得最充分的时期，也是两人互相安慰、彼此支撑最关键的时期。

在叙述江州和通州来往赠答之前，让我们先回过头来，说说元稹和白居易结识、相交的情况。

元稹（779～831），字微之，河南洛阳人。生于长安，8 岁时父亲去世，家庭贫困，随母刻苦自学，15 岁明经及第。贞元十八年（802）冬，参加吏部科目选，元稹、白居易、崔玄亮等 8 人及第，翌年春，与白居易同授校书郎，自此，他们两人开始了长达几十年的金石之交。

"在尚未谋面之前，就因为听别人谈起过对方，我们就开始互相寻觅，就超越常理地互相产生了好感。我觉得这是一种天命，我们是通过名字互相拥抱的。一次偶然的机会，在某次市政重大的节日上，我们邂逅一见如故，相见恨晚，从此，再也没有人比我们更接近的了。"这是法国作家蒙田描绘他与拉博埃西交往的一段话，看得出，蒙田与拉博埃西有着深厚的友谊。蒙田的这一描绘也恰适合白居易和元稹。元稹比白居易小 7 岁，他们订交时，白居易 32 岁，元稹 25 岁，虽然这个时候，已不是青涩少年，略略过了所谓交友的最佳年龄，但他们像蒙田和拉博埃西一样，肯定也听别人谈起过对方，听说过对方的故事，知道对方的才华，因此一旦相识，便互相吸引，互相倾慕，从而一见如故，情同手足。

说起来元稹也是一个天才少年，16 岁时，写了一首《代曲江老人百韵》，诗中描写了开元、天宝年间社会的空前繁荣，反映了安史之乱给国家带来的衰败和给人民带来的苦难，揭示了这一切的根源在于统治者的荒淫无度与穷奢极欲。这首长诗感时抚事，吟咏成篇，洋洋洒洒，合辙押韵，显示了作者写事用典、驾驭文字的功力，更体现了诗人的政治责任感和社会观察力。16 岁的年龄，在当今，还在父母怀里撒娇呢，以这样的年龄，有这样的卓识，说明元稹不是一般人。

元稹的才华还体现在小说的创作上。贞元十八年（802）九月，元稹创作了传奇《莺莺传》，与此同时，李绅写诗《莺莺歌》。《莺莺传》说的是张生在红娘的帮助下，与崔莺莺相爱，而后又负心背弃，是一个爱情悲剧故事。"元稹调动史才、诗笔、议论等多种艺术手法，集叙事、议论、诗歌、书信于一

篇之中,将这个故事有声有色地加以描写与表述,'著文章之美,传要妙之情',塑造了张生与崔莺莺这样两个在中国古典文学长廊中光辉夺目、光彩照人的艺术形象。"《莺莺传》在当时的文坛即产生不小的影响,后经金代董解元《西厢记诸宫调》、元代王实甫《西厢记》等加工演绎,成为中国文学史上的一朵奇葩。张生是否就是元稹自己,如果不是,哪又是谁?这样一个不是问题的"问题",千百年来,引得人们聚讼纷纭,热闹非凡,好像只有后世的长篇巨著《红楼梦》才能与之比肩。能把一个杜撰的故事讲得绘声绘色,能把一个虚构的人物写得有鼻子有眼,使得多少文学史家、文学评论家,还有真正的历史学家都忙于考证,呕心沥血,可还是剪不断理还乱,引得历朝历代有关西厢的随笔、论文、专著车载斗量,早超过原文字数不知道多少倍,可还是雾里看花水中望月,这样一种现象,本身就是传奇,就说明作者有才。

有才不是为了一味逞才,而是为了报效国家,当然,也追求个人的声名地位。我们来看元稹授校书郎后,也即元、白订交后的一些重要活动。

贞元末,元、白二人"同登科后心相合,初得官时髭未生""所合在方寸,心源无异端",年轻就有资本,加上性相近,话投机,从而过了一段"肺腑都无隔,形骸两不羁"的诗酒风流生活。白居易后来在《代书诗一百韵寄微之》中回忆:"有月多同赏,无杯不共持。""双声联律句,八面对宫棋。""征伶皆绝艺,选妓悉名姬。"元稹也在《酬翰林白学士代书一百韵》中回忆:"远途忧地窄,高视觉天卑。""胜概争先到,篇章竞出奇。""密携长上乐,偷宿静坊姬。"充分描绘了在荷尔蒙的激发下,他们两个人所散发出来的豪情、才情和激情。

元、白和李绅、白行简等一批年轻人,还有一个爱好,那就是聚在一起讲故事,唐代叫作"话"。元稹《酬翰林白学士代书一百韵》:"翰墨题名尽,光阴听话移。"自注"乐天每与予游从,无不书名屋壁,又尝于新昌宅说《一枝花》话,自寅至巳,犹未毕词也"。[1]一枝花,是长安倡女李娃的艺名。白居易说一枝花"话",能自寅时至巳时,连讲五六个小时,不能没有一定的底稿,这样的底稿叫"话本","白居易有促成民间说话进入文人创作轨道之功,且在某种程度上也参与了这创作。"可以想见,早晨4点左右,白居易开始讲一枝花"话",一群朋友围在一起,听一人娓娓道来,讲者绘声绘色,听者如醉如痴,实在是意味无穷。这种讲"话"方式,不但在一定程度上影响了当时传奇小说以及《长恨歌》《秦妇吟》[2]等长篇叙事诗的创作,也成为说书、

弹词、戏曲等文学形式的先声。

永贞年间，元、白二人"忽悟成虚掷，翻然叹未宜。使回耽乐事，坚赴策贤时"，商量着结束校书郎这种闲职，也结束荒嬉玩乐的生活，相约参加更高的制举试，以求谋实职、干正事。他们一道躲进华阳观，分析时事，提出看法，写下《策林》100多篇，[3]这是他们对政治、经济、社会各项重大问题所提出的治理方案，是他们的政治理想和社会蓝图。翌年四月，联袂参加制举试。由于准备充分，又有才华，加上"指病危言，不顾成败，意在决求高等"的决心，因此，元、白二人的策论均能奋不顾身针砭时弊、提出对策。幸运的是，代替皇帝主考的韦贯之、张弘靖敢于直面问题，敢于主持正义，更由于新即位的唐宪宗志在改革，励精图治，因此，虽然"辞直"，元稹还是被录为第一名，成为敕头，也就是状元，授左拾遗，白居易次之，授周至尉。

元稹的左拾遗只当了四个多月，元和元年（806）九月十日即被出为河南尉，其原因是在这四个多月里，作为谏官的元稹，以敢作敢为、朝气蓬勃的精神，以忧国忧民、拯弊匡世的情怀，以许国忘身、生死不惜的决心，"献《教本书》《谏职》《论事》等表十数通"，对朝政中的许多重大问题提出了尖锐的批评，也提出了很多中肯的建议，但这种"谏死是男儿"的心性，这种"抵忌讳，献危言"的做法，无疑得罪了很多人，于是谤言起，贬谪至。从这一时期元稹的奏章看，矛头所向是强藩、权幸、宦官，是朝令夕改、言路不通等种种不合理现象，与白居易后来任左拾遗的做法完全相同，说明元、白二人的政见一致、主张相近，只不过看来元稹的性格比白居易更为急切、更为直接，难怪《旧唐书·元稹传》评价："稹性锋锐，见事风生。"

元稹没有到达河南任所。九月十六日，正在贬谪途中的元稹得知母亲病逝，日夜兼程返回长安，上表解职，为母丁忧。丁忧期间，没有经济来源，生活极其困难，靠白居易等人接济才勉强度日。后来在元和六年（811），白居易母亲去世，解职丁忧，反过来靠元稹接济。看得出，他们两人不仅能同富贵，还能共患难，这样的情谊可谓深厚。

元和四年（809）初，元稹丁忧期满，由于宰相裴垍的提名启用，元稹出任监察御史。也就是这一年，李绅写下《新题乐府》20首送给元稹，元稹作和诗12首，白居易又写成《新乐府》50首，一场轰轰烈烈的新乐府运动从此正式开始。在新乐府运动中，元稹可算是主将，除了与李绅唱和的12首，他还创作了一大批新乐府诗。为什么要写新乐府？他在《和李校书新题乐府

十二首并序》中说:"昔三代之盛也,士议而庶人谤。又曰:世理则词直,世忌则词隐。予遭理世而君盛圣,故直其词以示后,使夫后之人谓今日为不忌之时焉。"话说得很明白:夏商周三代为什么一度强盛?是由于言论自由。这正像春秋时齐国晏婴所说的那样:"明君在上,下多直辞,君上好善,民无讳言。"我今逢盛世,遇明主,因此就直话直说,也让后代人知道,当今正是直言无忌之时。元稹的新乐府成就很高,当然,较之于白居易,见解和才情略略有一点差距。他的新乐府《连昌宫词》是一首长篇叙事诗。诗中借连昌宫遗老之口,通过开元盛世之"盛"和安史乱后之"衰"的对比,揭露了统治者的骄奢淫逸,探索了"其亡也忽焉"的缘由,表达了人民消弭战争、盼望和平的愿望。这首诗语言丰富,形象鲜明,叙事生动,笔触细腻,是新乐府的代表作品之一,也是中唐著名长诗,后人多将此诗和白居易的《长恨歌》相提并论。

元和四年(809)三月,元稹奉命前往剑南东川(治梓州,今四川三台),复查泸州监官任敬仲贪赃案件。复查过程中,又发现剑南东川节度使严砺及其亲信有严重的经济问题。严砺和高崇文一道奉命征讨刘辟,乱平,朝廷任命严砺任职东川。严砺是梓州本地人,到任后,以接受大员身份,借清理叛乱胁从者之名,对家乡父老毫不留情,随意没收庄园和奴婢,胡乱加征税收,甚至侵占军需,有种种不法行为。元稹一一查实,给朝廷上《弹奏剑南东川节度使状》,指斥严砺"横征暴赋,不奉典常,擅破人家,自丰私室",建议对贪赃枉法者给予组织处理,退还侵占的财产。朝廷接受了元稹的建议,鉴于严砺刚刚病死,既往不咎,其余七州刺史皆被责罚,东川人心大快。[4]元稹的行为于国于民有利,独不利于肉食者,因此,虽然得到朝廷首肯和士林赞许,但个人已受到严砺党徒的忌恨。回京后,元稹被"分务东台",派到东都洛阳仍当监察御史,明显有冷落之意。

元稹按察东川,与身在京城的白居易有过一段神交的佳话。白居易的弟弟白行简写过一篇《三梦记》,其中讲到这样一个故事,说是元稹奉命去剑外大约半个月左右,这一天白居易、李建、白行简三人在京城同游曲江,登慈恩寺塔(大雁塔),晚上,到李建家里喝酒,喝着喝着,白居易忽然停住酒杯,若有所思,好长一会儿,说,微之到梁州了。并写诗道:"春来无计破春愁,醉折花枝作酒筹。忽忆故人天际去,计程今日到梁州。"十多天后,梁州(今陕西汉中)有使者来京城,带来了元稹的一封信,其中有一首《纪梦诗》:"梦

君兄弟曲江头，也入慈恩院里游。属吏唤人排马去，觉来身在古梁州。"一看时间，恰好是同一天。日有所思，夜有所梦，元、白如此契合，足见感情非同一般。

元稹刚刚到达洛阳履职，个人生活即遭受重大打击，与诗人结婚仅六七年、年龄仅 27 岁的妻子韦丛病故。[5]在处理完妻子后事之后，元稹放眼帝国东部，看到了种种糜烂和黑暗，正气所在和职责所系，他开始纠劾种种不法行为。他在《叙奏》中回忆："天子久不在（东）都，都下多不法……类是数十事，或移或奏，皆主之。"这十多件事，矛头所指均是权贵、藩镇和宦官。他也知道这样做的危险，他在《诲侄等书》中说："效职无避祸之心，临事有致命之致""常誓效死君前，扬名后代，殁有以谢先人于地下耳。"

听起来怎么这么耳熟？原来，这样的话正是元和五大诗人的共同心声，也是元稹最好的朋友白居易的由衷之言。正是因为看到大唐帝国颠踬的危险性更大，看到代表国家的皇权式微的危险性更大，看到权贵蛀蚀国家肌体的危险性更大，看到千百万黎民劳苦困顿的危险性更大，因此，元稹才会不顾自己面临的危险，以区区八品之职，敢于挑战诸多权幸和宦官，以"举止无所顾"的心性和气概，忧国忧民，许国忘身，尽职尽责，尽到了一个政治人物的本分，尽到了一个知识分子的良心。难怪白居易真心赞叹："危言诋阍寺，直气忤钧轴。"

权贵的报复很快到来。元和五年（810），元稹因处理河南尹房式横行不法之事，触及朝中权贵痛处，被罚一季俸禄，召还京城。就在回京的路上，发生了著名的敷水驿事件。

敷水驿在华州华阴县，是东都洛阳和京城长安之间必经的驿站。元稹西返长安，入住敷水驿，已经睡下。半夜，宦官头目仇士良率刘士元等一伙人来到驿站，看到驿史已安排元稹住进正厅，很不高兴。按规定，御史和中使都有资格住正厅，如果碰巧一天之中有两位以上者入住，则以先来后到为准。仇士良等人可不管是不是后到，大呼小叫，非要元稹让出，元稹不肯，与之理论，刘士元二话不说，挥鞭就打，元稹脸上出血，只得逃到后厅，小宦官们尚不肯罢休，张弓搭箭，恐吓辱骂元稹。这一恶性事件，自古以来，从未有过。元稹到京后，本以为朝廷会主持公道，惩罚无理取闹的宦官，没承想宦官没事，自己反倒被罚，被贬谪为江陵士曹参军。

元稹被贬，在朝廷引发了不小的震动，李绛、崔群两次上书，白居易三

次上书，极论处置不公。白居易《论元稹第三状》中，毫不含糊地肯定元稹"守官正直""举奏不避权势"，直截了当地陈述元稹不可贬的三条理由：一是天下"内外权贵，亲党纵横"，相互勾结，狼狈为奸，恐怕元稹左降以后，再也无人肯为陛下"当官执法""嫉恶绳愆"。二是"中官有罪，未见处置，御史无过，却先贬官"，实在是皇上你糊涂啊，但恐怕这样一来，宦官更加暴虐，朝官更加受气。三是元稹任监察御史以来，多次检举方镇的种种不法勾当，天下横行霸道者，早已恨之入骨，如今元稹被贬，就是将他送入虎口，今后人们将以元稹为戒，惜身保命，方镇有过，无人敢言。

看得出，在政治见解和从政实践上，元稹和白居易有着高度的契合，他们斗争的对象，是权贵、宦官和藩镇，是贪赃枉法、胡作非为，是为了维护皇权，维护统一，维护纲纪，维护民生。不幸的是，这样的政治理想往往被专制的君主认为是狂悖，被弄权的勋贵认为是卖直，被有野心的藩镇认为是告状，被奸邪的宦官认为是阻碍，因而便不遗余力，致力打压。在敷水驿事件上，虽然有理无理一目了然，虽然李绛、崔群、白居易等人尽力营救，但元稹还是被贬江陵，与此同时，李绛、白居易也受到唐宪宗的猜忌。

在江陵，元稹先事赵宗儒，后事严绶，与李景俭、杜元颖等人同游，与京城的白居易、李建等人遥相唱和，虽然过的是"江波浩无极，但见时岁阑""薄俸等涓毫，微官同桎梏"的生活，但还是努力振作，自我激励："风云会一合，呼吸期万里""若见中丞忽相问，为言腰折气冲天。"

元稹在江陵一待就是四年多，元和九年（814）九月，严绶奉命征讨淮西吴元济，元稹以唐州从事的身份，充任严绶"招抚使府"的幕僚，写《代谕淮西书》，向淮西打攻心战。元稹在唐州时间不长，元和十年（815）正月，元稹奉诏进京。

经长时间的贬谪，回到京城总是令人高兴的事。归途中，元稹听说永贞革新成员刘禹锡、柳宗元、李景俭也奉诏进京，他天真地认为唐宪宗已经回心转意，会重用柳宗元等人，于是，在蓝桥，写下了《留呈梦得子厚致用》，表达了对朋友既热切又迷茫、既祝愿又害怕再生波澜的感情。回京后，元稹和白居易这一对老朋友终于又见面了，他们在一起诸多盘桓，享受友情。大家或许还记得，前面说过，正是这年，元、白等人春游城南，在马上各诵新艳小律，递唱艳曲，十余里不绝，弄得樊宗师、李绅在旁边插不上嘴。其实，看白居易的《重到城七绝句》以及元稹的四首和诗，处处充满时光流转、故

友凋零、人生多艰的感慨，题材既不艳冶，辞藻也不艳丽，只不过全都可以入曲，能用短小抒情的艳曲曲调来歌唱罢了。

不幸的是，唐宪宗以及权幸的迫害远远没有结束。永贞革新成员柳宗元、刘禹锡、韩泰、韩晔、陈谏回京不久，三月，又全部被贬为远州刺史（柳宗元被贬柳州；刘禹锡被贬播州，经裴度求情，改授连州），同月，在毫无思想准备的情况下，元稹再次被贬为通州司马。数月之后，白居易被贬为江州司马，由此，开始了既充满苦涩，又相互支撑的通（州）、江（州）唱和，是为元、白交往最重要的时期。

通州，治所在通川（今四川达县），地理闭塞，环境恶劣，百姓穷困，历来是权幸贬放政敌排斥异己的地方，属山南西道（治所在梁州，兴元元年唐德宗被李怀光所迫，避难梁州，升为兴元府，今陕西汉中）管辖。元稹面对第四次被贬，心中绝望，37 岁的他考虑到自己可能有性命之忧，于是在京城动身时将历年诗稿 20 卷托付给白居易，只身带病前往通州。白居易后悔 5 年前元稹被贬江陵时，自己因要内直而没有亲自送行，这次和樊宗宪、李景信一道，远远地送到京西蒲池村。朋友带病远行，前途生死未卜，那真是"执手相看泪眼，竟无语凝噎"。酒后，元稹、白居易各赋一绝。元稹《沣西别乐天博载樊宗宪李景信两秀才侄谷三月三十日相饯送》："今朝相送自同游，酒语诗情替别愁。忽到沣西总回去，一身骑马向通州。"白居易《醉后却寄元九》："蒲池村里匆匆别，沣水桥边兀兀回。行到城门残酒醒，万重离恨一时来。"

通州在诗人眼中怎么样，诗人到通州后过得怎么样？有诗为证："黄泉便是通州郡，渐入深泥渐到州。""瘴色满身治不尽，疮痕刮骨洗应难。"

"通州海内栖惶地，司马人间冗长官。"正是在这样的境遇中，元稹给尚在京城的白居易写了一封信，《叙诗寄乐天书》是元稹的一篇重要文章，是元、白交往史上的一篇重要文章，也是中国文学史上的一篇重要文章。

《叙诗寄乐天书》中说了些什么呢？书中，先叙唐德宗时皇帝老迈昏聩，藩镇骄横暴烈，权贵恣意妄为，民众饱受盘剥，自己在孩提时代、智识初开之际，就"不惯闻见""心体悸震，若不可活，思欲发之"，后来读到陈子昂的《感遇》诗，又见到杜甫诗数百篇，"爱其浩荡津涯，处处臻到"，感悟到诗歌应存"寄兴"，于是自己"每公私感愤，道义激扬，朋友切磨，古今成败，日月迁逝，光景惨舒，山川胜势，风云景色，当花对酒，乐罢哀余，通滞屈伸，悲欢合散，至于疾恙躬身，悼怀惜逝，凡所对遇异于常者，则欲赋诗"。

为什么要写诗？是因为碰到了非常之人，经历了非常之事，"所对遇异于常者"，心中有感，不得不发。回顾自己37年来的经历，可谓蹭蹬，正因为仕途不顺，于是"全盛之气，注射语言"，在诗歌创作上有了一定成就，"古讽""乐讽""古体""新题乐府""律讽"，加上悼亡、艳诗等，"有诗八百余首。"写这些诗并非游戏文字，而是遵从古训而"立言"。

那么，如何"立言"，也就是元稹有什么样的文学主张呢？简言之，就是"寄兴"，是"讽"，是"教化"。早些时候，元稹在江陵写《唐故工部员外郎杜君墓系铭并序》，对上古以来诗歌发展和流变进行了梳理，对杜甫的诗歌给予了崇高的评价："至于子美，盖所谓上薄风骚，下该沈宋，古傍苏李，气夺曹刘，掩颜谢之孤高，杂徐庾之流丽，尽得古今之体势，而兼今人之所独专矣。使仲尼考锻其旨要，尚不知贵，其多乎哉！苟以为能所不能，无可无不可，则诗人以来，未有如子美者。"如果说这还是就诗歌形式和韵律来歌颂杜甫，尚未点明老杜的诗歌立意的话，那么，在后来的《乐府古题序》中，他干脆就明说了："近代唯诗人杜甫《悲陈陶》《哀江头》《兵车》《丽人》等，凡所歌行，率皆即事名篇，无复倚傍。"诗歌的作用，就在于"寓意古题，刺美见事""讽兴当时之事，以贻后代之人"。描写人生痛苦，针砭社会弊端，评论朝廷得失，以写实艺术和讽刺精神来作诗撰文，这便是老杜的诗歌主旨，也正是元稹的文学主张。这一文学主张，与白居易"为君、为臣、为民、为物、为事而作，不为文而作"的思想和"文章合为时而著，歌诗合为事而作"的理论，同声相应，同气相求，是完全一致的。从这个意义上讲，正是元稹的《叙诗寄乐天书》催生了白居易的《与元九书》。

这年八月，白居易被贬江州，由此，"通江唱和"开始了。

让我们的视角由元稹转向白居易。

白居易被贬，心情郁悒，他想到元稹的遭遇，更加苦闷，因此，被贬途中，就用诗歌遥寄相思，安慰对方，也寻求寄托。从长安到江州的四五十天时间，写给元稹的诗有12首。在蓝桥，他写《蓝桥驿见元九诗》。他把元稹留给自己的20卷诗稿时时翻看，写《舟中读元九诗》："把君诗卷灯前读，诗尽灯残天未明。眼痛灭灯犹暗坐，逆风吹浪打船声。"写《寄微之三首》，其中第一首这样吟唱："江州望通州，天涯与地末。有山万丈高，有江千里阔。间之以云雾，飞鸟不可越。谁知千古险，为我二人设。通州君初到，郁郁愁如结。江州我方去，迢迢行未歇。道路日乖隔，音信日断绝。因风欲寄语，

地远声不彻。生当复相逢，死当从此别。"江州和通州已是天涯地末，穷荒绝漠，你我道路乖隔，音信断绝，设想生当重逢，死当永别，基调极为惨痛。

到达江州后，有一段时期写诗不多，这个时候，白居易主要考虑的是编辑自己的诗集，以及如何回复元稹的《叙诗寄乐天书》。腊月，浔阳江畔，岁暮寒冬，当诗集编就，白居易思前想后，虑近忧远，回想自己和元稹的交往，想到两人的政治见解相近，文学主张相同，朝廷上同声相应，诗歌上同气相求，思想上深度契合，生活上相互帮助，于是喷薄而出，洋洋洒洒，写下了长篇书信《与元九书》，提出了著名的"文章合为时而著，歌诗合为事而作"的诗歌理论，是中国文学史上现实主义文学的伟大宣言。信中，诗歌"补察时政、泄导人情"的主旨，以及由这一主旨指导下的新乐府运动实践，实可看作是由白居易和元稹（以及其他同道）共同完成的一次诗歌社会功能的新认识，是由新乐府运动、古文运动为表现形式的一场思想文化运动的新尝试，是中唐文人士大夫试图挽狂澜于既倒、扶大厦之将倾的一次自救行动的新努力，难怪胡适这样评论："白居易与元稹都是有意作文学改新运动的人，他们的根本主张，翻成现代的术语，可说是为人生而作文学！"

这封书信以及白居易的诗集，可能在元和十一年（816）春天由信使送达通州，但不巧的是，元稹没有见到这封信。元稹于元和十年（815）六月到达通州后不久，因患疟疾病倒了，八月，元、白二人共同的朋友熊孺登到通州，带来了白居易被贬江州的消息，元稹"垂死病中惊坐起"，写下了本节开头所说的《闻乐天授江州司马》。熊孺登离开后，九月底，由于病情加重，元稹不得不离开缺医少药的通州，挣扎着来到兴元府治病，直到元和十二年（817）秋天才返回通州。熊孺登自通州顺江而下，一二十天到江州，但没有见到白居易，因为此时白居易尚在途中，还没有到江州，熊孺登随即返回家乡洪州，白居易到江州后，并不知道元稹病了，因而《与元九书》中没有只言片语问候病情。《与元九书》及诗集送达通州时，元稹又不在通州，因而没能见到。说起来，这真是一件令人惋惜的事情，假如元稹没有因病离开通州，见到了《与元九书》，很有可能心有所感，意有所发，也来一通长篇大论，那是一种多么有趣而又有意味的景象啊。

唐代大力整治驿馆，号称便利。《唐六典》卷5："凡三十里一驿，天下凡一千六百三十有九所。"柳宗元《馆驿使壁记》说："告至告去之役，不绝于道；寓望迎劳之礼，无旷于日。"但实际上，古代中国，毕竟交通不便，通

讯困难，官邮勾连地方与京城速度快些，地方与地方之间可能就难办得多，一封书信走上一两个月是常事，一来一往就需要两三个月，绝非今天用惯了电报、电话、短信、微信、视频、快递的人们所能想象。正因为这样，元和十一年（816）春，熊孺登从洪州再次来到江州，见到白居易，白居易这才知道元稹的病况，但并不知道元稹已经北上兴元府，因为熊孺登离开通州时也不知道元稹将会离开通州。在这一年，白居易写《春晚寄微之》《山石榴寄元九》《见紫薇花忆微之》《忆微之伤仲远》等，并给元稹寄去了蕲州特产——蕲州和江州相邻，治所在今蕲春县蕲州镇——蕲州竹席，写《寄蕲州簟与元九，因题六韵，时元九鳏居》，并且很可能也寄去了《琵琶行》等其他诗篇，这些统统都寄往通州。

元和十二年（817）四月十日，在庐山草堂筑就、草堂集会的第二天，白居易给元稹写了到江州后的第二封信《与微之书》，说，我与你有（头尾）三年没有见面，有两年没有得到你的任何音信，你到底怎么啦？头一年，熊孺登来江州，带来了你的诗稿和信，知道你病了，读你的"垂死病中惊坐起"诗，君友情深厚，我心如刀剑。我在这里再报平安：一是我自己身体尚好，家人团聚，二是江州瘴疠稀少，物丰价廉；三是我筑庐山草堂，用于安顿心身。正在我信手把笔、随意乱书之际，我又想起了你，"平生故人，去我万里，瞥然尘念，此际暂生。余习所牵，便成三韵云：忆昔封书与君夜，金銮殿后欲明天。今夜封书在何处？庐山庵里晓灯前。笼鸟槛猿俱未死，人间相见是何年？微之微之！此夕我心，君知之乎？"这封书信，情真意切，沉痛哀婉，令人动容。

八月，白居易写《梦微之，十二年八月二十日夜》："晨起临风一惆怅，通川溢水断相闻。不知忆我因何事，昨夜三回梦见君。"初冬，写长诗《东南行一百韵》，并将原来寄往通州、已经散失的部分诗稿重新抄录，共 24 首，托果州（治所在今四川南充）刺史崔韶带给元稹。《东南行一百韵》中有句："去夏微之疟，今春席八殂。天涯书达否，泉下哭知无。"自注："去年闻元九瘴疟，书去竟未报。今春闻席八殁，久与还往，能无恸矣！"说明此时两人尚未恢复正常的通信联系。

实际上，元稹并没有忘记白居易。在通州到兴元府的路上，元稹写《感梦，梦故兵部裴尚书相公》有句："白生道亦孤，谗谤消骨髓。司马九江城，无人一言理。"到兴元府后，写《水上寄乐天》："眼前明月水，先入汉江流。

汉水流江海，西江过庾楼。庾楼今夜月，君岂在楼头。万一楼头望，还应望我愁。"[6]写《相忆泪》："西江流水到江州，闻道分成九道流。我滴两行相忆泪，遣君何处遣人求。除非入海无由住，纵使逢滩永拟休。会向伍员潮上见，气充顽石报心仇。"在兴元府回通州的路上，写《阆州开元寺壁题乐天诗》："忆君无计写君诗，写尽千行说向谁？题在阆州东寺壁，几时知是见君时。"这些诗，都表现了强烈的思念之情。令人困惑的是，元稹在两年的时间里，是确切知道白居易在江州，他向江州投书应该不成问题，但不知什么原因，白居易没有得到只字片语。

还有一事值得一提，在兴元府，元稹见到刘猛、李余二人的数十首新乐府诗，于是作和诗 21 首，并写下了"有历史价值的"《乐府古题序》，在与白居易音信隔绝之时，提出了"即事名篇""刺美见事"的文学主张，与白居易的《与元九书》相映生辉，同时，在一贬再贬之际，还继续新乐府运动的实践，就不仅仅是性格偏强的表现，而是有意识的文学活动。

这年秋天，回到通州的元稹见到了白居易的《与微之书》，写《得乐天书》："远信入门先有泪，妻惊女哭问何如。寻常不省曾如此，应是江州司马书。"诗中描写接书时自己悲喜交加、长泪双流的情景，妻子（元稹的第三任妻子裴淑）和女儿不知发生了什么，也跟着哭了起来。这样一种场景，今天看来仍惊心动魄、催人泪下。

同年冬天，白居易收到元稹《阆州开元寺壁题乐天诗》等诗歌，抑制不住思念之情，他将元稹的一百首诗歌书于屏风之上，写《题诗屏风绝句并序》："十二年冬，微之犹滞通州，予亦未离湓上，相去万里，不见三年，郁郁相念，多以吟咏自解。前后辱微之寄示之什，殆数百篇，虽藏于箧中，永以为好，不若置之座右，如见所思。由是掇律句中短小丽绝者，凡一百首，题录合为一屏风，举目会心，参若其人在于前矣。前辈作事，多出偶然，则安知此屏不为好事者所传，异日作九江一故事尔？因题绝句，聊以奖之。"写《答微之，微之于阆州西寺，手题予诗，予又以微之百篇题此屏上，各以绝句相报答之》："君写我诗盈寺壁，我题君句满屏风。与君相遇知何处，两叶浮萍大海中。"

元和十三年（818）四月，元稹写《酬乐天东南行诗一百韵并序》，在序中，他说："十三年，予以赦当迁，简省书籍，得是八篇。吟叹方极，适崔果州使至，为予致乐天去年十二月二日书，书中寄予百韵至两韵凡二十四章，

属李景信校书自忠州访予，连床递饮之间，悲咤使酒，不三两日，尽和去年已来三十二章皆毕。李生视草而去。四月十三日，予手写为上下卷，仍依次重用本韵，亦不知何时得见乐天。因人或寄去。通之人莫可与言诗者，唯妻淑在旁知状。"从中我们得知，元和十三年（818）初，元稹从崔韶的信使手中得到了白居易的24首诗，于是连同原来的8首一并"追和"32首和诗。元稹还写《凭李忠州寄书乐天》："万里寄书将上峡，却凭冰峡寄江州。伤心最是江头月，莫把书将上庾楼。"元稹通过忠州刺史李宣寄书白居易。至此，元、白终于恢复了通信，开始了正常唱和。

让我们来看看这些追和与唱和吧。

白居易《山中与元九书，因题书后》："忆昔封书与君夜，金銮殿后欲明天。今夜封书在何处？庐山庵里晓灯前。笼鸟槛猿俱未死，人间相见是何年？"元稹《酬乐天书后三韵》："今日庐峰霞绕寺，昔时鸾殿凤回书。两封相去八年后，一种俱云五夜初。渐觉此生都是梦，不能将泪滴双鱼。"

白居易《梦微之，十二年八月二十日夜》："晨起临风一惆怅，通川溢水断相闻。不知忆我因何事，昨夜三回梦见君。"元稹《酬乐天频梦微之》："山水万重书断绝，念君怜我梦相闻。我今因病魂颠倒，唯梦闲人不梦君。"

白居易《元九以绿丝布白轻褣见寄，制成衣服，以诗报知》："绿丝文布素轻褣，珍重京华手自封。贫友远劳君寄附，病妻亲为我裁缝。袴花白似秋去薄，衫色青于春草浓。欲著却休知不称，折腰无复旧形容。"元稹《酬乐天得稹所寄纻丝布白轻容制成衣服以诗报之》："溢城万里隔巴庸，纻薄绨轻共一封。腰带定知今瘦小，衣衫难作远裁缝。唯愁书到炎凉变，忽见诗来意绪浓。春草绿茸云色白，想君骑马好仪容。"轻容，指的是无花的薄纱。

白居易《三月三日怀微之》："良时光景长虚掷，壮岁风情已暗销。忽忆同为校书日，每年同醉是今朝。"元稹《酬乐天三月三日见寄》："当年此日花前醉，今日花前病里销。独倚破帘闲怅望，可怜虚度好春朝。"

白居易《忆微之》："与君何日出屯蒙，鱼恋江湖鸟厌笼。分手各抛沧海畔，折腰俱老绿衫中。三年隔阔音尘断，两地飘零气味同。又被新年劝相忆，柳条黄软欲春风。"元稹《酬乐天春寄微之》："鹦心明黠雀幽蒙，何事相将尽入笼。君避海鲸惊浪里，我随巴蟒瘴烟中。千山塞路音书绝，两地知春历日同。一树梅花数升酒，醉寻江岸哭东风。"

值得注意的是白居易的《东南行一百韵》《江楼夜吟元九律诗，成三十

韵》，元稹的《酬乐天东南行诗一百韵并序》《酬乐天江楼夜吟稹诗因成三十韵，次用本韵》，这四首诗在通江唱和中占有重要地位。这四首长诗，尽写两人的交谊和经历，其酸甜苦辣、炎凉世态、写景抒情，都得到了充分体现，展现了两人驾驭文字、惯作长诗的高超本领。令人赞叹的是，元稹和诗的韵脚，与白居易原诗完全相同，一方面这是古代文人逞才的做法，"一往一来，彼此角胜，遂以之擅场……观此可以见二公才力之大矣，今两家次韵诗具在，五言排律，实属工力悉敌，不分胜负……至今犹推独步也"，从另一方面看，元、白唱和并非一般的文字游戏，也不是友人交往的平庸之作，而是情真意切，艺术精美，有非常高的文学价值，同时又有非常高的史学价值。还有，两首诗中都渗透着"蕴藏经国术，轻弃度关繻""岂复民氓料，须将鸟兽驱"的政治抱负，表达了其文学主张是为现实社会服务的思想，只不过由于命运多舛理想得不到实现，从而只能彼此安慰、以文（遥相）会友："道屈才方振，身闲业始专""妓乐当筵唱，儿童满巷传。"《唐宋诗醇》这样评白居易《江楼夜吟元九律诗，成三十韵》："其说诗处，譬如饮水，冷暖自知。又如食蜜，中边皆甜。两人同调，可方伯牙、钟期矣。"

乾隆皇帝将元、白比之于伯牙、钟子期，不能说不对，因为从诗歌、文学、艺术来考量，元、白二人的确"同调"，是知音，高山流水，你心我心。但从他们元和年间的经历看，还不如把他们比作管、鲍。管仲、鲍叔牙同心协力，辅佐齐桓公称霸天下，九合诸侯，留下了"管鲍之交"的千古美名。白居易、元稹不像诸葛孔明"自比管乐"，从未说过自己要做管仲、乐毅，只是在诗文策论中以敬仰的口吻提到过管仲，然而，面对江河日下的大唐政局，面对风雨欲来的社会现实，面对朝不保夕的民生痛苦，白居易和元稹的思想深处，并不乐意专攻文学，而更愿意积极参与政治活动，从而匡时济世，救亡图存，挽救动荡局势，恢复大唐荣光。从这个意义上讲，管鲍之交，可能更是两人心中的梦。

所谓政治，离开了宫廷，就什么都不是。在远离庙堂远离皇帝的江州和通州，在被贬谪被打倒内心痛苦的时候，白居易和元稹这两位朋友，纵然心中充满对政治的渴望，但此时，也只能靠文字来遥相唱和、相互鼓励了，只能靠诗歌来争奇斗艳、苦中作乐了。看元稹《酬乐天东南行诗一百韵并序》中的句子："几催闲处泣，终作苦中娱""此篇应绝倒，休漫捋髭须。"这样一种"文友诗敌"的做法，有利于减轻痛苦、消磨时光。

《旧唐书·元稹传》说："稹聪警绝人，年少有才名，与太原白居易友善。工为诗，善状咏风态物色，当时言诗者，称元、白焉。自衣冠士子，至闾阎下俚，悉传讽之，号为'元和体'。既以俊爽不容于朝，流放荆蛮者仅十年。俄而白居易亦贬江州司马，稹量移通州司马。虽通、江悬邈，而二人来往赠答，凡所为诗，有自三十、五十韵乃至百韵者。江南人士，传道讽诵，流闻阙下，里巷相传，为之纸贵。观其流离放逐之意，靡不凄惋。"有意做政治家，无意成了文学家，而且成了流行文学家，这一局面，并非元、白二人初衷，但管、鲍（的功业）既然做不成，那就只有做伯牙、子期，在诗歌艺术上惺惺相惜。

通、江唱和在元和十四年（819）达到高潮。这一年春，白居易赴忠州任，元稹也被任命为虢州长史。白居易和弟弟白行简逆水而上，元稹顺江而下，三个人相会于夷陵（今湖北宜昌）。这是两位朋友分别整整四年后的再次相见，对床夜话，饮酒赋诗，久久不愿分开。他们三人在长江边的绝壁上发现了一个山洞，逗留了大半天，天黑了，"俄而峡山昏黑，云破月出，光气含吐，互相明灭，晶荧玲珑，象生其中，虽有敏口，不能名状。"于是各赋诗二十韵，书写在石壁之上，"又以吾三人始游，故目为三游洞"，白居易写《三游洞序》。后来北宋年间，欧阳修、苏轼、苏辙三人也游此洞，均有三游洞诗。今天的人们到宜昌，三游洞是必游的一个景点。

长庆年间，由元稹主编，编辑刊刻了《白氏长庆集》和《元氏长庆集》两本集子。这样做，一方面是白居易、元稹二人注重保存自己的作品，另一方面可能也实属无奈，不得不这样做。看元稹《白氏长庆集序》是怎么说的："予始与乐天同校秘书之名，多以诗章相赠答……是后，各佐江、通，复相酬寄。巴蜀江楚间泊长安中少年，递相仿效，竞作新词，自谓为'元和诗'……至于缮写模勒，衒卖于市井，或持之以交酒茗者，处处皆是。其甚者，有至于盗窃名姓，苟求自售，杂乱间厕，无可奈何。"看来当时的小文人和当今的小文人一样可笑，一样不要脸，冒名顶替，非法出版，奔的就是一个钱字，叫市场混乱不堪，令作者叫苦连天。你说，当事人在世时尚且这样，假如时过境迁、物是人非，有些事情如何弄得明白，说得清楚？大家或许还记得，有人说过白居易在江州和琵琶女的生死恋么，骂过白居易是"老流氓""老淫棍"么？同样，对元稹，后世也有许多非议，譬如投靠宦官，参与党争。党争之说较难厘清，而投靠宦官则显系空穴来风。其实，只要静下心来，认真

研究元稹元和年间的挫折与愤懑，仔细阅读他留下来的众多诗词文稿，就大致可以得出结论，受宦官反复迫害的元稹，性子烈骨头硬的元稹，再怎么想脱离谪籍、重回京城，也不会投靠宦官、玷污清白。[7]

孤独是人类永恒的伴侣。人世间，最难得的莫过于精神的对话，心灵的交流。作为有抱负的政治人物，有思想的知识分子，有才华的诗人，元、白二人无处不感到孤独，尤其是双双被贬出京、遭受打击、心情郁闷之时。靠什么来排遣孤独？朋友之间书信往来、诗歌唱和可能是一种最好的方法。三两好友，远了，千里遥和，互诉衷肠，近了，对床夜话，饮酒吟诗，这是有唐一代文人士大夫的常态，然而，像白居易、元稹这样密集唱和、友谊终身的却不多。难怪有人说："元稹与白居易，自贞元末年相识，历经宦海浮沉，人生变故，于中唐政治纷争之中，友谊却始终不更，可谓唐代唯一，古今无两。"

在江州，白居易还写诗作文给李绅、李绛、崔群、钱徽、庾敬休、李景俭、元宗简、李宣、李建、崔韶、李宗闵、杨巨源、牛僧孺、韦处厚、杜元颖、窦群、杨汝士、长孙铉、杨虞卿等人，这些朋友也或多或少有诗书往来，这些勉励有加、抒发离情的问候，温暖着白居易的心。人说，真正的牛皮不是你认识多少人，而是你患难的时候还有多少人认识你。这话是对的，可惜的是，白云苍狗，沧海桑田，岁月的风尘，掩蔽了这些朋友绝大部分来信来诗，以至于今天的我们只能怅叹一声，徒呼奈何。

韩愈在为柳宗元所写的《柳子厚墓志铭》中说："呜呼！士穷乃见节义。今夫平居里巷相慕悦，酒食游戏相征逐，诩诩强笑语以相取下，握手出肺肝相示，指天日涕泣，誓生死不相背负，真若可信；一旦临小利害，仅如毛发比，反眼若不相识；落陷阱，不一引手救，反挤之又下石焉者，皆是也。此宜禽兽夷狄所不忍为，而其人自视以为得计。"原来，人前称兄道弟，赌咒发誓，割头换颈，勾肩搭背，说"掏心窝子"的话，喝"一口闷"的酒，人后，尤其是人落难后，则假装不识，不理不睬，能躲就躲，不愿沾边，甚至反目为仇，划清界限，主动举报，落井下石，这样的"朋友"，自古以来，就大有人在。这样说来，古人，尤其是唐人，由于心胸开阔、热情豪迈、淳朴刚直、意气风发，因此尚保留一点义气、豪气和侠气，纵然有人当面是人背后是鬼，但也有人不怕鬼神，敢于交往触霉头者，真心宽慰被打倒者，甚至著文辩诬受冤屈者，这样的景象和风气，还是令人神往、令人遐思的。

离开江州后，白居易与元稹继续唱和，再加上诗豪刘禹锡的加入，使得唱和诗在当时的诗坛成为一道独特的风景。陈寅恪《元白诗笺证稿》中说："乐天一生之诗友，前半期为元微之，后半期则为刘梦得。"此为确论。

通、江唱和以及和其他朋友的唱和，对白居易产生了巨大影响。被贬江州，在失意彷徨愤懑无助之际，在痛彻心扉反复思索之后，白居易有了清醒的认识：命运是靠不住的，就算你是命运的宠儿，她也有可能不再眷顾。因此，从这时候开始，寻求友谊，排解孤独，以及不管发生什么样的变化（中晚唐，交友常常受到所谓党争的纠缠与干扰），保持对友谊的一份痴情和忠诚，差不多是白居易后半生的主要努力方向。当然，他选择朋友是有讲究的，"平生定交取人窄，屈指相知为五人"，他的朋友差不多和他一样，正直、热情、大度、清澈、幽默、坚韧，都有着远大的政治抱负，有着过人的文学才华，都有过被贬谪、被打倒的人生经历，有过以身许国、挣扎苦斗、安时顺命的心路历程，这样看来，白居易对朋友的要求不仅仅是知音，而且还是知己。

三国时曹丕曾抨击"文人相轻"，他的弟弟曹植则"发现了友情对于人生的价值"。[8]孤独的人类，对于寻找知音知己从未消歇。相识满天下，知心能几人？一流的智者，用不着"相轻"，但凡相轻，必为不智。看白居易与元稹（加上刘禹锡）的交谊，如切如磋，如琢如磨，为后世提供了一个既是知音、又是知己的良好范本。

何谓朋友？怎样才算朋友？子曰："益者三友，损者三友。友直，友谅，友多闻，益矣；友便辟，友善柔，友便佞，损矣。"有益的朋友有三种，有害的朋友也有三种。跟正直的人交朋友，跟诚信的人交朋友，跟博学的人交朋友，就有益处；跟谄媚的人交朋友，跟奉承的人交朋友，跟巧言的人交朋友，就有害处。老夫子说得多好。老夫子的"直"，自然包括正直的直，也包括直道的直。白居易《薛中丞》："百人无一直，百直无一遇""直道渐光明，邪谋难盖覆。"元稹《酬乐天东南行诗一百韵并序》："去应缘直道，哭不为穷途。"这里的直道，也来自《论语》，"斯民也，三代之所以直道而行也""直道而事人，焉往而不三黜"，还有《韩非子》"然则端言直道之人不得见，而忠直日疏"，指的是为公而非为私，谋国而非谋身，心有大义，敢讲真话，公道正派，做事扎实。这叫人想起了古罗马哲学家、散文家、政治家西塞罗《论友谊》中"友谊只能存在于好人之间"的论述。何谓好人？西塞罗说："他们的行为和生活无疑是高尚、清白、公正和慷慨的，他们不贪婪、不淫荡、不粗暴，

他们有勇气去做自己认为正确的事情。"这真是古今同理、中外无别。这样说来，酒肉朋友固不必说，利益之交也嫌低俗，工作搭档了无趣味，社交之友只可泛泛，要说那志趣略同、悲欢与共、泯然无际、披肝沥胆的朋友，一生能碰到几个？

用一首《寄〈色影无忌〉网友武汉大哥》来结束本节：

> 闻听江水清而浅，为问何来意绪牵？
> 君自辛劳酬父母，我仍慵懒乐山川。
> 诗书有意蜗居小，图片无言故事鲜。
> 忽欲轻狂思夜话，楚天空阔月满船。

爱　情

说到白居易的爱情，要从他的初恋说起。

在九江，白居易写《感情》：

> 中庭晒服玩，忽见故乡履。昔赠我者谁，东邻婵娟子。
> 因思赠时语，特用结终始。永愿如履綦，双行复双止。
> 自吾谪江郡，漂荡三千里。为感长情人，提携同到此。
> 今朝一惆怅，反复看未已。人只履犹双，何曾得相似。
> 可嗟复可惜，锦表绣为里。况经梅雨来，色黯花草死。

东邻婵娟子是谁？

就是他的初恋情人湘灵。

白居易与湘灵的交往史不是很清楚。从白居易的诗文中抽丝剥茧，可以大致描摹出一个初步轮廓。

建中三年（782），11岁的白居易随父亲白季庚来到徐州，被安置在符离（今安徽宿州老符离集），直到贞元二十年（804）春，由符离迁至渭南下邽，白家一共在符离生活了22年。除越中避难、襄阳游学、浮梁举业、进京赶考外，白居易有十多年基本上都是在符离家中学习、生活的，可以说，符离是白居易成长过程中最重要的地方。

贞元六年（790），旅居越中的白居易回到符离，不久即结识邻家女孩湘灵，这一年，白居易19岁，湘灵15岁，这两个单纯的年轻人彼此有了好感，

你来我往，有说有笑，日子过得很快乐。是时，白居易与张彻、张复两兄弟和贾𫗦、贾𬋖两兄弟在一起共同学习，"昼课赋，夜课书，间又课诗，不遑寝息矣。"课余，"月上柳梢头，人约黄昏后。"有少女牵手相伴，那份纯真的情感令白居易更加努力。大约贞元十三年（797），白居易26岁时，可能与湘灵姑娘捅破了窗户纸，开始谈恋爱了，甚至可能偷尝禁果，这一年，他写《凉夜有怀》："清风吹枕席，白露湿衣裳。好是相亲夜，漏迟天气凉。"自注："自此后诗并未应举时作。"还代湘灵写《寒闺夜》："夜半衾裯冷，孤眠懒未能。笼香销尽火，巾泪滴成冰。为惜影相伴，通宵不灭灯。"

贞元十四年（798），27岁的白居易将母亲送到洛阳，自己从洛阳返回符离，秋，再赴浮梁，投靠大哥白幼文，意在"举业"，也就是参加乡试的层层选拔。看到白居易如此这般，湘灵非常难过，以为再也见不着了，白居易代写《长相思》："九月西风兴，月冷霜华凝。思君秋夜长，一夜魂九升。二月东风来，草坼花心开。思君春日迟，一日肠九回。妾住洛桥北，君住洛桥南。十五即相识，今年二十三。有如女萝草，生在松之侧。蔓短枝苦高，萦回上不得。人言人有愿，愿至天必成。愿作远方兽，步步比肩行。愿作深山木，枝枝连理生。"诗中，用洛桥借指符离的埇桥，两人隔桥而居，交往已经8年了。"有如女萝草，生在松之侧"等句，透露出双方门第有别，担心由此给两人的关系带来损害，"愿至天必成"等句，说明两人意志坚定，期望能感动上苍，从而实现"比肩行"和"连理生"的愿望。

贞元十六年（800）春，29岁的白居易登进士第。衣锦还乡之时，与湘灵姑娘再次相会，悲喜交加。不幸的是，白母和家族公开反对这段恋情，因而，白居易与湘灵姑娘只能偷偷往来，私下约会。贞元十八年（802）秋，白居易离开符离，绕道河北进京参加吏部科目选。分别之际，湘灵哭得伤心，白居易写《潜别离》："不得哭，潜别离。不得语，暗相思。两心之外无人知。深笼夜锁独栖鸟，利剑春断连理枝。河水虽浊有清日，乌头虽黑有白时。惟有潜离与暗别，彼此甘心无后期。"到洺州后，白居易公开点名，写《寄湘灵》：[9]"泪眼凌寒冻不流，每经高处即回头。遥知别后西楼上，应凭栏干独自愁。"看起来，这个时候，他们知道反对的力量过于强大，很可能两人无法结合，因此有些绝望，只能劝勉对方"彼此甘心无后期"，实际上"此恨绵绵无绝期"了。

贞元十九年（803）冬，任职校书郎的白居易从京城出发回到符离，准备将家属迁至渭南下邽。冬至日，他经过邯郸，写《冬至夜怀湘灵》："艳质无

由见，寒衾不可亲。何堪最长夜，俱作独眠人！"翌年春，白居易和家人就要离开符离了，湘灵知道可能再也见不到白居易，她送给白居易一面铜镜，一双亲手制作的鞋子，泪眼婆娑，千言万语，而白居易也痛彻心扉，寸肠欲断，这一别，成为两人之间的永诀。秋天，身在长安的白居易思念湘灵，写《感秋寄远》："惆怅时节晚，两情千里同。离忧不散处，庭树正秋风。燕影动归翼，蕙香销故丛。佳期与芳岁，牢落两成空。"佳期，指婚礼，芳岁，指年龄。诗里有些绝望：年龄已大，结婚无望，叫人如何不断肠？算起来，这一年白居易已经 33 岁，湘灵已经 29 岁。

元和六年（811），已和杨氏结婚、时年 40 岁的白居易心有所动，写下《夜雨》："我有所念人，隔在远远乡。我有所感事，结在深深肠。乡远去不得，无日不瞻望。肠深解不得，无夕不思量。况此残灯夜，独宿在空堂。秋天殊未晓，风雨正苍苍。不学头陀法，前心安可忘？"此情无计可消，雨夜回肠百转。翌年，还写《感镜》："美人与我别，留镜在匣中。自从花颜去，秋水无芙蓉。经年不开匣，红埃覆青铜。今朝一拂拭，自照憔悴容。照罢重惆怅，背有双盘龙。"镜中曾映桃面红，今朝只照衰朽翁。

写到这里，读者诸君就完全明了白居易在江州所写《感情》的诗意了（屈指算来，已经和湘灵分别了 14 年）：梅雨过后，天气晴朗，家人把被褥和零碎都拿出来翻晒，忽然，我见到了那一双鞋。那双鞋，是她送给我的！当时她说什么来着？愿意你是左脚，我是右脚，同进同出，双行双止。呀，我今飘荡江州，千里路远，为感君情，携履随身，反复把玩，惆怅未已，鞋为双，人已单，我在此，你在哪？看鞋面的绣花，同我心中的思念，经不起岁月，经不起梅雨，已经死了，死了……

我们已经说过，白居易是一个重情之人，也是一个长情之人。重情和长情之人，对于初恋，对于初恋情人，是难以忘怀的。在白居易一生中，他似乎从来没有忘记过湘灵，其悔恨、自责、思念、牵挂的情绪，时不时会涌现在心头，因此，我们在他的诗集中，还可以找出许多貌似跟湘灵有关的诗篇，看《长相思二首》之一："汴水流，泗水流，流到瓜洲古渡头，吴山点点愁。思悠悠，恨悠悠，恨到归时方始休，月明人倚楼。"

说了白居易的初恋，我们来说他的婚姻。

初恋的失败，以及对功名的渴求，致使白居易成了大龄青年。元和三年（808），白居易已经 37 岁，这一年，他终于结婚了。37 岁才结婚，不要说

在古代，就是在当今，也算是晚婚中的晚婚。新娘是谁，和白居易有什么样的爱情故事？和湘灵一样，没有其他的旁证材料，我们只能从白居易的诗文和相关记载中寻找线索。

白居易的妻子姓杨，名字不得而知。白居易为什么要和杨氏结婚？原来，隋唐时期，虽然门阀士族制度已被打破，但并未退出历史舞台。唐高宗时期的薛元超荣华富贵，但有三件事情让他耿耿于怀，那就是没有进士及第、没有机会修国史、没有能够娶五姓女。这里说的五姓，指的是清河或博陵崔氏、范阳卢氏、赵郡或陇西李氏、荥阳郑氏和太原王氏，这五姓都是高门大户，士人以娶这五姓女儿为荣。安史之乱后，世家豪族进一步受到打击，但不管社会怎样巨变，旧的豪门刚倒，新的勋贵即来，新贵与旧望、新贵与新贵之间，编织关系网络最重要的手法便是联姻。白居易所娶的杨氏，虽然不是五姓女，但她娘家也是世家，也是高门望族。而此时的白居易，虽然年龄偏大，但由于《长恨歌》等诗已经名满天下，考场上三战皆捷，头一年十一月还被召入翰林，成了皇帝身边的人，政治前景一片光明，明显的绩优股，这样的钻石王老五，豪门望族的姑娘不心动才怪呢。

所幸的是，白居易和杨氏并不完全是政治联姻，而有可能带有自由恋爱的色彩。证据是在结婚的头一年春天，白居易与杨汝士等屡会于靖恭坊杨家。清代徐松《唐两京城坊考》："朱雀门街东第五街……次南靖恭坊，刑部尚书杨汝士宅，与其弟虞卿、汉公、鲁士同居，号靖恭杨家，为冠盖盛族。次南新昌坊，尚书左仆射致仕杨於陵宅。"杨汝士大约比白居易小六七岁，杨虞卿比白居易小十一二岁，这个时候，杨氏兄弟尚未发达，还谈不上冠盖盛族，但杨氏兄弟的老爸杨宁时任国子祭酒，为国子监的长官，从三品，算是高官。杨宁的族兄弟杨於陵，时任户部侍郎，正四品下，也是要员，住在隔街的新昌坊。早在贞元十五年（799），白居易在宣州参加乡试时就结识了杨虞卿，当时杨宁是宣歙观察使崔衍的幕僚。元和二年（807），白居易与杨虞卿重逢于京城，在杨家进出往来，与尚未发达的杨氏兄弟极尽绸缪，写《宿杨家》："杨氏弟兄俱醉卧，披衣独起下高斋。夜深不语中庭立，月照藤花影上阶。"写《醉中留别杨六兄弟，三月二十日别》："春初携手春深散，无日花间不醉狂。别后何人堪共醉？犹残十日好风光。"整个春天，白居易都在"花间醉狂"，一方面，是与杨家兄弟意气相投，酒逢知己千杯少，另一方面，应该是杨汝士的堂妹杨小姐吸引了他，酒不醉人人自醉。

新婚之初，白居易有《赠内》：

　　　　生为同室亲，死为同穴尘。他人尚相勉，而况我与君。

　　　　黔娄固穷士，妻贤忘其贫。冀缺一农夫，妻敬俨如宾。

　　　　陶潜不营生，翟氏自爨薪。梁鸿不肯仕，孟光甘布裙。

　　　　君虽不读书，此事耳亦闻。至此千载后，传是何如人？

　　　　人生未死间，不能忘其身。所须者衣食，不过饱与温。

　　　　蔬食足充饥，何必膏粱珍。缯絮足御寒，何必锦绣文。

　　　　君家有贻训，清白遗子孙。我亦贞苦士，与君新结婚。

　　　　庶保贫与素，偕老同欣欣。

　　这首诗之所以单独提出来，是因为在白居易的爱情和家庭生活中占有重要地位。从第二联"他人尚相勉，而况我与君"，可以看出白居易和杨小姐在结婚之前有过接触，而且二人情投意合，并不是先结婚后恋爱。诗中，列举了黔娄、冀缺、陶渊明和梁鸿四人的妻子，不嫌弃丈夫贫困而长相厮守的事例，希望杨小姐也能够如此贤惠。"君虽不读书"四句，说明作为大家闺秀的杨小姐，可能不识字或识字不多，也可能识字但只读汉代班昭的《女戒》之类，而不知道黔娄妻子等事迹，而这些事迹，在"我"看来，更值得千载传颂。"人生未死间"八句，表明自己的财富观和价值观，正如俗语所说"黄金万两，日不过三餐，广厦千间，床不过三尺"是也。最后六句相互勉励，期望在生之年能甘于清贫，保持清白，执子之手，与子偕老，一旦撒手能后世留名，福荫子孙。

　　这里，澄清若干问题。一是白居易别湘灵而娶杨氏，并非始乱终弃、攀附高门。与湘灵分手，是家族反对的结果。白居易的家庭虽称庶族，并不是高门望族，但门第高低，都是相对的。白家几代，虽然没登显位，但一直是官宦人家，父亲白季庚曾任徐州别驾、襄州别驾，官品从四品下，而湘灵的家庭出身可能一般，是农家或商家，因此，白氏家族不同意他们往来。自与湘灵分手，到白居易结婚，已经过去 4 年。这 4 年中，虽然白居易还在挣扎和期盼，但求取功名的意识和忙碌使他无暇他顾，及至制举登第，召入翰林，眼看与湘灵之间已无可能，这时候，年龄已大，也有一定的地位，同时也需要家庭的温暖，因此，在与杨小姐结识、相恋之后而结婚，是水到渠成、顺理成章的事儿。

　　二是《赠内》诗列举黔娄之妻等人事迹，有人说是杨小姐爱虚荣、贪富

贵，白居易规劝于她。这一说法有点信口开河。杨小姐的父母究竟是谁，结婚时父母健在还是寄人篱下，其经济来源如何？这些问题已经无法弄清。我们知道的是，她的堂叔杨宁、族叔杨於陵都时任高官，前者有杨汝士、杨虞卿、杨汉公、杨鲁士等4个儿子，后者有杨景复、杨嗣复、杨绍复、杨师复等4个儿子，杨门的家风很好，汝士、虞卿、汉公、鲁士、嗣复、绍复6人均进士及第，景复、师复后来也当高官，因此，杨氏的这些堂兄弟、族兄弟个个聪明上进、器宇不凡、充满活力，今后在大唐政治中将扮演重要角色。堂兄弟中还有一位杨颖士，也很聪明，只不过后来不显，不太知名罢了。[1]
这样的家庭能给予杨小姐经济上的资助和情感上的安慰。杨小姐结婚时大约二十四五岁，在这样的氛围中长大，并没有沾上骄横跋扈、颐指气使、讲吃讲穿、花钱如水的坏毛病，因此，白居易用不着来给新婚妻子上一课，教导她不要贪图物质享受，而是真心期盼妻子和自己同甘共苦、携手偕老。

女儿金銮子的降生给白居易带来了巨大欢乐。在撰写奏章之际，在创作新乐府之时，在皇宫值班之余，是妻子、女儿给他力量，给他温暖，给他开心快乐。是的，宫阙再高，离不开小家温情；美酒珍肴，不能忘粗茶淡饭。一个男人，不可以不要事业，但也不可以不要家庭。宫廷朝会，气象庄严，朋友聚会，欢歌笑语，但这些，总有散场的时候，这时，如果有妻子在家默默等待，有孩子在床静静睡觉，那该是一种怎样的温馨？看他在女儿周岁时写的诗《金銮子晬日》："行年欲四十，有女曰金銮。生来始周岁，学坐未能言。惭非达者怀，未免俗情怜。从此累身外，徒云慰目前。若无夭折患，则有婚嫁牵。使我归山计，应迟十五年。"晬，指婴儿周岁。唐代，婴儿出生三日，要举行"洗三"仪式，为婴儿洗澡，设宴待客；周岁时，举行"周晬"活动，在婴儿面前罗列诸多物品，看他先抓什么，以预测其将来，叫作"试晬"，后来叫抓周。白居易的诗表面上看极其平淡，说什么"则有婚嫁牵""应迟十五年"，细读起来，实则充满怜爱，充满柔情。

不幸的是，金銮子3岁而夭，这叫白居易哀痛不已。这一年，是元和六年（811），白居易的母亲也是这一年去世的。退居下邽，为母丁忧，痛失爱女，贫病交加，白居易遭受了非常大的打击，思想由此开始发生变化，勇猛精进变为消极沉郁。这时，他给妻子写了两首诗，一是《赠内》："漠漠暗苔新雨地，微微凉露欲秋天。莫对月明思往事，损君颜色减君年。"杨氏失去女儿，有点神情恍惚，新雨后，凉露天，看明月，想心思，白居易不知怎样劝

解，只好说"不要多想啊，你看，你都瘦了"等一类"俗"话。一是《寄内》："桑条初绿即为别，柿叶半红犹未归。不如村妇知时节，解为田夫秋捣衣。"可能是杨氏受不了丧女之苦，到娘家住了一段时间，因为娘家人多热闹些，可以冲淡一些悲痛。白居易写信求她回来，说"你看你回娘家这么久，还不如村妇，村妇还晓得回来为田父捣秋衣呢"等一些"怨"语。这一俗一怨，恰恰表现了对妻子的怜惜和依恋，表现了对妻子的一片深情，细细读来，令人动容。

元和十年（815），白居易被贬江州。诏书一下，翌日上路，孑然一身，凄惶南行。在商州，白居易停下，等待在家收拾物品的妻子赶来会合。俗话说，夫妻本是同林鸟，大难来时各自飞。但看来杨氏不是那样的人，她不但要和丈夫同富贵，也要共患难。看到妻子跟着自己受苦受累，白居易很是不安，他写《发商州》："商州馆里停三日，待得妻孥相逐行。若比李三犹自胜，儿啼妇哭不闻声。"李三指李顾言，他本年春天去世，所以儿啼妇哭都听不到了，而自己呢，虽然比李顾言要好些（"犹自胜"），但听着儿啼妇哭，是一种怎样的悲痛和愤懑，是生不如死啊，因此，"犹自胜"明显地反话正说。这里有一个问题，白居易诗中写"妻孥"（另一首《舟行江州路上作》诗中说"妻子"，见下），莫非在金銮子之后，又生了一个孩子？

自襄阳转水路后，白居易写诗《舟夜赠内》："三声猿后垂乡泪，一叶舟中载病身。莫凭水窗南北望，月明月暗总愁人。"夫妻对话，喃喃私语，既说自己，又说妻子，相对垂泪，蕴含歉疚。写《舟行江州路上作》，有句："平生沧浪意，一旦来游此。何况不失家，舟中载妻子。"现实的风波，将我打回了沧浪，失去了国家（朝廷），我却还有小家，正话反说，自我安慰，自嘲自解，更显沉痛。

有一首诗《逢旧》引发人们的想象，诗中写道："我梳白发添新恨，君扫青蛾减旧容。应被旁人怪惆怅，少年离别老相逢。"有人说这是湘灵知道白居易被贬，特意到路上赶来相会。这一想象未免过于丰富。依我看来，青蛾者，应该是白居易年轻时认识的歌妓或者宫人，与"早年情事"无涉，更不是指湘灵。

到江州后，白居易有多篇诗文和妻子有关。

写到妻子的诗 9 首：《秋晚》："莱妻卧病月明时，不捣寒衣空捣药。"《东南行一百韵》："女惊朝不起，妻怪夜长吁。"《咏怀》："妻儿不问唯耽酒，冠

盖皆慵只抱琴。"《题座隅》："历官凡五六，禄俸及妻孥。"《元九以绿丝布白轻裘见寄，制成衣服，以诗报知》："贫友远劳君寄附，病妻亲为我裁缝。"《香炉峰下新卜山居，草堂初成，偶题东壁》："来春更葺东厢屋，纸阁芦帘著孟光。"《端居咏怀》："从此万缘都摆落，欲携妻子买山居。"《初著刺史绯，答友人见赠》："银印可怜将底用，只堪归舍吓妻儿。"《戏问山石榴》："争知司马夫人妒，移到庭前便不开。"

写给妻子的诗1首：《赠内子》："白发长兴叹，青娥亦伴愁。寒衣补灯下，小女戏床头。暗淡屏帏故，凄凉枕席秋。贫中有等级，犹胜嫁黔娄。"

写孩子的诗3首：《罗子》："有女名罗子，生来才两春。我今年已长，日夜二毛新。顾念娇啼面，思量老病身。直应头似雪，始得见成人。"《弄龟罗》："有侄始六岁，字之为阿龟。有女生三年，其名曰罗儿。一始学笑语，一能诵歌诗。朝戏抱我足，夜眠枕我衣。汝生何其晚，我年行已衰。物情小可念，人意老多慈。酒美竟须坏，月圆终有亏。亦如恩爱缘，乃是忧恼资。举世同此累，吾安能去之。"《自到浔阳生三女子，因诠真理，用遣妄怀》："宦途本自安身拙，世累由来向老多。远谪四年徒已矣，晚生三女拟如何。预愁嫁娶真成患，细念因缘尽是魔。赖学空王治苦法，须抛烦恼入头陀。"

还有三篇文章提到妻子：《与元九书》："凡闻仆《贺雨》诗……乃至骨肉妻孥，皆以我为非也。其不我非者，举世不过三两人。"《草堂记》："待予异时弟妹婚嫁毕，司马岁秩满，出处行止，得以自遂，则必左手引妻子，右手抱琴书，终老于斯，以成就我平生之志。"《与杨虞卿书》："又视仆抚骨肉、待妻子、驭僮仆，又何如哉？小者近者，尚不敢不尽其心，况大者远者乎？所谓斯言无愧而后发矣。"

我们从中读到了什么呢？

一是夫妻感情好。男人和女人，是不一样的动物。他们的兴趣爱好不一样，关注点也不一样。对于政治上的打拼，那种踔厉风发的干劲，那种疾恶如仇的性情，妻子不一定能理解，她要的是人平安、家和美。女人于家庭甚于任何其他一切。她对宫廷政治、掖垣生涯或许不感兴趣，对诗歌"补察时政、泄导人情"也不感兴趣，她对熟人的升降去留、对衣服和妆容的风气变化，可能更感兴趣，但这并不影响她爱自己的丈夫，当然，也爱他所从事的事业。在京城，丈夫出入宫阙时是这样，到江州，丈夫跌入泥潭时也是这样。杨氏跟着白居易到江州时才30岁出头，虽然"皆以我为非"，虽然长吁而"怪"，

虽然比较起京城，江州显得那样荒远和孤寂，但总体而言，她还是默默地接受这一切，忍受这一切。"捣药""裁缝"和"补衣"这些细节，生动地展现了夫妻生活的温暖。是的，人生有坦途就有坎坷，命运有顺遂就有乖舛，仕途坦荡、灯红酒绿之时，夫妻甜蜜是正常的，如果被贬远窜、清锅冷灶之际，夫妻还能同心，那才是真正难得。正因为如此，白居易才会想到"左手引妻子，右手抱琴书，终老于斯（庐山）"，才会想到借绯后与妻子共享，"只堪归舍吓妻儿。"

二是孩子生得多。金銮子出生之后，见于记载的有6年没有生育，然而，白居易夫妇在九江却接连生了三个女儿，也就是差不多一岁一个，这样的密度可谓高矣。从京城到江州，有了大把的时间，或许，努力造人就成为生活的重要内容，从中亦可看出，他们夫妇对生个儿子的心情是多么迫切。三个女儿中只有阿罗留下名字，并长大成人，其余的都过早夭折。古代中国，妇女儿童保健意识和条件都很差，婴儿成活率不高，白居易身居州郡官员，尚且如此，平民百姓更不用说。"预愁嫁娶真成患"，在唐代，女儿嫁一个什么样的人，预备嫁妆多少，是父母的心病。白居易《秦中吟十首》的第一首《议婚》中写道："红楼富家女，金缕绣罗襦。见人不敛手，娇痴二八初。母兄未开口，已嫁不须臾。绿窗贫家女，寂寞二十余。荆钗不值钱，衣上无真珠。几回人欲聘，临日又踟蹰。"富家女啥事不懂，但早嫁不愁，贫家女知礼孝顺，但难以出嫁，为何？原来是嫁妆惹的祸。只要娘家妆奁多，哪管新妇是白痴。白居易想到将来女儿出嫁时不让她受委屈，因此"预愁婚嫁"，这当然是一种诙谐，而"细念因缘"看起来是"魔"，有点像当今人们骂孩子是"讨债鬼"一样，充满对女儿的慈爱。古往今来，不管达官贵人还是平头百姓，都把孩子看作是希望，这不就是生活的本来面目么？

三是家庭很重要。白居易用如此多的笔触来写妻子和孩子，足见他是多么重视家庭。如果说在京城，由于朝会和夜值，由于与友人诗酒相会，由于写新乐府和奏章，日程安排满，闲暇时间少，对家庭尚未那么关注和依赖的话，那么，到江州后，又是一番完全不同的景象：大把的时间，空寂的环境，不多的熟人，促使还算顾家的白居易进一步回归家庭。这时，家庭的温暖和安慰，是最重要的支撑力量。妻子不懂宫廷，那就说说九江，妻子不懂诗，那就讲讲事，喃喃私语，闲话绵绵，自是一番光景。及至女儿抱足拽衣，牙牙学语，白天的哭笑，晚上的熟睡，这一切，对任何男人而言，纵然是百炼

钢，也化为绕指柔，更何况多情又善感的白居易！因此，读者诸君千万不要被"妻儿不问唯耽酒"所蒙蔽，而要看清"欲携妻子买山居"的本真。

有人说，白居易被贬江州，是政治失意、爱情失恋之时。政治失意没有问题，爱情失恋则殊为牵强。诚然，在江州，白居易是写了《感情》，以此怀念湘灵，但这个时候，已经和湘灵分别了14年，心底里对湘灵有一丝歉疚，有一丝牵挂，对多情的白居易来说，是正常的，但是，不能以此否定白居易与杨氏之间的爱情。从白居易上述诗文看，白居易与杨氏之间感情是深厚的，家庭是温馨的，假如情如纸薄，断然写不出如此众多、如此缠绵的诗歌来。

可能有人会说，无论是写到妻子，还是写给妻子，白居易的诗不像是爱情诗，也不像是小夜曲。比较起写给湘灵的《感情》和有可能是写给湘灵的《长相思二首》，白居易写给妻子的诗是有些寡淡，但这不足以证明白居易对妻子比湘灵感情差。其实，这两者是不可比的，一个是年轻单纯的情人，一个是相濡以沫的妻子，一个关山重重，一个日日厮守，写给两者的歌怎么会一样呢？

唐君毅说："中国夫妇之相处，恒重其情之能天长地久，历万难而不变。而唯在离别患难之际，其情之深厚处乃见。"就是说，中国夫妇结婚后才是爱情的开始，希望的是携手风雨、地久天长，而于爱情文学而言，则是在生离死别之际，最能抒发感情。故而唐君毅接着说："中国言夫妇之情之最好者，莫如处乱离之世如杜甫、处伦常之变如陆放翁等之所作。"看老杜的《月夜》："今夜鄜州月，闺中只独看。遥怜小儿女，未解忆长安。香雾云鬟湿，清辉玉臂寒。何时倚虚幌，双照泪痕干。"论诗者没有人不说这是最感人的爱情诗，可要知道的是，杜甫这时已经和妻子相隔两地多时，且自己处以生死未卜、妻子处于颠沛流离之际。再看放翁的《钗头凤》："红酥手，黄滕酒，满城春色宫墙柳。东风恶，欢情薄，一怀愁绪，几年离索。错错错。春如旧，人空瘦，泪痕红浥鲛绡透。桃花落，闲池阁，山盟虽在，锦书难托。莫莫莫。"陆游这首词也是与前妻唐婉被迫离异多年，再次见面，百感交集，喷薄而出的。这样看来，唐君毅的话并没有错。时空相隔，才能满怀思念，才能百般想象，才能拨动心弦；久别重逢，才会心绪难平，才会满眼泪水，才会感慨万千。这大概是一般规律。当然，杜甫与妻子杨氏、陆游与表妹唐婉，还仅仅是生离，如果说到死别，无论如何，白居易的朋友元稹算得上一个，还有苏东坡、李清照，应该都可算上是"最好者"。

如果没有生离死别，那么，夫妻之间爱情最动人的当是同甘共苦。同甘容易，共苦却难。在京城，白居易夫妇欢乐共享顺理成章，但在江州，白居易夫妻相濡以沫却令人动容。从白居易的诗中，我们看到，面对江州生活的贫困与孤寂，杨氏安之若素，补衣裁缝，面对白居易心情郁闷和身体欠佳，杨氏关心体贴，捣药伴愁，面对孩子的哭闹及夭折，杨氏呕心沥血，慈爱有加。还有，在江州，先是白居易的哥哥白幼文自徐州来，带来了"诸院孤小弟妹六七人"，后是白居易的弟弟白行简从东川来，带来了6岁的儿子阿龟，再后，白幼文在下邽家中去世，两个妹妹（有可能也在下邽）双双出嫁，一大家子的衣食照顾，红白喜事的金钱开支，这些诸多琐事，最耗费心血，也影响感情，在自己频繁生育、身体不好，经济并不宽裕的情况下，杨氏没有怨言，一力操持，做到了"长嫂如母"，是实实在在给白居易以支持和安慰。

是的，家庭生活，说到底，是平凡的，淡泊的，支撑家庭夫妻之间的爱情，也是平凡的，淡泊的。爱情，不仅仅是玫瑰花、巧克力，不仅仅是情人节、狂欢节，不仅仅是烛光晚餐、浪漫旅行；爱情，还是锅碗瓢盆、柴米油盐，既要共享快乐，也要分担忧愁，既要通情达理，又要隐忍坚持，还有，要处理好小家庭和大家庭、私事和公事、私人朋友圈和公事同仁圈等各种关系。看世间，真情相爱、比翼双飞的众多，假情假意、劳燕分飞的也不少，老婆帮助老公成就事业的众多，老公被老婆害惨了的也不少，这方面的例子，读者诸君难道还需要我一一列举么？

离开江州后，白居易在许多诗文中写到妻子，有一篇《绣西方帧赞并序》就透露出杨氏晚年亦虔诚学佛。他写给妻子的诗也有两首，其一是《妻初授邑号告身》："弘农旧县受新封，钿轴金泥告一通。我转官阶常自愧，君加邑号有何功？花笺印了排窠湿，锦幖装来耀手红。倚得身名便慵惰，日高犹睡绿窗中。"这是长庆元年（821），白居易任主客郎中、知制诰，又加朝散大夫，转上柱国时写的。按唐朝典章制度，五品职事官、加勋官三品者，其母亲和妻子可封为县君。杨氏由此被封为弘农县君，成为所谓诰命夫人。这个时候，杨氏娘家兄弟们也开始发达，杨汝士任右补阙，杨虞卿任监察御史，杨嗣复以库部郎中知制诰、拜中书舍人。白居易家中，白行简任左拾遗，白敏中亦进士及第。家族兴旺，夫贵妻荣，这当然是好事，白居易写这首诗时亦有些沾沾自喜，但也带有挥之不去的惭愧心理，有些得意，也有些诙谐。而苦尽甘来的杨氏好像并不拿诰命夫人当回事，好像也并不招摇和显摆，该懒懒，

该睡睡。

太和九年（835），白居易授太子少傅分司东都，进封冯翊县开国侯，杨氏被封为弘农郡君，政治身份又显贵了一些。会昌二年（842），71 岁的白居易写了一首《二年三月五日，斋毕开素，当食偶吟，赠妻弘农郡君》："睡足支体畅，晨起开中堂。初旭泛帘幕，微风拂衣裳。二婢扶盥栉，双童异簟床。庭东有茂树，其下多阴凉。前月事斋戒，昨日散道场。以我久蔬素，加馔仍异粮。鲂鳞白如雪，蒸炙加桂姜。稻饭红似花，调沃新酪浆。佐以脯醢味，间之椒薤芳。老怜口尚美，病喜鼻闻香。娇呆三四孙，索哺绕我傍。山妻未举案，馋叟已先尝。忆同牢卺初，家贫共糟糠。今食且如此，何必烹猪羊？况观姻族间，夫妻半存亡。偕老不易得，白头何足伤？食罢酒一杯，醉饱吟又狂。缅想梁高士，乐道喜文章。徒夸《五噫》作，不解赠孟光。"诗中，展现了一幅夫妻和谐、孙辈绕膝、饮食随心、生活安逸的画面，是老年生活的写照。"忆同牢卺初"之后的几句，可以看作是白居易对其一生婚恋生活的回顾和总结，与他在新婚时所作的《赠内》相对应，对于夫妇能共同穿越漫长的人生旅程，达到白头偕老感到由衷的满足。在这里，白居易又一次提到梁鸿，认为梁鸿的《五噫》确实写得好，但梁鸿也有不足，他就没给孟光写过什么诗歌！诗中，透露出白居易的得意和幽默。

与杜甫、陆游、元稹、苏东坡、李清照不同，白居易与杨氏不曾有过生离，更谈不上死别，他们终其一生都是在一起生活，不离不弃，从一而终。他们在一起的 39 年，分享过上升时的快乐，分享过收获时的喜悦，更重要的是，分担过风雨坎坷，分担过艰难困苦。他们曾遭受丧女（金銮子等）、丧子（太和三年，白居易 58 岁时生子阿崔，但仅 3 岁而殁）之痛，经历了为母丁忧、退居下邽的贫困，被贬江州、窜伏荒远的失意，看淡世情、半官半隐的坚守，以及没有儿子、女婿又早逝的悲哀，有如此多的苦难的洗礼，有如此多的心灵的相依，白居易和杨氏，彼此之间已不仅仅是专一忠诚、夫唱妇随，而是心灵契合、生死与共了。这里的感情，也许不像初恋定情时那么热烈浪漫，不像生离死别时那么惊心动魄，不像烈酒，会使你酩酊无所知，也不像苦药，会使你甘霖三尺透，而像是一碗白开水，沉静、透彻、温婉、平和，恰是人体所必需，而且是常年所需，一生一世，不可缺少。⑫

有一首歌《最浪漫的事》唱得好：

　　我能想到最浪漫的事，

就是和你一起慢慢变老，

一路上收藏点点滴滴的欢笑，

留到以后坐着摇椅慢慢聊。

我能想到最浪漫的事，

就是和你一起慢慢变老，

直到我们老得哪儿也去不了，

你还依然把我当成手心里的宝。

亲　情

元和十三年（818），九江，白居易写《湖亭与行简宿》：

浔阳少有风情客，招宿湖亭尽却回。

水槛虚凉风月好，夜深谁共阿怜来。

诗中，有些不快地说，浔阳的风情客少得很呐，你看，初秋时节，波光激滟，凉风习习，月儿圆圆，大伙儿在湖亭相会，多么热闹，可到了夜深时分，这些家伙怎么一个个都溜了呢，只剩下我和弟弟白行简，对床夜话，一宿无眠……

浔阳真的少有风情客么？看《蔷薇正开，春酒初熟，因招刘十九、张大夫、崔二十四同饮》，其中有"试将诗句相招去，倘有风情或可来"，明显的把刘十九等人算作风情之人，怎么在这里又只有自家兄弟才算是风情客呢？

说来也怪不得白居易有些自夸，他的弟弟白行简也是个人物。

白家是个大家族，曾祖父白温这一支下来，白居易堂兄堂弟不少。大家知道，唐人诗文中喜欢以行第相称，白居易就被称为白二十二，韩愈被称为韩十八，元稹叫元九。如何计算行第？岑仲勉《唐人行第录》说，是从"曾祖父所出以计也"。事实上，计算行第的方法颇多，有按父、按祖排行，也有按高祖、按房排行，当然，通常是按曾祖父的枝丫来排行。白居易排行二十二，就是按曾祖排行。白居易有弟弟白行简、堂弟白敏中，这样算来，曾祖父白温传到白居易这一辈，堂兄堂弟加起来至少有 24 人 。

白家堂兄弟们聚散不定，但有一部分成员或有一段时间会生活在一起，

由此，就算是堂兄弟，也有很深的感情。贞元十五年（799），白居易自浮梁至洛阳省母时，写了一首著名七言律诗，标题很长，叫《自河南经乱，关内阻饥，兄弟离散，各在一处，因望月有感，聊书所怀，寄上浮梁大兄、于潜七兄、乌江十五兄，兼示符离及下邽弟妹》，诗中写道："时难年荒世业空，弟兄羁旅各西东。田园寥落干戈后，骨肉流离道路中。吊影分为千里雁，辞根散作九秋蓬。共看明月应垂泪，一夜乡心五处同。"这里的浮梁大兄，即胞兄白幼文，而于潜七兄、乌江十五兄，都是堂兄。

白居易同胞兄弟只有4人，老大是白幼文，老二是白居易，白行简是老三，还有一个老小，叫白幼美，乳名金刚奴，可惜9岁时在符离早夭。

白幼文大约比白居易大3岁左右，贞元十四年（798），任饶州浮梁县主簿，正是这一年，白居易自符离来到浮梁，意在举业，即为参加进士试做准备。在前往饶州的途中，他写诗《将之饶州江浦夜泊》，其中有句："光阴坐迟暮，乡国行阻修。身病向鄱阳，家贫寄徐州。前事与后事，岂堪心并忧。忧来起长望，但见江水流。"浮梁县当时属饶州，饶州治所在鄱阳县，所以以鄱阳代指浮梁；符离当时属徐州，故以徐州代指符离。诗中表达了世事无常、人生多艰、天涯孤旅、乡愁难消的情绪。离开浮梁后，写《伤远行赋》："贞元十五年春，吾兄吏于浮梁。分微禄以归养，命余负米而还乡。出郊野兮愁予，夫何道路之茫茫！茫茫兮二千五百，自鄱阳而归洛阳。""况太夫人抱疾而在堂。自我行役，谅夙夜而忧伤。惟母念子之心，心可测而可量。虽割慈而不言，终蕴结乎中肠。曰予弟兮侍左右，固就养而无方。"在父亲白季庚去世后，白家生活陷于困顿，白幼文作为长子，成了家中的顶梁柱，承担了供养母亲和弟妹的任务。县丞、县主簿、县尉都是县令的副手，白幼文为主簿，俸禄并不算高。浮梁属上县，主簿正九品下，每年禄米四十石，料钱每月二十贯，养活自己的小家庭大概问题不大，但小家庭之外，还有母亲和弟妹一大家，则显得紧巴巴的，需要叔叔和堂叔接济资助。这一次，白幼文买了一些大米，估计是考虑到洛阳大米较少，且当年北方大旱，粮食缺乏，因此叫白居易带些回家，数量不可能很多，也就是四五十斤的样子，千里路远，便于携带。平常日子，白幼文供养家中的铜钱，应该还是通过驿站邮寄，或托人捎带的。

元和十一年（816）七月，即白居易被贬江州的第二年，白幼文携"诸院孤小弟妹六七人"来到九江和弟弟团聚。白幼文什么原因来江州？不详。我

揣测，可能是白幼文身体欠佳，想将诸院孤小弟妹托付给弟弟。翌年春，白幼文只身回到渭南下邽，闰五月，病逝于家中，时年 49 岁。白幼文任浮梁主簿达 18 年之久，未见升迁，而且英年早逝，叫白居易异常悲痛，在江州，他写《祭浮梁大兄文，时在九江》，遥祭兄长。这篇文章情真意切，堪为唐代祭文之范本。为让读者诸君了解古祭文是如何写的，抄录如下：

> 维元和十二年，岁在丁酉，闰五月，己亥，居易等谨以清酌庶羞之奠，再拜跪奠大哥于座前。伏惟哥孝友慈惠，和易谦恭，发自修身，施于为政，行成门内，信及朋僚。廉干露于官方，温重形于酒德，冀资福履，保受康宁。不谓才及中年，始登下位，辞家未逾数月，寝疾未及两旬，皇天无知，降此凶酷。交游行路，尚为兴叹，骨肉亲爱，岂可胜哀！举声一号，心骨俱碎。今属日时叶吉，窆窆有期，下邽南原，永附松槚。居易负忧系职，身不自由，伏枕之初，既阙在左右，执绋之际，又不获躬亲，痛恨所钟，倍百常理。
>
> 呜呼！追思曩昔，同气四人，泉壤九重，刚奴早逝，巴蜀万里，行简未归，茕然一身，漂弃在此。自哥至止，形影相依，死灰之心，重有生意。岂料避弓之日，毛羽摧颓，垂白之年，手足断落。谁无兄弟，孰不死生？酌痛量悲，莫如今日。宅相痴小，居易无男，抚视之间，过于犹子。其余情礼，非此能申。伏冀慈灵，俯鉴悲恳，哀缠痛结，言不成文。呜呼哀哉！伏惟尚飨。

祭文中，先叙兄长的德行品性、为人处事，"孝友慈惠……保受康宁"。次说事发突然、令人悲痛，"心骨俱碎。"再言自己身系谪籍，不得自由，兄长生病之时，自己不能亲侍汤药，去世之后，自己又不能亲办后事，叫人怎能不悲痛异常？最后想兄弟四人，已有两人早赴九泉，行简尚在巴蜀，我一个人飘蓬在此，叫人怎能不孤独无比？咱家侄儿白宅相年龄尚小，我自己没有儿子，将视如己出，尽力抚养成人，以慰亡灵。呜呼哀哉！

说过了白家兄长白幼文，我们再来说弟弟白行简。

白行简，字知退，大约小白居易五六岁。如果说白居易对哥哥白幼文是尊重，那么，对弟弟白行简则是友爱。也难怪，哥哥较早外出闯荡，兄弟相聚时间较少，而和弟弟则长期待在一起，感情自然深厚些。加上白行简亦有才华，兄弟之情外，还有一份志同道合的感觉。贞元十七年（801），白居易作《祭乌江十五兄文，时在宣城》，其中写道："白居易与兄及高九、行简，

虽从祖之昆弟，甚同气之天伦"，这就说得很清楚，白逸（乌江十五兄）、白高九（出身不详）和白居易、白行简，虽然是堂兄弟，但不亚于亲兄弟，不但同族同宗，而且同气同声。白行简元和二年（807）进士及第，时年31岁，并且很可能于元和四年（809）吏部科目选或制举登第，[13]从而释褐授校书郎，经历与白居易几乎相同，明显可以看出是受二哥的影响。

《旧唐书·白行简传》说："行简文笔有兄风，辞赋尤称精密，文士皆师法之。"白行简的辞赋固然上佳，《全唐文》载录多篇，但其贡献最著者，是小说《李娃传》。

《李娃传》说的是李娃和某生的爱情故事。常州刺史荥阳公之子某生，是一个翩翩少年，长相俊朗，腹有诗书，乡试后赴京赶考，在长安偶遇妓女李娃。两人一见，相互倾慕，加之某生从家乡带来大把银子，因此得到鸨母妈妈的首肯，住进了李家，男欢女爱，把功名之事抛到了九霄云外。时间一长，钱财渐渐花光，鸨母设计，李娃配合，诓骗某生外出，母女卷席而逃。某生遍寻不遇，又无银两，大病一场，只得在租售丧葬用品的店铺——当时叫凶肆——中度日，渐渐学会了为人哭丧，叫作"挽郎"，因为有身世之痛，那哭得真叫一个伤心，比孝子贤孙哭得还要悲伤。东西两家凶肆，互为争胜，相约在天门街比赛，看谁家的丧葬仪仗严整丰富，谁家挽郎哭丧哭得好，结果，某生一出场，声情并茂，哀痛感人，一曲未终，连看热闹的众人都忍不住嘘唏掩泣。正巧，荥阳公到京城述职，听说有如此比赛，来看热闹，家中老奴认出某生，荥阳公大怒，将有辱门庭的儿子鞭笞数百而毙。后某生被同党救醒，无何，沦为乞丐，一日，行乞到安邑东门，恰遇李娃。李娃一看，某生骨瘦如柴，满身疥疮，衣服褴褛，没有人形，于是失声痛哭：是我害了你呀。遂将某生安顿到自家西厢。鸨母不干，要赶出某生，李娃态度坚决，要求赎身，与某生另租房安家。疗养了一年多，身体平复，李娃鼓励某生重捡书本，准备科举。经过三年准备，某生得中进士。李娃认为，你不同于他人，由于有一段不光彩的历史，更需要再战文场，获取名声，才可能洗刷耻辱。于是某生更加刻苦读书，在制举试中一举夺魁，官授成都府参军。也巧，新任成都府尹正是某生的父亲。荥阳公一见儿子有了出息，大喜，知道了来龙去脉，于是以隆重的礼节迎娶李娃。其后，某生官运亨通，屡有迁升，在两三个地方当封疆大吏。夫荣妻贵，李娃被封为汧国夫人，四个儿子个个有出息，后来都当了大官。

　　这么一出爱情喜剧，却比悲剧更能打动人，更能折射世道和人心。李娃出身风尘，不可避免地爱男人更爱金钱，因此，在遇到又帅又有钱的某生时，自然萌发爱慕之情，而当某生金钱散尽、一文不名时，她又与鸨母合作，抛弃了某生。故事讲到这里，是一个典型的俗套，千百年来成千上万人反反复复上演的故事。但李娃不止于此，当她再次遇到穷困潦倒、饥寒交迫的某生，爱情和良心同时苏醒，于是做出种种努力，赎身陪伴，疗伤治病，并一而再、再而三地鼓励某生励志上进。而当某生登第授官、即将苦尽甘来之时，李娃却提出分手，给某生以自由，不愿用自己的恩惠来换取爱情，实实在在展现了人格的高贵和人性的光辉。荥阳公的艺术形象也很真实。谁不盼自家的儿郎上进、出息？当看到失联多时的儿子千金散尽、厕身污淖时，可以想见做父亲的是多么震惊和伤心，鞭笞一顿不算为过，但鞭打致死则显暴虐。而当再次见到儿子，看到儿子获得新生，得知实赖李娃之力，荥阳公接纳了李娃，实在是出于爱儿子而有了一种感激之情，是较为合情合理的一种安排，因此，我不认同荥阳公是一反面角色的说法，以人心来度量，荥阳公算是一个正常的人。

　　从艺术性看，这篇小说有很高的艺术成就。某生与李娃的初次见面，就写得跌宕起伏。一开始，"有娃方凭一双鬟青衣立，妖姿要妙，绝代未有"，某生一见，魂飞魄散，"乃诈坠鞭于地，候其从者，敕取之，累眄于娃，娃回眸凝睇，情甚相慕，竟不敢措辞而去。"见到女神而爱慕，不敢上前搭话，极写年轻人青涩之态。他日，"乃洁其衣服，盛宾从而往"，表明某生是认真的、看重的，当李娃得知前几天的"遗策郎"再次来到时，她也并不轻狂，而是说"尔姑止之，吾当整妆易服而出。"两人的心态互为呼应、相映成趣。及至鸨母命见，"明眸皓腕，举步艳冶。生遂惊起，莫敢仰视。"而后鸨母、李娃、某生三者周旋，鸨母忽进忽出，言行举止恍若如画，生娃你言我语，人物对话如闻其声，表现了作者高超的写作技巧。某生被骗的过程，同样相当精彩细密：李娃、假姨、骑马报信者，每个人物都在这场诡谲的骗局中成功地扮演了规定的角色，其中的笑语常谈、托词谎言、行止进退，都符合人物身份，都符合逻辑，没有生搬硬套、胡编乱造的痕迹。还有，当李娃再次见到落难的某生，说给鸨母的一段话也相当精彩，鸨母要驱逐某生，李娃说："不然，此良家子也，当昔驱高车，持金装，至某之室，不逾期而荡尽。且互设诡计，舍而逐之，殆非人行。令其失志，不得齿于人伦。父子之道，天性也。使其

情绝，杀而弃之，又困踬若此。天下之人，尽知为某也。生亲戚满朝，一旦当权者熟察其本末，祸将及矣。况欺天负人，鬼神不佑，无自贻其殃也。某为姥子，迨今有二十岁矣，计其赀，不啻直千金。今姥年六十余，愿计二十年衣食之用以赎身，当与此子别卜所诣。所诣非遥，晨昏得以温清，某愿足矣。"这段话始说某生是良家子弟，既是官二代，又是富二代，有的是金钱，之所以落到这步田地，都是我们造成的，以此给鸨母以愧疚；其次说他家亲戚当官的多着呢，如果知道来龙去脉，岂不要拿我们是问？给鸨母以震慑；其三说我们做了伤天害理之事，会遭鬼神的报应，给鸨母以恐怖；再次说愿意以自己的私房钱来赎身，给鸨母以甜头；最后说我和某生另租房居住，但离你不远，这样可以冬天温被使暖，夏天扇席使凉，仍把你当母亲侍奉，我们仍尽儿女之孝，给鸨母以亲情。这样的又打压又安抚，动之以情晓之以理，抽丝剥茧，层层递进，实在是逻辑严谨，密不透风，所以鸨母"度其志不可夺，因许之"。联想到唐代是诗歌和散文风行的时代，诗歌和散文具有思维的跳跃性，而能在小说中作这样的描写，其思维呈现一种连续、严密之美，足见作者手法之高超。这篇小说情节跌宕起伏，引人入胜，文笔清丽婉转，淋漓尽致，刻画人物逼真、传神、生动、丰满、形象，很好地表现了人物性格。

　　文艺作品是反映现实生活的一面镜子。较之于诗歌和散文，小说更能较为真实和充分地反映社会生活。《李娃传》给我们展现了长安繁华复杂、充满诱惑和陷阱的都市生活：譬如妓女骗人钱财已呈现团伙性，其手段无所不用其极；譬如长安已有帮人办理丧事的凶肆，其争胜斗歌的场面，令人印象深刻；譬如长安的乞丐生活，其困苦之状，其叫声之苦，呼之欲出；譬如某生得中进士，李娃要他再参加制举，以连战皆捷来洗刷过去，反映了当时士子的普遍心态，同时也有白氏兄弟连续鏖战科场的影子；再譬如李娃是个妓女，最后却成了诰命夫人，这一大胆的想法或许有所依凭，反映了唐代社会开放、包容的心态，反映了后世所谓节烈观在唐代尚未发展到严重地步的现实，同时，社会地位悬殊的青年男女，在经历千辛万苦之后，能通过爱情获得幸福生活，具有强烈的社会批判意识，具有相当的进步意义。有人就认为，虽然元稹的《莺莺传》写的是才子佳人的故事，深受文人喜爱，流传也更为广泛，"其实，无论就思想或艺术来说，《莺莺传》都比不上《霍小玉传》和《李娃传》。"

　　前面说过，白居易、白行简和元稹、李绅等一批年轻人，曾在新昌宅说

过《一枝花话》，说"话"者是白居易。一枝花就是李娃的艺名。《李娃传》写于什么时候？众说纷纭。卞孝萱《校订〈李娃传〉的标题和写作年代》考证说写于元和十四年（819）。假如这一时间成立的话，那么，就有可能是这样的情形：白居易在永贞末年到元和三年（808），说过《一枝花话》，有一定的脚本（话本），元和十三年（818），在九江期间，兄弟俩在一起讨论过这一脚本，元和十四年（819），白行简对哥哥的脚本加以剪裁修饰，进行艺术加工和再创作，从而定稿。这么说来，《李娃传》应该是白氏兄弟共同创作的作品，九江是两人讨论修订该作品之地。《李娃传》定稿的差不多同时，元稹配合白行简写了诗歌《李娃行》（已佚）。

大家可能会注意到《李娃传》的结尾，白行简写道："予伯祖尝牧晋州，转户部，为水陆运使，三任皆与生为代，故谙详其事。贞元中，予与陇西公佐，话妇人操烈之品格，因遂述汧国之事。公佐拊掌竦听，命予为传。乃握管濡翰，疏而存之。"是说自己的伯祖，与当官后的某生连接三个职位都是前任和继任关系，以此来表明李娃的故事是祖父辈传下来的真人真事。还怕别人不相信，又扯出另一个中唐著名小说作家李公佐——李公佐著有《南柯太守传》《谢小娥传》《庐江冯媪传》和《古岳渎经》等——来予以佐证，说是自己对李公佐讲这个故事，也就是在一起说《一枝花话》，李公佐听得极为认真，听完后坚持要自己写下来，以便留存后世。其实，这是虚掩一招。白行简越是交代故事的实录性、可靠性，就越是显示出小说的虚构性，这一写作手法，在传奇小说开始兴起并逐渐成为一种独立文学样式的唐代，并不罕见。这样做的目的，在于摆脱小说创作不能登大雅之堂的尴尬，因为当时的文坛和所谓正统文人只重诗歌和文章，对小说采取鄙视态度，鲁迅就分析："论者每訾其卑下，贬之曰'传奇'，以别于韩柳辈之高文。"韩愈、柳宗元的文章固然高妙，但当时新兴的市民阶层需要大众娱乐，于是一些文人"始有意为小说"，既然小说不受人待见，那就叫传记吧，由于为人作传，是史家和文人的一贯传统，可以堂而皇之，因此，把小说写得跟真人传记似的，是唐代小说家没有办法的办法。

说到以假乱真，还有一个案例，就是李公佐的《谢小娥传》，据作者说，这个故事的发生地就在九江。《谢小娥传》的梗概是：谢小娥是豫章（今南昌）人，嫁给了历阳的段居贞。小娥的父亲是个商人，翁婿二人和其他亲戚在长江、鄱阳湖水路经商，一天，遭遇不测，翁婿等数十人被害，货物被劫掠。

小娥受伤，被人救起，父亲显灵，托梦说"杀我者，车中猴，门东草"，又梦见丈夫说"杀我者，禾中走，一日夫"。小娥百思不得其解，到处问人，不得要领。这时作者李公佐亲自出场，说自己扁舟东下，在建业（今南京）瓦官寺听僧人说起这事，想了好久，终于悟出一个凶手叫申兰（蘭），另一个叫申春，面告小娥。小娥记住这两个名字，女扮男装，到处寻找仇人，找了一年，结果在九江找到了申兰。小娥入佣其家，获得了申兰的信任，并发现父亲和丈夫的遗物和财宝，也得知申春住在江北的独树浦。过了两年，等到一个机会，申兰、申春与众匪徒相聚，小娥趁机将众人灌醉，手刃申兰，呼唤邻居一同擒获申春和众徒并报官，起获赃物数千万。小娥报仇雪恨，出家为尼。作者本人又出场，说自己元和十三年（818）夏天路过泗滨善义寺，见到小娥，小娥感恩，坚持出家。作者最后说："余备详前事，发明隐文，暗与冥会，符于人心。知善不录，非《春秋》之义也，故作传以旌美之。"

好玩的是，这样一篇虚构的小说，竟被当作人物传记来对待。犯这个低级错误的可不是别人，而是大名鼎鼎的宋代大文豪欧阳修。也许是李公佐写得太像是真人真事，太像是事迹实录，欧阳修、宋祁等在编撰《新唐书》时竟被李公佐所蒙蔽，将谢小娥的事迹写入了正史，见《新唐书》卷205《列女·段居贞妻谢传》。

怎么知道谢小娥的故事是虚构的？就在于李公佐写得过于逼真，逼真太过就容易露馅。《谢小娥传》中说，小娥手刃申兰，擒获申春及众贼后，"时浔阳太守张公，善娥节行，为具其事上旌表，乃得免死，时元和十二年夏岁也。"正是这一看似实录的描写，暴露了原形。元和十二年（817），白居易正在九江，对于擒获数十个贼人、起获赃物数千万的重大案件，作为司马的他不可能不知晓，不可能不参与调查审讯，不可能不撰写向朝廷的奏本，也不可能不写诗来褒赞这样一个侠义行为。可遍查白居易在江州所写的诗文，没有一字提到过这一事件。这一年，白居易建草堂，游大林寺，夏天到建昌，又到庐山山南，游黄石岩，与元集虚盘桓，秋，游石门涧，日子过得忙碌而闲散，丝毫看不出有重大案件需要处理的痕迹。还有，《谢小娥传》说的浔阳太守张公，《新唐书》称其为刺史张锡，不可能是元和十二年的江州刺史，此时的江州刺史是崔能。[14]再者，李公佐写传奇，总是将自己置于事件之中，以增加真实性，不但《谢小娥传》是这样，留存下来的其他三部作品也是这样。在《谢小娥传》中李公佐自称元和八年（813）春自己"罢江西从事"，

在建业遇到小娥，为其解梦，元和十三年（818）"夏月，余始归长安，途经泗滨"，再次遇到小娥，由于不是有意识寻找，后一次相遇未免太巧，令人生疑。还有，李公佐元和十三年（818）没到九江，也反证此事出于虚构。"询访遗迹，翻复再三，事皆摭实，辄编录成传"，实地考察采访，反复核实事实，然后才编撰成文，是李公佐自称的一贯作风，元和十三年（818）春，白行简已到九江，李公佐与白家兄弟相识，浔阳江又是建康与京城长安的主干道，李公佐进京当然可以走汴徐路（即沿漕河而行，头一年淮西平定，汴河通畅），但如果走襄汉道（由建康逆长江至九江，自夏口入汉水到襄阳，再经蓝田武关道），从九江经过，寻访实地，听听巷议，会会老友，岂不更符合逻辑？

说了李公佐，我们来看看白家兄弟在九江的情形。

元和九年（814）春，白行简应剑南东川节度使卢坦之邀，入幕任掌书记，元和十二年（817）九月，卢坦去世，翌年春，白行简携家带口，自梓州顺江而下抵江州。

在江州，白居易写给弟弟的诗有五首，一首诗写到侄儿阿龟，还在一篇文章中提到白行简。让我们来看看这些诗文。

《寄行简》："郁郁眉多敛，默默口寡言。岂是愿如此，举目谁与欢。去春尔西征，从事巴蜀间。今春我南谪，抱疾江海壖。相去六千里，地绝天邈然。十书九不达，何以开忧颜。渴人多梦饮，饥人多梦餐。春来梦何处，合眼到东川。"这首诗写于元和十一年（816）春天，朱金城笺"去春"为"前春"之误，是。这是白居易被贬江州不多久，思念在巴蜀的弟弟所写。"相去六千里"，地理的遥远，令人寂寞，"十书九不达"，通信的艰难，令人忧愁，"春来梦何处，合眼到东川"，一做梦，就梦到你！兄弟之情，跃然纸上。

元和十二年（817）闰五月，白居易在九江遥祭大哥白幼文，写《祭浮梁大兄文》，其中提到"追思曩昔，同气四人，泉壤九重，刚奴早逝，巴蜀万里，行简未归，茕然一身，漂弃在此"。父母已经离世，骨肉唯有弟兄，大哥小弟先去，已经痛苦莫名，兄弟相隔万里，叫人孤独顿生。

同年，写《登西楼忆行简》："每因楼上西南望，始觉人间道路长。碍日暮山青蔟蔟，漫天秋水白茫茫。风波不见三年面，书信难传万里肠。早晚东归来下峡，稳乘船舫过瞿唐。"青山蔟蔟，秋水茫茫，这是遥想弟弟，也是思量人世。山高水阔，尺素难寄，这是寄情东川，也是想念京城。

同年，写《得行简书，闻欲下峡，先以诗寄》："朝来又得东川信，欲取

春初发梓州。书报九江闻暂喜，路经三峡想还愁。潇湘瘴雾加餐饭，滟滪惊波稳泊舟。欲寄两行迎尔泪，长江不肯向西流。"弟弟来信，说（明年）初春要从东川来九江，我是多么高兴，可一想到弟弟要经过三峡，要对付滟滪堆的惊涛骇浪，我有点胆战心惊，生怕出什么意外。亲人就要来到，我悲喜交加，想把这又咸又甜的泪水寄给你，可惜的是长江之水不肯向西流去。

《对酒示行简》："今旦一樽酒，欢畅何怡怡。此乐从中来，他人安得知。兄弟唯二人，远别恒苦悲。今春自巴峡，万里平安归。复有双幼妹，笄年未结褵。昨日嫁娶毕，良人皆可依。忧念两消释，如刀断羁縻。身轻心无系，忽欲凌空飞。人生苟有累，食肉常如饥。我心既无苦，饮水亦可肥。行简劝尔酒，停杯听我辞。不叹乡国远，不嫌官禄微。但愿我与尔，终老不相离。"弟弟一家已来团聚，两个妹妹（在老家下邽）已嫁良人，这一下，我身心俱释，没有包袱了，是多么好的事情。念什么乡国，叹什么荣禄，只要骨肉在一起，团团圆圆，平平安安，九江就是家，人生就有福啊。

《弄龟罗》："有侄始六岁，字之为阿龟。有女生三年，其名曰罗儿。一始学笑语，一能诵歌诗。"阿龟是白行简的儿子。侄儿6岁能念诗，说明小子很聪明，叫白居易很是高兴，白居易后来写《见小侄龟儿咏灯诗，并腊娘制衣，因寄行简》："已知腊子能裁服，复报龟儿解咏灯。巧妇才人常薄命，莫教男女苦多能。"他又对侄女（腊子）、侄儿的聪明很是"发愁"，红颜才子多薄命啊。联想苏东坡写《洗儿戏作》："人皆养子望聪明，我被聪明误一生。惟愿孩儿愚且鲁，无灾无难到公卿。"则完全是白居易思虑直言不讳的表达了。

《旧唐书·白行简传》说："居易友爱过人，兄弟相待如宾客，行简子龟儿，多自教习，以至成名。当时友悌，无以比焉。"古代中国，家国同构，父慈子孝、兄友弟恭等家庭伦理往往上升为国家治理，认为如同以孝道伦理维护宗族一样，也应该以忠孝伦理维持国家，正因为家庭在中国社会中有着独特的政治和文化地位，从而使"家"这个概念对于中国人而言，就有了极其特殊的含义。世界上恐怕没有哪一个民族的"家文化"能够像在中国文化中这样凸显和丰富，也没有哪一个国家的人对"家"的依恋能够像中国人这样强烈。在中国，"家"的地位和意义超越个体，在人生中具有"根"的意义。"家"是那个我们生于斯长于斯的地方，是那座山那条河，是那些老屋那些老树，是那些田埂那些地垄，是那些大人那些玩伴，是那些食物那些味道，它可以穿越时空，成为情感所寄、内心所依、灵魂所托。

　　"家"是每一个人永久的思念，但又是永远都回不去的地方。不要说通信发达、交通便捷的当代，就是在古代中国，一些有文化、有知识、有能力的文人士大夫，由于游学、科举、做官、置业等需要，已经在偌大帝国范围内不断流动和迁徙，由此与家乡越来越远。"少小离家老大回，乡音无改鬓毛衰。儿童相见不相识，笑问客从何处来。"不是儿童不识你，而是你不识孩童面。时过境迁，物是人非，这故乡还是梦中的家么？因此，关山迢递，只能错把异乡当故乡，游子苦吟，只能低头思乡几多愁……

　　"打虎亲兄弟，上阵父子兵。"古人的话千真万确，说千真万确，是因为符合古人大家庭的梦想。四世同堂，尊卑有序，慈爱孝悌，其乐融融，这样图景谁说不好？但现实生活中，这样的图景又难以实现，兄弟阋于墙的悲剧，不仅仅发生在高高的庙堂，在遥远的江湖，兄弟相争、你死我活的事儿也不少，兄弟之情远远不敌夫妻亲子关系，大家庭远远不敌小家庭。也正因为友悌不易，白居易和白行简兄弟之间又感情深厚，彼此扶持，因此史家才会做出一个"无以比焉"的评价。

　　弟弟的到来，纾解了白居易的痛苦和愤懑，是他一步步走向超越的重要一环。在孤独中，有亲人相伴，在郁悒中，有亲人抚慰，该是一种怎样的温暖。重要的是，弟弟和自己的见识相似、志趣相同，兄弟之间在一起可以谈政治、谈文学、谈人谈事谈诗，可以说真话、吐肺腑，更是一种难得的真情。他们的兄弟之情，如同庐山云雾茶，幽香袅袅，提神醒脑；如同浔阳泼水酒，馥郁芬芳，醇厚甘甜。他们的兄弟情分，后世只怕只有苏轼、苏辙兄弟可以相比，"子由常常让苏东坡写出最好的作品""他在密州想起未能相见的弟弟，就写出了史上最好的中秋词"，兄弟感情不分伯仲，只是有可能在由亲情引发的创作上，苏东坡更胜一筹。

　　白居易给弟弟写了这么些诗，作为"风情客"的白行简在九江都做了什么，写了什么？我们居然一无所知。由于白行简的集子《白郎中集》已经佚失，[15]因此，我们看不到白行简在九江的只语片言，这是非常可惜的，不然的话，九江庐山的文库中，该又多了一些隽言妙语，锦绣文章。

　　"江天一色无纤尘，皎皎空中孤月轮。"天气好，同赏江月；"宁知风雨夜，复此对床眠。"天气差，对床夜话，这是兄弟之间最好的生活状态。这样的状态，不仅仅给白居易兄弟彼此以安慰，千百年来，也给我们留下了诗意的画面和人性的温度。

诗 情

甫到九江，白居易写《题浔阳楼》：

常爱陶彭泽，文思何高玄。又怪韦江州，诗情亦清闲。

今朝登此楼，有以知其然。大江寒见底，匡山青倚天。

深夜溢浦月，平旦炉峰烟。清辉与灵气，日夕供文篇。

我无二人才，孰为来其间。因高偶成句，俯仰愧江山。

有谁当得起这样的抬爱，能和伟大的陶渊明相提并论？原来是韦江州。

韦江州是谁？

话说唐玄宗天宝十载（751），一个15岁的少年参了军，由于身材挺拔，长相俊朗，被选为皇帝近侍，担任皇宫警卫以及朝会、巡幸时的仪仗队队员，叫作三卫郎。那个时候，大唐帝国表面上经济繁荣，社会安定，杨贵妃、安禄山正得到空前宠幸，皇家耽于声色，生活糜烂，享乐主义、奢靡之风盛行，一个公子哥儿，能有机会扈从游幸，接触最高领导，什么排场没有见过，什么享受没有经历过，在这个大染缸里，很快，少年变成了恶少。"少年游太学，负气蔑诸生。""少事武皇帝，无赖恃恩私。身作里中横，家藏亡命儿。朝持樗蒲局，暮窃东邻姬。司隶不敢捕，立在白玉墀。骊山风雪夜，长杨羽猎时。一字都不识，饮酒肆顽痴。"逃学、饮酒、赌钱、玩女人，横行街巷里弄、私藏亡命之徒，站岗骊山雪夜，侍奉长杨围猎，皇帝近卫，正是贵族无赖少年的渊薮。这样不学无术、无法无天、作奸犯科、横行霸道的军中恶少，诗人王建有《羽林行》加以描写并给予强烈讽刺："长安恶少出名字，楼下劫商楼上醉。天明下直明光宫，散入五陵松柏中。百回杀人身合死，赦书尚有收城功。九衢一日消息定，乡吏籍中重改姓。出来依旧属羽林，立在殿前射飞禽。"

这样的日子过得快活如流水，然而，安史之乱，打破了这一美梦。渔阳鼙鼓，潼关失守，玄宗奔蜀，天下几危，失去了皇帝这座靠山，失去了近卫这个美差，这个年已及冠的年轻人在避难流离的过程中，开始折节读书，把笔学诗，"武皇升仙去，憔悴被人欺。读书事已晚，把笔学题诗。"由于天资颖异，加上刻苦用功，居然完成了从荒唐少年到正人君子、从不学无术到满腹诗书、从为害一方到简政爱民的巨大转变。李肇《唐国史补》说："韦应物立性高洁，鲜食寡欲，所坐焚香扫地而坐。其为诗驰骤建安以还，各得其风

韵。"你看看，俨然高僧大德或有道之士的架势，而且诗歌笼罩建安至中唐风韵，与早先三卫郎的形象何啻十万八千里！在历任系列低品级官吏后，韦应物出刺滁州，移江州，再入朝任左司郎中，官终苏州刺史，后世称韦江州、韦苏州。

"独怜幽草涧边生，上有黄鹂深树鸣。春潮带雨晚来急，野渡无人舟自横。"这是韦应物写的《滁州西涧》，是山水诗的名篇，也是韦应物的代表作。诗中，有声有色，有动有静，如画般描绘了滁州（今安徽滁州）西涧的景色，委婉曲折地表现了一种淡泊、孤寂的心境。本人少年时，曾经在一幅画上读到这首诗，当时给我强烈的震撼，我都不大敢相信有谁能写出这样美妙的句子来。这首诗影响很大，连诗豪刘禹锡都心悦诚服地说："白居易喜欢我《秋水咏》中的句子：'东屯沧海阔，南壤洞庭宽。'我自己知道，我的诗句不如韦应物的'春潮带雨晚来急，野渡无人舟自横'。"

贞元元年（785），韦应物自滁州刺史转任江州刺史。在江州，他写下了31首诗。《始至郡》写道："溢城古雄镇，横江千里驰。高树上迢递，峻堞绕欹危。井邑烟火晚，郊原草树滋。洪流荡北阯，崇岭郁南圻。斯民本乐生，逃逝竟何为。旱岁属荒歉，旧逋积如坻。到郡方逾月，终朝理乱丝。宾朋未及燕，简牍已云疲。昔贤播高风，得守愧无施。岂待干戈戢，且愿抚茕嫠。"诗中，描绘了九江大江东去、庐山崔嵬、城墙高树、市井炊烟的美丽风景，如此美好田园，可农民由于旱灾和重赋，被迫逃亡，韦应物表示痛心，抒发了自己立志勤政为民、抚孤恤寡的心愿。

有一首《登郡楼寄京师诸季淮南子弟》值得注意。这首诗吟哦道："始罢永阳守，复卧浔阳楼。悬槛飘寒雨，危堞侵江流。迨兹闻雁夜，重忆别离秋。徒有盈樽酒，镇此百端忧。"表现了一种天涯孤旅、秋夜思亲的意境，也展现了一种平淡自然、婉转流丽的诗风。这是史上第一次提"浔阳楼"。细读韦诗，"永阳守"和"浔阳楼"相对，浔阳楼者，似乎说的是浔阳郡之楼，而不是楼的名字叫浔阳楼，因此，本人认为浔阳楼就是庾楼，也就是说，九江压根儿就没有什么浔阳楼，只是韦应物把庾楼叫作浔阳楼。《全唐诗》卷294崔峒《书情寄上苏州韦使君兼呈吴县李明府》有句："陶潜县里看花发，庾亮楼中对月明。"回忆自己和韦应物在九江的交往，没有称浔阳楼而称庾楼，是一个旁证。《全唐诗》写"浔阳楼"者，仅有韦应物和白居易各一首。而白居易所题，明显有顺着韦应物的意思而称浔阳楼。而实写九江庾楼者，人数众多，

包括白居易的好友李绅（李绅后来被贬江西）。有人说，浔阳楼是南楼，亦误。韦诗"危堞侵江流"、白诗"大江寒见底"均表明"浔阳楼"临江而立，而不是临湖而建。至于《水浒传》中绘声绘色描写浔阳楼，拜托，那是小说家言。

韦应物《简寂观西涧瀑布下作》："淙流绝壁散，虚烟翠涧深。丛际松风起，飘来洒尘襟。窥萝玩猿鸟，解组傲云林。茶瓜邀真侣，觞酌洽同心。旷岁怀兹赏，行春始重寻。聊将横吹笛，一写山水音。"这首诗，明显的有慕陶效陶痕迹。也是，到了陶渊明的故乡，又加上性格清净高洁，因此，韦应物对渊明的淳真温润有会于心，对陶诗的质朴真率倾心追慕，便是再自然不过的了，正像清代王尧衢在《古唐诗合解》中所评价的那样："不特其诗效陶，其人亦陶也。"

让我们的目光转向白居易。

白居易对韦应物的追慕，可以回溯到他少年时旅居越中之时。"贞元初，韦应物为苏州牧，房孺复为杭州牧，皆豪人也。韦嗜诗，房嗜酒，每与宾友一醉一咏，其风流雅韵，多播于吴中。或目韦、房为诗酒仙。时予始年十四五，旅二郡，以幼贱不得与游宴，尤觉其才调高而郡守尊。"这里说的是贞元五年、六年，韦应物任苏州刺史，政声好，诗名盛，当时十八九岁（白居易原文年龄有误）的白居易在江浙漂泊，对韦应物、房孺复非常仰慕，只是由于年少名微，不能得以亲近。后来，元和七年（812）在下邽为母丁忧时，白居易写《自吟拙什因有所怀》："苏州与彭泽，与我不同时。"有一种"前不见古人"的淡淡的忧愁。

究竟是什么，使得白居易这样喜爱韦应物？《与元九书》中，白居易说："如近岁韦苏州歌行，才丽之外，颇近兴讽；其五言诗，又高雅闲澹，自成一家之体，今之秉笔者，谁能及之？然当苏州在时，人亦未甚爱重，必待身后，然人贵之。"就是说，韦应物的"颇近兴讽"和"高雅闲澹"是白居易激赏的。的确，"韦应物写过不少反映战乱、批评权贵、同情民生疾苦的好诗，其拟古、歌行皆不乏佳作，而最能代表其典型风格和突出成就的，毕竟还是萧散冲淡的山林隐逸诗。随遇而安的处世态度，对人生富有诗性审美观照，表现了中唐特定时代士人的心灵轨迹，从这里可以寻求其诗的文化意涵。"白居易是韦应物身后发现其价值的第一人。韦应物的批判精神和淳朴古淡，恰恰契合白居易被贬前后的心路历程，从而不由得不视为知己，引为同调。

由荷戟持剑、豪纵不羁、横行霸道，到关注民生、淡远超逸、醇厚天然，

韦应物的人格转换和精神升华叫人击节称奇。如果说贞元初年白居易到苏州，由于年轻，尚不能完全理解韦应物的为人和诗意的话，那么，这一次到江州，来到了30年前韦应物生活过的地方，似乎一下子，白居易和韦应物心灵相通。这里的大江，这里的庐山，这里的庾楼，这里的城墙，还有东林寺、简寂观、遗爱草堂、蒲塘驿站，还有野花春草、碧树流莺，还有高崖深谷、瀑布流泉，都是韦应物曾经走过、见过、吟咏过的，好像都有着韦应物的种种印迹，而自己经历了奋斗，又遭受了打击，人到中年，心思苍茫，怎么不对韦应物理解得更深、了解得更透？所以《题浔阳楼》才说"今朝登此楼，有以知其然"，今天我登上高楼，才晓得陶渊明和韦应物这两位先贤为什么这样高古，"大江寒见底，匡山青倚天。深夜溢浦月，平旦炉峰烟。清辉与灵气，日夕供文篇。"是由于大江浩荡、庐山巍峨、月满高楼、云烟氤氲，大自然的灵气，与两位先贤透亮的心灵相渗透，人杰和地灵，才有了"高玄"的文思和"清闲"的诗情，才有了人格的伟大和作品的永恒。

既然韦应物是追慕的对象，是心仪的范本，那么，在心态调整上、在诗歌创作上，效仿韦应物就是很自然的了。白居易在江州，跌落江湖而依然关注天下，自身难保而依然悯怀苍生，与韦应物"邑有流亡愧俸钱"有异曲同工之感；游心释老、寄情山水、陶冶性情、回归自然，与韦应物短笛横吹、一写山水有殊途同归之趣；江州及江州之后大量的"闲适诗"，尤其是五言诗，其空灵淡远、意境萧散，明显的有效仿韦应物的痕迹和意识。

当然，一个好的诗人，应该是海纳百川，兼收并蓄。由于江州为历代诗歌之渊薮，白居易徜徉其中，真有点"乱花渐欲迷人眼"的味道，除屈原、陶渊明、谢灵运、韦应物等人外，白居易提到过、又与九江有关的诗人还有以下好几位。

鲍照。在九江，白居易写《反鲍明远白头吟》，虽说是"反"，其实是追慕。鲍照，字明远，南朝刘宋时期的文学家。他出身寒庶，因得到临川王刘义庆的赏识，擢为国侍郎，后做过县令、参军之类的小官，死于乱军之中。

鲍照是南北朝时期最杰出的诗人。他在南朝文坛颓靡风尚中，颇自振拔，以现实主义的文学态度，以乐府、五言、七言等形式，广泛描写社会生活，在边塞、山水、怀古等方面取得了巨大成就。"鲍照可谓全能作家，在汉魏六朝，几乎没有一个诗人能像鲍照的诗歌如此丰富多彩，也没有一个诗人能像鲍照这样对后世的诗歌风貌如此全面以影响（就深刻而论，陶

渊明当在其上)。"

鲍照与九江有较深的关系。宋文帝元嘉十六年(439),鲍照26岁,来到江州,自荐于临川王、江州刺史刘义庆。刘义庆"爱好文义""招聚文学之士,近远必至",当时正网罗文士编撰笔记小说《世说新语》,以为韬晦。鲍照才气过人,因此得以延聘,"引为佐史国臣。"鲍照追随刘义庆在江州大概一年左右。

鲍照对九江最大的贡献是《登大雷岸与妹书》,这封写给妹妹鲍令晖的家书,是一篇奇文。信中,描写了雷池(今龙感湖、大官湖一带)怒涛翻滚、鱼鳖横行的诡异景象,表达了苦于行役、人生多艰的感慨。与雷池悲惨阴沉的景色相对照,信中,隔江遥望九江又是一番景色:"西南望庐山,又特惊异。基压江潮,峰与辰汉相接。上常积云霞,雕锦缛。若华夕曜,岩泽气通,明散彩,赫似绛天。左右青霭,表里紫霄。从岭而上,气尽金光;半山以下,纯为黛色。信可以神居帝郊,镇控湘、汉者也。"用明快活泼的笔触写出了庐山云霞夕晖、青霜紫霄的奇幻景色,实在可以看作是用散文手法写出来的一首诗。

九江的美丽山水,不能不引起鲍照的注意。在江州,鲍照写下《登庐山》《登庐山望石门》《从登香炉峰》《上浔阳还都道中》等诗篇,描绘了原始的、野性的、奇幻的自然风景,表达了心向清幽、心祈仙乡、心有隐意的复杂情绪,但比起他的名篇《拟行路难十八首》来,思想价值和艺术价值不大。

叫人感兴趣的是,鲍照写有《学陶彭泽体》一诗。鲍照到江州时,陶渊明已经去世12年了。在这12年里,陶渊明没有被主流意识形态所看重,颇受冷落,是鲍照的这首诗,展现了陶渊明顽强的生命力。在昭明太子萧统"发现"陶渊明之前,应该是鲍照第一个"发现"了陶渊明的艺术价值——颜延之在《陶徵士诔》中,只说"文取指达",肯定了陶渊明的思想性——而鲍照对陶体情有独钟,则是肯定了陶渊明的艺术性,不然,为什么要学陶体呢?学陶慕陶,从诗体开始,这样一种方法,实开后世效陶体诗的先河。

还有一件事不得不提,那就是刘义庆在江州建了一座楼,叫凌烟楼,鲍照写有《凌烟楼铭并序》。从序和铭来看,凌烟楼建在大江之滨,巍峨耸峻,飞阁流丹,坐窥井邑,俯拍云烟,成为江州形胜。至唐朝,李白在《流夜郎,永华寺寄浔阳群官》中写道:"朝别凌烟楼,暝投永华寺。"不知什么原因,《全唐诗》中,除了李白,没有其他人再提到过凌烟楼——本人猜想是不是

鲍照之后，好事者将凌烟楼改名为庾楼？李白为了诗律，又将庾楼称为凌烟楼？

鲍照的《代白头吟》是他众多乐府诗中的一首，诗中借用夫妻间的喜新厌旧来比喻君臣间的朝恩暮死，发出慨叹："古来共如此，非君独抚膺。"而白居易《反鲍明远白头吟》也说："胡为坐自苦，吞悲仍抚膺？"两个人都在"抚膺"，为什么要抚膺？是由于都有说不出的感慨。细读起来，"抚膺"之痛，两个人没什么不同。

谢朓。《与元九书》："然则'余霞散成绮，澄江净如练'，'离花先委露，别叶乍辞风'之什，丽则丽矣，吾不知其所讽焉。"白居易从"补察时政"的角度对这两联诗句提出批评，但他也承认两联诗句确实写得好，"丽矣"。"余霞散成绮"是谢朓《晚登三山还望京邑》中的句子，"离花先委露"是鲍照《玩月城西门廨中》中的句子。

谢朓，字玄晖，是谢灵运的同族堂侄。谢朓的出身与谢灵运相似，诗歌受谢灵运的影响较大，人称大谢、小谢。可惜的是，他的结局比堂叔更悲惨，在南齐王室血雨腥风的相互残杀中，他不幸受到牵连，年仅 36 岁被下狱而死。

和谢灵运一样，谢朓的诗也以山水见长，诗风清新流丽，讲究声律，是"永明体"新体诗的主要成员。他的诗，模山范水，抒情述怀，情韵独富，思理深至，从而冠绝群伦，独步一代，并对后世产生了较大影响，据《南齐书·谢朓传》，他的朋友沈约评价说："二百年来无此诗也。"《太平广记》卷198 载，梁武帝说："不读谢诗三日，觉口臭。"杜甫《寄岑嘉州》中说："谢朓每篇堪讽诵。"李白更是一再在诗中提到谢朓，最著者当属《宣州谢朓楼饯别校书叔云》："蓬莱文章建安骨，中间小谢又清发。"

谢朓的主要活动范围在建康、荆州和宣城，按说，建康到荆州，九江是必经之地，但奇怪的是，谢朓似乎没有正面描写江州的诗歌。初唐李善注解萧统《文选》时，在谢朓《暂使下都夜发新林至京邑赠西府同僚》诗"驰晖不可接，何况隔两乡"句子下注："驰晖，日也。朓《至浔阳诗》曰：'过客无留轸，驰晖有奔箭。'"从这两句看，谢朓到过江州，写过浔阳，只不过诗有散佚，没有流传下来罢了。

白居易对谢朓批评归批评，更多时候，表现了对其诗的喜爱。他真心赞赏"谢朓篇章"，在宣城以谢朓"窗中列远岫"为题写过诗，还觉得谢朓"红药当阶翻"一句不过瘾，用十六韵吟咏芍药。他在江州吟咏"蟠木几"，隐隐

约约也有谢朓"乌皮隐几"的影子。

何逊。白居易《喜张十八博士除水部员外郎》："老何没后吟声绝，虽有郎官不爱诗。"这是以何逊来比喻自己的好朋友张籍。何逊，南朝梁代文学家、诗人，他一生屈身下吏，历任参军、记室、水部郎等，世称何水部。其诗善于写景抒情，情词婉转，辞意隽美，意境清幽，情景兼赅。何逊工于炼字，讲究声律，对近体诗的发展颇有影响，为杜甫所推许，杜甫写道："能诗何水曹""颇学阴（铿）何（逊）苦用心"。

何逊与九江关系密切，他两次随王室成员到江州。第一次在天监九年（510）六月，建安王萧伟出为都督江州诸军事、镇南将军、江州刺史，何逊从掌书记。第二次在天监十六年（517）六月，庐陵王萧续（梁武帝第5子）为江州刺史，何逊以记室复随府江州，不久去世。何逊在九江任幕府前后长达7年，这期间，写下了大量描绘江州风景、抒发感情的诗篇，譬如《日夕望江山赠鱼司马》："溢城带溢水，溢水萦如带。日夕望高城，耿耿青云外。城中多宴赏，丝竹常繁会。管声已流悦，弦声复凄切。歌黛惨如愁，舞腰凝欲绝。仲秋黄叶下，长风正骚屑。早雁出云归，故燕辞檐别。昼悲在异县，夜梦还洛汭。洛汭何悠悠，起望西南楼。的的帆向浦，团团月映洲。谁能一羽化，轻举逐飞浮。"还有《与沈助教同宿溢口夜别》："我为浔阳客，戒旦乃西游。君随春水驶，鸡鸣亦动舟。共泛溢之浦，旅泊次城楼。华烛已消半，更人数唱筹。行人从此别，去去不淹留。"

何逊最著名的诗歌还是《从镇江州与故游别》："历稔共追随，一旦辞群匹。复如东注水，未有西归日。夜雨滴空阶，晓灯暗离室。相悲各罢酒，何时同促膝？"这首诗是第二次"从镇"江州时所写。夜雨空阶，点点滴滴，晓灯离室，明明暗暗，看起来是写景，实际上是写愁，看起来是客观描写，实际上是主观感受，气氛和心情都渲染到无以复加的地步，表达了对友人离去无限伤感的思绪，历代被人们所称道。

阴铿。白居易没有直接提到过阴铿，但白居易在江州有两首诗写百花亭。百花亭出名很早，南朝梁大同六年（540），湘东王萧绎（梁武帝第7子）任江州刺史，文人阴铿、朱超等随侍，在百花亭，萧绎写《登江州百花亭怀荆楚诗》："极目才千里，何由望楚津。落花洒行路，垂杨拂砌尘。柳絮飘晴雪，荷珠漾水银。试酌新春酒，遥劝阳台人。"阴铿、朱超均作和诗，阴铿《和登百花亭怀荆楚诗》："江陵一柱观，浔阳千里潮。风烟望似接，川路恨成遥。

落花轻未下，飞丝断易飘。藤长还依格，荷生不避桥。阳台可忆处，唯有暮将朝。"这个时候，阴铿尚年轻，因此诗写得有些轻飘，与侯景之乱后萧疏淡远的风格有很大的不同。萧绎在江州7年，貌似阴铿也在江州待了7年。萧绎后来登基，史称梁元帝。阴铿在梁、陈改朝换代后，得到陈文帝赏识，官至晋陵太守，员外散骑常侍。

明嘉靖《九江府志》："百花亭，在府治东，梁刺史邵陵王纶建，今废。"萧纶是梁武帝第6子，在萧绎之前刺江州，建了百花亭。百花亭建在大江之滨，是一个登高望远的好地方，亦可宴饮，唐代诗人朱庆余（就是写"画眉深浅入时无"的那位）在江州写《陪江州李使君重阳宴百花亭》。百花亭直到宋代犹存，南宋诗人张孝祥记载："饮百花亭。亭望庐山双剑锋，为恶竹所蔽，是夕尽伐去。"⑯

白居易登百花亭，应该是想起了阴铿的故事，写《百花亭》："朱槛在空虚，凉风八月初。山形如岘首，江色似桐庐。佛寺乘船入，人家枕水居。高亭仍有月，今夜宿何如。"又写《百花亭晚望夜归》："百花亭上晚裴回，云影阴晴掩复开。日色悠扬映山尽，雨声萧飒渡江来。鬓毛遇病双如雪，心绪逢秋一似灰。向夜欲归愁未了，满湖明月小船回。"

孟浩然。白居易《游襄阳怀孟浩然》："南望鹿门山，蔼若有余芳。旧隐不知处，云深树苍苍。"表达了对孟浩然的崇拜。白居易还有多首诗提到孟浩然。

孟浩然是盛唐山水田园诗人的代表。他的《春晓》妇孺皆知："春眠不觉晓，处处闻啼鸟。夜来风雨声，花落知多少？"而我独喜欢其生活气息浓厚的《过故人庄》："故人具鸡黍，邀我至田家。绿树村边合，青山郭外斜。开轩面场圃，把酒话桑麻。待到重阳日，还来就菊花。"还喜爱那首感情深沉的《与诸子登岘山》："人事有代谢，往来成古今。江山留胜迹，我辈复登临。水落鱼梁浅，天寒梦泽深。羊公碑字在，读罢泪沾襟。"

孟浩然一生未仕（张九龄作荆州长史时，曾引荐他作过短期从事），除漫游各地外，基本上隐居在襄阳的鹿门山和南园。他的诗，浑融完整，淳淡深厚，韵致飘逸，意境清旷。"我爱孟夫子，风流天下闻。"这是李白对他的激赏；"赋诗何必多，往往凌鲍谢。"这是杜甫对他的赞美。

孟浩然至少两到九江。《自浔阳泛舟经明海》有句："大江分九流，淼淼成水乡。舟子乘利涉，往来至浔阳。"在江州，他还写有《彭蠡湖中望庐山》

《下赣石》等。还有，《夜泊庐江闻故人在东林寺以诗寄之》《仲夏归汉南园寄京邑旧游》两首虽然写于外地，但内容写的是九江，前者心期慧远，后者瓣香渊明。

《晚泊浔阳望庐山》是孟浩然的名篇："挂席几千里，名山都未逢。泊舟浔阳郭，始见香炉峰。尝读远公传，永怀尘外踪。东林精舍近，日暮空闻钟。"这首诗前四句叙事见景，稍带述情，后四句以情带景，情景交融。一个"空"字，悠然神远，余音袅袅。全诗含蓄隽永，浑然天成，色彩清幽素淡，神韵自然贯通，颇有随笔的味道。这样一首山水诗，在后世获得了巨大的声誉，清代王士禛《分甘余话》中，甚至给出了如此评价："诗至此，色相俱空，政如羚羊挂角，无迹可求，画家所谓逸品是也。"

杜甫、李白。白居易在被贬江州的途中，写《读李杜诗集，因题卷后》："翰林江左日，员外剑南时。不得高官职，仍逢苦乱离。暮年逋客恨，浮世谪仙悲。吟咏留千古，声名动四夷。文场供秀句，乐府待新词。天意君须会，人间要好诗。"从京城到九江，行李包裹中带着李、杜诗集，看得出白居易对杜甫、李白的景仰。"吟咏留千古，声名动四夷。"还看得出，白居易没有偏颇，对杜甫、李白的诗歌成就和文学价值同样的给予高度评价。

杜甫一生没有到过九江。他年轻时壮游吴越，在太湖地区游历四年，暮年时漂泊荆湘，在洞庭湖地区流离三年，一东一西都到过，就是没有到过鄱阳湖地区，与江州没有一面之缘。但他写过江州，而且还喜欢用"九江""庐山"等字眼，譬如《游子》中"九江春草外，三峡暮帆前"，《所思》中"九江日落醒何处，一柱观头眠几回"，《绝句》中"都将百年兴，一望九江城"，《送李功曹之荆州充郑侍御判官重赠》中"孤城一柱观，落日九江流"，《大觉高僧兰若》中"巫山不见庐山远，松林兰若秋风晚"，《题玄武禅师屋壁》中"似得庐山路，真随惠远游"，《留别公安太易沙门》中"隐居欲就庐山远，丽藻初逢休上人"等等，前者，"九江"貌似是虚指，说的是出三峡后荆湘之地的众多水流，用以描绘山河的壮阔，后者，"庐山"肯定是实指，说的是慧远大师和无数高僧大德生活过的地方，用以表达心中的向往。他还有许多诗写到陶渊明，譬如《江上值水如海势聊短述》："为人性僻耽佳句，语不惊人死不休。老去诗篇浑漫兴，春来花鸟莫深愁。新添水槛供垂钓，故著浮槎替入舟。焉得思如陶谢手，令渠述作与同游。"试问世上是否真有"惊人语"者？看来只有陶渊明和谢灵运了，因此，若得陶、谢那样的妙手高手，使其述作，

并同游于江海之上，岂不快哉！难怪有人评价，老杜这是"深于诗者知之。"

当然，还有一个原因令杜甫常常想到九江，那就是他的朋友李白。

李白与江州渊源深厚。他一生五到江州，既有美好的回忆，又有屈辱的经历。开元十三年（725），25岁的李白离巴蜀、出三峡，顺江而下，开始楚吴漫游。到江州，登庐山，写下了惊风雨、泣鬼神的《望庐山瀑布》：

日照香炉生紫烟，遥看瀑布挂前川。

飞流直下三千尺，疑是银河落九天。

《望庐山瀑布》其实有两首，还有一首由于比较长，能背诵的人已经不多了，所以没有"日照香炉"这一首这样脍炙人口、家喻户晓。其实，另一首中，"海风吹不断，江月照还空"之句，一直被人们所称道。李白所写的香炉峰，是南香炉峰。李白还写《望庐山五老峰》："庐山东南五老峰，青天削出金芙蓉。九江秀色可揽结，吾将此地巢云松。"年纪轻轻，就有出世凌云之姿，仙风道骨之感。这是李白第一次到九江。

天宝九载（750），50岁的李白再游江州，写《寻阳紫极宫感秋作》："四十九年非，一往不可复。""陶令归去来，田家酒应熟。"年五十而知四十九年非，从而向往陶家酒熟、田畴风光。紫极宫，是供奉老子的庙宇，宋代祝穆《方舆胜览》："江州紫极宫，去州二里，即今天庆观。"位置大致在今九江南湖公园翠竹苑或市隐庵。李白还写有《庐山东林寺夜怀》《寻阳送弟昌峒鄱阳司马作》《日夕山中忽然有怀》《别东林寺僧》《秋日与张少府楚城韦公藏书高斋作》《送别》等。这是李白第二次到九江。

天宝十四载（755）十一月，安史之乱爆发，当时李白在秋浦（今安徽池州），他闻乱后启程前往宋城（今河南商丘市南）去接宗氏夫人，翌年初，携宗氏仓皇南奔，经当涂、宣城、溧阳、越中、金陵，秋，逆江而上，入庐山，隐于屏风叠。写《赠王判官，时余归隐居庐山屏风叠》，有句"大盗割鸿沟，如风扫秋叶。吾非济代人，且隐屏风叠"。表现了叛军野蛮残暴、自己无可奈何的境况。这是李白第三次到九江。

南宋罗大经《鹤林玉露》中说："李太白当王室多难、海宇横溃之日，作为歌诗，不过豪侠使气，狂醉于花月之间耳。社稷苍生，曾不系其心膂，其视杜少陵之忧国忧民，岂可同年语哉。"这一论断未免偏激。有人反驳这一论断，提出李白匆匆来去，居止不遑，并不完全是避乱和避世，"其意盖在报效国家，求人汲引。"这一观点总体是对的。李白一生都身在江湖，心存魏阙，

在海内横溃、生灵涂炭之时，也并非总是豪侠使气，狂醉花月，而是一直在寻找机会，建功立业。当然，他隐居屏风叠时，无法预知永王李璘将会起兵，因此，他之所以到庐山，"求人汲引"的因素不会太多，归隐之地的想法可能更多一些。

"机会"不期然就来了。唐玄宗在蜀发布诸王分镇诏书，永王李璘领"山南东道、岭南、黔中、江南西道"四道节度使，镇守江陵。可李璘不满足于固守江陵，遂引兵东巡，意欲占领建康（今南京），割据江东。要办大事，就要延聘人才，于是，一而再、再而三地派人礼请李白出山相助。李白政治敏锐性不强，天下大势看得不清，加上急于建功立业、报效国家，于是下山入永王幕，成为永王幕府中差不多唯一的名士。当时唐肃宗李亨已在灵武即位，他命令弟弟回蜀归觐，可李璘拒绝哥哥的指示，执意东巡，已经构成"反叛"罪了。李白哪里知道李亨、李璘兄弟之间这么多弯弯绕绕，他以为李璘东巡是奉朝廷之命，旨在"救河南""扫胡尘"，一清中原，跟着帝子永王，可以实现自己一直就有的远大政治理想，"但用东山谢安石，为君谈笑静胡沙"，结果呢，站错了队，跟错了人，在永王兵败、自己从彭泽水道逃脱后，悲愤莫名，惶惶然窜伏庐、霍（霍山，又名潜山，今称天柱山）之间，旋即被投入浔阳狱，出狱后又被流放夜郎。这是李白第四次到九江。

这一段时间，李白在九江写有《赠韦秘书子春》《别内赴征三首》《永王东巡歌十一首》《在水军宴赠幕府诸侍御》《赠潘侍御论钱少阳》《送羽林陶将军》《在水军宴韦司马楼船观妓》《南奔书怀》《上留田行》《在寻阳非所寄内》《系寻阳上崔相涣三首》《狱中上崔相涣》《上崔相百忧草》《送张秀才谒高中丞》《送张秀才从军》《万愤词投魏郎中》《中丞宋公以吴兵三千赴河南军次寻阳脱余之囚参谋幕府因赠之》《窜夜郎于乌江留别宗十六璟》《流夜郎赠辛判官》《流夜郎永华寺寄浔阳群官》等诗，有《为宋中丞请都金陵表》《为宋中丞自荐表》《为宋中丞祭九江文》等文。

顺便说一句，上面的"高中丞"就是李白的诗友高适。正是高适，奉李亨之命与来瑱、韦陟等人击溃了李璘的部队，解除了唐肃宗的心头之患。这里有两个看点，一是当时唐朝官军与安史叛军激战正酣，在生死存亡的紧要关头，李亨兄弟不是兄友弟悌、一致对外，而是同室操戈、生死相逼，出演了一出攘外必先安内、兄弟睨于墙的丑剧；二是高适、李白和杜甫，壮年时同游梁宋，再游于齐，结下了深厚的友谊，高适的诗名没有李白大，但政治

见解显然比李白强，两位诗友，投奔了不同阵营，结果高适成了将军，李白成了罪犯，出演了一出政治使人格异化、友谊不敌时事的悲剧。

乾元二年（759）三月，唐肃宗以关内大旱而大赦天下，正在流放途中的李白获释，挥毫纵笔，写下了《早发白帝城》这一千古名篇，他在荆楚之地稍作停留，翌年秋，第五次到九江，这一年，李白已经 60 岁了。

正是在这一年，李白以非凡的才气，写下了不可一世的《庐山谣寄卢侍御虚舟》：

我本楚狂人，凤歌笑孔丘。

手持绿玉杖，朝别黄鹤楼。

五岳寻仙不辞远，一生好入名山游。

庐山秀出南斗傍，屏风九叠云锦张。

影落明湖青黛光，金阙前开二峰长，银河倒挂三石梁。

香炉瀑布遥相望，回崖沓嶂凌苍苍。

翠影红霞映朝日，鸟飞不到吴天长。

登高壮观天地间，大江茫茫去不还。

黄云万里动风色，白波九道流雪山。

好为庐山谣，兴因庐山发。

闲窥石镜清我心，谢公行处苍苔没。

早服还丹无世情，琴心三叠道初成。

遥见仙人彩云里，手把芙蓉朝玉京。

先期汗漫九垓上，愿接卢敖游太清。

虽然对世道一次次失望，虽然无人赏识壮志难酬，虽然已经花甲垂垂老矣，虽然刚刚脱离缧绁惊魂未定，可对于有婴儿般童心者李白而言，却没有什么可以泯灭他的梦想，没有什么可以壅塞他的热情，他太爱赤县神州这片土地，太爱大唐帝国这个时代，太爱山水，太爱诗歌，于是情不自禁、激情勃发，用手中的生花妙笔，唱出了庐山的雄伟壮丽，唱出了心中的盖世豪情，从而成为庐山诗歌之绝响。"登高壮观天地间，大江茫茫去不还。黄云万里动风色，白波九道流雪山。"只有盛唐气象，才有如此眼界，如此景象，只有天才李白，才有如此心胸，如此文章。

要问李白为何再到九江，浔阳不是他的伤心之地么？要回答这个问题，要到他的诗文中去寻找答案。李白 25 岁时写"九江秀色可揽结，吾将此地巢

云松"。写"而我乐名山，对之心益闲""且谐宿所好，永愿辞人间"。《方舆胜览》引《图经》讲了这么一个故事："李白性喜名山，飘然有物外志，以庐阜水石佳处，遂往游焉。卜筑五老峰下，有书堂旧址。后北归，犹不忍去，指庐山曰：'与君再会，不敢寒盟，丹崖绿壑，神其鉴之。'"就是说，李白第一次到九江，就喜欢上了庐山，以至于和庐山盟誓，说，我要再来。还有，天宝十二载（753）李白53岁时，在宣城写《秋于敬亭送从侄耑游庐山序》，其中描写庐山"长山横蹙，九江却转。瀑布天落，半与银河争流，腾虹奔电，潨射万壑，此宇宙之奇诡也"。[17]他对堂侄将游庐山很是羡慕，说自己"孤负夙愿，惭未归于名山"。请注意"归"字，说明内心始终不忘庐山。既然心中有庐山情结，加上宗氏夫人尚在江州、洪州一带，因此，遇赦获释后回到九江是顺理成章的。

魂兮归来，自由之身，李白在江州一带又写了很多诗，有《和卢侍御通塘曲》《送王孝廉觐省》《过彭蠡湖》《江西送友人之罗浮》《对酒醉题屈突明府厅》《送内寻庐山女道士李腾空二首》《江上赠窦长史》等，看《下寻阳城泛彭蠡寄黄判官》："浪动灌婴井，寻阳江上风。开帆入天镜，直向彭湖东。落景转疏雨，晴云散远空。名山发佳兴，清赏亦何穷？石镜挂遥月，香炉灭彩虹。相思俱对此，举目与君同。"虽然饱受折磨，年纪已老，但诗歌还是那么清新流转，精神还是那么清澈乐观。

也正是在这一段时间，杜甫在秦州和成都思念他的朋友李白，于是，在《梦李白二首》中幽幽地唱道："冠盖满京华，斯人独憔悴。孰云网恢恢，将老身反累。千秋万岁名，寂寞身后事。"在《不见》中情真意切地呼唤："匡山读书处，头白好归来。"

白居易《与元九书》："又诗之豪者，世称李、杜。"称李、杜为"诗之豪者"，充分表达了对李、杜的景仰之情。李白和杜甫，是盛唐文学的双子星座，李白诗歌风行于前，杜甫诗歌发达于后，一个浪漫，一个现实，一个天马行空，一个地底涌泉，一个大气磅礴，一个千回百转，一个天花乱坠，一个入木三分，一个所向披靡，一个博大精深，"李杜文章在，光焰万丈长。"这两个人，一个都不能少，缺了一个，大唐诗歌就会失去色彩，中国文学就会失去光芒。

当然，从现实主义诗歌理论出发，白居易更欣赏杜甫。"李之作，才矣奇矣，人不逮矣，索其风雅比兴，十无一焉。杜诗最多，可传者千余首，至于

贯穿今古，罗缕格律，尽工尽善，又过于李。"这一评价，是从"风雅比兴"和"罗缕格律"的角度就事论事说杜甫胜于李白。这固然与白居易自己的诗风有关，更与他所处的时代有关。中晚唐，国家衰微，民生凋敝，其文化表现，是儒家地位的重新提高。艰难时刻，悲观厌世的佛教，祈求长生的道教，不得不让位于重伦理、重人生、重道德的儒家学说。环顾四周，上下求索，儒家的仁政思想、三纲五常、君子人格、中庸之道、言传身教等等，还是振衰除弊、恢复荣光的唯一良药。由此，史诗般反映安史之乱后的社会现实，替人民呼号、为黎庶请命的老杜的诗歌，较之于盛唐时好道的李白、好佛的王维，便为以白居易、元稹为代表的一大批文人士大夫所看重，这与元和年间欲以振兴的政治努力相一致，与韩愈创立道统学说的思想改造相一致，与古文运动、新乐府运动的文学流变相一致。自然有人会说，光呼号几句有什么用？说这话的人哪里知道，在君主专制时代，呼号和请命，不是说做就能做的，更不是人人都能做的，看老杜，"穷年忧黎元""济时肯杀身""致君尧舜上，再使风俗淳"，没有强烈的同情心，没有炽热的爱国心，没有崇高的理想，没有坚忍不拔的顽强性格和胸怀开阔的乐观精神，要做到呼号和请命，是不可能的。

但如果就此断定白居易"抑李扬杜"，则结论未免下得过于轻浮。《江楼夜吟元九律诗，成三十韵》："每叹陈夫子，常嗟李谪仙。名高折人爵，思苦减天年。"虽然是从官微和寿夭的角度来嗟叹，但毕竟，白居易时常想到的，是陈子昂和李白，二者都"名高"和"思苦"，也就是说，这两个人诗歌写得好，身后有高名。还有一首诗《李白墓》："采石江边李白坟，绕田无限草连云。可怜荒垄穷泉骨，曾有惊天动地文。但是诗人多薄命，就中沦落不过君。"朱金城将这首诗系于元和十三年（818），也即白居易在九江所写，如果真是这样的话，那就是头一年宣歙池观察使范传正，将李白的坟墓由当涂（今安徽当涂县）龙山迁往青山，李白得以安息，[18]消息传到江州，白居易心有所动，再加上可能游览了庐山九叠屏下的李白读书堂，又回想起早些年自己游览过采石矶，有感而发，写了这首诗。采石矶（今安徽马鞍山市采石矶公园）又称牛渚山，是长江之滨的形胜之地，上有李白衣冠冢，白居易早年在宣州参加乡试时，应当到过此地。

"曾有惊天动地文"，这是白居易对李白的崇高评价。由此看来，通常认为现实主义的白居易，并不排斥和贬损浪漫主义的李白，相反，作为诗歌大

家，更看重的是兼容并包，海纳百川，能够汲取前人一切有益的思想旨趣，能够欣赏前人手法众多的艺术造诣，从而不断丰富自己。当然，也有郁闷处，前人的成就过于高明，实在影响后人的发挥，看白居易在九江，到处写诗，但独独于瀑布、于浪井，不发一声，不见吟咏，抑或是对李白的尊重，抑或被李白题咏太过，有"眼前有景道不得，崔颢题诗在上头"的情结？

颜真卿。白居易对颜真卿非常仰慕，在诗文中屡屡提到颜真卿。在《新乐府·青石》中，白居易写道："愿为颜氏段氏碑，雕镂太尉与太师。""陵谷虽迁碑独存，骨化为尘名不死。"在《寄唐生》中，有"太尉击贼日，尚书叱盗时"。太尉指段秀实，太师、尚书均指颜真卿。

前面已经说过，颜真卿家族有移民江州的事迹。唐代宗永泰二年（766），颜真卿被贬吉州（今江西吉安）别驾，途经江州时，游东西二林，各写下一块碑文，其中东林寺碑文是这样写的：

唐永泰丙午岁，真卿以罪佐吉州。夏六月壬戌，与殷亮、韦桓尼、贾镒同次于东林寺，时则同愔、熙怡二公、惠秀、正义二律师众，杨鹍在焉。仰庐阜之炉峰，想远公之遗烈。升神运殿，礼僧伽衣，睹生法师麈尾扇，谢灵运翻涅槃经贝多梵夹。忻慕之不足，聊写刻于张李二公、耶舍禅师之碑侧。鲁郡颜真卿书记。

颜真卿又访陶渊明故居，写下了《栗里》诗：

张良思报韩，龚胜耻事新。狙击苦不就，舍生悲把绅。呜呼陶渊明，弃业为晋臣。自以公相后，每怀宗国屯。题诗庚子岁，自为羲皇人。手持山海经，头戴漉酒巾。兴逐孤云远，辞随还鸟泯。

虽然留存下来的诗篇并不完整，但诗中对陶渊明的缅怀和追慕是明白无误的。

颜真卿还写《蒲塘辨》，对蒲塘的来历进行考证："土俗所呼博浅水，浦与敷音转尔。南有博阳山，土人呼为濮阳山，濮博声讹。水北有历下村，疑古历陵也。"就是说，所谓博阳，可能是傅阳的误写，而傅阳、蒲塘、濮阳中的"傅、蒲、濮"，可能是"敷"字的讹音，这样一来，蒲塘一带很可能就是《尚书》中所说的敷浅原，是汉代历陵县故地。据《古今图书集成·方舆汇编·职方典》877卷九江府部古迹考："蒲塘驿，唐武德八年置，贞元中改为蒲塘场，咸通五年刺史李章复置。后改为德安县，移场于县之东北一里许。宋仍为驿。"蒲塘在今德安县城蒲亭镇。颜真卿之后，韦应物刺江州时，在《发蒲塘驿沿路见泉谷村墅忽想京师旧居追怀昔年》和《自蒲塘驿回驾经历山水》

两首诗中都提到蒲塘。从《蒲塘辨》看，颜真卿不仅仅是一位伟大的政治家、书法家、文学家，还是非常有心的学问家。

颜真卿在九江还有一个故事。早年他在湖州刺史任上，看到湖州的石材好，适宜作碑，于是选了一块好材料，叫工匠打磨得规规矩矩、周周正正，下有龟（赑屃），上有螭，想找个地方立起来。结果，在湖州没选到立碑的地方。从湖州调任回京时，颜真卿用船载着石碑，在苏州、常州、镇江、南京都没有找到合适的立碑之地。到了江州，看到城南有湖，湖东有山，山分出一支，直奔湖心，成为半岛，岛上有祖将军庙。[19]颜真卿觉得这是一个形胜之地，是个好地方，于是出钱五万，建亭立碑，亲自写下碑文，叫人勒石于上。好文章、好书法、好地方，加上好碑材，真可谓"四绝"。叫人欲哭无泪的是，过了若干年，时任官员混蛋异常，竟将石碑上颜公的字磨掉，刻上自己修葺九江驿站的"丰功伟绩"，移立于驿站旁边。贞元十一年（795）左右，欧阳詹游九江，见到这块碑，看到上面的字，非常痛心，写下《吊九江驿碑材文》，载《全唐文》卷598："公文为天下最，书为天下最，斯亭之地，亦天下最。庶资三善，加以斯碑之奇，相持万古，而采异留名之致一得也。"然而，"出祖亭，入九江驿；失鲁公文，得人之文；削鲁公之札翰，题人之札翰；亡鲁公之用，就人之用：是去兰室而居鲍肆，舍牢醴而食糟糠，脱锦绣而服枲麻，黜诸夏而即夷狄。可悲之甚者！"欧阳詹是古文运动的干将，与韩愈、崔群、李绛、王涯等同年进士，文中指名道姓说严士良带自己去看石碑，而严士良确实担任过江州刺史，因此，这件事应该是确认无疑的。从颜真卿自湖州奉调进京的大历十二年（777），到欧阳詹写这篇文章的贞元十一年（795），前后不到20年，一件异常珍贵的文物就从美玉变成了顽石，怎么叫人不椎心泣血、仰天长叹！

白居易在江州，悠游于前人的诗歌之中，对其逐渐稀释痛苦、消减忧愁、获得安慰、走向超越，具有重要意义。

人类是地球上唯一"发明"了语言，进而"创造"了文字的生灵。语言和文字，使得经验和知识得以积累，得以传承，实在是最伟大的历史性事件。在远古时代，人们在劳动、祭祀、出征、战斗时，发出有节奏、有韵律的声音，成为音乐、舞蹈和诗歌的起源。到周朝，我国的语言和文字已渐趋成熟，从而产生了第一部诗歌总集《诗经》。《诗》从何来？班固说："孟春之月，群居者将散，行人振木铎徇于路，以采诗，献之太师，比其音律，以闻于天子。"

何休说："男女有所怨恨，相从而歌，饥者歌其食，劳者歌其事。男年六十，女年五十无子者，官衣食之，使之民间求诗，乡移于邑，邑移于国，国以闻于天子，故王者不出牖户尽知天下所苦；不下堂而知四方。"不管这样的说法是否准确，总之，这样一部时间跨度五百多年，地理区域包含十五"国"的诗歌总集，成为我国文学的光辉起点。《诗》中风、雅、颂三种体裁，赋、比、兴三种手法，莫不以简朴的语言描摹事物，以朴素的画面反映现实，以率真的词汇抒发情感，反映了劳动、生活、爱情、反抗、战争等场景，表现了欢乐、悲哀、愤怒、迟疑、激动等情绪，内容广泛，感情真挚，有着鲜明的思想性和高超的艺术性。这样一种关怀现实世界、关注人生遭际，而不是描绘神话英雄、消遣闲情逸致的现实主义精神，一种以抒情言志为主，有别于早期希腊诗歌以叙事史诗为主的趣味和审美，加上重视自然感发、重视音律和节奏、含蓄蕴藉、韵味无穷的特点，奠定了中国古典诗歌的基调和方向。

《毛诗大序》中说："诗者，志之所之也，在心为志，发言为诗。情动于中而形于言，言之不足，故嗟叹之，嗟叹之不足，故永歌之，永歌之不足，不知手之舞之、足之蹈之也。"又说："故正得失，动天地，感鬼神，莫近于诗。"人类为什么要写诗？不为别的，只为兴有所感，有感而发，诚所谓"遵四时以叹逝，瞻万物而思纷"，也就是说，面对自然界的花开花落、暑往寒来，面对人世间的繁衍生息、悲欢离合，诗人感时伤逝，唤起文思，投篇援笔，化为诗吟。"人禀七情，应物斯感，感物吟志，莫非自然。""气之动物，物之感人，故摇荡性情，形诸舞咏。"诗，根植于自然。江河浩淼，高山巍峨，南国雨雾，大漠烽烟，古道雄关，城堞楼阁，丘壑田园，市井街衢，有多少曲折的变化，有多少动人的故事，这一切，引发了诗人强烈的创作动机，从而立意、构思、选辞、咏哦，于是，诗便自然而然地诞生了。"大家之作，其言情也必沁人心脾，其写景也必豁人耳目，其辞脱口而出，无矫揉妆束之态。以其所见者真，所知者深也。"诗言志，诗，不是为写而写，不能硬挤凑数，不能文字堆砌，不能矫揉造作，不能言不由衷，请看刘勰在《文心雕龙》中，是怎样抨击晋宋一些作家的："志深轩冕，而泛咏皋壤，心缠几务，而虚述人外，真宰弗存，翩其反矣。"你总想着当官发财，可偏偏吟咏田园，你总想着房子票子，可时时虚言尘外，这真是假心假意，言不由衷。

白居易是诗人，但也是读者。前人的诗，他读得很多，很透。对《诗经》中的风雅比兴，他赞赏有加。早些时候，在《策林六十九·采诗》中，他热

情洋溢地建议"选观风之史，建采诗之官""日采于下，岁献于上"，以为这样一来，"国风之盛衰，由斯而见也；王政之得失，由斯而闻也；人情之哀乐，由斯而知也。然后君臣亲览而斟酌焉"，从而在没有报纸、没有电视、没有互联网的年代起到媒体反映社会现实、进行舆论监督的作用。在《采诗官》诗中，他抨击一些所谓的诗人"郊庙登歌赞君美，乐府艳词悦君意。若求兴谕规刺言，万句千章无一字"。只知道脑袋朝下，屁股朝天，不知道直面问题，犯颜极谏，只知道拍马屁，唱赞歌，不知道说真话，达民意，偶像崇拜、神化领袖的颂圣文化，使得"君耳唯闻堂上言，君眼不见门前事。贪吏害民无所忌，奸臣蔽君无所畏"。他自觉地继承《诗经》风雅比兴的传统，主动担当起采诗官的任务，用自己写诗的特长，以及入翰林后能出入宫廷、接触皇帝的机会，写下了大量的新乐府和讽喻诗，为国家鼓与呼，为民众哀与号，尽到"为君、为臣、为民、为物、为事"的文学责任、舆论责任和社会责任。

到江州后，在《与元九书》中，他对《诗经》以来的诗歌流变进行了梳理，以坚定的态度，肯定了作为中国文学源头的《诗经》的崇高地位。"就六经言，《诗》又首之。"正因为反映了民情，反映了世风，《诗》居六经之首。正因为有《诗》，"上下通而一气泰，忧乐合而百志熙"，君主和民众彼此了解而天地交泰，忧愁和快乐共同感受而众志成城，于是"五帝三皇所以直道而行，垂拱而理者，揭此以为大柄，决此以为大宝也"。诗歌，起到了不可替代的作用。秦后，采诗官制度被废除，诗歌的作用逐渐荒废，起不到"补察时政"和"泄导人情"的作用，诗歌，要么歌功颂德、谄媚成风，要么言之无物、空洞乏味，要么堆砌辞藻、不知所云，要么羔雁之具、缺乏真情，一部分诗歌"不过嘲风雪、弄花草而已"。他回忆自己在京城时，曾经努力实践，"仆当此日，擢在翰林，身是谏官，手请谏纸，启奏之外，有可以救济人病，裨补时阙，而难于指言者，辄咏歌之。欲稍稍递进闻于上。"其目的，无非是"上以广宸聪，副忧勤；次以酬恩奖，塞言责；下以复吾平生之志"。正是所谓"文章合为时而著，歌诗合为事而作"。

被贬江州，环境发生了巨大变化，庙堂转为江湖，从政转为赋闲，于是，白居易不得不调整心态，调整方向。既然没有办法"救济人病，裨补时阙"，当不成采诗官（你就是采了诗，又往哪里投？），那就只能"知足保和，吟玩性情"，当一个逍遥派了——正所谓从"兼济"到"独善"的转变——在这一转变过程中，还需要有新的营养来滋润自己，于是乎，自然而然地，他从陶

渊明、韦应物等人中寻找安慰和灵感，当然，也从其他诗人的作品中寻找慰藉和感动。"九江悠悠万古情，古人行尽今人行。"到了九江，想到那么多前人在这里留下履痕，读到那么多诗人在这里留下的诗篇，一时间，山水仿佛生动起来，先哲仿佛鲜活起来，他们的悲欢也仿佛就在眼前，他们的诗句也格外拨动心弦，于是，他读屈原，读陶谢，读李杜，读韦应物，也读鲍照、何逊、阴铿、颜真卿等，在读诗中寻找安慰，寻找温暖。大家可记得宗炳曾说过："圣贤映于绝代，万趣融其神思。余复何为哉！畅神而已。"只要能够感到快乐，余复何为哉！

外行看热闹，内行看门道。白居易本身是诗人，是文字高手，因此，读诗看书，应该有别于他人。在江州，他写《读谢灵运诗》："吾闻达士道，穷通顺冥数。通乃朝廷来，穷即江湖去。谢公才廓落，与世不相遇。壮志郁不用，须有所泄处。泄为山水诗，逸韵谐奇趣。大必笼天海，细不遗草树。岂唯玩景物，亦欲摅心素。往往即事中，未能忘兴谕。因知康乐作，不独在章句。"志向和感情，需要宣泄，"通"时，得以出将入相，为国为民，"穷"时，只好寄情山水，吟咏诗篇。这是谢公的故事，也是自己的现况，换句话说，这哪里是说他谢康乐，分明是说我白乐天。

在九江，为什么读谢灵运？读了以后，为什么感受特别深？这当然是由于谢灵运在九江留下过足迹，在这里写过山水诗，更重要的是，谢灵运到江州，是与世不遇、穷在江湖之际，"千念集日夜，万感盈朝昏"，他的诗，岂独独在山水？山水之中，蕴含寄托，有多少"剪不断、理还乱"的思绪，有多少"却道天凉好个秋"的无奈。白居易在京城也读谢灵运，但此一时彼一时，此刻，宦游江湖，天涯孤旅，最能从心底里体会谢灵运的万千思绪，最能从细微处感受谢灵运的苦心孤诣，也就是说，他不仅仅在读谢灵运的诗，也在读谢灵运的心。

苏东坡讲过一个故事，说是自己游览庐山五老峰，到白鹤院（又称白鹤观）不见一人，但见松荫满庭，唯闻棋声，这时候突然想起了晚唐诗人司空图的诗句"棋声花院静，幡影石坛高"。棋坪声声，反觉其静，细细品味，方知这两句写得真好。他还提到，"非亲到其处"，不知杜甫"两边山木合，终日子规啼"之工；"非余之世农"，不识陶渊明"平畴交远风，良苗亦怀新"之妙；"非至吴兴"，见不到他自己"微雨止还作，小窗幽更妍"之景。这是一种客观感受与主观体味相结合的奇妙时刻。这种"境与意会""最有妙处"

的时刻，读者诸君肯定也有经历和体会，譬如，我们到了滁州琅琊山，读欧阳修的《醉翁亭记》，显得异常亲切，到了黄州文赤壁，读苏东坡的前、后《赤壁赋》和《念奴娇·赤壁怀古》，更能声声入耳。

就在前两天，傍晚，我和妻子在江边散步，有几个年轻人问路，一听外地口音，就知道是来九江旅游的。他们说浔阳楼管理人员已下班，问我还有什么好去处？我建议他们沿江而行，"前面是锁江楼，再前面是琵琶亭，是纪念白居易写《琵琶行》的地方。"一个女孩有了兴趣，热切地问："是有弹琵琶的？"我说："《琵琶行》是唐代诗人白居易的诗，'浔阳江头夜送客，枫叶荻花秋瑟瑟'，这里的长江就叫浔阳江，诗中有名句'同是天涯沦落人，相逢何必曾相识'。琵琶亭是一个景区，弹琵琶的可能没有，但值得看看。"听到他们芜杂的回应，我就知道他们没有听进去，应该不知道《琵琶行》是什么，果然，我看着他们没走多远，就被江边的游泳者和垂钓者所吸引，吃雪糕看热闹去了。

我常常想，我们旅行和游历去看什么？名山大川，奇风异景，当代人想去就去，不是难事。山，好不过华山、泰山、黄山、峨眉、衡山，水，美不过九寨、蓬莱、北戴、洞庭、太湖，当然，还有我家乡的庐山、鄱湖，就是罗马、巴黎，抑或多伦多、华盛顿，想去的话，亦容易。问题是，我们去干什么？旅游是一个全心身的体验，当然包括山水、建筑、小吃、表演，自然而然，也应该包括探访历史、追寻人文、体验生活、感受风情，也就是说，在旅游的过程中，我们不仅需要愉悦我们的感官，更需要充实我们的灵魂。我的一位长辈说："我现在旅游，最喜欢的还是山水和人文兼备的地方。"诚哉斯言！要去山水和人文兼备的地方，那当然要事先做些必要的功课，了解目的地的历史、变迁和现状，了解那里发生的故事以及故事中的人，简言之，要读点史、读点书、读点诗。

有人在笑：我们旅游，是要轻松愉快，搞那么累干什么？诚然，看多少旅游者，什么功课也不做，到了景点不照常嘻嘻哈哈，走东串西，兴致勃勃，拍照购物，热热闹闹，会餐唱歌，过得不极其潇洒、无比快乐么？所谓"上车睡觉，停车撒尿，景点拍照，回去什么都不知道"是也。这当然是一种境界，一种不叫"忘我"而叫"我忘"的境界。"我忘"多了，就会"我执"，"我执"有了，就会烦恼。于是乎，我们看到，很多人看到美景，也想抒抒情——我相信，每个人眼中都有审美，每个人心中都有诗情，不然，去旅游

干什么？——可憋了半天，头脑里实在空空如也，于是只好喊一声"啊，大海，你可真大啊"，或刻一通"某某到此一游"了事。

我们不是诗人，但我们都是旅人，我们不是作者，但我们都是行者，我们不是词客，但我们都是过客。实际上，人生本身，就是一场旅行，一场或沉闷、或精彩的旅行。最美的风景在路上，最好的风景在远方。踏上一个向往已久的目的地，呼吸着它的空气，感受着它的真实，刷新先前关于它的所有记忆，或许，这就是旅行的最大乐趣？

或问，我们读点诗词，有什么用处？梁启超说，读诗"可以养成我们温厚的情感，引发我们优美的趣味"。叶嘉莹说："读诗的好处，就在于可以培养我们有一颗美好的活泼不死的心灵。"斯言信哉！我们或许还可以掉掉书袋，来一段培根的话："读书足以怡情，足以博彩，足以长才。其怡情也，最见于独处幽居之时；其博彩也，最见于高谈阔论之中；其长才也，最见于处世判事之际。""读史使人明智，读诗使人灵秀，数学使人周密，科学使人深刻，伦理学使人庄重，逻辑修辞之学使人善辩：凡有所学，皆成性格。"我上大学时，培根正火，也就是他的读书论弄得我不良不莠，时至今日，学数学的来弄文史，怕是见讥于君子，贻笑于大方吧！

我们这个时代，已经被速食主义、快餐文化、海量信息所裹挟，已经被电视、电脑、手机所控制，已经被音视频、肥皂剧、朋友圈所淹没，阅读，好像已经不合时宜，好像已经是奢侈品了。还有，我们的诗情，已经被眼花缭乱的变化彻底磨灭，已经被红尘滚滚的欲望彻底稀释，在一片浮躁之中，不但我们的灵魂无所依附，恐怕就是我们的生活也离土地、庄稼、山河、草木、云霞和星空渐行渐远，所谓"充满劳绩，诗意地栖居"将是一个遥不可及的梦。

为什么我们要活得那么匆忙，为什么我们要有那么多欲望？为什么人们乐意"用金银给自己铸就了一副镣铐"？什么时候，我们能遏制一点对财富、权力、声名、地位的冲动，留一点时间看露珠点点、野花片片、绿草青青、月儿圆圆，听布谷声声、蝉儿高鸣、秋虫唧唧、蛙声一片？什么时候，当我们看到某种景致，突然穿越千年，某位古人的诗句跳入脑海，此情此景，它是如此恰当，如此契合，如此心意相通，如此和弦共鸣，"采菊东篱下"时，"悠然见南山"，"山气日夕佳"里，"飞鸟相与还"，这个时候，你难道不觉得这才是生活的本真，你难道不觉得这才是应有的生存意境？

登高望远，思绪万千，"常爱陶彭泽，文思何高玄。又怪韦江州，诗情亦清闲。"追寻足迹，吟咏诗篇，"壮志郁不用，须有所泄处。泄为山水诗，逸韵谐奇趣。"江州之贬，奉身而退，"灭除残梦想，换尽旧心肠。"政治的热情被无端浇灭，但生活的热情不能减退，人之有"情"，总要有地方而"泄"，于是，白居易从致力"讽喻诗"，转而着力耕耘"感伤诗"和"闲适诗"，着力于模山范水，流连光景，在江州时是如此，离开江州后，在忠州、京城、杭州、苏州、洛阳等地也是如此。从诗风来讲，白居易更加追求平易浅切、恬淡通俗。这样一种诗风的追求，既与白居易有意识地使自己的诗歌成为大众语言，从而"泄导人情"、启蒙社会分不开，也与他承接陶渊明的淳淡敦厚、韦应物的高雅闲淡是分不开的。看他在江州写的《暮江吟》："一道残阳铺水中，半江瑟瑟半江红。可怜九月初三夜，露似真珠月似弓。"这首诗在后世获得了高度评价，突出体现了平淡的审美情趣。苏东坡说："发纤浓于简古，寄至味于淡泊。"还说："所贵乎枯淡者，谓其外枯而中膏，似淡而实美，渊明、子厚之流是也。若中边皆枯淡，亦何足道。"东坡虽然说的是陶渊明、韦应物、柳宗元，拿来说白居易，也恰如其分。

在九江，家国、人生、乡愁，白居易思绪万千，友情、爱情、亲情，白居易诉诸笔端，这样一个多情之人，心中的忧烦，心中的感念，自然要靠更多的"情"来消释和拥抱，也会散发更多的"情"来传递和感染，由此，读诗，感受先哲的温暖，写诗，抒发自身的情感，友情、爱情、亲情和诗情，交织在一起，从而直面不完满的世界，完满和丰盈自己的人生。

宋代王安石有一首《落星寺⑳，在南康军江中》，极写名胜之地只能用诗歌来"收拾"之情：

> 崒云台殿起崔嵬，万里长江一酒杯。
>
> 坐见山川吞日月，杳无车马送尘埃。
>
> 雁飞云路声低过，客近天门梦易回。
>
> 胜概唯诗可收拾，不才羞作等闲来。

注释：

(1)考白居易先后两次住新昌坊，一次是元和三年（808），是租房而居，第二次是长庆元年（821），在新昌坊买了房子。元稹《酬翰林白学士代书一百韵》写于元和五年（810），白居易"尝于新昌宅说《一枝花》话"，显然指元和三年（808）事。但据元稹诗意，白

居易说"话"在参加制举试之前，因此，有可能在贞元年末、永贞年间，白居易曾经在别处说过"话"，后来在新昌宅也说过"话"。

（2）《秦妇吟》，是唐末五代诗人韦庄创作的长篇叙事诗。《北梦琐言》：蜀相韦庄应举时，遇黄寇犯阙，著《秦妇吟》一篇，内一联云："内库烧为锦绣灰，天街踏尽公卿骨。"尔后公卿亦多垂访，庄乃讳之，时人号"秦妇吟秀才"。他日撰家戒，内不许垂《秦妇吟》障子，以此止谤，亦无及也。按：《秦妇吟》描写京城长安遭黄巢军和官军兵燹后的惨状，触及了统治者的痛处，因此失传达千年之久。清末，在敦煌所藏唐五代写本中被重新发现，经王国维请求法国汉学家伯希和相助录寄，发表于1923年《国学季刊》。

（3）白居易《代书诗一百韵寄微之》：策目穿如札，自注：时与微之结集策略之目，其数至百十。《策林序》：元和初，予罢校书郎，与元微之将应制举，退居于上都华阳观，闭户累月，揣摩当代之事，构成策目七十五门。按：有人提出，白居易集中《策林》75篇，系元、白二人之合作，此说有误。《白氏长庆集》中完整编入策林75篇，如果这75篇是两人"共同撰写"的话，白居易不会那么坦然地交给元稹编入自家集子之中，作为编辑，元稹也会提出异议。又，有人称元稹策目有35篇，与白居易75篇相加，为110篇。古人称"百十"者，并非确数，而是概数，100多以上者，均可称百十，因此估计元稹的策目数量与白居易不相上下，两者相加应有一百五六十篇。元稹策目惜已散佚。

（4）元稹的《弹奏剑南东川节度使状》是一珍贵材料，状中列举了大量数据，为唐代文献所罕见。我们借此可以得知，军阀、官府是怎样无法无天，是怎样摧残百姓。又，元稹此状虽然得到朝廷批准并下诏，但并未得到很好地执行，原因是继任东川节度使潘孟阳替严砺叫屈，且更为贪腐。元稹《叙奏》：会潘孟阳代砺为节度使，贪墨过砺，且有所承迎，虽不敢尽废诏，因命当得所籍者皆入资。资过其称，摧薪盗赋无不为，仍为砺密状不当得丑谥。

晚唐范摅《云溪友议》卷下《艳阳词》：安人元相国，应制科之选，历天禄畿尉，则闻西蜀乐藉有薛涛者，能篇咏，饶词辩，常悄恨于怀抱也。及为监察，求使剑门，以御史推鞫，难得见焉。及就除拾遗，府公严司空绶，知微之之欲，每遣薛氏往焉。临途诀别，不敢挈行。按：早有人辨明此记载不实，见卞孝萱《元稹年谱》等。元稹使东川期间，薛涛决无相见之可能。

（5）元稹《三遣悲怀》是为悼亡诗之最者。诗中，"今日俸钱过十万，与君营奠复营斋""诚知此恨人人有，贫贱夫妻百事哀""惟将终夜长开眼，报答平生未展眉"，表达了诗人真挚的情感，有极高的艺术感染力。元稹还有《离思五首》，其中"曾经沧海难为水，除却巫山不是云"之句，亦公认为韦丛而写。

（6）考元稹一生行止，从未到过江州。元稹在兴元府写到庾楼，说明江州庾楼在文人士大夫间流传甚广。又，有一首《琵琶亭》诗："夜泊浔阳宿酒楼，琵琶亭畔荻花秋。云沉鸟没事已往，月白风清江自流。"吴宗慈《庐山志》误将此诗记入元稹名下，后陈陈相因，以讹传讹，都说这首诗是元稹所写，大误。宋代吴处厚《青箱杂记》卷8中，明确说"余有题九江琵琶亭小诗云"，因此，这首诗是吴处厚所作。再，"云沉鸟没事已往"

是后人凭吊古人之语，元稹先卒于白居易，决无出此语之理。

(7)《旧唐书·元稹传》：荆南监军崔潭峻甚礼接稹，不以掾吏遇之，常征其诗什讽诵之。长庆初，潭峻归朝，出稹《连昌宫辞》等百余篇奏御。穆宗大悦，问稹安在。对曰："今为南宫散郎。"即日转祠部郎中、知制诰。按：元稹返朝是否由宦官崔潭峻推荐，关系甚大，后人多以此指责元稹"变节"和"无行"。其实，元稹返朝在元和十四年（819）唐宪宗在世时，任膳部员外郎，元和十五年（820）二月穆宗即位时，以本官"试知制诰"，再转祠部郎中、知制诰，由是，元稹返朝与入中枢，实与宦官无干。见《元稹除中书舍人翰林学士赐紫金鱼袋制》、元稹《同州刺史谢上表》等。吴伟斌《元稹考论》中，考证甚详。

(8)[日]吉川幸次郎著、章培恒等译《中国诗史》：在曹植之后，友情成为中国诗歌最为重要的主题，它所占有的地位，如同男女爱情之于西洋诗。这个主题的创始者就是曹植。换言之，是曹植发现了友情对于人生的价值。

(9)白居易集中只有两首诗点名湘灵。其余哪些诗与湘灵有关？见仁见智。请参见朱金城《白居易集笺校》、王拾遗《白居易生活系年》、顾学颉《白居易和他的夫人——兼论白氏青年时期的婚姻问题和与"湘灵"的关系》、娄天劲《白居易与符离村姑湘灵的"长恨歌"》等。本节中，白诗系年亦与上述诸家略有出入。

⑽还见《欧阳修全集》卷62《谏议大夫杨公墓志铭》：杨氏尝以族显于汉，为三公者四世。汉之乱，更魏涉晋，戕贼于夷胡，而汉之大人苗裔尽矣。比数百岁，下而及唐，然杨氏之后独在。太和、开成之间，曰汝士者与虞卿、鲁士、汉公，又以名显于唐，居靖恭坊杨氏者，大以其族著。

⑾《旧唐书·白居易传》：杨颖士、杨虞卿与宗闵善，居易妻，颖士从父妹也。白居易《与杨虞卿书》：又仆之妻，即足下从父妹，可谓亲矣。《唐摭言》：开成中，户部杨侍郎汝士检校尚书镇东川，白乐天即尚书妹婿。白居易《杨六尚书新授川东节度使代妻戏贺兄嫂二绝》：何似沙哥领崔嫂，觅得黔娄为妹婿。按：从《旧唐书》《与杨虞卿书》看，杨氏是杨颖士、杨虞卿的"从父妹"。"从父妹"者，首先是妹，其次是从父这一支的妹。古人称从妹者，今叫堂妹，而从父妹者，也是堂妹，只不过不是共祖父的堂妹，而是共曾祖父的堂妹。《新唐书·白居易传》："与弟行简、从祖弟敏中友爱。"《旧唐书·白敏中传》："敏中字用晦，居易从父弟也。"李商隐《刑部尚书致仕赠尚书右仆射太原白公墓碑铭并序》："其曾祖弟今右仆射平章事敏中果相天子。""从祖弟""从父弟""曾祖弟"都是一个意思，是说白居易与白敏中是堂兄弟关系，他们的曾祖父都是白温，白温生白锽、白鏻，前者是白居易的祖父，后者是白敏中的祖父。以此推之，可知"从父妹"其实就是从妹。王辉斌《唐代诗人婚姻研究》（群言出版社，2004年3月第1版）以为"从父妹"是从父之妹，也即堂姑，洋洋洒洒写下《白居易的婚姻问题》，称白居易有过两次婚姻，原配是杨虞卿从父妹，继配是杨汝士妹，无端调和"从父妹"和"妹"的关系，是搞错了概念，以至谬误。至于《唐摭言》称杨氏是杨汝士之妹，亦误。据《新唐书·宰相世系一下》杨氏越公房："杨燕客生杨审、杨宁。杨审子孙没有记载，杨宁生杨汝士、杨虞

卿、杨汉公、杨鲁士。"又据周绍良主编《唐代墓志汇编》元和一〇五《唐故……扬（宁）府君墓志铭并序》："有子四人：汝士、虞卿、汉公，咸著名实；幼曰殷士，已阶造秀。"这样，汝士、虞卿、汉公、鲁（殷）士为亲兄弟，杨氏自然也是杨汝士的堂妹，而不是胞妹（《旧唐书·杨虞卿传》称杨虞卿、杨汉公为亲兄弟，杨汝士为杨虞卿的从兄，杨鲁士是杨汝士的亲弟弟，与上述记载有出入）。白居易之所以称杨汝士为兄，是随杨氏而称，称兄而不称从兄，是以示亲切。再，岑仲勉《唐史余渖》卷3《杨颖士》条，称杨颖士为杨燕客之孙，是。

（12）李商隐《刑部尚书致仕赠尚书右仆射太原白公墓碑铭并序》：子景受，大中三年（849），自颍阳尉典治集贤御书，侍太夫人弘农郡君杨氏来京师，胖胖兢兢，奉公之遗，畏不克既，仍件右功世，以命其客，取文刻碑。按：白居易去世3年后的大中三年（849），杨氏尚在，时年65岁，后事迹不详。又，白居易无子，以侄儿白景受为嗣。白景受为谁？千百年来未有结论。有说是阿龟，有说不是。据《顾学颉文学论集》之《白居易世系、家族考》：最近，在洛阳从居易的后裔白书斋那里发现的、明嘉靖二年白居易36代裔孙白自成写的《白氏重修谱系序》，言（白）幼文有三子，景回、景受、景衍；以景受承嗣居易，故洛阳白氏，均景受之后代。

（13）《唐诗纪事》：行简，元和二年（807）登第。《登科记考》依《唐诗纪事》定白行简元和二年进士及第。《登科记考》元和四年（809）：诸科七人。其下未列七人姓名。白居易《醉后走笔酬刘五主簿长句之赠兼简张大贾二十四先辈昆季》：齐入文场同苦战，五人十载九登科。二张得隽名居甲，美退争雄重告捷。按：五人，当指自己与张彻、张复、贾𫗧、白行简，从贞元十六年（800）至写诗的元和四年（809），正好10年。白居易三考登科，贾𫗧两考登科（贞元十九年进士第、元和三年制策甲科），张彻、张复、行简各一考登科（张复元和元年、行简元和二年、张彻元和四年进士第），加起来八登科，与诗中"九登科"尚差1次。从"美退争雄重告捷"诗意，贾𫗧（字子美）、行简（字知退）各有两次，因此，很可能白行简于元和四年（809）吏部科目选或制举登科。

（14）唐中宗、唐睿宗朝有大臣名张锡，曾任宰相，李公佐不可能与其同时代。宋代陈思《宝刻丛编》卷15：唐崔融《游东林寺》诗，正书，无姓名，元和十三年（818）二月二十九日曾孙江州刺史能重刻（复斋碑录）。又见陈舜俞《庐山记》。白居易《山中酬江州崔使君见寄》《题崔使君新楼》，均写于元和十三年。上述资料可互证元和十三年江州刺史为崔能。《山》："三年为郡吏，一半许山居。"依诗意，白居易是感谢崔三年来的关照，由此，至晚在白居易被贬江州的元和十年（815），崔能就已刺江州。又，《唐刺史全编》卷158《江州（浔阳郡）》，称元和十二年（817）刺江州者有张锡、张觌，其根据均是《谢小娥传》，误。

（15）法国巴黎国立图书馆藏敦煌书目，有《天地阴阳交欢大乐赋》一卷，编号P·2539。从原始影印件看，抄写者应为两人，显非原作者所书，看落款，既像白行简，更像白行间。由于白行简知名，后人多称为白行简所撰。

（16）张孝祥《西江月·落日熔金万顷》。按：张孝祥系唐代诗人、白居易的朋友张籍之

七世孙。有人称百花亭即当今烟水亭，误。从萧绎、阴铿、朱超、白居易的诗作及《府志》来看，百花亭濒临大江，与烟水亭方位不同。

⑰桑乔《庐山纪事》"五老峰"条：（李太白）予行天下，所游览山水甚富，俊伟诡特，鲜有能过之者，真天下之壮观也！按：详考《李太白全集》，未见此条，不知桑乔所说从何而来？吴宗慈《庐山志》从桑乔说。

⑱见范传正《赠左拾遗翰林学士李公新墓碑》，载《全唐文》卷614。按：范传正的父亲范伦与李白相善，范伦有浔阳夜宴诗，其中提到李白，故范传正说"知与公有通家之旧。"范传正自己与白居易同朝为官，应该相识。白居易集中有《除范传正宣歙观察使制》，不过岑仲勉断为伪作。

⑲祖将军庙，应该是纪念东晋名将祖逖的庙宇。祖逖，少有大志，文武双全，八王之乱后南渡，领兵恢复中原，收复了北方大片领土，有"闻鸡起舞""击楫中流"等故事。击楫中流发生在京口，但在九江，常见人题咏。九江祖将军庙在何处？不详。据欧阳詹描述的方位推断，大致在今天的南湖公园。

⑳《水经注》：湖中有落星石，周迥百步余，高五丈，上生竹木。传曰：有星坠此，因以名焉。《一统志》：落星寺在南康府城南三里落星石上，一名法安寺，唐乾宁建，今废。李白《豫章行》：楼船若鲸飞，波荡落星湾。范仲淹《南康军江中落星寺》：长江万里来，古寺中流起。如何天上星，汨汨波涛里。按：落星石为一石头小岛，又称落星墩，传说是天上掉下来的星星（陨石），星子县由此而得名，位于星子县（今庐山市）城南鄱阳湖汊（落星湾、落星湖）中，夏日水涨为浮岛，冬日水枯可步涉，为一方名胜，历来文人骚客吟咏甚多，今石上建有牌坊、石塔、禅院等。

日 常 生 活

衣食住行，是人类赖以生存的基本条件，让我们变换视界，重回现场，微观考察白居易的日常生活，从而直接感受生命最真实的存在，理解作者创作之"今典"，探及中晚唐社会生活风貌。

财 富 观

在探讨白居易日常生活之前，有必要先考察他的财富观，弄清他对金钱的看法，再看看他的生活来源，以及当时的物价水平。

在九江，他的诗文中多次提到"富贵"二字，譬如《编集拙诗成一十五卷因题卷末戏赠元九、李二十》中"世间富贵应无分，身后文章合有名"。《浩歌行》中"欲留年少待富贵，富贵不来年少去""功名富贵须待命，命若不来如奈何"！《叹鲁二首》中"由来富与权，不系才与贤"。《与元九书》中"仆是何者？窃时之名已多，既窃时名，又欲窃时之富贵，使己为造物者，肯兼与之乎"？《与杨虞卿书》中"又常照镜，或观写真，自相形骨，非富贵者必矣"。等等。

本来，富与贵是两个概念，是两种不同的价值取向，但我们不能不看到，在中华文明的字典里，富与贵又成了同质词汇，甚至成了一个词。假如说由富而贵还有那么丁点儿阻隔的话，那么，由贵而富则被看成是天经地义的事情，难怪自古至今，想当官，想当大官者如过江之鲫，络绎不绝。当官发财，差不多成了一个成语了，至少也是一句口头禅。小孩子有点天分，干什么呢？

——"万般皆下品，惟有读书高。"读了一肚子饱书，干什么呢？——"学而优则仕。"入仕后也就是当官了，干什么呢？——"当官发财。"人生的"逻辑"严丝合缝，环环相扣，人生的阶梯规划缜密，代代相传。富贵合一，贵至富随，当官了，就要发财，就能发财，这样一种与当代政治理念格格不入的心理，在漫长的帝制时代，对文人士大夫的思想污染，对官僚队伍的灵魂侵蚀，是无可比拟的。难怪陈独秀在1916年以犀利的笔触写道："充满吾人之神经，填塞吾人之骨髓，虽尸解魂消，焚其骨，扬其灰，用显微镜点点验之，皆各有'做官发财'四大字。做官以张其威，发财以逞其欲。一若做官发财为人生唯一之目的。人间种种善行，凡不利此目的者，一切牺牲之而无所顾惜；人间种种罪恶，凡有利此目的者，一切奉行之而无所忌惮。此等卑劣思维，乃远祖以来历世遗传之缺点，与夫社会之恶习，相演而日深。"这是多么一针见血，又是多么振聋发聩！

人生在世，谁不渴望富贵？从人性的角度看，展示能力，追求卓越，进而求名求利，求富求贵，是人类的正常愿望，无可非议。白居易当然也不例外。让我们的目光跳出江州，看看一生都在官场的白居易，对富贵究竟是什么态度。

元和二年（807），白居易写《观刈麦》，其中说："今我何功德，曾不事农桑。吏禄三百石，岁晏有余粮。念此私自愧，尽日不能忘。"这个时候，他已授周至尉，相当于当今副县处级干部。当官拿工资，本来应该心安理得，但白居易自觉感到惭愧，好像做了强盗似的。为什么有此种心理？原来是看到暑天苦热，贫妇抱着孩子在拾麦穗，以充饥肠，而自己每月有25石俸禄，衣食无忧，两相对照，心中愧疚，这样一种想法，应该说是难能可贵的，是一种有良心的表现，也是一种民本思想和自律意识的表现。

元和五年（810），白居易左拾遗秩满，鉴于家庭经济困难，特请求转任外官。唐宪宗此时倒是十分器重白居易，允许白居易自己挑选官职，结果授京兆户曹参军，仍在翰林。他写《初除户曹喜而言志》，说，不是我有贪念，而是高堂在上，幼者要养，媳妇要穿衣，朋友要招待，故而才求一个俸禄多一点的职位："浮荣及虚位，皆是身之宾。唯有衣与食，此事粗关身。苟免饥寒外，余物尽浮云。"人不能生活在真空，不管官职大小，吃和穿总是必需的，只要能有温饱，能有体面的生活，其他的，神马都是浮云。他这样声称，是不是真心话，有没有作秀之嫌？看他的朋友元稹的评价，可为旁证。后者在《和乐天初授户曹喜而言志》中说，老白衣不盈箧，食不满囷，求多一点工

资干什么？是为了奉高堂，悦亲朋，还真不是为自己，为个人。这一年，白居易还写《高仆射》："富贵人所爱，圣人去其泰。""中心私自儆，何以为我戒。故作仆射诗，书之于大带。"是说富贵是人人都喜欢的，只有圣人才会适可而止，我的恩师高郢差不多就是一圣人，我要以他为榜样，又怕今后忘了，故而写仆射诗，书之于大带之上，以便时时提醒警诫自己。

元和六年（811），母亲去世，白居易、白行简兄弟退居下邽，为母丁忧。突然失去俸禄，生活转而困顿。这个时候，白居易在多首诗中表明自己对财富的看法，譬如《遣怀》："乃知名与利，得丧俱为害。"《闲居》："心足即为富，身闲乃当贵。富贵在此中，何必居高位？"《晚春沽酒》："人生待富贵，为乐常苦迟。"《归田三首》："人生何所欲？所欲唯两端：中人爱富贵，高士慕神仙。神仙须有籍，富贵亦在天。"《新构亭台，示诸弟侄》："足以充饥渴，何必慕甘肥？"《咏拙》："慕贵而厌贱，乐富而恶贫。同出天地间，我岂异于人？性命苟如此，反则成苦辛。以此自安分，虽穷每欣欣。"《观稼》："自惭禄仕者，曾不营农作。饱食无所劳，何殊卫人鹤？"说一千道一万，中心意思很清楚：我与常人一样，也喜欢富贵，不喜欢贫贱，但富贵在天，不能强求，只要安分知足，就是富贵，倘若汲汲于富贵，戚戚于贫贱，那就是违背天理，成了包袱，我总是很惭愧没种一棵苗，没收一粒粟，比较起农夫农妇来，反而饱食终日，这跟卫懿公喂养的鹤有什么不同？

丁忧期满，服除，元和九年（814）冬，白居易授太子左赞善大夫，写《酬张十八访宿见赠》："况君秉高义，富贵视如云。"诗人借张籍来访，抒发自己的感想，提出交结朋友的标准，借孔子"不义而富且贵，于我如浮云"之意，明面上是说张籍，实际上是说自己的志向。又写有《寄张十八》，说得更为直白："饥止一箪食，渴止一壶浆。出入止一马，寝兴止一床。此外无长物，于我有若亡。胡然不知足，名利心遑遑？"用现代话讲就是，食不过三餐，寝不过一床，其他是身外之物，有与没有一个样，为什么要贪心不足，追名逐利，弄得心神不宁，慌慌张张？

被贬江州，白居易在九江写诗，并不避讳"富贵"二字。毫无疑问，富贵是好东西，人向往之，我亦向往之，但富贵有"命"，自己貌似没有这样的好命。在富贵和文章两者中，只有后者自己才有可能有所把握，从而赢得"时名"和"身后名"。更明白的表达在《咏意》诗中："富贵亦有苦，苦在心危忧。贫贱亦有乐，乐在身自由。"富贵为什么"苦"？原来苦在心怀忧惧，身

在忧危，苦在身不自在，心不自由。读此诗，更让我们隐隐地感觉到，白居易这里所说的"富贵"，与我们通常所理解的富贵还略有不同，"心危忧"者，并不是大富大贵之后，对权力金钱的患得患失，也不完全是宠辱在朝暮，而是身为士子臣工，对家国天下的责任担当——在庙堂，你得为君为民，不像在江湖，只需为己为家，因此，"有苦有乐"的正话反说，正是在宣言自己害怕荒远、向往魏阙，渴望返回京城、恢复官职的本意是忧国忧民，是真心想为朝廷、为天下做点事情。

细读白居易的诗，我们看到的是，虽然白居易并不讳言富贵名利，但他的思想深处对地位和金钱有着相当清醒的认识，可以说，他真的算不上是一个追名逐利的人。看永贞元年（805）的《感时》："富贵非不爱，时来当自致。所以达人心，外物不能累。唯当饮美酒，终日陶陶醉。"再看太和五年（831）的《六十拜河南尹》："万金何假藉，一盏莫推辞。流水光阴急，浮云富贵迟。人间若无酒，尽合鬓成丝。"这两首诗，一前一后，前者是刚踏进职场、意气风发之时，后者则是饱经风霜、看透世情之际，前是小吏校书郎，后是高官河南尹，但想法却是一以贯之，那就是富贵不富贵，有自有，无自无，没有必要去计较它会在什么时候降临，更不要去不择手段疯狂攫取。把握"当下"，那才是最重要的。"当下"是什么？是诗与酒——酒是载体，诗是灵魂——诗酒为媒介和寄托的内心平静与快乐，这才是真实的人生和人生的真正价值。

思想决定行为。既然白居易并不十分看重富贵，那么，我们就可以理解他的一系列举动：在京任主客郎中、知制诰时，他持节宣谕田布为魏博节度使，田布赠他五百匹绢，他上报朝廷，不肯收受，即使皇帝首肯，他还是将绢匹退还；杭州刺史任期届满时，他将自己俸禄的大部分留存官库，作为疏浚西湖的基金，[1]而只在天竺山取两块石头，当作纪念；在洛阳以刑部尚书致仕（退休）后，又施己财凿八节滩，方便舟楫，以利后世。这些行为充分说明，他不是口是心非、标榜自己不爱财，而是真心实意、散尽千金为他人。一千多年前的官吏，能做到如此廉政、如此干净，恐怕让后来的贪腐者无地自容。这也让我们看到，古代中国，虽然形成了延绵深厚的官场贪腐文化，然而，却也总有那么一批有良心的文人士大夫，不甘堕落，"富贵不能淫"，直道而行，守望传统，从而成为真君子和大丈夫，赢得人们的尊敬。

无巧不成书，也就是今天，当我写到这一段时，时值"全球老虎日"，又恰巧"大老虎"落马，白居易对金钱的想法和做法，应该使得"老虎"和"苍

蝇"们大汗淋漓，应该值得青年才俊和普罗大众细细品味。

"夫发财本非恶事，个人及社会生存与发展，且以生产殖业为重要之条件；唯中国式之发财方法，不出于生产殖业，而出于苟得妄取，甚至以做官为发财之捷径，猎官摸金，铸为国民之常识，危害国家，莫此为甚。"经商办企业成为亿万富翁是你的光荣，从政当官员成为亿万富翁则是你的耻辱。陈独秀痛心疾首于"中国式发财方法"，决意改变，于是，他满腔热情地寄希望于德先生（民主）和赛先生（科学）："我们现在认定只有这两位先生，可以救治中国政治上、道德上、学术上、思想上一切的黑暗"，满腔热情地寄希望于青年："青年如初春，如朝日，如百卉之萌动，如利刃之新发于硎，人生最可宝贵之时期也。青年之于社会，犹新鲜活泼细胞之在人身……惟属望于新鲜活泼之青年，有以自觉而奋斗耳！"无论如何，当年的陈独秀是当之无愧的启蒙者和先行者，而老虎和苍蝇们也曾经年轻过是被寄予厚望的新青年，可惜的是，言者谆谆，听者藐藐，启蒙者的铮铮已无声无息，没人知晓，新青年的佼佼已有头有脸，前呼后拥，于是乎，"一切牺牲之而无所顾惜，一切奉行之而无所忌惮"，既反老祖宗，又反祖师爷，既不要传统，又不要主义，什么仁义道德，什么信仰宗旨，什么民主科学，什么人格脸面，统统弃之脑后，"猎官摸金"，为所欲为，只顾眼前利，不图身后名，害国家、害社会、害人民，最终也害了自己。

在九江，白居易写《题座隅》，或可看作是他名利观的一次反思：

> 手不任执殳，肩不能荷锄。量力揆所用，曾不敌一夫。
>
> 幸因笔砚功，得升仕进途。历官凡五六，禄俸及妻孥。
>
> 左右有兼仆，出入有单车。自奉虽不厚，亦不至饥劬。
>
> 若有人及此，傍观为何如。虽贤亦为幸，况我鄙且愚。
>
> 伯夷古贤人，鲁山亦其徒。时哉无奈何，俱化为饿殍。
>
> 念彼益自愧，不敢忘斯须。平生荣利心，破灭无遗余。
>
> 犹恐尘妄起，题此于座隅。

购 买 力

说了白居易的财富观，我们来看他的收入。

早就有人注意到白居易喜欢晒工资。南宋洪迈在《容斋五笔》中有《白

公说俸禄》，按其叙述，兹列如下：

为校书郎，曰："俸钱万六千，月给亦有余。"

为左拾遗，曰："月惭谏纸二千张，岁愧俸钱三十万。"

兼京兆户曹，曰："俸钱四五万，月可奉晨昏。廪禄二百石，岁可盈仓困。"

贬江州司马，曰："散员足庇身，薄俸可资家。"《壁记》曰："岁廪数百石，月俸六七万。"

罢杭州刺史，曰："三年请禄俸，颇有余衣食。""移家入新宅，罢郡有余资。"

为苏州刺史，曰："十万户州尤觉贵，二千石禄敢言贫！"

为宾客分司，曰："俸钱八九万，给受无虚月。""嵩洛供云水，朝廷乞俸钱。""老宜官冷静，贫赖俸优饶。""官优有禄料，职散无羁縻。""官衔依口得，俸禄逐身来。"

为河南尹，曰："厚俸如何用，闲居不可忘。"

不赴同州，曰："诚贪俸钱厚，其如身力衰！"

为太子少傅，曰："月俸百千官二品，朝廷雇我作闲人。""又问俸厚薄，百千随月至。""七年为少傅，品高俸不薄。"

其致仕，曰："全家遁此曾无闷，半俸资身亦有余。""俸随日计钱盈贯，禄逐年支粟满困。""寿及七十五，俸占五十千。"

其泛叙曰："历官凡五六，禄俸及妻孥。""料钱随官用，生计逐年营。""形骸僵偻班行内，骨肉勾留俸禄中。"

需要指出的是，洪迈虽然列举得比较详尽，但还是遗漏多多。参照他的做法，将他缺漏的，不著诗文标题，补充如下：

长安，校书郎："遂求及亲禄，僵偻来京师。薄俸未及亲，别家已经时。"

周至尉："吏禄三百石，岁晏有余粮。"

长安，左拾遗："伏以自拾遗授京兆府判司，往年院中曾有此例。资序相类，俸禄稍多。"

长安，京兆府户曹参军："前件官位望虽小，俸料稍优，臣今得之，胜登贵位。""况无治道术，坐受官家禄。"

下邽，为母丁忧："连授四命官，坐尸十年禄。"

长安，太子左赞善大夫："勿嫌禄俸薄，厚即多忧责。"

江州司马："今虽谪佐远郡，而官品至第五，月俸四五万，寒有衣，饥有

食，给身之外，施及家人。""月俸虽不多，然量入以为用，亦不至冻馁矣。""仆门内之口虽不少，司马之俸虽不多，量入俭用，亦可自给。身衣口食，且免求人。""稍无骨肉累，粗有渔樵资。""今亦不冻馁，昔亦无余资。""不叹乡国远，不嫌官禄微。""欲作云泉计，须营伏腊资。""忧方知酒圣，贫始觉钱神。""且贪薄俸君应惜，不称衰容我自知。"

忠州刺史："仓粟喂家人，黄缣裹妻子。"自注："忠州，刺史以下，悉以畲田粟给禄食，以黄绢支俸。""郡俸诚不多，亦足充衣食。"

长安，司门员外郎："非无解挂簪缨意，未有支持伏腊资。""唯惭老病披朝服，莫虑饥寒计俸钱。"

长安，主客郎中："臣食国家之厚禄，居陛下之清官，每月俸钱，尚惭尸素，无名之货，岂合苟求？"

长安，中书舍人："囊中贮余俸，园外买闲田。"

杭州刺史："昔为凤阁郎，今为二千石。""刺史二千石，亦不为贱贫。"

洛阳，太子左庶子分司："渭曲庄犹在，钱塘俸尚残。""病惬官曹静，闲惭俸禄优。"

苏州刺史："僮仆减来无冗食，资粮算外有余钱。"

长安，秘书监："约俸为生计，随官换往还。"

长安，刑部侍郎："秋官月俸八九万，岂徒遣尔身温足。"

洛阳，太子宾客分司："荣名厚禄二千石，乐饮闲游三十春。""勿言未富贵，久忝居禄仕。""料钱随月用，生计逐日营。""终岁无公事，随月有俸钱。""中人百户税，宾客一年禄。""资产虽不丰，亦不甚贫竭。""我今幸得见头白，禄俸不薄官不卑。""罢免无余俸，休闲有敝庐。"

洛阳，河南尹："厚俸自来诚忝滥，老身欲起尚迟疑。""十千一斗犹赊饮，何况官供不著钱。""以此称公事，将何销俸钱？"

洛阳，太子少傅分司："优饶又加俸，闲稳仍分曹。""若比箪瓢人，吾今太富贵。""有官供禄俸，无事劳心力。""称意那劳问，请钱不早朝。""禄俸优饶官不卑，就中闲适是分司。"

洛阳，罢太子少傅："七年为少傅，品高俸不薄。""七旬才满冠已挂，半禄未及车先悬。""豪华肥壮虽无分，饱暖安闲即有余。""烦君问生计，忧醒不忧贫。"

洛阳，致仕："官给俸钱天与寿，些些贫病奈吾何！"

费了好大工夫，整理了这些资料，看起来有些庞杂，有些眼花，但还是有意义，一是补正了诸如周至尉、忠州刺史、杭州刺史、刑部侍郎等阶段的俸禄情况，二是更让我们看到，白居易确实敢于公开收入和财产。高官的生活和财富我们难以搞懂，我们感兴趣的是，白居易在九江，其官职不大不小，他的收入及购买力怎样？

一开始就碰到难题，那就是白居易两处表述不一致。《与元九书》中称："官品至第五，月俸四五万。"《江州司马厅记》（即洪迈所称《壁记》）中说："岁廪数百石，月俸六七万。"江州为上州，司马是州刺史的副手，官品从五品下，其收入究竟是四五万，还是六七万？我们需要其他佐证材料。

《唐会要》卷90《内外官禄》："武德元年，因隋制……从五品，一百六十石……并每年给。"卷91《内外官料钱》："大历十二年，每月料钱，刺史八十贯文，别驾五十五贯文，长史、司马各五十贯，录事参军四十贯……县令四十贯，丞三十贯，簿、尉各二十贯。"卷92《内外官职田》："武德元年制，五品六顷。"就是说，唐代官员的正规收入包括三个部分，一是禄粟，按年发放，叫作禄，二是料钱，按月领取，叫作俸，三是除均田制外，还可分得一定的土地，叫职分田。从唐朝开国到元和年间，虽然官员俸禄几经调整，但对照白居易的经历和他所记载的收入，又参考《册府元龟》《新唐书》，可以看出，上州司马月俸确为五万钱。

唐代，"钱"是货币单位，也叫"文"，对应实物来讲，就是一枚铜钱。唐高祖武德四年，开始铸造发行"开元通宝"，从而统一了全国币制。"开元"，具有改朝换代、开基建业的意思，与唐玄宗"开元"年号并无关联。开元通宝每1文重1钱，10文1两，1000枚铜钱用绳子串在一起，叫1"贯"或1"缗"，重6斤4两（即6.25唐斤，每唐斤16两，1唐斤约680克，1.36市斤）。有唐一代，虽然之后也有几次铸造新钱，但开元钱在制式大小、铜料纯度、钱币轻重上，为后人创立了一个标准，直至清朝，仍遵循这个标准。开元钱不仅在唐代是主要的流通货币，而且在唐朝之后还流通了一千多年。

根据上述资料，我们得知，白居易在江州司马任上，每年有禄米160石，每月工资50000到70000钱，[2] 还可分得职分田600唐亩。[3] 那么，较之于当今，收入又是多少呢？

这就需要寻找一种等价物。什么东西做等价物最合适？粮食！君不见当下农村，在抚养小孩、赡养老人等事情上，如果碰到需要条分缕析、掰扯清

楚的时候，考虑到时间流逝、物价变化等，都是以粮食作为等价物来考虑问题的，譬如，赡养老人，村长或族长就议定，要每个儿子每年出 200 斤谷子（或每年按时价折成金钱），直到老人去世为止等等。

《全唐文》卷 634 李翱《疏改税法》：今"绢一匹价不过八百，米一斗不过五十"。[4] 元和十五年（820），米价大致 50 钱 1 斗。唐代 1 升为 600 毫升（公制），[5] 10 升 1 斗，1 斗 6000 毫升。又据本人实测，1000 毫升容量的大米重量约 0.91 公斤，这样，1 斗大米 5.46 公斤，也即 10.92 市斤（今制，下同）。按每市斤大米 3 元人民币计算，唐代的 50 钱，相当于 32.76 元人民币，也就是说，唐朝的"钱"与当今人民币"元"的换算比率是 0.6552，这样算来，白居易的每月工资为人民币 32760 元。如果把禄米 160 石看作年终奖，则除职分田外，白居易年收入 68 万钱，折算人民币 445536 元（下文中，凡以"钱"和"元"作货币计量单位，"钱"指唐钱，"元"指人民币元）。

现在，让我们暂时把禄米和职分田抛开，以每月 5 万钱、每年 60 万钱计，来看看在元和年间，到底有多大的购买力？

大米：按上《疏改税法》米价，5 万钱可买 1000 斗，即 100 斛，60 万钱买 1200 斛，合 131040 市斤大米。《新唐书·食货四》："少壮相均，人食米二升。"《全唐文》卷 372 严郢《奏五城旧屯兵募仓储等数疏》："计一丁岁当钱九百六十、米七斛二斗。"一个壮丁每天口粮定量是 2 升，每年的口粮是 73 斗（每天 2.18 市斤，每年 797.16 市斤），60 万钱购买的大米够 164 男丁吃一年。[6]

绢帛：绢帛和麻布是极为重要的消费资料，其地位仅次于粮食。唐代，以钱、帛为本位货币。与铜钱一样，绢帛也是法定货币，在流通领域具有偿付能力，常常用于大宗支付。国家对绢布的幅长标准颁有定式，缣帛幅广 2.2 尺，长 4 丈为匹；麻布幅广 2.2 尺，长 5 丈为端。"唐大尺长度近 29.5 厘米"，比当今市尺略短。日本圆仁《入唐求法巡礼行记》卷 1 "开成三年十月十四日"条："买白绢二匹，价二贯。"一匹绢一贯钱。如按上面《疏改税法》，1 匹绢 800 钱，60 万钱可购绢 750 匹绢。

奴婢：唐代虽然是帝制，但长期保存奴隶制残余，官宦豪绅家中多蓄奴婢。奴婢之间存在年龄、性别、技能等差异，因此价格多样。《太平广记》卷 144："唐进士吕群，元和十一年下第游蜀……成都人有曰南竖者，凶猾无状，货久不售，群则以二十缗易之。"这个男仆不算好，只花了 2 万钱，算是便宜

的。一般地，男仆的价格在数万到十万左右。女婢呢，大概在十五万至数十万钱不等。《唐摭言》义气篇载李邕"携三百缣就纳国色"，换算成铜钱就是二十四万钱。《云溪友议》卷上《襄阳杰》："其婢端丽，饶彼音伎之能，汉南之最也。姑贫，鬻婢于连帅，连帅爱之，以类无双，给钱四十万。"大家可记得于頔？他时任山南东道节度使，故称"连帅"。于頔善于聚敛，出手也大方，他购得年轻貌美、擅长器乐的家妓，号称"汉南之最"，花了四十万钱，差不多白居易一年的工资。

马匹：马是重要的生产资料，还是重要的军需物资。汉人不擅长养马，安史之乱后，马政荒废，马匹绝大部分仰赖进口。《旧唐书·回纥传》："自乾元之后，屡遣使以马和市缯帛，仍岁来市，以马一匹易绢四十匹，动至数万马。"元和三年，白居易撰《与回鹘可汗书》："其马数共六千五百匹……今数内且方圆支二十五万匹。"合1匹马38.5匹绢，接近40匹绢。白居易《新乐府·阴山道，疾贪虏也》："五十匹缣易一匹。"缣，也是丝织品，但不如绢之精美，有时，缣、绢通用。40匹绢一匹马，不排除回纥抬高马价的可能。1匹马的价格为32000钱，合20966元。白居易2个月工资可买3匹马。

牛：牛也是重要的生产资料。牛价低于马价。《资治通鉴·唐纪四十八·德宗贞元三年》载李泌建议用彩帛向党项人购牛："每头不过二三匹，计十八万匹，可致六万余头。"1头牛3匹绢合2400钱。《太平广记》卷434《路伯达》载，有人愿出钱五千赎一牛犊。按1头牛3000钱计，白居易1个月工资可购16头牛。

驴：《唐国史补》卷上："韦丹少在东洛，曰：吾只有驴直三千。"看来驴和牛的价钱差不多。

猪：猪在唐代已经被广泛饲养，但记载猪价的资料不多。《太平广记》卷439《李汾》说："山下有张老庄，其家富，多养豕。"同卷《李校尉》说，唐高宗年间，有人从潞州贩猪到怀州去卖，三百钱买的，卖了六百钱。按猪重200市斤、生猪每市斤7元计算，一头猪1400元，反过来折算是2137唐钱，看来，600钱1头猪，比当今便宜得多。

鹅、鸡、鸡蛋：唐代张鷟《朝野佥载》卷3："鸡卵一钱几颗？曰：三颗。""一鸡三十钱。"《太平广记》卷234《御厨》引《卢氏杂说》："鹅每只价值二三千。"唐朝的鸡蛋看来比较便宜，一个0.33钱，合0.22元。鸡一只30钱，合20元，与当今差不多，鹅则贵得离谱。

　　盐：《全唐文》卷 550 韩愈《论变盐法事宜状》："今盐价京师每斤四十。"1 唐斤盐四十钱，相当于 1 市斤 19.27 元，叫人不禁惊呼食盐太贵。食盐是重要的消费品，一日三餐不可或缺，食盐采制受地域、资源限制，性质又重，运输不易，故而古代中国，有盐的地方都比较富庶，譬如四川有自贡井盐、山西有河中盐池、青州吴越等地可以煮海为盐，均成为区域性经济中心，并且具有战略意义。初唐和盛唐，食盐并不贵，大约每斗十钱，也就是 1 钱可以买到 1 升盐。安史之乱后，第五琦"尽榷天下盐"，每斗盐直接加价 100 钱，说什么"人不益税而上用以饶"，以后，又多次加价，盐政混乱成为中晚唐的一项重大弊政，除朝廷通过榷盐专卖、垄断经营公开搜刮外，形形色色的涉盐官员、大大小小的盐商、许许多多的私盐贩子都赚得盆满钵满。盐，这种维持人体机能的物质，却不料培育出了王仙芝、黄巢等大唐帝国的掘墓人；盐，这种百味之王，由于种种盘剥，叫老百姓的生活过得了无滋味。

　　佣价：《册府元龟》卷 487《邦计部·赋税一》载，大历八年（773）正月诏："诸色丁匠，如有情愿纳赀课代役者，每月每人任纳钱二千文。"这是官方制定的以钱代役价格，且不排除有意识抬高的可能性。《太平广记》卷 53《麒麟客》载，大中年间，有人雇一仆人，"年可四十，佣作之直月五百，勤干无私。"同书卷 243《窦义》载，建中年间，窦义雇京城少年捡拾槐树籽，"日给饼三枚，钱十五文。"从这些资料看，雇佣一人每月需 500～2000 钱。

　　土地：与教科书上说的不同，在漫长的帝制时代，全国土地并非私有制，而是反过来，土地国有制占支配地位。唐初，实行均田制，就是说，理论上土地属国家所有，大唐的所有人口均有权利分得土地。前面说过，大约每户平均有垦田 40 唐亩，合 31.44 市亩，相当于当今农民分得的责任田。与责任田不同的是，均田制下的一部分土地允许买卖。一般民众土地中，80% 为口分田，这部分不允许买卖，20% 为永业田（亦称世业田），基本上不受政府控制，可以买卖；官员的职分田不允许买卖，永业田则可以买卖。两税制实行后，均田制无田可均，但口分田的调整一直在进行，永业田的买卖也在进行。有买卖才会有价格，但土地的自然禀赋不同，譬如是耕地还是宅基地，是水田还是旱地，是熟地还是荒地等，都影响土地价格。柳宗元《钴鉧潭西小丘记》："丘之小不能一亩……问其价，曰：'止四百。'余怜而售之。"柳宗元买 1 亩（合 0.786 市亩）山地，花了 400 钱。白居易晚年写《达哉乐天行》："先卖南坊十亩园，次卖东郭五顷田。然后兼卖所居宅，仿佛获缗二三千。"二三

千缗是十亩园、五顷田和居宅的总价格，但"南坊十亩园"应是城中之地，单格肯定比"东郭五顷田"贵得多，假如各按 1000 缗也就是 100 万钱算，南坊十亩园每亩合 10 万文，东郭五顷田每亩只合 2000 钱。

房屋：房价千差万别。《太平广记》卷 243《窦乂》载，长安"崇贤里有小宅出卖，直二百千文。"杜牧《唐故尚书吏部侍郎赠吏部尚书沈公行状》说，沈传师"于京师开化里致第，价钱三百万"。京师长安的住宅从 20 万钱到 300 万钱，显然房子的地段、大小、品质等完全不同。江州之后，白居易自己在京师长安新昌里、东都洛阳履道里分别购置了房产，但可惜没有记录价钱，不过，他倒是在文章中有两处为我们留下了珍贵资料，一是元和四年（809）的《论魏征旧宅状》，他建议朝廷出钱，赎回魏征老宅，结果"出内库钱二千缗赎赐魏稠"。[7]二是太和六年（832）的《修香山寺记》，称好朋友元稹去世后，元稹的家人将"马绫帛泊银鞍玉带之物，价当六七十万"赠予自己，求写碑文，他转而把这笔钱捐赠给香山寺，"始自寺前亭一所，登寺桥一所，连桥廊七间，次至石楼一所，连廊六间，次东佛龛大屋十一间，次南宾院堂一所，大小屋共七间"，这么些地方，"凡支坏、补缺、垒隤、覆漏"之处，均加以整修和装饰，做到"朽墁之功必精，赭垩之饰必良"，用了三个月时间，才算完毕。算起来，六七十万也就是州司马一年的薪水，这么些钱，还是可以做很多事情的。

上述物价，说到底是宏观层面的，下面，我们再来看白居易在九江的诗文，看看能否得到微观上的佐证。

《食笋》："物以多为贱，双钱易一束。"这里说的是春笋，2 钱可以购买 1 束。1 束有多重？按当今农民用粽叶捆扎的情况看，1 束至少有斤把左右，以 2 钱（合 1.3 元人民币）买 1 市斤春笋，与当今春笋大量上市时，农民摆地摊卖的价钱差不多。

《赎鸡》："喔喔十四雏""购尔镪三百。"镪，通"繦"，串钱的绳子，引申为成串的铜钱，在诗中，泛指钱币。300 钱（合 196.56 元）购得 14 只鸡雏，每只 21.4 钱，合每只 14 元，比较当今每只鸡雏 3 元左右，那是相当的贵。我怀疑不是 14 只，而是 40 只鸡雏，这样合每只 4.9 元，较为合理。更合理的解释是，不是鸡雏，而是半大的仔鸡（诗中说"足伤金距蹴，头抢花冠翻"，分明是成鸡模样），鸡随肉价，斤把左右的仔鸡，卖 14 元，与当今价钱差不多，如果是成鸡，则可能比当今便宜。

在江州，白居易还有两处写到交易，但没写具体数额，一是《放旅雁》："江童持网捕将去，手携入市生卖之。我本北人今谴谪，人鸟虽殊同是客。见此客鸟伤客人，赎汝放汝飞入云。"一是《首夏》："浔阳多美酒，可使杯不燥。溢鱼贱如泥，烹炙无昏早。"

说了这么些，大家对中唐的生活成本应该有了一个大概的印象。从收入看，再从物价看，用收入支出比来分析，白居易时代官员的收入还是蛮高的，购买力还是蛮强的，也就是说，唐王朝政府给官员们提供了较好的薪酬俸禄，保证了其生活待遇和生活质量，这一情况的出现，与当时的经济社会发展水平相一致，与官员队伍并不算庞大，"官民比"较低有关。当然，也有人并不这么认为，洪迈在《容斋续笔》中举白居易为例，说"唐世朝士俸钱至微"。这应该是洪迈出身名门、家庭富裕，加上宋代官员俸禄更为优渥的原因，以至于出现"至微"的判断。要说的话，一个正常的社会，应该是在精兵简政和严格监督的基础上给予官员比较优渥的待遇，以保证他们体面的生活，保证他们较高的经济地位——高薪未必能养廉，但低薪势必想捞钱——如果收入过低，官员的收入不能与职业生涯和社会地位相匹配，那么一旦有权，肯定会去搞钱。

除了法定俸禄外，唐朝官员还有其他收入，譬如赏赐、润笔，还有经商、聚敛等，前者无疑正当，后者则有灰色和黑色的味道。

皇帝赏赐，当然是看臣下有功，给予奖励之意。元和初，白居易在翰林，就多次被赏赐。赏赐的物件多种多样，有衣服、茶果、酒脯、口腊（口脂，护肤品）、红雪（护肤品）、澡豆（洗沐用品）、红牙（染色刻花的象牙尺或檀木尺）、银寸（在尺上每隔一寸包嵌一寸银箔）、新火（清明前一日禁火寒食，到清明节再起火赐百官）、冰（冬天藏冰，暑夏颁赐）、新历日（日历）、梨脯、匹帛、蒸饼等等，也有直接赐钱的。贞元四年（788）九月，唐德宗下诏，正月晦日（正月三十日）、三月三日、九月九日三大节日，文武百官可以选择形胜之地游玩娱乐，赏赐宰相和常参官五百贯，翰林学士一百贯，"永为常式。"翌年，定二月一日为"中和节"，取代正月晦日。这一节日有农书进上以示重农务本、颁赐尺子以诚遵循法度等文化内涵，有赐宴、赋诗、歌舞、放假、赏钱赏物等具体内容，不仅在唐代弄得非常热闹，甚至还影响到朝鲜、日本等汉文化圈国家。在江州，白居易当然不可能得到赏赐，只有再至京城后，才有可能再获奖赏，前面提到的田布赠他五百匹绢，皇帝派宦官到白居易家，

宣旨令白居易收受就是一例。

润笔费是唐代文人的重要收入，尤其是著名文人。在九江，东林寺僧人赍持十万钱求写景云大师墓志铭，就是看重白居易的大名。关于润笔费，有两个故事值得一说。《新唐书·韦贯之传》载，裴均死后，他的儿子"持万缣"请韦贯之写墓志铭，韦贯之说："吾宁饿死，岂能为是哉！"前面说过，裴均是一个不法之徒，韦贯之这样做，有浩然之气。李商隐《齐鲁二生·刘叉》说，刘叉（《新唐书》卷176记作刘义）是个无良文人，他投奔韩愈，韩愈很器重他，一天，他"持（韩）愈金数斤去"，说什么这是你韩愈谀墓所得，不如给我添寿。这里的"金"并非黄金，而是铜钱，在唐代，金、银并非本位货币，使用并不广泛。数斤铜钱也就1600钱左右，并不算多，可怜韩愈就此落下"谀墓"的恶名（如果真是金子，1两约6000钱，1斤96000钱，10斤96万钱；如果以金作为等价物，则唐钱比人民币元价值要高[8]）。这两个故事说明，为人写碑文是中唐士子的常态。长庆年间，元稹还为白居易编辑刊刻诗集《白氏长庆集》，没搞清楚刊刻的钱从哪里出，也没搞清楚诗集卖不卖钱，有没有稿费。

经商和聚敛，对于官员来讲，性质类似，都是利用身份地位搜刮钱财以自肥。弄几个大家熟悉的面孔说说。王锷，大家有点印象吧？这家伙当过江州刺史，后来任广州刺史、岭南节度使，这期间，他可发大发了：一是盘剥百姓，除正常的两税外，还按人家财产收取苛捐杂税，跟两税一样多，都落了自家腰包；二是垄断经营，外国船舶从南海运来货物，不允许别人交易，他自己的货栈按指定价格买进，再转手卖出，又赚得盆满钵满；三是亦官亦商，自己有十余艘船，假称是商家，专门贩运犀象珠贝等奢侈品，八年间来来往往，循环不绝，又是挣钱的买卖。几项相加，王锷终于"家财富于公藏"，富可敌国。难怪白居易曾上奏认为这样的人不能当宰相。还有一个人，大家也认识，那就是韩弘，这位昔日征讨淮西的统帅，在汴州（今河南开封）横行霸道20多年，百端诛求，广泛搜刮，"有私钱百万贯、粟三百万斛、马七千匹。"百万贯是多少？是10亿钱，合6.55亿元。这家伙觉得有钱有势还不够，他还写信给当时的宰相武元衡，抱怨朝廷给了王锷"检校司空、平章事"的帽子，而自己没有，要求也搞一顶，攀比之心如此之重，可算是比权、比贪、比官的典范！

白居易作为名满天下的大诗人，润笔费自然少不了，忠州之后，官宦生

涯稳定，也得了不少赏赐，因此，虽然不经商，也不聚敛，钱不算太多，但也不少。有人说："中国封建社会中，官僚、地主、商人完全是三位一体的。""许多大官僚也就是大商人，亦官亦商，从两方面来剥削人民。"这是传统教科书教给我们的所谓"常识"。但这个"常识"有问题。你说"许多"可以，但说"完全"则略显绝对，元和五大诗人就是反例。白居易后来成了大官，但并没有成为大商人，也没有成为大地主，也就是说，官僚与商人、地主没有必然关联。他的钱，前期，主要用于贴补大家庭所用，后期，主要用于自我消遣，譬如，蓄养樊素小蛮等家妓、建造洛阳履道里小型园林以及聚会宴饮、施财行善等。他对官俸优渥，既高兴和满足，又常常带着愧疚，因为他知道，这些俸禄和收入全部都来自黎民百姓，来自劳动者的汗水和辛劳，难怪他后来任太子宾客分司时，有些自惭地说："中人百户税，宾客一年禄。"

大历诗人刘长卿写有一首《送青苗郑判官归江西》，描写中唐征收青苗税的情形，反映九江一带民间疾苦：

三苗余古地，五稼满秋田。

来问周公税，归输汉俸钱。

江城寒背日，溢水暮连天。

南楚凋残后，疲民赖尔怜。

吃 住 行

让我们透过白居易在九江的诗文，再借助其他典籍，看他在江州司马任上吃住行的情形如何。

先说吃。

"隋唐五代主食用谷物仍以粟、麦、稻为主。"和当今差不多，处于江南北部的九江，水网密布，河道纵横，雨量充沛，四季分明，田地中，水田占很大比重，适宜种植水稻，白居易有诗句"泥秧水畦稻"。除水田外，一些旱地则种植麦子、粟子、芋头（旱芋）等，有诗句"麦凉江气秋""灰种畲田粟""畲田有粟何不啄""结茅栽芋种畲田"。畲，同畬，就是在山坡上放火烧荒，顺坡而耕，不设堤埂，所谓刀耕火种是也。

既然水田为主，人们的主食自然而然是稻米，白居易有诗句"禄米獐牙

稻""鱼鲜饭细酒香浓""饭稻茹芹英""炊稻烹秋葵""与饭同时熟""朝饭山下寺"等。大米常见的做法是蒸饭或煮饭，也有熬粥喝的，还有做成粽子的，白居易在九江有诗句"留饧和冷粥"，离开九江后有"粥美尝新米""粽香筒竹嫩"等。

獐牙稻是稻子的一个品种。检《全唐诗》和《全唐文》，唐代的稻谷品种还有鸣蝉稻、白稻、香粳、红稻、半夏稻、长枪江米、珠稻、霜稻等，当时的稻子主要是粳稻，还有少量的糯稻。粳稻也写作杭稻，其特点是分蘖力弱，秆硬不易倒伏，较耐肥，籽粒宽而厚，呈椭圆形，米质黏性稍强，胀性小，类似于当今的一季稻或晚稻。有唐一代，没有出现过籼稻的说法，当时水稻基本上是一年一作，直到五代，以占城稻为代表的早籼稻才传入中国，一年两熟，到宋代初期大面积推广。

顺便说一句，唐代的主食，除大米外，还有麦面食品、粟米食品等。麦面食品有饼、包馅面食和花样面食，饼中又包括蒸饼（类似馒头）、煎饼、胡饼、汤饼（水煮面条或面片）等。九江地区也种麦子和粟子，因此，也有麦面食品和粟米食品，只不过数量不多而已。由于少年时长期在符离等江南之地生活，加之后来在京城也以大米为主食之一，故而没有见到白居易吃不惯大米的说法。在九江，白居易没有写过面食，但他到忠州后，写过一首《寄胡饼与杨万州》，是研究唐代日常生活必提的一首诗："胡麻饼样学京都，面脆油香新出炉。寄与饥馋杨大使，尝看得似辅兴无？"胡麻饼类似当今的烧饼，以面为饼，撒上芝麻（胡麻），在炉中烤熟。白居易在忠州尝到胡麻饼，认为面脆油香，与京城长安辅兴坊饼店售卖的并无二致。忠州与江州同属长江流域，既然忠州有胡麻饼，江州也应该有多种麦面食品。

除米、面、粟外，还有一些代谷食品，常年用于调节口味，荒年用于救急济困，它们有菰米、芡实、菱角、橡实、野栗、竹米、葛根、黄精等。白居易有诗句"菰蒋喂马行无力""羸马放青菰""菰叶风翻绿剪刀""湖水浸菰蒋""泥中采菱芡""菱叶萦波荷飐风""嫩剥青菱角"等。

菰，又叫菰将，是泽生禾本科植物，其子实叫菰米、黑米、将实、雕（彫）胡，人们多于夏秋二季逐次采集，可以做成米饭，当作主食进用，唐人诗中有大量菰米、雕胡之咏。宋朝以后，菰茎开始被黑粉菌所寄生，逐步繁衍于整个植物群，菰米慢慢减少并最终消失，明朝以后，人们再无缘品尝菰米饭了，当今的泽生菰已经不结菰米，子实转型为茭白。从白居易诗意看，九江

沼泽之地遍生菰将，菰叶适于放马。

芡实俗称鸡头米，质硬而脆，多淀粉。菱，又名芰，两角为菱，三角、四角为芰，有紫菱、青菱、折腰菱等品种，当时，芡与菱齐名，同是水乡居民赖以维系生活的采集果实，唐人也多有吟咏。菱角既可熟吃也可生吃，既可当主食也可当零食，"嫩剥青菱角"是把菱角当零食。

代谷食品中还有橡实、竹米，这两种口感较差，只有在荒年才采集食用，白居易在九江期间，年成尚可，因而未见吟咏。

吃米饭自然得有下饭菜，唐人吃什么菜？荤菜自然有猪肉、家禽、鱼和其他水产，白居易有诗句"肉味经时忘""经时不思肉""荤膻停夜食""食肉常如饥"。那时候的九江不会养羊，因而没有羊肉，同时国家禁止杀牛，只有自然死亡的牛才有牛肉出售，因此牛肉也少，这里的"肉"和"荤膻"都应该指猪肉。

古代中国，人们过分偏重于农作物的种植，畜牧业只是一种辅助产业，因此，肉食供应量十分有限，一般百姓很难食用肉类，唐代的食肉者大多是官宦士族和富裕人家，白居易后来有诗句"今食且如此，何必烹猪羊"？又，京城长安等北方主要肉食为羊肉，猪肉反受冷落，唐代赵璘《因话录》卷2《商部上》说，裴度"不信术数，不好服食，每语人曰：'鸡猪鱼蒜，逢著则吃。生老病死，时至则行'"。是说裴度在吃上不讲究，官当那么大，有什么吃什么，不刻意去弄什么牛炙、羊扒。在南方，养猪大概很常见，养猪的好处是可以圈养，家家户户都可以养，《新唐书·五行三》："徐州萧县民家豕出圂舞，又牡豕多将邻里群豕而行，复自相噬啮。"当然，也有人专靠养猪而致富，宋代曾慥《类说》卷40引《朝野佥载》："唐拱州有人畜猪致富，号猪为乌金。"[9]

鸡、鸭、鹅是农民常见的饲养家禽。鸡，家家都有，农家平时粗茶淡饭，若有重要客人，鸡便成为首选肉食。早在陶渊明时代，便有"狗吠深巷中，鸡鸣桑树巅""漉我新熟酒，只鸡招近局"之谓。白居易有《赎鸡》："适有鬻鸡者，挈之来远村。"说明是乡下农民进城卖鸡，挑来的鸡还不少，有14只之多，显然是卖给城里人食用的。江州是水乡，宜于放养鸭鹅。白居易在九江，没有写过鸭和鹅（后来倒是写过），并不表明江州一带没有鸭和鹅，只不过价钱较高，不常食用罢了。

鄱阳湖地区是重要的候鸟越冬地。鄱阳湖水位落差大，丰水季节，浩瀚

万顷，水天相接，而到秋冬之际，水落洲出，鱼、虾、螺、蚌及各种水草丰富，这时候，天鹅、大雁、白鹳、灰鹤、野鸭等大批候鸟南下，聚集湖滨，蔚为壮观。白居易有诗《彭蠡湖晚归》："鸟飞千白点，日没半红轮。"描写了这一热闹生动的场景。那时候，生态良好，人们还不知道保护野生动物，有人就捕获大雁、野鸭来卖，换取几个油盐钱。白居易《放旅雁》写道："江童持网捕将去，手携入市生卖之。"古代中国，大雁有守信、有序、乡愁、传书等文化含义，白居易看到北来的大雁，想到自己也是北来之人，心中老大不忍，将其买来，放归自然。

九江水产不少，白居易有诗句"溢鱼贱如泥，烹炙无昏早""亥日饶虾蟹""鱼鲜饭细酒香浓""鼎腻愁烹鳖，盘腥厌脍鲈""溢鱼颇肥，江酒极美""绿蚁杯香嫩，红丝脍缕肥""小榼酤清醑，行厨煮白鳞"。江州是水乡，江河湖汊，溪塘沟渠，乃至水田，到处有鱼，而且是纯天然无污染的野生鱼。当时，北方鱼较少，吃鱼不多，唐代段成式《酉阳杂俎》就说："洛鲤伊鲂，贵于牛羊。"一到南方，鱼鳖泛滥，因此价钱"贱如泥"，正因为鱼虾众多，几乎可以天天吃，因此白居易叫苦："腥呀，腻呀。"其实，仔细看他的诗，他还是挺喜欢吃鱼的。

鱼，是江南水乡人们食物中动物性蛋白质的主要来源之一。《全唐文》卷219崔融《断屠议》中说："江南诸州，乃以鱼为命；河西诸国，以肉为斋。"僧人书法家怀素《食鱼帖》中说："老僧在长沙，食鱼，及来长安城中，多食肉。"两者均说明南北饮食中荤腥的差异，亦可看出水产品在南方人生活中的重要性。鱼的品种很多，有鲈、鲂、鳜、鲤、鲫等等，陶渊明《游斜川并序》说："鲂鲤跃鳞于将夕。"唐人中，岑参有"秋来倍忆武昌鱼，梦著只在巴陵道"，张志和有"西塞山前白鹭飞，桃花流水鳜鱼肥"，戴叔伦有"兰溪三日桃花雨，半夜鲤鱼来上滩"，都是唐诗中的名句。武昌鱼学名团头鲂，是鳊鱼的一种，这种鱼一直被人认为是美味珍馐，独孤及有诗"得餐武昌鱼，不顾浔阳田"，写出了对浔阳田的怀念和对武昌鱼的珍爱。《酉阳杂俎》续集卷8："浔阳有青林湖，鲫鱼大者二尺余，小者满尺，食之肥美，亦可止寒热也。"鲫鱼肉质细腻，鲜美清香，被当作是滋补性很强的食物，从此处记载看，九江鲫鱼是一种名贵产品，至今有彭泽鲫，依然畅销。青林湖在何处？不详。

然而，唐人最喜欢的鱼还是鲈鱼，写得最多的也是鲈鱼。白居易江州有诗句"盘腥厌脍鲈"，细切成丝的鲈鱼都吃厌了！还写有《端居咏怀》："贾生

俟罪心相似，张翰思归事不如。斜日早知惊鵩鸟，秋风悔不忆鲈鱼。胸襟曾贮匡时策，怀袖犹残谏猎书。从此万缘都摆落，欲携妻子买山居。"鲈鱼由于西晋文学家张翰的典故而知名，除肉质鲜美外，更多的文化含义是对家乡的思念，以及见机退隐归乡避祸。这首诗里，白居易说的已经不是吃鱼了，而借贾谊、张翰之典，表明自己看破红尘、决计归隐的心情。

有鱼，自然有渔民，有诗句"篱根舟子语，巷口钓人歌""朝随卖药客，暮伴钓鱼人""泊处或依沽酒店，宿时多伴钓鱼船""雨埋钓舟小，风颭酒旗斜"。其中"雨埋钓舟小"，道出了渔民的辛劳和危险，宋代范仲淹的《江上渔者》："江上往来人，但爱鲈鱼美。君看一叶舟，出没风波里。"与此异曲同工。

《放鱼》："晓日提竹篮，家僮买春蔬。青青芹蕨下，叠卧双白鱼。无声但呀呀，以气相煦濡。倾篮写地上，拨剌长尺余。岂唯刀机忧，坐见蝼蚁图。脱泉虽已久，得水犹可苏。放之小池中，且用救干枯。水小池窄狭，动尾触四隅。一时幸苟活，久远将何如。怜其不得所，移放于南湖。南湖连西江，好去勿踟蹰。施恩即望报，吾非斯人徒。不须泥沙底，辛苦觅明珠。"仆人早起买菜，买了蔬菜和两条白鱼，白居易一看，两条鱼还活着呢，于是赶忙把鱼放入小池中，又顾忌池子太小，于是将鱼放生于城南的南湖中，南湖连着西江（长江），鱼儿啊，你快快回归江湖，重获自由吧。而我呢，并非施恩图报之徒，因此，不需要你泥沙之中寻找明珠来报答我。

说了肉食，来说蔬菜。唐代人都吃什么蔬菜？白居易有诗句"园蔬鸭脚葵""青青芹蕨下""饭稻茹芹英""荠叶生墙根"，更写《烹葵》《食笋》等。唐代韩鄂《四时纂要》中，列举的蔬菜种类有韭、薤、茄、萝卜、瓜、芋、姜、椒、葵、薯蓣、蒜、瓠、葱等。孙思邈《备急千金要方》卷79《菜蔬》条所列品目为58种，其中属于食用蔬菜者在40种以上。

九江属于副热带湿润气候区，日照充足，雨量充沛，气候温和，四季分明，适于各种作物生长，正是所谓"插根筷子也发芽"的地方。唐时，九江蔬菜种类繁多，一般用于自家食用，也有到市场贩卖蔬菜以换取他物或铜钱的。唐时的蔬菜有的和当今没什么区别，有的则区别很大。

葵：葵是我国古代重要的蔬菜之一，先秦由野生驯化而成，《诗经》有"烹葵及菽"，《说文解字》："葵，菜也。"这种葵菜属锦葵科植物，生命力极为旺盛，春、秋、冬可以连作。晋时始，人们大面积种植，作为最普通、最重要

的蔬菜，陶渊明《酬刘柴桑》："新葵郁北牖，嘉穟养南畴。"葵菜常带紫色，称紫葵，陶渊明《和胡西曹示顾贼曹》："流目视西园，晔晔荣紫葵。"虽然葵菜上市期极长，但秋天经霜后葵菜的口感更好，这时称秋葵，亦称露葵，李白《赠闾丘处士》："野酌劝芳酒，园蔬烹露葵。"白居易所说的"鸭脚葵"即葵菜叶子形状像鸭子的脚蹼。《烹葵》："贫厨何所有，炊稻烹秋葵。红粒香复软，绿英滑且肥。"葵菜的佐餐方式是用来下饭，绿色的葵菜配上红色的米饭，一个滑且肥，一个香复软，倒是色香俱佳，有滋有味。

顺便说一句，除葵菜外，葵，还指向日葵，有诗句"葵枯犹向日，蓬断即辞春"。用"葵"来自喻，"日"来比喻朝廷，表达了以身许国的情感，承继了古代以来葵心向阳的文化含义。

韭：韭菜是先秦以来我国传统的蔬菜，《诗经》中有"献羔祭韭"的说法。至唐代，韭菜的种植面积扩大。杜甫《赠卫八处士》："夜雨翦春韭，新炊间黄粱。"白居易《邓州路中作》："漠漠谁家园？秋韭花初白。"描绘了韭菜园圃种植、方便取用的情形。由于韭菜常割常有，加上口感较好，因此是一种优质蔬菜。

薤：薤，又称藠头、藠子，先秦时已被我国驯育成蔬菜，主要种植地在南方。薤以其鳞茎为主食部位，耐储藏，秋季收获后一直可以保存到来年春季，为唐代越冬蔬菜之一。白居易写于下邽的《村居卧病三首》："种黍三十亩，雨来苗渐大。种薤二十畦，秋来欲堪刈。望黍作冬酒，留薤为春菜。"[10]基本上就是写实，同时，表明当时北方也种藠头。和白居易差不多同时的诗人张祜写《赠庐山僧》，有句"一室炉峰下，荒榛手自开。粉牌新薤叶，竹援小葱台"。表明僧人也把藠头当作主要蔬菜。

豆：豆，古称菽，就是上面说的《诗经》中"烹葵及菽"中的菽。古代中国，肉食甚少，豆是重要的蛋白质来源。豆的种类甚多，有黄豆、绿豆、赤豆（红豆）、赤小豆、青小豆等。豆，既可做主食，又可作菜肴。陶渊明《归园田居》："种豆南山下，草盛豆苗稀。"《舆地纪胜》卷30《江州·瑞昌县》："建中四年，立为（赤乌）场，其地有茗菽之利也，伪唐昇元三年改为瑞昌县。"说明江州有种茶、种豆的历史。有诗句"兔隐豆苗肥，鸟鸣桑椹熟"，是白居易在九江对渭南生活的回忆性描写。唐诗中，对江南种豆的描写较多。有说，豆腐是汉代淮南王刘安所发明，历史的事实是，无论是《全唐文》还是《全唐诗》，均未见有关豆腐（别名黎祈或来其）的描写，因而，豆腐的出

现，可能在唐代之后。

芹菜：古代芹菜多指水芹，为我国原生。旱芹在汉代由西域传入，俗称胡芹。唐时，这两种芹菜均供食用，但人们主要还是食用水芹，其中以楚地水芹为佳，称为楚芹，《吕氏春秋·本味》："菜之美者，云梦之芹。"九江古时属楚，水芹资源丰富。水芹一般生长在低湿洼地或水沟之间，栽植以浅水沼塘为好，晚唐陆龟蒙《和袭美寄怀南阳润卿》："谁怜故国无生计，唯种南塘二亩芹。"唐人非常喜欢吃芹菜，据称是柳宗元所撰《龙城录》有故事："魏征嗜醋芹，每食之，欣然称快。""明日召赐食，有醋芹三杯，公见之欣喜翼然，食未竟而芹已尽。"白居易在九江两次提到芹菜，说明江州芹菜量大、质好，是普遍食用的蔬菜。

芜菁、菘菜、芥菜、萝卜：芜菁、菘菜、芥菜先前都从野油菜驯化而成，至唐代，人们通过定向选择发展成不同的蔬菜。芜菁又名蔓菁，俗称大头菜，长有肥大的肉质块根，与萝卜相似，白居易《江州赴忠州，至江陵已来，舟中示舍弟五十韵》："水餐红粒稻，野茹紫花菁。"菘菜以叶食为主，为现代白菜的前身，《备急千金要方》卷26："菘菜味甘……本是蔓菁也，种之江南，即化为菘。"芥菜既可食叶，也可食根，菜叶可鲜食，也可做成压水菜、雪里蕻，根茎称为菜头，可鲜食，也可做成榨菜等腌制食品，白居易后来写《招韬光禅师》："青芥除黄叶，红姜带紫芽。"《和三月三十日四十韵》："鱼鲙芥酱调，水葵盐豉絮。"都提到芥菜。

椒：大家别误会，这里的椒，并不是辣椒，而是花椒、胡椒之类的辛香调味品。唐代，无论是不怕辣的江西，还是辣不怕的湖南，抑或是怕不辣的四川人民，不管味蕾多么发达，都还没有吃辣椒的口福，辣椒这种原产于美洲的食物，要等到哥伦布等人"发现"新大陆之后，和土豆（马铃薯）、红薯（番薯）、玉米、花生、烟草一道，先后从美洲传入欧洲，再辗转传入中国，时间在明末清初之际。花椒为我国原生，唐时大量种植，以云南、四川的品种为好，白居易《新乐府·新丰折臂翁》："闻道云南有泸水，椒花落时瘴烟起。"胡椒原产南洋岛国，《酉阳杂俎》卷18："胡椒，出摩伽陀国，呼为昧履支。其苗蔓生，茎极柔弱，叶长寸半，有细条与叶齐，条上结子，两两相对，其叶晨开暮合，合则裹其子于叶中，子形似汉椒，至辛辣，六月采，今人作胡盘肉食皆用之。"说到胡椒，还有一个令人疑惑的故事，据《新唐书·元载传》，唐代宗时期的宰相元载被处死，抄家时搜出"胡椒至八百石。"胡椒

只能作香料，不能单独食用，元载贪婪不假，但要这么多胡椒干吗？

作为辛香型蔬菜的还有葱、蒜、姜、桂皮等，在唐代都广为栽培。葱、姜、桂皮原产于中国，而大蒜据传是汉代张骞从西域引进的。白居易《二年三月五日，斋毕开素，当食偶吟，赠妻弘农郡君》："鲂鳞白如雪，蒸炙加桂姜。"做鱼的时候，加入姜、桂等辛香料，可去腥，这种方法一直沿用至今。

瓜：瓜，主要指甜瓜，其时，南瓜、西瓜等尚未引进。《备急千金要方》列白冬瓜、越瓜、胡瓜、早青瓜等品种，颜色上还有白瓜、五色瓜等。唐代最著名有关瓜的诗歌当属章怀太子李贤的《黄台瓜辞》："种瓜黄台下，瓜熟子离离。一摘使瓜好，再摘使瓜稀。三摘犹自可，摘绝抱蔓归。"李贤是武则天的第二个儿子，这首诗借瓜言事，婉转哀鸣，希望自己的母亲不要一摘再摘，致使李氏绝种。可惜的是，你诗歌再怎么哀婉，终究改变不了为权力而疯狂的武则天，母大虫还是将自己的亲生儿子吞噬于巴州，这个故事使得甜瓜有了苦味。倒是白居易《秋游原上》："新枣未全赤，晚瓜有余馨。"使我们闻到了千年以来的瓜香。

藕：江南水乡，藕是常见的菜蔬，白居易《江州赴忠州，至江陵已来，舟中示舍弟五十韵》："脍长抽锦缕，藕脆削琼英。"看得出，对脆而白的藕片喜欢得紧。在九江，他还写《采莲曲》："菱叶萦波荷飐风，荷花深处小船通。逢郎欲语低头笑，碧玉搔头落水中。"虽然与藕关联不大，但荷花的娇艳、美人的娇羞跃然纸上。

水果：白居易在九江写到了大量植物，据清点，有杜鹃（山石榴）、竹（笋）、枫、荻（芦苇）、樱桃、蔷薇、菡萏（白芙蓉、莲、荷）、紫薇、菱角、柳（絮）、梅子、桂、菊、桐、杉、蘋（萍）、蒲、松、稻、粟、桑榆、卢橘、蕙、槿、椿、石榴、桃、杏、枇杷、辛夷（木兰）、芭蕉、茱萸、菊、紫藤、菰蒋、葵花、葵菜、槐、夜合树（合欢）、牡丹、红药（芍药）等，其中有一部分是水果类食品。

食品如此丰富，一个地方不可能全部自给自足，需要借市场来完成交换和交易。九江的市场在哪里？白居易有诗句"楼暗攒倡妇，堤长簇贩夫"。市场就设在江边堤坝上。交易时间如何？有诗句"亥日饶虾蟹，寅年足虎貙"。正常情况下，亥日是赶集日，12天一个周期。九江人员物资汇聚流动量大，有可能常日也有集市，只不过赶集日更加热闹。"晓日提竹篮，家僮买春蔬""山夫折盈抱，抱来早市鬻"，就是说，可能还有卖菜的早市。

再说住。

在九江，白居易住的是官厅，有文章《江州司马厅记》，有诗句"江城上佐闲无事，山下劚得厅前栽"（杜鹃花）、"天台岭上凌霜树，司马厅前委地丛"（桂树）、"浔阳郡厅后，有树不知名""荒凉满庭草，偃亚侵檐竹。府吏下厅帘，家僮开被襆。数声城上漏，一点窗间烛。官曹冷似冰，谁肯来同宿""官舍悄无事，日西斜掩门""亦知官舍非吾宅，且劚山樱满院栽""职散优闲地，身慵老大时""疏散郡丞同野客，幽闲官舍抵山家。春风北户千茎竹，晚日东园一树花"。

唐代的官衙总的来说比较宽敞，清代学者顾炎武《日知录》说："予见天下州之为唐旧治者，其城郭必皆宽广，街道必皆正直。廨舍之为唐旧创者，其基址必皆宏敞。宋以下所置，时弥近者，制弥陋。"顾氏之说，从白居易诗文中可以得到印证。

唐时，一个州，有集中办公场所，叫衙署，亦是主官刺史的住宅，一般而言，州的衙署有数重门，有正厅堂、内厅寝室、诸曹司的若干院落、厩库、鞠场、传舍等。以南唐袁州（今江西宜春市）为例，《全唐文》卷 876 刘仁赡《袁州厅壁记》载："所建立郡斋使宅，堂宇轩廊，东序西厅、州司使院、备武厅、毬场、上供库、甲仗库、鼓角楼、宜春馆、衙堂职掌、三院诸司，总六百余间。"600 多间房子，规模不能说不大。除这些建筑外，州衙还有后花园等附属设施，有亭榭、池塘、竹木等。

刺史之外，别驾、长史、司马等副职均有办公、住宅一体的地方。在九江，白居易所住的即是司马厅。司马厅离衙署有一些距离，临近江边，房子应该比较宽敞，既有府吏在此协助办公，又可以容得下白居易一大家子人口的生活起居，甚至还有客房。院中，有树有竹，他还挖了一个池子，可以养鱼。还有一座名叫"北亭"的亭子，就在司马厅近旁，白居易对其很是喜欢，有多首诗吟咏北亭。

无论是衙署，还是官厅，在墙壁上都有所装饰。这种装饰有三类：一类是壁画，大约在正厅（称为中堂）正面的墙上，所画内容以松、鹤、鹰、狮、虎为多，也有一些是山水画。第二类是写厅壁记，大约在正厅的其他墙面。所谓厅壁记，是创自唐朝的一种文体，内容为"叙官秩创置及迁授始末"，目的是"欲著前政履历，而发将来健羡焉"。《全唐文》中厅壁记众多。与九江相关的有独孤及《江州刺史厅壁记》、符载《江州录事参军厅壁记》，当然，

还有白居易的《江州司马厅记》。第三类则是朝廷颁布的律法条文或有关规定书写在墙壁上，既是装饰，又有督促官员照章办事之意。

帝制时代，房屋的构建是要讲规矩的，也就是说，要严格遵守等级性法令。唐律中，有《营缮令》等，就对房屋布局、规模、样式、装饰等做出了制度性规定，譬如，对于宅第，规定"王公已下，舍屋不得施重拱藻井。三品以上，堂舍不得过五间九架，厅厦两头，门屋不得过三间五架。五品已上，堂舍不得过五间七架，厅厦两头，门屋不得过三间两架，仍通作乌头大门。勋官各依本品。六品七品已下，堂舍不得过五间五架，门屋不得过一间两架。非常参官，不得造轴心舍，及施悬鱼对凤瓦兽通伏乳梁装饰"。为维护皇权威严，讲究尊卑秩序，规定得可谓详尽。

除开等级性，还有区域性差异。唐帝国区域广大，由于自然、文化、民族、习俗和历史等因素，使得建筑呈现多样性。华北平原的民居一般都低矮狭小，易于冬天保暖，也不占地方；黄土高原风沙大，少雨水，所以人们就挖窑洞；还有北方的突厥、回纥住庐帐而逐水草，南方的蛮、獠居楼屋而避瘴疠。九江地处江南北部，夏天热，湿度大，建筑多用竹木，房屋高大宽敞，便于散热排湿。前面说过，元和二年，韦丹任江西观察使，"教人为瓦屋"，建瓦屋一万三千七百幢，楼房四千七百幢，"民无火忧，暑湿则乘其高。"由竹屋、茅屋、板屋，变成砖屋、瓦屋，无疑是居住环境的质的变化。白居易被贬江州期间，估计浔阳城内的房屋绝大多数都为瓦屋。

等级性也好，区域性也罢，上有所好，下必效焉。大唐帝国的京城，当时是世界上最伟大的城市，是国际大都会。京城的雄伟壮丽，气势恢宏，无一不撩拨各级官员的神经，人们有样跟样的热情从来就没有消减过，于是，对于建造楼堂馆所，各个地方无一不兴致勃勃，前赴后继。"安、史大乱之后，法度隳弛，内臣戎帅，竞务奢豪，亭馆第舍，力穷乃止，时谓'木妖'。"官署和私第，大兴土木，竞相攀比，务求豪奢，一股歪风邪气，自然而然弥漫开来，因此叫作"木妖"。楼堂馆所的钱从哪里来？还不是蛀蚀国家、搜刮百姓！

司马厅之外，白居易常住庐山草堂。

从《草堂记》我们得知，庐山草堂建在北香炉峰和遗爱寺之间。这里有一块平地，大约十丈见方，中有平台，南有方池，周围环绕古松老杉，山竹野卉，草堂坐北朝南，"三间两柱，二室四牖"，也就是南北两柱，一共八根

柱子，形成三间厅室，中间一间稍大，作为客厅，两边各有一室，每室南北各开一个窗户。两柱房子不可能很大，屋顶未必一定是茅草，也有可能是树皮、毛竹，甚或是陶瓦，但因为简陋，所以叫作草堂。柱子，只是木料削皮而已，没施油漆，墙面，只是黄泥粉平而已，没有刷白，用石头做台阶，用油纸糊窗户，门悬竹帘，堂挂帷帐，"堂中设木榻四，素屏二，漆琴一张，儒、道、佛书各三两卷。"

草堂是用来住的，而不是游览的，当然离不开水与火。水好办，"堂东有瀑布，水悬三尺""以剖竹架空，引崖上泉，脉分线悬，自檐注砌，累累如贯珠，霏微如雨露，滴沥飘洒，随风远去。"草堂所在地并非庐山绝顶，而是半山腰，因而有泉水，平地有池，池中养鱼植莲。火就比较难办了，虽然可烧的木材不少，但要砍伐，要晒干，这都需要劳力和时间。还有，古代照明用的是油灯，一到黑夜，深山老林，猿啼虎啸，鸮号虫鸣，不由得不令人害怕和孤独。所以，别看白居易笔下潇洒地说"春有锦绣谷花，夏有石门涧云，秋有虎溪月，冬有炉峰雪"，其实，没有童仆或僧人的陪伴，没有一定的物质准备，在草堂安居是非常困难的。夏天，草堂比较凉爽，适于躲避山下的暑热，一到冬天，冰天雪地，气候寒冷，人迹罕至，运输困难，在只有柴炭取暖、没有棉被棉衣（棉花直到宋代才传入我国）的年代，没有几个人合住，一个人很难在此生存。

前面说过，草堂是东林寺僧众帮助建起来的，建草堂的目的是用于安顿身体，更重要的是安顿灵魂，难怪白居易感叹："噫！凡人丰一屋，华一簀，而起居其间，尚不免有骄稳之态，今我为是物主，物至致知，各以类至，又安得不外适内和，体宁心恬哉？"住在草堂中，流连风景、乐天安命的时光不少，但幽居独处、心灰意冷的时间也蛮多，"庐山雨夜草庵中""哀猿瘴雾宿匡庐"，从诗句中看得出，那是椎心泣血、仰天长号。从城市到山中，从官厅到草堂，不仅仅是"自怡"，也是"自苦"——读者诸君还记得檀道济说陶渊明"子生文明之世，奈何自苦如此"么？——"从兹耳界应清净，免见啾啾毁誉声。""舍此欲焉往，人间多险艰。"细读这些在草堂中写的诗句，有着诸多无奈，但另一方面，谁说住在草堂只是消极以对？岂不知无奈之中，躲进深山，远离庙堂，不合作，不沾边，潇洒散淡，任性自为，也是一种抨击和抗争！

毕竟，白居易是诗人，骨子里有着浪漫情怀，因此，他住的地方不止官

厅和草堂，他还住东林寺、西林寺，住简寂观，住北亭，住渔船，住百花亭，住湖亭，住石溪亭（在五老峰下），他也不光是和家人同住，他还和刘十九、郭虚舟、元集虚、白行简等同宿，从中我们可以看出他的不安和痛苦，也可以看出他的解脱和超越，正因为不安和痛苦，所以需要不同的生活体验，以唤起新的生活热情，也正因为有不同的生活体验，才能解脱和超越。

顺便说一声，可以安顿心身、又有山水园林之态的庐山草堂成了白居易心中永久性的地标。我们知道，白居易在京城 15 年，一直租房而居，没有自己的住房，到九江后，"亦知官舍非吾宅"，司马厅不算自己的宅院，庐山草堂才是第一处属于自己的"家"。自九江、忠州到京城后，他购置了新昌里一所房子，地偏房小，"院窄难栽竹，墙高不见山。"再后来，在洛阳履道里购得一座宅第，"地方十七亩，屋室三之一，水五之一，竹九之一，而岛树桥道间之。"规模是大了，名堂也多了，但比较起同时代、同品级的官员，算不上豪宅，甚至有些简朴。在今后的日子里，他不时回忆庐山草堂，写了不少诗，他也知道回不去了，因此，他把后面两处房产，尤其是履道里宅院，弄得差不多是草堂的翻版，是一处充满文人情趣的园林，他最得意的，不是房子有多么豪华，多么值钱，而是院内的泉石木竹、春花秋月，既可以安顿身体，又能够怡悦性情，看《吾庐》："新昌小院松当户，履道幽居竹绕池。莫道两都空有宅，林泉风月是家资。"

再说行。

要出行，当然要有出行工具。车、马、船当是唐代最重要的交通工具，自京城到九江，以及在九江生活的三年多时间，白居易有关车、马、船的诗句很多。我们来简单说一说。

《初出蓝田路作》："人烦马蹄跙，劳苦已如此。"《蓝桥驿见元九诗》："每到驿亭先下马，循墙绕柱觅君诗。"《别李十一后重寄》："秋日正萧条，驱车出蓬荜。"《红藤杖》："交亲过浐别，车马到江回。"赴江州路上，至少有一马一车，马是自己骑的，车应该是牛车，是装载家属和必需品的。这些车、马很可能是官家的，或属驿站管理。到了襄阳，可以坐船走水路时，车、马都返回去了。《唐六典》卷 5："凡三十里一驿，天下凡一千六百三十有九所。二百六十所水驿，一千二百九十七所陆驿，八十六所水陆相兼……每驿皆置驿长一人，量驿之闲要以定其马数：都亭七十五疋，诸道之第一等减都亭之十五，第二、第三皆以十五为差，第四减十二，第五减六，第六减四，其马

官给……凡水驿亦量事闲要以置船，事繁者每驿四只，闲者三只，更闲者二只。凡马三各给丁一人，船一给丁三人。凡驿皆给钱以资之，什物并皆为市。凡乘驿者，在京于门下给券，在外于留守及诸军、州给券。"唐代，建立了比较完备的交通通信网络，天下驿站均为公务人员提供马匹和船只，只要领取了公务券，就可以免费使用马和船，使用其他物品则按市价折算。在大一统帝国的社会形态下，唐政府在前人的基础上，以理性的力量构建交通体系和其他社会体系，显示了高超的管理能力和水平，体现了古代人民的集体智慧。

《初到江州》："遥见朱轮来出郭，相迎劳动使君公。"唐代的车可分为礼仪用车和日常用车两种。按制度，礼仪用车的形制、装饰、颜色、牵引马匹的数量，有着严格的规定，不可僭越。江州刺史崔能官品为从三品，可以乘坐革辂，饰之于朱轮（用红色油漆车轮）。朱轮马车显然是礼仪用车，用朱轮来迎接白居易，说明崔能对白居易的重视和礼遇，难怪后者感激异常。白居易家眷在蓝田武关道乘坐的牛车，是日常用车。到江州后，未见白居易提起过用车。

在江州，有诗句"驿路使憧憧，关防兵草草""水市通阛阓，烟村混舳舻"。九江是大唐帝国重要的水陆关口。长江和赣江——鄱阳湖水道在江州湖口会合，形成了丁字形黄金大通道，由此，九江成为人员汇聚地和货物集散地，南来北往的行商和开店设栈的坐商均有不少，前者如《琵琶行》中的"商人"，后者如《大水》中的"工商"。九江驿正是《唐六典》所称的水陆相兼的驿站，当时，淮西战役正酣，汴路不通，因此，吴、楚之地乃至闽、粤，与京城长安之间，人员往来一般都经过九江，所以驿路繁忙。物资运输方面也是一片兴旺景象，船中的货物直接进入街市（阛阓），江中樯帆林立，在早晨的雾气和炊烟中，与水边的村庄混成一片。

有一首《九江北岸遇风雨》引起了我的注意："黄梅县边黄梅雨，白头浪里白头翁。九江阔处不见岸，五月尽时多恶风。人间稳路应无限，何事抛身在此中。"朱金城将这首诗系于长庆二年（822）赴杭州刺史任路过江州之际。这一系年恐怕有问题，因为白居易赴杭州是在秋天，有《重到江州感旧游，题郡楼十一韵》《舟中晚起》为证，前者写道："云水新秋思，闾阎旧日情。"后者写道："日高犹掩水窗眠，枕簟清凉八月天。"这样一来，《九江北岸遇风雨》中的"五月"就时序不合，无所凭据。再看诗意，根本不像赴任杭州的轻快与欣喜，而恰恰像是被贬江州的苦涩与沉闷，因此，这首诗应该是被贬

江州期间所写。九江、黄梅隔江而望，中间有渡船相联系。江州期间，白居易到过黄梅，其目的很可能是去拜谒禅宗四祖道信、五祖弘忍的道场。九江是水网地带，渡口应该有不少，但唐代的情景我们已无法弄清，明代嘉靖《九江府志》载，九江城区附近有浔阳渡，在"府北，岁编渡夫"，分明是沟通大江两岸的渡口，其船工是官派的，是有"编制"的，此外，还有龙开河渡、南湖嘴渡（湖口方向）、老马渡、鹤问赛（寨）渡、潘家渡等。除渡口外，唐人还修桥，只不过那时候生产力不发达，一般都是在小水流上修建石桥或木桥，宋代陈舜俞《庐山记》记载庐山周边有石塘桥、通隐桥、招隐桥[11]等，至于大名鼎鼎的栖贤桥（又叫观音桥），则要到北宋大中祥符七年（1014）才建造。[12]

除开水路，江州还是进入江西的陆路孔道。江州北临大江，向南，到洪州，沿途有楚城驿、蒲塘驿、唤渡等，白居易的建昌之行，走的就是这条道。向西，到赤乌场，有瀼溪驿，向东，经湖口镇，到彭泽县和都昌县，再东到饶州。湖口，南北朝刘宋政权置湖口戍，唐置湖口镇，属浔阳县，五代南唐时升为湖口县，这里是隔湖向西眺望庐山的最佳处，附近又有大孤山（鞋山）、石钟山等名胜，唐人吟咏甚多，譬如张九龄《湖口望庐山瀑布泉》、刘长卿《晚次湖口有怀》、吴筠《晚到湖口见庐山作呈诸故人》、钱起《江行无题一百首》、唐彦谦《过湖口》、五代王周《湖口县》等，白居易"彭蠡湖天晚，桃花水气春"的诗句，很可能就是在湖口一带所写。

在江州，白居易的主要交通工具是马，而且应该是官马，有诗句"新雪满前山，初晴好天气。日西骑马出，忽有京都意""下马二林寺，翛然进轻策""命酒一临泛，舍鞍扬棹讴""木落天晴山翠开，爱山骑马入山来""长津欲度回渡尾，残酒重倾簇马蹄""匹马来郊外，扁舟在水滨""半酣到子舍，下马扣柴荆""闻莺树下沈吟立，信马江头取次行""建昌江水县门前，立马教人唤渡船"。看得出，无论是去山北的东林寺、西林寺，还是到山南的陶渊明故居、简寂观，或者是无意识地在城外闲逛，或者是有目的地远行建昌，他用的都是马。"马闲无处出，门冷少人过。"江州景物虽然丰富，但也经不起两三年时间到处游赏，该去的地方都去了，正在感叹无处可去呢。"鞍马军城外，笙歌祖帐前。"朝廷下诏量移忠州，以崔能为首的江州同仁设祖帐欢送，军卒列队，曲高酒酣，正在感念江州的多情呢。感叹也好，感念也罢，离不开的还是马。

除马外，还有篮舆："篮舆辞鞍马，缁徒换友朋。"篮舆是一种类似于滑竿、轿子之类的工具，形制不一，一般以人力抬着行走。陶渊明晚年有脚疾，"使一门生二儿舁篮舆。"因此篮舆便有了遁世归隐的文化含义。白居易来往草堂时，正值壮年，加上当时的制度规定，除年老体病外，一般不得乘坐篮舆、担子等，因此，估计他可能没有坐过篮舆，至于诗中用"篮舆"字样，应该是为了拉开与轩盖和鞍马的距离，以书写心中的不平，以达到某种艺术效果。

在九江，白居易的足迹遍布城里城外、山南山北，写了大量的诗。除开自然景观和人文胜景外，他对自然的观察是细心的、敏锐的，诗中写了很多植物，也写了许许多多的动物，譬如大雁（鸿）、鹧鸪、山猿（野猿、秋猿）、麋鹿、提壶（鹈鹕）、鸦、莺、红鲤、虫蛇、雀、蝉、燕、牛、虾、蟹、鳖、鲈、凫、鸥、犬、鹭鸶、鹤、黄鹂、龟、子规（鶗鴂、杜鹃鸟）、蟋蟀、蜘蛛等，他虽然对人世间不得不与众多的小人为伍感到郁闷，但对自然界如此丰盈、如此生机勃勃感到愉悦，他对在江州能东奔西走、观光游览的生活状态还是很满意的，他写道："江州，左匡庐，右江湖，士高气清，富有佳境。刺史，守土臣，不可远观游，群吏，执事官，不敢自暇佚，惟司马，绰绰可以从容于山水诗酒间。由是郡南楼山、北楼水、滋亭、百花亭、风篁、石岩、瀑布、庐宫、源潭洞、东西二林寺、泉石、松雪，司马尽有之矣。苟有志于吏隐者，舍此官何求焉？"请大家注意"吏隐"字样。有志于吏隐者，又恰逢江州这样的佳境，夫复何求！

穿 用 娱

说了吃住行，再看穿用娱。

先说穿。

"江州司马青衫湿"，这句诗如此著名，使得大家既耳熟能详，又充满疑虑，为什么白居易官居五品，穿的还是青衫呢？

在漫长的帝制时代，出于凸显皇帝权威、维护等级制度的需要，人们穿衣戴帽是有讲究、有规定的，唐朝也不例外。《旧唐书》中的《舆服志》，《新唐书》的《车服志》，就是专门讲服装和车子配备和使用规矩的。就服装而言，

其中的规定细致得很，对什么场合、什么身份、什么季节、什么颜色、男服女服、内衣外衣、帽子鞋子、绣什么花、佩什么饰，乃至于尺寸大小、帽子衣服鞋子怎么搭配等，都不厌其烦地作了规定，假如咬着牙、忍着疼把它们读下来，你可能还是一头雾水，可能对没有生在那个时代而感到庆幸。

简单地说，唐代的服装分为常服、公服、朝服、祭服四类，其中公服、朝服、祭服称为礼服或冠服，一般高冠革履、褒衣博带，是朝会、大典、祭祀、红白喜事等正式场合穿的衣服；常服亦称便服、宴（讌）服，由幞头、袍衫、靴带组成，是一般场合和日常生活穿的衣服。反映在律令上的，主要是冠服制度，但常服也在令式中占有一定地位。

《唐会要》卷31《舆服上》："文武三品已上服紫，金玉带十三銙。四品服深绯，金带十一銙。五品服浅绯，金带十銙。六品服深绿，七品服浅绿，并银带，九銙。八品服深青，九品服浅青，并鍮石带，九銙。庶人服黄，铜铁带，七銙。"这是唐高宗上元元年（674）对常服所定的章服制度，自此以后，唐代官员常服的颜色基本上都按品级以紫、绯、绿、青为准。至于皇帝，自然百无禁忌，但自唐初开始，皇帝就使用明黄（赤黄、赭黄）色作为常服颜色，自此以后，明黄色就被皇家所垄断。庶人的黄色当然不同于明黄，一般为褐黄、土黄色，除黄色外，庶人也穿白色。

有人问，江州司马是从五品下，按制度，可以服绯，可为什么白居易穿的还是青衫呢？

原来，上述按"品"级定服色指的是"本品"，本品就是散官，《旧唐书·职官一》："凡九品以上职事，皆带散位，谓之本品。"在江州，白居易的散官是将仕郎，品秩是最低级的从九品下，难怪只能穿青衫了。

前面已经说过，唐代制度，官员一年一考课（相当于当今的年度考评），六品以下，四考皆满，并得中中考者，可以进一阶。如有中上以上考，可累加进阶。白居易从贞元十九年（803）释褐授官起，至元和十年（815），经三轮"四考"，本应进阶多次，可到江州时仍为将仕郎，令人迷惑。这一情况说明，中唐以后，散官的升迁已出现混乱，已经不能按照原来的制度设计来运行了。既然散官进阶无序，那么服色的授予就自然而然也出现了差池，于是，作为一种变通、一种过渡，"借绯"和"赐绯"便在官场广泛使用。"借绯"指的是有资格著绯的官员，将绯衣"借"给职事官品级已到五品但散官品级尚未到位的同朝官员，以帮助其挣足面子，摆足派头；"赐绯""赐紫"自然

是皇帝恩宠，破格着装。元和十四年（819），白居易自江州调任忠州刺史，到洪州向江西观察使裴堪辞行，裴堪就"借绯"给白居易，弄得白居易既高兴又惭愧，连写《初除官，蒙裴常侍赠鹊衔瑞草绯袍鱼袋，因谢惠贶，兼抒离情》《初著刺史绯，答友人见赠》两首诗。

与紫服、绯服配套的还有鱼袋。所谓鱼袋，是一种安放刻有官员职务鱼符的袋子，佩戴在腰间。一般穿紫者，鱼袋用金饰，穿绯者，用银饰，鱼袋是紫服、绯服的有机组成部分。纡朱拖紫，佩带鱼袋，是进入中高级官僚队伍的实证，也成了身份地位、荣誉声名的象征。

在江州，白居易对服色异常敏感，写有许多诗句。"除却青衫在，其余便是僧。""白发更添今日鬓，青衫不改去年身。""黑鬓丝雪侵，青袍尘土涴。""袴花白似秋去薄，衫色青于春草浓。"这是伤自己。"楼中别曲催离酌，灯下红裙间绿袍。"这是说同事。"分手各抛沧海畔，折腰俱老绿衫中。"这是忆元稹。"一片绿衫消不得，腰金拖紫是何人。"这是哭从弟。"新授铜符未著绯，因君装束始光辉。"这是谢裴堪。这些诗句，一方面表明了他怕被抛弃、怕荒废、怕沉沦的苦闷心情，另一方面，也显露出他爱官职、爱功名、爱排场的虚荣心理。

袍衫是唐代男子最常穿的衣服，均是圆领，长过膝。衫是单衣，春夏所穿，袍是夹衣或绵衣，冬天所穿。唐代，棉花尚未大规模引进，因此，衣服中的保暖填充物一般为木棉，宋朝以前，只有带丝旁的"绵"，没有带木旁的"棉"。当然，贵族高门还可以着裘披氅，也就是穿着兽皮和羽毛做成的衣服用于保暖，"肥马轻裘"成为富贵的最直白的注解。袍衫的原料很多，《唐六典》卷22《少府监织染署》："凡织纴之作有十，一曰布，二曰绢，三曰絁，四曰纱，五曰绫，六曰罗，七曰锦，八曰绮，九曰繝，十曰褐。"这是指皇家官办织造之物，在民间，名堂略少些，但亦不输于官家。有人指出，中晚唐时期，中国已完成手工业经济重心的南北易位，南方地区的手工业经济超过北方。纺织业作为手工业的重要门类，中晚唐时期呈现出多姿多彩的局面，怪不得白居易写《新乐府·缭绫》："缭绫缭绫何所似？不似罗绡与纨绮。应似天台山上月明前，四十五尺瀑布泉。中有文章又奇绝，地铺白烟花簇雪。"这是吴越地区织造的高级纺织品。又写《新乐府·红线毯》："彩丝茸茸香拂拂，线软花虚不胜物。"这是比太原和成都还要好的毯子，产自宣城。

元和十三年（818），元稹自通州给白居易寄来一些布匹，白居易写《元

九以绿丝布白轻裕见寄，制成衣服，以诗报知》："袴花白似秋去薄，衫色青于春草浓。"轻裕，应该为轻容，是一种高级纺织品，南宋周密《齐东野语》卷10《轻容方空》："纱之至轻者，有所谓轻容，出唐《类苑》云：'轻容，无花薄纱也。'"元稹寄来的轻容，产自成都，结合白居易所写缭绫、红线毯，看得出南方地区纺织业的发达，难怪当时人们以"扬一益二"[13]来概括南方经济的崛起之势。

在江州，还有诗句"倚石攀萝歇病身，青筇竹杖白纱巾"。在忠州，回忆庐山"先生乌几舄，居士白衣裳"。除开官衙活动、接待应酬外，白居易还混迹于僧道中，因此穿戴更为随便。白色衣服是所谓庶人穿的，白居易也常常穿着，可算是便服中的便服。

唐代女人穿戴较少限制，时尚风气变化也很快。内外命妇在正式场合穿着的礼服有一定之规，便服则随意性很大。《旧唐书·舆服志》："妇人宴服，准令各依夫色，上得兼下，下不得僭上。既不在公庭，而风俗奢靡，不依格令，绮罗锦绣，随所好尚。上自宫掖，下至匹庶，递相仿效，贵贱无别。"唐代妇女便服式样众多，主要由衫（襦）、裙、帔等组成。衫是单衣，襦是夹衣或绵衣，袖子宽大，颜色众多，绣以各式花样。裙子一般为长裙，比较宽肥，束胸较高，衣料有绸、纱、罗、毛等，颜色以红、黄、绿为多，红裙即人们常说的石榴裙。白居易在九江吟咏的诗句有："防瘴和残药，迎寒补旧襦。""艳动舞裙浑是火，愁凝歌黛欲生烟。""钿头云篦击节碎，血色罗裙翻酒污。""楼中别曲催离酌，灯下红裙间绿袍。"帔，类似于披风，是搭在肩背上的帛巾，有长有短，有薄有厚，材料不同，颜色各异，一般都有绣花，在九江，白居易只是回忆在京城与阿软等妓女交往时有"帔晕紫槟榔"，此外未出现过"帔"，可能是一般阶层，妇女用帔较少。

再说用。

瓷器：白居易有诗句"白瓯青竹箸，俭洁无膻腥""食罢一觉睡，起来两瓯茶""或吟诗一章，或饮茶一瓯"。瓷器是中国人的伟大发明，和丝绸、茶叶、漆器等一起，是中华文明对世界的独特贡献。众所周知，在世界各远古文明中，人们先后发明了陶器，成为人类社会发展史上划时代的历史事件，但由陶转瓷，则是中国人特有的智慧结晶。东汉时期，人们掌握了高温低铁的青釉瓷器的烧制工艺，是陶瓷工艺的一大飞跃。至唐代，邢窑、定窑、越窑、巩窑、耀州窑、长沙窑、洪洲窑等烧制的瓷器，名扬天下，远销海外。

陆羽《茶经·茶之器》："碗：越州上，鼎州、婺州次；岳州上，寿州、洪州次。""洪州瓷褐，茶色黑。"据《旧唐书·韦坚传》，天宝初，时任陕郡太守、水陆转运使的韦坚，在京城长安东郊的广运潭搞了一次类似于全国产品博览会的活动，各条彩船满载各地的奇珍异宝，供众人赏玩，观者如堵。"豫章郡船，即名瓷、酒器、茶釜、茶铛、茶椀。"在全国众多的瓷器中，江西的瓷器虽然不算最上品，但已经是一个知名品牌。

有些中外学者往往提起"南青北白"，即"南方以青瓷为主，北方以白瓷为多"，或"南方以青瓷取胜，北方以白瓷见长"。而看白居易"白瓯青竹箸"句，他使用的正是白瓷。我们知道，瓷器性重，运输不易，在当时的条件下，人们使用的瓷器应该以本地产品或水运沟通地区的产品为主。白居易用的"白瓯"是李生家中的，从《过李生》这首诗看，李生住在浔阳城南湖边，是一个当地人，一个隐者，家庭经济条件一般，因此，这白瓷很可能是当地市场能方便购得的。当然，九江濒临大江，东西南北货物运输较为便利，不排除白瓷来自北方的可能，但更有可能就是江西本地特产。20世纪50年代，人们在景德镇发现唐代白釉碎片，傅振伦《景德镇陶录》："陶窑：唐初器也。上惟白壤，体稍薄，色素润。镇钟秀里人陶氏所烧造。《邑志》云：'唐武德中，镇民陶玉者载瓷入关中，称为假玉器，且贡于朝。于是昌南镇瓷名天下。'"这么说来，景德镇烧瓷历史可追溯到唐初，生产白瓷，有"假玉器"的美誉。景德镇当时属浮梁，名叫昌南镇，据称，瓷器的英文"China"就是"昌南"的音译。当然，景德镇窑火旺盛，名满中外，则是宋真宗景德年间以后的事情。

家具：《草堂记》："堂中设木榻四，素屏二，漆琴一张，儒、道、佛书各三两卷。"有诗句"前楹卷帘箔，北牖施床席""暗淡屏帏故，凄凉枕席秋"。写有《文柏床》《题诗屏风绝句并序》。

唐时，人们的坐姿还是跪坐，随意时才会箕坐，坐具就是榻，至中晚唐，高脚椅子才开始进入人们的生活。跪坐久了，自然难受，因此，需要凭"几"而坐，也就是半靠半躺在"几"上。草堂中有一张蟠木几，是白居易的最爱。在草堂，他写《三谣并序》，分别吟诵蟠木几、素屏和朱藤杖。

屏风、帷帐，都是厅堂中的装饰物。在司马厅中，有一张屏风，白居易把元稹的一百首诗书写在屏风上，以求"举目会心，参若其人在于前"，当然，也希望"为好事者所传，异日作九江一故事尔"。草堂中，有两扇素屏，也就

是没有写字画画的屏风。为什么保持素洁？白居易说得很清楚："素屏素屏，胡为乎不文不饰，不丹不青？当世岂无李阳冰之篆字，张旭之笔迹？边鸾之花鸟，张藻之松石？吾不令加一点一画于其上，欲尔保真而全白。""保真而全白"，这是说屏风，当然更是说自己。真和白，是保存内心干净和灵魂自由，用于"养浩然气"，是对这个污浊世界的抗议与斗争。

床，有寝床和坐床两种。司马厅中配有一张柏木做的寝床，应该是官配的。看到这张床，白居易写《文柏床》，发了好一阵子感慨："方知自残者，为有好文章。"为什么好好的柏树要砍来做床？原来是人们爱其纹理和坚硬，因而生机勃勃的活树变成了为人玩赏的器物，柏树啊，害你自己的，是因为你有好文章（纹理）！咦，这不是白居易以柏自喻，自叹自伤么？

用具：有诗句"小榼二升酒，新簟六尺床""展张新小簟，熨帖旧生衣""却取生衣著，重拈竹簟开""坐把蒲葵扇，闲吟三两声"。写有《寄蕲州簟与元九，因题六韵》《三谣·朱藤谣》。

簟，就是席子，有蒲席、竹席等。前面已经说过，江州与蕲州相邻，蕲州出产质量上好的蕲席，白居易将其寄给在通州的元稹，叮嘱他"通州炎瘴地，此物最关身"。在九江，白居易多次写到新簟，当是自购自用的蕲州簟。蕲州簟和蒲葵扇，是度夏的好物件。

朱藤杖。南诏所产赤藤杖极为有名。这根拄杖自京城带到九江，白居易对其很有感情，写《红藤杖》二首和《朱藤谣》。《红藤杖》写道："劲健孤茎直。"看重的是藤杖的"劲节"。《朱藤谣》写道："紫霄峰头，黄石岩下。松门石磴，不通舆马。吾与尔披云拨水，环山绕野。二年踏遍匡庐间，未尝一步而相舍。"他将朱藤杖拟人化："嗟乎，穷既若是，通复何如？吾不以常杖待尔，尔勿以常人望吾。"穷也好，通也罢，要的是不离不弃，相伴相随。

再说娱。

除开诗酒歌舞、游览交往，白居易的娱乐还有下棋、养鱼和钓鱼。

唐代的文娱活动十分丰富，尤以春深时节最为活跃。太和二年（828），元稹写《春深诗二十首》（今佚），白居易、刘禹锡均予以唱和，在白、刘《和春深二十首》《同乐天和微之深春二十首》中，分别叙述在大好春光里，上起帝王、宗室贵族、文武百官，下至平民百姓各种各样的文艺活动。诗中讲到踏春、宴饮、歌舞、打马球、钓鱼、弄潮、竞渡、抛彩球、荡秋千、下围棋、斗草花、投壶、象戏、弹棋（长斜）、蹴鞠、剪纸、小儿骑竹马等。实际上，

唐人的娱乐活动还有斗鸡、拔河、双陆、樗蒲、泼寒胡戏等。

相比于京城长安，九江是个小地方，可玩的东西没那么多，但娱乐是人类的天性，就算地方不大，人物不多，找乐子的需求不差半点，于是，我们看到，官方半官方的宴饮、龙舟、歌舞、社戏等，有模有样，民间的踏青、竹马、剪纸、秋千等，分毫不差。

《点额鱼》："龙门点额意何如，红尾青鬐却返初。见说在天行雨苦，为龙未必胜为鱼。"划龙舟是群众活动，白居易在九江，没有直接描写划龙舟的诗（在忠州，白居易有《竞渡》；元稹于元和九年，有《竞舟》），但《点额鱼》倒像是划龙舟时的仪式。划龙舟时，人们请来崔能、白居易等官家来为鱼点额，以求风调雨顺、年年有余，是说得过去的。当然，白居易写这首诗，加入了是曳尾涂中幸福还是巾笥之宝高贵、是鲤鱼快乐还是化龙威风的感叹，这也是他的主观意识在起作用。[14]

白居易对下棋情有独钟，有诗句"送春唯有酒，销日不过棋""能来尽日观棋否，太守知慵放晚衙""晚酒一两杯，夜棋三数局"。围棋是一个安静的游戏，又是一个智力游戏，凡是智力的，白居易都喜欢。下棋还讲究棋逢对手，看来九江围棋普及得不错，有那么几个和白居易旗鼓相当的。在九江，最著名的棋局，应该是元和十二年（817）十一月，得知淮西吴元济在京城被斩，白居易招来刘十九，喝酒下棋，分享喜悦："围棋赌酒到天明。"

白居易还喜欢开池养鱼。在司马厅院内，他就开挖了一汪小池，用白沙为底，青石为壁，在池中养鱼种莲，他对这个小池很是得意，专门写《官舍内新凿小池》和《小池二首》，在另外几首诗中也反复提及。当然，他更得意的是庐山草堂前的水池，这个池子也是自己开凿的，"聚拳石为山，环斗水为池。""环池多山竹野卉，池中生白莲白鱼。"看他写的《草堂前新开一池，养鱼种荷，日有幽趣》："淙淙三峡水，浩浩万顷陂。未如新塘上，微风动涟漪。小萍加泛泛，初蒲正离离。红鲤二三寸，白莲八九枝。绕水欲成径，护堤方插篱。已被山中客，呼作白家池。"人家已经叫这个池子为白家池啦！

钓鱼也是白居易的娱乐项目。垂钓之乐是一种贵贱不分、老少皆宜的活动，而在文人士大夫看来，由于姜子牙在磻溪垂钓而遇文王，从而使垂钓带有浓重的文化色彩。在下邽，白居易写过《渭上偶钓》："昔有白头人，亦钓此渭阳。钓人不钓鱼，七十得文王。"吟咏的就是这个故事。在九江，有诗句"白石磨樵斧，青竿理钓丝。澄清深浅好，最爱夕阳时"。表现了一种钓翁之

意不在鱼的心境。

白居易还有一首《垂钓》："临水一长啸，忽思十年初。三登甲乙第，一入承明庐。浮生多变化，外事有盈虚。今来伴江叟，沙头坐钓鱼。"虽然想头有点多（钓鱼就钓鱼，想什么"三登甲乙第"嘛），还有很大的无奈成分（他明白，在九江，是钓不到明君的），但毕竟，面对长江（长江可是条大路，向西再北可是通往京师啊），有江叟做伴，心情是淡泊和平静的。我们拿柳宗元的《江雪》来对比："千山鸟飞绝，万径人踪灭。孤舟蓑笠翁，独钓寒江雪。"表现了一种极端孤寂、极度寒冷、极其幽闭的意境，相比较而言，白居易诗中表现得要从容些、温暖些、有希望些，这是江州和永州山水的区别，也是江州和永州人文的区别，当然，更是白、柳二人现实遭际和心路历程的区别。

我们为什么在介绍了中晚唐政治、经济、军事、科举、教育、思想、文学之余，又不厌其烦地描述当时人们的社会生活？为什么在分析了白居易生平、思想、从政经历、诗歌创作、交往、家庭等"生活"之余，又花许多笔墨来探究诗人的"日常生活"？除了有意识地展现唐代异彩纷呈的生活画卷外，其实还有从社会生活角度来研究诗人白居易的需要，借用程继红的一段话来概括："我们的每一天都生活在日常之中，但我们在通常情况下又不屑于日常；日常其实离我们最近，但在我们的观念之域又常将之放逐到最远；我们个人在日常生活中的感受其实最热，但我们对待日常的态度又往往降到最冷。这就是我们对待日常生活的矛盾心理，也是日常生活本身与生俱来的悖论。日常生活在以往的作家研究中常被边缘化甚至根本就不被纳入视野，因为它常被视为是在政治、经济、社会等客观存在的结构与制度之外琐屑的世界，但恰恰就是这个琐屑的世界才让我们感受到生命的最真实的存在。如果我们不能从结构与制度中得到解脱，那么也至少应把日常生活视为一方滋养地，而它同时也是一种精神的自留地。从这个意义上说，对作家研究而言，日常生活就不仅是视界，更是立场。"

在九江，白居易写《官舍闲题》，当可作为他的九江日常生活的写照：

> 职散优闲地，身慵老大时。送春唯有酒，销日不过棋。
>
> 禄米獐牙稻，园蔬鸭脚葵。饱餐仍晏起，余暇弄龟儿。

注释：

(1)宋·王谠《唐语林》卷2：白居易为杭州刺史，及罢，俸钱多留守库，继守者公用

不足，则假而复填，如是五十余年。及黄巢至郡，文籍多焚烧，其俸遂亡。

（2）关于月俸，《唐会要》《册府元龟》记载，贞元四年（788）曾做过较大调整，不过外州官员仍按大历十二年（777）标准执行；元和七年（812年，《资治通鉴》记为元和六年），唐宪宗命段平仲、韦贯之、许孟容、李绛等人斟酌减省又进行了一次调整，可惜没有留下详细资料，具体内容不详。《新唐书》称，"唐世百官俸钱，会昌后不复增减。"并详列职官月俸数额，其中载，上州长史、司马，五万。再，陈寅恪《元白诗中俸料钱问题》称，《与元九书》中的"五六万"，是刚到江州"据纸上记载之定额而言"，而《江州司马厅记》中的"六七万"，则是"实数"，也就是说，地方官员的俸料，除法定的外，应该还有其他一些补助之类，"可以认为正常之收入。"陈氏之论，有一定道理。

（3）另据《通典》，官员还授"永业田"。《通典》卷2：其永业田……子若职事官正五品各八顷，男若职事官从五品各五顷……其散官五品以上同职事给。《旧唐书·职官二》：凡官人及勋，授永业田。按：白居易在江州，虽然是从五品下，但他并未授勋和爵，而且散官是从九品下，因而，此时他尚无资格分得永业田。另外，《唐六典》记载"凡诸州及都护府官人职分田"，五品为七顷，与《唐会要》记载有异。

（4）有唐一代，除官方铸钱外，还允许私人铸钱。私人铸钱往往掺杂使假，其含铜量、重量与开元通宝有别，从而形成好钱（开元通宝）和恶钱（私铸钱），于是，在民间，好钱在流通中被加抬使用，从而形成所谓"实钱"和"虚钱"。好钱加抬，在各朝代没有得到官方认可，唯有唐朝被正式承认而得以合法化，其合法化的原因是官方也曾多次开铸"大钱"。钱既分为虚、实，货物自然也有虚实两价，分别称为"虚估"和"实估"。在不同时期，虚估并不相同。《册府元龟》卷493《邦计部·山泽》："元和六年，总约时价四倍加抬。"譬如绢1匹，实价200钱（实估），虚估800钱。李翱文中的绢、米两种价格，均为虚估。据研究，唐后期的俸禄、物价、国库收支等，均以虚估结算。又，唐中后期，市场上出现钱币短缺、物价回落的情况，谓之"钱重"。

（5）胡戟《唐代度量衡与亩里制度》定唐量每升约600毫升。按：唐代度量衡折算当今度量衡几何，没有统一定论，诸多研究得出的结论，数额相差较大，本书一般使用胡戟的结论。另可参照丘光明《中国历代度量衡考》、吴承洛《中国度量衡史》等。

（6）毫无疑问，粮食价格不可能恒定不变，不同时期，相差甚大。元和年间，由于政治、经济形势比较稳定，农业生产比较正常，粮价摆脱了此前居高不下的困境，加之"钱重"，因此有"斗米五十钱"的局面。粮食价格的波动，对于靠俸禄生活的官员来说，影响至大，其收入与当今人民币换算，差距亦大。参见白居易《捕蝗》：是时粟斗钱三百。《资治通鉴·唐纪五十三·宪宗元和三年》：卢坦为宣歙观察使，值旱饥，既而米斗二百。

《资治通鉴·唐纪五十四·宪宗元和六年》：是岁，天下大稔，米斗有直二钱者。

唐代文献文稿中，常常粟、米不分，有时候以米代粟，有时候"米"专指大米。粟、米分列价格，只有《资治通鉴·唐纪四十九·德宗贞元三年》载：是岁最为丰稔，米斗直钱百五十、粟八十。可以看出，粟比米便宜近一半。

(7)《资治通鉴·唐纪五十三·宪宗元和四年》。按：二千缗即200万钱的价格可能有皇权介入、强行赎回的因素，因为魏征宅院之中堂，乃唐太宗特赐宫中建殿的材料所建，非同一般。本来，李师道打算出600万钱赎回以邀名。

(8)唐代，金、银均非本位货币，金、银价格也波动起伏。金价：赵璘《因话录》卷3《范阳卢仲元》条：时遇金贵，两获八千。[日]释圆仁《入唐求法巡礼行记》卷1：开成三年，砂金大二两，于市头令交易。市头称定一大两七钱，七钱准当大二分半，价九贯四百文。银价：《续资治通鉴长编·太宗太平兴国七年》载：伪蜀广政中，始铸铁钱。每铁钱一千，兼以铜钱四百。凡银一两，直钱千七百。绢一匹，直钱千二百。按：唐代金价资料甚少，银价几无。圆仁所载，砂金1.25大两（唐制），价9400钱，合一两7520钱。唐代的一斤为680克（公制），一两42.5克，折合金价每克177钱，116元人民币。日本加藤繁认为，中晚唐金价（每唐两）"约在五六千文之间"，银价伪蜀时为680铜钱。如果真是这样的话，则金价合每克141钱，92元，银价每克16钱，10元。参见[日]加藤繁《唐宋时代金银之研究》、王仲荦《金泥玉屑丛考》等。

(9)遍查《朝野佥载》，并无此条。又，拱州直到北宋才设立，宋徽宗崇宁四年（1105）分开封、应天府置辅州，旋改称拱州，治所在襄邑（今河南睢县）。今人有多篇文章将"拱州"指为"洪州"。

(10)《白氏长庆集》、朱金城《白居易集笺校》、顾学颉校点《白居易集》中，《村居卧病三首》中的"薤"，均误写为"韭"。韭、韭通假，而"薤"和"韭"文字异且物不同。按白居易"秋来欲堪刈""留薤为春菜"诗意，应为"薤"，韭菜无法秋刈而留到来春。

(11)《全唐文》卷721张又新《煎茶水记》：庐山招贤寺下方桥潭水第六。陈舜俞《庐山记》：至开先禅院……当寺门有招隐桥，桥下有石井，曰招隐泉，在陆羽茶经第六品。按：第六泉在何处？陈舜俞叙述得较为详细：秀峰景区有招隐之地，先是昭明太子萧统，后有南唐中主李璟在此读书，李璟即位后改为寺庙，叫开先寺，招隐桥为李璟所造，第六泉在开先寺招隐桥头下方石井中。现栖贤桥（观音桥）头有一亭，亭中有泉，亭上书"天下第六泉"，此泉在桥上方，与张、陈之说不符。早有黄宗羲《匡庐游录》提出质疑："所谓招隐泉者，在开先寺招隐桥侧……今开先之泉既没，而移其名于此，冤矣。"再，张又新招贤寺不知所据，庐山貌似没有寺名叫招贤，或为招隐之误。

⑿栖贤桥，中华名桥，国家级重点保护文物，坐落于庐山栖贤谷内。因涧深水急，状若三峡，故又称三峡桥，又因桥头建有观音庙，亦称观音桥。此桥建于北宋大中祥符七年（1014），由建州僧人文秀募集资金，福州僧人德朗具体经办，江州石匠陈智福、陈智海、陈智洪兄弟施工建造。现存桥长 20.17 米，宽 4.94 米，净跨约 10.33 米，桥以山石作基，单孔石拱，拱石 107 块，子母榫卯相接。栖贤桥一带风景优美，胜迹众多，历代游览者甚众，留下了大量金石、诗文、绘画和故事。古桥屹立千年，弥足珍贵。

⒀《全唐文》卷 744 卢求《成都记序》：大凡今之推名镇为天下第一者，曰扬、益。以扬为首，盖声势也。按：扬，扬州，益，益州。

⒁当今九江有正月舞龙，请尊者点睛之风俗，或为鲤鱼点额之余绪。或说，点额是求雨活动的仪式，误，考白居易居江州的元和十年至十四年，史书没有旱情的记载，白居易江州诗文中，没有一字涉及旱情。

来 世 今 生

在九江，白居易写下 300 多首诗，18 篇文稿，其中《与元九书》《琵琶行》和《草堂记》为其佼佼者，本人称之为白居易对九江的三大贡献。终于要离开九江了，白居易既高兴又惶惑，在今后的日子里，他将对江州魂牵梦绕，他还将在宦海起伏沉浮。宦海生涯，诗酒年华，他的诗歌与文章，风行海外，他的刚直与放达，流泽千载。

见 易 别 难

元和十三年（818）腊月二十日，朝思暮想的诏书终于来了，白居易被任命为忠州刺史。

白居易那个激动啊。盼星星盼月亮，不就是盼脱谪，盼面圣么？虽然暂时还不能进京，但毕竟，朝廷还没有忘记自己，皇帝还没有忘记自己，一时，他心情大好，貌似眼中的一切都是那么美妙，他写《自江州司马授忠州刺史仰荷圣泽聊书鄙诚》："炎瘴抛身远，泥涂索脚难。网初鳞拨剌，笼久翅摧残。雷电颁时令，阳和变岁寒。遗簪承旧念，剖竹授新官。乡觉前程近，心随外事宽。生还应有分，西笑问长安。"

他感激时任宰相崔群，写《除忠州寄谢崔相公》："提拔出泥知力竭，吹嘘生翅见情深。剑锋缺折难冲斗，桐尾烧焦岂望琴。感旧两行年老泪，酬恩一寸岁寒心。忠州好恶何须问，鸟得辞笼不择林。"忠州好不好，不必去问它，至少，我可以离开九江这个鬼地方啦！

401

等等，九江，"鬼地方"？真是这样么？

答案，要到他的行止和诗文中去寻找。

先看行止。接到朝廷诏书后，白居易并没有立即动身。考虑到年关将至，他先在浔阳城踏踏实实过年，翌年正月，到洪州（治所在今南昌）向江西观察使裴堪辞行。从行政隶属关系来讲，洪州刺史、江南西路观察使裴堪是白居易的上司。到洪州后，裴堪"借绯"，白居易很是感激，又恰逢老朋友熊孺登，二人喝酒叙旧，相得甚欢。回到九江后，接受贺客来贺，又到草堂住了几天，迁延时日，直到三月初才前往忠州赴任。为什么两个多月才动身？只有一种解释，那就是他不想走得那么匆忙，他对九江，对庐山，对江州的人和物，有点依依不舍了。

再看诗文。在洪州，白居易写《江西裴常侍以优礼见待，又蒙赠诗，辄叙鄙诚，用伸感谢》《钟陵饯送》，分别有句："他日秉钧如见念，壮心直气未全销。""路人指点滕王阁，看送忠州白使君。"表现了一种老骥伏枥、壮心未已的气度。写《初除官，蒙裴常侍赠鹍衔瑞草绯袍鱼袋，因谢惠贶，兼抒离情》《初著刺史绯，答友人见赠》，分别有句："新授铜符未著绯，因君装束始光辉。""徒使花袍红似火，其如蓬鬓白成丝。"表现了一种悲喜交加、逝者如斯的感叹。写《洪州逢熊孺登》《又答贺客》，分别有句："莫问别来多少苦，低头看取白髭须。""似挂绯衫衣架上，朽株枯竹有何荣。"表现了一种人生蹉跎、淡然与对的心情。上面的诗，虽然情绪复杂，但总的基调是高兴，是精神上得到解脱后的欢快。

《别草堂三绝句》之三："三间茅舍向山开，一带山泉绕舍回。山色泉声莫惆怅，三年官满却归来。"这首诗透露出心中的秘密：政治上得到解放固然是好，可是，当要离开九江这方山水，离开待了三年半的地方，我怎么却内心充满惆怅？他用诗家的手法主客易位：青山啊绿水啊，你不要难过，我去去三年就回来……

"相见时难别亦难。"来九江，万般不愿，可要走了，怎么也万般不舍？

终归是要走了。三月初，江州举办宴会，在城外设立了仪仗，搭建了祖帐，欢送白居易，他用《浔阳宴别》记录当时的盛况和心情："鞍马军城外，笙歌祖帐前。乘潮发溢口，带雪别庐山。暮景牵行色，春寒散醉颜。共嗟炎瘴地，尽室得生还。"带着既兴奋又依恋的心情，白居易、白行简兄弟和家人乘船逆江而上，三月初十，到达宜昌，与元稹会面，游三游洞，三月廿八日，

到达忠州。

在忠州当了主官，恐怕对九江往事不堪回首吧？不！看他忠州的几首诗，就可知离开九江的"惆怅"不是虚言：

《自江州至忠州》："前在浔阳日，已叹宾朋寡。忽忽抱忧怀，出门无处写。今来转深僻，穷峡巅山下。五月断行舟，滟堆正如马。巴人类猿狖，矍烁满山野。敢望见交亲，喜逢似人者。"总说江州偏僻，没想到忠州更荒凉，在巴东，只要看到人模人样的，都觉得很亲切！

《郡斋暇日，忆庐山草堂，兼寄二林僧社三十韵，多叙贬官已来出处之意》，这首长诗中有句："为报山中侣，凭看竹下房。会应归去在，松菊莫教荒。"山中的朋友，好生看护我那草堂的松与菊，我还要回去！

《喜山石榴花开，去年自庐山移来》："忠州州里今日花，庐山山头去年树。已怜根损斩新栽，还喜花开依旧数。赤玉何人少琴轸？红缬谁家合罗袴？但知烂熳恣情开，莫怕南宾桃李妒。"有心自庐山带了一株杜鹃树，没想到在忠州居然移栽成功，还开了满树的花。开吧，开吧，花开不是罪，莫怕桃李妒。

为什么始到忠州，就如此思念江州？江州不是伤心之地么？前面说过，由于两地山水风物具有强烈对比，自然"形相"不同，肉体和精神安顿也不同，因此，在忠州，远没有江州的那种潇洒情韵，"今既不如昔"，这是其一。其二，刚到九江时，心中的感觉是"翻身落霄汉，失脚倒泥涂"。江州的确是跌落之地，但那是与京师相比。住着住着，九江的山水冲淡了痛苦，九江的文化给予了安慰，山水与人生构成了"两情相洽的境界"，于是，白居易认可了江州，认可了庐山，他把草堂当作了地理意义上的家，把九江当作了第二故乡。谁不对家乡充满深情，更何况是多情的诗人！

元和十五年（820）夏，白居易再入京师。在长安，写《春忆二林寺旧游，因寄朗、满、晦三上人》："一别东林三度春，每春常似忆情亲。"写《登龙尾道南望，忆庐山旧隐》："龙尾道边来一望，香炉峰下去无因。"写《听夜筝有感》："江州去日听筝夜，白发新生不愿闻。如今格是头成雪，弹到天明亦任君。"写《钱侍郎使君以题庐山草堂诗见寄，因酬之》："殷勤江郡守，怅望掖垣郎。惭见新琼什，思归旧草堂。事随心未得，名与道相妨。若不休官去，人间到老忙。"

按说再次到了京师，不应该如此牵挂九江。他在九江的日日夜夜不是念

念不忘回到长安么？怎么到了长安，又如此思念九江呢？客观上，是由于京城风气大变，白居易感到气氛压抑，转而思念九江的明山秀水，主观上，则是厌倦明争暗斗，有见机退隐归乡避祸之意。"日暮乡关何处是？"除了下邽，就是九江了。

长庆二年（822），这一"思乡"之情达到高潮。这一年，白居易自愿出为杭州刺史，途经九江，受到江州父老的热情款待。江州刺史李渤是其老友，两人相见，分外亲切。白居易还特意到草堂住了一夜，以慰思念之情。写《赠江州李十使君员外十二韵》《题别遗爱草堂兼呈李十使君》《重题》《重到江州感旧游，题郡楼十一韵》等诗。《重到江州》写道："掌纶知是忝，剖竹信为荣。才薄官仍重，恩深责尚轻。昔征从典午，今出自承明。凤诏休挥翰，渔歌欲濯缨。还乘小艎艓，却到古溢城。醉客临江待，禅僧出郭迎。青山满眼在，白发半头生。又校三年老，何曾一事成。重过萧寺宿，再上庾楼行。云水新秋思，闾阎旧日情。郡民犹认得，司马咏诗声。"大江如斯，溢城如旧，庾楼如昨，温情如梦，那莘莘学子、熙熙众人，还记得我吟咏的歌声！

自此之后，九江，一直是白居易心中的牵挂。

长庆四年（824），在杭州写《天竺寺送坚上人归庐山》："锡杖登高寺，香炉忆旧峰。偶来舟不系，忽去鸟无踪。岂要留离偈，宁劳动别容。与师俱是梦，梦里暂相逢。"

同年，在洛阳，为东林寺僧人写《远师》《问远师》："荤膻停夜食，吟咏散秋怀。笑问东林老，诗应不破斋？"

太和元年（827），56岁，在长安任秘书监时写《忆庐山旧隐及洛下新居》："形骸黾勉班行内，骨肉勾留俸禄中。无奈攀缘随手长，亦知恩爱到头空。草堂久闭庐山下，竹院新抛洛水东。自是未能归去得，世间谁要白须翁。"

太和九年（835），他将自己的文集送东林寺收藏，撰《东林寺白氏文集记》。

开成五年（840），69岁，太子少傅分司，洛阳，写《寄题庐山旧草堂，兼呈二林寺道侣》："三十年前草堂主，而今虽在鬓如丝。登山寻水应无力，不似江州司马时。渐伏酒魔休放醉，犹残口业未抛诗。君行过到炉峰下，为报东林长老知。"

会昌二年（842），71岁，以刑部尚书致仕，旧日相识中只剩下云皋一人，他再次将自己的文集送东林寺收藏，写《送后集往庐山东林寺，兼寄云皋上

人》："后集寄将何处去？故山迢递在匡庐。旧僧独有云皋在，三二年来不得书。别后道情添几许，老来筋力又何如？来生缘会应非远，彼此年过七十余。"

会昌五年（845），74岁，白居易再次整理自己的诗集，将长庆集50卷，后集20卷，续后集5卷，合并叫作大集，共75卷，收录诗歌3840首，共有五套，一套送庐山东林寺经藏院，一套送苏州南禅寺，一套送东都洛阳圣善寺，一套交付侄子龟郎，一套交付外孙谈阁童，写《白氏长庆集后序》。

痛苦离得远了，就会显得美丽。诚然，九江对于白居易是一处创痛，一块旧痂，然而，历经时间的医治和抚慰，这块伤疤结成了美丽的蝴蝶结，成为内心深处最柔软之处。更何况，在九江这块土地上，有陶渊明，有东林寺，有简寂观，有浔阳城，有香炉峰，有彭蠡湖，还有山石榴，有溢水酒，有白茗茶，对于九江的人物、山川、草木，他终是"未免有情，谁能遣此"。当然，他不可能将苦痛的往事完全从记忆中抹去，但毫无疑问，即使在杭州、苏州、洛阳这样的胜地，他仍然在心中保留对九江美好的回忆，将庐山化为永久的思念，将江州珍藏为永久的家园。

官海沉浮

会昌元年（841），年已70的白居易有诗《李留守相公见过，池上泛舟举酒，话及翰林旧事，因成四韵以献之》："引棹寻池岸，移樽就菊丛。何言济川后，相访钓船中。白首故情在，青云往事空。同时六学士，五相一渔翁。"

这首诗说的是李程来访，两人相洽甚欢，回想起元和初年，你李程、王涯、裴垍、李绛、崔群和我白居易同入翰林，你们五人陆续都登相位，只有我老白一人是一"渔翁"。

有人就说在白居易的自嘲中，读到了他没登高位的遗憾。

果真如此么？

非也。

让我们来看看白居易离开九江之后的官宦生涯。

元和十四年（819）三月初，白居易离开江州，赴忠州任，三月二十八日到达忠州，受到了卸任刺史、老朋友李景俭的欢迎。脱了谪籍，当了主官，白居易自然感到欣慰，但忠州的萧疏荒凉也令他感到心寒。他在忠州的政绩

如何，无从考察，不过轻徭薄赋、政省刑宽的从政理念，会让忠州人民获得一定的喘息机会。值得一提的是，白居易在忠州城外东边寻得一块坡地，在这里栽树植花，堆石引流，弄得像一个公园，连写《东坡种花二首》《步东坡》《别种东坡花树两绝》等多首诗。他很得意，又有可赏之物："花枝荫我头，花蕊落我怀。独酌复独咏，不觉月平西。"又很郁闷，毕竟知音不多："巴俗不爱花，竟春无人来。唯此醉太守，尽日不能回。"东坡之名后来被苏轼取用，自号为东坡居士，就是钦慕白居易的所作所为，这是后话，不提。

正是白居易在忠州期间，元和十五年（820）正月，唐宪宗被宦官陈弘志等人杀害，终年43岁。面对如此重大的突发事件，白居易倒是显得很平静，未见有什么悼念活动，也未见写什么重要诗篇，只是在《奉酬李相公见示绝句，时初闻国哀》中，表现了一种由衷的哀伤："碧油幢下捧新诗，荣贱虽殊共一悲。涕泪满襟君莫怪，甘泉侍从最多时。"

宪宗去世，穆宗继位，朝局和人事均有重大变化。由于萧俛入相、李绅入翰林、元稹知制诰等原因，元和十五年（820）夏，白居易被任命为尚书司门员外郎，从而结束了长达5年的谪迁生活，经三峡取道蓝田武关道返回京师长安。十二月，充吏部重考定科目官，二十八日，改授尚书主客郎中、知制诰，再一次进入中枢。翌年（长庆元年，821年）四月，即发生进士科举舞弊案，白居易任重考试进士官，对进士试进行重新考试复核。虽然这次复试未必是党争的肇始，白居易也没有陷入纷争之中，但此次进士舞弊风波，让白居易感觉到朝局的纷乱。这一年夏，白居易和好友元宗简一道，加散官朝散大夫，始著绯，又转上柱国。十月，转中书舍人。十一月，充制举考官。

穆宗荒唐，没有治国理政的本领，倒是骄奢淫逸非常在行。长庆二年（822），河朔复乱，久战无功，朝中，以李逢吉为党魁的朋党已形成很大势力，开始兴风作浪，国是日荒，民生日困，白居易心中的国家理想主义全面崩溃，对振衰起弊深感无力，于是请求外任，七月，自中书舍人除杭州刺史。由于宣武军乱，汴河未通，白居易仍走蓝田武关道，经汉水入长江，途经九江，十月一日，抵达杭州。

杭州自隋代在凤凰山筑城后，随着大运河的开通，很快繁华起来，至中唐，杭州俨然一经济和文化重镇。据《元和郡县图志》，杭州管八县，户数51276，人口约28.7万人，物产丰富，文化繁荣，人物荟萃，风景秀美，是钟灵毓秀、四方辐辏之地。白居易在杭州，一方面勤于理政，另一方面悠游

山水，日子过得紧张而忙碌，自在而逍遥，是江州之后心情最好的一段时期。

在杭期间，白居易发动州民修筑西湖堤坝，蓄水灌溉农田，并撰写《钱塘湖石记》，订立用水章法。《记》中对蓄水放水做了不厌其烦的细致说明，对下级官员有可能蒙蔽欺骗、部分田户有可能盗泄湖水等弊端提出了预防措施，如果不身临其境，调查研究，"尽究其由"，不可能写得这么清楚。这篇《记》一改诗人文风，写得质朴无华，直叙平铺，不施文采，以便让后来者易读好懂，照章办理。他还发动群众疏浚杭州城内的六口水井，以便百姓日常生活。这两件事称得上是民心工程和德政工程，杭州百姓非常感念，后将白居易所筑之堤称为白堤。⁽¹⁾

"乱花渐欲迷人眼，浅草才能没马蹄。"杭州的好山好水，与诗人的多情善感，正好构成了"两情相洽"的境界，由是，白居易在这里如鱼得水，写下了许多即景抒情的美好诗篇。他还与商玲珑、谢好好等歌妓往来密切，并着手编排霓裳羽衣曲。他与杭州佛教界也交往甚多，加入了华严社。他还和时任越州刺史、浙东观察使（治所在今绍兴）的元稹"诗筒"⁽²⁾往来，唱和甚富。这一切，正是杭州给予白居易的馈赠，也是白居易给予杭州的贡献。

长庆四年（824）五月，白居易以右庶子召还，月末离开杭州。杭州市民自发为白居易送行，白居易也很是不舍，写《别州民》："耆老遮归路，壶浆满别筵。甘棠无一树，哪得泪潸然？税重多贫户，农饥足旱田。唯留一湖水，与汝救凶年。"

这一年正月，唐穆宗李恒吃丹药中毒死亡，16岁的皇太子李湛即位，是为唐敬宗。敬宗的荒唐丝毫不亚于其父穆宗，"游幸无常，昵比群小，视朝月不再三，大臣罕得进见。"朝中，李逢吉及其党徒"八关十六子"气焰正盛，白居易行至洛阳，不愿进京，请求分司，朝廷批准了他的要求，除左庶子分司东都。在洛阳，白居易购得履道里住宅，栽花种柳，自娱自乐。翌年（宝历元年，825年）三月，在宰相李程、翰林学士韦处厚的关照下，除苏州刺史，五月五日，到苏州任。

"谚曰：天上天堂，地下苏杭。又曰：苏湖熟，天下足。"⁽³⁾苏州地处长江下游，太湖之滨，人口稠密，土地肥沃，物产丰富，胜迹众多，据《元和郡县图志》，苏州辖吴、长洲、嘉兴、海盐、常熟、崑山、华亭等七县，有户100880，约56.5万人，其地繁雄，为浙右第一。白居易到任后，一直忙于公务，直到两个多月后才有空宴请下僚，因为他深知，苏州位置重要，责任重

大。"当今国用，多出江南，江南诸州，苏最为大，兵数不少，税额至多。"因此，他"清旦方堆案，黄昏始退公"，以至于"经旬不饮酒，逾月未闻歌。岂是风情少，其如尘事多"。

白居易写了一首长诗，标题也长，叫作《自到郡斋，仅经旬日，方专公务，未及宴游，偷闲走笔，题二十四韵，兼寄常州贾舍人、湖州崔郎中，仍呈吴中诸客》，其中吟道："候病须通脉，防流要塞津。救烦无若静，补拙莫如勤。削使科条简，摊令赋役均。以兹为报效，安敢不躬亲。襦袴提于手，韦弦佩在绅。敢辞称俗吏，且愿活疲民。"体现了他一贯的宽政轻刑、勤政爱民的思想。后来乾隆皇帝读此诗，品评说："中幅极尽理烦治剧之略，盖到郡经旬而规模已定矣，一结即先忧后乐意，乃知居易实具经世之才，而当时未竟其用，为可惜也。分司以后，时不可为，不得已托诗酒以自娱耳。'救烦无若静，补拙莫如勤'十字，凡为守令者当录置座右。"乾隆以帝王政治家的老辣眼光，看出白居易的经世之才，大概不是谬赞，而是事实。

白居易任职苏州的最大政绩，是开辟城中到虎丘的水陆通道。虎丘是苏州的一座小山丘，传说吴王阖闾曾在这里修建望海楼，死后，葬于此山，并将扁诸、鱼肠等三千名剑殉葬，三日后，白虎踞其上，故称虎丘，唐代避讳虎字，改称武丘。当时苏州城中到虎丘，是一片沼泽地带，往来不便，白居易发动州民，开辟了一条人工河，开挖河道的泥土堆积成上塘河堤，堤旁栽桃李，水中养莲菱，旱路、水路均可自阊门直抵虎丘，非常方便，同时也成为一道风景线。这条河堤后来成为热闹非凡的民居街坊山塘街。

当然，到了苏州这样的风景胜地，好游兼好诗的白居易不可能不到处看一看，游一游，写一写，吟一吟，"吴中好风景，风景无朝暮。""况是丰熟岁，好是欢游处。"苏州虽然没有名山，但水多呀，"绿浪东西南北水，红栏三百九十桥。"喜爱山水的白居易，遇到了这么多水，自然是欢喜无限。

"杭土丽且康，苏民富而庶。""苏杭自昔称名郡，牧守当今当好官。"白居易对自己在杭州、苏州担任郡守不无得意，他写《吴郡诗石记》，回忆少年时曾非常仰慕时任苏州刺史韦应物、杭州刺史房孺复风流雅韵，"为诗酒仙"，没承想多年后，自己始领杭州，继刺苏州，"则苏、杭之风景，韦、房之诗酒，兼有之矣。"这真是人生一大快事！好心情自然出好诗，白居易在苏州写下了大量的闲适诗，还与当时同在江南一带为官的浙东元稹、和州刘禹锡、常州贾𫗧、湖州崔玄亮遥相唱和，同时写下了具有历史文献价值的《霓裳羽衣歌》，

以及借助诗的语言来描写音乐的《小童薛阳陶吹觱篥歌，和浙西李大夫作》，难怪宋代王禹偁说："还同白傅苏杭日，歌诗落笔人争传。"

宝历二年（826）二月，白居易不慎坠马，伤及腰足，卧病三月。卧病期间，他对朝局的变化、自己的去留作了认真的思考，五月末，以身体不适为由，请百日长假。唐代制度，"职事官假满百日，即合停解"，所以，请百日长假，意味着自动提出休官。八月底，他做了一个噩梦，梦见自己被流放到了岭南，在大雨泥泞中蹒跚而行，这是他曾横遭贬谪、心有余悸的心理活动的反应。因此，当长假到期，落职去官，诗人表现了一种少有的获得解脱的兴奋和欢快，连写《百日假满》《晚起》等诗。在《自喜》诗中，他说："身兼妻子都三口，鹤与琴书共一船。"终于可以和妻子、女儿整天在一起了，可以过养鹤自娱、琴书做伴的生活了。在《喜罢郡》诗中说："睡到午时欢到夜，回看官职是泥沙。"

白居易偕妻子和女儿阿罗，乘船循运河返回洛阳。令人喜出望外的是，担任和州刺史的刘禹锡"岁暮，罢归洛，与公相遇于扬楚间"，两位相契已久的好友，几乎是同时罢郡归返洛阳，又在扬州意外相逢，两人感到格外亲切。白居易写《醉赠刘二十八使君》："为我引杯添酒饮，与君把箸击盘歌。诗称国手徒为尔，命压人头不奈何。举眼风光长寂寞，满朝官职独蹉跎。亦知合被才名折，二十三年折太多。"对刘禹锡被视为"永贞逆党"而迭遭放逐、沦落不偶长达23年的遭遇而深致惋惜和同情。刘禹锡赋《酬乐天扬州初逢席上见赠》："巴山楚水凄凉地，二十三年弃置身。怀旧空吟闻笛赋，到乡翻似烂柯人。沉舟侧畔千帆过，病树前头万木春。今日听君歌一曲，暂凭杯酒长精神。"表现了诗人虽历经磨难而不减雄豪之气的精神。刘诗标题的"初逢"，并不是初次相见，而是久别重逢之意。[4]自此以后，刘、白开始了晚年长时间、高密度的诗歌唱和。

官职如泥沙，泥沙自沾身。这一年十二月，在位不到3年的唐敬宗被宦官杀害，两派宦官经过一番血拼，王守澄一派取得胜利，唐文宗得以继位。新朝需要人手，在宰相裴度、韦处厚的关照下，翌年（文宗太和元年，827年）三月，白居易被征为秘书监，赐金紫。秘书监是秘书省的主管官员，从三品，是一个职事不多而品秩甚重的清要官，白居易还是乐于就任的。这年十月十日，是唐文宗的诞日，白居易奉敕，与安国寺沙门义休、太清宫道士杨弘元，于麟德殿对御论讲儒、释、道三教教义，写有《三教论衡》。三教对

御论讲，是一场用于取悦皇帝的非常规活动，充满戏剧化色彩，但这样一场大型活动由白居易主持，其文学儒臣的风采与身价算是得到了应有的肯定和尊重。太和二年（828）二月，白居易除刑部侍郎，正四品下，虽然品秩稍低，但因是尚书六部副长官之一，明显是擢升和重用。然而，这一任命，并没有给白居易带来愉悦和兴奋，相反，看到朝中乱象，他的宦情一减再减，心中已有脱去簪裾、退归林泉之意："终是不如山下去，心头眼底两无尘。"

要说的话，太和初年，是白居易最有可能擢居宰相的时机。刚即位的唐文宗，一反其父穆宗、其兄敬宗的荒唐，欲以振作，出宫女、裁冗员、罢宣索，勤于朝政，任用宰相，"中外翕然相贺，以为太平可冀。"时任宰相的裴度、韦处厚是正人君子，辅佐有力焉。这两人都与白居易交好。白居易自身有刺杭州、苏州的经历，有任秘书监、刑部侍郎的资历，也完全有入相的才能和人望，而终没有入相，原因是多方面的：

一是皇帝软弱。唐文宗虽然"励精求治"，有革故鼎新的良好愿望，但毕竟年轻，即位时才18岁，没有政治经验，人情世故皆无，在血风腥雨中骤登大位，面对大唐的烂摊子，仅靠"去奢从俭"解决不了问题，很快，唐文宗暴露了性格上的缺陷："上虽虚怀听纳而不能坚决，与宰相议事已定，寻复中变。"生性懦弱，耳朵皮软，多疑善变，不能用人，导致了唐文宗一生的悲剧，难怪胡三省评论："人君初政，傥有一二足以新民视听，天下之所望重矣。然卒无以副天下之望者，魏高贵乡公、晋怀帝、唐德宗、文宗是也。"

二是宦官跋扈。唐文宗是靠宦官扶植上台的。虽然太和初年，由于裴度、韦处厚在朝，宦官王守澄、梁守谦等不敢为所欲为，但宦官整体势力有增无减。太和二年（828）三月，制举贤良方正能直言极谏科，举子刘蕡在策论中极言宦官为害，形势危急，认为阉祸不除，"宫闱将变，社稷将危，天下将倾，四海将乱"，考官畏惧宦官，不敢录取刘蕡，裴休、李郃、杜牧（晚唐著名诗人）、崔慎由（崔从之子，崔能之侄）等人登第。李郃上疏，认为不取刘蕡，我等无颜，愿意将自己所授官职让与刘蕡。登第者欲让位于落第者，整个科考史上前所未有。宰相裴度、韦处厚等素称刚直，也不敢公开支持刘蕡，结果"蕡由是不得仕于朝"，可见宦官气焰嚣张到何等地步。

三是河朔不靖。穆宗以来，河朔复叛，幽州、淄青都不太平。宝历二年（826），横海节度使（治所在沧州）李全略去世，其子李同捷擅领留后，为获得支持，继承父位，以重金贿赂邻道，朝廷经年没有过问。翌年（太和元

年，827年）五月，诏李同捷为兖海节度使，乌重胤为横海节度使，李同捷不愿异地流动，以将士留己为托词，不受诏命，朝廷发兵讨之。十一月，奉诏讨伐李同捷的主将乌重胤去世，河北形势异常复杂，十二月，朝廷派出张正甫、白居易等人出使东洛，就近探查和调研。虽然没有见到战场上血肉纷飞，战区内生民流离，但一直以来对藩镇割据有切肤之痛的白居易，不免对时局感到失望。

四是朋党倾轧。穆、敬两朝，正是李逢吉朋党猖獗之时，韦处厚曾言："今群党得志，谗嫉大兴。询于人情，皆为叹骇。""逢吉门下故吏，遍满朝行。"虽然李逢吉于宝历二年（826）十一月被逐出朝，但他的余党尚在。更令白居易不安的是，内堂兄杨汝士（时任职方郎中）、杨虞卿（时任吏部员外郎）、内族兄杨嗣复（时任户部侍郎）均与李宗闵、牛僧孺交好，与牛党越走越近，后来，杨虞卿、杨嗣复成为牛党中坚。

不仅是朝中事多，白居易本人也陷入心身焦虑之中。宝历二年（826）冬，弟弟白行简不幸去世，享年才52岁，这样一来，同胞兄弟中仅剩下自己一人，对白居易打击甚大。太和元年（827）十二月，出使东洛时，一贯骑乘的白马突然毙命，也叫白居易很是伤心。太和二年（828）十二月，宰相韦处厚突然去世，还有在任京兆尹孔戢、以吏部尚书退休的钱徽、华州刺史崔植，四位老友在15日内相继辞世，更叫白居易心惊。加上自己身体不好，两眼昏花，一只眼睛视力不佳，手足有两肢麻木，不听使唤，加重了对生命短暂、时光流逝的焦虑。

《旧唐书·白居易传》："居易愈不自安，惧以党人见斥，乃求致身散地，冀于远害。"面对如此朝局，白居易知道，要想面折廷争，在政治上致君尧舜，振弊起衰，几乎不可能，就是"刺美见事"，在文学上以诗为枪，针砭时弊，也没有用处，当然，他还有一种做法，那就是倒向李宗闵、牛僧孺一党，附丽进取，但这不是他的性格，如此一来，就只有去官落职，退归林泉。"中国古代正直士人往往如此，盖处污浊之世，既不能有所作为，则当有所不为也。"白居易一直念念不忘有所作为，然而，随着元和之年一闪而过，有所作为的条件和环境一去不复返了。虽然在朝，虽然也能建言，但你的建言已经没人听，也不可能起到什么作用了。人生最痛苦的，莫过于你说的话没人听。于是，白居易再请百日长假，请求分司。

太和三年（829）三月底，百日假满，罢刑部侍郎，白居易以太子宾客分

司东都，四月，到洛阳，从此，白居易一直在洛阳度过，前后长达17年之久。

自从在履道里购置了房产，白居易便视洛阳为第二故乡，也是计划中的养老之地。白居易写诗《归履道宅》："驿吏引藤舆，家僮开竹扉。往时多暂住，今日是长归。眼下有衣食，耳边无是非。不论贫与富，饮水亦应肥。"真有陶渊明归去来兮的兴奋。不久，他写《中隐》，决计退居林泉，誓死不登高位。

这年冬天，白居易、元稹各得一子，老蚌生珠，自然是喜不自胜，这一年，白58岁，元51岁。

太和四年（830）二月，乱兵受宦官杨叔元蛊惑，杀害了兴元尹、山南西道节度使李绛，消息传来，朝廷震悼，白居易也悲痛异常。当年，白居易与李绛同在翰林，政见相近，在忤逆唐宪宗之际，得李绛曲为劝解，多方扶持，有深厚情谊。白居易与内重表弟李翱一道，祭奠李绛，写有《祭李司徒文》。李绛那么出色的政治家，那样聪明透顶之人，不幸死于宦官和乱兵之手，可以看出宦官已经何等无所顾忌，流民和乱兵已经何等桀骜不驯。

这一年写《安稳眠》："身虽日渐老，幸无急病痛。"这时候，他的身体状况应该说还是不错的。写《无梦》："渐销名利想，无梦到长安。"在大唐帝国走向黄昏的忧伤时刻，白居易写了大量感时伤逝、忧愁叹惋、清苦自守、超然物外的诗歌，这个时候，说完全不想高位是假话，只是他在日益强化"识分知足，外无求焉"的思想，也就是说，在心灵深处，为独善计的引退观念与兼济的社会责任感之间，仍不免时时有所斗争，有所碰撞，因而他不得不时时在吟咏中寻找充足的理由来说服和麻醉自己，以坚定"中隐"信念。

你不问政治，政治来问你。太和三年（829）八月，李宗闵借宦官之助而登相位，翌年正月，李宗闵引牛僧孺为相，共同排挤李德裕。这一年年底，东都留守崔弘礼去世，朝廷以河南尹韦弘景为东都留守，以太子宾客分司白居易为河南尹。对于这一任命，白居易有些意外，"厚俸自来诚忝滥，老身欲起尚迟疑。"之所以迟疑，是因为当时李宗闵、牛僧孺结成朋党，权赫于天下，白居易已打算不管时事，不想陷入政治旋涡。与正三品的太子宾客分司不同，河南尹品秩虽然稍低，秩从三品，然而是职事官，是主政一方的地方大员。这一任命，显然与牛僧孺在相位有关，对于白居易这样的名人，各派势力都在争取，更何况白居易与牛僧孺有亦师亦友之谊。

太和五年（831），60岁的白居易连续遭受两次猛烈打击，一是不满三岁

的爱子阿崔突然病逝，老来得子，旋即又丧子，白居易悲恸莫名，难以自拔；二是平生第一知己元稹七月份暴卒于武昌节度使任所，八月，元稹灵柩抵洛阳，白居易到灵前祭奠，写《祭微之文》《哭微之三首》，有痛不欲生之慨，对老朋友有志于"安人活国，致君尧舜，致身伊皋"，而不幸"道广而俗隘，心长而运短"而深感悲痛。

正因为遭受了双重打击，白居易宦情更淡，酒兴更浓。太和六年（832），他与后来成为"甘露四相"之一的舒元舆[5]过往甚密，唱和甚多，因为在反对宦官擅权问题上两人政治态度相近。同年秋，早年曾同居翰苑，以后又一再提携过他的崔群病逝，白居易又痛失一知己，更何况崔群在东都履道坊亦有宅第，与白居易门宅相连，两位老友原来相约携手终老，诗酒年华，这一愿望无法实现，白居易倍感遗憾和哀恸。

太和七年（833）正月，62岁的白居易又请长假，求罢河南尹，四月，复为太子宾客分司。河南尹是白居易一生中最后一次出任职事官。这一次退隐，既是宦情淡泊之意，也是防嫌远祸之道。他写道："上无皋陶伯益廊庙材，的不能匡君辅国活生民，下无巢父许由箕颍操，又不能食薇饮水自苦辛。君不见，南山悠悠多白云，又不见，西京浩浩唯红尘。红尘闹热白云冷，好于冷热中间安置身。三年微幸忝洛尹，两任优稳为商宾。非贤非愚非智慧，不贵不富不贱贫。"白居易一直自我定位为"中人"，意思是智力不高不低，处于"材"与"不材"[6]之间，因此，追求的也是不高不低、不冷不热的人生位置。这是对"中隐"思想的进一步解释和强化。

令人感到欣慰的是，元和初曾与元、白共同倡导新乐府运动的老友李绅，自寿州刺史除太子宾客分司，这一年暮春来到洛阳，两位老友久别重逢，自然格外高兴，诗酒唱和，不过，李绅在洛阳时间不长，因宰相李德裕关照，闰七月，检校左散骑常侍，兼越州刺史、充浙东观察使，到会稽上任去了。十一月，崔玄亮病逝，白居易又失一老友。

太和八年（834）三月，裴度守司徒，兼侍中，充东都留守，来到洛阳，白居易喜不自胜。这时的裴度已年近七十，可谓功成名就，到洛阳来，显然有养老性质。裴度在洛阳集贤里有宅第，与白居易的宅第相近，裴度在此筑山穿池，栽树植竹，弄得像一个园林，称为绿野堂。共同的政治取向，同居中枢的经历，对诗歌和园林共同的爱好，使得裴度和白居易相处甚欢，诗酒不断，七月，刘禹锡自苏州刺史移汝州（今河南临汝）刺史，位于洛阳东南，

两地相距不远，三人唱和甚密。

太和九年（835）九月，朝廷下诏，任命白居易为同州（治冯翊，今陕西大荔县）刺史。这一任命可能是时任宰相舒元舆的动议。当时，舒元舆正与李训等人谋取诛除宦官。白居易素来憎恶宦官，为世人所知，舒元舆打算把白居易放在位于长安东北二百余里、对"辅佐京师"有重要地位的同州，以为声援。白居易未必清楚这一任命的原委，但他对于积重难返的宫廷政局已经不存任何幻想，对于人事倾轧的仕进之途已经不存任何幻想，于是称病拒不赴任。鉴于白居易态度坚决，朝廷只能另作安排，无何，改授太子少傅分司，进封冯翊县开国侯。太子少傅秩正二品，是一个品秩优稳、清静闲散的职位，这一任命，应该是时任宰相舒元舆、贾𫗧的关照。

当时在位的唐文宗，比较起父亲穆宗、兄长敬宗，的确算得上是"恭俭儒雅""勤于理政"，但他"有帝王之道，而无帝王之才"，因有感于"累世变起禁闱，尤侧目于中官，欲尽除之"，于是重用李训、郑注等人，密谋剪除宦官，但因制御乏术，行事不周，终于酿成"甘露之变"的滔天大祸，以仇士良为首的宦官，诛杀了李训、舒元舆、王涯、贾𫗧四位宰相以及郑注等一大批朝廷命官，朝列几乎为之一空。面对阉寺凶残、喋血朝堂，白居易先后写了三首诗，抒发愤懑之情，曲折地表示伤悼之情，其中《九年十一月二十一日感事而作，其日独游香山寺》写道："祸福茫茫不可期，大都早退似先知。当君白首同归日，是我青山独往时。顾索素琴应不暇，忆牵黄犬定难追。麒麟作脯龙为醢，何似泥中曳尾龟？"[7]

经过这样一场大灾难，大唐帝国陷入了空前的混乱之中，只有宦官益发猖獗，"自是天下事皆决于北司，宰相行文书而已。宦官气益盛，迫胁天子，下视宰相，陵暴朝士如草芥。每延英议事，士良等动引训、注折宰相。"面对如此形势，唐文宗郁郁寡欢，自称不如周赧王、汉献帝，而早已置身散地的白居易，在朝政日非的大背景下，心绪更见懒放颓唐，"请君休说长安事，膝上风清琴正调。"开成元年（836）秋，刘禹锡由同州刺史转太子宾客分司，刘、白成为裴度绿野堂中诗酒悠游的常客。开成三年（838），67岁的白居易写《醉吟先生传》，自云："性嗜酒、耽琴、淫诗，凡酒徒、琴侣、诗客多与之游。游之外，栖心释氏，通学小中大乘法。与嵩山僧如满为空门友，平泉客韦楚为山水友，彭城刘梦得为诗友，安定皇甫朗之为酒友。每一相见，欣然忘归。洛城内外六七十里间，凡观寺丘墅有泉石花竹者，靡不游。人家有

美酒鸣琴者，靡不过。有图书歌舞者，靡不观。"真是会游、会喝、会听、会吟、会玩，是潇洒闲适、风流自放生活的写照。

文宗殁，武宗立。《旧唐书·白敏中传》载："武宗皇帝素闻居易之名，及即位，欲征用之，宰相李德裕言居易衰病不任朝谒，因言从弟敏中辞艺类居易，即日知制诰，召入翰林充学士。"而《资治通鉴》称："上闻太子少傅白居易名，欲相之，以问李德裕。德裕素恶居易，乃言居易衰病，不任朝谒。其从父弟左司员外郎敏中，辞学不减居易，且有器识。甲辰，以敏中为翰林学士。"司马光站在偏袒牛党的立场，认为李德裕不喜欢白居易而排斥，转而推荐白敏中。后世也有人认为白居易没有入相，是由于李德裕摈斥的结果。其实，李德裕喜不喜欢白居易倒在其次，关键在于白居易是否衰病。

实际上，这个时候，白居易确实老了并有病。开成四年（839）十月，68 岁的白居易轻度中风，经过一个多月调养和治疗，病情虽然得以缓和，但左脚有一年左右不听使唤，他真真切切感到自己老了，于是，把心爱的歌妓樊素、小蛮外放出去，把长期乘骑的骆马也卖了，到会昌二年（842），白居易已经 71 岁了，这时候，"眼昏须白头风眩""死生无可无不可"，不惟衰病，更无意仕宦，连生死都看透了，李德裕说他"衰病"，并不是诬辞，而是实情，是照顾其老迈之身，也是顺适其恬淡之情，是善意而不是排斥。更何况，李德裕还举荐了白敏中进入中枢，而且在往后的日子里，对白敏中是真心器重，竭力提携。白敏中在未达之时，确有可称之处，但后来在唐宣宗大中年间，白敏中以怨报德，极力打击和迫害李德裕，是为自身谋而不恤国事的又一例证。

唐代制度，七十致仕，就是说，官员到了 70 岁，就应该退休养老。白居易一贯反对到了年龄还嗜权恋栈、千方百计延迟退养的行为，曾写《秦中吟·不致仕》予以讽刺。开成五年（840）岁末，考虑到翌年自己就 70 岁了，白居易再次以病请假，会昌元年（841）春，百日假满，停罢太子少傅分司，意味着自动退休，也没有了俸禄。不知什么原因，他的退休手续直到第二年秋天才办好，朝廷下诏，以刑部尚书致仕，领半俸，就是说，政治待遇是给了一顶刑部尚书的帽子，拔高了一点，经济待遇是领取一半的俸禄，依从惯例。白居易致仕问题出现转机，很可能与这一年二月李绅入朝为中书侍郎、同平章事、判度支有关，也可能与这一年九月白敏中充翰林学士有关。

退休了，从此风轻云淡，悲喜两忘，政治上的恩恩怨怨，人事上的是是

非非，都与我无干了，唯有亲情、友情和诗酒，反而更见浓烈。会昌年间，白居易带病延年，生活兴致较往昔减退了一些，但他还是爱热闹，也爱冥思，爱聚饮，也爱写诗，或随人出行，或伴僧坐禅，不愿做坐等死亡的老朽，不愿做子侄嫌弃的累赘，表现了顽强的生活意志。

青山依旧在，人世已沧桑。退休后，看到白行简在政界步步上升，看到外孙女谈引珠、外孙谈玉童慢慢长大，像所有的老人一样，白居易充满欣喜。当然，作为高寿老人，他的很多朋友没有在寿考比赛上赢过他：同庚的刘禹锡于会昌二年（842）七月去世，同庚的李绅于会昌六年（846）七月去世。会昌四年（844），他还施舍家财凿龙门八节滩，"暗施慈悲与后人"，会昌五年（845），他邀请晚年归养洛阳的六位老者宴饮赋诗，有"不知老之将至"的气概。在他人生行将结束的时候，他还遇到了会昌灭佛（会昌五年秋）的重大事件，遇到了武宗去世、宣宗继位（会昌六年三月）的人事更替，遇到唐宣宗一反会昌之政、白敏中拜相、李德裕遭贬、牛党重新掌权的风云变幻，不过此时，我们的诗人确实老了，也累了，他再也不想或不能用诗文来表达自己的想法了，面对这个纷繁的世界，面对这个严苛的人间，他像一个玩疲了的孩子，什么事都成了"闲事"，都不管啦，准备睡觉啦："支分闲事了，爬背向阳眠。"[8]

会昌六年（846）八月，伟大诗人白居易在洛阳与世长辞，终年 75 岁。

流 风 遗 韵

缀玉联珠六十年，谁教冥路作诗仙。

浮云不系名居易，造化无为字乐天。

童子解吟长恨曲，胡儿能唱琵琶篇。

文章已满行人耳，一度思卿一怆然。

这是唐宣宗李忱所作的《吊白居易》，是唐代不多见的悼念臣工的御制诗篇。诗中，高度概括了白居易诗歌艺术成就和巨大影响力，称六十年来写诗无数的白居易为"诗仙"。

"童子解吟长恨曲，胡儿能唱琵琶篇。"道出了白居易诗歌所知人多，所晓域广。在群星璀璨的唐代诗坛，白居易是仅次于李白、杜甫的伟大诗人。

他写诗3840多首，现存世2800余首，其创作数量之多，作品保存之完整，在唐代诗人中首屈一指。他的作品，不仅是我国优秀的文学遗产，也是世界文学的宝贵财富。

"世间富贵应无分，身后文章合有名。"与绝大多数文人不同，早在元和十年（815）甫到江州，白居易就对自己的诗文充满自信。这一自信并不盲目，因为，他一生仕途虽然不算顺利，但他的诗文，不仅有"身后名"，而是生前就已经广为流传，誉满天下。

"自长安抵江西，三四千里，凡乡校、佛寺、逆旅、行舟之中，往往有题仆诗者。士庶、僧徒、孀妇、处女之口，每每有咏仆诗者。"在《与元九书》中，白居易有点自夸地这样描述当时的情形。9年后的长庆四年（824），元稹在《白氏长庆集序》中也说："然而二十年间，禁省、观寺、邮候墙壁之上无不书，王公妾妇、牛童马走之口无不道……予于平水市中，见村校诸童竞习诗，召而问之，皆对曰：'先生教我乐天、微之诗。'……自篇章已来，未有如是流传之广者。"这两处记载，都说明白居易诗歌在当时流布范围之广、受欢迎程度之高。

为什么白居易诗文如此受欢迎？元稹给出了答案："大凡人之文各有所长，乐天之长可以为多矣。是以讽喻之诗长于激，闲适之诗长于遣，感伤之诗长于切，五字律诗、百言而上长于赡，五字七字、百言而下长于情，赋、赞、箴、戒之类长于当，碑、记、叙事、制诰长于实，启、奏、表、状长于直，书、檄、词、策、剖判长于尽。总而言之，不亦多乎哉。"这里的"激""遣""切""赡""情""当""实""直""尽"，说的不仅仅是诗文的艺术特色，而且也是创作的现实主义态度，说的是无论诗歌还是文章，白居易都有过人之处。蹇长春在《白居易评传》这样总结："第一，题材广泛，众体兼擅，抒情性与叙事性强，故能适应社会各阶层的审美需要，收到雅俗共赏的效果。第二，以《秦中吟》《新乐府》为代表的讽喻诗，具有'代匹夫匹妇立言'的鲜明的民本主义倾向，受到最广大的下层人民的喜爱是不言而喻的。第三，白居易刻意追求的平易通俗的诗风，把诗歌从廊庙台阁引向市井和社会底层，从而拉近了作为文人士大夫专利的诗歌同民众之间的距离。"

"诗到元和体变新。"白居易的诗歌创作，有意识地追求浅俗和平易，放下身段，变革创新，使之成为一种世俗化的、为广大民众普遍接受的形式，进而"补察时政""泄导人情"，箴规时世，启蒙大众。这样一种创作实践，

将唐诗从局阵严整、气象雄浑、格调高古的盛唐风貌，向"不事雕饰，直写性情"的中唐诗风转变，并开从"唐音"到"宋调"之滥觞。正是这样一种诗风，才能在当时士庶之间引起社会轰动效应，也才能在朝鲜、日本等地广为流传。

元稹《白氏长庆集序》："又鸡林贾人求市颇切，自云本国宰相每以一金换一篇，其甚伪者，宰相辄能辨别之。"白居易《白氏长庆集后序》："其日本、新罗诸国及两京人家传写者，不在此记。"元、白的记载，是白居易诗歌在其生前就已流传到新罗（鸡林）和日本的证明。为什么白居易会风靡日本等国？江户时代的日本学者室鸠巢在《骏台杂话》中说得明白："我朝多有古时唐土文辞，能读李杜诸名家诗者甚少。即使读之，难通其旨。适有白居易的诗，平和通俗，且合于倭歌之风，平易通顺的程度，为唐诗中上等，故学《长庆集》之风盛行。"白居易的作品，对于雅化日本诗歌，提升日本文学，发展日本文化，起到了重要作用，难怪有人称白居易为日本文化的"恩人"。[9]

文学批评是我国的传统。长庆年间，李肇撰《唐国史补》云："元和已后，为文笔则学奇诡于韩愈，学苦涩于樊宗师。歌行则学流荡于张籍。诗章则学矫激于孟郊，学浅切于白居易，学淫靡于元稹。俱名为元和体。大抵天宝之风尚党，大历之风尚浮，贞元之风尚荡，元和之风尚怪也。"李肇把韩愈的文章风格概括为"奇诡"，樊宗师为"苦涩"，把张籍的歌行（古体诗、乐府）风格概括为"流荡"，孟郊的诗歌风格概括为"矫激"，白居易为"浅切"，元稹为"淫靡"，把韩、樊、张、孟、白、元这些作品统称为"元和体"，并指出它们的共同之处是"尚怪"，也就是在以往的基础上追求创新，重在通变，超迈古人，影响后世。其实，所谓"奇诡""浅切""淫靡"等词并非褒贬，而是特点，譬如元稹的"淫靡"之作，"淫"者，过多也，"靡"者，过细也，是指元稹有的诗歌过于铺排，描写过细，恣肆汪洋，辞藻华丽，倒不一定是涉及男女关系。元稹的这一类诗大约包括《梦游春》之类抒写男女生离死别的诗篇，也包括《酬翰林白学士代书一百韵》《酬乐天东南行诗一百韵》之类朋友酬答的排律长诗，因为前者写得哀艳缠绵，后者写得洋洋洒洒，因此叫作"淫靡"。白居易也有"淫靡"诗，譬如《和梦游春诗一百韵并序》《代书诗一百韵寄微之》《东南行一百韵》《江南喜逢萧九彻，因话长安旧游，戏赠五十韵》，甚至还包括《长恨歌》《琵琶行》等，只不过，元稹因为还有《莺莺传》中的《续会真诗三十韵》，还有悼亡诗、《古艳诗二首》《古决绝词三首》

《离思诗五首》之类涉及男女之情的短篇，比起白居易来，用"淫靡"一词概括起来更贴切些。元稹也"浅切"，只不过比较而言，白居易的"浅切"更明显些，以至于宋代释惠洪在《冷斋夜话》中夸大其辞："白乐天每作诗，令一老妪解之。问曰解否？妪曰解，则录之；不解，则易之。故唐末之诗，近于鄙俚。"几首诗老妪能解是可能的，但要说所有的诗都问老妪，则可能论者有点儿"老迂"。

正是在长庆年间，作为当事人之一的元稹，对于"淫靡"和"浅切"的流弊而忧心忡忡。元稹在《白氏长庆集序》中说：我与乐天的诗歌，"巴蜀江楚间洎长安中少年，递相仿效，竞作新词，自谓为'元和诗'……至于缮写模勒，衒卖于市井，或持之以交酒茗者，处处皆是。其甚者，有至于盗窃名姓，苟求自售，杂乱间厕，无可奈何。"你的诗写得好，仿写者数不胜数，管他才气如何、诗歌好坏，都被人叫作"元和诗"，以至于有人张冠李戴，冒名顶替，刻印分发，以求其利。后来，元稹还在《上令狐相公诗启》中回顾说："唯杯酒光景间，屡为小碎篇章，以自吟畅。然以为律体卑下，格力不扬，苟无姿态，则陷流俗。常欲得思深语近，韵律调新，属对无差，而风情宛然，而病未能也。江湖间多新进小生，不知天下文有宗主，妄相仿效而又从而失之，遂至于支离褊浅之词，皆目为元和诗体。稹与同门生白居易友善，居易雅能为诗，就中爱驱驾文字，穷极声韵，或为千言，或为五百言律诗，以相投寄。小生自审不能有以过之，往往戏排旧韵，别创新词，名为次韵相酬，盖欲以难相挑耳。江湖间为诗者，复相仿效，力或不足，则至于颠倒语言，重复首尾，韵同意等，不异前篇，亦自谓为元和诗体。而司文者考变雅之由，往往归咎于稹。"就是说，所谓"元和体""元和诗体"，包括杯酒光景间的小碎篇章和次韵相酬的长篇排律。小碎篇章包括悼亡诗、唱酬诗、伤感诗、闲适诗等，长篇排律则有争雄斗胜、逞才摛藻的成分，这两类作品都可用作代书、自吟、戏投或酬唱，都具有世俗化、私人化、情感化、游戏化、技巧化、创新性等特征，这些特征，既是元稹和白居易诗歌得以广泛传播的重要原因，又往往被"新进小生"和"江湖为诗者"大量模仿而陷于流俗。如果追根寻源，人们很可能将流俗的帽子戴到元、白头上，因此元稹才说"往往归咎于稹"。细玩元稹的"目为"和"自谓"字眼，他对"元和体"的叫法并不认可，行文间已经带有贬义了。

"浅切"容易招来批评。晚唐高彦休《唐阙史》记载一个故事，说是皇

甫湜恃才傲物，性格偏执，穷困潦倒。裴度任东都留守，辟皇甫湜为从事，礼遇甚厚。裴度将唐宪宗为讨伐淮西而赐予的钱财修缮福先寺，打算请秘书监白居易写一篇纪念文章，皇甫湜大怒，说，公为何舍近求远？我的文章与白相比，一个是阳春白雪，一个是下里巴人，你这样做，我只有走啦，到其他地方另谋出路了。裴度倒是非常大度，说，本来想请你大手笔，怕你拒绝，你要写，正合我意。于是，皇甫湜洋洋洒洒写了一篇三千多字的文章，文字古奥，难以句读，裴度读了很久，也没完全明白其中的意思，只好说"真是好文章"云云。这个故事虽然没有过于批评白居易，但我们不得不说这个故事是假的。因为白居易任秘书监，是在太和元年（827）三月至太和二年（828）二月，而裴度留守东都，是在太和八年（834）三月之后，其时，白居易除太子宾客分司，与裴度比邻而居，裴度请白居易写文章，用不着"将致书于秘监白乐天"，地点、职务都不对。再者，皇甫湜年龄、资望与裴度相比，是晚辈，裴度绝不可能说"不敢以仰烦长者"这样的话，把辈分弄颠倒了。还有，白居易与皇甫湜有师生之谊，元和三年（808）制举试，白居易任考复官，曾为皇甫湜、牛僧孺、李宗闵等人辩护，有恩于皇甫湜，就算皇甫湜不认可白居易的文章，也不可能说什么"且某之文，方白之作，自谓瑶琴宝瑟而比之桑间濮上之音也"，不可能以这样极端的口吻说出来。最后，在洛阳，白居易与皇甫湜多有来往，太和四年（830），有《哭皇甫七郎中湜》，诗中"不得人间寿，还留身后名"，给予皇甫湜很高的评价，因而，皇甫湜卒于是年，不可能发生后来的故事。这一故事的产生，很可能是皇甫湜并不像李宗闵、牛僧孺那样结党营私，倒向宦官，因此他的政敌编出这样的故事来诋毁他。

帝制时代，一个人的诗文总难免与人事和政治相瓜葛。五代孙光宪《北梦琐言》有一则《李太尉抑白少傅》，说是太和年间，刘禹锡与李德裕同时分司东都，刘问李最近曾得到过白居易文集否？李说，白居易倒是多次呈示，不过我没有看过，今天看你的面子，我来看看。取看之时，只见"盈其箱笥，没于尘坌"，李德裕刚要打开文集而又放下，对刘禹锡说："吾与此人不足久矣，其文章精绝，何必览焉！但恐回吾之心，所以不欲观览。"孙光宪认为李德裕之所以排斥白居易，是由于白居易与杨虞卿、牛僧孺友善，而杨、牛结党，是李德裕的政敌，因此，李德裕同时摈排白居易，"非抑文章也，虑其朋比而掣肘也。"

假如这个故事是真的，那就是开成元年（836，而不是太和年间）七月，

李德裕由滁州刺史迁太子宾客分司，九月中旬抵洛阳，居住于平泉别墅，十二月赴任浙西观察使。头一年白居易由太子宾客分司授同州刺史，称病不赴，十月改授太子少傅分司。本年秋，刘禹锡由同州刺史改太子宾客分司。这样一来，故事里的三个主人翁李德裕、刘禹锡、白居易碰巧齐聚在了一起。这一期间，李与刘、白与刘均有蛮多诗歌唱和，奇怪的是，唯独李与白未见交往痕迹。这就不能不使人有所怀疑，认为李德裕与白居易政见不合，兴趣不同，甚或认为白居易是牛党，与李德裕水火不容。和白居易一样，李德裕也是文章好手，诗词大家，但李、白之间的诗歌来往仅见于李德裕守浙西、白居易刺苏州时，李所写《听小童吹觱篥歌》（今存残句）和白所写《小童薛阳陶吹觱篥歌，和浙西李大夫作》（另刘禹锡、元稹皆有和诗，刘诗存，元诗佚）。历史的事实可能是，白居易与杨虞卿有姻亲关系，虽然白居易一直小心翼翼避免卷入党争，但太和年间的朋党纷争，不可能不在当事人以及他们的亲属间留下阴影，加上白居易与李德裕确有不相合之处，因此，白居易对李德裕可能有意避开；李德裕大约也有鉴于此，与白氏亦无文字交往。但这个故事有漏洞，因为李德裕既知白居易"文章精绝"，那就说明他看过或者听人说过白居易的诗文；故事中说白居易"累有相示"，大概也与事实不符；头一年，杨虞卿被郑注构陷而贬虔州，政治生命已经完结，不存在"虑其朋比而掣肘"；会昌年间，李德裕举用白居易的堂弟白敏中，说明李德裕有容人之量，并非故事中的小气之人。

对元、白诗歌真正的批评来自晚唐著名诗人杜牧。开成二年（837），杜牧写《唐故平卢军节度巡官陇西李府君墓志铭》，他借李戡之口说："诗者可以歌，可以流于竹，鼓于丝，妇人小儿，皆欲讽诵，国俗薄厚，扇之于诗，如风之疾速。尝痛自元和已来有元、白诗者，纤艳不逞，非庄士雅人，多为其所破坏。流于民间，疏于屏壁，子父女母，交口教授，淫言媟语，冬寒夏热，入人肌骨，不可除去。吾无位，不得用法以治之。"这是白居易在世时所受到的攻讦，而且语气如此激烈，是为文学史上一大公案。

为什么杜牧如此痛诋元、白？后人从政治分野、文学态度、家庭出身、性格气质、诗歌风格以及对晚唐诗人张祜的态度等进行了多方解读，尚未得出一致结论。其实，杜牧所不满的，正是自元和以来由元、白所发端，江湖为诗者所跟进，与盛唐大漠孤烟、秦关汉月、雄浑朴厚、笔势豪健诗风不同，偏爱于琐事微物、杯酒唱和、呈技献巧，加上不那么讲究炼字锻句，刻意追求平易晓畅之诗歌"通俗唱法"而已。按照杜牧自己的话讲，他本人"苦心

为诗，本求高绝，不务奇丽，不涉习俗，不今不古，处于中间"。也就是说，杜牧的诗歌美学是不追求时尚，而重高雅，不强调辞采华丽，而重思想深度，这么一来，那就怪不得他深恶痛绝纤艳不逞而又流行异常的"元和体"了。

是的，写诗不易，将诗写得通俗晓畅、平易近人更不易，非得要有过人的才华不行。固然，追求新奇与古奥，刻意用典，搜罗奇字，锤炼谨严，奇崛险怪，生涩难懂，佶屈聱牙，能显得诗歌高深莫测，被人认为是"好诗"，但如果将诗写得平易近人、平白如话而又不失诗味、不觉浅薄，不会被人看作庸俗、看作打油，可能是更难的事情。

的确，白居易诗歌最大的艺术特色是"用语流便"，他力求做到语言通俗平易，音节和谐婉转，他善于学习和运用民间语言入诗，又对音乐有深厚造诣，因而所写诗歌音韵优美，便于入乐和歌唱，容易为广大读者所接受。但如果认为这样浅近通俗的诗歌可以信手拈来，则是完全错误的。"他的作品，明朗、自然、圆熟、新鲜，必须千锤百炼才能达到这样的艺术境界。"周必大说："香山诗语平易，文体清骏，疑若信手而成者。闲观遗稿，则窜定甚多。"袁枚说："白傅改诗，不留一字。今读其诗，平平无异。意深词浅，思苦言甘。寥寥千年，此妙谁探。"刘熙载也说："香山用常得奇，此境良非易到。"他的朋友兼诗友刘禹锡说得最为透彻："郢人斤斫无痕迹，仙人衣裳弃刀尺。"运斤成风而无斧凿痕，天机云锦而无针缝处，真可谓匠心独具，浑然天成。

古代中国，叙事诗并不发达。先秦至汉，我国汉语体系中没有出现过类似早期希腊史诗那样的长篇叙事诗，只有其后才出现《孔雀东南飞》《花木兰》等少数叙事长诗。至中唐，白居易（以及元稹等人）的长篇排律，把古代中国一向并不发达的叙事诗推向了一个新高度，适应了新兴市民阶层的审美情趣，成为当时的流行文学和通俗文学。其中，白居易的《长恨歌》《琵琶行》和元稹的《连昌宫词》是其佼佼者。《长恨歌》和《琵琶行》是诗中双璧，即使没有其他作品，只凭这两首诗，白居易就足以不朽。与早年的《长恨歌》所写历史题材不同，《琵琶行》是现实题材，诗人通过亲身见闻，以景色、声音的婉转变化极写琵琶女和本人的心理活动与人物命运，产生了荡气回肠、惊心动魄的艺术效果。诗中，以高难度的复杂技巧，用文字把音乐写得波澜起伏、抑扬顿挫、酣畅淋漓、绘声绘色，于无声处尽显有声之美，于叙事时展现抒情之功。这首诗层次分明，前后映带，以景托情，情景相生，描写细致生动，比喻新颖精妙，实现了叙事与抒情的完美结合。琵琶一曲，说尽人

间事，诗歌一行，传向千万年。

可能有人会说，除了小碎篇章和长篇排律，白居易还有《新乐府》和讽喻诗，这些诗歌充满了斗争性和思想性，杜牧是不是连这些诗歌也持否定态度？这个问题不好回答。诚然，杜牧没有写出类似于《新乐府》这样直接反映民生疾苦的诗歌，在李戡的话中也看不出"元、白诗者"包不包括《新乐府》和讽喻诗，但从杜牧一生的行为和诗歌来看，其忧国忧民的情怀和经邦济世的抱负与元和五大诗人是同出一辙的，因此，对于《新乐府》、讽喻诗应该不至于排斥。有人根据白居易所说"人所爱者，悉不过杂律诗与《长恨歌》已下耳。至于讽喻者，意激而言质；闲适者，思澹而词迁，以质合迁，宜人之不爱也"，以及元稹所说"而乐天《秦中吟》《贺雨》讽喻等篇，时人罕能知者"，认为《新乐府》、讽喻诗流传不广，有人甚至揣测杜牧没有见过《新乐府》和讽喻诗。这一说法肯定有问题。其反证是，《旧唐书·白居易传》："自雠校至结绶畿甸，所著歌诗数十百篇，皆意存讽赋，箴时之病，补政之缺，而士君子多之，而往往流闻禁中。"既然士君子"多之"（称赞），以至于流传到宫内，那就必然流布广泛。还有，白居易《与元九书》："诸妓见仆来，指而相顾曰：此是《秦中吟》《长恨歌》主耳。"元稹《酬乐天余思不尽加为六韵之作》："众推贾谊为才子，帝喜相如作侍臣。"下注："乐天先有《秦中吟》及《百节判》，皆为书肆市贾题其卷云：'白才子文章'"。连歌者伎人都知道《秦中吟》，而出版商争相刊刻成书而售卖，还能说流传不广？

历史的事实应该是，元和年间，《新乐府》、讽喻诗和其他诗歌一道流传甚广，尤其在文人士大夫阶层广为传扬，这一现象与这一时期社会振作、锐意革新的"中兴"之象相适应。到了长庆之后，中兴成为泡影，大唐帝国日益衰落，奢靡之风兴起，没落思潮泛滥，"小碎篇章"和"长篇排律"反而大行其道，仿效者蜂拥而起，遂成为诗歌主流。再加上白居易本人流连光景、往复唱和、平庸浮浅、矜奇炫博而"为文造情"[⑩]之作越来越多，因此，才引起杜牧的激烈批评。

开成三年（838），又出来一位批评者。宋代王谠的《唐语林》载："文宗好五言诗，品格与肃、代、宪宗同，而古调尤清峻。尝欲置诗学士七十二员，学士中有荐人姓名者，宰相杨嗣复曰：'今之能诗，无若宾客分司刘禹锡。'上无言。李珏奏曰：'当今起置诗学士，名稍不嘉。况诗人多穷薄之士，昧于识理。今翰林学士皆有文词，陛下得以览古今作者，可怡悦其间；有疑，顾

问学士可也。陛下昔者命王起、许康佐为侍讲，天下谓陛下好古宗儒，敦扬朴厚。臣闻宪宗为诗，格合前古；当时轻薄之徒，摘章绘句，聱牙崛奇，讥讽时事，尔后鼓扇名声，谓之'元和体'，实非圣意好尚如此。今陛下更置诗学士，臣深虑轻薄小人，竞为嘲咏之词，属意于云山草木，亦不谓之'开成体'乎？玷黩皇化，实非小事。'"

如果说杜牧诋元、白还是文化圈子的内部批评，主要论点还集中在诗歌美学的话，那么，李珏毁"元和体"则是站在政治的立场，实施意识形态打压。李珏害怕轻薄小人"讥讽时事"而"玷黩皇化"，实际上是掩耳盗铃：假如没有人去说，问题就不存在；也是末世心态的反映：越有问题，越要遮掩。李珏与李宗闵、牛僧孺"亲厚"，当时与杨嗣复一道位居宰相，在"甘露之变"后的艰难时刻，李珏不是鼓励广开言路，反而实行舆论钳制，暴露了牛党人物的小人嘴脸。

"从兹耳界应清净，免见啾啾毁誉声。"会昌六年（846），白居易病逝，从此再也不用管那些或褒或贬的声音了。无论是司空图的"元、白力勍而气孱，乃都市豪估耳"的不屑，还是张为的"以白居易为广大教化主"的赞誉，他都听不到了，再说，听到了又如何？正像王阳明所说："此心光明，亦复何言！"

第一个出来评价白居易的是晚唐著名诗人李商隐。大中三年（849），李商隐应白居易妻子杨氏、儿子白景受之请，撰《刑部尚书致仕赠尚书右仆射太原白公墓碑铭并序》，这是李商隐除为知遇者令狐楚外，唯一为俗世士大夫所撰写的碑文。然而，也许是囿于墓志铭格式，也许是由于两人诗歌风格不同，在《墓碑铭》中，李商隐主要花大笔力来写白居易的生平事迹，而对其诗文成就，并未给予充分肯定，只是含含糊糊地用"翊翊申申，君子之文"来作赞词。

如果说李商隐称赞白居易是受家属之托而不得不为之的话，那么，晚唐诗人皮日休则是第一个站出来为白居易高唱赞歌的。皮日休写《七爱诗·白太傅》，其中有句："吾爱白乐天，逸才生自然。谁谓辞翰器，乃是经纶贤。"给予白居易高度评价。他还写《论白居易荐徐凝屈张祜》，为元稹、白居易没有重视张祜而辩护，指出，张祜在元和中"作宫体诗，词曲艳发"，与元白新乐府精神相悖，因而被元稹所鄙薄。[①]后来，张祜诗风转变，"讲讽怨谲，时与六义相左右""诗益高，名益重"。杜牧年轻，不知道这一过程，由张祜而恨元、白，虽然有一定道理，然而是意气用事。皮日休在这篇文章中，有一

段话，似乎可以作为"元白体"的最好释义："余尝谓文章之难，在发源之难也。元、白之心，本乎立教，乃寓意于乐府雍容宛转之词，谓之讽喻，谓之闲适。既持是取大名，时士翕然从之，师其词，失其旨。凡言之浮靡艳丽者，谓之元白体。二子规规攘臂解辩，而习俗既深，牢不可破，非二子之心也，所以发源者非也，可不戒哉！"在《正乐府十篇并序》中，他对晚唐文人冒用"乐府"之名而"失其旨"的现象进行猛烈抨击，为白居易新乐府运动正名："乐府之道大矣。今之所谓乐府者，唯以魏、晋之侈丽，陈、梁之浮艳，谓之乐府诗，真不然矣！"于是他写"正乐府"诗十首，刺美现事，针砭时弊。从"新乐府"到"正乐府"，正是一脉相承。

入宋后，白居易得到文人士大夫和普通民众的广泛认同，白诗风格也受到人们的群体效仿。"其重要原因之一，在于白居易的闲适放达契合了宋初文人的心性，白诗的平易浅切风格、以唱和为主的诗歌形式契合了宋初馆阁词臣的诗学趣味。而徐铉、李至，特别是王禹偁等诗人对白居易的多方面追慕，则是宋初白诗接受浪潮中的重要推动元素。"[12]"事实上，白诗不但在宋初影响甚大，两宋诸多大家名家如苏轼、陆游，以及黄庭坚、张耒、杨万里、范成大等，也都喜爱白诗，并深受其影响。"[13]早有人指出，欧阳修的"醉翁"、司马光的"迂叟"、苏轼的"东坡"之名，均来自白居易。正像有人分析的那样："白乐天五、七言律、绝，悉开宋人门户。"[14]

苏东坡有一句评语引起人们的议论，他说："元轻白俗，郊寒岛瘦。"有人就以为苏轼对白居易的诗歌并不认可。这其实是一种误解。上面的这句话是苏东坡为柳瑾所作祭文中的一句，前一句是"独以诗鸣，天锡雄味。"后一句是"嘹然一吟，众作卑陋。"是称赞柳瑾写诗写得好，深得元稹、白居易、孟郊、贾岛的真髓，兼有轻、俗、寒、瘦的艺术特点，因此，柳瑾的诗作一出，比其他人的诗高出一头。不看出处，寻章摘句，望文生义，曲解意思，这样的做法最为害人。实际上，苏东坡是白居易的忠实粉丝，除了"东坡"之名来自白居易，他写白居易的诗文不少："我似乐天君记取，华颠赏遍洛阳春。""我甚似乐天，但无素与蛮。""定似香山老居士，世缘终浅道缘深。""他时要指集贤人，知是香山老居士。""出处依稀似乐天，敢将衰朽交前贤。""平生自觉出处老少，粗似乐天。""渊明形神似我，乐天心相似我"等，其对白居易的仰慕之情岂止汩汩！

到此，白居易似乎可以盖棺定论了。当然，对于白居易的人和诗，宋代

之后，还有许多议论，就是当今及以后，也还会有人持续议论下去，但这些议论已经不那么重要了。"大江东去，浪淘尽，千古风流人物。"人的一生很短暂，诗的世界很健忘，唯有口口相传，千淘万洗，才有可能给这人间留下点什么。

作为白居易生命重要节点的九江，从宋代开始，就有白居易的纪念场所，也有众多的文人墨客来此凭吊古迹，咏哦抒怀。

琵琶亭。最早记载见于欧阳修《琵琶亭上作》，写于宋仁宗天圣五年（1027），此时，离白居易写《琵琶行》已经211年了。9年后的宋仁宗景祐三年（1036），欧阳修被贬夷陵（今湖北宜昌），再次路过九江，写《琵琶亭》："乐天曾谪此江边，已叹天涯涕泫然。今日始知予罪大，夷陵此去更三千。"约50年后，刘攽在《中山诗话》中记载："江州琵琶亭，前临江，左枕溢浦，地尤绝胜。"由此可知，亭建于溢浦口（原龙开河口）。此后，琵琶亭屡毁屡建，地址也不断变动。1988年，在今九江长江大桥桥头重建琵琶亭，2011年重新扩容建设琵琶亭文化园。[15]

浸月亭。同治《德化县志》卷7："烟水亭，在甘棠湖中，旧为浸月亭，宋周敦颐建，或曰敦颐子寿建，后人即其址为亭，屡有兴废。"周敦颐知南康军时间不长，不可能在江州建亭。倒是周寿建亭的可能性较大。当时可能仅有一亭，后经扩建成为一古典建筑群，有九曲桥与湖岸连接。烟水亭景区中浸月亭仍在，名字取白居易《琵琶行》中"别时茫茫江浸月"之意，为中华名亭。

白居易草堂。有两处。一处在北香炉峰北，东林寺东南。宋真宗大中祥符二年（1009），敕"令江州修白居易旧第，以庐山有白居易草堂，江州有古宅，画像犹存，故命葺之"。陈舜俞《庐山记》：白公草堂"后与遗爱寺并废久之，好事者慕公风迹，以东林寺北蓝墙之外作堂焉。五代衰乱，后为兵火野烧之所毁"。陆游《入蜀记》："至上方五杉阁、舍利塔、白公草堂。"看得出，到宋代，白居易草堂已失其原址，一移再移，陈舜俞时已经移至东林寺隔壁，而陆游看到的则仿建在东林寺后山。近年，由崔氏（崔宏伦）在东林头上方建白居易草堂，稍得近似。草堂还有一处在花径公园，由庐山管理局所建，纯粹旅游开发项目，地址明显不是原址。

花径公园。明代阎汝梅《自大林过讲经台》："香山花径石烟寒。"是为"花径"名字之肇始。后人以为白居易曾游大林寺，有《游大林寺序》和"人间

四月芳菲尽，山寺桃花始盛开"之诗，因此，将大林寺前小径称为白司马花径。1929 年，李凤高"发现"一块卧石上镌刻有一尺见方的"花径"二字，"虽不知谁何镌刻，想必前人所遗留"，于是募集资金在石上建亭保护，陈三立撰《花径景白亭记》，吴宗慈书丹，刻于石，后人云亦云讹传"花径"二字为白居易手书。20 世纪 60 年代初，人们拦水建坝，建造如琴湖，湖边辟为花径公园。

白槎。现为永修县白槎镇。传说白居易在此乘槎渡过修水，因此被人称为"白槎"。白槎建有唤渡亭。《嘉靖重修一统志》称："唤渡亭，在建昌县治南。唐白居易谪江州司马，尝过此赋诗。后人因摘'唤渡'二字名亭。宋黄庭坚为书此诗。亭中有碑刻。"清代王士祯《带经堂诗话》："过唤渡亭，亭以白傅诗得名，有白诗石刻。堤行二里，人家种竹为藩篱。鸡声人语，皆在竹中。"细看《一统志》和王士祯记载，唤渡亭已被移至建昌县（治所在今永修县涂埠镇）治南。究竟是先有白槎，后有唤渡亭，还是先有唤渡亭，后有白槎，这些叫法起始于什么时候，原来的白槎是不是就是今天的白槎，唤渡亭又经历怎样的变迁？这一系列问题找不到答案。今唤渡亭不存，只有白槎地名尚在。

宋代以后，游历九江的文人墨客如过江之鲫，咏哦白居易的诗文如汗牛充栋，在众多诗词、文章、金石、楹联中，拣选特别的简列如下：

欧阳修《琵琶亭上作》："九江烟水一登临，风月清含古恨深。湿尽青衫司马泪，琵琶还似雍门琴。"

苏辙《琵琶亭》："溢江莫雨晴，孤舟暝将发。夜闻胡琴语，展转不成别。草堂寄东林，雅意存北阙。潸然涕泗下，安用无生说。"

吴处厚《题九江琵琶亭》："夜泊浔阳宿酒楼，琵琶亭畔荻花秋。云沉鸟没事已往，月白风清江自流。"

张耒《题江州琵琶亭》："危亭未榜名琵琶，尚有枫叶连荻花。呜呼司马则已矣，行人往来皆叹嗟。司马风流映千古，当日琵琶传乐府。江山寂寞三百年，浔阳风月知谁主。我今单舸犯江潭，往来略已遍东南。可怜千里伤心目，不待琵琶泪满衫。"

洪迈《容斋随笔》："江州琵琶亭，下临江津。国朝以来，往来者多题咏，其工者，辄为人所传。"

陆游《入蜀记》："草堂，以白公记考之，略是故处。三间两柱，亦如记所云。其他如瀑水莲池，亦皆在。高风逸韵，尚可想见。"

周必大《庐山后录》之《吊大林寺》："上尽诸峰地转平，天低云近日多阴。古来南北通双径，此去东西启二林。虞世南碑从泯没，白居易序合推寻。匡庐第一金仙境，忍使如今遂陆沉。"

周弼《琵琶亭》："……岂无夜深弹，寂寞少听者。尚有沙滩人，时时说司马。"

高启《浔浦琵琶图》："秋夜相逢处，闺愁杂宦情。四弦风共拂，两棹月同明。司马青衫泪，佳人白发生。至今浔浦口，枫叶尚哀声。"

杨基《过琵琶亭》："枫叶荻花两鬓霜，樱桃杨柳久相忘。当时莫怪青衫湿，不是琵琶也断肠。"

黄宗羲《匡庐游录》："五里过化城，渡溪，二里至香炉峰下遗爱寺，寻白乐天草堂遗址。草堂以白公记考之，略是故处，其他如瀑布莲池亦皆在。"

查慎行《香炉峰下寻香山草堂故址》："古寺折而南，一峰矗香炉。北有草堂址，荒榛穴鼪鼯。白公真天人，笑傲凌中区。本挟烟霞性，历游仕官途。当其卜筑时，意已忘羁孤。人生营菟裘，宁必皆故庐。等是有兴废，此中别贤愚。"

洪亮吉《题琵琶亭》："儿女英雄事总空，当时一样泪珠红。琵琶亭上无声泣，便与唐衢哭不同。"

张维屏《琵琶亭》："枫叶荻花何处寻？江州城外柳阴阴。开元法曲无人记，一曲琵琶说到今。"

烟水亭楹联：

李乘时："晚上孤亭，影倒一湖烟水；夜横高枕，声来九派风涛。"

黎经诰："不问石砚羊毫，一样染成烟雨景；且把玉壶雀舌，几番吟到月浸亭。"

黄少白："那堪吟白傅诗，琵琶人老，枫荻秋深，叹几个迁谪飘零，相逢处且休说故里繁华，他乡沦落；此便是邯郸道，午梦初醒，黄粱久熟，觉毕生功名富贵，霎时间都付与微茫烟水，飘渺江波。"

曾森溎："谁真仙吏飞凫，丹篆犹存，相见逍遥对烟水；我亦江州司马，青衫虽旧，未因沦落感琵琶。"

琵琶亭楹联：

董云岩集句："一弹流水一弹月；半入江风半入云。"

金安清："灯影憧憧，凄绝暗风吹雨夜；荻花瑟瑟，魂销明月绕船时。"

王龙光："忽忆故乡，为问买茶人去否；只余风月，依然司马客归时。"

唐英："枫叶四弦秋，怅触天涯迁谪恨；浔阳千尺水，勾留江上别离情。"

蒋调元："青衫湿尽非因泪；红豆抛残别有情。"

罗元贞："司马不来，相逢何必曾相识；佳人何在，此时无声胜有声。"

花径楹联：

李凤高："花开山寺，咏留诗人。"

古人称，立德、立功、立言为三不朽。立德，那是圣贤的事，立功，那是帝王和宰辅的事，作为一个知识分子，能做到立言就已经是相当高的境界了。美国诗人乔治·桑塔维纳在一首十四行诗中写道："上帝在创造莎士比亚的时候，是加倍精制的。"这一说法同样适合白居易。前期，他的才华在新乐府、讽喻诗和《长恨歌》，在策林、奏章和翰林制诏，被贬江州，他的才华则在《与元九书》《琵琶行》和《草堂记》，再后，则在闲适诗和感伤诗，"让我们记住这个事实——伟大的艺术出自巨大的痛苦，唯有热诚地生活的人才能美丽地创造。"正因为爱国家、爱人民，才会以笔为枪，才会面折廷争，正因为爱自然、爱生活，才会写诗作文，才会放歌吟唱——但凡一流人物，在对人之丑陋观察研究后，会成为哲学家，在对人之美丽冥思苦想后，会成为艺术家——在九江，他问元稹："然千百年后，安知复无如足下者出而知爱我诗哉？"看来他是多虑了，他的诗，不仅当时传诵，今后也将被传诵，不仅中国咏哦，也在国外流播，这是一种伟大的不朽。

乾隆皇帝号称写诗四万首，可没有一首被后人传颂。作为皇帝，他可能不是好诗人，但他的眼光不能说不高，他的见识不能说没有独到之处，他的议论也总能给我们带来思考。看他是怎么评价白居易的："唐人诗篇什最富者，无如白居易诗。其源亦出于杜甫，而视甫为更多。史称其每一篇出，士人传诵，鸡林行贾，售其国相，诗名之盛，前古罕俪矣。夫居易岂徒以诗传哉！当其为左拾遗，忠诚謇谔，抗论不回；中遭远谪，处之怡然；牛、李构衅，绝无依附。不以婘娈逢时，不以党援干进，不以坎壈颠踬而忧邑无憀，自非识力涵养有大过人者，安能进退绰有余裕若是。洎太和、开成之后，时事日非，宦情愈淡，唯以醉吟为事，遂托于诗以自传焉。其与元微之书云：'志在兼济，行在独善，讽喻者意激而言质，闲适者思澹而辞迂。'作诗指归，具见于此。盖根柢六义之旨，而不失乎温厚和平之意，变杜甫之雄浑苍劲而为流丽安详，不袭其面貌而得其神味者也。而杜牧讥其纤艳淫媟，非庄人雅士所

为。夫居易之庄雅，孰与牧，牧诗乃纤艳淫媟之尤者，而反唇以訾居易乎？宋祁据以立论，抑亦惑之甚者。《冷斋夜话》所载：'乐天每作诗，令一老妪解之，解则录之，不解则又复易之。'亦是附会之说，不足深辩。尝考居易同时素相牴牾者，莫如李德裕，德裕每屏其诗不观，刘禹锡以为言，德裕曰：'吾于斯人不足久矣，览之恐回吾心。'此正欧阳修所谓虽其怨家仇人不能少毁而掩蔽之者也。兹集之选，芟其体之重复，词之浅易者，约存若干首，全集佳篇，殆尽于此。居易生平出处，亦略见于此。彼耳食者，或犹加诋毁焉。韩愈不云乎：'蚍蜉撼大树，可笑不自量。'何损于香山居士欤？"

白居易的时代，离我们已经 1200 年了。我们从留下来的画像看，白居易清癯，睿智，不胖不瘦，满脸充满仁慈的光辉和人性的温暖，这是对江山社稷的爱，是对黎民百姓的爱，是对山水的爱，是对生活的爱。要问白居易是谁？他很可能就是我们自己。他并不高高在上，令人高山仰止，而是混迹于我们之中，过着我们一样的生活：他是一个凡夫俗子，忍受煎熬，追求功名，用良心做事，而不是看脸色说话，郁闷时也大呼小叫，淋漓酣畅，爱远足，喜交往，酒量不大但喜欢喝，对一切事物充满好奇，他的话多，但对平辈和晚辈并不说教——被教训的往往是皇帝和达官贵人——除了他充满灵性的伟大才华，从某种意义上来讲，我们都可以是白居易。

"吁嗟身后名，于我若浮烟。"经过时间的淘洗和沉淀，透过历史的风烟和尘土，看，那么多王公贵族、宰相大臣的憧憧身影，听，那么多谀辞颂语、谄媚奉承的喳喳声响，都到哪里去了？而白居易瘦弱之躯涌出的新乐府、讽喻诗、《长恨歌》《琵琶行》《钱塘湖春行》《忆江南》等，却常常在人们的脑海里萦回，从而成为中华民族的历史记忆，成为知识分子的基因传承，成为一种文化风骨，成为一种士人气质，成为一种深情回望，成为一种诗意栖居，成为中国人民热爱生活的表达，成为华夏文化自强不息的象征。

"千秋万岁后，谁知荣与辱？但恨在世时，饮酒不得足。"[16]

注释：

(1)见《新唐书·白居易传》，并见白居易《钱塘湖石记》。据考，白居易"增筑湖堤"在西湖东北方向，并非当今之白堤。白堤时称白沙堤，在白居易刺杭州前即有之，后人讹指白沙堤为白居易所筑。

(2)明·胡震亨《唐音癸签》：诗筒始元、白。白官杭州，元官越州，每和诗，入筒中

递之。按：诗筒又称书筒，多以竹制，取清雅、高洁之意，表面刻花，玲珑可爱，既可递诗，又可储书。唐代写书筒者有李白、钱起等，但用以传递诗歌，似乎是元、白滥觞。

（3）宋·范成大《吴郡志》卷50《杂志》。

（4）参见朱金城《白居易集笺校》卷25《律诗·醉赠刘二十八使君》之《笺》。按：白居易晚年极重刘禹锡，白居易《刘白唱和集解》："彭城刘梦得，诗豪者也。其锋森然，少敢当者。予不量力，往往犯之。夫合应者声同，交争者力敌，一往一复，欲罢不能。""梦得，梦得！文之神妙，莫先于诗，若妙与神，则吾岂敢。如梦得'雪里高山头白早，海中仙果子生迟'、'沉舟侧畔千帆过，病树前头万木春'之句之类，真谓神妙，在在处处应当有灵物护之。"再，刘禹锡写有《西塞山怀古》，含蕴无穷，为历代文人所激赏。

（5）《旧唐书·舒元舆传》：舒元舆者，江州人。按：《新唐书》称舒为婺州东阳人。《资治通鉴·文宗太和五年》：（舒元舆之弟）元褒，江州人也。

（6）"不材"的提法始自九江。白居易《三谣·蟠木谣》：尔既不材，吾亦不材，胡为乎人间徘徊！

（7）《苏轼文集》之《东坡题跋·诗词·书乐天香山寺诗》：白乐天为王涯所谮，谪江州司马。甘露之祸，乐天在洛，适游香山寺，有诗云："当君白首同归日，是我青山独往时。"不知者，以乐天为幸之，乐天岂幸人之祸者哉，盖悲之也！

（8）白居易《自咏老身，示诸家属》。按：白居易写的最后一首诗是哪一首？现在已无从考证。但本诗开头说"寿及七十五，俸沾五十千"，是会昌六年所写无疑。

（9）日本中国文化彰显会立碑于洛阳白居易墓前，碑刻：伟大的诗人白居易先生，您是日本文化的恩人。

（10）《文心雕龙·情采》。按：白居易晚年诗歌转向流连光景和往复唱和，可参看白居易自己所写的《序洛诗》：自（太和）三年春至八年夏，在洛凡五周岁，作诗四百三十二首，除丧朋、哭子十数篇外，其他皆寄怀于酒，或取意于琴。闲适有余，酣乐不暇。苦词无一字，忧叹无一声。岂牵强所能致耶！盖亦发中而形外耳。

（11）《唐才子传》卷6：祜，字承吉，南阳人，来寓姑苏……元和、长庆间，深为令狐文公器许……祜至京师，属元稹号有城府，偃仰内庭，上因召问祜之词藻上下，稹曰："张祜雕虫小巧，壮夫不为，若奖激大过，恐变陛下风教。"上颔之。由是寂寞而归。

（12）尚永亮《论宋初诗人对白居易的追慕与接受》，《社会科学辑刊》，2009年第4期。

（13）寒长春《白居易评传》。

（14）许学夷《诗源辩体》卷28。

（15）资料：20世纪初，民族管弦乐曲《春江花月夜》开始风行。该曲改编自古琵琶曲《浔阳琵琶》。有说《浔阳琵琶》的命名与《琵琶行》有关。

（16）陶渊明《拟挽歌辞三首》。

主要参考资料

唐·白居易著，朱金城笺校《白居易集笺校》，上海古籍出版社，1988 年 12 月第 1 版。

唐·白居易著，顾学颉校点《白居易集》，中华书局，1979 年 10 月第 1 版。

唐·白居易《白氏长庆集》，上海涵芬楼借江南图书馆藏日本翻宋大字本景印原书版。

唐·白居易著，谢思炜校注《白居易诗集校注》，中华书局，2006 年 7 月第 1 版。

唐·白居易《白居易集》，山西古籍出版社，2006 年 2 月第 2 版。

朱金城《白居易年谱》，上海古籍出版社，1982 年 6 月第 1 版。

蹇长春《白居易评传》，南京大学出版社，2002 年 5 月第 1 版。

汉·司马迁《史记》，中华书局，1950 年 9 月第 1 版。

汉·班固《汉书》，中华书局，1962 年 6 月第 1 版。

南朝宋·范晔《后汉书》，中华书局，1965 年 5 月第 1 版。

唐·房玄龄《晋书》，中华书局，1974 年 11 月第 1 版。

晋·陈寿《三国志》，中华书局，1964 年 10 月第 1 版。

南朝梁·沈约《宋书》，中华书局，1974 年 10 月第 1 版。

唐·李延寿《南史》，中华书局，1975 年 6 月第 1 版。

唐·魏征《隋书》，中华书局，1973 年 8 月第 1 版。

后晋·刘昫《旧唐书》，中华书局，1975 年 5 月第 1 版。

宋·欧阳修、宋祁《新唐书》，1975 年 2 月第 1 版。

唐·李肇、赵璘《唐国史补、因话录》，上海古籍出版社，1979 年 1 月新 1 版。

宋·司马光《资治通鉴》，中华书局，1956 年 6 月第 1 版。

元·脱脱《宋史》，中华书局，1977 年 11 月第 1 版。

唐·欧阳询《艺文类聚》，上海古籍出版社，1982 年 1 月新 1 版。

唐·李林甫《唐六典》，1992 年 1 月第 1 版。

唐·杜祐《通典》，中华书局，1988 年 12 月第 1 版。

唐·李吉甫《元和郡县图志》，中华书局，1983 年 6 月第 1 版。

宋·王若钦《册府元龟》，凤凰出版社，2006 年 12 月第 1 版。

宋·王溥《唐会要》，株式会社中文出版社，1978 年 10 月。

宋·范祖禹《唐鉴》，商务印书馆，民国 26 年（1937）4 月初版。

清·董诰《全唐文》，中华书局，1983年11月第1版。

清·曹寅《全唐诗》，中华书局，增订本，1999年1月第1版。

宋·宋敏求《唐大诏令集》，商务印书馆，1959年4月初版。

周绍良《唐代墓志汇编》，上海古籍出版社，1992年11月第1版。

周绍良《唐代墓志汇编续集》，上海古籍出版社，2001年12月第1版。

宋·李昉《太平广记》，中华书局，1961年9月第1版。

宋·李昉《文苑英华》，中华书局，1956年5月第1版。

唐·吴兢《贞观政要》，中华书局，2012年3月第1版。

宋·王谠著，周勋初校证《唐语林校证》，中华书局，1987年7月第1版。

［日］释圆仁著，白化文等校注《入唐求法巡礼行记校注》，花山文艺出版社，2007年11月第1版。

元·辛文房著，傅璇琮主编《唐才子传》，中华书局，1987年5月第1版。

《诗经》，中华书局，2006年9月第1版。

《诗经》，山西古籍出版社，2003年3月第1版。

《论语》，中华书局，2006年9月第1版。

《老子》，山西古籍出版社，2006年1月第2版。

《庄子》，中华书局，2007年3月第1版。

《管子》，中华书局，2009年3月第1版。

《韩非子》，中华书局，2007年3月第1版。

《墨子》，中华书局，2007年3月第1版。

《荀子》，中华书局，2007年12月第1版。

《孟子》，中华书局，2006年9月第1版。

《晏子春秋》，中华书局，2007年12月第1版。

《周易》，山西古籍出版社，2006年1月第2版。

《尚书》，中华书局，2009年3月第1版。

《山海经》，中华书局，2009年3月第1版。

《左传》，中华书局，2007年3月第1版。

《国语》，上海古籍出版社，1978年3月第1版。

《十三经注疏》，北京大学出版社，1999年12月第1版。

清·朱彬《礼记训纂》，中华书局，1996年9月第1版。

北魏·郦道元著，陈桥驿校证《水经注校证》，中华书局，2007年7月第1版。

南朝梁·萧统《文选》，上海古籍出版社，1986年8月第1版。

清·严可均《全上古三代秦汉三国六朝文》，中华书局，1958年12月第1版。

战国·屈原著，金开诚等校注《屈原集校注》，中华书局，1996年8月第1版。

汉·贾谊著，夏汉宁译注《贾谊文赋全译》，百花洲文艺出版社，1996年7月第1版。

晋·葛洪著，王明校释《抱朴子内篇校释》，中华书局，1986年3月第2版。

晋·陶渊明著，袁行霈笺注《陶渊明集笺注》，中华书局，2003年4月第1版。

晋·陶渊明《陶渊明集》，山西古籍出版社，2004年9月第1版。

晋·陶渊明《陶渊明集》，中华书局，1979年5月第1版。

唐·李白《李太白全集》，中华书局，1977年9月第1版。

唐·杜甫著，清·仇兆鳌注《杜诗详注》，中华书局，1979年10月第1版。

唐·韦应物著，孙望校笺《韦应物诗集系年校笺》，中华书局，2002年3月第1版。

唐·元稹《元稹集》，中华书局，1982年8月第1版。

唐·刘禹锡《刘禹锡集》，中华书局，1990年3月第1版。

唐·韩愈著，马其昶校注《韩昌黎文集校注》，上海古籍出版社，1986年12月第1版。

唐·韩愈著，钱仲联集释《韩昌黎诗系年集释》，上海古籍出版社，1984年8月第1版。

唐·柳宗元《柳河东集》，上海人民出版社，1974年5月新1版。

唐·李商隐《李商隐集》，山西古籍出版社，2006年1月第2版。

唐·杜牧《樊川诗集注》，上海古籍出版社，1998年12月新1版。

宋·欧阳修《欧阳修全集》，中华书局，2001年3月第1版。

宋·苏轼《苏轼文集》，中华书局，1986年3月第1版。

宋·苏轼《苏轼诗集》，中华书局，1982年2月第1版。

宋·辛弃疾《辛弃疾全集》，湖北人民出版社，2007年1月第1版。

[美]斯塔夫里阿诺斯著，董书慧等译《全球通史》，北京大学出版社，2005年1月第1版。

马克垚《世界文明史》，北京大学出版社，2004年9月第1版。

[美]亨利·托马斯、达纳·李·托马斯著，刘明毅等译《大画家传》，四川人民出版社，1983年10月第1版。

[英]亚当·斯密著，杨敬年译《国富论》，陕西人民出版社，2001年1月第1版。

[英]汤因比著，曹未风等译《历史研究》，上海人民出版社，1966年6月第2版。

[日]吉川幸次郎著，章培恒等译《中国诗史》，安徽文艺出版社，1986年12月第1版。

郑振铎《中国文学史》，北京工业大学出版社，2009年6月第1版。

袁行霈《中国文学史》，高等教育出版社，1999年8月第1版。

游国恩等《中国文学史》，人民文学出版社，1963 年 7 月第 1 版。

《辞海》，上海辞书出版社，1989 年 9 月第 1 版。

汉·许慎《说文解字》，上海古籍出版社，1981 年 10 月第 1 版。

宋·王象之《舆地纪胜》，中华书局，1992 年 10 月第 1 版。

清·顾祖禹《读史方舆纪要》，中华书局，2005 年 3 月第 1 版。

南朝宋·刘义庆著，徐震堮校笺《世说新语校笺》，中华书局，1984 年 2 月第 1 版。

宋·洪迈《容斋随笔》，中华书局，2005 年 11 月第 1 版。

《笔记小说大观》，江苏广陵古籍刻印社，1983 年 4 月第 1 版。

《朝野佥载、昌黎杂说、刘宾客嘉话录》，商务印书馆，民国 25 年（1936）12 月初版。

清·弘历《御选唐宋诗醇》，珊城遗安堂藏板，乾隆二十五年重刊，线装版。

宋·计有功《唐诗纪事》，上海古籍出版社，1997 年 7 月新 1 版。

宋·王楙《野客丛书》，上海古籍出版社，1991 年 5 月第 1 版。

清·徐松《登科记考》，中华书局，1984 年 8 月第 1 版。

陈寅恪《元白诗笺证稿》，三联书店，2001 年 4 月。

尚永亮《贬谪文化与贬谪文学——以中唐元和五大诗人之贬及其创作为中心》，兰州大学出版社，2004 年 1 月第 1 版。

程继红《带湖与瓢泉——辛弃疾在信州日常生活研究》，齐鲁书社，2006 年 12 月第 1 版。

翁俊雄《唐代区域经济研究》，首都师范大学出版社，2001 年 12 月第 1 版。

翁俊雄《唐后期政区与人口》，首都师范大学出版社，1999 年 12 月第 1 版。

严耕望《唐代交通图考》，台湾商务印书馆，1985 年 5 月。

严耕望《唐史研究丛稿》，台湾新亚研究所，1969 年 10 月。

程志、韩滨娜《唐代的州和道》，三秦出版社，1987 年 5 月第 1 版。

傅璇琮《唐代科举与文学》，陕西人民出版社，1986 年 10 月第 1 版。

王寿南《唐代宦官权势之研究》，正中书局，1971 年 12 月初版。

冷东《被阉割的守护神——宦官与中国政治》，吉林教育出版社，1990 年 1 月第 1 版。

清·黄宗羲《黄宗羲全集》，浙江古籍出版社，1985 年 11 月第 1 版。

梁启超《饮冰室合集》，中华书局，1988 年 9 月。

陈独秀《独秀文存》，上海亚东图书馆，1922 年 8 月。

胡适《胡适文集》，北京大学出版社，1998 年 11 月第 1 版。

鲁迅《鲁迅全集》，人民文学出版社，2005 年 11 月第 1 版。

任继愈《中国道教史》，上海人民出版社，1990 年 6 月第 1 版。

葛兆光《中国禅思想史》，北京大学出版社，1995 年 12 月第 1 版。

葛兆光《想象力的世界——道教与唐代文学》，现代出版社，1990 年 2 月第 1 版。

宋·张君房《云笈七签》，华夏出版社，1996 年 8 月第 1 版。

赵朴初《佛教常识答问》，中国佛教协会出版，1983 年第 1 版。

南朝梁·释慧皎《高僧传》，陕西人民出版社，2009 年。

宋·赞宁《宋高僧传》，中华书局，1987 年 8 月第 1 版。

晋·慧远《庐山慧远法师文钞》，台湾青莲出版社，2002 年。

唐·释道世著，周叔迦等校注《法苑珠林校注》，中华书局，2003 年 12 月第 1 版。

宋·普济《五灯会元》，中华书局，1984 年 10 月第 1 版。

方立天《慧远及其佛学》，中国人民大学出版社，1984 年。

《景德传灯录》，上海涵芬楼景印常熟瞿氏铁琴铜剑楼藏宋刻本，线装本。

汤用彤《汉魏两晋南北朝佛教史》，武汉大学出版社，2008 年 12 月第 1 版。

段晓华、刘松来《红土·禅床——江西禅宗文化研究》，中国社会科学出版社，2000 年 5 月第 1 版。

清·王夫之《读通鉴论》，中华书局，1975 年 3 月第 1 版。

张国刚《唐代藩镇研究》，湖南教育出版社，1987 年 12 月第 1 版。

吴廷燮《唐方镇年表》，中华书局，1980 年 8 月第 1 版。

郁贤皓《唐刺史考全编》，安徽大学出版社，2000 年 1 月第 1 版。

宁可《中国经济通史》，经济日报出版社，2000 年 8 月第 1 版。

李伯重《唐代江南农业的发展》，农业出版社，1990 年 10 月第 1 版。

周勋初《唐人轶事汇编》，上海古籍出版社，1995 年 2 月第 1 版。

岑仲勉《唐人行第录》，上海古籍出版社，1978 年 3 月新 1 版。

岑仲勉《隋唐史》，中华书局，1982 年 5 月新 1 版。

《黄帝内经》，中华书局，2010 年 4 月第 1 版。

邱鸿钟《医学和人类文化》，广东高等教育出版社，2004 年 11 月第 1 版。

吴伟斌《元稹评传》，河南人民出版社，2008 年 3 月第 1 版。

吴伟斌《元稹考论》，河南人民出版社，2008 年 3 月第 1 版。

卞孝萱《元稹年谱》，齐鲁书社，1980 年 6 月第 1 版。

黄正建《唐代衣食住行研究》，首都师范大学出版社，1998 年 4 月第 1 版。

王炎平《牛李党争》，西北大学出版社，1996 年 3 月第 1 版。

南北朝梁·刘勰著，范文澜注《文心雕龙注》，人民文学出版社，1958 年 9 月第 1 版。

南北朝梁·钟嵘著，陈延杰注《诗品注》，人民文学出版社，1961 年 10 月第 1 版。

宋·阮阅《诗话总龟》，人民文学出版社，1987 年 8 月第 1 版。

宋·胡仔《苕溪渔隐丛话》，人民文学出版社，1962 年 6 月第 1 版。

清·袁枚《随园诗话》，人民文学出版社，1982 年 9 月第 2 版。

清·赵翼《瓯北诗话》，人民文学出版社，1963 年 3 月第 1 版。

清·刘熙载著，王气中笺注《艺概笺注》，贵州人民出版社，1986 年 6 月第 1 版。

王国维《人间词话》，凤凰出版社，2009 年 12 月第 1 版。

《九江府志》，上海古籍书店据宁波天一阁藏明嘉靖刻本景印，线装本。

《嘉庆重修一统志》，四部丛刊续编史部，线装本。

清·陈定《德化县志》，成文出版社据同治十一年刊本影印，线装本。

宋·陈舜俞《庐山记》，日本国立公文书馆藏南宋绍兴年间刻本，五卷线装本。

明·桑乔《庐山纪事》，南昌退庐线装本。

清·毛德琦《庐山志》，复旦大学图书馆藏清康熙五十九年顺德堂刻本，线装本。

清·毛德琦《白鹿书院志》，顺德堂藏版，线装本。

清·蔡瀛《庐山小志》，故宫珍本丛刊，线装本。

民国·吴宗慈《庐山志》，江西人民出版社，1996 年 4 月第 1 版。

民国·吴宗慈《庐山诗文金石广存》，江西人民出版社，1996 年 8 月第 1 版。

民国·吴宗慈《庐山古今游记丛钞》，重修庐山志总办事处，民国 21 年（1932）7 月。

政协九江市文史委员会《九江古今纵横》，1995 年 7 月。

王宪章等《九江旅游大观》，江西美术出版社，1992 年 4 月第 1 版。

后　记

没想到的是，这本书一写 6 年。

2011 年 3 月，我在党校学习，期间与几位友人在一起聊天。当说到九江历史文化深厚，但疏于保存，不重开发，致使部分遗迹损毁，人物故事谬误，而后陈陈相因、以讹传讹，历史文化面临流失和变形的危险时，一位友人说：你喜欢看书，又喜欢爬山，对历史文化有些研究，你为什么不写出来呢？听了这话，我心中一动。

写什么，怎么写？一时间，我陷入了迷茫。要说的话，九江的政治、经济、哲学、文学、军事、人物、山水、宗教、建筑等，都可以独立成篇写成一本书，而且我们高兴地看到，近年来已经有一批学者和有心人加大了研究力度，推出了一批成果。我还能写什么呢？黄仁宇的《万历十五年》给了我启发。黄仁宇借 1587 年若干"末端小节"事件，来写"以前""发生大事的症结"和"以后""掀起波涛的机缘"，也就是说，以一年的人物和事件来做大明王朝的历史"总记录"，从而展现所谓"大历史"，实在是一件有开拓意义的事情。那么，我可不可以以一个人为轴线，来透视中国古代某一时期五颜六色的社会风貌，来写出九江历史各个方面千回百转的陵谷变迁？如果可以的话，那将是一次非常有意思的尝试，纵然我的史识和笔力与黄仁宇完全不在一个层面上。

写谁？又是一个问题。经过再三思忖，我确定写白居易。这倒不完全是白居易有着"江州司马"的名头，差不多是唯一一位以九江地名和官职而扬名的人物（还有一位是韦江州，韦应物），其实更重要的有两点：一是白居易所生活的中唐，是中华民族一个重要的历史转折时期，同时也是包括九江在

内的江南地区经济社会快速发展的重要时期，研究并展现这一时期政治、经济、军事、教育、科举、文学、诗歌、交通、饮食、服饰等，探究这一时期人与人之间的情感与表达，是饶有意味的。二是白居易在九江生活了头尾5年，写下了300多首诗歌，18篇文稿，外加他在政治上的参与和实践，远比陶渊明、李白、黄庭坚等人要深入得多，其传世诗文为唐人之冠，为我们留下了丰富的研究史料，他的现实主义文学理论和创作实践，对于当代中国，有巨大的借鉴作用。这样一来，以白居易的"诗"，来描写诗人之"事"，来展现中唐之"世"，来发掘九江之"史"，也就是说，从白居易出发，来展现色彩斑斓的中唐社会画卷，展现波澜壮阔的九江历史画卷，就水到渠成、顺理成章了。

说干就干，于是，我开始整理甄别白居易在九江所写诗文，并对其在九江城区和庐山的屐痕一一实地勘察，几年来，我还两次到西安，又到渭南、到浮梁、到宣城、到符离、到杭州、到苏州去探访观光，点点滴滴，皆是收获。

感谢前辈学人，为我的写作提供了帮助。特别要指出的是，朱金城先生的《白居易集笺校》，给我带来扎实详细的资料，让我一窥前辈修学的严谨。尚永亮先生的《贬谪文化与贬谪文学》，给我带来了全新的视角，让我从中受益匪浅。还有，程继红先生的《带湖与瓢泉》，给了我写作格式的范本，美国托马斯夫妇的《大画家传》，则为我展示了通过不同画面和短小篇章来描写人物的丰富技巧。

写作过程中，有的章节完成得很快，有的则极其缓慢。史料的庞杂与冲突，人物的行止与情感，事件的过程与真相，经历了一千多年的风风雨雨，掩盖在厚厚的风尘里，淹没在无数的口水中。拨开重重迷雾，需要以基本事实为依据，以人性变化为逻辑，需要甄别与剖析，耐心与细心。可以坦白的是，不管是顺利还是凝滞，不管是心喜还是心慌，我都能做到不浮躁，不放弃，沉下心来，尽力而为。

无论是国家还是个体，都是历史链条中的一环，也就是说，今天之所以是这样的今天，今天各种各样的社会现象，各种各样的思潮情感，都有前人的源头，并将被后人所继续。斯塔夫里阿诺斯说"新世界需要新史学"，克罗齐说"一切历史都是当代史"，其实就是说，所谓历史，是过去与现在无休止的对话。透过历史的风尘，看着那些或伟岸、或卑琐、或平凡的无数身影，

想想我们从何而来，又归于何处，从中得到历史的趣味，收获现实的意义，岂不是很幸福？

感谢我的家人和朋友，对我写作的支持。感谢我的夫人魏星，她是我的第一位读者，还有我的儿子江夔、儿媳周孝英以及同事钟露佳，他们为我校对了全部书稿，指出了一些错误。感谢我的同学和好友王爱民，他阅览了全部书稿，与我讨论了若干问题，并写下读后感。尤其要感谢责任编辑全秋生先生，他为本书的出版倾注了大量心血。

原稿中，有"阉祸""党争""边患""帝殇"等几节，以及由白居易"中隐"思想引发的对中国古代知识分子命运的思考，因与九江关系不大，故而删去。原稿中，还有十多万字的注释，为省篇幅，只留部分，大都砍去。

掩卷望远，余思未尽。这样一部书稿，其命运究竟如何，我不知道。我知道的是，稿子有点长，有点啰唆，怕是很少有人愿意读下去。白居易说得好："凡人为文，私于自是，不忍于割截，或失于繁多，其间妍蚩，益又自惑。""己尚病之，况他人乎？"

作 者

成稿于九江鹤问湖畔

修改于苏州阳澄湖畔